Bruhn
Internes Marketing

Manfred Bruhn (Hrsg.)

Internes Marketing

Integration der Kunden- und Mitarbeiterorientierung

Grundlagen – Implementierung – Praxisbeispiele

2., überarbeitete und erweiterte Auflage

GABLER

Univ.-Professor Dr. Manfred Bruhn, Professor für Allgemeine Betriebswirtschaftslehre, insbesondere Marketing und Unternehmensführung, am Wirtschaftswissenschaftlichen Zentrum (WWZ) der Universität Basel.

Anschrift:
Universität Basel (WWZ), Lehrstuhl für Marketing und Unternehmensführung, Postfach, Petersgraben 51, CH-4003 Basel

Tel. +41(0)61-2 67 32 22
Fax +41(0)61-2 67 28 38,
e-mail: bruhn@ubaclu.unibas.ch.
http://www.wwz.unibas.ch/marketing

Die Deutsche Bibliothek - CIP-Einheitsaufnahme

Internes Marketing : Integration der Kunden- und Mitarbeiterorientierung ;
Grundlagen – Implementierung – Praxisbeispiele / Manfred Bruhn (Hrsg.) .
2., überarbeitete und erw. Aufl. - Wiesbaden : Gabler, 1999
ISBN 3-409-23241

1. Auflage 1995
2. Auflage 1999

Lektorat: Barbara Roscher
Der Gabler Verlag ist ein Unternehmen der Bertelsmann Fachinformation GmbH.

http://www.gabler-online.de

Druck und Buchbinder: Lengericher Handelsdruckerei, Lengerich/Westf.
Printed in Germany

ISBN 3-409-23241-9

Vorwort zur zweiten Auflage

Der Sammelband Internes Marketing hat in seiner ersten Auflage eine sehr erfreuliche Aufnahme in Wissenschaft und Praxis erfahren. Schnittstellenprobleme – wie etwa zwischen Personal- und Marketingmanagement – stellen für die marktorientierte Unternehmensführung in Zeiten eines zunehmend dynamischen Wettbewerbsumfeldes noch immer zentrale Herausforderungen dar. Im Kontext dieser Entwicklungen haben sich auch die Inhalte in der Diskussion um das Interne Marketing verändert. Diesem Prozeß soll mit der überarbeiteten und erweiterten zweiten Auflage des Sammelbandes Rechnung getragen werden.

Zur Zeit lassen sich insbesondere vier Schwerpunkte der Forschung sowie praxisorientierten Weiterentwicklung des Internen Marketing beobachten. Zunächst stehen hierbei Zusammenhänge zwischen der Zufriedenheit von Mitarbeitern und Kunden im Mittelpunkt. Ungeachtet der Plausibilität entsprechender Überlegungen wird die Existenz eines kausalen Zusammenhangs zwischen Mitarbeiter- und Kundenzufriedenheit bislang keineswegs allgemein akzeptiert.

Einen weiteren Schwerpunkt bildet die Auseinandersetzung mit Fragestellungen der Mitarbeiterkommunikation bzw. Internen Kommunikation. Zwar wurden bereits vor mehr als zehn Jahren – z.B. in den Untersuchungen von *Zeithaml, Berry* und *Parasuraman* – erste Anhaltspunkte aufgezeigt, daß mangelhafte interne Kommunikationsprozesse das Dienstleistungsergebnis gegenüber den Kunden negativ beeinflussen können, doch sind auch heute noch Defizite bei der praktischen Umsetzung der Erkenntnisse zum Stellenwert der Internen Kommunikation zu beobachten.

In Hinblick auf die Schaffung der unternehmensinternen Voraussetzungen für den Unternehmenserfolg sowie die Optimierung der Leistungserstellungsprozesse gegenüber den externen Kunden ist als dritter Bereich die Gestaltung der internen Kunden-Lieferaten-Beziehungen von besonderem Interesse. Gerade die Forschungen im Dienstleistungsbereich zeigen in diesem Zusammenhang, daß die Qualität der unternehmensinternen Leistungen die externe Leistungsqualität determiniert, zum einen direkt über die Konsequenzen etwaiger Fehler für die nächsten Stufen der Wertschöpfungskette, zum anderen indirekt über Konstrukte, wie z.B. Motivation und Mitarbeiterzufriedenheit.

Als vierter zentraler Themenbereich des Internen Marketing steht die Implementierung von Marketingkonzeptionen in den Unternehmen im Mittelpunkt. Die Feststellung, daß weniger die Erarbeitung, als vielmehr die Implementierung von Marketingkonzeptionen mit Problemen verbunden ist, gilt noch immer, und dies insbesondere vor dem Hintergrund, daß sich die Basiskonzepte vieler Unternehmen sehr stark gleichen.

Die Weiterentwicklungen und aktuellen Schwerpunkte des Internen Marketing dokumentieren auch die neu hinzugekommenen Beiträge in diesem Sammelband. So werden einzelne Aspekte des Zusammenhangs zwischen Mitarbeiter- und Kundenzufriedenheit in den Beiträgen von *Müller* sowie *Bruhn/Grund* aufgegriffen und durch empirische Untersuchungen belegt. Der Themenbereich der Internen Kommunikation steht bei *Stauss/Hoffmann*, *Günter/Platzek* sowie *Lintemeier* im Vordergrund. Diskutiert werden hier u.a. Einsatzmöglichkeiten der Multimedia-Kommunikation gegenüber den Mitarbeitern am Beispiel von Business-Television, Filterprozesse im Rahmen der Internen Kommunikation, die negativ auf die Kundenorientierung wirken, sowie praktische Erfahrungen mit der Internen Kommunikation am Beispiel der Stadtwerke Hannover AG.

Interne Kunden-Lieferanten-Prozesse als Thematik des Internen Marketing werden in zwei neuen Beiträgen aufgegriffen. *Homburg/Weber* untersuchen Fragen der internen Kundenorientierung am Beispiel der Kostenrechnung, während *Reynoso* methodologische Aspekte der Messung der internen Dienstleistungsqualität diskutiert. Dem Problembereich der Implementierung des Internen Marketing widmen sich schließlich aus wissenschaftlicher Perspektive *Ahmed/Rafiq* sowie in Hinblick auf praktische Erfahrungen im Finanzdienstleistungsbereich *Handschin/Steck/Wolff*.

Insgesamt umfaßt der Sammelband in der zweiten Auflage 29 Beiträge von 38 Autoren. Gegenüber der ersten Auflage wurde der Aufbau des Buches geringfügig modifiziert. Im Mittelpunkt von Teil I stehen weiterhin die Grundlagen des Internen Marketing. Die Teile II und III fokussieren Internes Marketing zum einen aus der Sicht des Personalmanagements, zum anderen aus der Perspektive des Marketingmanagements. Teil IV des Sammelbandes thematisiert Ansatzpunkte zur Messung und Kontrolle des Internen Marketing. In Teil V sind schließlich Praxisbeispiele zur Umsetzung des Internen Marketing dokumentiert.

Die zweite Auflage konnte in einer erstaunlich kurzen Zeit fertiggestellt werden. Deshalb gilt mein Dank allen Autoren der ersten Auflage, die ihre Beiträge aktualisiert und überarbeitet haben sowie allen neuen Autoren, die ihre Beiträge termingerecht geliefert haben. Ein ganz besonderer Dank gilt wiederum meinem Wissenschaftlichen Mitarbeiter, Herrn Dr. Michael A. Grund, der auch die zweite Auflage des Sammelbandes professionell betreut hat.

Der Herausgeber würde sich freuen, wenn auch die zweite Auflage des Sammelbandes einen Beitrag zur wissenschaftlichen Weiterentwicklung und praktischen Umsetzung des Internen Marketing leistet.

Basel, im Frühjahr 1999 *Manfred Bruhn*

Vorwort zur ersten Auflage

Das klassische Marketing als eine der zentralen Unternehmensfunktionen und als unternehmerische Denkweise war in der Vergangenheit überwiegend extern, d.h. auf den Absatzmarkt, ausgerichtet. Im Zuge eines tiefgreifenden Wandels in den verschiedenen Absatzmärkten haben sich in Wissenschaft und Praxis zwei Entwicklungen gezeigt, die die Betrachtungsweise des Marketing wesentlich verändert haben.

Erstens zeigte sich bei einer konsequenten Management- und Entscheidungsorientierung des Marketing eine deutliche Schwerpunktlegung auf die Analyse, Planung, Organisation und Kontrolle von marktorientierten Problemstellungen. Dagegen wurden die *Implementierungsprobleme* des Marketing weitgehend vernachlässigt. Diese Defizite zeigten sich in der Wissenschaft sehr deutlich, denn Implementierungsprobleme sind nur selten Gegenstand von Forschungsarbeiten gewesen. Besonders aber auch in der Praxis werden die erheblichen Schwierigkeiten bei der Umsetzung von Marketingkonzepten beklagt.

Zweitens ist seit kurzem der Versuch einer verstärkten *Prozeßorientierung* der Betriebswirtschaftslehre zu beobachten. Damit verbunden ist das Bemühen, die klassischen Funktionsabgrenzungen aufzugeben und sich auf Schnittstellenprobleme zu konzentrieren, z.B. Schnittstellen zwischen F&E und Marketing, Vertrieb und Marketing u.a.m. Insbesondere die Schnittstellen zwischen Personal und Marketing haben gezeigt, daß es offenkundig enge Zusammenhänge zwischen dem Verhalten von Mitarbeitern und Kunden geben muß. Dies zeigt sich in nahezu allen Sektoren, wenngleich mit besonderer Bedeutung in Dienstleistungsunternehmen.

Berücksichtigt man diese beiden Entwicklungstendenzen des Marketing – die Implementierungsproblematik und Prozeßorientierung –, dann ist leichter zu verstehen, weshalb sich das Interne Marketing in den letzten Jahren zu einem wichtigen Themenfeld im Marketing entwickelt hat. *Internes Marketing* ist die systematische Optimierung unternehmensinterner Prozesse mit Instrumenten des Marketing- und Personalmanagements, um durch eine konsequente und gleichzeitige Kunden- und Mitarbeiterorientierung das Marketing als interne Denkhaltung durchzusetzen, damit die marktgerichteten Unternehmensziele effizienter erreicht werden können.

Der Begriff des Internen Marketing ist etwa Mitte der achtziger Jahre in den Vereinigten Staaten im Zusammenhang mit der Durchsetzung von Qualitätsstrategien im Dienstleistungsmarketing entstanden. Die Konzentration auf serviceorientierte Mitarbeiter als Voraussetzung für ein erfolgreiches externes Marketing wurden von Wissenschaftlern wie Berry, George und anderen besonders hervorgehoben.

In vielen Diskussionen hat sich jedoch auch gezeigt, daß der Begriff des Internen Marketing auch mit Problemen behaftet ist. Die klassischen Vorhaltungen, wie etwa „alter Wein in neuen Schläuchen“, oder auch der Hinweis, daß der Begriff des Marketing vorbelastet sei und unternehmensintern auf Vorbehalte treffe, sind teilweise zu verstehen, insbesondere dann, wenn durch neue Sprachbildungen keine originären Forschungsfelder entstehen. Mit dem vorliegenden Sammelband soll jedoch dokumentiert werden, daß sich interessante Problemstellungen für die Wissenschaft und Praxis ergeben, wenn man sich konsequent auf die Wechselwirkungen zwischen den internen und externen Prozessen konzentriert.

Gegenüber den Fragestellungen vor zehn Jahren haben sich in der Zwischenzeit die Themenstellungen des Internen Marketing wiederum weiterentwickelt und auch dieser Tatsache soll durch den vorliegenden Sammelband Rechnung getragen werden. Neben dem Begriff und den Grundlagen des Internen Marketing (Erster Teil) sollen zunächst Fragestellungen eines stärkeren personalorientierten Marketingmanagements erörtert werden (Zweiter Teil). Hierbei wird das Interne Marketing als Voraussetzung für das externe Marketing gesehen. Darüber hinaus werden Fragestellungen aufgeworfen, die sich mit einem verstärkten marketingorientierten Personalmanagement beschäftigen (Dritter Teil). Dabei geht es weniger um das veraltete Konzept des Personalmarketing als vielmehr um eine Berücksichtigung von Marketingprinzipien bei einer professionellen, marktorientierten Personalarbeit. Schließlich stehen Problemstellungen der Optimierung interner Leistungsprozesse im Vordergrund (Vierter Teil), um neben einer externen auch eine konsequente interne Kundenorientierung im eigenen Unternehmen zu realisieren. Der Sammelband umfaßt insgesamt 27 Beiträge, diese wurden von 20 Wissenschaftlern und 12 Praktikern verfaßt.

Das Herausgeben eines Sammelbandes für ein neues und funktionsübergreifendes Themengebiet ist immer mit viel Mühen und Zeit verbunden. Deshalb gilt zunächst mein Dank den verschiedenen Autoren aus Deutschland und den Vereinigten Staaten, die sich ihren jeweiligen Themenstellungen angenommen haben. Ein ganz besonderer und herzlicher Dank geht an meinen Wissenschaftlichen Mitarbeiter, Herrn Dipl.-Kfm. Michael A. Grund, der mit großem Einsatz, Engagement und Fachkenntnis an diesem Sammelband mitgewirkt hat.

Der Herausgeber wünscht sich eine intensive Diskussion in Wissenschaft und Praxis über das neue Themenfeld des Internen Marketing und hofft, daß durch dieses Buch Anregungen für weitere Forschungsarbeiten zum Internen Marketing gegeben werden können. Die Zusammenhänge zwischen der Kunden- und Mitarbeiterorientierung bedürfen in Wissenschaft und Praxis einer stärkeren Behandlung.

Basel, im Herbst 1995 *Manfred Bruhn*

Inhaltsverzeichnis

Dritter Teil

INTERNES MARKETING AUS SICHT DES MARKETINGMANAGEMENTS

Vierter Teil

MESSUNG UND KONTROLLE DES INTERNEN MARKETING

Fünfter Teil

UMSETZUNG DES INTERNEN MARKETING IN DER UNTERNEHMENSPRAXIS

Erster Teil

THEORETISCHE GRUNDLAGEN DES INTERNEN MARKETING

Internes Marketing als Forschungsgebiet der Marketingwissenschaft

Eine Einführung in die theoretischen und praktischen Probleme

von Manfred Bruhn

Prof. Dr. Manfred Bruhn ist Inhaber des Lehrstuhls für Betriebswirtschaftslehre, insb. Marketing und Unternehmensführung am Wirtschaftswissenschaftlichen Zentrum (WWZ) der Universität Basel.

Der Verfasser dankt Herrn Dr. Michael A. Grund für die Mithilfe bei der Erstellung dieses Beitrages.

1. Internes Marketing – Notwendigkeit einer Neuorientierung in Marketingwissenschaft und -praxis

1.1 Rahmenbedingungen des Internen Marketing

Die durch die klassische, funktionsorientierte Betriebswirtschaftslehre geprägte Betrachtungsweise von Unternehmen dominiert die Unternehmensführung – auch nach den Diskussionen um Business Process Reengineering oder Lean Management – noch immer. In der überwiegenden Zahl an Unternehmen werden Aktivitäten gegenüber den (unternehmensexternen) Kunden rein funktional als Marketingaufgabe und Maßnahmen gegenüber den Mitarbeitern als Personalaufgabe definiert.

Zwar ist inzwischen ein wachsendes Interesse von Unternehmensseite an der Thematik des Internen Marketing zu konstatieren, doch zeigt sich teilweise auch eine sehr große Zurückhaltung, die in den externen Kundenbeziehungen akzeptierten und etablierten Methoden und Instrumente auch nur in Ansätzen auf den unternehmensinternen Bereich zu übertragen, um somit zum einen die prozeßorientierte unternehmensinterne Zusammenarbeit und zum anderen die Austauschbeziehungen zwischen Management und Mitarbeitern zu professionalisieren und zu optimieren.

Positive Entwicklungen zeigen sich in Hinblick auf das Verständnis des Stellenwerts der unternehmensinternen Prozesse für den Unternehmenserfolg. Parallel zu den Tendenzen der hochentwickelten Volkswirtschaften in Richtung von **Dienstleistungsgesellschaften** wird zunehmend deutlich, daß mittel- bis langfristige Differenzierungen über die Kernleistungen kaum mehr möglich sind und dementsprechend die Ansatzpunkte für die Generierung von Wettbewerbsvorteilen primär in der „Art“ der Leistungserstellung begründet sind.

Die Erkenntnis, daß insbesondere in Dienstleistungsunternehmen die Gestaltung der Beziehungen zu den Kunden und damit auch die Interaktionsprozesse zwischen Mitarbeitern und Kunden von hervorgehobener Bedeutung sind, wird unterstützt durch die intensivere Vernetzung der Themenbereiche **Relationship Marketing, Qualitätsmanagement und Internes Marketing**. Empirische Erkenntnisse zeigen z.B., daß

- ☐ die Wahrnehmung der Leistungsqualität von zentraler Bedeutung für die Kundenzufriedenheit und Kundenbindung ist,
- ☐ die Entwicklung der Kundenbindung mit der Entwicklung ökonomischer Erfolgsgrößen korrespondiert,

- ☐ die Gestaltung von Interaktionsbeziehungen sowohl innerhalb von Unternehmen als auch an der Schnittstelle zu den externen Kunden wesentlichen Einfluß auf die Zufriedenheit und Bindung von Mitarbeitern und Kunden hat.

Auch zeigen darüber hinaus Untersuchungen zum Zusammenhang zwischen **Mitarbeiterzufriedenheit und Kundenzufriedenheit**, daß verschiedene Verbindungslinien zwischen diesen beiden Konstrukten bestehen:

- ☐ Zufriedene Mitarbeiter zeigen offensichtlich ein grundsätzlich kundenorientierteres Interaktionsverhalten, das die Kundenzufriedenheit begünstigt, so daß die Mitarbeiter selbst häufiger positive Resonanz von den Kunden erhalten (*Grund 1998, S. 247f.*).
- ☐ Mitarbeiter mit höherer Zufriedenheit zeigen eine grundsätzlich höhere Mitarbeiterbindung im Sinne eines längeren Verbleibs im Unternehmen, der wiederum die Kundenzufriedenheit und Kundenbindung positiv beeinflußt (*Schneider/Bowen 1985, S. 430; Reichheld/Teal 1996, S. 96f.*).
- ☐ Unzufriedene Mitarbeiter beschäftigen sich stärker mit ihren eigenen Problemen, während sich zufriedene Mitarbeiter gedanklich intensiver mit den Fragen der Kundenorientierung auseinandersetzen (vgl. den Beitrag von *Müller* in diesem Sammelband).

Schließlich zeigen auch die Kriterien des **European Quality Award** sowie die Bewertungsraster anderer internationaler Qualitätspreise die Bedeutung jener Themenbereiche auf, die durch das Interne Marketing adressiert werden. Mit den Bereichen „Führung", „Mitarbeiterorientierung", „Mitarbeiterzufriedenheit" und „Prozesse" fokussieren z.B. insgesamt 42 Prozent der Kriterien des EFQM-Modells Aspekte des Internen Marketing (vgl. auch zum EFQM-Modell den Beitrag von *Töpfer* in diesem Sammelband).

Die zentrale Problematik des Internen Marketing ist demnach nicht darin zu sehen, daß das Wissen um den Erfolgsbeitrag der Mitarbeiter bei den Führungskräften und Entscheidungsträgern nicht ausreichend vorhanden ist, sondern darin, daß es sich in der Propagierung der **Notwendigkeit einer Mitarbeiterorientierung** oftmals um ein reines „Lippenbekenntnis" handelt, d.h., daß das Wissen um die Bedeutung der Mitarbeiter nicht mit „Bewußtsein" im Sinne eines gleichgerichteten Handelns gleichzusetzen ist. Die Aussage „Die Mitarbeiter sind unser wichtigstes Kapital" wird dementsprechend sehr häufig in internen und externen Papieren abgedruckt bzw. proklamiert, aber nur selten tatsächlich für die Mitarbeiter erlebbar umgesetzt.

1.2 Zum Begriff des Internen Marketing

Die Frage, inwieweit die **klassischen Marketingkonzepte** auch auf unternehmensinterne Fragestellungen übertragen werden können, ist bereits seit mehr als 20 Jahren Gegenstand der wissenschaftlichen Diskussion. Ihre Thematisierung ist zum einen auf die Erkenntnis zurückzuführen, daß die Qualität der von Unternehmen erstellten Leistungen in weiten Bereichen von den eingesetzten Mitarbeitern abhängt und zum anderen, daß gerade die Beschaffung, Auswahl und Entwicklung dieser Mitarbeiter mit den herkömmlichen Methoden der Personalpolitik nicht in zufriedenstellendem Umfang bewältigt werden konnte.

Dementsprechend weisen **Definitionen** des Begriffs Internes Marketing zum einen auf die Notwendigkeit der Einbeziehung der Mitarbeiter, zum anderen vielfach auf die konkrete Notwendigkeit der Gestaltung der Interaktionsbeziehungen hin (Abbildung 1).

George (1977, S. 91)	„By satisfying the needs of the public contact personnel, the firm upgrades its capabilities for satisfying the needs of its customers. Thus to serve the needs of the market, the firm must first serve the needs of its internal market."
Berry (1984, S. 272)	„We can think of internal marketing as viewing employees as internal customers, viewing jobs as internal products, and then endeavoring to offer internal products that satisfy the needs and wants of these internal customers while addressing the objectives of the organization."
Grönroos (1985, S. 42)	„The internal marketing concept – as a complement to the traditional marketing concept – holds that an organizations's internal market of employees can be influenced most effectively and hence motivated to customer-consciousness, market-orientation and sales-mindedness by a marketing-like internal approach and by applying marketing-like activities internally."
Gummesson (1987, S. 13)	„Internal marketing emphasizes the necessity for service firms, where the interface with the customers is particularly broad and intense, to make sure that all contact personnel is well atuned to the mission, goals, strategies, and systems of the company."
Stauss (1994, S. 477)	„Internes Marketing umfaßt die planmäßige Gestaltung der unternehmerischen Austauschbeziehungen mit internen Systemelementen zu absatzmarktorientierten Zwecken."

Abbildung 1: Definitionsansätze zum Internen Marketing

Allen Definitionen gemeinsam ist die Auffassung, daß Internes Marketing letztendlich zweckgerichtet einer besseren **Leistungserstellung** gegenüber dem Endkunden – im Sinne eines unternehmensexternen Abnehmers – dienen soll. Dies ist auch insoweit selbstverständlich, als sich die Daseinsberechtigung von Unternehmen in aller Regel aus der Erbringung von Marktleistungen im Sinne von Problemlösungen für einen nicht zum Unternehmen gehörenden Personenkreis ableitet.

Betrachtet man die verschiedenen bisherigen Definitionsansätze zum Internen Marketing in der Literatur, dann sind einige Schwachstellen zu konstatieren. Zunächst wird von einer zu starken Dominanz der externen Prozesse ausgegangen. Hierbei kommt wiederum sehr stark der Gedanke vom „**Primat des Marketing**" zum Ausdruck. Darüber hinaus erfolgt beim inhaltlichen Verständnis des Internen Marketing oftmals eine rein schematische Übertragung der Marketingprinzipien auf die Personalpolitik. Es darf nicht überraschen, wenn dabei ein rein begrifflicher Transfer erfolgt und der Vorwurf, daß es sich um „alten Wein in neuen Schläuchen" handelt, in den meisten Fällen dann auch gerechtfertigt ist. Neue Begriffe ergeben keinen Sinn, wenn sie nicht zu neuartigen und originären Problemstellungen führen.

Durch die vorhandenen Definitionsansätze wird man den originären Themen- und Problemstellungen des Internen Marketing zu wenig gerecht. Deshalb soll im folgenden von einer erweiterten **Definition des Internen Marketing** ausgegangen werden:

> Internes Marketing ist die systematische Optimierung unternehmensinterner Prozesse mit Instrumenten des Marketing- und Personalmanagements, um durch eine konsequente und gleichzeitige Kunden- und Mitarbeiterorientierung das Marketing als interne Denkhaltung durchzusetzen, damit die marktgerichteten Unternehmensziele effizient erreicht werden.

Auf der Grundlage dieser Definition sollen die folgenden **Merkmale des Internen Marketing** hervorgehoben werden:

(1) Internes Marketing ist mit **systematischen Planungs- und Entscheidungsprozessen** verbunden. Es muß mit Zielen, Strategien und Einzelmaßnahmen verbunden werden und als Managementprozeß im Unternehmen geplant und implementiert werden (*Harrell/Fors 1995; Bruhn 1998, S. 712ff.*). Wenngleich explizite Programme des Internen Marketing in der Praxis noch die Ausnahme darstellen, wird man zukünftig dazu übergehen, die Schnittstellen systematischer anzugehen.

(2) Internes Marketing ist der Versuch, eine **gleichzeitige Kunden- und Mitarbeiterorientierung** anzustreben. Es gibt kein Primat eines betrieblichen Funktionsbereichs; vielmehr müssen sämtliche unternehmensinternen Prozesse intensiv aufeinander abgestimmt werden. Bei allen Zielen, Strategien und Maßnahmen des Marketing- und Personalmanagements sind die inhärenten Wechselbeziehungen zu berücksichtigen.

(3) Internes Marketing geht davon aus, daß Marketing nicht eine klassische Unternehmensfunktion, sondern eine **interne Denkhaltung** (Marketing als Leitidee) darstellt. Marketing ist damit eine Unternehmensphilosophie, die von allen Führungskräften und Mitarbeitern getragen und intern sowie extern gelebt wird.

Auf der Grundlage dieses Begriffsverständnisses wird deutlich, daß durch das Interne Marketing in bestimmten Bereichen eine **Neuorientierung in der Marketingwissenschaft und -praxis** erforderlich ist. Es werden neuartige und originäre Problemstellungen aufgeworfen, die durch die bisherige, klassische Sichtweise des Marketing weitgehend vernachlässigt wurden. Das Interne Marketing verdeutlicht dabei, daß eine gleichzeitige Kunden- und Mitarbeiterorientierung zu erfolgen hat (zur Erweiterung des Internen Marketing um Kooperationspartner vgl. *Weiber/Raff 1998*). Die Zusammenhänge und Interdependenzen verdeutlicht Abbildung 2, bei denen die Beziehungen zwischen Kunden, Unternehmung und Mitarbeiter als „Beziehungsdreieck" dargestellt wird (vgl. auch *Kotler/Bliemel 1999, S. 728f.*):

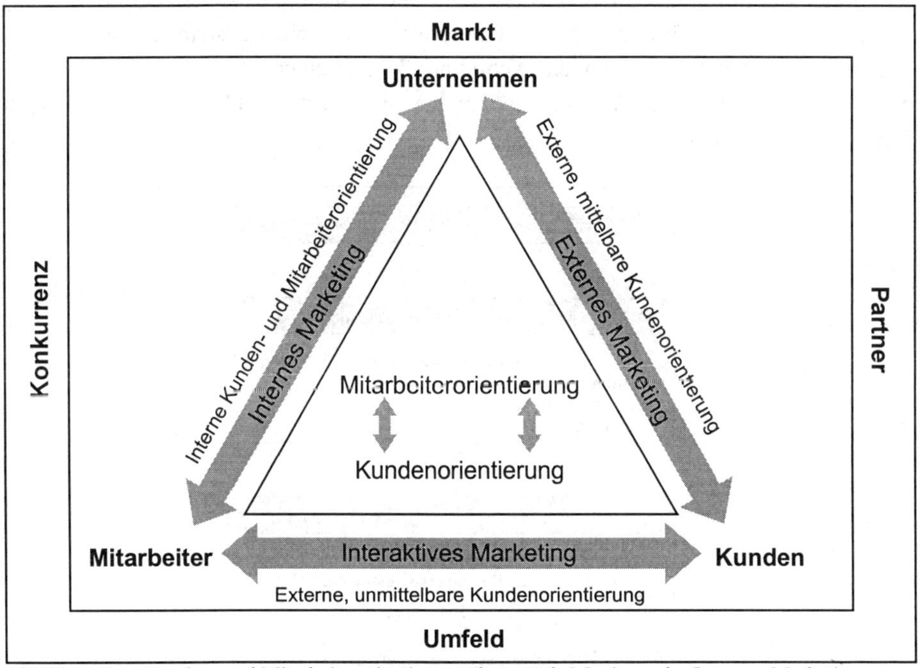

Abbildung 2: Kunden- und Mitarbeiterorientierung als zentrale Maximen des Internen Marketing

- Die **Unternehmen-Kunden-Beziehung** verlangt eine Kundenorientierung, die durch das externe Marketing sichergestellt werden muß, hauptsächlich durch unpersönliche Maßnahmen.
- Die **Unternehmen-Mitarbeiter-Beziehung** verlangt eine interne Kundenorientierung und Mitarbeiterorientierung, die Aufgabe des Internen Marketing ist.
- Die **Mitarbeiter-Kunden-Beziehung** verlangt eine individuelle Kundenorientierung, um die Unternehmensleistung zu erbringen.

2. Internes Marketing als Managementprozeß

2.1 Planungsprozeß des Internen Marketing

Die in der Definition des Internen Marketing thematisierte anzustrebende Optimierung interner und externer Prozesse ist mit der Notwendigkeit einer systematischen Planung des Internen Marketing verbunden. Abbildung 3 zeigt einen idealtypischen Planungsprozeß, der aufgrund der Ausrichtung auf den unternehmensinternen Bereich einige Besonderheiten aufweist.

Abbildung 3: Planungsprozeß des Internen Marketing

(1) Interne und externe Situationsanalyse

Um der Zielsetzung der parallelen Kunden- und Mitarbeiterorientierung gerecht werden zu können, ist es zunächst notwendig, die aktuellen internen und externen Rahmenbedingungen für das Interne Marketing zu ermitteln und zu evaluieren. Dies umfaßt sowohl die Erhebung der unternehmensinternen Stärken und Schwächen als auch die unternehmensexternen Chancen und Risiken im Sinne einer SWOT-Analyse (strengths, weaknesses, opportunities, threats).

Im Mittelpunkt wird dabei die Herausarbeitung von Defiziten stehen (z.B. innerbetriebliche Widerstände, fehlende Abstimmung zwischen Abteilungen, Organisationsprobleme). Das Ergebnis einer SWOT-Analyse ist die Bestimmung der zentralen Problemstellung des Internen Marketing (z.B. Verbesserung der internen Kundenorientierung von Serviceabteilungen, Durchsetzung einer neuen Marketingstrategie, Schaffung von Kundennähe durch verschiedene Maßnahmen eines dialogorientierten Kundenbindungsmanagements).

(2) Bestimmung der Programmschwerpunkte des Internen Marketing

Aufbauend auf den Ergebnissen der SWOT-Analyse sind Schwerpunktsetzungen innerhalb der Programmbereiche des Internen Marketing erforderlich. Als mögliche Programmschwerpunkte sind hierbei zu nennen (vgl. auch Abschnitt 2.2):

- Optimierung der unternehmensinternen Austauschbeziehungen,
- Parallele Förderung von Kunden- und Mitarbeiterzufriedenheit,
- Interne Kommunikation sowie
- Implementierung von Marketingkonzepten.

(3) Zielbestimmung

Neben der Definition der für das eigene Unternehmen besonders relevanten Programmbereiche des Internen Marketing ist auch eine konkrete Zielbestimmung in diesen Bereichen vorzunehmen. Von hervorgehobener Bedeutung ist hierbei die Abstimmung zwischen den einzelnen Programmbereichen, um z.B. die parallele Verfolgung konfligierender Ziele zu vermeiden (vgl. auch Abschnitt 2.2).

(4) Segmentierung der Mitarbeiter

In engem Zusammenhang mit der Bestimmung der Programmschwerpunkte sowie der Zielbestimmung ist als drittes Element der Strategischen Planung des Internen Marketing eine Segmentierung der Mitarbeiter vorzunehmen, da die einzelnen Themenschwerpunkte in der Regel für die verschiedenen Mitarbeitergruppen von unterschiedlicher Bedeutung sind. Als Segmentierungsmerkmale kommen hierbei Hierarchieebenen, Abteilungen, Regionen, Personenmerkmale u.a. in. Betracht.

(5) Budgetierung

Die strategische Bedeutung der Fragestellungen des Internen Marketing muß auch durch die Budgetierung zum Ausdruck gebracht werden. Entsprechend den Prioritäten der einzelnen Programmbereiche sind Budgetpositionen zu bestimmen, um eine unsystematische und nicht kontinuierliche Finanzierung über „Budgetrestposten“ zu vermeiden. Spezielle Budgets sind beispielsweise für Veranstaltungen, interne Marktforschung, Qualitätsprogramme, Incentive-Maßnahmen, Schulungen, Trainings u.a.m. notwendig.

(6) Maßnahmenplanung

Bereits die Definition sowie die Programmschwerpunkte des Internen Marketing machen deutlich, daß im Maßnahmenbereich insbesondere Instrumente des Marketing- sowie des Personalmanagements angesprochen sind. Im Bereich der operativen Planung ist zum einen zu bestimmen, welche Instrumente konkret eingesetzt werden sollen, zum anderen, auf welche Weise die Schnittstellen zwischen dem Aufgabenbereich des Marketing- sowie des Personalmanagements optimiert werden können.

(7) Implementierung

Neben der Implementierung von Marketingkonzepten als Programmschwerpunkt des Internen Marketing ist auch die Implementierung des Internen Marketing selbst ein wesentlicher Teil des Planungsprozesses. Zielsetzung muß es hierbei sein, das Konzept und die Programmschwerpunkte in aktionsfähige Aufgaben umzusetzen (vgl. auch *Kolks 1990; George/Grönroos 1991*).

(8) Erfolgskontrolle

Als letzte Phase des Planungsprozesses schließt sich die Evaluierung des Internen Marketing an. Im Mittelpunkt steht die Beurteilung der Zielerreichung hinsichtlich der einzelnen Programmschwerpunkte sowie von Strategien und operativen Maßnahmen. Die Erfolgskontrolle stellt damit auch den Ausgangspunkt der nachfolgenden Planungsprozesse dar.

2.2 Programmschwerpunkte und Ziele des Internen Marketing

Das Interne Marketing ist als Konzept zur Optimierung der unternehmensinternen und -externen Austauschbeziehungen durch vier Programmschwerpunkte gekennzeichnet, die in Abhängigkeit von der konkreten Unternehmenssituation von unterschiedlicher Bedeutung sind.

(1) Optimierung der unternehmensinternen Austauschbeziehungen

Die Optimierung der unternehmensinternen Austauschbeziehungen fokussiert vor allem die (Dienst-)Leistungsströme zwischen den einzelnen organisatorischen Einheiten eines Unternehmens (vgl. auch die Beiträge von *Stauss/Neuhaus, Reynoso, Homburg/Werner* sowie *Bruhn* in diesem Sammelband). Das Spektrum reicht von individuellen Austauschbeziehungen zwischen den Mitarbeitern einzelner Abteilungen bis hin zu Kunden-Lieferanten-Beziehungen einzelner Unternehmensstandorte. Im Mittelpunkt stehen die Themenbereiche interne Kundenorientierung sowie Sicherstellung der internen Dienstleistungsqualität.

(2) Parallele Förderung von Kunden- und Mitarbeiterzufriedenheit

In engem Zusammenhang mit den internen Austauschbeziehungen ist der Themenbereich der parallelen Förderung von Kunden- und Mitarbeiterzufriedenheit zu sehen (vgl. auch die Beiträge von *Müller* sowie *Bruhn/Grund* in diesem Sammelband). Mitarbeiterzufriedenheit wird in diesem Zusammenhang als notwendige Voraussetzung interner und externer Leistungsqualität verstanden. Damit eng verbunden sind verhaltensrelevante Fragestellungen der Mitarbeitermotivation, der Förderung des Commitment sowie der Mitarbeiterbindung.

(3) Interne Kommunikation

Die Kommunikation gegenüber den Mitarbeitern ist ein weiteres zentrales Thema des Internen Marketing (vgl. *Bruhn 1997, S. 894ff.* sowie die Beiträge von *Bühner/Horn, Stauss/Hoffmann, Günter/Platzek* sowie *Dotzler* in diesem Sammelband). Den internen Kommunikationsprozessen zu subsumieren sind sowohl direkt tätigkeitsbezogene Aufgaben des Informationsaustausches zur internen und externen Leistungserstellung als auch Aufgaben im Zusammenhang mit den zuvor angesprochenen Fragestellungen der Mitarbeiterzufriedenheit, hier vor allem in Hinblick auf Klima, Vertrauen und Einbindung in das Unternehmen.

(4) Implementierung von Marketingkonzepten

Der vierte Programmschwerpunkt des Internen Marketing betrifft die unternehmensinterne Umsetzung und Durchsetzung der Marketingstrategie (vgl. *Kolks 1990* sowie die Beiträge von *Nerdinger/Rosenstiel, F. Becker* sowie *Ahmed/Rafiq* in diesem Sammelband). Von besonderer Wichtigkeit sind in diesem Zusammenhang die Sicherstellung der entsprechenden Potentiale (z.B. durch modifizierte Strukturen und Prozesse, Personalentwicklung) sowie der Abbau von Vorbehalten und Barrieren gegenüber Veränderungsprozessen (vgl. auch Abschnitt 4.1).

Die Programmschwerpunkte des Internen Marketing machen deutlich, daß zwar zum einen bestimmte Prioritäten gesetzt werden müssen, daß zum anderen aber eine isolierte Betrachtung dieser Themen aufgrund ihrer inhaltlichen Verzahnung kaum sinnvoll möglich ist. Bereits in frühen Veröffentlichungen zum Internen Marketing wurde betont, daß die Erreichung des externen Ziels hoher Kundenorientierung bzw. die Sicherstellung von Kundenzufriedenheit insbesondere in Dienstleistungsunternehmen eng verbunden ist mit der Notwendigkeit, hochmotivierte und kundenorientierte Mitarbeiter zu gewinnen, weiterzuentwickeln und an das Unternehmen zu binden (*Grönroos 1980, S. 16f.*).

Bereits in den ersten Diskussionen um Begriff und Inhalte des Internen Marketing wurde erkannt, daß die Erreichung des externen Ziels hoher Kundenorientierung bzw. die Sicherstellung von Kundenzufriedenheit insbesondere in Dienstleistungsunternehmen eng verbunden ist mit der Notwendigkeit, hochmotivierte und kundenorientierte Mitarbeiter zu gewinnen, weiterzuentwickeln und an das Unternehmen zu binden (*Grönroos 1980; 1981*).

	Intern	**Extern**
Kognitiv	□ Kenntnis des externen Marketingstrategie □ Kenntnis der Kundenerwartungen	□ Kenntnis des Leistungsangebotes □ Führende Position im „evoked set“ (Präferenz)
Affektiv	□ Mitarbeiterzufriedenheit □ Vertrauen	□ Kundenzufriedenheit □ Vertrauen
Konativ	□ Commitment □ Mitarbeiterbindung	□ Kundenbindung □ Weiterempfehlung

Abbildung 4: Ausgewählte Ziele des Internen Marketing

Die erste Ebene erfaßt mit den **kognitiven Zielen** jene Zielbereiche des Internen Marketing, die mit gedanklichen Prozessen verbunden sind. Unternehmensintern ist z.B. von Bedeutung, daß die Mitarbeiter die externe Marketingstrategie des Unternehmens ebenso kennen wie z.B. die Erwartungen der Kunden. Unternehmensextern sind innerhalb der kognitiven Ziele z.B. die Kenntnis des Leistungsangebotes des Unternehmens durch die (potentiellen) Kunden sowie die Generierung einer herausragenden Position im „evoked-set“ der Kunden gegenüber konkurrierenden Anbietern – im Sinne der „geistigen Präsenz“ im Gedächtnis – wichtig für den angestrebten Markterfolg.

Auf der zweiten Ebene der **affektiven Ziele** ist z.B. die Entwicklung von Vertrauen von besonderer Bedeutung. Für die Mitarbeiter steht hier die Beziehung zum Unternehmen als Arbeitgeber, für die Kunden die Beziehung zum Unternehmen bzw. dem jeweiligen Berater oder Betreuer im Mittelpunkt. Zufriedenheit ist dabei als wesentliche Voraussetzung des Vertrauens sowohl von Mitarbeitern als auch von Kunden anzusehen.

Die **konativen Ziele** beziehen sich schließlich auf Handlungen bzw. Handlungsabsichten bei Mitarbeitern und Kunden. Gegenüber den Mitarbeitern ist z.B. anzustreben, daß sie sich im Sinne eines Commitment dem Unternehmen verpflichtet fühlen und einen positiven Beitrag zur Erreichung der Unternehmensziele leisten wollen. Darüber hinaus stehen die verschiedenen Aspekte der Mitarbeiterbindung im Mittelpunkt, z.B. die Treue zum Unternehmen als Arbeitgeber. Für die Kundenseite sind ähnliche Ziele zu nennen. Wichtig erscheinen hier z.B. die Kundenbindung, die z.B. als Wiederwahlbereitschaft erfaßt werden kann sowie eine positive Mund-zu-Mund-Kommunikation der aktuellen Kunden (Weiterempfehlung).

3. Instrumente des Internen Marketing

3.1 Systematisierung der Instrumente

Mit dem Ziel, die Schnittstelle zwischen Marketing- und Personalmanagement in Hinblick auf die Steigerung der Effizienz der internen und externen Marktbearbeitung zu optimieren, können zwei prinzipiell gleichgewichtige Perspektiven **des Internen Marketing** unterschieden werden:

(1) Instrumente des personalorientierten Marketingmanagements,

(2) Instrumente des marketingorientierten Personalmanagements.

Dem **personalorientierten Marketingmanagement** sind jene klassischerweise externen Marketinginstrumente zuzuordnen, durch deren systematischen, unternehmensinternen Einsatz hohe Mitarbeiterzufriedenheit und hohes Commitment gewährleistet werden sollen. Die Instrumente dieser Kategorie sind dem **Outside-in-Ansatz** zuzurechnen und werden traditionell ausschließlich mit unternehmensexternen Zielsetzungen genutzt.

Demgegenüber sollen dem **marketingorientierten Personalmanagement** jene Instrumente subsumiert werden, die die absatzmarktorientierten Marketingaktivitäten durch die Optimierung unternehmensinterner Strukturen und Prozesse unterstützen. Dieser

Inside-out-Ansatz bezieht insbesondere jene Instrumente mit ein, die klassischerweise unternehmensintern eingesetzt werden, aber traditionell nicht dem Fokus der Marktorientierung zugeordnet werden.

3.2 Instrumente des personalorientierten Marketingmanagements

Innerhalb der unternehmensintern eingesetzten Marketinginstrumente ist eine weitere Kategorisierung sinnvoll, die zum einen nach den Zielsetzungen und zum anderen nach dem Einsatzbereich der konkreten Aktivitäten unterscheidet (Abbildung 5):

Einsatzbereich / Zielsetzungen	Intern	Extern
Intern	Typ 1	Typ 2
Extern	Typ 3	Externes Marketing

Abbildung 5: Einsatz und Zielsetzungen von Instrumenten des personalorientierten Marketingmanagements

Die erste Kategorie (Typ 1) bilden interne Marketinginstrumente mit zunächst internen Zielsetzungen. Bei konsequenter Übertragung des externen Marketingmix auf unternehmensinterne Sachverhalte kann so z.B. die Arbeitsplatzgestaltung als Element der internen Produktpolitik verstanden werden mit dem Ziel, die Mitarbeiterzufriedenheit als internes Ziel zu beeinflussen. Eine zweite Gruppe (Typ 2) bilden externe Marketinginstrumente mit internen Zielsetzungen. Hierzu gehören z.B. externe Maßnahmen der Unternehmenskommunikation, die direkt auf die Mitarbeiter Bezug nehmen und Zielsetzungen hinsichtlich der Entwicklung von Mitarbeitercommitment verfolgen. Die dritte Kategorie (Typ 3) umfaßt schließlich den Einsatz interner Marketinginstrumente mit primär externen Zielsetzungen. Hier seien z.B. Maßnahmen der Internen Kommunikation genannt, die aufgrund eines überwiegend informationsorientierten Charakters den Kenntnisstand der Mitarbeiter verbessern sollen, um damit eine bessere Leistung im Kundenkontaktmanagement zu erreichen.

Nicht unproblematisch erscheint der Einsatz von Marketinginstrumenten als Ergebnis der Auffassung, daß **Arbeitsplätze** interne Produkte sind, die mit den Mitteln des Marketing „vermarktet" werden müssen (vgl. auch *Ahmed/Rafiq 1995, S. 35ff.*). Die im Kontext des Internen Marketing dabei zunächst diskutierten Ansätze einer mehr oder weniger direkten Übertragung des Marketinginstrumentariums auf unternehmensinterne Zusammenhänge kann vor allem aus zwei Gründen nicht wirklich überzeugen. Zum einen erscheinen die Möglichkeiten einer sinnvollen Übertragung der z.B. Preis- und der Distributionspolitik aus sachlogischen Überlegungen heraus begrenzt (und damit teilweise recht konstruiert), zum anderen demonstrieren die aktuellen Entwicklungen im externen Marketing zunehmend die begrenzte Leistungsfähigkeit des klassischen Marketingmix (vgl. auch *Bruhn 1998, S. 710ff.; Grund 1998, S. 79*). Danach erscheinen die 4 Ps zwar geeignet, Kunden zu gewinnen, in ihrer klassischen Strukturierung allerdings als nicht ausreichend, um Kunden zu binden (*Liljander/Strandvik 1995, S. 160; Joseph 1996, S. 57*).

Versteht man aus pragmatischen Überlegungen die Arbeit von Menschen in einem Unternehmen zunächst als „**Produkt**", so ist das Produkt des Internen Marketing umfangreicher als der bloße Arbeitsplatz. Neben der Marketingstrategie und ihrer Umsetzung sind es vor allem Werte, Einstellungen und Verhaltensweisen, die die Mitarbeiter internalisieren sollen, und die Dynamik, die mit einem konsequenten Internen Marketing einhergeht (*Piercy/Morgan 1991, S. 85*).

Als besonders relevant für das Erreichen der Ziele des Internen Marketing stellt sich hingegen die interne **Kommunikationspolitik** dar (*Bruhn 1997, S. 894ff.*). Die Defizite in diesem Bereich werden ersichtlich, wenn man sich vor Augen führt, mit welch ausdifferenziertem Medieneinsatz externe Zielgruppen angesprochen werden und welcher Bruchteil dieser Medien gegenüber jenen – internen – Zielgruppen eingesetzt wird, die die Leistungen des Unternehmens „herstellen". Diese Form der Kommunikationspolitik ist Ausdruck eines verfehlten Verständnisses, das die internen Zielgruppen als weit weniger wichtig für den Unternehmenserfolg einstuft als die externen.

Interne Kommunikationspolitik (auch: **Mitarbeiterkommunikation**) darf dabei nicht mit oberflächlichen Verhaltensschulungen (als Ausprägung der Einwegkommunikation) gleichgesetzt werden. Um Internes Marketing in einem Unternehmen zu verankern, müssen den Mitarbeitern Philosophie, Werte, Ziele, Strategien usw. vermittelt werden – und dies in weitgehend interaktiver Form, um die Verpflichtung der Mitarbeiter zu erhöhen (vgl. auch den Beitrag von *Dotzler* in diesem Sammelband).

Neben den institutionalisierten Formen der schriftlichen und mündlichen Kommunikation kommt aber auch der **nonverbalen Kommunikation**, die sich im Verhalten der

Mitarbeiter und des Managements manifestiert, besonderes Gewicht zu (vgl. auch *Varey 1995b, S. 50*). Die interne Kommunikationspolitik kann nur dann Erfolg haben, wenn sich die proklamierten Ziele und Werte sowie das Verhalten des Managements entsprechen. Wird interne Kundenorientierung als Ziel bzw. Strategie des Unternehmens nach innen kommuniziert, so müssen Vorgesetzte für die Mitarbeiter auch tatsächlich zu sprechen sein und sich für ihre Probleme oder Vorschläge interessieren. Dies gilt dabei nicht nur für die direkten Vorgesetzten, sondern auch für Mitglieder der höheren Führungsebenen.

Die Mitarbeiter eines Unternehmens nehmen allerdings nicht nur die intern an sie gerichteten Botschaften wahr, sie sind als „**Second Audience**" auch Rezipienten der externen Unternehmenskommunikation (*Firestone 1983, S. 87f.; Berry 1984, S. 275f.; George/Berry 1984, S. 408; Barnes 1989, S. 19; Stauss 1995, S. 269f.*). Dabei lassen sich zwei Ausprägungsformen unterscheiden:

- Externe Kommunikation, die die Ansprache der externen und internen Kunden zum Ziel hat (z.B. Anzeigen oder Spots, in denen die Mitarbeiter des Unternehmens direkt angesprochen werden).
- Externe Kommunikation, die primär auf externe Zielgruppen ausgerichtet ist, aber dennoch auch interne Zielgruppen erreicht (alle sonstigen nach außen gerichteten kommunikativen Aktivitäten).

Die **externe Unternehmenskommunikation** bietet somit die Möglichkeit, die Erreichung der Ziele des Internen Marketing aktiv zu unterstützen. Dies ist insbesondere dann der Fall, wenn Mitarbeiter des Unternehmens in die externen Kommunikationsmaßnahmen eingebunden werden, beispielsweise also in Zeitungsanzeigen Aussagen zum Unternehmen und seinen Leistungen oder der eigenen Arbeit zur Erfüllung des Leistungsversprechens treffen.

Wird die Option einer auch an internen Zielen orientierten Gestaltung der externen Kommunikation nicht aktiv genutzt, so muß das Management zumindest **negative Wirkungen nach innen** vermeiden. Diese entstehen insbesondere dann, wenn:

- für die Mitarbeiter relevante Sachverhalte zuerst extern kommuniziert werden,
- sich die Inhalte der externen und der internen Kommunikation widersprechen,
- die Inhalte der externen Kommunikation bei den Kunden Erwartungen erwecken, denen sich die Mitarbeiter nicht gewachsen sehen.

3.3 Instrumente des marketingorientierten Personalmanagements

Um ein aus Effizienzgesichtspunkten optimales Auftreten des Unternehmens und seiner Mitarbeiter nach innen und außen zu gewährleisten, müssen aus der Inside-out-Perspektive jene Instrumente eingesetzt werden, die klassischerweise als überwiegend innenorientiert eingestuft wurden.

Das Ziel eines effizienten Marktauftritts läßt sich nur dann erreichen, wenn ein möglichst exakter **„Fit“ zwischen Mitarbeitern und Unternehmen** bzw. einzelnen Arbeitsplätzen erreicht wird. Vergleichbar mit dem verhältnismäßig geringen Aufwand, einen Fehler in einer frühen Phase eines Fertigungsprozesses zu erkennen und zu beseitigen, ist es für ein Unternehmen erheblich günstiger – wenn auch nicht kostenlos – die passenden Mitarbeiter für bestimmte Stellen zu finden, als nachlässig akquirierte, wenig qualifizierte und nicht motivierte Mitarbeiter nachträglich weiterzubilden.

Internes Marketing beginnt daher bei der Auswahl der „richtigen“ Mitarbeiter und bei den Instrumenten der **Personalansprache und -akquisition**. Unternehmen, die die Markt- und Serviceführerschaft anstreben, müssen dies deutlich durch die Art und Weise der Ansprache potentieller Mitarbeiter dokumentieren. Die **Visionen des Unternehmens** sowie das Verständnis von Leistungsbereitschaft und -fähigkeit müssen den Zielgruppen in einer Weise nahegebracht werden, die sowohl die Erwartungen des Managements an die Mitarbeiter deutlich macht, als auch die Leistungen des Unternehmens für die zukünftigen Mitarbeiter. Ziel muß es dabei sein, den Mitarbeitern Karrieren anzubieten und nicht allein Jobs (*Berry/Zeithaml/Parasuraman 1990, S. 49*). Auf diese Weise sollen jene Bewerber aktiviert werden, die sich den zu erwartenden Herausforderungen zu stellen bereit sind, und jene Bewerber von einer Bewerbung abgehalten werden, die die Ansprüche des Unternehmens voraussichtlich nicht erfüllen können.

Der **Personalauswahl** kommt für das Interne Marketing besondere Bedeutung zu. Aufgrund der hohen Kosten, die mit der Einstellung für das Unternehmen ungeeigneter Mitarbeiter verbunden sind, gilt es, jene Bewerber auszuwählen, die sich durch Serviceorientierung, hohe Leistungsfähigkeit und -bereitschaft sowie eine entsprechende soziale Kompetenz auszeichnen. Unternehmen, die Internes Marketing bereits umfassend implementiert haben, schenken diesem Teil des Personalmanagements große Beachtung (*Sewell/Brown 1990, S. 68; Moores 1991, S. 446*).

Um eine möglichst ideale **Entsprechung zwischen Stelle und Mitarbeiter** zu gewährleisten, ist es hierbei erforderlich, das Spektrum der bei der Mitarbeiterauswahl eingesetzten Verfahren im Einzelfall unterschiedlich zusammenzustellen. Sollen die Mitarbeiter den konkreten Anforderungen des Arbeitsplatzes umfassend gerecht werden, so dürfen Einstellungstests, Assessmentcenter usw. nicht undifferenziert eingesetzt werden, sondern sind arbeitsplatzspezifisch zu konzipieren und anzuwenden.

Die weitere Entwicklung im Unternehmen muß den zweiten Schwerpunkt des marketingorientierten Personalmanagements bilden. In Abhängigkeit von den individuellen Kompetenzen müssen für den einzelnen Mitarbeiter in engem Kontakt zu den Vorgesetzten **Karrierepfade** entwickelt werden, die sowohl dem aktuellen Leistungsstand als auch den Entwicklungsfähigkeiten eines Mitarbeiters gerecht werden. Die unternehmensinternen Instrumente der Personalentwicklung müssen dabei ebenso individuell eingesetzt werden wie dies auf den unternehmensexternen Märkten gegenüber den Endkunden der Fall ist. Der Instrumentekatalog reicht hier von breit angelegten Schulungs- und Seminarveranstaltungen bis hin zum individuellen Mitarbeitergespräch, in dem über Zielvereinbarungen der Rahmen für die kommende Arbeit abgesteckt wird.

4. Implementierung des Internen Marketing

4.1 Barrieren der Umsetzung des Internen Marketing

Die Erfahrungen mit Veränderungsprozessen in Unternehmen zeigen, daß im Zusammenhang mit neuen Konzepten bzw. Umstrukturierungen in der Unternehmensorganisation in der Regel Vorbehalte auf seiten der Mitarbeiter abgebaut werden müssen, um eine erfolgreiche Implementierung zu ermöglichen. Dementsprechend muß auch bei der Auseinandersetzung mit einzelnen Themen des Internen Marketing möglichst frühzeitig überlegt werden, welche möglichen Barrieren die Implementierung behindern könnten und auf welche Weise diese Barrieren bewältigt werden könnten. Abbildung 6 gibt einen Überblick über die zentralen Hindernisse, die in Zusammenhang mit Programmen des Internen Marketing zu beobachten sind.

Inhaltlich-konzeptionelle Barrieren

Abgesehen von einem grundsätzlichen Fehlverständnis, das Internes Marketing ausschließlich mit der Vermarktung der Arbeitsplätze an (potentielle) Mitarbeiter gleichsetzt, wird in vielen Unternehmen die Notwendigkeit der parallelen Kunden- und Mitarbeiterorientierung nicht wirklich erkannt. So wird zum einen z.B. der Stellenwert der Mitarbeiterzufriedenheit für die interne und externe Leistungsqualität und damit auch die Kundenzufriedenheit unterschätzt, zum anderen ist vielfach eine mangelnde Konsequenz in der Implementierung zu beobachten. Ein zentrales Hindernis stellen schließlich auch die konzeptimmanenten Probleme der Erfolgskontrolle dar (Quantifizierbarkeit von qualitativen Verbesserungen und deren Kosten-Nutzen-Wirkungen, verursachungsgerechte Zurechnung usw.).

Inhaltlich-konzeptionelle Barrieren	Organisatorisch-strukturelle Barrieren	Personell-kulturelle Barrieren
□ Fehlverständnis der Inhalte des Internen Marketing □ Zufriedenheit mit der Implementierung von Teilkonzepten □ Probleme der Erfolgsbeurteilung und Erfolgszurechnung	□ Schnittstellenprobleme zwischen Abteilungen (Ressortdenken) □ Fehlende oder unklare Festlegung von Verantwortlichkeiten □ Divisionale Organisationsstrukturen	□ Führungsschwächen beim Management □ Inadäquate Personalakquisition und Personalentwicklung □ Emotional-psychologische Vorbehalte ggü. Veränderungen

Abbildung 6: Ausgewählte Barrieren der Implementierung von Programmen des Internen Marketing

Organisatorisch-strukturelle Barrieren

Implementierungsprobleme auf der organisatorisch-strukturellen Ebene sind zunächst vielfach das Resultat der Schnittstellensituation des Internen Marketing zwischen Marketing- und Personalmanagement. Die konsequente Zusammenarbeit zwischen diesen Bereichen ist aufgrund von Ressortdenken und Abteilungsegoismen zumeist noch wenig ausgeprägt. Problematisch erscheinen auch fehlende bzw. unklare Verantwortlichkeiten. Besteht im ersten Fall die Gefahr, daß sich letztlich keine organisatorische Einheit für das Interne Marketing verantwortlich sieht, so können im zweiten Fall Kompetenzprobleme resultieren, die die Implementierung ebenfalls behindern. Darüber hinaus sind z.B. auch divisionale Organisationsstrukturen Ursachen für Probleme bei der Implementierung des Internen Marketing.

Personell-kulturelle Barrieren

Behindert wird die erfolgreiche Implementierung des Internen Marketing schließlich auch durch personenbezogene Barrieren einzelner Mitarbeiter bzw. Mitarbeitergruppen. Diese können ihre Ursache in einem ineffizienten Personalmanagement (Akquisition der „falschen“ Mitarbeiter, mangelhafte Personalentwicklung usw.) haben oder auch in der grundsätzlich beobachtbaren Scheu von Menschen vor Veränderungen. Verstärkt werden diese individuellen Barrieren vielfach durch das Verhalten der direkten Vorgesetzten oder des Managements, wenn sich z.B. die Kommunikation vom tatsächlich beobachtbaren Verhalten deutlich unterscheidet.

4.2 Ansatzpunkte zur Implementierung

Unter Berücksichtigung der unterschiedlichen Niveaus in Fähigkeit und Bereitschaft, die Instrumente des Internen Marketing einzusetzen sowie vor dem Hintergrund der anderen Implementierungsbarrieren kann Internes Marketing nicht zu einer „Stunde Null" in einem Unternehmen „eingeführt" werden. Die Implementierung setzt vielmehr einen längerfristigen **Veränderungsprozeß** im gesamten Unternehmen voraus, der zu einem großen Teil von Veränderungen im Bewußtsein geprägt sein wird.

Um einen fehlgeleiteten Einsatz von Instrumenten und Methoden zu vermeiden, muß – aufbauend auf den Ergebnissen einer umfassenden **Situationsanalyse** – (*Berry/Parasuraman 1992b, S. 29;* vgl. auch den Beitrag von *Domsch/Ladwig* in diesem Sammelband), zu Beginn der Implementierung fixiert sein, welcher Handlungsbedarf in welchen Unternehmensbereichen konkret besteht.

Die **Implementierung des Internen Marketing** erfordert zwei wesentliche Schritte (*Kolks 1990, S. 78f.*):

(1) Die **Umsetzung** im Sinne einer Spezifizierung der Ziele, Inhalte und Ausprägungsformen des Internen Marketing.

(2) Die **Durchsetzung** im Sinne einer breit angelegten Akzeptanzschaffung im Unternehmen.

Gegenstand der Umsetzung bzw. Durchsetzung sind dabei Anpassungen von Systemen, Strukturen und der Unternehmenskultur (*Meffert 1994*). Konzentriert man sich auf die Implementierung des Internen Marketing, dann soll das folgende **Phasenkonzept** zugrundegelegt werden:

Phase 1: Verpflichtung des Managements
Phase 2: Kommunikation mit den Mitarbeitern
Phase 3: Vermittlung des erforderlichen Know-hows
Phase 4: Verpflichtung der Mitarbeiter

ad (1): **Verpflichtung des Managements**
Die wirksame Implementierung des Internen Marketing ist zwingend mit der Selbstverpflichtung des Managements verbunden. Alle Konzepte und Instrumente werden keinen bzw. nur begrenzten Erfolg haben, wenn das Denken und Handeln der Führungskräfte den postulierten Grundsätzen des Internen Marketing widerspricht.

Dabei muß die Orientierung an den Bedürfnissen der Mitarbeiter und das Verständnis der internen Prozesse als Kunden-Lieferanten-Beziehung täglich unter Beweis gestellt werden (*Compton/George/Grönroos 1987, S. 10*). Wird in der ersten Phase des Implementierungsprozesses das Unterstützungspotential und die Unterstützungsbereitschaft der Führungskräfte nicht sichergestellt, dann ist das gesamte Konzept zum Scheitern bzw. zum Mindererfolg verurteilt.

Als Instrumente der Umsetzung dieses ersten Schrittes eignen sich insbesondere **Dialogveranstaltungen** der Unternehmensleitung mit den Führungskräften, **Workshops** und **Seminare**. Ausgehend von „Kick-off"-Veranstaltungen, bei denen Führungskräfte und Unternehmensleitung in direktem Dialog Ziele zu den einzelnen Programmschwerpunkten des Internen Marketing sowie Art und Umfang der erforderlichen Veränderungen diskutieren können, müssen die Führungskräfte den praktischen Umgang mit einer internen Kunden-Lieferanten-Beziehung auch konkret trainieren (*Cocheu 1989, S. 60ff.*).

ad (2): **Kommunikation mit den Mitarbeitern**
Sind Führungskräfte über Ziele und Ausgestaltungsformen des Internen Marketing für das eigene Unternehmen informiert und auch bereit, das eigene Verhalten an den Prinzipien des Internen Marketing auszurichten, so muß im folgenden das Verständnis und die Akzeptanz bei den Mitarbeitern gesichert werden.

Unabhängig von den noch zu vermittelnden Kenntnissen zu Techniken und Methoden des Internen Marketing stehen in dieser Phase die Sicherung des „Kennens" und des „Verstehens" des zugrundeliegenden Verständnisses von Marketing- und Personalmanagement im Vordergrund. Dies heißt insbesondere, daß bei den Mitarbeitern die Akzeptanz der Maxime einer intern wie extern konsequenten Orientierung an den Kundenwünschen geschaffen werden muß.

Mittel zum Erreichen dieses Ziels sind in erster Linie persönliche Kontakte zu direkten Vorgesetzten und zu Mitgliedern der Unternehmensleitung. Den Mitarbeitern müssen die Erfahrungen, die andere Unternehmen mit Konzepten des Internen Marketing gemacht haben, vorgestellt werden, und es ist die Notwendigkeit der Neuorientierung für das eigene Unternehmen zu begründen.

Um in dieser Phase der Implementierung Irritationen unter den Mitarbeitern zu vermeiden ist es erforderlich, direkt und offen anzusprechen, mit welchen Erwartungen und Zielen die einzelnen Facetten des Internen Marketing im Unternehmen verbunden sind. Dies heißt auch, für den Einzelnen zu dokumentieren, welche Veränderungen sich ergeben – und welche nicht. Nur wenn das Klima dieser Kommunikation von offenem Dialog geprägt ist, können Ängste vermieden werden, die die Einführung neuer Strategien oder Managementmethoden begleiten.

ad (3): **Vermittlung des erforderlichen Know-hows**
Über die Vermittlung der notwendigen Hintergründe und die Sicherung der Akzeptanz hinaus müssen die Mitarbeiter auch mit Techniken und Methoden vertraut gemacht werden, die die Implementierung der Programmschwerpunkte des Internen Marketing unterstützen. Dabei sind – aufbauend auf der Position eines Kunden oder eines Lieferanten – grundsätzlich zwei Perspektiven zu berücksichtigen, die ineinander greifen. So sind die Mitarbeiter einerseits Kunde innerhalb eines Führungs- und Leistungserstellungsprozesses ihrer Vorgesetzten, andererseits sind sie selbst in der Position des Lieferanten gegenüber anderen Mitgliedern des Unternehmens bzw. gegenüber den externen Kunden. Die **Mitarbeiter** sind damit gleichzeitig **Objekt und Subjekt des Internen Marketing**.

Gegenstand der Know-how-Vermittlung sind somit beispielsweise:
- ☐ Unternehmensleitbild und Marketingstrategien,
- ☐ neue Führungsmethoden (z.B. Mitarbeitergespräche),
- ☐ Qualitätstechniken (z.B. Qualitätskreise),
- ☐ Techniken zur Bewältigung des internen und externen Kundenkontaktes (z.B. Umgang mit Beschwerden).

ad (4): **Verpflichtung der Mitarbeiter**
Die letzte Phase des Implementierungsprozesses muß auf die Verpflichtung aller Mitarbeiter gerichtet sein, die Aktivitäten im Rahmen der Programmschwerpunkte des Internen Marketing als tägliche Verpflichtung zu sehen. Erreicht werden kann die Internalisierung der Werte des Internen Marketing allerdings nur, wenn sich auch die direkten Vorgesetzten und das gesamte Unternehmen entsprechend verhalten. Die **Internalisierung des Marketingverständnisses** auf allen Ebenen heißt vor allem, daß
- ☐ zwischen Unternehmensleitbild, Führungsleitbild und Handeln der Führungskräfte keine „Lücken“ bestehen,
- ☐ interne Kundenorientierung nicht nur als Worthülse verbraucht wird,
- ☐ Maßnahmen zur Förderung des Internen Marketing nicht über eine Budget-Restgröße finanziert werden,
- ☐ eine entsprechende Kontinuität in allen internen Maßnahmen des Personal- und Marketingmanagements sichergestellt wird.

Die Forderung nach **Kontinuität** setzt zusätzlich voraus, daß der Implementierungsprozeß nicht als zu einem bestimmten Zeitpunkt abgeschlossen betrachtet werden kann. Mit Blick auf die Dynamik im Unternehmensumfeld, den Eintritt neuer Mitarbeiter in ein Unternehmen und die Notwendigkeit des Lernens durch Wiederholung muß die Implementierung als revolvierender Prozeß verstanden werden. Erfahrungen im Zuge der

Implementierung von integrierten Kommunikationskonzepten haben ferner gezeigt, daß der Vermeidung von „Not-invented-here"-Problemen besondere Beachtung geschenkt werden muß (*Bruhn 1995, S. 55*).

Darüber hinaus kommen der Identität von Wort und Tat sowie der Kontinuität in der Umsetzung der Programme des Internen Marketing zentrale Bedeutung zu, da nur so bei allen Mitarbeitern jenes **Vertrauen** gewährleistet werden kann, das die Identifikation mit dem Unternehmen, seinen Zielen und die Leistungsbereitschaft auch in kritischen Situationen unterstützen kann. Aus diesem Grund müssen alle Maßnahmen vermieden werden, die das Vertrauen der Mitarbeiter in ein Unternehmen beeinträchtigen können. Enttäuschte Erwartungen führen nicht nur bei den externen Kunden zu Unzufriedenheit und Verweigerung gegenüber der Unternehmensleistung.

Ansätze zur Implementierung von Programmen des Internen Marketing scheitern vielfach an dem zuvor erläuterten Identitätspostulat. Sind die Unternehmensziele und die entsprechenden Marketingstrategien zu weit entfernt von den Vorstellungen der Mitarbeiter (die Distanz kann von beiden Seiten aus entstehen), besteht seitens der Mitarbeiter nicht der Wille, sich mit den Zielsetzungen zu identifizieren oder erleben die Mitarbeiter, daß die geforderten Werte nur Lippenbekenntnisse bleiben, kann Internes Marketing nicht umfassend implementiert werden.

4.3 Träger und Institutionalisierung des Internen Marketing

Als Adressaten des Internen Marketing werden von *Stauss* unterschiedliche Gruppen angesehen. Er unterscheidet zwischen zwei Erscheinungsformen (*Stauss 1994, S. 477ff.*):

(1) Das **personalorientierte interne Marketing** betrachtet das Personal als Adressaten von Steuerungsmaßnahmen. Die Steuerung wird von der Unternehmensleitung vorgenommen.

(2) Das **subsystemorientierte interne Marketing** sieht räumlich getrennte Unternehmenseinheiten mit dezentraler Leistungserstellung als Adressaten von Steuerungsmaßnahmen. Typische Beispiele von dezentralen Einheiten sind Betriebsstätten, Filialen und Franchisenehmer.

Notwendigerweise können beide Erscheinungsformen miteinander verbunden werden; in diesem Fall erhält man eine Verknüpfung von personal- und subsystemorientiertem Internen Marketing (*Stauss 1994, S. 479*).

Bei den vielfältigen Aufgabenbereichen und Maßnahmen des Internen Marketing stellt sich darauf aufbauend automatisch die Frage, welche Personen und Abteilungen in den Unternehmen die Verantwortung für diese Aufgaben übernehmen sollten. Im Zusammenhang mit der **Institutionalisierung des Internen Marketing** sind drei **Vorgehensweisen** denkbar:

(1) Schaffung einer Zentralabteilung „Internes Marketing"
(2) Erweiterung der Aufgabenbereiche der klassischen Abteilungen
(3) Bildung von Projektorganisationen

ad (1): Eine – wenn auch vordergründige – Alternative besteht in der **Schaffung einer Zentralabteilung** zur Bewältigung der im Rahmen der Programmschwerpunkte des Internen Marketing skizzierten Aufgaben. Grundsätzlich ist allerdings davon auszugehen, daß es nicht zweckmäßig ist, eine neue **Abteilung „Internes Marketing"** – auf welcher Ebene und in welcher organisatorischen Eingliederung auch immer – zu etablieren. Dabei werden sachlogische und emotionale Barrieren bestehen.

Die **sachlogischen Probleme** entstehen dadurch, daß durch die Schnittstellenproblematik der klassischen Organisationseinheiten (Marketing, Personal, Kommunikation) zahlreiche Widerstände aufgrund der Kompetenzüberschneidungen gegenüber einer derartigen „Über"-Abteilung bestehen. Hier sind die Aufgabenbereiche nicht eindeutig voneinander abzugrenzen.

Darüber hinaus werden in vielen Unternehmen **emotionale Probleme** durch die Namensgebung dieser zentralen Abteilung entstehen. Der Begriff „Marketing" ist in der Regel semantisch besetzt in dem Sinne, daß er mit „Verkaufen", „Vermarkten" u.ä. verbunden wird, zum Teil auch negative Assoziationen mit „Manipulation" u.ä. hervorruft. Die Verwendung dieses Begriffes für interne Zwecke hat deshalb nur eine begrenzte Tragfähigkeit; in einzelnen Fällen wird es sogar kontraproduktive Kräfte bewirken. Durch diese emotionale Vorbelastung wird man von Bezeichnungen dieser Art in der Praxis absehen.

ad (2): Eine zweite Alternative besteht in der **Erweiterung der Aufgabenbereiche der klassischen Abteilungen Marketing und Personal** um die skizzierten Aufgaben des Internen Marketing. Hier wird man neue Aufgaben definieren müssen, die bislang vernachlässigt wurden, die zur Kompetenz der Abteilungen gehören und von ihnen zusätzlich erbracht werden müssen.

So wird man beispielsweise die Personalabteilung mit neuen Akzenten versehen. Die Einstellung von neuen Mitarbeitern, die Personalentwicklung u.a.m. werden nach veränderten Kriterien und neuen Prinzipien durchgeführt. Dieser Weg geht von dem „Personalwesen" zu einem „marktorientierten Personalmanagement" (vgl. hierzu die Beiträge von *Heidack* und *Wunderer* in diesem Sammelband). Auch die Marketingabteilung wird sich verstärkt um Maßnahmen der Förderung von Mitarbeitern auf den verschiedenen Ebenen zur Verbesserung des Markterfolges kümmern. Der Stellenwert des fünften Ps (Personal) wird zunehmen und als eigenständige Aufgabe für das Marketingmanagement definiert.

ad (3): Sicherlich wird es bei der Erweiterung des Aufgabenbereichs für die klassischen Abteilungen zahlreiche Aufgaben geben, die nicht eindeutig zugeordnet werden können und in erster Linie Schnittstellenaufgaben zwischen den Abteilungen betreffen. Hier besteht eine geeignete Form der Institutionalisierung des Internen Marketing im Unternehmen durch die Formulierung von Einzelprojekten, die dann im Rahmen einer **Projektorganisation** durchgeführt werden. Dabei sind Mitarbeiter aus unterschiedlichen Abteilungen und Ressorts zeitlich begrenzt in Projekten zusammengeführt, die dann funktionsübergreifend und gemeinsam eine Problemlösung erarbeiten.

Diese Form der Projektorganisation wird sich für das Interne Marketing für alle Schnittstellenaufgaben am besten eignen. Damit ist sichergestellt, daß die im Unternehmen vorhandenen Kompetenzen gebündelt werden und andere, fest institutionalisierte Organisationsformen nicht abgelehnt werden.

Die Verschmelzung des externen mit dem internen Marketing zu einem **integrierten Marketingansatz** im Sinne einer unternehmensorientierten Perspektive eröffnet beträchtliche Chancen in Hinblick auf die Sicherung und Förderung des zukünftigen Unternehmensbestandes. Erstklassige Unternehmen haben die möglichen Wettbewerbsvorteile bereits erkannt und nutzen das Interne Marketing als integralen Bestandteil einer ganzheitlich auf Qualität ausgerichteten Unternehmensführung schon heute. Eine weitreichendere Implementierung in der Unternehmenspraxis steht allerdings noch aus.

Um diese **Implementierungslücke in der Praxis** schließen zu können, müssen verschiedene Voraussetzungen erfüllt werden:

- ☐ Anerkennung des Internen Marketing als integrativen Ansatz an der Schnittstelle zwischen Marketing- und Personalmanagement.
- ☐ Aufgabe des klassischen Abteilungs-/Bereichsdenkens und stärkere Prozeßorientierung im gesamten Unternehmen.
- ☐ Schaffung eines offenen, vertrauensvollen Klimas, um die internen Rahmenbedingungen für ein effizientes Internes Marketing zu schaffen.

- ☐ Schließung bisheriger und Vermeidung zukünftiger „Lücken" zwischen dem Unternehmensanspruch und der tatsächlichen Wirklichkeit sowie der Unternehmenskommunikation und dem Erleben der Mitarbeiter.
- ☐ Anerkennung und Belohnung des persönlichen Beitrages der Mitarbeiter für den Unternehmenserfolg.

Vermieden werden muß allerdings der Eindruck, daß Internes Marketing ein Patentrezept für den Unternehmenserfolg sein kann, das „in einem Zug" eingeführt werden kann und kurzfristig wirkt. Internes Marketing erfordert in vielen Unternehmensbereichen ein Umdenken und eine Neuorientierung in den Köpfen der Mitarbeiter, die nicht „über Nacht" bewältigt werden können. Die Implementierung der Konzepte des Internen Marketing ist ein **langfristiger Prozeß**, der mit **kleinen Schritten** begonnen und mit entsprechender **Kontinuität** verfolgt werden muß, um zum Erfolg zu führen (vgl. auch *Cahill 1995; Rafiq/Ahmed 1995*).

5. Schlußbetrachtung

Die Zielsetzungen des Internen Marketing dürfen dann als erreicht gelten, wenn es für die Mitarbeiter keiner besonderen Anstrengung mehr bedarf, sich an die Unternehmenszielsetzungen zu erinnern bzw. sich auch entsprechend dieser Zielsetzungen zu verhalten (*Cahill 1996, S. 97*). Internes Marketing hat dann den Charakter einer Unternehmensphilosophie, die tatsächlich gelebt wird und nicht „von oben" verordnet ist.

Diese Zielvorstellung eines quasi „virtuellen" Internen Marketing kann naturgemäß nicht kurz- bis mittelfristig erreicht werden. Notwendig erscheint daher ein „Nukleus", durch den zum einen ein ausreichendes Maß an organisatorischer Verankerung mit entsprechenden Verantwortlichkeiten geschaffen wird und zum anderen die Ideen des Internen Marketing angemessen gegenüber allen Mitarbeitern transportiert werden können. Organisatorisch geeignet präsentiert sich demgemäß die Definition mehrerer Projekte zum Internen Marketing, die vor allem auch den direkten Austausch zwischen Marketing- und Personalmanagement fördern sollen. Inhaltlich prädestiniert sind hierfür Projekte zur Entwicklung der Internen Kommunikation, die aufgrund ihrer Charakteristika grundsätzlich zahlreiche Verbindungslinien sowohl zum Marketing- als auch zum Personalbereich aufweist.

Literaturverzeichnis

Ahmed, P.K./Rafiq, M. (1995): The Role of Internal Marketing in the Implementation of Marketing Strategies, in: Journal of Marketing Practice. Applied Marketing Science, Vol. 1, No. 4, S. 32-51.

Barnes, J.G. (1989): The Role of Internal Marketing. If the Staff Won't Buy It, Why Should the Customer?, in: Irish Marketing Review, Vol. 4, No. 2, S. 11-21.

Berry, L.L. (1984): The Employee as Customer, in: *Lovelock, C.H. (Hrsg.)*: Services Marketing, Englewoods Cliffs, S. 271-278.

Berry, L.L./Parasuraman, A. (1992a): Service-Marketing, Frankfurt am Main/New York.

Berry, L.L./Parasuraman, A. (1992b): Services Marketing Starts From Within, in: Marketing Management, Winter, S. 25-34.

Berry, L.L./Zeithaml, V.A./Parasuraman, A. (1990): Five imperatives for improving service quality, in: Sloan Management Review, Vol. 31, No. 4, S. 29-38.

Bruhn, M. (1995): Integrierte Unternehmenskommunikation, 2. Aufl., Stuttgart u.a.

Bruhn, M. (1997): Kommunikationspolitik. Bedeutung, Strategien, Instrumente, München.

Bruhn, M. (1998): Internes Marketing als neue Schwerpunktsetzung für das Personalmanagement in Dienstleistungsunternehmen, in: *Bruhn, M./Meffert, H. (Hrsg.)*: Handbuch Dienstleistungsmanagement. Von der strategischen Konzeption zur praktischen Umsetzung, Wiesbaden, S. 707-732.

Cahill, D.J. (1995): The Managerial Implications of the Learning Organization. A New Tool for Internal Marketing, in: Journal of Services Marketing, Vol. 9, No. 4, S. 43-51.

Cahill, D.J. (1996): Internal Marketing. Your Company's Next Stage of Growth, New York/ London.

Cocheu, T. (1989): Training for quality improvement, in: Training and Development Journal, Vol. 43, No. 1, S. 56-62.

Compton, F.F. (1987): Internal marketing of marketing, in: *Czepiel, J.A./Congram, C.A./ Shanahan, J.B. (Hrsg.)*: The services challenge: Integrating for competitive advantage, Chicago, S. 17-20.

Compton, F.F./George, W.R./Grönroos, C./Karvinen, M. (1987): Internal Marketing, in: *Czepiel, J.A./Congram, C.A./Shanahan, J.B. (Hrsg.)*: The services challenge: Integrating for competitive advantage, Chicago, S. 7-12.

Firestone, S.H. (1983): Why Advertising a Service is Different, in: *Berry, L.L./Shostack, G.L./ Upah, G.D. (Hrsg.)*: Emerging Perspectives on Services Marketing, Chicago, S. 86-89.

George, W.R. (1977): The Retailing of Services – A Challenging Future, in: Journal of Retailing, Vol. 53, No. 3, S. 85-98.

George, W.R. (1990): Internal Marketing and Organizational Behavior: A Partnership in Developing Customer-Conscious Employees at Every Level, in: Journal of Business Research, Vol. 20, S. 63-70.

George, W.R./Berry, L.L. (1984): Guidelines for the Advertising of Services, in: *Lovelock, C.H. (Hrsg.)*: Services Marketing. Text, Cases and Readings, Englewood Cliffs, S. 407-412.

George, W.R./Grönroos, C. (1991): Developing Customer-Conscious Employees at Every Level. Internal Marketing, in: *Congram, C.A./Friedman, M.L. (Hrsg.)*: AMA Handbook of Marketing for the Service Industries, New York, S. 85-100.

Grönroos, C. (1980): An Applied Service Marketing Theory, Arbeitspapier Nr. 57, Swedish School of Economics and Business administration, Helsinki.

Grönroos, C. (1981): Internal Marketing – an Integral Part of Marketing Theory, in: *Donnelly, J.H./George, W.R. (Hrsg.)*: Marketing of Services, Chicago, S. 236-238.

Grönroos, C. (1985): Internal Marketing. Theory and Practice, in: *Bloch, T.M./Upah, G.D./ Zeithaml, V.A. (Hrsg.)*: Services Marketing in a Changing Environment, Chicago, S. 41-47.

Grund, M.A. (1998): Interaktionsbeziehungen im Dienstleistungsmarketing. Zusammenhänge zwischen Zufriedenheit und Bindung von Kunden und Mitarbeitern, Band 4 der Basler Schriften zum Marketing, *Bruhn, M. (Hrsg.)*, Wiesbaden.

Gummesson, E. (1987): Using Internal Marketing to Develop a New Culture – The Case of Ericsson Quality, in: *Czepiel, J.A./Congram, C.A./Shanahan, J. (Hrsg.)*: The Service Challenge. Integrating for Competitive Advantage, AMA Proceedings Series, S. 13-15.

Harrell, G.D./Fors, M.F. (1992): Internal Marketing of a Service, in: Industrial Marketing Management, Vol. 21, S. 299-306.

Harrell, G.D./Fors, M.F. (1995): Marketing Services to Satisfy Internal Customers, in: Logistics Information Management, Vol. 8, No. 4, S. 22-27.

Heskett, J.L./Jones, T.O./Loveman, G.W./Sasser, W.E. Jr./Schlesinger, L.A. (1994): Putting the Service-Profit Chain to Work, in: Harvard Business Review, Vol. 72, No. 2, S. 164-174.

Hunt, S.D. (1976): The Nature and Scope of Marketing, in: Journal of Marketing, Vol. 40, No. 3, S. 17-28.

Joseph, W.B. (1996): Internal Marketing Builds Service Quality, in: Journal of Health Care Marketing, Vol. 16, No. 1, S. 54-59.

Kolks, U. (1990): Strategieimplementierung. Ein anwendungsorientiertes Konzept, Wiesbaden.

Kotler, P./Bliemel, F. (1999): Marketing-Management. Analyse, Planung, Umsetzung und Steuerung, 9. Aufl., Stuttgart.

Kotler, P./Zaltman, G. (1971): Social Marketing. An Approach to Planned Social Change, in: Journal of Marketing, Vol. 35, No. 3, S. 3ff.

Liljander, V./Strandvik, T. (1995): The Nature of Customer Relationships in Service, in: *Swartz, T.A./Bowen, D.E./Brown, S.W. (Hrsg.)*: Advances in Services Marketing and Management. Research and Practice, Vol. 4, Greenwich/London, S. 141-167.

Meffert, H. (1994): Marketing-Management. Analyse, Strategie, Implementierung, Wiesbaden.

Moores, B. (1991): Lessons from some of Americas most respected service providers, in: *van der Wiele, T./Timmers, J.G. (Hrsg.)*: Proceedings of the Workshop on Quality Management in Services, Booklet 3, Brussels, S. 437-450.

Moorman, C./Zaltman, G./Deshpandé, R. (1992): Relationships Between Providers and Users of Market Research. The Dynamics of Trust Within and Between Organizations, in: Journal of Marketing Research, Vol. 29, No. 3, S. 314-328.

Morgan, R.M./Hunt, S.D. (1994): The Commitment-Trust Theory of Relationship Marketing, in: Journal of Marketing, Vol. 58, No. 3, S. 20-38.

Piercy, N./Morgan, N. (1990): Internal Marketing: Making Marketing Happen, in: Marketing Intelligence and Planning, Vol. 8, No. 1, S. 4-6.

Piercy, N./Morgan, N. (1991): Internal Marketing. The Missing Half of the Marketing Programme, in: Long Range Planning, Vol. 24, No. 2, S. 82-93.

Porter, L.W./Steers, R.M./Mowday, R.T./Boulian, P.V. (1974): Organizational Commitment, Job Satisfaction and Turnover Among Psychiatric Technicians, in: Journal of Applied Psychology, Vol. 59, No. 5, S. 603-609.

Rafiq, M./Ahmed, P.K. (1995): The Limits of Internal Marketing, in: *Kunst, P./Lemmink, J. (Hrsg.)*: Managing Service Quality, London, S. 121-132.

Reichheld, F.F./Teal, T. (1996): The Loyalty Effect. The Hidden Force Behind Growth, Profits and Lasting Value, Boston.

Richardson, B.A./Robinson, C.G. (1986): The Impact of Internal Marketing on Consumer Service in a Retail Bank, in: International Journal of Bank Marketing, Vol. 4, No. 5, S. 3-30.

Schlesinger, L.A./Heskett, J.L. (1991): Breaking the Cycle of Failure in Service, in: Sloan Management Review, Vol. 32, No. 1, S. 17-28.

Sewell, C./Brown, P.B. (1990): Customers for Life, New York.

Stauss, B. (1994): Stichwort: Internes Marketing, in: *Diller, H. (Hrsg.)*: Vahlens Großes Marketinglexikon, München, S. 477-479.

Stauss, B. (1995): Internes Marketing als personalorientierte Qualitätspolitik, in: *Bruhn, M./ Stauss, B. (Hrsg.)*: Dienstleistungsqualität. Konzepte, Methoden, Erfahrungen, 2. Aufl., Wiesbaden, S. 257-276.

Tansuhaj, P./Wong, J./McCullough, J. (1987): Internal and external marketing. Effects on consumer satisfaction in banks in Thailand, in: International Journal of Bank Marketing, Vol. 5, No. 3, S. 73-83.

Thomson, K./Whitwell, K. (1993): Managing Your Internal Customers. The Key to Getting Better Results, London.

Varey, R.J. (1995a): Internal Marketing. A Review and Some Interdisciplinary Research Challenges, in: International Journal of Service Industry Management, Vol. 6, No. 1, S. 40-63.

Varey, R.J. (1995b): A Model of Internal Marketing for Building and Sustaining a Competitive Service Advantage, in: Journal of Marketing Management, Vol. 11, No. 1, S. 41-54.

Weiber, R./Raff, T. (1998): Marketing Implementation in Systems Selling. Reflections on a Case Study in German Systems Selling, in: Thexis, 15. Jg., Nr. 4, S. 38-43.

Wilson, A. (1991): New Directions in Marketing. Business-to-Business Strategies for the 1990s, Lincolnwood.

Summary

The article deals with the basic principles of Internal Marketing. Beginning with the setting in which Internal Marketing must be discussed, the different types and the targets of Internal Marketing are stressed. There are four basic directions in Internal Marketing, which differ regarding the object of the internal marketing activities, but which should not be seen as separated theories.

To force Internal Marketing a variety of instruments and methods – partly known from Human Resource Management and traditional Marketing Management – can be used. It is also shown, that Internal Marketing is more than just transferring classical – well known – tools on internal markets. Internal Marketing requires a holistic approach, optimizing internal processes and structures with tools of Human Resource and Marketing Management in order to realize customer and employee orientation simultaneously. These efforts aim to one basic target: to compete on the external markets in a more efficient way.

Internes Marketing: Kundenorientierte Mitarbeiter auf allen Unternehmensebenen

von William R. George und Christian Grönroos

Prof. Dr. William R. George ist Professor für Marketing an der Villanova Universität.
Prof. Dr. Christian Grönroos ist Professor an der Swedish School of Economics and Business Administration, Helsinki.

1. Einführung

Zur erfolgreichen Durchsetzung am Markt ist es für Dienstleistungsunternehmen notwendig, eine **interne Marketingstrategie** zu entwickeln, die schwerpunktmäßig auf die Kundenorientierung der Mitarbeiter ausgerichtet ist. Im ersten Abschnitt dieses Beitrages werden Fragen zu den Grundideen des Internen Marketing beantwortet, so daß eine Beurteilung dieses Konzeptes als Bestandteil des strategischen Managements erleichtert wird. Im zweiten Abschnitt werden grundsätzliche Richtlinien vorgestellt, die das Topmanagement unterstützen, die Bedeutung dieser Managementstrategie einzustufen. Der dritte Abschnitt zeigt taktische Vorgehensweisen zur Entwicklung und Implementierung einer internen Marketingstrategie auf. An Hand zweier Fallstudien wird diese aufkommende Marketingstrategie illustriert. Gegenstand der ersten Fallstudie ist das Sanger-Harris Kaufhaus. Die zweite, ausführlichere Fallstudie zum Thema Internes Marketing handelt von einem Speditionsunternehmen.

2. Internes Marketing als Bestandteil des Strategischen Managements

Internes Marketing ist als **ganzheitlicher Managementprozeß** zu verstehen, der die verschiedenen Aufgabenbereiche des Unternehmens auf zwei Arten integriert. Zum einen wird sichergestellt, daß die Mitarbeiter auf allen Unternehmensebenen das Geschäft mit seinen zahlreichen Aktivitäten und Kampagnen im Rahmen eines **kundenbewußten Umfelds** verstehen und erleben. Zum anderen garantiert es, daß alle Mitarbeiter vorbereitet und motiviert sind, sich servicebewußt zu verhalten. Prämisse des Internen Marketing ist ein effektives Funktionieren der internen Austauschbeziehungen zwischen Organisation und Mitarbeitern, so daß die Unternehmensziele erfolgreich auf den externen Märkten des Unternehmens umgesetzt werden können. Den **Mitarbeitern als Basismarkt** des Unternehmens kommt demzufolge höchste Priorität zu.

2.1 Grundbausteine des Internen Marketing

Die folgenden Antworten auf verschiedene Fragen werden helfen, die **Grundgedanken des Internen Marketing** zu verstehen.

☐ **Was ist Internes Marketing?**

Internes Marketing ist eine auf der Marketingperspektive basierende Führungsphilosophie der Human-Ressourcen eines Unternehmens. Um eine dauerhafte **Motivation** der Mitarbeiter hinsichtlich Service und Kundenorientierung zu erreichen, ist es notwendig, diese Philosophie in ein internes Handlungsprogramm umzusetzen, das sich zu einem kontinuierlichen Prozeß entwickelt. Internes Marketing heißt, daß den internen Mitarbeitermarkt bestmöglich zu **Service- und Kundenorientierung** zu motivieren, indem ein aktiver, marketingähnlicher Ansatz verfolgt wird, bei dem das externe Marketinginstrumentarium intern genutzt wird.

Bestimmte Aspekte des Internen Marketing sind bereits seit langem in vielen Unternehmen umgesetzt. Das Neue an dem hier beschriebenen Konzept des Internen Marketing ist die Einführung eines vereinheitlichenden Ansatzes, der eine effektivere Gestaltung zahlreicher bestehender Aktivitäten und die Aufnahme neuer Aktivitäten als Bestandteil des Gesamtprogramms ermöglicht. Die Bedeutung des Internen Marketing liegt in der Möglichkeit des Managements, die Gesamtheit der Aktivitäten **systematischer und strategischer** anzugehen.

☐ **Warum wird Internes Marketing heute benötigt?**

Der Grund für die steigende Aufmerksamkeit, die dem Internen Marketing gewidmet wird, ist in der Bewegung weg vom industriellen Zeitalter hin zum neuen Wettbewerb der Dienstleistungsbranche, wobei die Logik des Herstellers durch „Service Know-how" (*Grönroos/Gummesson 1986; Grönroos 1987, S. 10ff.*) ersetzt wurde, zu suchen. Das kritische Problem bei dieser Bewegung ist die Vorstellung, Mitarbeiter als knappe Ressource zu betrachten. Die qualifizierten, serviceorientierten Mitarbeiter sind, vielmehr als Rohmaterialien, Produktionstechnologie oder die Produkte selbst, in den meisten Branchen von höchster Wichtigkeit. Ihre Bedeutung wird in der näheren Zukunft noch zunehmen.

Mitarbeiter werden auch weiterhin der Schlüssel zum Erfolg in „**Augenblicken der Wahrheit**" (*Normann 1984; Carlzon 1987*) sein, wenn sich der Dienstleistungsanbieter (die sogenannte Kontaktperson der Unternehmung) und der Kunde treffen und interagieren. Dienstleistungsunternehmen wie Banken, Versicherungen, Hotels, Restaurants, Telekommunikationsunternehmen und Anwaltskanzleien können nicht einfach ihren

Service auf der Basis bloßer technischer Qualität des Endprodukts, die an den Kunden weitergegeben wird, differenzieren. Statt dessen ist es viel wichtiger für den Markterfolg des Unternehmens, wie es die Käufer-Verkäufer Beziehung, d.h. die Qualität der Serviceerstellung und Zulieferung, gestaltet (*Grönroos 1982, S. 30ff.*). Die wachsende Bedeutung der Technologie, die die Effektivität und die Effizienz des Dienstleistungsprozesses erhöht, ist Grund dafür, daß die schrumpfende Zahl an Mitarbeiterkontakten noch wichtiger werden (*Berry 1981, S. 33ff.*).

Die gleichen Entwicklungen sind auch auf dem industriellen Sektor zu konstatieren. Güterhersteller erkennen, daß ihre Fähigkeit, verschiedene Servicearten dem Kernprodukt zwecks Förderung des Austausches mit dem Kunden hinzuzufügen, immer wichtiger wird. Fähige und kundenorientierte Mitarbeiter müssen eine Vielzahl von Serviceelementen während dieses Austausches leisten. Solche Serviceelemente, wie z.B. technischer Service, Reparatur und Wartung, Kundenschulung, Beratung, Rechnungszustellung, Beschwerdebearbeitung, Telefonservice usw. sind oft nötig, um entweder Produkte oder Dienstleistungen zu verkaufen.

□ **Relationship-Marketing und interaktives Marketing**

Dienstleistungsmarketing wandelt sich, insbesondere in den Bereichen des Marketingmix und der Auftragsabwicklung. Eine stärkere Betonung wird heutzutage auf Kundentreue und Cross-Selling mit bereits bestehenden Kunden gelegt. Die Konzepte des **Relationship-Marketing** (*Berry 1983, S. 25ff.; Levitt 1983, 87ff.*) und des **interaktiven Marketing** (Grönroos 1978, *S. 588ff.; 1982, S. 30ff.)* sind entwickelt worden, um Marketingprogramme zu beschreiben, die ihr Schwergewicht auf Dienstleistungsanbieter legen. Sie sind an bestehende Kunden der Unternehmung gerichtet.

Sowohl im Relationship- als auch im interaktiven Marketing wird dem Kunden eine zentrale Position zugedacht. Nicht die Marketingspezialisten in den Marketingabteilungen sind die wichtigsten Human-Ressourcen des Unternehmens. Während des Kundenkontaktes sind diese Spezialisten häufig einer Vielzahl von Mitarbeitern aus Produktion, Auslieferung, Technischem Service, Beschwerdebearbeitung und anderen Tätigkeitsbereichen, die traditionell als Nicht-Marketing betrachtet werden, zahlenmäßig unterlegen. Jedoch sind ihre Qualifikation, ihre Kundenorientierung und das Serviceverhalten dieser Mitarbeiter von entscheidender Bedeutung für das Image der Unternehmung aus Kundensicht und für deren zukünftiges Treueverhalten. *Gummesson* hat den Begriff „**Parttime Marketer**" eingeführt, um den Status dieser Mitarbeiter zu beschreiben (*Gummesson 1987, S. 10ff.*).

Tatsächlich müssen sich diese „Part-time Marketers" den Herausforderungen des Marketing gegenüber bereits bestehenden Kunden stellen; ansonsten muß die Unternehmung ihren Marktanteil teuer erkaufen, indem sie versucht, neue Kunden zu gewinnen. Folglich muß eine Unternehmung ihre Mitarbeiter als primären, internen Markt betrachten, so daß diese ihre Aufgaben als „Part-time Marketers" erfüllen. Systematisches Internes Marketing ist der geeignete Mechanismus, um serviceorientierte Kundenkontaktmitarbeiter zu formen und zu behalten.

☐ In welchen Situationen wird Internes Marketing benötigt?

Prinzipiell lassen sich drei verschiedene Situationsarten unterscheiden, in denen Internes Marketing erforderlich ist:

(1) Wenn eine Servicekultur im Unternehmen und eine Serviceorientierung der Mitarbeiter geschaffen werden soll.
(2) Wenn die Serviceorientierung der Mitarbeiter aufrechterhalten werden soll.
(3) Wenn neue Produkte und Dienstleistungen oder neue Marketingkampagnen und Marketingaktivitäten den Mitarbeitern vorgestellt werden sollen.

Jede dieser drei Situationen wird im folgenden diskutiert.

ad (1): **Entwicklung einer Servicekultur**

Von einer Servicekultur spricht man dann, wenn Serviceorientierung und das Interesse am Kunden die wichtigsten Normen der Unternehmung sind. Beispiele für etablierte Servicekulturen sind Walt Disney, SAS Airlines und Nordstrom Kaufhäuser.

Heutzutage fehlt eine Servicekultur in den meisten Unternehmungen. In diesen Fällen wird Internes Marketing oft als Mittel gesehen, eine Servicekultur aufzubauen. Dennoch sind interne Marketingprogramme alleine nicht geeignet, eine solche Kultur in der Unternehmung zu schaffen. Um eine Servicekultur zu gründen, müssen vier Bereiche entwickelt werden. Erstens gibt es **organisatorische Voraussetzungen** für guten Service. Die formelle und informelle Struktur der Unternehmung muß guten Service unterstützen, anstatt ihn zu unterlaufen. Zweitens gibt es **strategische Voraussetzungen** für guten Service, d.h. guter Service und die Entwicklung von Human-Ressourcen müssen als strategische Variable identifiziert werden. Drittens gibt es **managementtechnische Voraussetzungen**, da Manager und Abteilungsleiter davon überzeugt sein müssen, daß diese Variablen für sie Wettbewerbsvorteile bedeuten. Sie müssen eine Serviceorientierung und kundenbewußte Mitarbeiter aktiv unterstützen. Schließlich gibt es einstellungsbedingte Voraussetzungen für guten Service. Jeder Mitarbeiter muß die Bedeutung des Relationship-Marketing und des interaktiven Marketing als Funktion verstehen und akzeptieren. Tatsächlich müssen sich Mitarbeiter ihrer zweifachen Verantwortlichkeit

– Verantwortung sowohl für ihre „Kern-Pflichten" als auch für ihre „Part-time Marketing"-Pflichten – bewußt sein. Jede dieser Anforderungen ist Voraussetzung für die Schaffung einer Servicekultur.

Die vier vorhergehenden Voraussetzungen stellen klar heraus, daß interne Marketingprogramme keine Servicekultur in einem Vakuum schaffen können. Trotzdem sind diese Programme in Verbindung mit anderen Aktivitäten ein wichtiges Mittel, eine solche Kultur zu entwickeln. Die **Ziele des Internen Marketing**, die dazu beizutragen, eine Servicekultur zu schaffen, sind: (1) die Mitarbeiter – Manager, Abteilungsleiter und alle anderen – zu befähigen, die Aufgabe des Unternehmens, die Strategien und Taktiken, die Güter und Dienstleistungen sowie die Marketingkampagnen zu verstehen und zu akzeptieren; (2) einen service-orientierten Management- und Führungsstil zwischen Managern und Abteilungsleitern zu entwickeln; und (3) allen Mitarbeitern serviceorientierte Kommunikation und interaktives Verhalten beizubringen.

ad (2): **Aufrechterhaltung einer Servicekultur**

Nach der Schaffung einer Servicekultur muß diese aktiv unterstützt und erhalten werden. Wenn dies nicht der Fall ist, werden sich die Einstellungen und Verhaltensweisen der Mitarbeiter zu einer bürokratischen Kultur, bei der allein technische Effizienz als grundsätzliches Postulat gilt, zurückentwickeln. Die **internen Marketingaufgaben** zur Aufrechterhaltung einer Servicekultur sind: (1) die Überprüfung von Managementmethoden hinsichtlich deren Unterstützung und Förderung des Servicedenkens und der Kundenorientierung der Mitarbeiter; (2) die Überprüfung des kontinuierlichen Informationsflusses und Feedbacks für die Mitarbeiter; und (3) neue Produkte und Dienstleistungen sowie Marketingkampagnen und Aktivitäten erst den Mitarbeitern vorzustellen, bevor sie auf den Markt kommen. Die wichtigste Aufgabe des Internen Marketing ist hierbei die Managementunterstützung jedes einzelnen Managers und Abteilungsleiters. Wenn diese dazu in der Lage sind, ihre Untergebenen zu ermutigen, die Kommunikationskanäle zu öffnen und sicherzustellen, daß Feedback regelmäßig ihre Untergebenen erreicht, dann kann davon ausgegangen werden, daß eine etablierte Servicekultur weiter fortbesteht.

ad (3): **Einführung neuer Produkte und Dienstleistungen sowie neuer Marketingkampagnen**

Internes Marketing entwickelte sich ursprünglich aus einer systematischen Methode, mit diesen Einführungsarten umzugehen. Bemerkenswert ist, daß diese Art von Internem Marketing eine Beziehung zu den beiden anderen Situationsarten, die Internes Marketing bedingen, herstellt und zugleich verstärkt. Diese Einführungen formen und begründen in sich selbst eine interne Marketingaufgabe. Die internen Marketingziele, die zu diesen Einführungen beitragen, sind die Erzeugung des **Bewußtseins und der Akzeptanz der Mitarbeiter**: (1) für neu entwickelte Produkte und Dienstleistungen, die auf den Markt gebracht werden; (2) für neotraditionelle Marketingkampagnen und Aktivitäten, die hauptsächlich Massenmarketing darstellen; (3) für neue Wege, in denen verschiedene Aufgaben, die die Leistung des Relationship- und interaktiven Marketing der Unternehmung beeinflussen, ausgeführt werden sollen.

☐ **Was sind die Grundvoraussetzungen für erfolgreiches Internes Marketing?**
Wenn interne Marketingaktivitäten als Programm ohne Verbindungen zu anderen Managementfaktoren implementiert werden, ist das Risiko, nichts Dauerhaftes zu erreichen, überwältigend groß. Die drei **Grundvoraussetzungen für erfolgreiches Internes Marketing** sind: (1) die Betrachtung des Internen Marketing als integrierter Teil des Strategischen Managements; (2) das Postulat, interne Marketingprogramme nicht durch die Struktur der Unternehmung oder mangelhafte Managementunterstützung zu unterlaufen; und (3) die ständige Demonstration aktiver Unterstützung für das interne Marketingprogramm seitens des Topmanagements.

Um erfolgreich zu sein, muß Internes Marketing beim **Topmanagement** ansetzen. Dann müssen mittleres Management und Abteilungsleiter ihre Rolle im internen Marketingprozeß akzeptieren und ausüben. Nur dann können interne, an Kundenkontakt-Mitarbeiter gerichtete Marketingaktivitäten, erfolgreich sein. Die Fähigkeit von Kundenkontaktmitarbeitern, als „Part-time Marketers" zu fungieren, ist zum großen Teil von der Unterstützung, die sie von anderen Mitarbeitern und Abteilungen der Unternehmung erhalten, abhängig. Oft ist es eine große Zahl von Mitarbeitern im Back-office, die nicht selbst in Kontakt mit dem Kunden treten, die aber trotzdem indirekt den Service beeinflussen, den der Endverbraucher erhält. Diese Back-office-Mitarbeiter sind ebenfalls „Part-time Marketers", da sie die Kundenkontaktmitarbeiter als ihre internen Kunden betrachten sollten. Diese Hilfskräfte sollten marketingähnliche Aktivitäten für die Kundenkontaktmitarbeiter (d.h. ihre internen Kunden) ausführen, um diese dabei zu unterstützen, den Endverbraucher der Unternehmung zu bedienen.

2.2 Die Bedeutung des Internen Marketing

Richtlinien, die dem Topmanagement helfen, die Bedeutung des Internen Marketing in bezug auf die Erreichung der Unternehmensziele zu interpretieren, werden für Anhänger der Implementierung eines internen Marketingprogramms notwendig. Damit Internes Marketing erfolgreich sein kann, ist eine beträchtliche **Bereitstellung von Ressourcen** notwendig. Das Topmanagement muß die Kosten und den Nutzen einer internen Marketingstrategie verstehen. Die Champions im Internen Marketing nutzen die folgenden Richtlinien, um diese Managementmethode mit den obersten Entscheidungsträgern abzustimmen.

Dokumentieren der gegenwärtigen Situation

Es gibt viele Signale dafür, daß Internes Marketing eine geeignete neue Strategie sein könnte. Grundsätzliche Argumente, die die Annahme eines internen Marketingprogramms unterstützen, sind unter anderem: Kundenunzufriedenheit über ihre Interaktion mit dem Unternehmen; langandauernde Spannungen zwischen Funktionsbereichen; geringes Bewußtsein der Mitarbeiter bezüglich Unternehmenszielen, Unternehmensentwicklung, neuen Angeboten und Marketingkampagnen sowie deren eigener Rolle bei jedem dieser Aspekte; Moralprobleme der Mitarbeiter; komplexe oder ausgedehnte Servicebegegnungen usw. Diese Basisargumente müssen mit dem gesamten verfügbaren Datenmaterial objektiv dargestellt werden, um jedes einzelne Argument zu unterstützen.

Bewertung des internen Marketingkonzeptes

Man beginnt mit einer informellen Diskussion der bereits genannten grundsätzlichen Argumente und der Idee einer neuen Managementmethode, um diese Probleme anzusprechen. Aus diesen Diskussionen werden kleine Arbeitsgruppen gebildet, die sich zwanglos und zur Erweiterung ihres Wissens über Internes Marketing als eine mögliche Lösung treffen. Diese Grundlage muß dann vergrößert werden, um eine – Schritt für Schritt – wachsende Verpflichtung zu erreichen. Es wird ein Treffen auf höchster Ebene gehalten um: (1) relevante und grundsätzliche Probleme, (2) den Inhalt des bereits vorher diskutierten internen Marketingkonzeptes, und (3) die Kosten sowie den Nutzen eines internen Marketingprogramms hervorzuheben.

- **Die Kosten eines internen Marketingprogramms**: Internes Marketing ist mit einer Vielzahl von Kosten verbunden. Es benötigt ein großes Engagement aller Ressourcen auf allen Unternehmensstufen, einschließlich Zeiteinsparungen und bedeutende Veränderungen in Denkstrukturen und Verhaltensmustern. Darüber hinaus fordert Internes Marketing ein Team, das das Programm entwickelt und implementiert sowie ein Budget, das diese Entwicklung und Implementierung unterstützt. In manchen Fällen nimmt das neue Budget mehr die Gestalt einer Umverteilung von bestehenden Ressourcen und Kosten an (z.B. Trainingsprogramme).

- **Der Nutzen eines internen Marketingprogramms**. Der größte Nutzen eines erfolgreichen internen Marketingprogramms ist seine synergetische Wirkung auf die Beiträge einzelner Organisationseinheiten. Es ist eine strategische Methode, die das Einkommen aus Investitionen der Unternehmung in ihr Personal optimiert. Die Entwicklung einer langandauernden Kundenbeziehung mit dem Nebenprodukt einer andauernd besseren Profitabilität wird hier garantiert. Diese Ergebnisse sind in der gesamten Wirtschaft so selten, daß ein Wettbewerbsvorteil durch Einführung eines internen Marketingprogramms erzielt werden kann. Der nächste Abschnitt dieses Kapitels befaßt sich mit der Entwicklung und Implementierung eines internen Marketingprogramms.

3. Entwicklung und Implementierung einer internen Marketingstrategie

Die folgenden **Richtlinien** sind die notwendigen Taktiken, um kundenbewußte Mitarbeiter auf allen Unternehmensstufen auszubilden. Diese Taktiken beinhalten strukturelle Probleme und interne Aktivitäten, wie Forschung, Strategieanalyse sowie implementierungsbeeinflussende Faktoren. Sie sind aus dem Verständnis der schon vorher diskutierten Grundbestandteile des Internen Marketing abgeleitet.

3.1 Strukturelle Aspekte eines internen Marketingprogramms

Internes Marketing funktioniert dann am besten, wenn es in einer **ausreichend großen Umgebung**, z.B. einem geographischem Ort, einer Abteilung des Unternehmens, einer strategischen Geschäftseinheit oder bei einer kleineren Unternehmung für die gesamte Organisation, implementiert wird. Die ausgesuchte Einheit sollte, statt einzelnen Mitarbeitern einer Abteilung, eher eine Anzahl von Gruppen, deren gesamte Leistung das Ergebnis der Einheit repräsentiert, umfassen. Dabei ist der Grad der Unabhängigkeit der Einheit positiv mit der Wahrscheinlichkeit eines produktiven Ergebnisses korreliert.

Mit Abstand am wichtigsten ist die kontinuierliche Miteinbeziehung des Leiters der Einheit in das interne Marketingprogramm. Hier ist eine enge Zusammenarbeit zwischen diesem Leiter und der für die Entwicklung und Implementierung verantwortlichen

Person (dem Manager des internen Marketingprogramms) notwendig. Der Manager kann nicht zur taktischen Ebene des Unternehmens gehören, da er strategische Probleme lösen muß. Dieser Manager sollte als Leiter des internen Marketingprogramms, als Ideengeber, Implementor und Beobachter des Programms fungieren. Der Leiter der gesamten Einheit sollte als Verteidiger des internen Marketingprogramms wirken und die Rolle eines Visionärs mit dem Programmanager teilen.

Ein neues Programm dieser Größe zu entwickeln ist ein kompliziertes Unterfangen. Mit Widerstand ist zu rechnen, da Veränderungen oft unbequem sind. Viele Mitarbeiter und selbst einige Abteilungen könnten durch dieses Programm und/oder seine Manager in ihrer Existenz bedroht sein. Die Einbindung der verschiedenen Gruppen innerhalb einer Einheit in eine **Projektorganisation** oder ein „**Task Force**"-Vorgehen ist deshalb zu empfehlen. Als Konsequenz nehmen alle Funktionsbereiche von Anfang an dem internen Marketingprogramm teil. Zu beachten ist, daß dem Funktionsbereich des internen Marketingmanagers keine Bedeutung zukommt. Trotzdem muß dieser Manager genug Macht und Einfluß haben, um ein Klima der Akzeptanz und des Vertrauens zu etablieren. Der von dieser Gruppe beaufsichtigte Prozeß, der vom Leiter des internen Marketingprogramms gemanagt wird, bezieht interne Aktivitäten mit ein. Diese werden als nächstes behandelt.

3.2 Ablaufschritte des internen Marketingprozesses

Wir haben den Ausdruck „marketingähnliche Aktivitäten" benutzt, um die notwendigen Schritte zur Errichtung eines internen Marketingprogramms beschreiben, da diese parallel zu den traditionellen Abläufen der Etablierung eines externen Marketingprogramms ablaufen. Die Marktforschung sollte hierbei den Ausgangspunkt darstellen.

3.2.1 Marktforschungsaktivitäten

Die **Erfolgswahrscheinlichkeit** eines internen Marketingprogramms erhöht sich mit zunehmender Marktforschung. Eine erste Aufgabe für die Task Force ist es, ihre Informationsbedürfnisse zu bestimmen und die Sammlung sowie Analyse der relevanten Daten zu initiieren. Eine Situationsanalyse wird zur Überprüfung der verfügbaren Informationen vorgeschlagen. Die Sammlung von Primärdaten soll darauffolgend Lücken in der zur Verfügung stehenden Literatur schließen. Die Sammlung und Analyse der internen Daten kann dazu beizutragen, die externe Forschung zu fokussieren. Diese beiden Prozesse werden jeweils ein Zeitminimum von einigen Monaten beanspruchen.

Interner Fokus
Mitarbeiter spüren, daß die Unternehmung sie als wichtig einschätzt, wenn es ihnen erlaubt ist, sich am Marktforschungsprozeß zu beteiligen. Unter dem Motto „Möglichkeiten, uns zu verbessern" sollte die Task Force darum bemüht sein, Ideen und Vorschläge von allen Mitarbeitern einzuholen. Kleine Gruppen von Mitarbeitern sollten zusammengebracht werden, um darüber zu reden „Wie wir unseren Kunden besser dienen können". Zu beachten ist, daß die Task Force nicht über Internes Marketing als solches zu reden braucht.

Dagegen muß sie das Potential der Mitarbeiter – ihre Einstellungen, Know-how und Fähigkeiten – zur Teilnahme an der internen Marketingstrategie ermitteln. Qualitative Methoden sind hierbei genauso wichtig wie quantitative. Es ist hervorzuheben, daß diese Marktforschung von den Mitarbeitern als Versprechen für zukünftige Verbesserungen verstanden wird. Mit kleineren Problemen und Vorschlägen kann man sich direkt auseinandersetzen, dagegen sollten für größere Veränderungen Pläne entwickelt werden.

Die **Mitarbeiterinformation** und die Wahrnehmung des Projektteams sollte aus der Perspektive der internen Probleme und Möglichkeiten erfolgen. So könnten beispielsweise System-Hindernis-Diskussionsgruppen zur Identifizierung derjenigen organisatorischen Abläufe und Probleme, die Mitarbeiter aller Stufen daran hindern, täglich guten Kundenservice zu bieten, gebildet werden. Die Task Force muß demnach hauptsächlich das organisatorische Klima dokumentieren. Es muß die Wahrnehmung der Mitarbeiter vom Unternehmensumfeld und seine direkte oder indirekte Wirkung auf ihre Leistung abgebildet werden. Schließlich sollten diese Mitarbeiterwahrnehmungen und andere interne Informationen auf der Basis von Mitarbeitersegmenten, z.B. durch die Differenzierung zwischen Kontaktpersonen und Back-office-Mitarbeitern oder zwischen mittlerem Management und Mitarbeitern im operativen Bereich, analysiert werden.

Externer Fokus
Informationen über die Effektivität des Relationship- und des interaktiven Marketing der Unternehmung hinsichtlich der Perzeptionen ihres externen Publikums werden gebraucht. Diese Analyse der Unternehmung und ihrer größten Konkurrenten sollte sich sowohl auf die Serviceorientierung der „Part-time Marketers" als auch auf die Qualität der Serviceerstellung und den Lieferprozeß selbst sowie auf physische Ressourcen und Technologien usw. konzentrieren. Das Sammeln von Primärdaten ist notwendig, wenn

das verfügbare Marktforschungsmaterial diese Serviceorientierung noch nicht beinhaltet. Es gibt zwei Quellen, um Daten zu gewinnen – Kunden und Konkurrenten.

Informationen werden entweder von früheren, aktuellen oder potentiellen Kunden benötigt. Die Analyse sollte die verschiedenen Segmente innerhalb jeder einzelnen Kundengruppe in Betracht ziehen. Preiswahrnehmungen von früheren Kunden sollten nicht unbesehen akzeptiert werden. Die Marktforschung muß die zugrundeliegenden Gründe für die Unzufriedenheit offen legen. Diese werden durch Preiswahrnehmungen oft verdeckt. Weiterhin können Informationen von gegenwärtigen und potentiellen Konkurrenten eine weitere, sehr nützliche Perspektive der Serviceorientierung der Unternehmung, liefern.

3.2.2 Interne Analyse der Marketingstrategie

Sobald Einigkeit über die Bedeutung des Datenmaterials herrscht, kann das Team Aufgaben entwickeln und die Zielmärkte des Internen Marketing bestimmen.

Segmentierung der Mitarbeiter
Die Wünsche und Bedürfnisse von verschiedenen Mitarbeitergruppen variieren. Deshalb werden zielgerichtete, auf die unterschiedlichen Mitarbeitersegmente ausgerichtete Strategien effektiver sein als ein generalisiertes internes Marketingprogramm. Selbstverständlich sollten alle Mitarbeitersegmente ein gemeinsames Verständnis der Unternehmung teilen und die gleichen Informationen über das interne Marketingprogramm erhalten.

Vier Hauptmitarbeitersegmente können als Ziel des Internen Marketing genannt werden: Topmanagement, mittleres Management, Abteilungsleiter und die beiden Gruppen der „Part-time Marketers", die aus Kontakt- und Hilfspersonal bestehen. Eine Person wechselt hierbei gelegentlich die Segmente. So kann z.B. ein Back-office-Mitarbeiter manchmal eine Kontaktperson sein. Auch können Abteilungsleiter, deren Aufgabe die Ermutigung und Motivation der Untergebenen in Sachen Kundenbewußtsein ist, manchmal selbst den Endverbraucher bedienende Kontaktpersonen sein.

Die Kaufhaus-Marketingfallstudie am Ende dieses Abschnitts illustriert die Strategieanalysen der vier Hauptsegmente und die Analyse des spezifischen Mitarbeitersegments der Kaufhauskäufer. Der Marketingmix für die Käufer von Sanger-Harris wird beschrieben.

3.2.3 Bestandteile der Implementierung

Fünf wichtige **Komponenten zur Implementierung eines internen Marketingprozesses** verdienen besondere Aufmerksamkeit:

(1) Unterstützung des Managements

Die wichtigste Komponente im internen Marketingprozeß ist die kontinuierliche Unterstützung durch Manager. Diese Unterstützung muß von jedem Manager und Abteilungsleiter als normaler Bestandteil seines Jobs angesehen werden. Sie müssen mit einem internen Trainingsprozeß dort anknüpfen, wo die formalen Kurse und Seminare enden. Weiterhin müssen sie zeigen, wie Untergebene neue Ideen und Abläufe, die den Kundenservice und das Marketing betreffen, mit ihrem normalen Aufgabenfeld verbinden können. Ihre Herausforderung ist dabei die Gestaltung eines **offenen internen Klimas**, in dem der Marketing- und Kundenserviceaspekt im Aufgabenfeld ihrer Untergebenen als wichtig wahrgenommen und verstanden wird. Ständiges Feedback den Untergebenen gegenüber ist die Grundvoraussetzung für ein offenes Klima. Dieses Feedback kann als wirkungsvolles Motivationswerkzeug dienen. Um den internen Marketingprozeß erfolgreich zu gestalten, müssen Manager und Abteilungsleiter demzufolge eher aktive Führer als bloße Techniker, die sich selbst primär als „Papierzuschieber" sehen, sein.

Die **persönliche Verbindung** der Manager und Abteilungsleiter mit dem internen Marketingprozeß kann viele Formen annehmen. Diese Personen sollten einzelne Untergebene, die es riskieren, das Servicedenken auch wirklich umzusetzen, ermutigen und unterstützen. Dieses neue, auf dem Servicedenken beruhende Verhalten, sollte anerkannt, kommuniziert und in einer zeitgerechten Art und Weise belohnt werden.

Anerkennung von Mitarbeitern ist ein wichtiger Mechanismus, das interne Marketingprogramm und seine Resultate voranzubringen. Der interne Marketingplan kann die ungleichen Bestandteile von bestehenden Anerkennungsmethoden zusammenbringen. Einige Abteilungen mögen Mitarbeitern bewußt für mäßige Leistung Anerkennung zeigen, wohingegen viele Mitarbeiter im Stillen exzellente Leistungen ohne jegliche Anerkennung vollbringen. Dieses Problem der differierenden Anerkennung gleicher Leistung wurde von dem in einer Organisation angewendeten Programm „Extra step" gelöst. Ein „Extra step"-Blatt kann von jedem Mitarbeiter ausgefüllt werden, um die zusätzliche Anstrengung eines anderen Mitarbeiters zu dokumentieren. Die Personalabteilung nimmt diese „Extra steps" zur Kenntnis. Die interne Anerkennung von einem Mitarbeiter durch einen anderen hat sich als sehr beliebt herausgestellt. Belohnungen, Boni und sonstige Anreize für exzellent geplanten und verrichteten Kundenservice, sind andere mögliche Bestandteile eines effektiven Anerkennungssystems. Mitarbeiter sollten befragt werden, was sie unter außergewöhnlicher Leistung verstehen und wie diese belohnt werden sollte.

Das interne Marketingprogramm wird scheitern, wenn es nur als taktisches Werkzeug wahrgenommen und nur auf der Kundenkontaktebene abläuft. Diese Ebene kann isoliert weder eine Servicekultur für die Unternehmung erzeugen, noch kann sie die vielen Back-office-Mitarbeiter, die als „Part-time Marketers" fungieren, erreichen.

Die verbleibenden vier Implementierungsbestandteile haben die Aufgabe, Manager und Abteilungsleiter bei ihrer Arbeit im Internen Marketing zu unterstützen.

(2) Training

Trainingsaktivitäten sollten entwickelt werden, um die Ideen von Marketing als kontinuierlichem Prozeß, der von Mitarbeitern außerhalb der Marketingabteilung ausgeführt werden muß, zu erklären (*Pope 1979a, S. 4, 10, 1979b, S. 4ff.; George/Compton 1985, S. 29ff.*). Diese müssen ihre Rolle als „Part-time Marketers" verstehen und akzeptieren. Die Ziele des **internen Marketingtrainings** beinhalten: (a) die Bekanntmachung und Schaffung von Akzeptanz für Geschäftsziele und Strategien; (b) die Erzeugung positiver Einstellungen gegenüber Marketing; (c) die Entwicklung einer Perzeption individueller Verantwortung im Hinblick auf Kundenbeziehung und Kundenzufriedenheit; (d) die Schaffung von Interesse durch gute, funktionale Qualität; wie auch (e) die Verbesserung von Kommunikations- und Kundenservicefähigkeiten. Dieses Training sollte beim Topmanagement beginnen und sollte in Kleingruppendiskussionen als effektivste Ausprägung durchgeführt werden. Zu beachten ist überdies, daß ein solches Trainingsprogramm als ein Versprechen gegenüber den Mitarbeitern hinsichtlich weiterer Aktivitäten und Verbesserungen anzusehen ist.

Training kann außerdem ein Diskussionsforum für gemeinsame Probleme und Chancen innerhalb des Personals sein. **Qualitätszirkel** sind eine Trainingsaktivität, die Mitarbeiter dazu auffordert, Qualitätsstandards zu definieren und Leistung zu überwachen. Da sie den Mitarbeitern mehr Verantwortung geben, ist ständiges Feedback erforderlich. Zusammenfassend läßt sich sagen, daß das Hauptziel eines Trainingsprogramms darin besteht, eine positive Einstellung gegenüber dem Marketing und der Serviceorientierung aller Mitarbeitern zu erreichen.

Die Fallstudie der Speditionsunternehmung am Ende dieses Abschnitts illustriert eine ausführliche Trainingsmethode, die als Teil einer internen Marketingstrategie implementiert wurde.

(3) Interne Kommunikation

Interne Kommunikationsprogramme können als ein Mechanismus zur Ausführung der internen Marketingstrategie einer Unternehmung dienen. Selbstverständlich können diese Programme die Substanz einer internen Marketingstrategie an sich nicht ersetzen. Die Bestandteile eines internen Kommunikationsprogramms können sich aus Mitarbeiterzeitungen und anderen Feedback-Instrumenten, einem Mitarbeiter-Jahresbericht, sowie Verkaufs- und Promotionsgegenstände wie Poster, Broschüren, Videokassetten und Stickern zusammensetzen. Die ausgewählten Bestandteile müssen als ein System gesehen und nur als ein marginaler Teil der Marketingstrategie betrachtet werden.

Das **interne Kommunikationssystem** der Transamerica Cooperation illustriert, wie sich diese Bestandteile im Laufe der Zeit zusammenfügen können (*George 1986, S. 83f.;* Interview mit *L. Beth*, Director of Employee Communications, Transamerica Corporation). In den 60er Jahren wurde eine typische, unternehmensspezifische Hauszeitung eingeführt. Ein Top-down Ablauf wurde gewählt: Das Topmanagement stellte allen Mitarbeitern seine Informationen zu Verfügung. Aus der Hauszeitung entwickelte sich das *Transamerica Magazine*. In den 80er Jahren wurde es vom Vizepräsident von Corporate Communications als Mittel zur Vermarktung „unserer Unternehmen, unserer Strategien und unserer Beziehung zu unseren Mitarbeitern „ beschrieben. Es kommuniziert unternehmensspezifischen Geist, Stil und Werte. In den späten 80er Jahren hatte das *Transamerica Magazine* verschiedene Aufgaben: (1) die Bereitstellung von Informationen über das Unternehmen und sein betriebliches Umfeld; (2) die Hilfe zum gegenseitigen Kennenlernen der Mitarbeiter; und (3) die Information der Mitarbeiter über die Rolle, die der Einzelne spielen kann, um Transamerica vorwärts zu bringen. Somit wurde es zum Forum für die Ansichten und Meinungen von Management und Mitarbeitern. Seit 1981 ist eine Ausgabe pro Jahr für den Mitarbeiter-Jahresbericht bestimmt. Diese Ausgabe konzentriert sich primär auf den Bereich der Human-Ressourcen, mit der Betonung auf den Beitrag des Mitarbeiters für das Unternehmen und den Beitrag des Unternehmens für den Mitarbeiter. Eine 1987 durchgeführte Leserumfrage ergab eine positive Bewertung der meisten Rubriken. Dennoch wurde konstatiert, daß die Leser von bestimmten Bereichen mehr Informationen verlangen. Einige dieser Bereiche sind: Wer sind unsere Konkurrenten? Wie stehen wir in Relation zu unseren Konkurrenten? Was geschieht in der Branche? Auch wurde nach mehr Erfolgsmeldungen und Mitarbeiterprofilen gefragt.

Ein direktes, schriftliches **Feedback-Programm** zwischen Mitarbeitern und Topmanagement existiert in den meisten Transamerica-Unternehmen sowie in der Unternehmenszentrale. Dieses Programm wird vom Human-Ressourcen-Leiter mit Unterstützung der Mitarbeiter der Abteilung Kommunikation geleitet. Mitarbeiter haben außerdem die Möglichkeit, sich zweimal im Jahr mit der höchsten Managementebene zu treffen.

Die Mitarbeiter der Kommunikationsabteilung bei Transamerica glauben, daß **direkte Kommunikation** immer wichtiger wird. Mitarbeiter wollen Informationen *zuerst* aus dem Mund ihres direkten Vorgesetzten hören. Dies bedingt zusätzliches Kommunikationstraining für Manager, da die traditionellen schriftlichen Kommunikationsformen ergänzt werden. Manager sind weiterhin verantwortlich für ihre Kommunikation gegenüber Mitarbeitern.

(4) Personalverwaltung

In einer Unternehmung, die sich an einer Servicekultur orientiert, wird Marketing als Konglomerat von Funktionen verstanden, in der jeder der von der Unternehmung eingestellt wurde, partizipiert (*Compton 1987, S. 7ff.*). Daher können Personalverwaltungs- und Marketingfunktionen in einer Serviceunternehmung nicht getrennt werden. Richtlinien für diese zwei Funktionsbereiche müssen simultan vorbereitet werden, wobei die wechselseitig erstellten Dokumente die andere Seite mit berücksichtigen müssen.

Traditionelle Personalverwaltungsangelegenheiten müssen möglicherweise neu betrachtet werden. So beinhaltet mittlerweile jede Stellenbeschreibung einer spezifischen Serviceunternehmung Kundenkontakt- und Kundenbeziehungsverantwortlichkeit. **Neueinstellungen** können eventuell eine Marktsegmentierungsperspektive erzwingen, um eine effektivere Kongruenz der Arbeitsanforderungen und der für die Aufgabe des Mitarbeiters relevanten Fähigkeiten zu gewährleisten. Das bedeutet, daß alle Part-time Marketers zu einer erfolgreichen Kundenbeziehung fähig sein müssen, um sicherzustellen, daß vorrangig qualifizierte Personen eingestellt werden. Karriereplanung und -entwicklung, Kompensationspakete (z.B. Gehälter, Löhne, Anreize und Boni) und Job Rotation-Planungen müssen ebenfalls erneut untersucht werden, wenn Serviceorientierung die Antriebskraft der Unternehmung ist.

(5) Externe Aktivitäten

Aktivitäten wie Werbung, Direktverkauf, Publicity, Public Relations und andere, das Marketing unterstützende Massenkommunikationsmittel haben einen beachtlichen Einfluß auf den internen Marketingprozeß. Es ist wichtig, daß **interne und externe Perspektiven integriert** werden. Eine solche Integration garantiert z.B., daß dem externen Publikum der Unternehmung realistische Versprechen gemacht werden. Die externe Kommunikation kann dazu benutzt werden, das gewünschte Mitarbeiterverhalten zu formen und zu verstärken. In diesem Falle werden die Mitarbeiter als zweite Zielgruppe der Werbung betrachtet. Massenkommunikationsmittel können somit als ein wirkungsvoller Motivator für Mitarbeiter beurteilt werden. Mitarbeiter können eine Ideen- und Meinungsquelle dieser Kommunikation sein. Sie sollten deshalb alle Massenkommunikationsmittel sehen, bevor diese an die Öffentlichkeit gerichtet werden.

Die beiden folgenden Fallstudien geben reale Rahmenbedingungen wieder, um die vielen in diesem Abschnitt angesprochenen Ideen zu illustrieren.

4. Fallstudie: Internes Marketing bei Sanger-Harris

Nach George Wilson, Vice-Präsident der Sparte Personal bei Sanger-Harris in Dallas, stehen die folgenden Aspekte beim Umgang mit Mitarbeitern in einem positiven funktionalen Zusammenhang mit den Bedingungen und Faktoren innerhalb der Unternehmung, die den Einzelnen beeinflussen, seine Leistung zu steigern (*George 1984, S. 322ff.*). Bestandteil einer positiven Arbeitsatmosphäre sind traditionelle Techniken wie das **Anerkennen und Belohnen von Leistung**, das Anbieten von **Aufstiegsmöglichkeiten** und das Ermutigen zur **offenen Kommunikation**. Beförderungen werden ab dem Einkaufsmanager- oder Abteilungsleiterniveau durch interne Medien und Geschenke (attraktiv gestaltete Brieftaschen), gewürdigt. Aufstiegsmöglichkeiten enthalten alternative Karrierewege für neue leitende Mitarbeiter sowie Trainings- und Entwicklungsmöglichkeiten. Sanger-Harris hat sich entschieden, eigene Mitarbeiter zu entwikkeln: 87 Prozent aller Einkäufer wurden 1980 intern befördert. Um einen gesunden Informationsfluß zu und vom Management zu fördern, sind alle leitenden Mitarbeiter in diesen Geschäftsbereich involviert, indem sie vierteljährlich die finanzielle Leistungsstärke des Unternehmens auf den neuesten Stand bringen. Die höchste Managementebene nahm sich Zeit für Fragen und Probleme der Mitarbeiter. Ihr anonymes Feedback ist für die Personalabteilung unbezahlbar. Ständiges Feedback über ihre Leistung wird leitenden Mitarbeitern durch das formalisierte Rückblicksystem gegeben. All das sind Beispiele für die Anwendung des traditionellen, internen Marketingmanagements in einem Kaufhaus.

Ein interessanteres Beispiel von Internem Marketing bei Sanger-Harris ist das Engagement, Arbeitsplätze an sich zu untersuchen und die Struktur dieser Arbeitsplätze so zu verändern, daß sie lebensfähig und effektiv sind. Einkäufer wurden aus verschiedenen Gründen als ursprünglicher Zielmarkt gewählt. Erstens gab es den klaren Beweis, daß sich viele Einkäufer gehetzt, überarbeitet, überfordert und nicht anerkannt fühlten. Zweitens wurden der Einkauf als Schlüsselposition aufgrund der aggressiven Wachstumspläne und dem antizipierten Wandel der Umwelt in den 80er Jahren gesehen. Die

Marketingstrategie für die Einkäufer begann mit der Untersuchung der Einkäufer und ihrer Jobs selbst. Die folgende Implementierung beinhaltete das sofortige Lösen von Problemen, physische Umgestaltung des Arbeitsplatzes und eine Restrukturierung der Arbeit an sich.

Sofortige Problemlösungen, für die durch die Untersuchung entdeckten Schwierigkeiten, umfaßten die Implementierung von Standard-Stellenbeschreibungen für Positionen in der Einkaufsabteilung, Standard-Richtlinien für das Informationsmanagement der Einkaufsabteilung, optimale Abteilungsbesetzungs-Modelle auf der Basis der Komplexität der Arbeit, und ein strukturiertes Trainingsprogramm für Assistenten im Einkauf. Dies sind Komponenten des serviceanbietenden Teils des Marketingmix.

Ein zweiter wichtiger Wandel war das Erkennen der Bedeutung von physischem Komfort am Arbeitsplatz. Neue Einkaufsabteilungen wurden gebaut, um dem Einkäufer Privatsphäre und ein Gefühl seiner Bedeutung für die Unternehmung zu geben. Alle Einkaufsabteilungen wurden standardisiert, um jedem den gleichen Platz zu geben, die Dekoration blieb jedoch persönliche Angelegenheit des Einzelnen. Angrenzender Raum, der im Vergleich zu früher größer war, wurde den Back-office-Mitarbeitern der Einkäufer zugeteilt. Zugang zu Datenverarbeitung und telefonischem Anrufbeantwortungsservice wurde ermöglicht. Verkaufs- und Ausstellungsräume sowie Konferenzräume wurden in jeden Komplex eingebaut. Dies sind Beispiele der Marketingmix-Variablen „place“ und „physical evidence“.

Um den Arbeitsplatz zu restrukturieren, wurde ein neues Konzept, das sich auf die Kontrollspanne des Einkäufers auswirkt, getestet. Es erleichtert dem Einkäufer Nebenplatzplanungen und Korrekturen. Ziel war es, die zentrale Einkaufsabteilung von traditionellen und nebensächlichen Aktivitäten zu befreien, so daß sie sich auf die eigentlichen Schlüsselaufgaben ihrer Arbeit besinnen kann (z.B. Sortiment und Preisspanne). Die Prioritäten der Einkäufer wurden auf die Dinge begrenzt, die sie am besten machen können und die als die interessantesten Elemente ihrer Arbeit gelten. Dies ist ein besserer „Preis“ für die Zielgruppe.

Die auf Einkäufer gerichtete Marketingstrategie hat eine deutliche Wirkung auf die Fluktuation der Einkäufer. Im ersten Jahr stieg die durchschnittliche Zeit, die ein Einkäufer bei seiner Arbeit blieb, um 40 Prozent. Die Fluktuationsquote der Assistenten im Einkauf ist in einem ähnlichen Maße gefallen. Mehr erfahrene Einkäufer werden letztendlich den Gesamtgewinn bei Sanger-Harris positiv beeinflussen. Die Strategie begann bei der Untersuchung der Kunden (Einkäufer) und entwickelte dann ein neues internes

Produkt für die zentrale Einkaufsfunktion mit einem neuen Mix von Elementen, das inhaltsreicher sowie professioneller war und außerdem mehr Spaß bereitete.

5. Fallstudie: Internes Marketing als eine Grundvoraussetzung für erfolgreiches externes Marketing

Internes Marketing begann bei John Nurminen vor zehn Jahren mit der Idee, daß die Mitarbeiter ein erster interner Markt für die Unternehmung wären (*Compton 1987, S. 7ff.*). Serviceorientierung und marketingorientierte Leistung der Kontaktmitarbeiter wurden als zumindest genauso wichtig für den Markterfolg gesehen wie Verkaufs- und Werbekampagnen.

John Nurminen ist eine in Finnland ansässige internationale Speditionsunternehmung mit mehr als 600 Mitarbeitern. Der Umsatz liegt bei ungefähr einer halben Milliarde US-Dollar.

Eine 1979 durchgeführte Imagestudie bei Frachtspeditionskunden zeigte teilweise positive Resultate auf: John Nurminen wurde als finanziell gesund, erfahren, groß, vielseitig und gut in der Importbeförderung, der Kundenabfertigung, dem Überseetransport und der Lagerung beurteilt. Trotz allem gab es auch wichtige negative Erkenntnisse: Die Firma wurde als stagnierend und unökonomisch (d.h. keinen Mehrwert schaffend), altmodisch, minderwertig bei Kundenservice und Auskunft, teuer, stur in seinen Kreditrichtlinien und minderwertig in einigen Beförderungsfunktionen betrachtet. Das Management realisierte, daß das Unternehmensimage unbestimmt und ohne jede Höhepunkte war. Außerdem beobachtete es, daß die „Augenblicke der Wahrheit" in denen Kunden auf Mitarbeiter treffen, nicht in einer kundenorientierten Art und Weise erledigt wurden.

Auf dieser Basis wurden fünf umfassende **Ziele eines internen Marketingprogramms** bestimmt und schließlich erreicht:

(1) **Einstellungen**
Marketing mußte als Bestandteil der Arbeit jedes Mitarbeiters angesehen werden.

(2) **Information**
Interne und externe Information mußten verbessert werden.

(3) **Unternehmensimage**
Die Unternehmung sollte als die beste Spedition in Finnland mit einem High Quality Image angesehen werden.

(4) **Marktanteil**
Den Anstieg des Marktanteils galt es, planmäßig fortzusetzen.

(5) **Profitabilität**
Der ROI sollte mindestens 13 Prozent vor Zinsen und Steuern betragen.

1984 wurden diese Ziele erreicht.

Die **Schritte des internen Marketingprogramms** beinhalteten die Schaffung einer Struktur, interne Aktivitäten und externe Aktivitäten. Die Schaffung der Struktur umfaßte vier Teile: Organisation, Richtlinien, Definition der Marketingfunktionen und Definition der Servicequalität. Der Verkauf wurde zur Linienorganisation passend dezentralisiert. Die zentrale Marketingabteilung wurde kleiner. Marketing- und Personalpolitik wurden zu einer neuen Richtlinie kombiniert. Marketing wurde als Konglomerat von Funktionen, an denen jeder Mitarbeiter der Unternehmung partizipiert, neu definiert. Es wurde feierlich festgelegt, daß die Erstellung von Unternehmensservice ein Teil des Marketing ist.

Servicequalität wurde definiert, und die Bedeutung der funktionalen Qualität des Prozesses wurde hervorgehoben. Jeder einzelne Kundenkontakt wurde als „Augenblick der Wahrheit", in dem Servicequalität zum Tragen kommt, betrachtet.

Aktivitäten des internen Marketingprogramms beinhalteten Training, interne Information und Managementunterstützung. Das Training war facettenreich, angefangen mit ausgedehntem Managementtraining mit vier einwöchigen Seminaren für das Topmanagement und drei dreitägigen Seminaren für das mittlere Management. Die Berufsausbildung enthielt Grundkurse, Kurse zur Verbesserung der beruflichen Fähigkeiten, Sprachkurse und Seminare zu Spezialthemen. So waren 1985 bereits 1.000 Trainingstage vollendet. Solches Training wurde als Personalinvestition gesehen.

Die **Marketingkurse** konzentrierten sich auf das Vermitteln von Verkaufs- und Kommunikationsfähigkeiten. Aus psychologischen Gründen wurden sie allerdings „Aktiver Kundenservice" genannt. Diese Kurse waren zweigeteilt. Der erste Teil bestand aus Zweitages-Kursen für alle Mitarbeiter – vom Vorstandsvorsitzenden und seinem Topmanagement bis zu Lastwagenfahrern. Ein Kursus dauerte drei Stunden und war mit fünfzehn Stunden Gruppenarbeit verbunden. Probleme und Möglichkeiten in bezug auf Kundenservice, der Vorgehensweise beim Kundenkontakt, Operationalisierungssysteme, aber auch Routinearbeiten, wurden diskutiert. Die Gruppenarbeiten konzentrierten sich auf die Bearbeitung von Problemen, die sofort gelöst werden konnten, und auf das Sammeln von Problemen oder Aktionen, die in der näheren Zukunft auftreten bzw.

stattfinden sollten. Fristen für Aktionen wurden gesetzt. Der zweite Teil bestand aus Dreitages-Kursen, die für Kontaktpersonen, die direkt in die „Augenblicke der Wahrheit“ einbezogen waren, bestimmt waren.

Die interne Informationskomponente des internen Marketingprogramms konzentrierte sich auf interne Mitteilungen (Rundschreiben) und das interne Magazin. Das Management spielte hier eine besonders wichtige Rolle, wie auch die Übereinstimmung mit der Personalpolitik und die Integration in das externen Marketing.

Massenmarketing wurde aufgrund der notwendigen Integration der externen und internen Perspektive dem Internen Marketing zugerechnet. Die beste Möglichkeit dazu bot die „Nurminen News“, die ein- oder zweimal im Monat erscheint. Diese Zeitung wird an 4.000 finnische Import-Export-Unternehmen und andere Großkunden geschickt. Die kundenorientierte Information in diesem Magazin hatte das Ziel, die besten Informationen zu import- und exportbezogenen Themen zu liefern. Dieses Ziel scheint erreicht worden zu sein. Zusätzlich wurden noch ausführliche Werbekampagnen in der Presse eingesetzt.

Ein anderer Bestandteil des Massenmarketing waren Ausstellungen und gesponserte „Special Events“. Public Relations unter Einbeziehung der Presse wurde ebenfalls genutzt. Seminare zu speziellen Themen wurden für CEO`s veranstaltet. Des weiteren beinhaltete das externe Marketing Diskussionsrunden an Business Schools und anderen Hochschulen. Beachtenswert ist, daß die externe Werbekampagne gleichermaßen an Mitarbeiter wie auch an Kunden gerichtet wurde. Die Werbekampagne betonte die Fähigkeiten der Mitarbeiter und die Bedeutung von Marketing und Kundenservice.

Die **Wirkung** des internen Marketingprogramms wurde durch eine Unternehmensimagestudie 1984 und 1985 gemessen. Die folgenden Resultate waren besonders interessant:
(1) Die Einstellung und die Kundenservicefähigkeit der Mitarbeiter haben sich verbessert und werden als gut betrachtet.
(2) Das Unternehmen John Nurminen wurde als das mit Abstand beste bezüglich der Informationsweitergabe an Kunden betrachtet.
(3) Die Rücksender betrachteten John Nurminen als das beste Speditionsunternehmen in Finnland.

Daß Marktanteils- und Profitabilitätsziele erreicht wurden, ist ein weiterer Maßstab des Erfolgs. Auch wurde John Nurminen 1984 als beste Trainingsorganisation in Finnland angesehen.

Zusammenfassend kann man sagen, daß die Erfahrung dieses internen Marketingprogramms folgende **Richtlinien** vorschlägt:

(1) Sei stark in Deinem Vertrauen, und sichere die Unterstützung des Topmanagements.
(2) Mache Deine Hausaufgaben gut, und definiere das Thema verständlich (Wandel der Unternehmenskultur, Kombination und Koordination der Personalverwaltung, Training, Managementmethoden sowie Benutzung der internen und externen Information).
(3) Erstelle Deine eigenen Anwendungen, kopiere nicht die Arbeit anderer.
(4) Setze Deine Planziele auf Jahresbasis, und kontrolliere die Ergebnisse.
(5) Denk' daran, daß es Jahre dauern wird.

6. Zusammenfassung

Wenn ein Dienstleistungsunternehmen erfolgreich im Markt sein will, muß sein Management kundenbewußte Mitarbeiter schaffen. Dieser Entwicklungsprozeß, Internes Marketing genannt, konzentriert sich darauf, daß:

- ☐ Mitarbeiter das Geschäft vollkommen verstehen – seine Ziele und Praktiken,
- ☐ Mitarbeiter die Vorbereitung und Motivation haben, Kunden gut zu bedienen.

Internes Marketing benutzt eine Marketingperspektive, um die Human Ressourcen einer Unternehmung zu managen. Dieser Beitrag präsentierte Richtlinien, um dem Topmanagement zu helfen, die Gründe verstehen, die eine interne Marketingstrategie notwendig macht und die die Grundvoraussetzung einer erfolgreichen Implementierung einer Strategie sind. Die spezifischen Schritte im Entwickeln und Implementieren eines internen Marketingansatzes wurden präsentiert, und zwei Fallstudien gaben Beispiele für eine erfolgreiche Implementierung.

Literaturverzeichnis

Berry, L.L. (1981): The Employee as Customer, in: Journal of Retail Banking, Vol. 3, S. 33ff.

Berry, L.L. (1983): Relationship Marketing, in: *Berry, L.L. et al. (Hrsg.)*: Emerging Perspectives on Services Marketing, Chicago, S. 25ff.

Carlzon, J. (1987): Moments of Truth, New York.

Compton, F.F. et al. (1987): Internal Marketing, in: *Czepiel, J.A./Congram, C.A./Shanahan, J.B. (Hrsg.)*: The Services Challenge: Integrating for Competitive Advantage, Chicago, S. 7ff.

George, W.R. (1984): Internal Marketing for Retailers. The Junior Executive Employee, in: *Lindquist, J.D. (Hrsg.)*: Developments in Marketing Science VII, S. 322ff.

George, W.R. (1986): Internal Communications Programs as a Mechanism for Doing Internal Marketing, in: *Ventkatesan, M. et al. (Hrsg.)*: Creativity in Services Marketing, Chicago, S. 83f.

George, W.R./Compton, F.F. (1985): How to Initiate a Marketing Perspective in a Health Services Organization, in: Journal of Health Care Marketing, Vol. 5, S. 29-38.

Grönroos, C. (1978): A Service-Oriented Approach to Marketing of Services, in: European Journal of Marketing, Vol. 12, No. 8, S. 588ff.

Grönroos, C. (1982): An Applied Service Marketing Theory, in: European Journal of Marketing, Vol. 16, No. 7, S. 30ff.

Grönroos, C. (1987): Assessing the Competitive Edge in the New Competition of the Service Economy: The Five Rules of Service, Working Paper, Swedish School of Economics and Business, Helsinki.

Grönroos, C./Gummesson, E. (1986): Service Orientation in Industrial marketing, in: *Ventkatesan et al. (Hrsg.)*: Creativity in Service Marketing. What´s New, What Works, What`s Developing, Chicago.

Gummesson, E. (1987): The New Marketing – Developing Long-Term Interactive Relationships, in: Long Range Planning, Vol. 20, No. 4, S. 10ff.

Levitt, T. (1983): After the Sale Is Over, in: Harvard Business Review, Vol. 61, No. 5, S. 87ff.

Normann, R. (1984): Service Management, New York.

Pope, N.W. (1979a): „Mickey Mouse Marketing“, in: American Banker, July 25, S. 4, 14.

Pope, N.W. (1979b): More Mickey Mouse Marketing, in: American Banker, September 12, S. 4, 5, 10, 14.

Summary

For a service organization to be successful in the marketplace, its management must develop customer-conscious employees. This development process, called internal marketing, focuses on ensuring that (1) employees fully understand the business – its mission and practices, and that (2) employees have the preparation and motivation to serve customers as well. Internal Marketing uses a marketing perspective for managing an organization's human resources. The article presents guidelines to help top management understand the reasons why an internal marketing strategy is needed and the prerequisites for successful implementation of the strategy. The specific steps in developing and implementing an internal marketing approach are presented, and two case histories provide examples of successful implementation.

Dienstleistungsmarketing fängt beim Mitarbeiter an

von Leonard L. Berry und Anantharanthan Parasuraman

Reprinted with permission from Marketing Management, published by the American Marketing Association, L.L. Berry and A. Parsuraman, Winter 1992, S. 25-34. Übersetzt durch Christine Hedke und Prof. Dr. Bernd Stauss, Lehrstuhl für Marketing an der Katholischen Universität Eichstätt, Wirtschaftswissenschaftliche Fakultät Ingolstadt.

Prof. Dr. Leonard L. Berry ist Professor für Marketing an der Texas A&M University.
Prof. Dr. Anantharanthan Parasuraman ist ebenfalls Professor für Marketing an der Texas A&M University.

Ein Dienstleistungsunternehmen kann immer nur so gut sein wie sein Personal. Wenn die Mitarbeiter nicht begeistert sind, werden auch die Kunden nicht zu begeistern sein. Die meisten Dienstleistungen kann man nicht von den Personen trennen, die sie erbringen. Der Steuerberater selbst ist ein unentbehrlicher Bestandteil der Steuerberatung, der Makler ein wesentliches Element des Immobiliengeschäfts und der Lehrer ein zentraler Teil der Ausbildung. Wenn Kunden eine Dienstleistung erwerben, „kaufen" sie in Wirklichkeit Mitarbeiter. Dienstleistungen sind vor allem Aktivitäten, und diese sind häufig arbeitsintensiv.

Um Dienstleistungsmarketing erfolgreich durchführen zu können, müssen Unternehmen wirksam internes Marketing praktizieren. Sie müssen einfallsreich und energisch um neue Mitarbeiter kämpfen, um so sicherzustellen, daß die richtigen Mitarbeiter ihre Kunden bedienen. Zudem müssen sie die angestellten Mitarbeiter so gut behandeln, daß diese gewillt und in der Lage sind, ihren Kunden gut zu dienen. Internes Marketing wirbt, fördert, motiviert und hält qualifiziertes Personal durch **Arbeitsplatzprodukte**, die die Bedürfnisse der Mitarbeiter erfüllen. Internes Marketing ist die Philosophie, Mitarbeiter als interne Kunden zu behandeln, und es ist die Strategie, Arbeitsplatzprodukte zu entwickeln, die menschliche Bedürfnisse befriedigen.

Der Gedanke, **Arbeitsplätze als Produkte** zu begreifen, mag zunächst ein wenig weithergeholt erscheinen. Doch ein Arbeitsplatz muß die Bedürfnisse eines Mitarbeiters so erfüllen, daß er auf Dauer bereit ist, Zeit, Energie und seine Persönlichkeit zu investieren – genauso wie jedes andere Produkt die Anforderungen des Kunden erfüllen muß, um erfolgreich zu sein. Arbeitsplätze sind nicht nur irgendwelche Produkte, sie gehören sogar zu den wichtigsten Produkten, die der Mensch überhaupt jemals erwirbt. Die beste Möglichkeit, erstklassiges Personal zu werben, zu fördern, zu motivieren und zu halten, liegt darin, ihnen ein Produkt anzubieten, das es wert ist, *gekauft* zu werden.

Wir wollen mit diesem Artikel dem internen Marketing eine **praxisorientierte Abgrenzung** und Richtung geben. Das interne Marketing ist eigentlich keine neue Idee, aber diese Idee wird meist nicht so konkret diskutiert, wie es für eine erfolgreiche Implementierung notwendig wäre. Deshalb wollen wir in unserem Beitrag konkrete Beispiele, Anregungen und Empfehlungen geben, indem wir sieben Kernelemente des internen Marketing diskutieren (siehe Abbildung 1). Hierbei gilt es zu berücksichtigen, daß Schwächen auch nur in einem dieser Bereiche ernsthaft die Effizienz des internen Marketing einer Unternehmung einschränken.

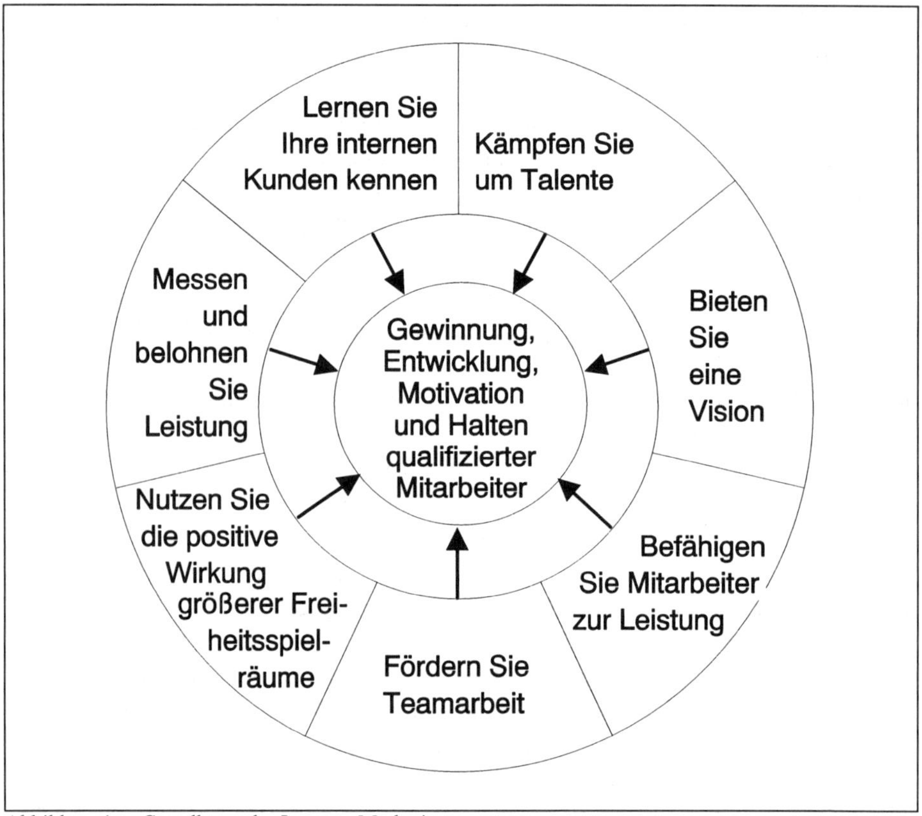

Abbildung 1: Grundlagen des Internen Marketing

1. Kämpfen Sie um Talente

Ein Schlüsselfaktor im Dienstleistungsmarketing besteht darin, die **bestmöglichen Servicemitarbeiter** zu gewinnen. Doch viele Dienstleister haben nur schlecht definierte oder erbärmlich niedrige Standards für das Personal, das sie anwerben.

Man beteiligt nur wenige Mitarbeiter an der Rekrutierung, den Einstellungsgesprächen und dem Prozeß der Personalauswahl. Manchmal werden diese Aufgaben vollständig an die Personalabteilung delegiert. Man toleriert unglaublich hohe Fluktuationsraten in der Annahme, diese seien nun einmal ein nicht zu änderndes Faktum.

Eine der Hauptursachen für schlechte Dienstleistungsqualität ist die Einstellung falscher Mitarbeiter zur Erbringung der Dienstleistung. In einer großen empirischen Studie unter dem Kundenkontaktpersonal von fünf großen Dienstleistungsunternehmen fanden wir heraus, daß Mitarbeiter, die meinten, bei ihnen würden Dienstleistungsstandards nicht eingehalten werden, auch angaben, ihre Firma stelle Personal an, das für die Erfüllung seiner Aufgaben nicht qualifiziert ist.

Warum lassen es so viele Führungskräfte zu, daß die falschen Leute das Unternehmen gegenüber dem Kunden präsentieren? Ein Erklärungsansatz ist das Versagen, als Marketingtreibender zu denken und zu handeln, wenn es sich um Personalfragen handelt. Schauen Sie sich nur die immer gleichen Stellenanzeigen im Kleinanzeigenteil der lokalen Zeitungen an. Ist das eine effektive Art, um Talente zu werben? Dieselben Unternehmen, die intensiv und kreativ um Kunden werben, bemühen sich nur schwach und nüchtern um Mitarbeiter.

Es gab sicher keinen Zeitpunkt für Dienstleistungsunternehmen, zu dem es notwendiger war, effektiver um Talente zu kämpfen als heute. Der Dienstleistungssektor ist mit einem **Mangel an Arbeitskräften** konfrontiert, der sich in den kommenden Jahren noch verstärken wird. Ein Anstieg der Arbeitsplätze im Dienstleistungssektor und eine Steigerung der Leistungsanforderungen in diesem Bereich finden gerade zu einer Zeit statt, da das Arbeitskräftepotential junger Erwachsener, die derartige Positionen ausfüllen könnten, sinkt. Darüber hinaus verfügen viele in dieser Altersgruppe nicht über die erforderliche Ausbildung und entsprechende Fähigkeiten.

Unternehmen, die am Arbeitsmarkt um talentierte Mitarbeiter kämpfen wollen, müssen sich hohe **Ziele** stecken, verschiedene Rekrutierungsmethoden einsetzen, einen Pool potentieller Mitarbeiter schaffen und den Markt segmentieren. Natürlich besteht ein großer Anreiz zur Reduzierung der Einstellungsstandards, sobald sich für bestimmte Positionen ein intensiver Wettbewerb um fähige Bewerber entwickelt. Doch clevere Unternehmen, die aktiv internes Marketing betreiben, ignorieren diese Versuchung und bemühen sich statt dessen noch härter als die Wettbewerber, die richtigen Mitarbeiter zu finden.

Sie entwickeln **Idealprofile** der Kandidaten für alle Positionen auf der Grundlage von Dienstleistungserwartungen ihrer externen Kunden und verwenden diese Profile im Rekrutierungsprozeß. Es werden jeweils mehrere Kandidaten für eine Stelle interviewt, wobei mehrere Mitarbeiter in diese Auswahlgespräche eingebunden werden, und mit den vielversprechendsten Kandidaten werden mehrere Gespräche geführt. Man ist hartnäckig auf der Suche nach Talenten. Wie *Carl Sewell*, Cadillac-Händler, in seinem

Buch Customers For Life schreibt: „Wenn Du nicht mit 25 Leuten gesprochen hast, hast Du nicht sorgfältig genug gesucht (*Sewell/Braun 1990, S. 68*).

Unternehmen mit einem ausgefeilten internen Marketing zahlen den Talentiertesten auch mehr, und sie (über)kompensieren dann diese Mehrausgaben durch höhere Produktivität, verbesserte Dienstleistungsqualität, niedrigere Personalfluktuation und zusätzlich getätigte Geschäfte. Die Fidelity Bank of Philadelphia hat die Gehälter der Bankangestellten innerhalb von zwei Jahren um 58 Prozent erhöht. Die Kundenzufriedenheit, gemessen an der Bereitschaft der Kunden, die Bank an Freunde weiterzuempfehlen, stieg in derselben Zeit von 65 Prozent auf 90 Prozent. Au Bon Pain, eine Schnellrestaurantkette im Stile eines französischen Cafés, bietet ein Managementprogramm an, das Restaurantmanagern die Gelegenheit bietet, das Doppelte des Branchendurchschnitts zu verdienen. Dieses Programm hat bei einzelnen Einheiten zu zweistelligen Verkaufs- und Gewinnsteigerungen, reduzierter Personalfluktuation und verbesserter Servicequalität geführt (*Schlesinger/Heskett 1991, S. 20*).

Es ist auch wichtig, eine Vielzahl von Methoden zur Suche zukünftiger Mitarbeiter anzuwenden. Firmen, die neue Mitarbeiter suchen, sollten nicht nur die typische Kleinanzeige in Zeitungen schalten. Es genügt nicht, nur das Medium Zeitung zu wählen; es ist zudem unzureichend, nur bei akutem Bedarf zu inserieren. Von den Unternehmen gesponsorte Kontaktmessen, Unterstützung von Studenten, die während ihres Studiums arbeiten, oder **Mitarbeiter werben Mitarbeiter-Programme**, die mit einer Erfolgsprämie oder anderen Anreizen verbunden sind, sind nur einige der möglichen Aktivitäten. Im Sommer des Jahres 1991 stellte das Warenhausunternehmen Wal-Mart 20 Studenten unserer Universität als Praktikanten mit dem Ziel ein, mindestens die Hälfte von ihnen für eine Vollzeitstellung nach dem Examen zu gewinnen. Ähnliche Programme realisiert Wal-Mart auch an anderen Universitäten.

Unternehmen mit kreativem internen Marketing ziehen auch Nutzen aus den Möglichkeiten, die sich aufgrund der soziodemographischen Vielfalt ergeben. Man beschäftigt mehr Frauen, Minderheiten, Senioren, Behinderte und Immigranten. Pizza Hut stellt jedes Jahr Hunderte von Behinderten ein und schöpft damit aus dem großen Reservoir behinderter Amerikaner, die ins Arbeitsleben eintreten wollen.

Wal-Mart beschäftigt mehr als zehntausend Menschen, die über 65 Jahre alt sind. Je größer die Heterogenität des Arbeitskräftepotentials, desto ausgeprägter ist die Notwendigkeit, Arbeitsplätze an einzelnen Marktsegmenten auszurichten. In Untersuchungen aus der Fast-food-Branche werden beispielsweise mehrere Arbeitsmarktsegmente identifiziert. Dazu gehören Menschen, für die finanzielle Motive den Hauptanreiz bieten; solche, für die berechenbare Arbeitszeiten höchste Priorität haben, und Menschen, die beruflich weiterkommen und Karriere in der Branche machen wollen. Fast-food-Anbieter, die nur ein Stellenangebot für alle Gruppen offerieren, liegen somit falsch.

Die seit den 80er Jahren steigende Bedeutung von **Personalkonzepten**, wie dem der flexiblen Entlohnung und der flexiblen Arbeitszeit, ist ein Indikator für die wachsende Heterogenität des Arbeitskräftepotentials und der Notwendigkeit, hierauf zu reagieren. Starre Denkhaltungen sind passé – Flexibilität ist in. Die in Connecticut ansässige Union Trust Bank konnte mehr junge Mütter als Bankangestellte einstellen, indem man ihren Wunsch respektierte, dann nicht zu arbeiten, wenn die Kinder nach Schulende zu Hause sind.

Dayton-Hudson, ein Handelsunternehmen aus Minneapolis, bildet Tausende für Dienstleistungen im Haushalt aus, um es so den Mitarbeitern zu ermöglichen, qualifizierte Babysitter zu engagieren (*Dreyfuss 1990, S. 172, 176*).

Original Research II, eine Chicagoer Telefonmarktforschungsfirma, stellt erfolgreich Studenten auf Teilzeitbasis als Interviewer ein. Ein Grund für ihren Erfolg ist das Angebot an die Studenten, ihre Arbeitszeiten alle zwei Wochen neu zu bestimmen. Das Unternehmen zahlt einen Bonus, um die Besetzung zu unbeliebten Zeiten, beispielsweise samstags, zu gewährleisten (*Posner 1989, S. 168*).

Toys R Us erfaßt die örtlichen Präferenzen seiner Mitarbeiter on-line im eigenen Personalinformationssystem. Als sich das Unternehmen entschloß, in Deutschland Filialen zu eröffnen, war – wie *Jeffrey Wells*, Vize-Präsident für Personal bei Toys R Us, berichtet – die Personalabteilung umgehend in der Lage, eine Liste mit den Namen von 42 Angestellten zu liefern, die in Deutschland arbeiten wollten.

2. Bieten Sie eine Vision

Wenn man qualitativ außerordentliches Personal gewinnen, entwickeln, motivieren und halten will, bedarf es einer klaren **Vision**, die es wert ist, verfolgt zu werden. Der Gehaltsscheck vermag einen Menschen physisch am Arbeitsplatz halten, aber er alleine wird den Menschen nicht emotional an die Aufgabe binden. Menschen, die eine Dienstleistung erbringen, müssen wissen, wie ihre Tätigkeit in das weitere Spektrum der Unternehmenstätigkeiten eingebunden ist. Sie müssen das Ziel, zu dessen Erreichung sie beitragen, verstehen und daran glauben; sie müssen einen **Grund für ihr Tun** haben. Denn ohne einen Grund ist die Aufgabe, anderen zu dienen, zu anspruchsvoll und frustrierend, um Tag für Tag gut getan zu werden.

Unternehmen, die erfolgreich internes Marketing betreiben, stehen für etwas Sinnvolles und sie kommunizieren diese Vision leidenschaftlich gegenüber ihren Mitarbeitern. **Leidenschaft** ist ein seltsames Wort in einem marketingorientierten Artikel. Doch dieses Wort bezeichnet gut die kompromißlose Selbstverpflichtung auf zielorientierte Werte, die für Unternehmen mit dem besten internen Marketing charakteristisch ist.

ServiceMasters Vision ist es, der Arbeit Würde zu geben. Das Unternehmen bietet Wartungs-, Reinigungs- und Waschleistungen sowie andere, wenig prestigeträchtige Dienstleistungen für Krankenhäuser, Schulen und Firmen an. ServiceMaster handelt nach dem Prinzip: „Bevor man jemanden bittet, etwas zu tun, muß man ihm helfen, etwas zu sein" (*Heskett 1987, S. 121*). Die Firma Downers Grove in Illinois investiert in eine Vielzahl von grundlegenden Trainings- und Ausbildungsprogrammen, die den Mitarbeitern helfen sollen, ihr **Selbstverständnis** und ihre **Zukunftschancen** zu verbessern. ServiceMaster stellt zudem gegenüber den Mitarbeitern heraus, welche Bedeutung die Leistung jedes einzelnen für den Endkunden hat. So wird z.B. ein Arzt gebeten, dem Reinigungspersonal im Krankenhaus zu erläutern, inwiefern ein gepflegter und sauberer Raum zur Genesung eines Patienten beiträgt. Der Vorstandsvorsitzende *C. William Pollard*, sagt: „Wir haben jetzt Mitarbeiter im Hausservicebereich, die in bezug auf ihre Aufgabe sagen, 'Hey, ich habe etwas mit dem Wohlbefinden der Leute zu tun'... (unsere Leute) arbeiten besser, wenn sie den Wert ihres Beitrages verstehen" (*Ferguson 1990, S. A21*).

Visionen sollten einfach sein, bei jeder Gelegenheit kommuniziert und auch vom Topmanagement persönlich verbreitet werden. *Timothy Firnstahl*, Restaurantbesitzer in Seattle, illustriert den Wert einer einfachen Vision: „Ich verbrachte beträchtliche Zeit mit der Formulierung von Handlungsgrundsätzen Zehn Punkte der Exzellenz für unsere Organisation. Wir integrierten sie in unsere Trainingshandbücher und hängten sie in den Büros und Restaurants aus. Ungefähr ein Jahr später fragte mich jemand nach dem sechsten Punkt, und ich konnte diese Frage nicht beantworten. Damit wurde mir klar: Wenn ich die „Zehn Punkte der Exzellenz" nicht behalten konnte, dann konnte es sicherlich auch kein anderer. Dies bedeutete: Die unternehmerische Strategie war den Mitarbeitern nicht bekannt" (*Firnstahl 1989, S. 28f.*).

Beim Lebensmittelhändler Stew Leonard's, bekannt für seinen außergewöhnlich guten Service, wird die Vision mit dem Wort STEW vermittelt: S steht für „satisfy" (Zufriedenstellen), T für „teamwork" (Teamarbeit), E für „excellence" (hervorragende

Leistung) und das W für „wow" (oh, ah) als Ausruf des Erstaunens. Beim Druckhaus Deluxe Corporation besteht die Vision in dem Ziel, Bankschecks fehlerfrei zu drucken und am Tage nach der Bestellung auszuliefern. Die Vision von Southwest Airlines heißt Produktivität, Spaß und Zusammenarbeit in einer familiären Atmosphäre.

Unternehmen mit gutem internen Marketing nutzen alle Möglichkeiten, um ihre Vision zu kommunizieren. Delta Airlines betrachtet ihre **Mitarbeiter als eine zweite kritische Zielgruppe** ihrer Werbung und schaltet Kampagnen mit einer doppelten Zielsetzung. Sie sind zum einen auf die Gewinnung externer Kunden – die Passagiere – gerichtet, zum anderen soll die Vision gegenüber den Mitarbeitern verdeutlicht werden. Delta stellt regelmäßig eigene Mitarbeiter in der Werbung dar. Vor der Eröffnung der neuen Hauptverwaltung in Dallas wurden 11.000 Fotografien von Mitarbeitern an den Wänden aufgehängt. *Russel Vernon*, Inhaber der West Point Market, ein preisgekrönter Spezialist im Lebensmittelbereich aus Akron, Ohio, setzt ein **Mitarbeiter-Handbuch** ein, in dem die grundlegenden unternehmerischen Überzeugungen definiert sind, die für alle Mitarbeiter gültig sind.

Die persönliche **Beteiligung von Führungskräften bei der Kommunikation der Vision** ist ein Muß. Als British Airways zwischen 1983 und 1985 mehr als 400 zweitägige Seminare abhielt, um die Mitarbeiter auf die Verbesserung des Service einzuschwören, war der neue Vorstandsvorsitzende, *Sir Collin Marstall*, persönlich involviert. „Sir Collin eröffnete oder beendete 70 Prozent dieser weltweit veranstalteten Seminare selbst," sagt *Anthony Lane*, ein Personalberater. „Dies ist ein außergewöhnliches Engagement. Aber damit ist eine Botschaft verbunden, die so bald nicht vergessen wird" (*Zielinski 1990, S. 3*).

3. Befähigen Sie Ihre Mitarbeiter zur Leistung

Die **systematische Vorbereitung** von Mitarbeitern auf die Erstellung und Vermarktung einer Dienstleistung fördert jedes Unterziel des internen Marketing: Das Gewinnen, Entwickeln, Motivieren und Halten von hervorragenden Mitarbeitern. Leider sind diejenigen, die die Dienstleistung erbringen, häufig auf ihre Rolle nur schlecht vorbereitet. Wenn sie Trainings erhalten, dann meist zu wenig oder zu spät oder nicht in der Art, die sie benötigen. Es kann auch sein, daß ihnen zwar technische Fähigkeiten angemessen vermittelt werden, aber nur ein unzureichendes **Verständnis**. Sie lernen *wie*, aber nicht *warum*.

Ein weit verbreiteter Fehler liegt darin, daß Unternehmen die Entwicklung von Fähigkeiten und Wissen der Mitarbeiter eher als das Ergebnis einer zeitlich begrenzten Bildungsmaßnahme (ein dreitägiger Kurs, ein Seminar im Jahr) ansehen und nicht als fortlaufenden Prozeß. Die Neigung, Mitarbeiter ein spezielles **Trainingsprogramm** durchlaufen lassen und sie dann als trainiert zu betrachten, ist ebenso eingeschliffen wie falsch. Dienstleister müssen kontinuierlich lernen, da Lernen eine wichtige Quelle für Zutrauen, Motivation und Selbstachtung darstellt. Was Manager als nicht motiviertes Mitarbeiterverhalten wahrnehmen, ist häufig nur die Folge von Unsicherheit. Mitarbeiter können kaum motiviert sein, Dienstleistungen zu erbringen, für die sie sich nicht kompetent fühlen und deren Ausführung sie sich nicht zutrauen.

Angehörige des mittleren Managements als Ausbilder

Eine der wirksamsten Maßnahmen, die Unternehmen ergreifen können, um die Lernerfolge der Mitarbeiter zu verbessern, liegt darin, aus Mitgliedern des mittleren Managements bessere Ausbilder zu machen. Die meisten Mitarbeiter in großen und mittleren Unternehmen sind täglich mit dem mittleren Management, dem sie unterstellt sind, konfrontiert. Hier liegen erhebliche Ausbildungsmöglichkeiten. Doch diese werden häufig nicht genutzt, da die falschen Leute diese Positionen innehaben. Individuen werden oft auf Managementpositionen wegen ihrer Erfolge befördert, die sie in Nicht-Managementpositionen erworben haben. So bleiben dienstleistungsbezogene Aspekte häufig unberücksichtigt: ihre Servicephilosophie, ihre Bereitschaft, anderen bei der Verbesserung ihrer Leistungen zu helfen, ihre Kommunikationsfähigkeit. Die Fähigkeit zu lehren sollte eines der Kernkriterien für die Auswahl von Managern für die mittlere Hierarchieebene sein.

Neben der entsprechenden Verbesserung des Kriterienkataloges für die Auswahl neuer Manager müssen Unternehmen auch dem bestehenden Mittelmanagement Hilfestellung dazu geben, **bessere Ausbilder** zu werden. So sollten Manager die Kurse, die für das Kundenkontaktpersonal angeboten werden, noch vor ihm besuchen. Es ist demoralisierend für die Mitarbeiter, die von Trainings- und Weiterbildungsmaßnahmen zurückkommen und hochmotiviert die neuerlernten Fertigkeiten und Kenntnisse anwenden wollen, wenn sie sich verunsicherten Vorgesetzten gegenübersehen, die sich durch alles Neue bedroht fühlen. Zudem ist es Verschwendung, da erfolgreiches Lernen neuer Sachverhalte Wiederholung und Vertiefung verlangt. So wie Lernen dem Selbstvertrauen des Kundenkontaktpersonals Auftrieb gibt, so fördert es auch das Zutrauen (und die Offenheit) der Manager, für die das Personal arbeitet. Wie *Berry et al.* schreiben: „Training und Weiterbildung sind für das Management wirklich entscheidend – wegen des Beispiels, das gegeben wird, wegen des Verständnisses, das sie fördern und wegen der Führungs- und Ausbildungsfähigkeiten, die sie bewirken." (*Berry/Bennett/Brown 1989, S. 160*).

Investitionen in das Lernen
Ein Unternehmen, das eine strategische Verpflichtung eingeht, Fähigkeiten und Wissen seiner Mitarbeiter zu entwickeln, verschafft sich den guten Ruf, in Menschen zu investieren, und wird davon entsprechend profitieren.

Original Research II bietet seinen Mitarbeitern zahlreiche kurze Workshops oder Auswahlliteratur zu Themen an, die von den Mitarbeitern gewünscht wurden, so z.B. zur Bedienung eines Rechners oder zur Anfertigung von Aktennotizen. GTE Mobile Communication garantiert seinen Mitarbeitern uneingeschränkt mindestens 40 Stunden pro Jahr an formalen Schulungen und Training. Im folgenden werden einige **Richtlinien zur Ausgestaltung der Investitionen in Training und Fortbildung** vorgestellt:

(1) Orientieren Sie sich an Fakten
Verwenden Sie Ergebnisse aus Mitarbeiter- und Kundenbefragungen, um die Kenntnisse und Fähigkeiten festzulegen, die gelehrt werden sollen. So können Unternehmen beispielsweise mehr darüber in Erfahrung bringen, welche Fertigkeitsdefizite und Wissenslücken die Mitarbeiter selber empfinden und welche Interessen sie haben, indem sie ihnen eine Art **Punktekonto für Weiterbildungsmaßnahmen** einräumen, über das die Mitarbeiter für verschiedene im Unternehmen angebotene Kurse selbständig verfügen können. Unternehmen können auch Mitarbeiterumfragen und Fokusgruppeninterviews einsetzen, um Lernschwerpunkte zu identifizieren. Die zwei entscheidenden offenen Fragen, die den Teilnehmern am Ende einer Lehrveranstaltung gestellt werden sollten, sind: „Haben Sie etwas gelernt, das Sie benötigen, um Ihre Arbeit gut erledigen zu können?“ und „Welche nicht angesprochenen Themen hätten Ihrer Ansicht nach behandelt werden sollen?“ Die Erwartungen der Kunden und ihre Wahrnehmung der Dienstleistung sind ebenfalls wichtig, um Themenkreise und Fähigkeiten aufzudecken, die stärkere Berücksichtigung finden sollten. Kundenbefragungen zeigen auf, welche wichtigen Dimensionen der Dienstleistung von den Kunden als mängelbehaftet wahrgenommen werden, und klären zugleich die Prioritäten in Lernprogrammen.

(2) Verwenden Sie unterschiedliche didaktische Methoden
Setzen Sie verschiedene didaktische Methoden ein, so z.B. Vorlesungen, Rollenspiele und Selbstlernprogramme. Keine dieser Methoden paßt zu allen Inhalten und für alle Menschen. Wagen Sie etwas und seien Sie kreativ. In einem Training der Meridian Banking Group mußten Mitarbeiter, denen mit Vaseline verschmierte Brillen aufgesetzt wurden, Belege ausfüllen und mit drei zusammengebundenen Fingern einer Hand Geld zählen. Man wollte dem Personal auf diese Weise die Probleme verdeutlichen, denen ältere Kunden mit schwachen Augen oder Arthritis ausgesetzt sein können.

(3) Verwenden Sie Vorbilder
Bitten Sie die Führungskräfte mit der größten Glaubwürdigkeit, als Ausbilder in unternehmerischen Lehrveranstaltungen zu fungieren. Bringen Sie diese in die Situation, ihr Fachwissen zu teilen und ihre Werte und ihren persönlichen Stil zu präsentieren. Laden Sie auch erfolgreiche Mitarbeiter, die der gleichen Hierarchieebene wie die Seminarteilnehmer angehören, als Ausbilder und Moderatoren ein.

(4) Institutionalisieren Sie das Lernen
Widmen Sie einen Teil der regelmäßigen Mitarbeiterbesprechungen der Weiterentwicklung von Fähigkeiten und Wissen. Verteilen Sie systematisch ausgewählte Artikel, Videos oder andere Lehrmittel. Schicken Sie Mitarbeiter zu anderen Unternehmen und lassen sich anschließend die besonders positiven und negativen Erlebnisse schildern.

(5) Bewerten Sie und nehmen Sie bei Bedarf Feinabstimmungen vor
Setzen Sie auf mehreren Stufen Verfahren ein, um die Anstrengungen zur Fortentwicklung von Fertigkeiten und Wissen der Mitarbeiter zu bewerten. Bringen Sie von den Mitarbeitern und ihren Vorgesetzten in Erfahrung, welche Veränderungen am Arbeitsplatz aus der Teilnahme an Weiterbildungsprogrammen resultieren. Führen Sie solche Bewertungen zu unterschiedlichen Zeitpunkten nach Beendigung des Programms durch, z.B. indem eine Messung nach einem Monat, eine weitere nach drei Monaten erfolgt.

4. Fördern Sie Teamarbeit

Dienstleistungsarbeit ist anspruchsvoll, häufig frustrierend und manchmal sogar demoralisierend. Die bloße Anzahl der zu bedienenden Kunden, beispielsweise in einem vollbesetzten Flugzeug, kann psychologisch und physisch überfordern. Manche Kunden sind unverschämt. Auch werden die Möglichkeiten des Kundenkontaktpersonals, ihre Kunden effizient zu bedienen, dadurch eingeschränkt, daß die Verantwortung für eine Dienstleistung häufig auf verschiedene organisatorische Einheiten verteilt ist, die ohne Abstimmung oder ohne einheitliches Verständnis agieren.

Insofern sind Kundenkontaktmitarbeiter häufig durch ihre Rolle als Dienstleister so gestreßt, daß sie sich weniger bemühen, weniger einfühlsam und engagiert sind, den Kunden zufriedenzustellen. Was vom Kunden als unpersönliches oder bürokratisches Verhalten wahrgenommen wird, ist häufig das Bild eines erschöpften Dienstleisters, der in der realen Dienstleistungswelt schon zu viele Schläge einstecken mußte.

Ein wichtiges Element für die Aufrechterhaltung der Dienstleistungsmotivation ist die **Anwesenheit von Teammitgliedern**. Eine interaktive Gemeinschaft von Mitarbeitern, die einander helfen und gemeinsam Leistungen erbringen, ist ein gutes Gegenmittel gegen den „**Service-Burnout**". Die Einbindung in ein Team kann Erfrischung, Inspiration und Spaß mit sich bringen. Sie erhöht zudem die individuelle Leistungsbereitschaft. Das Team hängen zu lassen kann schlimmer sein, als den Chef hängen zu lassen (*Berry/ Zeithaml/Parasuraman 1990, S. 33*).

CRST Inc., eine Spedition aus Iowa, setzt auf Langstrecken Teams mit zwei Fahrern ein. Dieses Programm wurde etabliert, um die Verläßlichkeit der Dienstleitung zu erhöhen, aber es verbesserte auch die Zufriedenheit der Fahrer bei ihrer Arbeit, die anstrengend und einsam sowie mit häufigem Firmenwechsel verbunden ist.

Besonders ausgebildetes Personal koordiniert bei CRST diese Teams und ihre Zeitpläne. Das Unternehmen hilft jedem Fahrer, seine Präferenzen, Gewohnheiten und seinen Persönlichkeitstyp zu erkennen, und versucht dann Teams zu bilden, die miteinander harmonieren (*Ponzani 1991, S. 13*).

Teamarbeit fördert auch die Bereitschaft, Dienste zu leisten, dadurch, daß sie die Fähigkeit zur Dienstleistung verbessert. Um es dem Kontaktpersonal zu ermöglichen, für den Kunden da zu sein, müssen auch andere in der Organisation für die Kundenkontaktmitarbeiter da sein. Teamarbeit fördert interne Dienstleistungsqualität. Unsere Studien zeigen überzeugend, daß Teamarbeit von entscheidender Bedeutung für die Erstellung exzellenter Dienstleistungen ist. Kundenkontaktmitarbeiter von fünf großen Dienstleistungsunternehmen, die angaben, daß ihre Organisationseinheiten die **Dienstleistungsstandards** *nicht* erfüllen, *lehnen* folgende Aussagen *ab*:

- ☐ Ich fühle mich als Mitglied eines Teams in meiner Abteilung.
- ☐ Jeder in meiner Abteilung trägt zu den gemeinsamen Anstrengungen für die Kunden bei.
- ☐ Ich fühle mich dafür verantwortlich, meinen Kollegen dabei zu helfen, ihre Arbeit gut auszuführen.
- ☐ Meine Kollegen und ich kooperieren eher miteinander, als daß wir konkurrieren.
- ☐ Ich fühle mich als wichtiges Mitglied dieses Unternehmens.

Je mehr Personen und Funktionen in der Dienstleistungskette involviert sind, desto mehr werden Service Teams benötigt. Wie *Edward Lawler* von der University of Southern California sagt: „Man muß fragen: 'Wie komplex ist die Aufgabe?' Je komplexer sie ist, desto geeigneter ist sie für Teams" (*Dumaine 1990, S. 53*).

Die ergiebigste Art von **Teamarbeit im Dienstleistungsbereich** erfordert eine dauerhafte Mitgliedschaft im Team, regelmäßige Kontakte im Team, teamorientierte Führung, gemeinsame Ziele, und teambezogene Leistungsmessungen und Belohnungen (zusätzlich zu individuellen Bewertungen und Belohnungen). Traditionelle funktionale Organisationsstrukturen behindern die Entwicklung solcher Teamarbeitscharakteristika; somit ist zu erwarten, daß mehr und mehr Unternehmen in den 90er Jahren zu markt- und teamorientierten Strukturen überwechseln werden.

Aid Association for Lutherans (AAL) stellte 1987 sein 50 Milliarden Dollar-Versicherungsgeschäft von einer funktionalen Struktur auf eine an den Bedürfnissen des Marktes orientierte Teamstruktur um. In der Zeit vor der Umstellung mußten die AAL-Außendienstmitarbeiter verschiedene interne Abteilungen kontaktieren – ein umständlicher und unpersönlicher Prozeß. Heute kontaktieren die Außendienstarbeiter ein ihnen zugewiesenes Innendienst-Team, um alle von ihnen benötigten internen Leistungen zu erhalten. Diese Allzweck-Teams erbringen mehr als 150 interne Leistungen, die bis dahin von einer Vielzahl unterschiedlicher Organisationseinheiten erstellt wurden. Die Unternehmensführung schreibt der Restrukturierung eine Reduzierung der Durchlaufzeiten pro Fall von bis zu 75 Prozent zu (*o.V. 1988, S. 66ff.*). Aetna Life hat im Rahmen einer Reorganisation seine Angestellten **cross-funktionalen Teams** zugeordnet, und sogar die Einrichtung der Büroräume wurde darauf ausgerichtet, den Gruppencharakter zu unterstützen. So gibt es einen zentralen Arbeitsbereich für Gruppentreffen und in der Nähe Schreibtische, die ungestörte individuelle Arbeit ermöglichen. Das Fortune Magazin zitiert den Aetna Leiter *William Watson* wie folgt: „Man muß nicht mehr im ganzen Gebäude herumrennen, um etwas fertig zu kriegen".

5. Nutzen Sie die positiven Wirkungen größerer Handlungsspielräume

Menschen sind nicht dafür geschaffen, wie Roboter zu funktionieren. Doch Manager machen aus einer Dienstleistung eine roboterartige Aktivität, wenn sie die Freiheit der Mitarbeiter im Umgang mit den Kunden mit Hilfe umfangreicher Verfahrenshandbücher und detaillierter Anweisungen massiv einschränken.

Ein am Regelwerk orientiertes Management untergräbt das Vertrauen der Angestellten in ihre Vorgesetzten, verhindert die persönliche Entwicklung und Kreativität der Angestellten und treibt die fähigsten Mitarbeiter zur Suche nach einer interessanteren Arbeit.

Ein **Management durch Handbuchvorschriften** nützt normalerweise auch dem Endverbraucher nicht. Angestellte ohne Kompetenz liefern reglementierten „Dienst nach Vorschrift“, wo eigentlich eine kreativ auf die Bedürfnisse des Kunden maßgeschneiderte Dienstleistung nötig wäre. Während Manager das Kundenkontaktpersonal an die Kandarre nehmen, wünschen sich Kunden, sie würden von mitdenkenden Dienstleistern bedient.

Zwei **Beispiele** zeigen deutlich die Vorteile auf, welche Kräfte eine Erhöhung des Freiheitsspielraumes im Dienstleistungsbereich freisetzt. Das erste handelt von einem Filialleiter einer Bank, der die an einem kalten Tag frierenden Kunden draußen warten ließ, während er voll sichtbar hinter der Tür mit der Uhr in der Hand stand und wartete, um zum festgelegten Öffnungszeitpunkt die Kunden einzulassen. Als er gefragt wurde, warum er nicht etwas früher geöffnet habe, um den wartenden Kunden einen Gefallen zu tun, sagte er, daß das Bankengesetz ihm das verbiete. In Wirklichkeit war es die Politik der Bank; das Gesetz hatte damit nichts zu tun.

Die zweite Geschichte handelt von einer aufgeregten Bankkundin, deren Kreditkarte vom Geldautomaten geschluckt wurde, und zwar zu einem Zeitpunkt, als sie gerade eine Reise antreten wollte. Da sie Bargeld für ihre Reise brauchte und nicht in der Nähe der Bank war, rief sie einen Bankangestellten an, der ihr kurzerhand die benötigten 200 $ per Taxi schickte.

Die zwei Ereignisse illustrieren den Unterschied zwischen nicht mitdenkendem Service und mitdenkendem Service. Der Leiter der ersten Bank verschafft den Regeln Geltung. Der Bankangestellte im zweiten Fall ignorierte offensichtlich die Regeln, als er das Geld per Taxi schickte. Obwohl sein Vorgehen wenig kostete und der verzweifelten Kundin half (die jetzt vom phantastischen Kundenservice der Bank schwärmt), wäre es sicherlich untersagt worden, wenn der Mitarbeiter seinen Vorgesetzten gefragt hätte. Doch nach Aussage des Vizepräsidenten dieser Bank setzte sich letztendlich das mitdenkende Handeln durch, und Kunde, Mitarbeiter und Bank profitierten davon. Sehr häufig geschieht jedoch das Gegenteil. Nicht mitdenkendes Verhalten ist weit verbreitet, und alle – Kunden, Kontaktpersonal und Unternehmen – verlieren dabei.

Selbstverständlich brauchen auch Dienstleistungsunternehmen ihre **Regeln**. Fluggästen liegt sicherlich daran, daß die Piloten den Flugsicherheitsregeln folgen. Wir treten hier nicht für die Abschaffung jeglicher Richtlinien und Verfahrensvorschriften ein, um internes Marketing voranzutreiben. Wir befürworten jedoch ein Ausdünnen der Regelbücher auf ihre wesentlichen Punkte. Zum guten internen Marketing gehört es, dem Dienstleistungspersonal die Möglichkeit zu geben, für den Kunden schöpferisch tätig zu sein und auch für sich selbst etwas zu erreichen.

Wenn man auch die anderen in diesem Artikel diskutierten Facetten des internen Marketing praktiziert, regt man zum „**Empowerment**", also zur Kompetenz- und Verantwortungsübertragung auf das Kontaktpersonal, an. Führungskräfte gewinnen mehr Zutrauen, Autorität und Verantwortungsgefühl zu belohnen, wenn sie wirklich um Talente wetteifern. Eine starke Unternehmensvision gibt dem Mitarbeiterverhalten Orientierung, so daß weniger Regeln nötig sind. Die Entwicklung von Fähigkeiten und Kenntnissen gibt den Mitarbeitern Selbstvertrauen, innovativ für die Kunden tätig zu werden. Und die gegenseitigen Abhängigkeiten und gemeinsamen Ziele bei der Teamarbeit regen zur Eigeninitiative an.

Das Empowerment von Mitarbeitern ist nicht einfach. Manager sind nicht unbedingt begeistert über mehr Macht für ihre direkten Untergebenen – und die damit verbundene eigene Machteinbuße. Einige Mitarbeiter würden es vorziehen, wenn ihnen alles vorbuchstabiert würde und somit der zusätzliche Druck, kreative Problemlösungen zu entwickeln, und das Risiko, Fehler zu machen, entfielen. Es ist einfach mit weniger Arbeit und Risiko verbunden, wenn man dem Kunden sagt, daß man nichts tun könne, als ihm $200 mit dem Taxi zu schicken.

Für die meisten Mitarbeiter gilt jedoch, daß die **Freiheit**, eigenständig für den Kunden tätig zu werden, innovativ und überlegt das Richtige tun zu können, ihre Arbeit bereichert und mit mehr Würde versieht. Sich für den Kunden einzusetzen macht einfach mehr Spaß, als Roboter zu spielen.

Um **Macht und Verantwortung** auf niedrigere Hierarchieebenen in der Organisation zu verlagern, sind gewissenhafte Anstrengungen vonnöten, das Regelbuch auszudünnen. Für die meisten Dienstleistungsunternehmen wäre es von Nutzen, spezielle Arbeitsgruppen einzurichten, die existierende Strategien und Verfahren zu überprüfen und diejenigen zu modifizieren oder abzuschaffen, die unnötigerweise Freiheitsspielräume für die Dienstleistungserstellung einschränken. Unternehmen würden auch von Ausbildungsprogrammen profitieren, die dem Kundenkontaktpersonal Werte beibringen und nicht bloß Regeln. Zusätzlich müssen Leistungsmessungen und Belohnungssysteme Kreativität und Initiative im Interesse der Kunden fördern.

Des weiteren müssen Firmen die Frage des Empowerment dadurch direkt angehen, daß sie die Manager entsprechend informieren und ausbilden. Manager müssen über die Gefahren einer übertriebenen Regelung und Kontrolle ebenso unterrichtet werden wie über die Vorteile, die daraus resultieren, wenn die Problemlösungsmöglichkeiten für ihre Mitarbeiter erweitert werden.

6. Messen und belohnen Sie Leistung

Die Ziele des internen Marketing werden verfehlt, wenn die **Leistung der Mitarbeiter** nicht erfaßt und belohnt wird. Arbeitenden Menschen muß klar sein, daß sie danach beurteilt werden, wie gut sie ihre Aufgabe erfüllen, und daß es sich lohnt, gut zu arbeiten. Arbeitsplätze, die Leistungsmöglichkeiten bieten, entsprechen höchstwahrscheinlich den Bedürfnissen der Menschen. Aber ohne entsprechende Messungen und Belohnungen bleiben diese Leistungen unbemerkt und ungewürdigt. Leider tun viele Dienstleistungsunternehmen viel zu wenig, um eine leistungsorientierte Kultur zu entwickeln. Leistungsmeßsysteme basieren häufig ausschließlich auf **Output-Größen**, wie z.B. Umfang und Genauigkeit von Transaktionen, und ignorieren **Verhaltensmaßstäbe**, wie z.B. die Kundenwahrnehmung der Flexibilität oder des Einfühlungsvermögens bei der Leistungserstellung.

Darüber hinaus erfolgt ein Feedback über die Leistung gegenüber den Mitarbeitern vielfach nur unregelmäßig und nicht konstruktiv genug. Manchmal führt die Leistungsmessung zu keiner sichtbaren Konsequenz; die Mitarbeiter, die gute Leistungen erbringen, werden in bezug auf Entlohnung, Beförderungen oder Anerkennungen nicht besser behandelt als andere.

Firmen, die ihre leistungsstärksten Mitarbeiter belohnen wollen, konzentrieren sich häufig zu stark auf monetäre Anreize und übersehen dabei die Möglichkeiten, die sich aus der Anwendung von verschiedenen Anerkennungsformen ergeben. In seiner Untersuchung der relativen Bedeutung unterschiedlicher Auszeichnungen für Bank Manager in einer großen amerikanischen Bank fand *Georg Rieder*, ein Berater aus Dallas, heraus, daß Zuweisung von Verantwortung und Autorität, ein persönlicher Karriereplan und Verkaufstraining zu den Belohnungen gehörten, denen der höchste Stellenwert eingeräumt wurde. Geld war ebenfalls wichtig, aber nicht das ausschlaggebende Kriterium.

Einige Hinweise zur Leistungsmessung. Der Schlüssel zu einem effektiven Belohnungssystem liegt in einem effektiven **System zur Leistungsmessung**, das auch denjenigen identifiziert, der Belohnung verdient. Ein Leistungsmeßsystem ist dann effektiv, wenn es die Leistungen klar, schnell und gerecht erfaßt und auf diese Weise wesentlich zur Erfüllung von Unternehmensvision und -strategie beiträgt. Umständliche oder komplizierte Systeme werden kaum die Beachtung des Personals finden. Gerade dies aber ist einer der wesentlichen Zielsetzungen der Leistungsmessung. Seltene Rückmeldungen an die Mitarbeiter bieten nicht die regelmäßige Verstärkung, die die Ausbildungsziele und ein Programm der kontinuierlichen Verbesserung verlangen. Ungerechte Systeme untergraben die Glaubwürdigkeit der Bewertung und der darauf basierenden

Belohnungsentscheidungen. Charakteristika einer gerechten Leistungsbeurteilung sind in Abbildung 2 verdeutlicht.

- ☐ Meßgrößen beziehen sich direkt auf Dienstleistungsstandards. Es besteht Übereinstimmung zwischen den Prioritäten einer Dienstleistungsaufgabe und der Art, wie die Ausführung dieser Aufgabe gemessen wird.
- ☐ Mitarbeiter werden auf die Durchführung ihrer Dienstleistungsaufgabe vorbereitet. Es wurde ihnen Gelegenheit gegeben, die Fertigkeiten und das Wissen zu erwerben, das sie benötigen, um bei der Leistungsmessung gut abzuschneiden.
- ☐ Mitarbeiter haben auf die Entwicklung des Meßsystems Einfluß nehmen können, indem sie ihre Einschätzung von Eignung und Fairneß der Meßgrößen einbringen konnten.
- ☐ Die einzelnen Meßansätze wurden jeweils den Mitarbeitern erklärt, deren Leistung gemessen werden soll.
- ☐ Messungen werden kontinuierlich durchgeführt, um das Gewicht einer einzelnen Messung gering zu halten.
- ☐ Messungen bei verschiedenen Arbeitsgruppen sind so einheitlich wie möglich, so daß für jeden die gleichen Spielregeln gelten.
- ☐ Mehrere Meßverfahren werden eingesetzt, um die Nachteile eines jeden Ansatzes auszugleichen und Leistungen aus unterschiedlichen Perspektiven zu bewerten.

Abbildung 2: Chrakteristika eines fairen Systems zur Leistungsmessung
Quelle: In Anlehnung an Berry/Bennett/Brown 1989, S. 176

Leistungsbewertungs- und Belohnungssysteme stellen machtvolle Symbole der Unternehmenskultur dar. Mitarbeiter wissen, daß das Management das mißt und belohnt, was wichtig ist. Deshalb ist es sinnvoll, Leistungsdaten an die jeweiligen Führungskräfte weiterzuleiten.

Menschen, die irgendwo im Dienstleistungsunternehmen Arbeit verrichten, die zumindest zeitweise nicht intrinsisch belohnt werden kann, müssen wissen, daß wichtige andere Personen in der Organisation ihre Leistung zur Kenntnis nehmen.

Einige Ratschläge zu Belohnungen. Nachfolgend finden sich einige Ratschläge zu einem Belohnungssystem, die auf der Basis unserer Untersuchungen von Dienstleistungsorganisationen und Interviews mit Angestellten im Dienstleistungsbereich entwickelt wurden:

- ☐ Verbinden Sie Belohnungen mit den Visionen und Strategien der Firma. Belohnen Sie die Leistung, die die Firma in die beabsichtigte Richtung bewegt.
- ☐ Unterscheiden Sie zwischen der Bezahlung für die zugewiesene Arbeit (Entlohnung dafür, daß der Job erledigt wird) und der Bezahlung für Leistungen (zusätzliche Belohnungen für außergewöhnliche Leistungen).
- ☐ Verwenden Sie mehrere Methoden, um außergewöhnliche Leistungen zu belohnen, inklusive finanzieller Belohnungen, nicht-monetärer Anerkennung und Beförderungen. Ziehen Sie die Möglichkeit in Betracht, Mitarbeiter mit Aktien zu belohnen und so zu Miteigentümern zu machen.
- ☐ Erinnern Sie sich an die motivierende Wirkung eines „Auf-die-Schulter-Klopfens". Belohnungen müssen nicht immer ausgefeilt oder teuer sein; die Ernsthaftigkeit der Anerkennung ist entscheidend.
- ☐ Ringen Sie um das dauerhafte Engagement der Mitarbeiter. Entwickeln Sie langfristige Belohnungssysteme und verwenden Sie kurzfristige Programme – wie etwa Verkaufswettbewerbe – nur spärlich oder überhaupt nicht.
- ☐ Betonen Sie das Positive. Verwenden Sie Anerkennungssysteme eher um Leistungen zu feiern statt zu bestrafen.
- ☐ Geben Sie jedem eine Chance. Vermeiden Sie die Falle, Leute in bestimmten Positionen (z.B. Außendienstmitarbeiter) zu belohnen, aber die in anderen Positionen (z.B. Sekretärinnen) zu vernachlässigen.
- ☐ Belohnen Sie Teams und nicht nur Einzelpersonen. Bestärken Sie den Teamgedanken durch Teambelohnungen, und zeichnen Sie zugleich Personen aus, die individuell Überragendes geleistet haben.

7. Lernen Sie Ihre internen Kunden kennen

Das älteste **Axiom des Marketing** ist es, den Kunden zu kennen. Arbeitsplätze zu entwickeln, die geeignet sind, interne Kunden zu gewinnen, zu entwickeln, zu motivieren und zu halten, verlangt Sensibilität gegenüber den Erwartungen, Einstellungen und Sorgen der Mitarbeiter. Marktforschung ist für das interne Marketing ebenso bedeutungsvoll wie für das externe Marketing.

Linda Cooper, Vize-Präsident für Kundenangelegenheiten bei der First Chicago Bank, beschreibt eine Situation in ihrer Bank, in der das Qualitätsmerkmal Hilfsbereitschaft der Bankangestellten durch Testkunden ständig schlechte Noten erhielt. Dies war ein echtes Problem, da eine Studie der Bank zeigte, daß das Merkmal **Hilfsbereitschaft** den stärksten Einfluß auf die Bereitschaft der Kunden hatte, die Bank gegenüber Freunden weiterzuempfehlen.

Eine Führungskraft der Bank glaubte, daß Abhilfe durch mehr Training geschaffen werden könne. *Cooper* war sich hierüber nicht so sicher und führte mehrere Gruppendiskussionen mit Bankangestellten durch. Dabei erfuhr sie, daß die meisten Mitarbeiter mit ihren Vorgesetzten und der Bank unzufrieden waren.

Ein besonderes Problem war, daß die Kassierer genau darüber belehrt wurden, welche Transaktionen akzeptiert werden durften und welche nicht, z.B. eingereichte Barschecks, die ein bestimmtes Limit überstiegen. Beschwerten sich nun Kunden bei den Vorgesetzten, dann korrigierten diese manchmal die Entscheidungen der Mitarbeiter, die sich damit vor den Kunden blamiert fühlten. *Cooper* brachte die Kundenkontaktmitarbeiter und Betreuer dazu, sich gemeinsam auf schriftlich festgehaltene Richtlinien in bezug auf solche Korrekturen zu einigen. In diesem Fall machte die Erweiterung des Regelwerks Sinn.

Dieses Beispiel verdeutlicht die Notwendigkeit, in Dienstleistungsunternehmen auf die Mitarbeiter zu hören. Die Bank erfuhr aus Marktforschungsstudien von ihren Endverbrauchern, daß ein Problem existiert. Hätte sie sich auf die Annahme über den Grund des Problems verlassen und sich nicht die Mühe gemacht, ihren Mitarbeitern zuzuhören, wären Zeit und Geld für eine falsche Problemlösung verschwendet worden.

First Chicago ist ein überzeugter Anwender von Mitarbeiterbefragungen. Zusätzlich zu den monatlich durchgeführten Fokusgruppeninterviews mit Mitarbeitern hat die Bank ein Angestellten-Telefon in Form einer Hotline unter dem Namen „2 Talk“ eingerichtet, das organisatorisch mit dem Telefonzentrum der Kundenabteilung verknüpft ist. Die Mitarbeiter werden ermutigt, 2 Talk anzurufen, wann immer sie selber schlechten Service erhalten, Dienstleistungsprobleme erkennen oder Verbesserungsvorschläge haben.

Vierteljährlich erhalten Angestellte im Privatkundengeschäft einen **Fragebogen**, den sie anonym beantworten. Neben dem Fragebogen erhalten sie auch von der Abteilungsführung einen Brief, in dem die **Ergebnisse** der letzten Umfrage und die daraus hervorgegangenen **Aktionen** zusammenfassend erläutert werden. In einem der vergangenen Jahre enthielt der Fragebogen im ersten Quartal auch Fragen wie: „Haben Sie alles, was Sie für Ihre Arbeit brauchen?“ und „Funktioniert Ihre Ausstattung?“

Im zweiten Quartal wurden die Einstellungen der Angestellten bezüglich der Dienstleistungen der Bank, der Preise und der Kommunikation erhoben. Der Fragebogen des dritten Quartals konzentrierte sich darauf, die Qualitätswahrnehmung der Mitarbeiter in bezug auf interne Dienstleistungen zu ermitteln. Die vierte Untersuchung des betreffenden Jahres befaßte sich mit der Zufriedenheit der Angestellten mit ihren direkten Vorgesetzten und der Unternehmensleitung. Angestellte bewerteten Manager hinsichtlich verschiedener Merkmale, z.B. ob sie Arbeitsprioritäten mit ihnen diskutierten, zusätzliche Bemühungen anerkannten und erreichbar waren. Die folgenden **Fragen** wurden ebenfalls gestellt (*Cooper/Summers 1990, S. 14*):

- ☐ Würden Sie einem Freund empfehlen, bei uns zu arbeiten?
- ☐ Würden Sie hier ein Konto haben, wenn Sie kein Angestellter unserer Bank wären?
- ☐ Wenn Sie der Vorstand der Bank wären, welche Veränderungen würden Sie vornehmen, um die Qualität der Dienstleistungen und die Arbeitszufriedenheit zu erhöhen?

Interne Marktforschung wird ein Fehlschlag, wenn das Management nicht bereit ist, aus wesentlichen Ergebnissen auch Konsequenzen zu ziehen. Der stellvertretende Vorstandsvorsitzende der First Pennsylvania Bank, *Les Butler*, meint hierzu: „Fragen Sie nicht, wenn Sie nicht wirklich zuhören wollen. Fragen Sie nicht, wenn Sie nur Ihre vorgefaßte Meinung hören wollen. Beachten Sie den Wert der Informationen, erkennen Sie die Beteiligung an und erklären Sie, warum man die Ideen des Befragten braucht und wie sie verwendet werden."

8. Zusammenfassung

Ein Dienstleistungsunternehmen kann nur so gut sein wie seine Mitarbeiter. Eine Dienstleistung ist eine Aktivität, und es ist in der Regel schwer, die Aktivität vom handelnden Menschen zu trennen. Wenn die Menschen die Erwartungen des Kunden nicht erfüllen, wird dies auch die Dienstleistung nicht können.

Um ihr **Potential im Bereich des Dienstleistungsmarketing** zu realisieren, muß die Unternehmung ihr Potential im Bereich des internen Marketing erkennen – die Fähigkeit zur Gewinnung, Entwicklung, Motivation und Erhaltung der internen Kunden durch bedürfnisgerechte Arbeitsplätze. Im Dienstleistungsbereich ebnet das interne Marketing dem externen Marketing den Weg. Unternehmen, die internes Marketing am effektivsten betreiben, werden:

(1) Energisch um einen hohen Anteil am Talentemarkt kämpfen,
(2) eine Vision anbieten, die dem Arbeitsplatz Sinn und Zweck gibt,
(3) die Mitarbeiter mit den Fähigkeiten und dem Wissen ausstatten, das sie benötigen, um ihre Dienstleistungsrolle hervorragend auszufüllen,
(4) Leute zusammenzubringen, um die Vorteile der Teamarbeit zu nutzen,
(5) Freiheitsspielräume erweitern,
(6) Leistung durch Bewertung und Belohnung steigern und
(7) die Gestaltung von Arbeitsplätzen auf Ergebnisse der internen Marktforschung stützen.

Abbildung 3 enthält einen Fragebogen, mit dessen Hilfe der Leser die Effektivität des internen Marketing seiner Organisation messen kann.

Die am besten geführten Dienstleistungsunternehmen betreiben besonders intensiv internes Marketing. Ein Motto, das die in diesem Artikel aufgeführten Unternehmen – wie Wal Mart, Southwest Airlines, Stew Leonard´s, ServiceMaster, First Chicago und viele andere – verbindet, ist der grundlegende Glauben an die Fähigkeit des Menschen, Leistungen zu erzielen. Diese Unternehmen investieren in **Leistungskulturen**, was der beste Weg ist, um die Wünsche und Bedürfnisse von internen UND externen Kunden zu erfüllen, wenn das zu vermarktende Angebot eine Dienstleistung ist.

Trifft auf Ihr Unternehmen zu, daß — ja — nein

- ☐ die Gewinnung der besten Mitarbeiter als genauso wichtig angesehen wird wie der Wettstreit um Kunden?
- ☐ kreative Ansätze in der Bemühung um Talente zum Einsatz gelangen?
- ☐ die geeigneten Mitarbeiter damit beauftragt sind, das Unternehmen zu repräsentieren und neue Mitarbeiter zu werben?
- ☐ es über eine starke Vision verfügt, an die Mitarbeiter glauben können?
- ☐ eine prägnante Festlegung der Vision existiert?
- ☐ diese Vision häufig kommuniziert wird?
- ☐ die Entwicklung von Mitarbeiterfertigkeiten und -wissen als Investition betrachtet wird und nicht nur als Kosten?
- ☐ die Mitarbeiterausbildung als andauernder Prozeß angesehen wird?
- ☐ den Mitarbeitern geholfen wird, das „warum" ihrer Arbeit zu verstehen und nicht nur das „wie"?
- ☐ Teamwork der Mitarbeiter ermutigt und erleichtert wird?
- ☐ den Mitarbeitern geholfen wird, einzuschätzen, wie sie zur Erreichung der grundlegenden Unternehmensziele beitragen können?
- ☐ man sich bemüht, Grundsätze und Regeln zu beseitigen, die für die Mitarbeiter unnötige Einschränkungen darstellen?
- ☐ „mitdenkendes" Verhalten der Mitarbeiter anerkannt und belohnt wird?
- ☐ Ihre Manager über die motivierende Wirkung von Empowerment unterrichtet werden?
- ☐ Mitarbeiterleistungen gemessen und belohnt werden, die am meisten zur Erreichung der unternehmerischen Vision beitragen?
- ☐ verschiedene Methoden zur Messung und Belohnung von Leistung eingesetzt werden?
- ☐ allen Mitarbeitern die Gelegenheit gegeben wird, für ihre ausgezeichnete Leistung anerkannt zu werden?
- ☐ Mitarbeiter als Kunden mit Bedürfnissen angesehen werden, die das Unternehmen zu befriedigen hat?
- ☐ formale und informelle Methoden genutzt werden, um Einstellungen, (Sorgen und Bedürfnisse der Mitarbeiter zu ermitteln?
- ☐ auf der Grundlage von Ergebnissen der Mitarbeiterbefragungen gehandelt wird, um die Qualität des Arbeitslebens zu verbessern?

Punktbewertung:

Geben Sie Ihrem Unternehmen für jedes JA einen Punkt (für jedes NEIN gibt es null Punkte). Der Gesamtpunktwert Ihres Unternehmens ist folgendermaßen zu interpretieren:

19-20 Punkte:	Unternehmen mit exzellentem internen Marketing
17-18 Punkte:	Unternehmen mit gutem internen Marketing
15-16 Punkte:	Unternehmen mit befriedigendem internen Marketing
Weniger als 15 Punkte:	Unternehmen mit schwachem internen Marketing

Abbildung 3: Bewertung der Effektivität eines Internen Marketing

Literaturverzeichnis

Berry, L.L./Bennett, D.R./Brown, C.W. (1989): Service Quality. A Profit Strategy for Financial Institutions, Homewood.

Berry, L.L./ Zeithaml, V.A./Parasuraman, A. (1990): Five Imperatives for Improving Service Quality, in: Sloan Management Review, Vol. 31, No. 4, S. 29-38.

Cooper, L./ Summers B. (1990): Getting Started in Quality, in: The First National Bank of Chicago, S.14.

Dreyfuss, J. (1990): Get Ready for the New Work Force, in: Fortune, 23.4.1990, S. 172-176.

Dumaine, B. (1990): Who Needs a Boss, in: Fortune, 7. Mai 1990, S. 53.

Ferguson, T.W. (1990): Inspired From Above, ServiceMaster Dignifies Those Below, in: The Wall Street Journal, 8. Mai 1990, S. A21.

Firnstahl, T.W. (1989): My Employees Are My Service Guarantee, in: Harvard Business Review, Vol. 67, No.4, S. 28-29.

Heskett, J L. (1987): Lessons in the Service Sector, in: Harvard Business Review, Vol. 65, No. 2, S. 118-126.

o.V. (1988): Work Teams Can Rev Up Paper-Pushers, Too, in: Business Week, S. 64-72.

Ponzani, L. (1991): Keeping Drivers Is Not Impossible, Just Difficult, in: Transport Topics, 11. März, S. 13.

Posner, B.G. (1989): Taming the Labor Shortage, in: Inc., November, S. 168.

Schlesinger, L.A./Heskett, J.L. (1991): Breaking the Cycle of Failure in Services, in: Sloan Management Review, Vol. 32, No. 3, S. 17-28.

Sewell, C./Brown, P.B. (1990): Customers for Life, in: Doubleday Currency, New York, S.68.

Zielinski, D. (1990): Effective Service Messages Are Sent Often – and at All Job Levels,in: The Service Edge, S. 3.

Summary

Internal marketing, essential to services marketing success, attracts, develops, motivates, and retains the qualified employees' excellent service delivery demands. The best internal marketers share a common approach, no matter what their industries. They compete aggressively for talent market share, offering a vision that brings purpose and meaning to the workplace. They equip their people with the skills and knowledge to perform excellently, then give them the freedom to excel. They encourage team play, yet they motivate individual achievement through measurement and rewards. And they base their job design decisions on research. Because they share a core belief in human potential, they build achievement cultures, knowing that the service product they sell is a stellar performance that satisfies their external and internal customers alike.

Zweiter Teil

INTERNES MARKETING AUS SICHT DES PERSONALMANAGEMENTS

Grundlagen eines marktorientierten Personalmanagements

von Christian Scholz

Prof. Dr. Christian Scholz ist Inhaber des Lehrstuhls für Betriebswirtschaftslehre, insbes. Organisation, Personal- und Informationsmanagement an der Universität des Saarlandes, Saarbrücken.

1. Warum marktorientiertes Personalmanagement?

Unternehmen müssen sich gegenwärtig mit einer Vielzahl von unternehmensexternen und -internen **Veränderungen** sowie mit einer **Auflösung bestehender Systemgrenzen** auseinandersetzen. Von all diesen Tendenzen ist das unternehmerische Personalmanagement in hohem Ausmaß tangiert.

1.1 Veränderungen der externen Umwelt

Drei Entwicklungen bestimmen gegenwärtig die externe Umwelt des Unternehmens:

- ☐ Es ist von einem sich erhöhenden **Informationsstand** aller Marktteilnehmer auszugehen.
- ☐ Die **Qualitätsanforderungen** steigen in jeglicher Hinsicht.
- ☐ Die **Zeitintervalle**, die den Unternehmen zur Verfügung stehen, auf Veränderungen im Markt zu reagieren, verkürzen sich.

Insgesamt führt dies – obwohl diese Entwicklungen schon über längere Zeit hinweg zu beobachten waren – zu einer immer dramatischeren exponentiellen Zunahme der **Umweltkomplexität und -dynamik**.

Für den **Absatzmarkt** bedeutet dies weitaus emanzipiertere Konsumenten, die sich auf breiter Basis Informationen über mögliche Anbieter beschaffen können und von dieser Möglichkeit auch Gebrauch machen werden. Selbst der durchschnittliche Konsument kann heute eine Fülle von Informationen über die ihn interessierenden Produkte und Dienstleistungen bekommen, so daß er tatsächlich nahe am „Informationsoptimum“ entscheiden kann. Er beansprucht für sich auch einen möglichst hohen Qualitätsstandard, da er weiß, was er von konkurrierenden Produkten und Unternehmen hinsichtlich der Qualität erwarten kann.

Gleiches gilt für den **Arbeitsmarkt**: Hier verfügen die Arbeitnehmer als „Kunden“ ebenfalls über eine breite Basis von Informationen zu den sie interessierenden Branchen und Unternehmen. Gleichzeitig stellt sich aber auch das Arbeitskräfteangebot in einer wesentlich differenzierteren Form dar, nicht zuletzt durch die Zunahme alternativer Ausbildungsgänge in Europa, verbunden mit grenzüberschreitenden Bewegungen.

1.2 Interne Veränderungen

Innerhalb der Unternehmen konnte in den letzten Jahren eine Fülle von Veränderungen beobachtet werden. Diese reichen von einer Reduktion der Zahl der Hierarchieebenen bis hin zu grundsätzlich neuen Denkmodellen wie dem der virtuellen Organisation. Auch die Mitarbeiter im Unternehmen steuern durch ihren Umschwung in ihren Wertesystemen (zunehmende Individualisierung und Flexibilisierung) zu den erhöhten Anforderungen an das Personalmanagement bei.

Ähnlich wie die abnehmende Bindungstreue von Konsumenten an ihre Lieferanten nimmt auch die **Bindung zwischen Unternehmen und Mitarbeitern** ab, und zwar von beiden Richtungen aus: Zum einen stehen Unternehmen immer weniger zu dem häufig selbstauferlegten Anspruch auf lebenslange Beschäftigungsgarantie. Zum anderen rücken Mitarbeiter von Unternehmen, die in den letzten Jahren freizügig mit Entlassungen operiert haben, ihrerseits die „Loyalität zum Unternehmen" allenfalls in den Bereich einer verklärten Sozialromantik. Wenn aber von beiden Seiten die Bindungsbereitschaft abnimmt, muß zumindest aus Sicht des Unternehmens ein Ersatzmechanismus gefunden werden, der – ähnlich wie auf dem Absatzmarkt – wenigstens diejenigen Mitarbeiter an das Unternehmen bindet, von denen das Unternehmen sich einen langfristigen Nutzen verspricht.

1.3 Veränderungen der Grenzen

Mit Abnahme der Bindungstreue von Mitarbeitern und Kunden sowie mit Zunahme der sich rasch und ad hoc bildenden Organisationsformen werden auch die Grenzen zwischen den Unternehmen fließend: Hier entwickeln sich immer häufiger – je nach Marktsituation – spontane Zusammenschlüsse, um den Marktgegebenheiten gerecht zu werden.

Gleichermaßen verschwimmen auch die Grenzen zwischen den funktionalen Bereichen im Unternehmen: War es früher noch möglich, streng voneinander getrennt Marketing, Organisation, Personal, Logistik sowie Forschung und Entwicklung zu betreiben, so rückt zunehmend die Perspektive der **Interdependenz und Interfunktionalität** in den Vordergrund.

2. Konkretisierung der Problemstellung

Der vorliegende Beitrag diskutiert die zentralen Grundlagen eines marktorientierten Personalmanagements. Es geht nicht darum, betriebliche Marketingaktivitäten durch Personalplanungsaktivitäten zu unterstützen.

Im Mittelpunkt steht daher ausschließlich die Frage, auf welche Weise ein unternehmerisches Personalmanagement ausgestaltet werden kann, das tatsächlich das Attribut „marktorientiert" tragen darf. Zunächst werden daher die unterschiedlichen Dimensionen des unternehmerischen Personalmanagements referiert, um daraus Anknüpfungspunkte für eine Marktorientierung abzuleiten. Es folgen die prinzipiellen Orientierungsmöglichkeiten für ein marktorientiertes Personalmanagement sowie ein Hinweis auf drei wesentliche Grundmodelle eines marktorientierten Personalmanagements. Schließlich werden Schwachstellen und Gefahren diskutiert sowie Ergebnisse und Konsequenzen skizziert.

3. Die drei Grunddimensionen eines erfolgreichen Personalmanagements

Erfolgreiches Personalmanagement berücksichtigt mit Feldern, Ebenen und Ausrichtungen drei grundlegende Dimensionen der Personalarbeit (*Scholz 1994*).

3.1 Managementfelder

Managementfelder systematisieren die **Funktionen** des betrieblichen Personalmanagements:

- ☐ Die **Personalbestandsanalyse** schafft die informatorische Basis für die Personalarbeit. Ziel ist die quantitative und qualitative Erfassung des bestehenden Mitarbeiterpotentials und der bereits absehbaren Lücken.
- ☐ Hierarchisch gleichrangig zur Bestandsanalyse steht die **Personalbedarfsbestimmung** als Ermittlung des jeweils erforderlichen Soll-Personalbestands.

- In der **Personalbeschaffung** erfolgen Neueinstellungen oder interne Rekrutierung.
- **Personalentwicklung** zielt auf eine (vorausschauende) Anpassung der Qualifikation der Mitarbeiter.
- **Personalfreisetzung** im Fall von qualitativen oder quantitativen Personalüberhängen kann (muß aber nicht) in Form von Entlassungen realisiert werden.
- Im **Personalveränderungsmanagement** stehen Koordinieren und Setzen von Prioritäten im Vordergrund.
- Das **Personaleinsatzmanagement** legt fest, wie Mitarbeiter und Stellen einander zugeordnet werden.
- Die **Personalführung** konkretisiert das Verhältnis zwischen Führungskraft und Mitarbeiter.
- Das **Personalkostenmanagement** verbindet das Personalmanagement in finanzieller Hinsicht mit den übrigen Teilen der Unternehmensplanung.

Auch wenn häufig in der Praxis engpaßbezogen nur einzelne Managementfelder in den Vordergrund rücken, genügt erst ein auf allen Feldern aktives Personalmanagement den Anforderungen des Marktes.

3.2 Managementebenen

Die zweite Dimension besteht aus den drei (allgemeinen) **Managementebenen**:

- der **operativen** Ebene als Bereich des Tagesgeschäfts,
- der **taktischen** Ebene als Schnittstelle zwischen (operativen) Aktionen und (strategischen) Globalzielen sowie
- der **strategischen** Ebene als der Ebene der Plan- und Zielformulierung.

Während operative Aufgaben in der Regel einen kurzfristigen Zeithorizont aufweisen und sich hauptsächlich auf einzelne Mitarbeiter und/oder Stellen beschränken, konzentrieren sich die taktischen Aufgaben auf Mitarbeitergruppen im Unternehmen; ihr Zeithorizont ist entsprechend länger. Strategische Aufgaben sind in der Unternehmensleitung angelegt und betreffen das gesamte Unternehmen in langfristiger Perspektive.

3.3 Managementausrichtungen

Die dritte Dimension betrifft zwei Grundorientierungen:

- die **Informationsorientierung** als systematisches Fundieren von Entscheidungen auf konkreten, quantifizierbaren Tatbeständen, und
- die **Verhaltensorientierung** als bewußtes Abstellen auf die emotional-sozialpsychologische Betrachtungsweise.

Das Entscheidende an der Kombination beider Ausrichtungen ist damit, die Informationsbasis des Unternehmens zu optimieren und gleichzeitig eine strikte Ausrichtung an den individuellen Bedürfnissen der Mitarbeiter zu erreichen. Abbildung 1 illustriert die grundlegende Struktur eines solchen dreidimensionalen Personalmanagements.

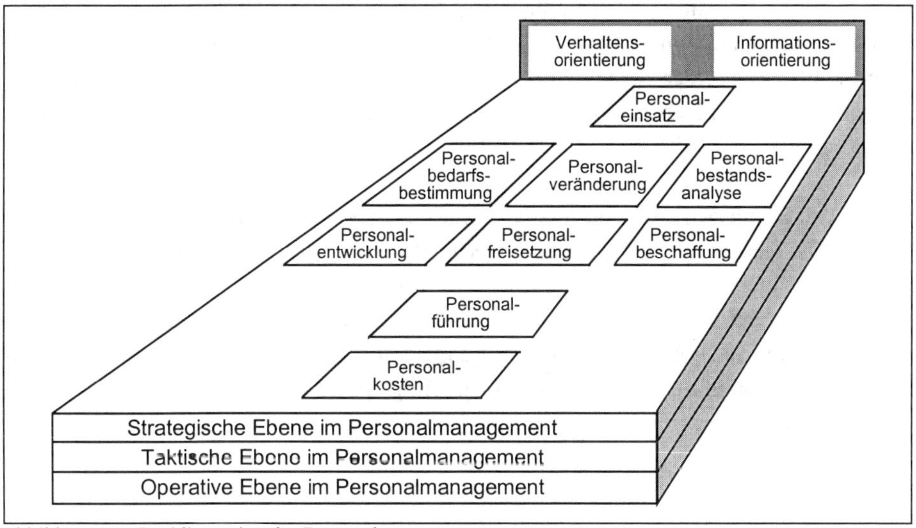

Abbildung 1: Dreidimensionales Personalmanagement
Quelle: Scholz 1994, S. 56

4. Die vier Grundorientierungen eines marktorientierten Personalmanagements

Ein marktorientiertes Personalmanagement muß vier Grundpostulaten folgen, die Aussagen über inhaltliche und prozedurale Konkretisierungen machen.

4.1 Kundenorientierung

4.1.1 Das allgemeine Postulat

Anders als bei einer reinen Absatzförderung, die lediglich über kommunikative Elemente Vertriebszahlen maximiert, ist Kundenorientierung eine grundsätzliche Denkhaltung, die sich mit den Bedürfnissen der Kunden fundiert auseinandersetzt. Ziel ist es also, die Wünsche der Kunden zu lokalisieren und sich mit den Absatzaktivitäten explizit daran zu orientieren.

Eine solche **Kundenorientierung** gilt (zunächst losgelöst vom Personalmanagement) gleichermaßen für interne wie für externe Kunden. Geht man von einer umfassenden Prozeßkette aus, so sind alle betrieblichen Teilbereiche „Kunden“ von anderen Bereichen. Abteilungen im Unternehmen, die keine eigenen „Kunden“ (ob intern oder extern) sehen, haben aus dieser Sicht keine Existenzberechtigung. Entscheidend ist also die Existenz einer spezifischen Interaktion und ihrer Transformation als Kunden-Lieferanten-Beziehung.

Eine solche Kundenorientierung muß auch für das Personalwesen gelten (*Schuler 1992*) und führt zu einer Denkweise, bei der es bewußt darum geht, die Kunden der Personalarbeit zu definieren und die Leistungen exakt darauf abzustellen (*Scholz 1998*). Allerdings ist auch hier ein weiter Weg zwischen dem „vollmundigen Aufstellen“ eines solchen Postulates und seiner tatsächlichen Realisierung zurückzulegen, wie sich auch an der Teilrealisation in Form des „Personalmarketing“ zeigt.

4.1.2 Personalmarketing als spezifische Antwort

Eine spezielle Ausgestaltung dieses kundenorientierten Ansatzes ist das **Personalmarketing** (*Scholz 1992; Staffelbach 1995*), bei dem das Unternehmen mit seinen Arbeitsplätzen (Produkt) an gegenwärtige und zukünftige Mitarbeiter (Kunden) „verkauft“ wird. Alle Maßnahmen sind an den Bedürfnissen der aktuellen sowie potentiellen Nachfrager zu orientieren und diesen Bedürfnissen aktiv anzupassen. Dabei werden gleichermaßen sowohl objektive Produktvorteile möglichst attraktiv herausgestellt als auch bewußt subjektive Perzeptionen beeinflußt.

Dies soll jedoch nicht im Sinne einer „Vermarktung von Arbeitsplätzen“ geschehen, sondern meint eine grundsätzliche Denkhaltung, die sich an den Grundbedürfnissen der Kunden orientiert und drei zentrale Funktionen abdeckt:

- Im Rahmen der **Akquisitionsfunktion** sollen externe Bewerber für das Unternehmen und die darin angebotenen Arbeitsplätze interessiert werden. Nicht nur objektive Kriterien wie Arbeitszeitregelungen sind hier wichtig, sondern auch emotionale Komponenten, die im Unternehmensimage zusammenzufassen sind.
- Auch die derzeitigen Mitarbeiter sind für ihr Unternehmen zu begeistern. Diese **Motivationsfunktion** wirkt langfristig gerade bei Mitarbeitern, die sich mit der vorherrschenden Unternehmenskultur identifizieren können.
- Damit aktuelle und potentielle Mitarbeiter das Spezifische des Unternehmens erkennen, muß es sich – und dies ist die **Profilierungsfunktion** – wirklich unterscheidbar positionieren.

Neben dieser Analogie zwischen Produkt- und Personalmarketing in der Grundidee bestehen eine Vielzahl von Ähnlichkeiten, die den Prozeß der Strategieformulierung bis hin zum Einsatz einzelner Marketingmix-Instrumente betreffen.

Personalmarketing hat aber in seiner praktischen Realisation häufig ernstzunehmende Schattenseiten (*Staffelbach 1986, S. 127*): So wird es leicht als Vermarktungsaktivität von Personal beziehungweise als Social Marketing des Personalwesens mißverstanden. Auch sieht man Personalmarketing häufig nur als eine bestimmte Methode im Rahmen der Personalbeschaffung an.

4.2 Wertschöpfungsorientierung

4.2.1 Das allgemeine Postulat

Kundenorientierung darf nicht dazu führen, maximale Befriedigung des Kundennutzens durch minimalen Nutzen auf Seiten des Lieferanten herbeizuführen. Die einzelnen Glieder der inner- und zwischenbetrieblichen Kette der Interaktionen haben daher nur dann ihre Existenzberechtigung, wenn sie tatsächlich Wertschöpfung realisieren, die der Kunde (finanziell) honoriert. Das Konzept der Kundenorientierung ist daher zu ergänzen durch das Konzept der Wertschöpfungsorientierung.

Wertschöpfungsorientierung sieht im marktorientierten Personalmanagement einen Beitrag zur Wertschöpfung im Unternehmen. Sie findet sich auf allen drei Managementebenen, von der operativen bis hin zur strategischen Gesamtebene. Wertschöpfungsorientierung bezieht sich auf sämtliche Personalmanagementaufgaben, losgelöst von der Beantwortung der Frage, wer im Einzelfall diese Aktivitäten durchführt. Eine besondere Umsetzung des Wertschöpfungsgedankens ist das **Wertschöpfungszentrum** als spezielle Organisationsform für die Personalabteilung.

4.2.2 Das Wertschöpfungszentrum als spezifische Antwort

Wird die Personalabteilung als Wertschöpfungszentrum organisiert, so geht es nicht nur um die reine Kostenseite der Personalarbeit (Cost Center) und auch nicht nur um die damit verbundenen Erträge (Profit Center): Vielmehr ist zu prüfen, welchen **Nutzen** die Personalabteilung im Rahmen der **Wertschöpfungskette im Unternehmen** tatsächlich realisiert. Dieses Konzept (*Wunderer 1992*) hat trotz implementationstechnischer Detailprobleme sicherlich eine unbestreitbare Faszination und stellt damit eine interessante Organisationsform für die zukünftige Personalarbeit dar.

4.3 Kompetenzorientierung

4.3.1 Das allgemeine Postulat

Langfristig werden – wie in Abschnitt 1 skizziert – externe wie interne „Kunden“ über eine breite Information der zur Verfügung stehenden Leistungsangebote verfügen. Dies bedeutet aber im Umkehrschluß, daß Anbieter von Gütern und Dienstleistungen letztlich nur dann überleben können, wenn sie ein spezifisches Angebot in einer überragenden **Preis-Leistungs-Relation** bereitstellen können. Marktorientierung setzt sich daher nicht allein aus Kunden- und Wertschöpfungsorientierung zusammen, sondern verlangt zudem eine Orientierung an der **Kernkompetenz des Unternehmens** (*Prahalad/Hamel 1990*): Nur bei Beschränkung auf diese Kernkompetenzen wird es einem Unternehmen gelingen, auf dem Markt konkurrenzfähig zu werden beziehungsweise zu bleiben.

4.3.2 Personalkompetenzzentren als spezifische Antwort

Bezogen auf die Personalarbeit bedeutet dies, daß das unternehmerische Personalmanagement nicht nur ein derartiges Ausbilden von Kernkompetenzen im Unternehmen unterstützen muß. Es muß vielmehr selber Kernkompetenzen im Umgang mit dem Personal entwickeln. Diese **Kompetenzzentren** brauchen aber nicht ausschließlich in der Personalabteilung positioniert zu sein: Denkbar sind vielmehr auch Modelle, bei denen sich spezifische Kompetenzzentren in einem Unternehmen zu einer virtuellen Personalabteilung zusammenschließen (*Scholz 1996*).

4.4 Kulturorientierung

4.4.1 Das allgemeine Postulat

Kunden-, Wertschöpfungs- und Kompetenzorientierung als zentrale Komponenten einer Marktorientierung finden ihren entscheidenden Niederschlag im Normen- und Wertesystem des Unternehmens. Angesprochen ist daher auch die **Unternehmenskultur** (*Schein 1985*) als implizites Bewußtsein eines Unternehmens, das sich aus dem Verhalten der Organisationsmitglieder ergibt und das umgekehrt dieses Verhalten prägt (*Scholz 1987, S. 88*). Diese Unternehmenskultur enthält Aussagen darüber, was in einem Unternehmen aus Sicht der Mitarbeiter als gut oder schlecht einzustufen ist, was charakteristische Verhaltensweisen sind und wodurch sich Unternehmen von anderen abgrenzen.

Unternehmenskultur beinhaltet aber nicht nur positive Merkmale, sie beinhaltet auch die Möglichkeit zu pathologischen Tendenzen. Gerade derartige pathologische Kulturen sind es, die in Unternehmen dafür sorgen, daß Kunden zu „Störungen" und Innovationen zu „Irritationen" hochstilisiert werden (*Kets de Vries 1995; Scholz 1997*).

4.4.2 „Marktbezogene" Kultur als spezifische Antwort

Marktorientierung bedeutet daher eine spezifische Denkhaltung, die eine Kunden-, Wertschöpfungs- und Kompetenzorientierung im Unternehmen realisiert. Oder um es anders auszudrücken: „Personalorientiertes internes Marketing ist somit ein Sammelbegriff für das Instrumentarium zur Realisierung, Absicherung und Durchsetzung einer geplanten Unternehmenskultur, sofern sie unter Absatzmarkterfordernissen gestaltet werden soll" (*Stauss/Schulze 1990, S. 154*).

Kunden-, Wertschöpfungs- und Kompetenzorientierung bedürfen eben dieser Verankerung im Normen- und Wertesystem der Mitarbeiter, wenn sie nicht nur ein Lippenbekenntnis bleiben, sondern tatsächlich als strategische Erfolgsfaktoren genutzt werden sollen. Letztlich bietet gerade die Unternehmenskultur die Chance, marktorientiertes Denken nicht nur im Personalbereich, sondern auch in allen anderen Unternehmensbereichen tatsächlich Realität werden zu lassen.

5. Instrumente eines marktorientierten Personalmanagements

5.1 LAMBDA-Modell

Ein erfolgversprechendes marktorientiertes Personalmanagement setzt voraus, daß sich die Entscheidungsträger mit Kultur, Erscheinungsbild und Image ihres Unternehmens auseinandersetzen. Einen **Analyserahmen** hierfür gibt das in Analogie zu seiner graphischen Form benannte LAMBDA-Modell (*Scholz 1989*):

Ausgangspunkt ist die Unternehmenskultur mit ihrer primären Innenausrichtung auf das Wertesystem und die Verhaltenssteuerung der Unternehmensmitglieder. Ein Großteil der Unternehmenskultur bleibt trotz der verhaltensbeeinflussenden Wirkungen unsichtbar. In diesem „**LAMBDA 1**" findet sich der „Kulturkern" des Unternehmens, sozusagen seine spezifische Persönlichkeit: Sie kann an der internen Kunden-, Mitarbeiter-, Resultats-, Leistungs-, Innovations- oder Technologieorientierung festgemacht werden.

„**LAMBDA 2**" bildet den sichtbaren Teil des Unternehmensauftrittes: Diese Unternehmenserscheinung manifestiert sich unter anderem in auffälligen Gebäuden, prägenden Leitfiguren oder standardisierten Belohnungsritualen. Dieser Bereich ist dann sinnvoll gestaltet, wenn er als Corporate Identity die tatsächlich vorhandene Kultur des Unternehmens stimmig widerspiegelt, also Mitarbeitern und Externen deutlich vermittelt, wo und wie das Unternehmen eine spezifische Persönlichkeit besitzt.

Die Beobachtungen auf der sichtbaren Ebene durch Externe und deren Rückschlüsse auf die Unternehmenskultur führen zum Image des Unternehmens: „**LAMBDA 3**". Dieses subjektive Bild des Unternehmens kann beispielsweise durch Imageanzeigen, Geschäftsberichte, Empfangsrituale oder die Unternehmensarchitektur beeinflußt sein, muß jedoch nicht mit der tatsächlichen Unternehmenskultur übereinstimmen. Abbildung 2 zeigt das LAMBDA-Modell als konzeptionellen Rahmen für ein marktorientiertes Personalmanagement.

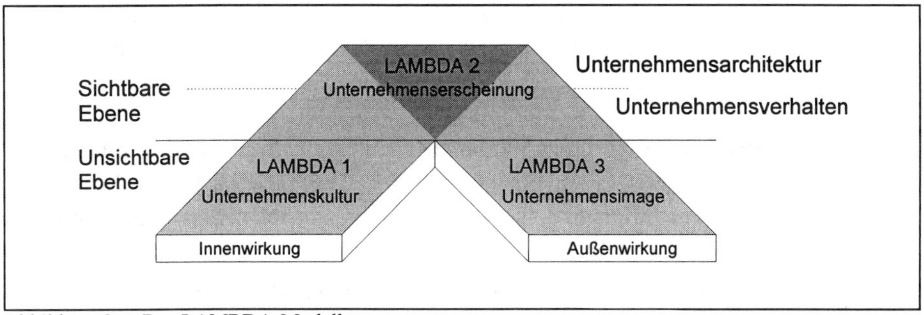

Abbildung 2: Das LAMBDA-Modell
Quelle: Scholz 1994, S. 610

Im LAMBDA-Modell lassen sich nun die verschiedenen **Analysetechniken des Personalmarketing** positionieren:

- ☐ In LAMBDA 1 liegen Mitarbeiterbefragung, Aufwärtsbeurteilung, Gleichgestelltenbeurteilung sowie workshop-bezogene Diagnoseinstrumente.
- ☐ In LAMBDA 2 erfolgt die Analyse des Erscheinungsbildes, wobei hier die Palette der Möglichkeiten von Dokumentenanalyse bis hin zu verschiedensten Verfahren der angewandten Sozialtechniken reicht.
- ☐ In LAMBDA 3 ist die zentrale Analysetechnik die Imagestudie.

Auf diese Weise läßt sich das gesamte Unternehmen im Hinblick auf Kultur, Erscheinung und Image analysieren, wobei die Grenzen zwischen den Inhalten des marktorientierten Personalmanagements und den übrigen marktbezogenen Kommunikationsaspekten fließend werden. In gleicher Form erfolgt eine Abdeckung der drei LAMBDA-Bereiche durch unterschiedliche Maßnahmen, allen voran Führungstraining/Mitarbeiterschulung (LAMBDA 1), Führungsleitlinien/interne Kommunikation (LAMBDA 2) und Gestaltung des Unternehmensauftretens nach außen (LAMBDA 3).

5.2 Mitarbeiterbefragung

Unzufriedene Mitarbeiter bewirken unzufriedene Kunden. Gerade die Führungskraft spielt hinsichtlich der Mitarbeiterzufriedenheit eine zentrale Rolle: Sie muß motivieren und informieren, um die Initiative, den Teamgeist und die Verantwortungsbereitschaft der Mitarbeiter zu fördern. Aus diesem Grund hängt der Erfolg eines marktorientierten Personalmanagements von der Beschaffung personalwirtschaftlicher Basisinformationen ab. Bereits im Zusammenhang mit dem LAMBDA-Modell wurde hier auf das Instrument der Mitarbeiterbefragung (vgl. *Scholz/Scholz* 1995) hingewiesen, wofür es mehrere Realisationsformen – mit teilweise unterschiedlichen Bezeichnungen – gibt:

Bei der **Betriebsklimastudie** findet eine breit angelegte Untersuchung – im Regelfall der gesamten Belegschaft – statt. Bei diesem umgangssprachlich meist „Mitarbeiterbefragung" genannten Instrument geht es um eine systematische Erfassung der kollektiven Einstellungen und Ansichten der Mitarbeiter zu arbeitsbezogenen Themen. Diese reichen von Fragen des Arbeitsplatzes über das Vergütungssystem bis hin zu dem Verhältnis der Kollegen untereinander. Üblich ist eine gruppenspezifische Auswertung, bei der Ansichten und Charakteristika von Mitarbeitergruppen untersucht werden, die über Alter, Hierarchieebene, Geschlecht, Beschäftigungsverhältnis oder Abteilungszugehörigkeit definiert werden. Möglich ist auch ein innerbetrieblicher Vergleich, beispielsweise quer über Abteilungen oder Bereiche. Betriebsklimastudien erfolgen im Regelfall schriftlich, anonym und beziehen sich im Ergebnis nicht auf konkrete Personen.

Bei der **Aufwärtsbeurteilung** geht es um die bewußte Beurteilung einer Führungskraft durch ihre Mitarbeiter. Auch hier sind Mechanismen zur Anonymisierung unumgänglich, will man einigermaßen wahrheitsgetreue Urteile erhalten. Gerade Aufwärtsbeurteilungen, die in US-amerikanischen Unternehmen sehr beliebt sind, setzen aber ein äußerst umfassend geplantes und vorsichtig-behutsames Vorgehen voraus, da hier Personen unmittelbar tangiert werden: Vergegenwärtigt man sich die generelle Unsicherheit in vielen Unternehmen und das häufig gespannte Klima, so ist dieses Instrument zwar im Hinblick auf die Marktorientierung wichtig, dennoch aber nicht unproblematisch.

Die **Gleichgestelltenbeurteilung** („peer rating") kommt ebenfalls aus dem US-amerikanischen Bereich. Sie basiert auf der Idee einer Beurteilung von Personen durch den unmittelbaren Kollegenkreis. Dieses Verfahren ist in Deutschland soweit erkennbar kaum vertreten.

Abbildung 3 stellt diese Vorgehensweisen zusammen – ergänzt um die übliche „Chef-Beurteilung“ -, wobei die Zusammenführung von (2), (3) und (4) in Verbindung mit dem Urteil von Externen auch als 360-Grad-Beurteilung bezeichnet wird. Ein solches Vorgehen ist aber extrem aufwendig und deshalb allenfalls in Ausnahmefällen sinnvoll.

<table>
<tr><th></th><th>Vorgehensweise</th><th>Untersuchungsziel</th><th>Beurteiler</th><th>Bezeichnung</th></tr>
<tr><td>1</td><td>Gruppenbezogen</td><td>Einstellungen von konkret spezifizierten Beschäftigtengruppen</td><td>Alle Personen</td><td>Betriebsklimastudie</td></tr>
<tr><td>2</td><td rowspan="3">Individuumsbezogen</td><td rowspan="3">Führungsleistung einer konkret spezifizierten Führungskraft</td><td>Mitarbeiter</td><td>Aufwärtsbeurteilung</td></tr>
<tr><td>3</td><td>Kollegen</td><td>Gleichgestelltenbeurteilung</td></tr>
<tr><td>4</td><td>nächsthöhere Führungskraft</td><td>„Chef-Beurteilung“</td></tr>
</table>

Abbildung 3: Formen der Mitarbeiterbefragung i.w.S.

Durchaus sinnvoll ist dagegen die Kombination von (1) und (2), gegebenenfalls in Verbindung mit (3): Meist wird sowieso im Rahmen der Betriebsklimastudie zusätzlich auch das Urteil der Mitarbeiter zu ihrer jeweiligen Führungskraft erhoben, allerdings nicht namentlich zugeordnet. Stellt man jetzt sicher, daß sich die entsprechenden Fragen auf bestimmte und klar gekennzeichnete Personen beziehen, so bekommt man automatisch eine Verbindung zwischen (1) und (2) – allerdings verbunden mit einem beträchtlichen administrativen Aufwand. Da eine Betriebsklimastudie im Regelfall auch ein Durchsprechen der Ergebnisse mit den Betroffenen impliziert, läßt sich dieses Vorgehen gut in Richtung auf (4) erweitern, wenn die nächsthöhere Führungskraft auch ihre eigene Beurteilung in das Gespräch einbringt.

Gerade weil sich derartige Instrumente inzwischen durch eine weitgehende Standardisierung auszeichnen, hängt ihr Erfolg vor allem von ihrer unternehmensspezifischen Einbindung in die Unternehmens- und Führungskultur ab.

5.3 Personalmanagement-Audit

Vor allem internationale Unternehmen stehen vor der Herausforderung, in ihrer Wertschöpfungskette eine externe Dezentralisierung auf der Kundenseite („act locally“) mit einer Zentralisierung auf der Logistik- und Lieferantenseite zu kombinieren. Berücksichtigt man zudem den aktuellen Trend zur Verflachung und Flexibilisierung in der Organisationsstruktur, so führt dies zu einer starken Zergliederung und zur Notwendigkeit, im Hinblick auf die Gesamteffektivität eine zusammenführende Integration zu realisieren.

Für das Personalmanagement bedeutet dies zentral durchgeführte Analysen der Personalarbeit vor Ort, um die generelle und einzelfallspezifische Marktorientierung sicherzustellen. Neben den zuvor beschriebenen Formen der Mitarbeiterbefragung dürfte zunehmend das **Personalmanagement-Audit** eine wichtige Rolle spielen, zu verstehen als systematisch-standardisierte Analyse der Personalarbeit (und speziell der Personalabteilung) vor Ort in einem circa zweijährigen Zyklus.

Anhand einer vorgegebenen Checkliste wird durch hochrangige Mitarbeiter der Zentrale und gegebenenfalls externe Berater die lokale Personalarbeit im Hinblick auf Personalkonfiguration, Industrial Relations, Personalentwicklung, Personalcontrolling, Zukunftsplanung, Führungsmodell, Maßnahmen zur Kundenorientierung, Konzerneinbindung sowie Unternehmenskultur untersucht. Hierfür sind je nach Größe der dezentralen Einheiten bis zu drei Tagen Dauer anzusetzen. Die Audits finden in einem möglichst knappen Zeitraum statt – vorzugsweise mit einem konstanten Auditorenteam. Nach Abschluß der „Audit-Tour“ wird ohne große Verzögerung der Auditreport erstellt und allen Betroffenen sowie Beteiligten kommuniziert.

Bei dem Personalmanagement-Audit handelt es sich nicht um eine simple Kontrollmaßnahme. Vielmehr geben die Ergebnisse sowohl den Entscheidungsträgern als auch den Betroffenen anhand feststehender Beurteilungskriterien die Möglichkeit, unerwünschte Entwicklungen zu korrigieren und zukünftige Optionen für die Marktorientierung im Personalmanagement zu bestimmen.

6. Schwachstellen und Gefahren

6.1 Marktorientiertes Personalmanagement als „ritualisierter Selbstbetrug“

Problematisch kann die Marktorientierung im Unternehmen dann werden, wenn die Personalverantwortlichen zwar ihre Aufgaben wie Kunden- oder Wertschöpfungsorientierung kennen und akzeptieren, jedoch nicht merken, wenn sie diese Anforderungen (noch) nicht erfüllen. Dieses Verhalten, das aus mangelnder Fremdkritikfähigkeit, unkritischer Selbstbeobachtung und Überschätzung der eigenen Bemühungen heraus entsteht, führt zu ritualisiertem Selbstbetrug, in dem die Entscheidungsträger letztlich be- und gefangen sind.

Kaum ein Vorgesetzter geht tatsächlich davon aus, daß seine Mitarbeiter kein vertrauensvolles Verhältnis zu ihm haben. Kaum ein Vorgesetzter sieht, daß seine Mitarbeiter häufig nur Rollen spielen, von denen sie glauben, daß der Vorgesetzte sie eigentlich erwartet. Und kaum ein Vorgesetzter tauscht sich darüber mit Kollegen in ähnlichen Führungssituationen aus.

Gerade Mitarbeiterbefragungen liefern schöne Beispiele für solche **Selbsttäuschungen**: Wenn man hier von falschen Annahmen ausgeht und durch unsinnige Bezugsgrößenwahl die kollektive Mitarbeiterbefragung mit einer individuellen Vorgesetztenbeurteilung verwechselt, wird dieses durchaus richtige Instrument falsch eingesetzt. Allenfalls die Mitarbeiter, die ein offenes Vertrauensverhältnis zu ihrem Vorgesetzten haben, werden ehrlich antworten. Die anderen werden vorsichtig sein oder sich von Ausfüllhinweisen der Vorgesetzten beeinflussen lassen.

Im Ergebnis wird damit ein durchaus wichtiges Instrument zur „ritualisiert-kollektiven Selbsttäuschung" umfunktioniert; ein Mechanismus, der auch bei einer Vielzahl anderer Techniken fatalerweise perfekt funktioniert und dem Unternehmen ein gefährliches Trugbild einer „heilen Welt" vorgaukelt.

6.2 Marktorientiertes Personalmanagement als „Schönwetterkonzept"

In den letzten Jahren haben einige Firmen unfreiwillig deutlich die große Kluft zwischen ihren Hochglanzbroschüren und ihren tatsächlichen Einstellungen offenbart: So mutierte der Mitarbeiter vom „Mensch im Mittelpunkt" und „zentralen Erfolgsfaktor" zum „wegzurationalisierenden Kostenfaktor" und zum „strategischen Standortnachteil". Wo zunächst noch von einem Aufbau eines langfristigen Vertrauensverhältnisses gesprochen wurde, kommt es jetzt zu einer krassen Abschöpfungsstrategie. Kurzfristige Gewinnmaximierung ersetzt langfristige Potentialorientierung.

Sicherlich konnten viele Unternehmen ausschließlich durch krasse Kostensenkungen überhaupt am Markt überleben. Nimmt man aber beispielsweise den Bereich der betrieblichen Personalentwicklung, so offenbart sich der verwendete Mechanismus deutlich als „Substitution der Gießkanne durch den Rasenmäher".

In solchen Situationen zeigt sich, ob ein Unternehmen tatsächlich in seinem Personalmanagement eine Kunden-, Wertschöpfungs-, Kompetenz- und Kulturorientierung praktiziert. Oder aber ob es nur ein „Schönwetterkonzept“ ist, an das man selber nicht richtig zu glauben vermag. Dies gilt für den externen Bereich ebenso wie für den internen Bereich. Wo vordergründig pseudobetriebswirtschaftliches Kostendenken in den Vordergrund rückt, ist langfristiger Erfolg gefährdet.

7. Ergebnis und Konsequenz

„Marktorientiertes“ Personalmanagement läßt sich im Regelfall äußerst eloquent darstellen und mit wohlklingenden Absichtserklärungen ausschmücken. Die Gefahr eines auf Glanzpapier gedruckten Schönwetterkonzeptes ist allerdings groß. Nötig ist daher in jedem Fall eine feste **Verankerung der Marktorientierung** in der Unternehmenskultur, die dann zu der stimmigen Ausgestaltung von entsprechenden Instrumenten beiträgt.

Literaturverzeichnis

Kets de Vries, M.R. (1995): Dysfunktionale Entscheidungsfindung und organisatorische Pathologien, in: *Scholz, C./Zentes, J. (Hrsg.)*: Strategisches Euro-Management, Stuttgart, S. 245-256.

Prahalad, C./Hamel, G. (1990): The Core Competence of the Corporation, in: Harvard Business Review, Vol. 68, May-June, S. 79-91.

Schein, E. (1985): Organizational Culture and Leadership. A Dynamic View, San Francisco u.a.

Scholz, C. (1987): Strategisches Management. Ein integrativer Ansatz, Berlin, New York.

Scholz, C. (1989): Kultur und CI deckungsgleich? Das LAMBDA-Modell zeigt, wo Ihr Unternehmen steht, in: Absatzwirtschaft, Sondernummer Oktober 1989, S. 212-223.

Scholz, C. (1992): Personalmarketing: Wenn Mitarbeiter heftig umworben werden, in: Harvard Manager, 14. Jg., Nr. 1, S. 94-105.

Scholz, C. (1994): Personalmanagement. Informationsorientierte und verhaltenstheoretische Grundlagen, 4. Aufl., München.

Scholz, C. (1996): Die virtuelle Personalabteilung. Ein Jahr später, in: Personalführung, 29. Jg., S. 1080-1086.

Scholz, C. (1997): Strategische Organisation. Prinzipien zur Vitalisierung und Virtualisierung, Landsberg/Lech.

Schloz, C. (Hrsg.) (1998): Innovative Personalorganisation, Neuwied/Kriftel/Berlin.

Scholz, C./Scholz, M. (1995): Mitarbeiterbefragungen. Mehr als nur einfach Meinungsumfragen. Instrumente, Konzepte, Durchführung, in: Personalführung, 28. Jg., S. 728-740.

Schuler, R.S. (1992): World Class HR Departments. Six Critical Issues, Working Paper, New York University.

Staffelbach, B. (1986): Personal-Marketing, in: *Rühli, E./Wehrli, H.P. (Hrsg.)*: Strategisches Management und Marketing. Konzeption in Theorie und Praxis, Bern, Stuttgart, S. 124-143.

Staffelbach, B. (1995): Strategisches Personalmarketing, in: *Scholz, C./Djarrahzadeh, M. (Hrsg.)*: Strategisches Personalmanagement. Konzeptionen und Realisationen, Stuttgart, S. 143-158.

Stauss B./Schulze, H.S. (1990): Internes Marketing, in: Marketing ZFP, 12. Jg., Nr. 3, S. 149-158.

Wunderer, R. (1992): Von der Personaladministration zum Wertschöpfungs-Center, in: Die Betriebswirtschaft, 52. Jg., Nr. 2, S. 201-215.

Summary

A growing level of information of market players, higher demands of quality and a shorter time span available to react to market changes define today's organizational environment. At the same time, a lessening loyalty of its workers and quick-shifting organizational structures as well as interdependence and interfunctionality of the company's operational divisions emphasize the importance of Human Resource Management. Three basic dimensions of Human Resource Management are:

- ☐ Management fields which systemize its functions (e.g. Human Resource development means the future-oriented adaption of employee qualification)
- ☐ Levels of Management which are operative, tactical and strategic and finally
- ☐ Management objectives constituted by informational and behavioral orientation.

The four basic orientations of a market oriented Human Resource Management can be determined as a pyramidical structure, each lower orientation being an important element of the next level. Customer orientation postulates that the desires and needs of the internal and external customer are decisive for the company's market activities (e.g. Human Resource Marketing as the activity of selling jobs to potential or present employees). Furthermore, the value-added-orientation demands that a company should be reimbursed for its customer orientation.

Competence orientation reminds the company to concentrate on its core competence in order to achieve better price-performance-relation of its products. Finally, culture orientation is the synthesis of organizational ideals and beliefs manifested in the corporate identity. A fundamental model of Human Resource Management is the LAMBDA model, which seeks to analyze the perceptible level of the organization as well as its invisible culture and image. In particular, employee surveys ll the way up to 360° feedback systems proof to be important towards a truly customer oriented Human Resource Management.

However, market oriented Human Resource Management with all its virtues degenerates to a ritualized deception if the manager-employee-relationship is not one of trust or if it is merely used as a „good weather concept" where struggling companies position the Human Resources as a cost-factor rather than the organizational focus and success factor.

Personalmarketing

Die Kunst, attraktive und effiziente Arbeitsbedingungen zu analysieren, zu gestalten und zu kommunizieren

von Rolf Wunderer

Prof. Dr. Rolf Wunderer ist Ordinarius für Betriebswirtschaftslehre, insbesondere Führung und Personalmanagement an der Universität St. Gallen und Direktor des dortigen Instituts für Führung und Personalmanagement.

Die Entwicklung von Arbeitsmärkten zu einem Nachfragemarkt bei bestimmten Zielgruppen (z.B. Spezialisten und Führungskräfte) und Branchen hat die Diskussion um den Personalmarketing-Ansatz neu belebt. Sie reduziert sich aber meist auf sehr spezielle Aspekte (z.B. Personalgewinnung, insbesondere durch Personalwerbung) und vernachlässigt die Integration mit anderen Leistungsfaktoren und Markten.

Deshalb scheint es sinnvoll, sich mit diesem Ansatz in einem breiteren Zusammenhang zu beschäftigen und dabei auch weiterführende Fragestellungen zu berücksichtigen. Nach einer umfassenderen Begriffsbestimmung werden Funktionen dieses Ansatzes unter Aspekten der Personalphilosophie, -politik und -strategie behandelt. Besonders werden drei zentrale Fragestellungen diskutiert: Verbindung von Produkt-, Arbeitsplatz- und Kapitalmarketing, stärkere Betonung des internen Personalmarketing, Dezentralisierung der Personalmarketing-Verantwortung.

1. Vorbemerkung

Die **Personalarbeit** hat durch Wachstum und Internationalisierung der Unternehmen, die stark veränderten Bedingungen auf dem Arbeitsmarkt, den gesellschaftlichen Wertewandel mit deutlichen Wirkungen auf das Leistungsethos, die engeren Rahmenbedingungen (einschließlich Arbeitsrecht und Sozialpolitik) sowie komplexere Stellenanforderungen und gestiegene Qualifikation der Mitarbeiter einen neuen Stellenwert bekommen. Dabei dürfte im Personalwesen ein unternehmerisch-marktorientierter Ansatz in den Mittelpunkt rücken, der personale, ökonomische und ökologische Zielsetzungen der Unternehmung integriert und dabei die Arbeit, den Arbeitsplatz und die Arbeitssituation als Marketing-Produkt analysiert, gestaltet und kommuniziert.

2. Begriffsbestimmung

Unter **Personalmarketing** soll vor allem eine Philosophie und Strategie des **Human-Resource-Managements** verstanden werden, die auf die Bedürfnisse der Arbeits- und Lebenssituation der Mitarbeiter und der Linie ausgerichtet, dabei aber auf die gesamte Unternehmenspolitik, damit auch auf das Absatz- und Finanzmarketing abgestimmt ist.

Das Personalmarketing kann man folgendermaßen charakterisieren:

Philosophie:	(Potentielle) Mitarbeiter sind die externen bzw. internen Kunden. Sie sind zugleich der „wert-vollste", kreativste und sensitivste Produktionsfaktor. Personalmarketing soll die personale Wertschöpfung optimieren durch attraktive und effiziente Gestaltung der Arbeitsbedingungen und Entwicklung der Mitarbeiter zu Mitunternehmern.
Verantwortlichkeit:	Unternehmens-/Personalleitung und alle Führungskräfte.
Hauptfunktionen und -instrumente:	Arbeit, Arbeitsplatz, Unternehmen als attraktives und effizientes Angebot am externen und internen Arbeitsmarkt – durch Analyse und bedürfnisgerechte Gestaltung/Entwicklung von Position, Potential, Rekrutierung, Anreizen und Kommunikation.

Die Personalmarketing-Philosophie umfaßt eine ganzheitliche und integrierte Gestaltung aller personalpolitischen Programme (z.B. „offene Tür"), Funktionen (z.B. „Personalbeschaffung"), Instrumente (z.B. „Personalwerbung") und Methoden bzw. Instrumente (z.B. „Arbeitsmarktanalyse").

3. Zur wissenschaftlichen Diskussion

In den siebziger Jahren wurde der aus den USA übernommene Marketingansatz auf das **Personalwesen** zu übertragen versucht, das sich eben erst als wissenschaftliche Disziplin an den Hochschulen konstituiert hatte. Dabei war offensichtlich die Universität München die Keimzelle. Aus dem Marketingbereich kamen die zentralen Anregungen von *Nieschlag* und seinen Mitarbeitern (vor allem *v. Eckardstein/Schnellinger 1971, 1975*), im Personalbereich waren es *Fischer* (*1961*) und seine Mitarbeiter (vor allem *Gaugler* und *Wunderer*), welche die Verbindung zur Marktwirtschaftslehre, insbesondere in der Werbung, vertieften. Beide Arbeitsgruppen (angesiedelt auf demselben Stock des Institutsgebäudes) hatten in wesentlichen Punkten übereinstimmende Grundvorstellungen: Ausgangspunkt waren die aktiven Gestaltungsaufgaben der Unternehmensführung bzw. der Unternehmenspolitik; Grundlage einer Personal- wie einer Marketingphilosophie sollten normative Wertvorstellungen (gegenüber Kunden wie Mitarbeitern) sein, zur strategischen Unterstützung sollte ein integriertes Instrumentarium für die Absatz- bzw. die Personalpolitik entwickelt werden. Diese Arbeiten wurden aber nach wenigen Jahren wegen Pensionierung der Ordinarien und Berufung von Mitarbeitern auf Lehrstühle anderer Universitäten nicht mehr weiterverfolgt. Nur wenige Betriebswirte nahmen den Ansatz des Personalmarketing (*Kramer 1974; Wunderer 1975a; Ruhleder 1978; Ende 1982*) konzeptionell in Monographien auf (*Rippel 1974, Schmidbauer 1975*). Andere Denkansätze, wie z.B. der entscheidungs- und konflikttheoretische, aber auch der systemorientierte rückten in den Vordergrund. In dieser Zeit gab es aber auch schon kritische Diskussionen zum Begriff (z.B. *Goossens 1973*) und zum Konzept (z.B. *Kreklau 1974; Wächter 1977*).

In der Schweiz bildete eine kleine Informationsschrift von *Hunziker* (*1973*) für das Institut für Betriebswirtschaft an der Hochschule St. Gallen einen ersten instrumentellen Ansatz (vor allem für Personalbeschaffung), brachte dort aber keine weitere Fortführung in der wissenschaftlichen Diskussion. Dies galt auch für die Universität Zürich, die durch die Gründung einer betriebswirtschaftlichen Professur mit den Schwerpunkten Marketing und Personalwesen, auf die *Krulis-Randa* 1977 berufen wurde, eine ideale Voraussetzung dafür geschaffen hatte.

Ende der achtziger Jahre war es insbesondere die Unternehmenspraxis, die eine **Wiederbelebung des Personalmarketing-Ansatzes** nach etwa zehnjähriger Unterbrechung brachte. Wesentlicher Grund war die Engpaßsituation für bestimmte Zielgruppen auf dem externen Arbeitsmarkt sowie der Wertewandel der Mitarbeiter im internen Bereich (z.B. *Gaugler 1990*). Eine wesentliche Weiterentwicklung des in den siebziger Jahren diskutierten Konzepts ist in den neuesten Publikationen aber nicht erkennbar (z.B. *Staffelbach 1986; Fröhlich 1987; Strutz 1993* sowie *Groning/Schweihofer 1990; Töpfer 1990*).

4. Funktionen des Personalmarketing-Ansatzes

Der **Personalmarketing-Ansatz** übernimmt einen für die Produkt- und Konsumentenseite in Marktwirtschaften typischen und wesentlich breiter erforschten Ansatz; er könnte sich somit auf viele Vorarbeiten in theoretischer wie praktischer Hinsicht abstützen. Konstitutive Merkmale des Marketing (z.B. *Zimmer 1979* und *Meffert 1998*, kritisch dazu: *Schneider 1983*), wie Partnerorientierung, verhaltenswissenschaftliche Orientierung, aktive Einflußnahme, systematische Informationsgewinnung, differenzierte

Marktbearbeitung und Beachtung der gesellschaftlichen Wertedynamik können sinnvoll auf das Personalmarketing – wie auch auf einen Kapitalmarketing-Ansatz – übertragen werden.

Der Personalmarketing-Ansatz stellt gegenüber klassischen verwaltungsorientierten Konzepten explizit die Marktseite und das **Marktdenken** in den Mittelpunkt. Er entspricht auch der strategischen Forderung, für bestimmte Konstellationen (z.B. der extreme Nachfragemarkt auf wichtigen Bereichen des Arbeitssektors) darauf abgestimmte Maßnahmen zu entwickeln (*Rühli 1986; Krulis-Randa 1989*). Er konzentriert sich auf den Beschaffungsmarkt und hilft dabei, die traditionellen Anbieterkonzepte und Gestaltungsmuster (z.B. Stelleninserate in Form von „amtlichen Verlautbarungen") zu überwinden. In der Aus- und Weiterbildung kann damit Studenten wie Führungskräften ein integrierter Ansatz geboten werden. Schließlich könnten auch Überlegungen gefördert werden, in Zukunft vermehrt marketingorientierte Manager anderer Funktionsbereiche für die Leitung des Personalwesens zu gewinnen. Der Marketingansatz würde damit zu einer umfassenden Unternehmensphilosophie und -kultur (verstanden als „gemeinsam geteilte und gelebte Werthaltungen"), aber auch zu einer zentralen Strategie für eine integrierte Konzeption der relevanten absatz-, finanz- und personal- bzw. führungspolitischen Instrumente.

Die **Integration von Produkt- und Arbeitsplatzmarketing** soll nun an einem Konzept gezeigt werden, das für die Firma Sulzer-Infra, Winterthur, in Zusammenarbeit mit dem Verfasser entworfen wurde (vgl. Abbildung 1). Für die Gliederung fand das 4-P-Modell von *McCarthy* (*1971*) im Sinne eines „Marketing-Mix" (*Kühn 1984*) Verwendung. Die noch fehlende Behandlung des Kapitalmarketing sollte in einem nächsten Schritt erfolgen.

Marketingmix		
Absatz	**Funktionen**	**Personal**
Kundenorientierung	**Philosophie**	Mitarbeiterorientierung
	Produkt	
Betriebs-/Gebäudetechnik, Consulting/Instruktion/Service	Angebotspalette	2500 Arbeitsplätze technisch/ kaufmännisch/handwerklich
Funktionalität, Innovation, Fachkompetenz, Termintreue	Qualität	Arbeitsinhalte, Arbeitsplatz, Arbeitsmittel und Arbeitszeit
Gewährleistung, führende Stellung	Zusatznutzen	Entwicklungsmöglichkeiten, Karrierechancen, Unternehmenskultur, Hobbys
Service, Verfügbarkeit	Dienstleistung	Unterstützung individueller Mitarbeiterwünsche
Einheitlicher Marktauftritt	Präsentation/Gestaltung	Führungsgrundsätze, Personalpolitik
	Promotion	
Identifikation, einheitliche Orientierung	Erscheinungsbild	Identifikation, gemeinsame Orientierung
Information, Kommunikation, Vertrauenssicherung	Öffentlichkeitsarbeit	Information, Kommunikation, Vertrauenssicherung
glaubwürdig, verständlich, überzeugend, systematisch	Werbung	informativ, zeitgemäß, zielgruppenorientiert, wahr
Kundenbetreuung, Erfahrungsaustausch, Anwendungsberatung, Ausbildung	Förderung/Beratung	Betreuung, Beratung, Förderung, Schulung, Karriereplanung/Potential, Persönlichkeitsentwicklung
	Preis	
klar, verbindlich, kunden-freundlich, praktikabel	Vertragsbedingungen	klar, verbindlich, mitarbeiterfreundlich, praktikabel
klar kalkuliert, ausgewogenes Preis-/Leistungs-Verhältnis, Einkaufsvorteil	Wettbewerbsfähigkeit	erfolgsorientiert, marktorientiert, leistungsorientiert, individuell
Kulanz, Beratung, Finanzierungshilfen	Zusatzleistungen	Sozialleistungen, Incentives
	Platz	
direkter Kundenkontakt (schnell, flexibel, kompetent) Kooperationspartner	Wege	verschiedene Beschaffungswege, direkter und indirekter Kontaktweg
lokale Kompetenz, zentral unterstützt, eindeutige Ansprechstelle	Organisation (zentral/dezentral)	„mitarbeiternah", schnelle, flexible Entscheidungswege, zentral unterstützt, selbständige Projektverantwortung
Kundennähe in der ganzen Schweiz	Standorte	Wohnortnähe, ganze Schweiz, Möglichkeit für Job-Rotation

Abbildung 1: Integration von Produkt- und Arbeitsplatzmarketing am Beispiel der Firma Sulzer-Infra (Schweiz)

5. Folgerungen für die Personalmarketing-Philosophie

Die Abstimmung der Programme, Instrumente und Funktionen sollte von den Betroffenen gemeinsam diskutiert, entwickelt oder modifiziert werden. Dieses Vorgehen sichert eine integrierte und bedürfnisgerechte Entwicklung und Umsetzung.

Der Einsatz der Personalmarketing-Instrumente kann nach folgenden **Grundsätzen** erfolgen:

- werte-/missionsfundiert,
- ziel-/politikorientiert,
- bezugs- und zielgruppenbezogen,
- motivations- und identifikationsorientiert,
- integriert und koordiniert,
- umsetzungsorientiert.

Die **Anforderungen an die Personalphilosophie** werden nun kurz am Motivationsaspekt beispielhaft diskutiert. Wenn man sich beim Personalmarketing besonders auf die Werte und Motive von (potentiellen) Mitarbeitern konzentrieren will, müssen insbesondere die Motivationsinhalte sowie die Valenz (Bedeutung) und Instrumentalität (Wirkungsgrad für übergeordnete Ziele) einzelner Motive konkret einbezogen werden. Bei genereller Analyse zeigen Anforderungen an einen Arbeitsplatz aus der Sicht von Mitarbeitern immer wieder folgende **Schwerpunkte**:

- interessante und fordernde Aufgabenstellungen,
- Selbständigkeit und Eigenverantwortung,
- leistungsgerechte Vergütung,
- Möglichkeit, durch die Arbeit hinzuzulernen,
- gutes Betriebsklima, insbesondere positive Beziehungen zu den direkten Vorgesetzten, Mitarbeitern und Kollegen.

Wenn auch diese zentralen **Motivationen** bei Mitarbeitern verschiedenster Kulturen, Branchen und Tätigkeiten weit verbreitet sind, so variiert die Valenz bei einzelnen Zielgruppen deutlich und erfordert deshalb eine entsprechende Marktsegmentierung (*Krulis-Randa 1984*). Ebenso kann man weitere spezielle Motivatoren bestimmten Mitarbeitergruppen zuordnen.

So erbrachte eine 1990 unter deutschen Studenten der Wirtschaftswissenschaften durch die Gruppe Unic durchgeführte Umfrage folgende, noch vor den oben genannten fünf zentralen Motivatoren eingestufte, zielgruppenspezifische Anforderungen (*Unic 1990*):

- Möglichkeit zum Auslandseinsatz,
- schnelle Übernahme von Verantwortung.

6. Folgerungen für die Personalmarketing-Politik

Auf der Grundlage einer umfassenden, differenzierten und systematischen Analyse von Motiven und Bedürfnissen sind darauf ausgerichtete **Leitlinien und Prinzipien** zu formulieren. Diese können beispielsweise lauten:

Flexibilisierung, Individualisierung, internationale bzw. globale Ausrichtung, Entwicklungsorientierung, Ertrags- und Aufwandsfundierung, Wertschöpfungsorientierung, Abstimmung mit anderen Marketingbereichen.

Bei der Entwicklung des Konzepts mit dem schweizerischen Unternehmen wurde folgende Formulierung gewählt:

„Absatz- und Arbeitsmarkt sind unsere Herausforderung,
Kunden und Mitarbeiter unsere wichtigsten Zielgruppen.

In beiden Märkten
- analysieren,
- gestalten und
- kommunizieren

wir als Unternehmer.

Dabei
- orientieren wir uns an den Bedürfnissen der Zielgruppen,
- gestalten attraktive Partnerschaften und
- steigern Wertschöpfung und Wettbewerbsfähigkeit.“

7. Folgerungen für die Personalmarketing-Strategie

Neben der zuvor geschilderten normativen Dimension ist die instrumentelle bzw. methodische Ausrichtung aber ebenso bedeutsam.

So haben wir früher die personalpolitischen Instrumente im Sinne eines Personalmarketing-Mix (*Wunderer 1975b*) wie folgt zusammengefaßt:

Positionsmix: arbeitsmarktgerechte Gestaltung des Arbeitsplatzes und seiner Umwelt.
Potentialmix: anforderungs- und arbeitsmarktgerechte Bildung von Zielgruppen des Bewerberpotentials, Personalauswahl und -förderung.
Rekrutierungsmix: auf die Bedürfnisse von Organisation und den Zielgruppen des Bewerberpotentials ausgerichtete Beschaffungswege einschließlich des internen Beschaffungsmarktes.
Kontrahierungsmix: Gestaltung der Arbeitsvertragsbedingungen (Aufgaben, Kompetenzen, Arbeitsplatz, Gehalt, Zusatzleistungen).
Kommunikationsmix: Personalwerbung, Industrial-Relations (Beziehungen zum Arbeitsmarkt) und Public-Relations (Werbung um öffentliches Vertrauen).

Man könnte auch so differenzieren (dazu auch *v. Eckardstein/Schnellinger 1975; Schmidbauer 1975; Strutz 1979*):

(1) Gestaltung der Beziehungen zum Arbeitsmarkt und zu den betriebsinternen Kunden
(2) Personaleinsatzpolitik
(3) Gestaltung von Führungsstil und lateraler Kooperation
(4) Gestaltung der Arbeitsbedingungen
(5) Politik der Anerkennung der menschlichen Arbeitsleistung
(6) Entgeltpolitik (incl. Sozialleistungspolitik)
(7) Ausbildungs- und Personalentwicklungspolitik
(8) Kommunikationspolitik

Der Personalmarketing-Analyse, der darauf aufbauenden Personalplanung und dem damit verbundenen Personal-Controlling kommen dabei besondere Bedeutung zu. Auf eine Diskussion der einzelnen Funktionen muß hier verzichtet werden. Wir konzentrieren uns dafür im folgenden auf einige grundsätzliche konzeptionelle Aspekte des Personalmarketing.

8. Integration von Produkt-, Arbeitsplatz- und Kapitalmarketing

Die seit den siebziger Jahren veröffentlichte Literatur zum Personalmarketing nimmt häufiger allgemein oder vergleichend zur Theorie (*Staffelbach 1986; Strutz 1993*) und Praxis des Absatzmarketing Stellung. Es findet sich bisher aber kein umfassender Versuch, die vielfältigen, differenzierten und zum Teil sehr fundierten Konzepte des Absatz- und Produktmarketing auf ein Arbeitsplatz- und Personalmarketing anzuwenden.

Dies gilt sowohl für die **Marketingtheorie** (z.B. *Hill 1974; Kotler 1982, Weinhold-Stünzi 1988; Nieschlag/Dichtl/Hörschgen 1997; Meffert 1998*) und die dabei entwickelten Marketingmodelle sowie für Analogien (z.B. Marketingmix) im instrumentellen Bereich (*Kühn 1984*). Auch die **ethische Diskussion** im Produkt- und Absatzmarketing (z.B. *Raffée/Specht 1974*) könnte gut für Fragestellungen des Personalmarketing genutzt werden. Eine **Integration beider Ansätze** verspricht eine fruchtbare Ergänzung für beide Teile. Denn das Absatzmarketing konzentriert sich auf den Absatz-, das Personalmarketing dagegen auf den Beschaffungsmarkt. Ersteres diskutiert vor allem die externen Kommunikationsbeziehungen, während sich das Personalmarketing besonders mit den internen Kommunikationsbeziehungen in Organisationen (d.h. seinen „Dauerkunden") befassen sollte.

Würde man schließlich noch das „Kapital" als Marketingobjekt thematisieren, dann könnte man einen **integrierten Marketingansatz** entwickeln. Dieser kann folgende Aspekte und Dimensionen in vernetzter, integrativer Weise verbinden: Produkt und Kunden als Absatzmarketing, Arbeitsplatz und (potentielle) Mitarbeiter als Personalmarketing sowie Kapital und Kapitalgeber als Finanzmarketing. Dies würde sich übrigens sehr gut in das „Unternehmenskonzept" des St. Galler Modells (*Ulrich/Krieg 1987*) einordnen lassen. Hier könnte das Marketingdenken als „Leitbild" für das „leistungswirtschaftliche", das „soziale" wie das „finanzwirtschaftliche" Konzept Anwendung finden. Damit würden auch Zielbeziehungen und -konflikte zwischen den verschiedenen Marketingobjekten und ihren Bezugsgruppen integriert gesehen und diskutiert.

In diesem Zusammenhang stellt sich aber auch die Frage, ob und inwieweit man auf spezifische Marketingansätze zugunsten eines umfassenderen **Managementkonzepts** verzichten könnte. In diesem Falle wäre der Marketingansatz dann als eine Art „Management-by-Konzept" zu verstehen, bei dem der Markt-, Dienstleistungs- und Kundenaspekt bei allen wesentlichen Leistungsfunktionen, Leistungselementen und Bezugsgruppen die Grundlage der Unternehmensphilosophie und -politik bildet.

9. Stärkere Ausrichtung auf das interne Personalmarketing

Es wird vor allem von den Praktikern und Unternehmensberatern vielfach übersehen, daß beim Personalmarketing der **interne Markt** – und damit die Potentialentwicklung und -erhaltung – mindestens ebenso bedeutsam ist wie die externe Potentialgewinnung. Die zu einseitige Ausrichtung des Personalmarketing auf diese Potentialgewinnung (inkl. Personalwerbung, -selektion, -rekrutierung) betont den externen Aspekt zu stark, bildet somit keinen ganzheitlichen Ansatz für ein betriebliches Personalmanagement und reduziert die Diskussion auf ein Beschaffungsmarketing. Die Terminologie ist allerdings ein Hindernis, wenn Marketing im Sinne eines manipulativen Verkaufens verstanden wird. Bei einer solchen Interpretation sollte man aber unseres Erachtens auch beim externen Personalmarketing auf diesen Begriff verzichten.

Die Schwierigkeiten der Unternehmenspraxis, die Marketingphilosophie auf den internen Arbeitsmarkt zu übertragen oder gar anzuwenden, sind auch ein Indiz dafür, daß hier noch immer ein **Denken in Hierarchien** vorherrscht. Dabei weist die bevorzugte Strategie des „Nachwuchses aus eigenen Reihen" doch genau in die andere Richtung. Das klassische westliche Denken in „Entweder-Oder-Kategorien" ist hierfür der entscheidende Einflußfaktor. Dabei sollte nicht vergessen werden, daß wirtschaftswissenschaftliche Theoretiker gerne in ähnlicher Weise argumentieren, beispielsweise in der Diskussion der institutionellen Volkswirtschaftslehre um „Märkte und Hierarchien" (z.B. *Williamson 1975*).

Insgesamt wäre zu fordern, Aspekte des **internen Personalmarketing** (vor allem Arbeitssituation, Führungs- und Personalfunktionen) wesentlich stärker zu beachten und zu diskutieren. Nur so können Angebote im externen Marketing auch glaubhaft umgesetzt werden.

10. Dezentralisierung des Personalmarketing

Die in der Literatur vorherrschende Sichtweise macht vor allem die Personalabteilung bzw. die Unternehmensführung für das Personalmarketing verantwortlich.

Nicht nur unter der Philosophie einer **Dezentralisierung der Personalarbeit** scheint es aber angebracht, konzeptionell, methodisch und instrumentell ein „Personalmarketing für Führungskräfte" zu entwickeln. Dies würde – im Rahmen einer unternehmensspezifischen Personalmarketing-Philosophie und -Politik – die dezentrale Verantwortung und Kreativität eines jeden Managers herausfordern, dabei zugleich auf den spezifischen Arbeitsplatz ausgerichtete Problemlösungen fördern. Das betrifft insbesondere die externe und interne Kommunikation über die Arbeit und den Arbeitsplatz. Dabei würden der Führungs- und Kooperationsstil sowie die individuelle Personalentwicklung einen besonderen Stellenwert erhalten. Auch der integrative Einsatz und die Gestaltung von Führungs- und Personalinstrumenten durch die Vorgesetzten würden damit gefördert.

So wie der direkte Vorgesetzte bei einer dezentralen Führungsphilosophie die Hauptverantwortung im Bereich der Mitarbeiterführung und des Personalmanagements trägt, so ist er auch wesentlich dafür verantwortlich, diese unter Personalmarketing-Aspekten zu realisieren. Personalwesen und Unternehmensleitung haben dabei aber die nötige konzeptionelle Vorarbeit sowie die instrumentelle und personelle Unterstützung zu leisten. Eine spezielle Schulungsmaßnahme zum Themenbereich **„Personalmarketing für Führungskräfte"** wäre ein Ansatz dazu. Denn vor einer Dezentralisierung des Personalmanagements muß die dafür nötige qualitative und organisatorische Kompetenz des Kaders entwickelt werden.

11. Folgerungen für die Personalabteilung

Die Abstimmung aller zentralen Unternehmensfunktionen im „Unternehmenskonzept" (*Ulrich/Krieg 1987*) hat in der Unternehmensleitung zu erfolgen, in der das Personalwesen gleichberechtigt vertreten sein müßte. Dies würde auch die Abstimmung von Produkt-, Personal- und Kapitalmarketing betreffen.

Die **konzeptionelle Ausrichtung** der Personalfunktionen, -instrumente und -programme auf eine Marketingphilosophie ist eine nicht delegierbare Aufgabe der zentralen Personalabteilung. Sie kann auch bei einem dezentralen Personalkonzept nicht der Linie überlassen werden. Die bisherigen „Personaldienste“ verstehen sich dabei vor allem als Serviceeinheit für ihre Kunden (Mitarbeiter- und Führungskräfte) sowie als Wertschöpfungseinheit für die Humanressourcen des Unternehmens (vgl. den Beitrag von *Wunderer* in diesem Kapitel des Sammelbandes). Ihre Arbeit kann so charakterisiert werden:

- ☐ Verbindung von **bedürfnisgerechter** („Kunden“) **und bedarfsgerechter** („Unternehmen“) **Denkweise**; eine darauf ausgerichtete Qualifikation und Motivation der Verantwortlichen zur Problemlösung und Wertschöpfung in der Personalarbeit; dies vor allem durch anforderungsgerechte Dienstleistungen mit modernen und effektiven Methoden zur Unterstützung der Linie bei der dezentralen Realisierung.

- ☐ Das Personalmarketing richtet sich nach einem **Bezugsgruppenkonzept** aus, das den Arbeitsplatz (Arbeit, Arbeitssituation, Arbeitsanforderungen) zum Ausgangspunkt nimmt und die Bedürfnisse der Mitarbeiter und ihrer wesentlichen Bezugsgruppen (Vorgesetzte, Mitarbeiter, Kollegen; Familienangehörige, Freunde, gesellschaftliche Umwelt) in den Mittelpunkt stellt.

12. Fazit

Zielsetzung und Funktionen des Personalmarketing werden so definiert:

Zielsetzung:
Attraktive und effiziente Arbeitsbedingungen analysieren, gestalten und kommunizieren.

Funktionen:
1. Attraktivitäts- und effektivitätsorientierte **Analyse** von:

    Arbeitsstruktur und -situation
    (Arbeitsmarkt, Arbeitsbedingungen)

    Personalstruktur und -situation
    (Qualifikation, Werthaltungen, Motivation, Identifikation)

    Beziehungsstruktur und -situation
    (Organisationsbeziehungen, Führungs- und Kooperationsbeziehungen)

2. Attraktive und effiziente **Gestaltung** von und mit:

    Personalfunktionen
    (z.B. Gewinnung, Arbeits- und Anreizgestaltung, Entwicklung, Erhaltung, Einsatz/Freisetzung)

    Führungsfunktionen
    (z.B. kommunizieren, konsultieren, kooperieren, delegieren, motivieren, beurteilen, fördern, anerkennen, korrigieren)

    Arbeitssituation
    (Kultur, Struktur, Personal)

3. Attraktive und effiziente **Kommunikation** von und durch:

    Corporate Identity
    (Design, Umsetzung, Ausstrahlung)

    Public Relations
    (Unternehmens-, Produkt-, Kapital- und Personalbezogenheit)

    Personalwerbung
    (Information, Akquisition, Selektion)

Ansätze zur **Weiterentwicklung des Personalmarketingansatzes** sehen wir besonders in folgenden Punkten:

Entwicklung eines **integrativen Marketingkonzepts** zunächst für die zentralen Leistungsfaktoren (Produkte, Personal, Kapital), Funktionen (Absatz, Arbeit, Investition) und Bezugsgruppen, wie (potentielle) Kunden, Mitarbeiter mit ihren Angehörigen und Vertretern sowie Eigen- und Fremdkapitalgebern. Damit würden gleiche Personen von einem Unternehmen in unterschiedlichen Rollen (Mitarbeiter, Kunde, Aktionär) auch einheitlich angesprochen. Dies würde allerdings eine wesentlich **engere Zusammenarbeit der wissenschaftlichen Disziplinen** (unter besonderer Berücksichtigung der Verhaltenswissenschaften) bzw. der betrieblichen Funktionsverantwortlichen erfordern.

Stärkere Ausrichtung des Marketingansatzes auf die „**Innenseite der Unternehmung**“, die unter der klassischen Marketingdiskussion in allen Bereichen leicht zur „Schattenseite“ (*Brandt 1988*) wird. Erst dann wird die Umsetzung des externen Marktangebots glaubwürdig und der Wertewandel der Mitarbeiter konzeptionell umfassender einbezogen.

Entwicklung eines **dezentralen Marketingkonzepts für Führungskräfte**, das deren Beteiligung an der Erarbeitung wie deren Hauptverantwortung bei der Realisierung sichern würde.

Inwieweit dafür das Label „Marketing“ in der Hauptüberschrift stehen muß, ist dabei eine nachrangige Frage. Als – allerdings abstrakte – Oberbegriffe können dafür ebenso Unternehmensführung, Unternehmensphilosophie oder -politik gewählt werden, wenn dies mit einem Adjektiv, wie markt-, marketing- oder bezugsgruppenorientiert verbunden würde.

Literaturverzeichnis

Brandt, S. (1988): The Blindside of Market-Orientation, Reading, Mass.

v. Eckardstein, D./Schnellinger, F. (1971): Personalmarketing im Handel, Berlin.

v. Eckardstein, D./Schnellinger, F. (1975): Personalmarketing, in: *Gaugler, E. (Hrsg.)*: Handwörterbuch des Personalwesens, Stuttgart, Sp. 1592-1599.

Ende, W. (1982): Theorien der Personalarbeit im Unternehmen, Königstein.

Fischer, G. (1961): Betriebliche Marktwirtschaftslehre, 2. Aufl., Heidelberg.

Fröhlich, W. (1987): Strategisches Personalmarketing, Düsseldorf.

Gaugler, E. (1990): Personalmarketing und Unternehmensführung, in: Personalführung, Nr. 2, S. 77-78.

Goossens, F. (1973): Der große Bluff um das Personal-Marketing, in: Personal, Nr. 2, S. 45.

Groning, R./Schweihofer, T. (1990): Personalmarketing als mitarbeiterorientierte Personalpolitik, in: Personalführung, Nr. 2, S. 86-95.

Hill, W. (1974): Marketing, in: *Tietz, B. (Hrsg.)*: Handwörterbuch der Absatzwirtschaft, Stuttgart, Sp. 1233-1247.

Hunziker, P. (1973): Personalmarketing, Bern.

Kotler, P. (1982): Marketing Management, 4. Aufl., Stuttgart.

Kramer, R. (1974): Personalmarketing, in: Marketing-Enzyklopädie, Bd. 2, München, Sp. 1041-1048.

Kreklau, C. (1974): Kritische Bestandsaufnahme von Beiträgen zu einem betriebswirtschaftlich fundierten Personalmarketing, in: Zeitschrift für betriebswirtschaftliche Forschung, 26. Jg., S. 746-763.

Kühn, R. (1984): Marketing-Mix, Bern.

Krulis-Randa, J. (1977): Marketing – Theorie und Praxis, in: Die Unternehmung, 31. Jg., Nr. 1, S. 59-74.

Krulis-Randa, J. (1984): Marktsegmentierung, in: Management-Enzyklopädie, Bd. 6, 2. Aufl., Landsberg, S. 672-681.

Krulis-Randa, J. (1986): Das Tao des Marketing, in: *Belz, C. (Hrsg.)*: Realisierung des Marketing, Bd. 1, Savosa St. Gallen, S. 421-434.

Krulis-Randa, J. (1989): Strategisches Personalmanagement, in: *Lattmann, Ch./Krulis-Randa, J. (Hrsg.)*: Die Aufgaben der Personalabteilung in einer sich wandelnden Umwelt, Heidelberg, S. 209-225.

McCarthy, E. (1971): Basic Marketing – A Managerial Approach, 4. Aufl., Homewood.

Meffert, H. (1998): Marketing, 8. Aufl., Wiesbaden.

Nieschlag, R./Dichtl, H./Hörschgen, H. (1997): Marketing, 18. Aufl., Berlin.

Raffée, H./Specht, G. (1974): Basiswerturteile der Marketingwissenschaft, in: Zeitschrift für betriebswirtschaftliche Forschung, Nr. 6, S. 373-396.

Rippel, K. (1974): Grundlagen des Personalmarketing, Rinteln.

Rühli, E. (1986): Konzeptionelle Überlegungen zur marktorientierten Unternehmensführung, in: *Rühli, E./Wehrli, H. (Hrsg.)*: Strategisches Marketing und Management, Bern, S. 9-23.

Ruhleder, R.H. (1978): Personalmarketing, in: Personal-Enzyklopädie, Bd. 3, München, S. 145-148.

Schmidbauer, H. (1975): Personalmarketing, Essen.

Schneider, D. (1983): Marketing als Wirtschaftswissenschaft oder Geburt einer Marketingwissenschaft aus dem Geiste des Unternehmensversagens?, in: Zeitschrift für betriebswirtschaftliche Forschung, Nr. 3, S. 197-223.

Staffelbach, B. (1986): Personalmarketing, in: *Rühli, E./Wehrli, H. (Hrsg.)*: Strategisches Marketing und Management, Bern, S. 124-143.

Strutz, H. (Hrsg.)(1993): Handbuch des Personalmarketing, 2. Aufl., Wiesbaden.

Töpfer, A. (1990): Von der Personalbeschaffung zum Personalmarketing, in: Personalwirtschaft, Bd. 12, S. 66.

Ulrich, H./Krieg, W. (1987): Führungsmodelle – St. Galler Modell, in: *Reber, G./Kieser, A./ Wunderer, R. (Hrsg.)*: Handwörterbuch der Führung, Stuttgart, Sp. 621-629.

Unic (Hrsg.)(1990): Ergebnisse der Unic-Studie unter dem Titel: Rasterfahndung, in: Manager-Magazin, Nr. 12, S. 318-324.

Wächter, H. (1977): Zusammenhänge zwischen Marketing und der Humanisierung der Arbeit, in: *Fischer-Winkelmann, W./Rock, R. (Hrsg.)*: Marketing und Gesellschaft, Wiesbaden, S. 215-225.

Weinhold-Stünzi, H. (1988): Marketing in zwanzig Lektionen, St. Gallen.

Williamson, O.W. (1975): Markets and Hierarchies, New York.

Wunderer, R. (1966): Die Absatzwerbung, Köln.

Wunderer, R. (1975a): Personalwesen als Wissenschaft, in: Personal, Nr. 8, S. 33-36.

Wunderer, R. (1975b): Personalwerbung, in: *Gaugler, E. (Hrsg.)*: Handwörterbuch des Personalwesens, Stuttgart, Sp. 1690-1708.

Zimmer, D. (1979): Personalmarketing, in: Marketing ZFP, Nr. 4, S. 245-255.

Der vorliegende Beitrag ist die überarbeitete Fassung des Aufsatzes „Personalmarketing“, in: Die Unternehmung, 45. Jg., 1991, Nr. 2, S. 119-131; mit freundlicher Genehmigung des Verlages Paul Haupt, Bern u.a.

Summary

After detailed definitions of important phrases the functions of this concept considering aspects of personnel philosophy, personnel politics, and personnel strategy are shown. From an integration of product marketing and work place marketing, specific consequences for personnel marketing are concluded. Finally, a stronger emphasis on internal personnel marketing responsibility, and the consequences for the personnel department are discussed.

Interne Kundenzufriedenheit als Zielgröße einer Personalmanagement-Abteilung

von Bernd Stauss und Patricia Neuhaus

Prof. Dr. Bernd Stauss ist Inhaber des Lehrstuhls für Dienstleistungsmanagement an der Katholischen Universität Eichstätt, Wirtschaftswissenschaftliche Fakultät Ingolstadt;
Dr. Patricia Neuhaus ist Associate bei der Booz • Allen & Hamilton GmbH in Düsseldorf.

1. Problemstellung

Eines der wesentlichen Ziele des Total Quality Management (TQM) liegt darin, Kundenzufriedenheit herzustellen und das gesamte Unternehmen auf Kundenanforderungen auszurichten. Um dieses Ziel zu erreichen, greift das TQM die traditionelle Marketingmaxime der **Kundenorientierung** auf und wendet sie innerbetrieblich an. So werden Abteilungen und Mitarbeiter als interne Lieferanten, die Abnehmer ihrer Leistungen als interne Kunden und die Leistungen selbst als interne Dienstleistungen interpretiert. Im Sinne einer konsequenten innerbetrieblichen Umsetzung der Maxime „Kundenorientierung" wird nun die Forderung erhoben, die Zufriedenheit der internen Kunden als Zielgröße für die Gestaltung des internen Dienstleistungsangebots festzulegen.

Dieser Forderung liegen die expliziten oder impliziten **Annahmen** zugrunde, daß

- ☐ eine grundsätzliche Vergleichbarkeit oder gar Identität der Bedingungen für die interne und externe Dienstleistungserstellung vorliegt,
- ☐ sämtliche internen Leistungsbeziehungen zwischen Abteilungen und Mitarbeitern als Kunden-Lieferanten-Relationen interpretierbar sind und
- ☐ der Anwendung von bekannten Instrumenten eines kundenorientierten Qualitätsmanagements innerbetrieblich keine organisationalen Barrieren gegenüberstehen.

Diese Annahmen beruhen in der Regel allein auf Plausibilitätsüberlegungen, nicht auf praktischen Erfahrungen oder empirischen Studien. Am Beispiel der Dienstleistungen einer Abteilung „Personalmanagement" soll im folgenden erörtert werden, inwieweit diese Annahmen Gültigkeit haben bzw. inwiefern bei innerbetrieblichen Leistungen eine Modifikation des Kundenzufriedenheitsansatzes erforderlich ist. Zu diesem Zweck werden zunächst in Abschnitt 2 die Aufgaben der Abteilung Personalmanagement als interner Dienstleister näher charakterisiert und in ein typologisches Schema interner Dienstleistungen eingeordnet. Auf dieser Grundlage wird geprüft, inwieweit die Maxime der internen Kundenorientierung sinnvoll auf alle Personaldienstleistungen bezogen werden kann, und erörtert, welche grundlegenden Voraussetzungen vorliegen müssen, damit eine konsequente kundenorientierte Bereitstellung von Leistungen einer Abteilung Personalmanagement möglich ist.

Im dritten Abschnitt wird eine Erhebung zur Messung der Zufriedenheit von internen Kunden einer Abteilung Personalmanagement eines großen deutschen Automobilherstellers präsentiert. Erfahrungen aus der Durchführung der Studie und die gewonnenen Ergebnisse legen den Schluß nahe, daß die Voraussetzungen einer am Ziel der Kundenzufriedenheit ausgerichteten Leistungspolitik für Dienstleistungen des Personalmanagements nur mit Einschränkungen gegeben sind. Deshalb werden im vierten Abschnitt

Vorschläge für Maßnahmen entwickelt, die wesentlich dazu beitragen, die Bedingungen einer zufriedenheitsorientierten internen Dienstleistungspolitik zu verbessern.

2. Die Abteilung Personalmanagement als interner Dienstleister

Unter allen TQM-Prinzipien ist der Satz „Die Qualität wird vom Kunden bestimmt“ von besonderer Bedeutung, da die Zufriedenheit der (externen) Kunden als Grundlage für die Erreichung ökonomischer Unternehmensziele gilt. Unter der Annahme, daß externe Kundenzufriedenheit die Zufriedenheit der internen Kunden – insbesondere der Mitarbeiter – zur Voraussetzung hat, wird die Maxime der Kundenorientierung auch auf die Bereitstellung interner Dienstleistungen bezogen. Dies gilt mehr und mehr auch für die Leistungen einer Personalmanagement-Abteilung. So zählt *Scholz (1993, S. 34)* „Kundenorientierung“ zu den Grundpostulaten eines Personalmanagements, *Kolb/Bergmann (1997, S. 57)* sehen in ihr den „zentralen Ansatzpunkt eines umfassenden personalwirtschaftlichen Qualitätskonzeptes“, und *Bowen (1996)* nennt „satisfying internal customers“ als wesentliche Aufgabe des Human Resources Management.

So plausibel diese Überlegungen auf den ersten Blick erscheinen, so bleibt doch zu prüfen, ob sie uneingeschränkt für alle internen Dienstleistungen gelten. Deshalb wird im folgenden untersucht, inwieweit unterschiedliche Typen interner Dienstleistungen identifiziert werden können und welche Schlußfolgerungen sich daraus für die Anwendung der Maxime „Kundenorientierung“ für Personaldienstleistungen ergeben.

2.1 Typologische Zuordnung interner Personaldienstleistungen

Eine **Abteilung Personalmanagement** bietet eine Fülle von internen Dienstleistungen aus unterschiedlichen Aufgabenfeldern an. Dazu gehören vor allem (*Domsch/Gerpott 1992; Scholz 1993*): Personalbedarfsplanung, Personalbeschaffung, Personalentwicklung, Beratung in Problemsituationen, Personaleinsatz, Personalfreisetzung, Personalbeurteilung, Entgelt- und Sozialleistungspolitik.

Für eine systematische Betrachtung von Personaldienstleistungen unter der Perspektive ihrer kundenorientierten Bereitstellung bietet es sich an, auf die Überlegungen von

Sayles (*1964*) und *Davis* (*1992, 1993*) zurückzugreifen, die in ihren Untersuchungen unterschiedliche Typen interner Leistungen herausgearbeitet und Beziehungsmuster zwischen innerbetrieblichen Abteilungen analysiert haben.

An ihre Gedanken anknüpfend, ist zunächst nach dem Kriterium der **Einbindung in unternehmerische Abläufe** zwischen sequenzintegrierten („work-flow services", *Davis 1992*) und sequenzunabhängigen Dienstleistungen („off-stream services", *Epelman 1994*) zu unterscheiden.

Die **sequenzintegrierten Dienstleistungen** umfassen Aktivitäten, die von verschiedenen Personen in einer relativ starr vorgegebenen Reihenfolge zu erledigen sind. Abteilungen bzw. Mitarbeiter, die in einer solchen Prozeßkette miteinander verbunden sind, hängen hinsichtlich der Qualität ihrer Arbeit zum einen von den vorgelagerten Stufen ab, zum anderen sind sie dem Druck und den Anforderungen nachfolgender Stufen ausgesetzt (*Davis 1992, S. 9*).

Als Beispiel einer sequenzintegrierten Personaldienstleistung kann die verwaltungstechnische Abwicklung der Personalbeschaffung angesehen werden. Die Personalabteilung wird als interner Dienstleister tätig, wenn sie von ihren internen Kunden eine Bedarfsmeldung erhält, Mitarbeiter anhand eines zuvor spezifizierten Anforderungsprofils zu akquirieren. Dann wird ein Prozeß in standardisierten Schritten (Schaltung von Personalanzeigen, Vorselektion von Bewerbern, Vereinbarung von Gesprächsterminen usw.) durchlaufen. In ähnlicher Weise lassen sich andere verwaltungstechnische Verfahren im Personalmanagement, etwa in der Gehaltsabrechnung bzw. in der Personaleinsatzplanung, als „work-flow services" beschreiben.

Sequenzunabhängige interne Dienstleistungen („off-stream services") sind nicht in starr hierarchische Abläufe eingebunden, sondern werden im Rahmen eines breiteren Leistungsspektrums geliefert, wobei Zeitpunkt, Quantität und Qualität des Angebots vom internen Kunden und/oder Lieferanten situationsangepaßt festgelegt werden können.

Zu den sequenzunabhängigen Personaldienstleistungen gehören u.a. Tätigkeiten wie Personalentwicklung und Beratung in Problemsituationen. Ausbildungs- und Entwicklungsaktivitäten sind nicht vollständig in standardisierten Abläufen festzulegen, da sie personenbezogen unter Beachtung der jeweiligen Voraussetzungen, Fähigkeiten und Wünsche gestaltet, d.h. individuell zugeschnitten werden müssen. Dies gilt noch verstärkt für Beratungsdienstleistungen, die in der Regel auf Initiative des internen Kunden erbracht werden und bei denen Art und Umfang der Dienstleistungen vom Kunden und der Art seines Problems abhängig sind.

In **inhaltlicher Hinsicht** können Aktivitäten wie Training oder Beratung als Dienstleistungen mit **Unterstützungscharakter** („support/advice services") bezeichnet werden. Sie dienen dem Zweck, auf direktem oder indirektem Wege Mitarbeiter oder andere Abteilungen in die Lage zu versetzen, ihre Leistung überhaupt bzw. mit verbesserter Qualität zu erbringen. Ihnen gegenüberzustellen sind Dienstleistungen mit **Kontrollcharakter** („audit/evaluative services"). Diese haben die Funktion, die Leistung von Mitarbeitern oder Abteilungen zu überwachen und zu bewerten (*Davis 1992, S. 16*). Aus dem Spektrum von Aktivitäten einer Abteilung Personalmanagement sind hier insbesondere Tätigkeiten im Zusammenhang mit der Beurteilung von Mitarbeiterleistungen, der Entwicklung leistungsbezogener Entlohnungssysteme sowie Personalfreisetzungen zu nennen. Sämtliche Personaldienstleistungen lassen sich auf diese Weise schwerpunktmäßig den genannten Typen zuordnen.

2.2 Typen interner Personaldienstleistungen und interne Kundenorientierung

Im folgenden ist nun der Frage nachzugehen, ob die Maxime der kundenorientierten Bereitstellung auf alle genannten Typen von Personaldienstleistungen sinnvoll angewendet werden kann (*Stauss 1995*).

Bei **abteilungsübergreifenden sequenzintegrierten Dienstleistungen** treten häufig Schnittstellenprobleme auf, basierend auf den Umständen, daß jede Abteilung ihre eigenen Ziele verfolgt, Prioritäten setzt und interne Arbeitsabläufe entwickelt und es oft an wechselseitiger Information und gegenseitigem Verständnis mangelt.

Für diese Probleme stellt die konsequente Kundenorientierung im Sinne der TQM-Maxime „the next process is your customer" einen hervorragenden Lösungsansatz dar. Mittels eines **kundenorientierten Prozeßmanagements** lassen sich dann verschiedene Ziele verfolgen:

- die Ausrichtung von Geschäftsprozessen auf externe Kunden- bzw. Markterfordernisse,
- die interne Durchsetzung kundenorientierten Denkens,
- der Abbau von Interabteilungskonflikten,
- die klare Festlegung von Verantwortlichkeiten,
- die rationelle Abwicklung von Leistungsprozessen und
- die Verkürzung von Durchlauf- und Markteinführungszeiten.

Konkretisiert man ein solches **kundenorientiertes Prozeßmanagement** beispielsweise im Hinblick auf die Personalbeschaffung, dann bedeutet dies, den Prozeß in klar abgegrenzte Teilphasen zu zerlegen, die Leistungen zu spezifizieren, Leistungsstandards zu fixieren und Absprachen über Sanktionen bei Nichteinhaltung der Vereinbarung festzulegen. Abbildung 1 stellt ein Beispiel für eine entsprechende Kunden-Lieferanten-Vereinbarung zur Vorbereitung eines Bewerbungsgesprächs dar.

Kunden-Lieferanten-Vereinbarung

Leistung/Schnittstelle: *Vorbereitung eines Bewerbungsgespräches mit FA*

Kunde	Name	*Herr Müller*	Kontostelle:	*1817*
	Abt.:	*Fachabteilung xy*		
Lieferant	Name	*Herr Maier*	Kostenstelle:	*1714*
	Abt.:	*Personalabteilung*		

Art der Qualitätsanforderungen	Bedeutung der Anforderungen			Sollwert für die Einhaltung der Anforderungen
	sehr wichtig	wichtig	weniger wichtig	
Information über geplanten Gesprächstermin		X		*4 Wochen im voraus*
Bestätigung des Termins	X			*2 Wochen im voraus*
Vorauswahl der Bewerber nach Anforderungsprofil		X		*maximal 6 pro Ausschreibung, sortiert nach Rangfolge der Zeugnisse*
Ergebnisprotokoll über Erstgespräch in Personalabteilung, vorstrukturiert nach Zusatzkenntnissen und Eindruck			X	*1 Woche im voruas*

Vereinbarung gültig ab: *01.01.98* bis: *31.07.98*

Lieferant: Kunden:

Unterschrift: Datum: *18.01.98* Unterschrift:

Abbildung 1: Kunden-Lieferanten-Vereinbarung
Quelle: Pfützner 1991, o.S.

Zu den immer wieder auftretenden Problemen beim Angebot sequenzunabhängiger interner Dienstleistungen gehört die Neigung der Anbieter, ein **produktorientiertes Leistungsverständnis** zu entwickeln und das Angebot auf die eigenen Ziele und nicht auf die Ziele der Leistungsempfänger abzustimmen. Interne Kundenorientierung erscheint deshalb auch hier als ein grundsätzlich sinnvoller Lösungsweg. Innerbetriebliche Anbieter sequenzunabhängiger interner Dienstleistungen können mit einer konsequenten Ausrichtung des Angebots auf die Bedürfnisse ihrer internen Kunden folgende Ziele anstreben:

- Schaffung und Nachweis eines spezifischen Nutzens für Kunden und Gesamtunternehmen,
- Stärkung der Wettbewerbsposition gegenüber externen Anbietern,
- stärkere Inanspruchnahme der Leistungen durch interne Kunden, um so die Notwendigkeit der Existenz der Abteilung nachzuweisen, Kapazitäten auszulasten und damit Ressourceneinsparungen zu vermeiden,
- Verbesserung der Ressourcensituation durch Erlangung angemessener Gegenleistungen und
- effizientere Nutzung der zugewiesenen Ressourcen.

Die Aussagen gelten allerdings nur, sofern es sich bei den angebotenen internen Leistungen um **Dienstleistungen mit Unterstützungscharakter** handelt, denn **Dienstleistungen mit Kontrollcharakter** lassen sich nicht sinnvoll als Kundenbeziehung charakterisieren. Zu einem kontrollierten, z.B. beurteilten oder unfreiwillig entlassenen, Mitarbeiter besteht keine Kunden-Lieferanten-Beziehung. Die Beurteilung erfolgt anhand von fixierten Leistungsstandards, die von übergeordneten Unternehmenszielen abgeleitet wurden, und nicht nach den Bedürfnissen des Beurteilten; für die Freisetzung gilt dies in noch ausgeprägterem Maße. Bei der Festlegung von leistungsbezogenen Entgeltsystemen sind selbstverständlich die Bedürfnisse der Mitarbeiter zu berücksichtigen, um die gewünschten Motivationswirkungen zu entfalten, aber eine ausschließliche oder auch nur überwiegende Orientierung dieser Entscheidungen an den Wünschen der Mitarbeiter erscheint völlig unrealistisch.

Die typologische Betrachtung führt somit zu zwei wesentlichen Ergebnissen. Zum einen zeigt sie, daß die pauschale Forderung nach Kundenorientierung nicht auf alle Typen interner Dienstleistungen bezogen werden kann: Dienstleistungen mit Kontrollcharakter begründen keine Kunden-Lieferanten-Beziehung, Kundenzufriedenheit ist nur ein sinnvolles Ziel für interne Dienstleistungen mit Unterstützungscharakter. Zum zweiten ist festzuhalten, daß Zielsetzungen und Rahmenbedingungen für kundenorientiertes Verhalten unterschiedlich sind, je nachdem, ob es sich um sequenzintegrierte oder sequenzunabhängige Dienstleistungen handelt.

2.3 Voraussetzungen einer am internen Kunden orientierten Leistungserstellung

Wenn Kundenorientierung als sinnvolle Maxime für Dienstleistungen mit Unterstützungscharakter anzusehen ist, dann stellt sich die Frage nach Möglichkeiten ihrer konkreten Umsetzung. Diese Frage wird auf zwei Ebenen erörtert. Zunächst wird geprüft, welche Rahmenbedingungen gegeben sein müssen, damit ein Anreiz für die innerbetrieblichen Anbieter besteht, sequenzintegrierte und sequenzunabhängige Dienstleistungen kundenorientiert anzubieten. Anschließend werden Elemente einer kundenorientierten Qualitätspolitik dargestellt und ihre Implikationen herausgearbeitet.

Die erforderlichen **Rahmenbedingungen** für eine kundenorientierte Bereitstellung interner Dienstleistungen sind bei sequenzintegrierten und sequenzunabhängigen Dienstleistungen ganz unterschiedlich *(Stauss 1995)*. In bezug auf sequenzintegrierte Dienstleistungen existiert für die Durchsetzung der Kundenorientierung mit dem **prozeßorientierten Qualitätsmanagement** ein Rahmenkonzept, das die interne Kundenorientierung sicherstellt. Hier können, wie am Beispiel der Personalbeschaffung kurz skizziert wurde, Angebots- und Nachfragebeziehungen mittels kooperativer Absprachen in quantitativer, qualitativer und zeitlicher Hinsicht genau fixiert werden und durch die Definition von Verantwortlichkeiten, Leistungsstandards und Leistungsindikatoren der Spielraum für Abweichungen von Kundenwünschen stark eingeengt werden.

Ganz anders liegen die Verhältnisse bei **sequenzunabhängigen Dienstleistungen** mit Unterstützungscharakter. Da eine vollständige Standardisierung der Leistung nicht möglich ist, verfügen Führungskräfte in support/advice-Abteilungen über einen großen Entscheidungsspielraum, und sie werden diesen nur dann im Sinne einer internen Kundenorientierung nutzen, wenn dies aufgrund der spezifischen Angebotsbedingungen, vor allem der Wettbewerbssituation der Abteilung, erzwungen wird (*Engelhardt/Schwab 1982, S. 505f.; Witt 1985, S. 163*). Nur wenn es gelingt, die Monopolstellung eines internen Anbieters durch Zulassung interner und externer Wettbewerber aufzuheben und die Leistung der Verantwortlichen an der Höhe des im Wettbewerb erwirtschafteten Gewinns zu messen, besteht ein adäquater Anreiz, sich um die Bedürfnisse und Wünsche der internen Kunden zu bemühen und das eigene Angebot kundenorientiert auszurichten. Dies wird jedoch nicht in allen Fällen möglich oder erwünscht sein, z.B. weil eine vollständige Kontrolle über bestimmte Kernleistungen für erforderlich gehalten wird. In diesen Fällen ist über Ersatzformen des Wettbewerbs, z.B. abteilungsbezogener Qualitätspreisprogramme nachzudenken (*Neuhaus 1996, S. 323)*.

Selbst mit der Schaffung geeigneter Rahmenbedingungen ist keinesfalls sichergestellt, daß auch die üblichen **Maßnahmen eines kundenorientierten Qualitätsmanagements** ohne Schwierigkeiten eingesetzt werden können. Zu diesen zählen generell (*NIST 1993, S. 29ff.*):

- ☐ **Erwartungsmessung:** Ständige Erfassung der kurz- und langfristigen Anforderungen und Erwartungen von Kunden.
- ☐ **Zufriedenheitsmessung:** Permanente Erfassung von Kunden(un)zufriedenheit mit Hilfe unterschiedlicher Verfahren und deren Analyse im Zeitvergleich.
- ☐ **Kundenmanagement:** Auf Kundeninformationen basierte Gestaltung der Interaktionen und Beziehungen mit den Kunden.
- ☐ **Kundenbezogene Leistungsverpflichtung:** Eingehen von Verpflichtungen gegenüber dem Kunden und die Vornahme von Anstrengungen, diese Verpflichtungen einzuhalten und zu verbessern.

Die Durchführung dieser Aktivitäten ist an das Vorliegen bestimmter **Voraussetzungen** gebunden:

- ☐ Alle Maßnahmen setzen voraus, daß der Anbieter die Kunden seines Angebots kennt (**Kundenevidenz**). Erforderlich sind nicht nur grundlegende Einsichten über den aktuellen und potentiellen Kundenkreis, sondern zusätzlich über den Beschaffungsprozeß und über die Zusammensetzung des internen Marktes (Existenz und Struktur unterschiedlicher Kundensegmente).

- ☐ Für die Durchführung sämtlicher Aktivitäten, vor allem der Erwartungs- und Zufriedenheitsmessungen, ist es erforderlich, daß die Kunden Angebot und Anbieter kennen. Nur auf dieser Grundlage können sie angebotsspezifische Erwartungen und Einschätzungen formulieren (**Angebotsevidenz**).

- ☐ Um konkrete Leistungsversprechen und -garantien formulieren zu können, müssen sich wesentliche Aspekte des Leistungsangebots spezifizieren lassen (**Spezifizierbarkeit**).

- ☐ Die Anwendung verschiedener Maßnahmen zur Ermittlung der Kundenzufriedenheit und die Auswertung von Zufriedenheitsbefragungen setzen voraus, daß dem Einsatz keine rechtlichen, innerorganisatorischen oder methodischen Barrieren entgegenstehen (*Schütz 1993, S. 196*). Vor allem müssen die internen Kunden bereit sein, auch unter den organisationsinternen Bedingungen wahrheitsgemäß ihre Zufriedenheit bzw. Unzufriedenheit mit einem internen Leistungsangebot mitzuteilen (**Bereitschaft zur Zufriedenheitsartikulation**).

Die genannten Voraussetzungen sind bei sequenzintegrierten und sequenzunabhängigen internen Dienstleistungen in unterschiedlichem Maße gegeben. Bei „work-flow services" sind die Bedingungen in der Regel im Rahmen eines prozeßorientierten Qualitätsmanagements zu erfüllen, so daß bei diesem Servicetyp sehr gute Voraussetzungen für den Einsatz der Instrumente eines kundenorientierten Qualitätsmanagements vorliegen. Wesentlich differenzierter ist die Situation bei den „off-stream services" zu betrachten. Im Rahmen einer empirischen Studie zur Zufriedenheit interner Kunden mit den Dienstleistungen einer Abteilung Personalmanagement konnten wesentliche Einsichten darüber gewonnen werden, daß die genannten Voraussetzungen nicht oder nur in eingeschränktem Maße gegeben sind.

3. Erhebung der Zufriedenheit interner Kunden mit den Dienstleistungen der Abteilung Personalmanagement

3.1 Vorstellung der Vorgehensweise

Die folgenden Ausführungen basieren auf den Ergebnissen einer empirischen Studie, in der die Zufriedenheit von internen Kunden einer Personalmanagementabteilung eines großen deutschen Automobilherstellers erhoben wurde.

Um die Zufriedenheit der internen Kunden mit den Leistungen einer Personalmanagement-Abteilung zu ermitteln, wurde eine **interne Marktforschungsstudie** durchgeführt. Die Vorgehensweise erfolgte in sechs **Hauptschritten**:

Schritt I: Festlegung der Kundengruppe: In einem ersten Schritt wurden als Zielgruppe für die Befragung Führungskräfte mit Vorgesetztenfunktion festgelegt. Personen dieser Gruppe haben in zwei Kundenrollen Kontakt mit der Abteilung Personalmanagement: Zum einen sind sie als Einzelpersonen mit ihren individuellen Zielen Kunde von internen Personaldienstleistungen (z.B. Karriereberatung), zum anderen sind sie Funktionsträger in der Rolle des Vorgesetzten, die Personaldienstleistungen nachfragen (z.B. Beratung in Führungsfragen).

Schritt II: Ermittlung der wesentlichen Qualitätsdimensionen aus Kundensicht: Um bereits bei der Inventur der Leistungen und der Bestimmung von relevanten Dimensionen der internen Dienstleistungsqualität die Kundenperspektive einzunehmen, wurde eine Stichprobe der internen Kunden gezogen und zu Fokusgruppeninterviews eingeladen. Da man vermutete, daß die Wahrnehmung bezüglich der angebotenen Personaldienstleistungen in Abhängigkeit von organisationsbedingten Variablen wie der Zugehörigkeit zu einer bestimmten Führungsebene oder einem Ressort variiert, bildete man drei Fokusgruppen. Im Mittelpunkt der Diskussionsrunden stand die Bestimmung der aus Kundensicht angebotenen Personaldienstleistungen sowie die Erhebung der zur Beurteilung herangezogenen Kriterien. Dabei ergab sich, daß die Personaldienstleistungen aus Kundensicht den drei Leistungsfeldern „Beratung und Kooperation", „Qualitative Personalplanung und -entwicklung" sowie „Personalbeschaffung" zugeordnet werden konnten.

Schritt III: Entwicklung eines merkmalsorientierten Fragebogens: Auf der Grundlage der Fokusgruppeninterviews wurde ein merkmalsorientierter Zufriedenheits-Fragebogen entwickelt. Die Befragten wurden gebeten, den Grad ihrer Zufriedenheit mit allen Merkmalen von Einzelleistungen aus den drei Leistungsfeldern mittels einer 6er-Skala von „sehr zufrieden" bis „sehr unzufrieden" zu bewerten. Abbildung 2 vermittelt einen Eindruck vom Fragebogenaufbau anhand der Einzelleistung „Kommunikation" aus dem Leistungsfeld „Beratung und Kooperation". Darüber hinaus wurde die Globalzufriedenheit mit jedem Leistungsfeld und mit allen Personaldienstleistungen insgesamt erhoben.

Wie zufrieden sind Sie mit der **Kommunikation** mit dem Personalmanagement in folgenden Punkten?

	sehr zufrieden					sehr unzufrieden	keine Erfahrung
1. Möglichkeiten der Erreichbarkeit?	1	2	3	4	5	6	0
2. Vermittlung eines transparenten Leistungsangebotes?	1	2	3	4	5	6	0
3. Schnelligkeit der Bereitstellung angeforderter Informationen?	1	2	3	4	5	6	0
4. Partnerschaftlichkeit der Kommunikation?	1	2	3	4	5	6	0
5. Einhaltung getroffener Vereinbarungen?	1	2	3	4	5	6	0
6. Feedback bei Abweichung von Vereinbarungen?	1	2	3	4	5	6	0
7. Offenheit der Kommunikation?	1	2	3	4	5	6	0
8. Bedarfsorientierung der Information?	1	2	3	4	5	6	0
9. Vertraulichkeit der Handhabung angeforderter Information?	1	2	3	4	5	6	0

Abbildung 2: Zufriedenheitsrelevante Merkmale der Personaldienstleistung „Kommunikation" aus Sicht der internen Kunden
Quelle: Neuhaus 1993, Anhang S. 1

Schritt IV: Durchführung der Befragung: In der Haupterhebung wurde der Fragebogen an ca. 750 von 2.355 internen Kunden des Dienstleisters Personalmanagement versandt. Nachdem die Grundgesamtheit zunächst proportional nach den beiden Kriterien Referatszugehörigkeit und Führungsebene geschichtet worden war, erfolgte die Auswahl der Befragten nach dem Zufallsprinzip aus einer werksinternen Datenbank. Die Rücklaufquote betrug 56 Prozent.

Schritt V: Ermittlung von Zufriedenheitswerten und -faktoren: Die Auswertung der Fragebögen erfolgte deskriptiv und multivariat. Mittels der deskriptiven Auswertung sollte ein erster Einblick in die Struktur der Zufriedenheitsprofile einzelner Kundengruppen gewonnen werden. Die multivariaten Analysen verfolgten zwei Zielsetzungen: Zum einen galt es, die aus Kundensicht wichtigsten Zufriedenheitsfaktoren zu bestimmen, zum anderen, den Einfluß der Faktoren hinsichtlich der Zufriedenheit mit einzelnen Leistungsfeldern sowie in bezug auf die Gesamtzufriedenheit mit dem internen Dienstleister zu ermitteln.

Schritt VI: Aggregation der Zufriedenheitsurteile zu einem Zufriedenheitsindex der Abteilung Personalmanagement: Die Daten bieten eine Vielzahl von Analysemöglichkeiten, die eine solide Ausgangsbasis für ein differenziertes Qualitätsmanagement darstellen. Darüber hinaus erscheint es aber auch sinnvoll, eine Komprimierung der Daten vorzunehmen, die einen schnellen Überblick über Trends in der Entwicklung der internen Zufriedenheit (Längsschnittuntersuchung) bzw. den Vergleich von Zufriedenheitsurteilen aus unterschiedlichen Unternehmensbereichen (Querschnittuntersuchung) gestatten. Zu diesem Zweck wurde ein Zufriedenheitsindex, der PERSONNEL CUSTOMER SATISFACTION INDEX (PCSI), entwickelt. Die Ausgangsinformationen sollten dabei so verdichtet werden, daß sie zum einen ein Maximum an Aussagekraft behalten und zum anderen möglichst kurz und prägnant die wichtigsten Trends auf einen Nenner bringen. Darüber hinaus soll der Index einen ersten Einstieg in die Interpretation der internen Zufriedenheitsdaten bieten, um dann sukzessive die Möglichkeit zu eröffnen, eine leistungsfeld- und zielgruppenspezifische Auswertung zu realisieren. Auf diese Weise soll der Index **entscheidungsunterstützende Informationen** zur Ableitung zielgruppenspezifischer Maßnahmen bereitstellen.

Zur Berechnung des PCSI mußte das mehrdimensionale Konstrukt „interne Kundenzufriedenheit" auf eine eindimensionale Skala reduziert werden (zur Methode der Indexbildung vgl. *Mayntz/Holm/Hübner 1978, S. 44ff.*). Dabei waren zwei Aufgaben zu lösen: Erstens die Bestimmung sämtlicher relevanter Faktoren, die die Zufriedenheit mit dem internen Dienstleister signifikant beeinflussen und auf die sich der Index beziehen soll, und zweitens die Wahl der Verknüpfungsregeln für die Faktoren. Konkret wurde dabei wie folgt vorgegangen:

- als **Dimensionen** des mehrdimensionalen Konstruktes „interne Kundenzufriedenheit" dienten die Zufriedenheitsfaktoren,
- als **Zahlenwert** wurden die Zufriedenheitsurteile der einzelnen internen Kundensegmente verwandt,
- zur **Gewichtung** wurde auf die regressionsanalytisch bestimmten Bedeutungsgewichte zurückgegriffen und
- zur **Kombination** wurden die Regressionsgleichungen herangezogen.

Auf diese Weise bezieht der Index nur die aus interner Kundensicht relevanten Faktoren ein, und dies unter Beachtung der unterschiedlichen Gewichtungen je Faktor und Kundensegment. Abbildung 3 gibt einen Überblick über den PCSI auf Gesamtebene und die drei Leistungsfelder „Beratung und Kooperation", „Qualitative Personalplanung und -entwicklung" und „Personalbeschaffung".

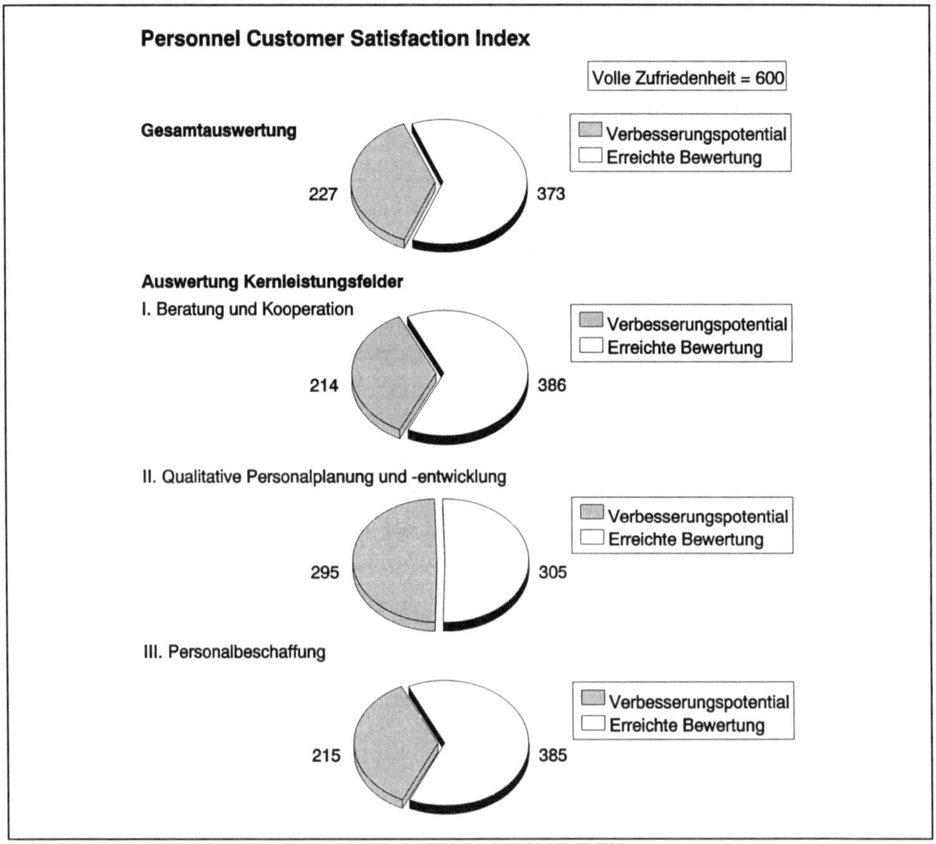

Abbildung 3: PERSONNEL CUSTOMER SATISFACTION INDEX
Quelle: In Anlehnung an Löhr/Neumaier 1994, S. 918

3.2 Erkenntnisse über spezifische Probleme einer internen Kundenorientierung und Zufriedenheitsmessung

Die empirische Studie liefert Einsichten in die Probleme, denen sich die interne Zufriedenheitsmessung und die kundenorientierte Qualitätspolitik gegenübersehen. Es zeigt sich, daß insbesondere bei den im Personalbereich dominierenden sequenzunabhängigen internen Dienstleistungen mit Unterstützungscharakter die Voraussetzungen für eine kundenorientierte Leistungserstellung nicht oder nur unzureichend bestehen. Vielmehr liegen spezifische Konstellationen vor, die geprägt sind durch geringe Kundenevidenz, differenzierte interne Marktsegmente, geringe Angebotsevidenz, geringe Spezifizierbarkeit der Dienstleistung und nur eingeschränkte Bereitschaft der Kunden, ihre (Un-)zufriedenheit offen zu artikulieren.

Geringe Kundenevidenz

In bezug auf die Personaldienstleistungen ist es häufig nicht leicht, die Frage nach dem internen Kunden eindeutig zu beantworten. Dies gilt selbst dann, wenn – wie in der Studie – eine klare Eingrenzung auf Führungskräfte mit Personalverantwortung vorgenommen wird. Ein erster Grund liegt darin, daß die jeweiligen Dienstleistungen in Leistungsbereichen, wie etwa Gehaltsplanung, Betreuung im Rahmen des Personalabbaus, mittelfristige Personalplanung, Fortbildung oder internationaler Personaleinsatz, nicht ständig für alle Führungskräfte erbracht werden, sondern häufig erst auf konkrete Nachfrage des Kunden. Insofern besteht die interne Kundschaft des Personalmanagements zum überwiegenden Teil aus potentiellen Kunden, die erst dann zu aktuellen Kunden werden, wenn sie in einer bestimmten Situation mit einem Problem konfrontiert werden. Als Folge davon werden in Zufriedenheitsbefragungen Mitarbeiter um die Einschätzung von Dienstleistungen gebeten, die sie überhaupt nicht in Anspruch genommen haben.

Existenz unterschiedlicher Kundensegmente

Anbieter von Personaldienstleistungen haben es mit einer differenzierten Kundensituation zu tun, weil auch die unterschiedenen Hauptkundengruppen (Unternehmensleitung, Fachvorgesetzte, Mitarbeiter usw.) keinesfalls homogen sind, sondern aus Teilsegmenten mit unterschiedlichen Qualitätserwartungen und -wahrnehmungsmustern bestehen. In der empirischen Studie zeigte sich z.B., daß Führungskräfte, die zu bestimmten Geschäftsbereichen bzw. zu unterschiedlichen Führungsebenen gehören, die verschiedenen Dimensionen der Dienstleistungsqualität unterschiedlich gewichten und zu z.T. stark abweichenden Beurteilungen hinsichtlich der jeweiligen Qualitätsmerkmale kommen (siehe zur Illustration Abbildung 4).

Fehlende Angebotsevidenz

Viele Personaldienstleistungen werden häufig erst bei entsprechender Nachfrage interner Kunden bereitgestellt. Diese Nachfrage setzt allerdings voraus, daß die internen Kunden über das interne Angebot und die internen Anbieter informiert sind, d.h. daß Angebotsevidenz vorliegt. Sehr häufig besteht aber eine erhebliche **Einschränkung der Angebotsevidenz**, weil interne Kunden

- ☐ nicht erkennen, daß ihnen in einer Problemsituation eine bestimmte Dienstleistung nützlich sein kann,
- ☐ nicht wissen, daß diese (oder andere) Dienstleistungen innerbetrieblich überhaupt angeboten werden,
- ☐ aufgrund mangelnder Information oder Erfahrung keine oder falsche Vorstellungen über Art, Umfang und Qualität des internen Dienstleistungsangebots haben (*Engelhardt/Schwab 1982, S. 507;* vgl. auch *Reiß/Schuster 1998, S. 1307*).

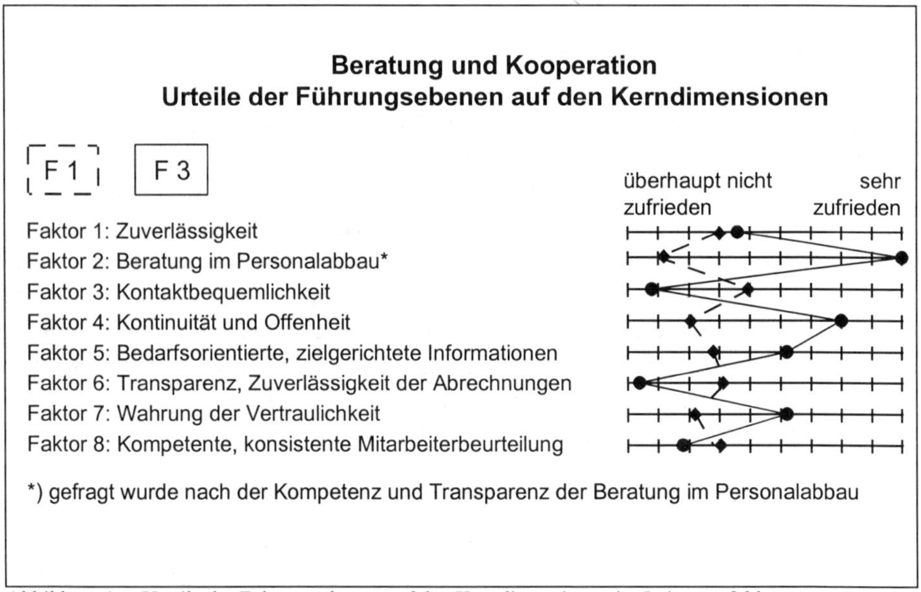

Abbildung 4: Urteile der Führungsebenen auf den Kerndimensionen im Leistungsfeld „Beratung und Kooperation"
Quelle: Neuhaus 1993, S. 60

Die Studie gibt einen beeindruckenden Hinweis auf das Ausmaß fehlender Angebotsevidenz. Bei mehr als der Hälfte aller Zufriedenheitsfragen (48 von 94) konnten mehr als 30 Prozent der Führungskräfte **keine** Leistungsbeurteilung vornehmen und kreuzten statt dessen die Kategorie „Keine Erfahrung" an. In bezug auf einzelne Leistungsmerkmale steigt dieser Prozentsatz auf über 70 Prozent.

Geringer Spezifizierungsgrad
Wesentliche Aspekte des Leistungsangebots müssen sich spezifizieren lassen, damit konkrete Leistungsversprechen und -garantien formuliert werden können. Bedingt durch die Heterogenität des Angebotsspektrums interner Personaldienstleistungen erfüllt jedoch nur ein Teil der Personalleistungen diese Anforderungen. Während Standards für die Bearbeitungsdauer eines Antrags relativ leicht fixierbar sind, ergeben sich bei anderen Leistungen große Schwierigkeiten, weil Art und Umfang der Leistung nicht von vornherein feststehen und die Dienstleistung an den Bedarf des Nachfragers angepaßt werden muß (z.B. Beratungsleistungen, Studien). Hier wird die Dienstleistung in einem gemeinsamen Interpretationsprozeß von Anbieter und Kunde fixiert, wobei diese „Fixierung" häufig nur in einer verbalen Umschreibung und nicht in einer quantitativen Vorgabe erfolgen kann.

Fehlende Bereitschaft zur Artikulation von Unzufriedenheit
Der Wert von Zufriedenheitsbefragungen ist an die Voraussetzung geknüpft, daß Kunden bereit sind, an solchen Befragungen teilzunehmen und wahrheitsgemäß ihre Zufriedenheit bzw. Unzufriedenheit mit dem Leistungsangebot mitzuteilen. Diese Bereitschaft kann aufgrund der sozialpsychologischen innerorganisatorischen Gegebenheiten weniger ausgeprägt sein, als dies bei externen Kunden der Fall ist. So ist z.B. mit einer eingeschränkten Auskunftsbereitschaft zu rechnen, wenn der interne Kunde meint, eine Unzufriedenheitsartikulation könnte ihm jetzt oder in Zukunft schaden. Dies gilt insbesondere, wenn der befragte Kunde die Anonymität der Befragung anzweifelt und der befragende Anbieter Einfluß auf die innerbetriebliche Karriere eines Mitarbeiters nehmen kann. Die Studie gibt zu diesem Problem nur indirekte Aufschlüsse. So zeigte es sich, daß die Rücklaufquote mit der Höhe der Hierarchieebene der Befragten stark anstieg. Während sie in der obersten Hierarchieebene fast 68 Prozent betrug, lag der entsprechende Wert für die dritte Hierarchieebene nur bei 50 Prozent.

4. Konsequenzen

Im Ergebnis zeigt sich somit, daß die spezifischen Voraussetzungen für ein internes, kundenorientiertes Qualitätsmanagement nur unzureichend vorliegen und demzufolge spezifische Anstrengungen gemacht werden müssen, um diese Voraussetzungen zu verbessern. Dazu gehören vor allem:

Die Förderung der Kundenevidenz und Segmentierung der internen Kunden

Durch interne Primär- und Sekundärmarktforschung sind nicht nur die Hauptkundengruppen zu identifizieren, sondern detailliert zu segmentieren. Dabei kann sich der interne Dienstleister nicht allein auf die bekannten soziodemographischen, psychographischen und verhaltensbezogenen Segmentierungsvariablen beschränken, sondern es sind auch organisationsbezogene Variablen (wie die Zugehörigkeit zu bestimmten Geschäftsbereichen und Hierarchieebenen) zu berücksichtigen, die eine wesentliche Relevanz für die Leistungserwartungen und -wahrnehmungen der jeweiligen Kundengruppe haben.

Darüber hinaus steht der interne Dienstleister vor der schwierigen Aufgabe zu entscheiden, inwieweit er ein differenziertes Angebot erstellen und einen segmentspezifischen Einsatz der Instrumente eines kundenorientierten Qualitätsmanagements vornehmen soll. Eine Orientierung an differenzierten Kundenwünschen kann nämlich anderen unternehmerischen und abteilungsbezogenen Zielen, z.B. der prinzipiellen Gleichbehandlung unterschiedlicher Geschäftsbereiche, entgegenstehen (*Bertram 1996, S. 142f.*).

Förderung der Angebotsevidenz

Da die Evidenz der Angebotsleistung eine notwendige Voraussetzung für alle Aktivitäten eines kundenorientierten Qualitätsmanagements ist, müssen sich die Anstrengungen des internen Dienstleisters darauf richten, die Evidenz des eigenen Angebots zu erhöhen.

Hierbei handelt es sich um ein Ziel, das im wesentlichen durch Maßnahmen der internen Kommunikationspolitik erreicht werden kann. Grundsätzlich muß die Abteilung Personalmanagement stärker das vorgehaltene Dienstleistungsangebot über verschiedene Kanäle (Firmenzeitschriften, Anschlagbretter, Informationsbroschüren, interne Rundschreiben usw.) kommunizieren. Dies gilt insbesondere für die sequenzunabhängigen Dienstleistungen, die nur aperiodisch nachgefragt werden.

Auch müssen nicht nur Informationen über die prinzipiell angebotenen Dienstleistungen, sondern auch über die Bedingungen ihrer Nutzung geliefert werden. Die empirische Untersuchung zeigte, daß ein Großteil der internen Kundenunzufriedenheit auf der in vielen Leistungsbereichen ungeklärten Frage beruhte, ob in bezug auf einzelne Leistungen eine **Bring**- oder eine **Holschuld** vorliegt, d.h. ob bestimmte Dienstleistungen unaufgefordert oder nur auf Kundenabruf geleistet werden. Demnach kann eine Erhöhung der internen Kundenzufriedenheit schon dadurch erreicht werden, daß eine klare Kommunikation von Leistungsbedingungen und Zuständigkeiten erfolgt. Da die Leistungsevidenz auch von den Erfahrungen des internen Kunden und seinem Know-how abhängig ist, sollten Maßnahmen zur Evidenzerhöhung zudem zielgruppenbezogen ansetzen.

Kompensation mangelnder Leistungsspezifität durch indexbezogene Zielvereinbarungen
Eine besonders verbindliche Zusicherung der Einhaltung von Leistungsversprechen stellen **Garantien** dar. Eine gegenüber den internen Kunden ausgesprochene interne Servicegarantie besteht, analog zu ihrem externen Pendant, aus den drei Elementen des Garantieversprechens, der Einforderung der Garantieleistung und der „Auszahlung" im Garantiefall (*Epelman 1994, S. 2; Hart 1995, S. 64*).

Die Anwendung dieses Instrumentes auf sequenzunabhängige Dienstleistungen mit Unterstützungscharakter (wie „Beratung und Kooperation" oder „Qualitative Personalplanung und -entwicklung") ist allerdings sehr schwierig, da häufig eine genaue Spezifikation der Leistung nicht möglich ist. Deshalb muß nach Alternativen für verbindliche Leistungszusagen gegenüber dem Kunden gesucht werden. Eine dieser Alternativen könnte darin liegen, das Erreichen von Zufriedenheitswerten zuzusagen und dabei den Zufriedenheitsindex (PCSI) zur Grundlage zu nehmen. Allerdings liegen bisher zuwenig Erfahrungen mit internen Zufriedenheitsgarantien vor, als daß eine generelle Empfehlung dieser Vorgehensweise abgegeben werden könnte.

Erhöhung der Bereitschaft zur Zufriedenheitsartikulation
Wenn interne Kunden Vorbehalte haben, ihre Unzufriedenheit zu artikulieren, wird die Organisation der Zufriedenheitsbefragung zu einer eigenständigen Fragestellung des kundenorientierten Qualitätsmanagements (*Roßbach-Emden/Pauli/Gaalken 1994, S. 484; Bertram 1996, S. 95*). Insbesondere ist eine umfassende Aufklärung über die kundenorientierte Zielsetzung des Vorhabens dringend erforderlich. Zum einen sollte versucht werden, die aktive Unterstützung des Betriebsrates für die interne Befragung zu gewinnen. Zum anderen sollte die Abfrage personenbezogener Informationen im Fragebogen auf ein Mindestmaß beschränkt werden. Gegebenenfalls bietet es sich auch an, die Befragung von einer als unabhängig geltenden internen oder externen Stelle (z.B. durch die Marktforschungsabteilung) durchführen zu lassen, um den Beteiligungsgrad zu erhöhen bzw. Ängste vor der Aufdeckung der Anonymität und vor Sanktionen zu vermeiden.

5. Zusammenfassung

Die im Rahmen des Total Quality Management erhobene Forderung, Kundenorientierung auch im Hinblick auf interne Unternehmensbeziehungen anzuwenden, erweist sich grundsätzlich als sinnvoll, bedarf aber einer differenzierten Bewertung. Eine konzeptionelle und empirische Untersuchung von Dienstleistungen einer Abteilung Personalmanagement brachte folgende Ergebnisse:

(1) Nicht alle internen Dienstleistungen sind sinnvoll als Kunden-Lieferanten-Beziehungen anzusehen. In Dienstleistungen mit Kontrollcharakter (Personalbeurteilung, Personalfreisetzung) sind die beurteilten oder freigesetzten Mitarbeiter weniger Kunden als Objekt einer für andere interne Kunden erfüllten Dienstleistung.

(2) Anbieter von Dienstleistungen mit Unterstützungscharakter können ihre Ziele im Rahmen einer Kundenorientierungsstrategie besser erfüllen, gleichgültig, ob es sich um sequenzintegrierte oder sequenzunabhängige Dienstleistungen handelt. Allerdings müssen die jeweiligen Rahmenbedingungen geschaffen werden (kundenorientiertes Prozeßmanagement bzw. externer/interner Wettbewerb).

(3) Kundenorientiertes Qualitätsmanagement umfaßt den Einsatz verschiedener Maßnahmen, zu denen Erwartungs- und Zufriedenheitsmessung, Kundenmanagement und eine kundenbezogene Leistungsverpflichtung gehören. Der Einsatz dieser Maßnahmen ist an bestimmte Voraussetzungen gebunden (Kundenevidenz, Angebotsevidenz, Spezifizierbarkeit der Leistung und Bereitschaft der Kunden zur Zufriedenheitsartikulation). Diese Voraussetzungen sind in der Regel bei sequenzintegrierten Dienstleistungen im Rahmen eines kundenorientierten Prozeßmanagements leichter herstellbar als bei sequenzunabhängigen Dienstleistungen.

(4) Bei sequenzunabhängigen Leistungen (wie Personalberatung oder -planung) muß eine Abteilung Personalmanagement erhebliche Anstrengungen machen, um die Kunden- und Angebotsevidenz zu erhöhen und die Bereitschaft zur Zufriedenheitsartikulation bei Mitarbeitern zu steigern. Darüber hinaus können den verschiedenen Kundenteilsegmenten differenzierte Leistungen in Verbindung mit zufriedenheitsorientierten Leistungsgarantien angeboten werden.

Literaturverzeichnis

Bertram, C. (1996): Qualität in der Personalabteilung, München/Mering.

Bowen, D.E. (1996): Marketing-Focused HRM in Service Organizations: Satisfying Internal and External Customers, in: Journal of Market-Focused Management, Vol. 1, No. 1, S. 31-47.

Davis, T.R.V. (1992): Internal Service Operations: Strategies for Increasing Their Effectiveness and Controlling Their Cost, in: Organizational Dynamics, Vol. 20, Autumn, S. 5-22.

Davis, T.R.V. (1993): Managing Internal Service Delivery in Organizations, in: *Swartz, T.A./ Bowen, D.E./Brown, S.W. (Hrsg.)*: Advances in Services Marketing, Vol. 2, Greenwich, S. 301-321.

Domsch, M./Gerpott, T. (1992): Organisation des Personalwesens, in: *Frese, E. (Hrsg.)*: Handwörterbuch der Organisation, Stuttgart, Sp. 1934-1949.

Engelhardt, W.E./Schwab, W. (1982): Die Beschaffung von investiven Dienstleistungen, in: Die Betriebswirtschaft, 42. Jg., Nr. 4, S. 503-513.

Epelman, M.S. (1994): Internal Service Guarantees: Putting the Idea of Internal Customers to Work, in: Proceedings of the 3rd International Seminar on Service Management & Marketing, Aix-en-Provence, S. 1-13.

Hart, C.W.L. (1995): The Power of Internal Guarantees, in: Harvard Business Review, Vol. 73, No. 1, S. 64-73.

Kolb, M./Bergmann, G, (1997): Qualitätsmanagement im Personalbereich, Landsberg.

Löhr, P./Neumaier, M. (1994): Qualitätsmanagement: Das Personalwesen im Brennpunkt, in: Personalführung, 27. Jg., Nr. 10, S. 912-919.

Mayntz, R./Holm, K./Hübner, P. (1978): Einführung in die Methoden der empirischen Soziologie, Opladen.

Neuhaus, P. (1993): Personnel Customer Satisfaction Index. Unveröffentlichter Forschungsbericht, Katholische Universität Eichstätt, Ingolstadt.

Neuhaus, P. (1996): Interne-Kunden-Lieferanten-Beziehungen, Wiesbaden.

NIST – National Institute of Standards and Technology (Hrsg.) (1993): Award Criteria 1994, Gaithersburg.

Pfützner, R. (1991): Qualität als Führungsaufgabe, in: Besser führen, Nr. 6, München.

Reiß, M./Schuster, H. (1998): Kunden- und Kostenorientierung interner Service-Bereiche – Aus Zentralbereichen werden Dienstleister, in: *Meyer, A. (Hrsg.)*: Handbuch Dienstleistungs-Marketing, Band 2, Stuttgart, S. 1300-1320.

Roßbach-Emden, B./Pauli, C./Gaalken, K. (1994): Personalwesen als Dienstleister – Erwartungen der internen Kunden, in: Personal, 46. Jg., Nr. 10, S. 482-485.

Sayles, L.R. (1964): Managerial Behavior, New York.

Scholz, C. (1993): Personalmanagement, München.

Schütz, P. (1993): Marketing Interner Dienstleister – Marketing ohne Markt?, in: *Thelen, E.M./ Mairamhof, G.B. (Hrsg.)*: Dienstleistungsmarketing – Eine Bestandsaufnahme, Frankfurt am Main, S. 193-201.

Stauss, B. (1995): Internal Services: Classification and Quality Management, in: International Journal of Service Industry Management, Vol. 6, No. 2, S. 62-78.

Witt, F.J. (1985): Marketing für innerbetriebliche Leistungen, in: Betriebswirtschaftliche Forschung und Praxis, 37. Jg., Nr. 2, S. 162-175.

Summary

The ultimate goal of Total Quality Management (TQM) is customer satisfaction. In order to reach that goal, TQM adopts the customer orientation maxim and applies it to innerorganizational processes. In this way departments and their employees are called internal suppliers, organizational members who receive their services are considered to be internal customers and the output itself is viewed as an internal service. The basis for this terminology is the assumption that the principles and instruments of a customer-oriented quality management can be applied to services, independent of whether these services are delivered to external or internal customers. Based on an empirical study conducted within a Human Resources Management (HRM) department of a German car manufacturer it is shown that this assumption has to be partially modified on account of different types of internal services and the impact of the organisational context on internal customer-supplier-relationships. These findings are presented in four steps. First, the services offered by a HRM department are analyzed in more detail and classified along two dimensions: On the one hand the extent to which they make part of a highly structured work-flow in contrast to an off-stream service and on the other hand if they deliver support/advice or if they are designed to audit/evaluate a third party. It is shown in the second step of the paper that internal customer-orientation counts only for some of the internal services and that specific requirements have to be met in order to deliver a customer-oriented service. In the third step the experiences gained from an internal customer satisfaction survey are discussed. On the basis of these results it can be claimed that the prerequisites for an internal customer-oriented quality management exist only within limits. Therefore a bundle of proposals for a HRM department is developed to improve the conditions for a quality management-concept which aims at internal customer satisfaction in the fourth step.

Personalmanagement im Umbruch

Personalwirtschaftliche Auswirkungen marktorientierter Veränderungsprozesse

von Manfred Becker

Prof. Dr. Manfred Becker ist Inhaber des Lehrstuhls für Allgemeine BWL – Personalwirtschaft und Organisation an der Martin-Luther-Universität Halle-Wittenberg, Halle (Saale).

1. Marktorientierte Transformation von Unternehmen

Die verstärkte Marktorientierung der Unternehmen erfordert eine Neuausrichtung der Unternehmensführung (*Picot/Reichwald/Wigand 1996, S. 10*). Ziele der am Leitbild des Lean Management orientierten Veränderungsprozesse sind die Senkung der Kosten und die Steigerung der Produktivität des Unternehmens. Kostensenkungspotentiale und Produktivitätsfortschritte ergeben sich durch die Verlagerung einfacher Produktions- und Montagearbeiten in Schwellenländer, die Substitution von Arbeit durch Technik sowie durch eine verstärkte Flexibilität und Prozeßorientierung im Wertschöpfungsprozeß.

Der **Transformationsprozeß der Unternehmen** kann in drei Phasen eingeteilt werden. Danach sind Allfunktions-, Spezialfunktions- und Agenturunternehmen zu unterscheiden. Wichtige Unterscheidungskriterien sind die von den Unternehmen wahrgenommenen Funktionen und die dafür erforderlichen Kompetenzen. **Allfunktionsunternehmen** agieren in Verkäufermärkten mit hohen Marktrenten. Das ermöglicht die Wahrnehmung sowohl von Kern- als auch von **Peripheriefunktionen**. Letztere werden in Form von Quersubventionen von den Kernfunktionen alimentiert. Der Wandel zu Käufermärkten zwingt die Unternehmen zur Transformation in Spezialfunktionsunternehmen, die sich auf marktfähige Kernkompetenzen konzentrieren. Zur Bereitstellung von Marktinformationen entstehen als Vermittlungsinstanzen und Sonderform des Spezialfunktionsunternehmens Agenturunternehmen (*Becker 1997, S. 283ff.*).

Spezialfunktionsunternehmen zeichnen sich durch neue Formen unternehmensübergreifender und -interner Leistungserstellung aus. Dauerhafte und zeitlich begrenzte Kooperationen mehrerer Unternehmen in Netzwerken werden insbesondere bei produktionsunterstützenden Dienstleistungen und der Komponentenzulieferung zu einem integrativen Bestandteil der unternehmerischen Wertschöpfung (*Picot/Reichwald/Wigand 1996, S. 12*). Am Paradigma der Neuen Dezentralisation (*Drumm 1996, S. 8*) orientierte Formen der internen Leistungserstellung sind gekennzeichnet durch flache Hierarchien, Prozeßorientierung, verstärkte Kundenorientierung, vermehrte Selbstorganisation und reduzierte Arbeitsteilung (*Picot/Reichwald 1994, S. 553ff.; Drumm 1996, S. 11; Arbeitskreis Organisation 1996, S. 635;* Abbildung 1).

Allfunktions-unternehmen	Spezialfunktions-unternehmen	Agentur-unternehmen
• Ganzheitliche Wahrnehmung des Wertschöpfungs-prozesses • Eigenfertigung von Kern- und Peripheriefunktionen • Vertikale Integration in Konzernstrukturen • Breite Berufspalette zur Erledigung von Kern- und Peripheriefunktionen • Dauerbeschäftigung auf starren Arbeitsplätzen • Quersubventionen von Kernfunktionen zu Peripheriefunktionen • Verkäufermärkte mit hohen Marktrenten	• Konzentration auf Kernkompetenzen • Abbau von Fertigungstiefe • Aufbau strategischer Allianzen • Zukauf von Dienstleistungen und Vorleistungen • Beschäftigung einer Kernmannschaft in Dauerarbeitsverhältnissen • Keine Quersubventionen ohne Wertschöpfungs-verbesserung • Käufermärkte mit hohem Wettbewerbs- und Innovationsdruck	• Kernfunktion: Koordination, Unterstützung und Information als Komplementärleistung für Spezialfunktions-unternehmen • Kernkompetenz: Wissen über Märkte • Beschäftigung professioneller Info-Brokern mit Marktbeobachtung, Marktanalysen, Anbahnung von Kooperationen • Kernprodukte: Netzwerke vertraglicher Leistungs-beziehungen • Kostenoptimale virtuelle Organisation zur Erzeugung marktbezogener Dienst-leistungen • Hochgradig akzelerierende Käufermärkte mit hohem Innovations-, Informations- und Komplementärbedarf

Abbildung 1: Phasen der Unternehmensentwicklung

Die bei einer an Marktbedingungen ausgerichteten Wertschöpfung in Spezialfunktionsunternehmen an Bedeutung gewinnende unternehmensübergreifende Zusammenarbeit betont die Notwendigkeit sozialer Fähigkeiten (*Hesch 1997, S. 137*). Neue Anforderungen an das unternehmerische Denken und Handeln des an der Leistungserstellung beteiligten Personals stellen zudem auf dezentralen Strukturen und Prozessen aufbauende Organisationskonzepte wie das virtuelle Unternehmen oder die modulare Fabrik (*Hesch 1997, S. 134; Picot/Reichwald/Wigand 1996, S. 452*). Durch die Abflachung der Hierarchien erweitert sich der Tätigkeits- und Entscheidungsspielraum der Arbeitnehmer. Dies erfordert eine Erhöhung des Autonomiegrades und eine verstärkte Delegation von Entscheidungskompetenzen (*Bartölke/Kiunke 1997, S. 121f.*).

Insgesamt erfordern die arbeitsorganisatorischen Veränderungen einen Umbruch des Personalmanagements. Basierend auf einer marktorientierten Fokussierung (**normative Ebene**) sind aufgrund der Verschiebungen in den Beschäftigungs- und Tätigkeitsstrukturen die personalwirtschaftlichen Funktionen marktgerecht umzugestalten (**instrumen-**

telle Ebene) und die Organisationsstrukturen des Personalmanagements an die neuen Organisationsabläufe anzupassen (**institutionelle Ebene**). Der Umbruch des Personalmanagements soll im folgenden anhand dieser drei Ebenen beleuchtet und darauf aufbauende Gestaltungsmöglichkeiten diskutiert werden.

2. Marktorientierte Gestaltung der Personalarbeit

2.1 Normative Ebene zukünftiger Personalarbeit

Auf der normativen Ebene des Personalmanagements wird geklärt, welche Grundhaltung die Personalarbeit bestimmt. **Leitlinien** regeln in Form unternehmenspolitischer Vorgaben die grundlegenden Ziele, Aufgaben und Kompetenzen des Personalmanagements. Sie sind Richtschnur des Handelns und stellen den entscheidenden Mechanismus zur Erzeugung von **Grundhaltungen** wie Loyalität, Motivation, Leistungs- und Qualitätsbewußtsein dar. Damit bieten sie der Personalarbeit die Legitimität ihres Daseins. Längerfristig gültige normative Vorgaben sind Unternehmensziele, Führungsgrundsätze und Personalkonzeptionen. Ebenfalls normativ wirken Organisationshandbücher, Organigramme, Stellenbeschreibungen, Betriebsvereinbarungen, langfristige Leistungszusagen sowie Arbeitszeit- und Betriebsordnungen.

Wesentliche Aufgabe der marktorientierten Personalarbeit ist die Unterstützung der unternehmerischen Absatzleistungen durch die Optimierung der innerbetrieblichen Strukturen und Abläufe (*Bruhn 1995, S. 37*). Marktorientiertes Personalmanagement in Spezialfunktionsunternehmen verlangt deshalb, im Gegensatz zur angebotsorientierten, am Leistungsvermögen der Mitarbeiter des Personalbereichs ausgerichteten Personalarbeit in Allfunktionsunternehmen, diese nachfrage- und kostengerecht zu gestalten. Im Verständnis eines professionellen Kompetenzcenters wird Personalarbeit somit, ausgerichtet an „eine[r] konsequenten und gleichzeitigen Kunden- und Mitarbeiterorientierung" (*Bruhn 1995, S. 22*) als wesentlichem Ziel des Internen Marketing, nur in der Form angeboten, in der sie von den internen Kunden – Führungskräfte, Topmanagement und Mitarbeitern – nachgefragt wird.

Die Orientierung an der Leitidee des **Internen Marketing** verändert die Personalarbeit von einer angebotsorientierten Verwaltungs- in eine nachfrageorientierte Servicetätigkeit. Daraus leiten sich zwei Ziele für eine marktorientierte Personalarbeit ab. Zum einen sollen durch personalpolitische Maßnahmen auf dem externen Arbeitsmarkt signifikante Präferenzen für das Unternehmen aufgebaut und erhalten werden. Zum anderen wird angestrebt, bei den Mitarbeitern Bleibe-, Leistungs-, Entwicklungs- und Innovationsentscheidungen zu erzeugen. Marktorientierte Personalarbeit richtet ihre Aktivitäten folglich auf die Verbesserung von Leistung und Zusammenarbeit im Unternehmen.

Die Ausrichtung der Personalarbeit auf Kunden erfordert eine Bewertung personalwirtschaftlicher Leistungen. Die Nachfrager kalkulieren den Nutzen, den sie von der Personalarbeit erwarten und rechnen die Aufwendungen, z.B. interne Verrechnungspreise für ein Führungsseminar, als Transaktionskosten gegen den zu erwartenden Nutzen auf. In Abbildung 2 sind wichtige Bereiche der marktorientierten Personalarbeit aufgeführt, deren Paßgenauigkeit zu den Erwartungen der internen Kunden durch eine nachfrageorientiert ausgerichtete Personalarbeit wesentlich verbessert werden kann.

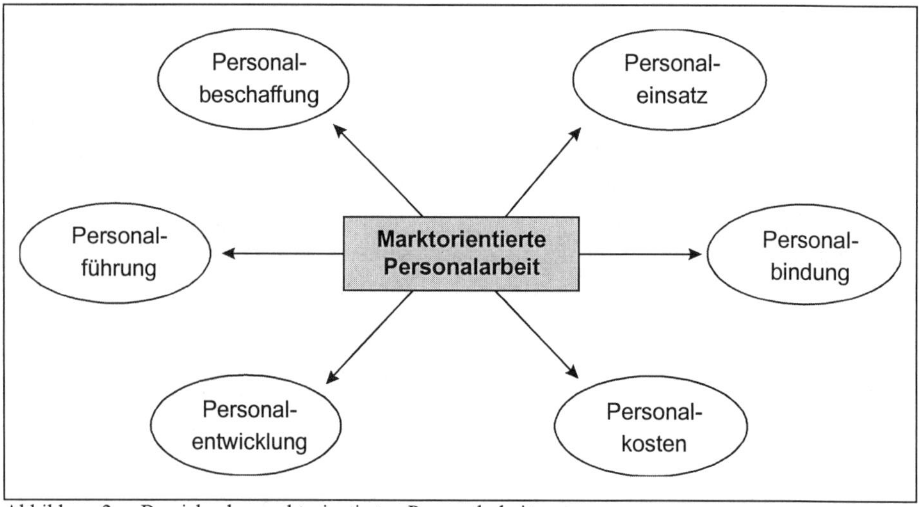

Abbildung 2: Bereiche der marktorientierten Personalarbeit

Als Bewertungsmaßstab für personalwirtschaftliche Leistungen bieten sich die Kategorien **wirtschaftliche Effizienz** (Führungskräfte, Topmanagement) und **soziale Effizienz** (Mitarbeiter) an (ähnlich *v. Arx 1995, S. 424f.*). Wesentliche Kriterien für die wirtschaftliche Effizienz einer marktorientierten Personalarbeit sind deren Kosten-, Prozeß- und Leistungsorientierung. Als sozial effizient ist die marktorientierte Personalarbeit dann zu bewerten, wenn sie sich an den Bedürfnissen der im Unternehmen beschäftigten Arbeitnehmer ausrichtet (Abbildung 3).

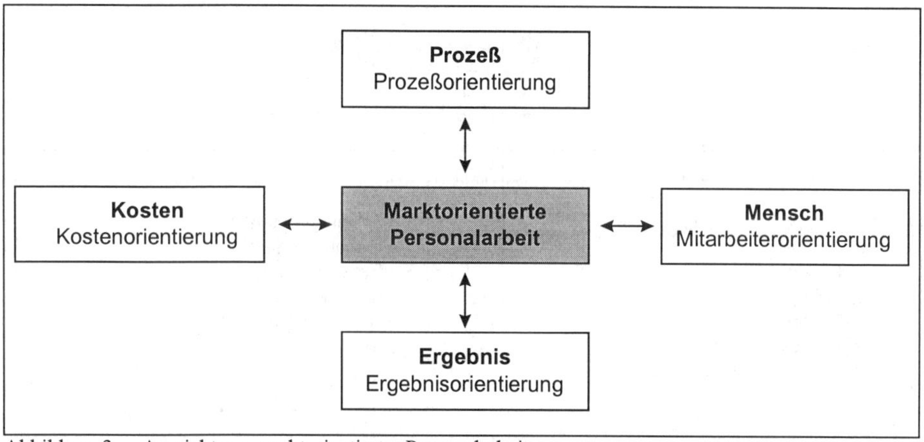

Abbildung 3: Ausrichtung marktorientierter Personalarbeit

Beispiele für personalpolitische Normen einer marktorientierten Personalarbeit sind (*BMW AG 1996, S. 2, Beiersdorf AG o.J., S. 1, Mercedes-Benz o.J., S. 1, Ford-Werke AG o.J., S. 1*):

- Personal ist ein Kostenfaktor, aber mehr noch eine Ressource, die es zu entwickeln gilt (**Kosten- und Mitarbeiterorientierung**),
- Leistungsverhalten und Leistungsergebnis sind ein konsequenter Maßstab für die Honorierung durch das Unternehmen (**Kosten- und Ergebnisorientierung**),
- Personalwirtschaftliche Leistungen werden auf Kernkompetenzen konzentriert, ständig auf ihre Qualität überprüft und orientieren sich am Bedarf der Kunden (**Kosten- und Ergebnisorientierung**),
- Unterstützung der Fähigkeit der Organisation, Veränderungen in die Wege zu leiten, durchzuführen und weiter voranzutreiben (**Prozeßorientierung**) und
- Messung der Leistungen der Personalarbeit am Beitrag zum Geschäftserfolg, an der Beurteilung durch die Kunden und den Leistungen der betreuten Mitarbeiter (**Kostenorientierung**).

Grundlage einer am Internen Marketing ausgerichteten Personalarbeit ist die rechtzeitige und ausreichende **Informationsbeschaffung**. In den meisten Fällen reicht die Verwendung vorliegender Informationen aus der Marktforschung, der Arbeitsmarkt- und Berufsforschung sowie Studien zur Entwicklung der Personalarbeit als Grundlage zur Gestaltung der Leitlinien für die Personalarbeit aus. Zusätzlich zu diesen Sekundärdaten kann sich der Personalbereich aber auch in Einzelfällen der Mitarbeiterbefragung als Instrument der Primärforschung bedienen (*Weber 1992, Sp. 1697*; vgl. auch den Beitrag von *Domsch/Ladwig* in diesem Sammelband). Abbildung 4 listet ausgewählte Informationsquellen der Personalforschung auf:

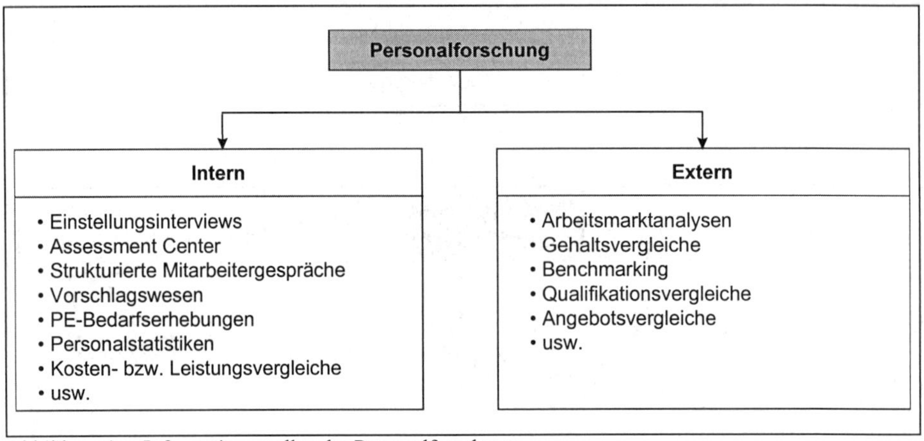

Abbildung 4: Informationsquellen der Personalforschung

2.2 Instrumentelle Ebene zukünftiger Personalarbeit

2.2.1 Verändertes Funktionsgefüge der Personalarbeit

Die Instrumentfunktion des Personalmanagements ist auf die Erreichung der auf der normativen Ebene gesetzten Ziele gerichtet. Als Querschnittsfunktion wirkt das Personalmanagement in alle Funktionsbereiche hinein. Das Funktionsgefüge der Personalarbeit in Spezialfunktionsunternehmen ist im Umbruch (*Wunderer/Kuhn 1993, S. 103ff.*). Dies belegen auch die Ergebnisse einer durch McKinsey und die Adam Opel AG gemeinsam eingerichteten Arbeitsgruppe zur Neugestaltung der Personalarbeit (Abbildung 5).

Die konzeptionellen Aufgaben zeigen einen durchgängigen Wachstumstrend. Dahinter steht die Absicht der Unternehmen, die personalwirtschaftliche Ausrichtung und den sich daraus ergebenden Instrumenteeinsatz als wichtige personalpolitische Aufgabe in der Entscheidungs- und Gestaltungshoheit des Unternehmens zu halten. Auffällig ist neben einem leichten Anstieg der „klassischen" personalwirtschaftlichen Funktionen wie Personalplanung und -auswahl insbesondere die Zunahme konzeptioneller Aufgaben der Personalentwicklung. Die klassische Personalverwaltung mit den Funktionen Aktenverwaltung, Lohn- und Gehaltsabrechnung sowie soziale Dienste nimmt dagegen relativ zu anderen Funktionen und absolut in der Zuweisung von Mitarbeitern und von Finanzmitteln ab.

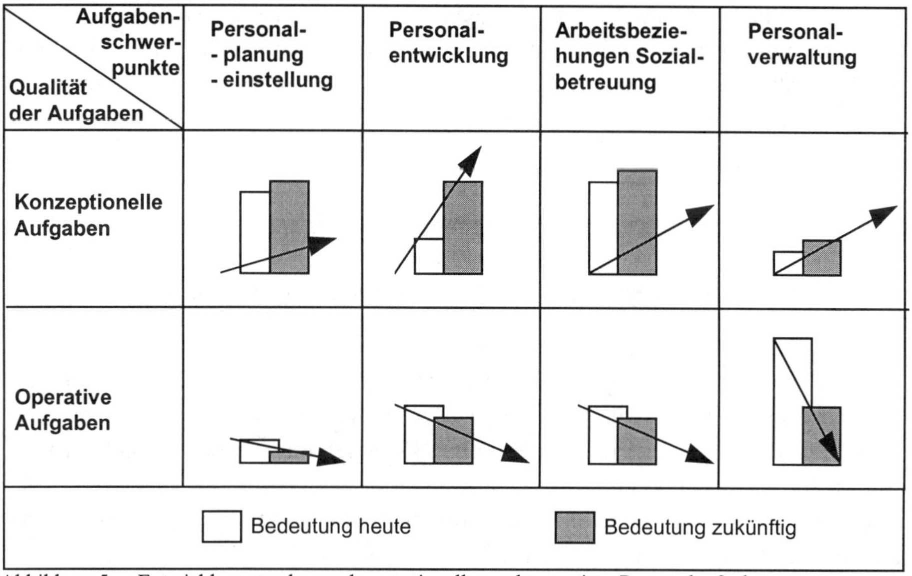

Abbildung 5: Entwicklungstendenzen konzeptioneller und operativer Personalaufgaben

Die Möglichkeiten einer an der Leitidee des Internen Marketing orientierten Umgestaltung des Personalmanagements werden nachfolgend anhand des Personaleinsatzes (Abschnitt 2.2.2) und der Personalentwicklung (Abschnitt 2.2.3) beispielhaft erläutert.

2.2.2 Personaleinsatz in Spezialfunktionsunternehmen

Die marktorientierte Ausrichtung der Spezialfunktionsunternehmen erfordert aufgrund dynamischer Marktprozesse im Vergleich zu Allfunktionsunternehmen eine erhöhte Kundenorientierung in Arbeitseinsatz und Arbeitsplatzgestaltung. Die (Neu-)Gestaltung des quantitativen Personaleinsatzes macht deshalb eine verstärkte Differenzierung zugunsten von Teilzeitprogrammen, flexibler Arbeitszeit (Gleitzeit-, Mobilzeit- und Jahresarbeitszeitmodelle) und Telearbeit notwendig (**Kosten- und Prozeßorientierung**). Daneben kommen flexible Arbeitsformen aber auch den Bedürfnissen der Arbeitnehmer nach erhöhter (Zeit-)Souveränität entgegen (**Mitarbeiterorientierung**). Eine Ausrichtung an der Leistung wird ermöglicht über den bedarfsorientierten Einsatz von Subunternehmern, Leiharbeitnehmern und Aushilfen (**Ergebnisorientierung**). Dabei ist jedoch zu beachten, daß ein Abbau von Dauerarbeitsplätzen einerseits zwar die Personalkosten verringert, andererseits sich jedoch auch mögliche Kostensteigerungen durch erhöhte Planungsunsicherheit, Probleme der Zusammenarbeit, erhöhte Kosten der Einarbeitung und verringerte Leistung durch nicht wahrgenommene Lerneffekte ergeben. Personalpolitisch ist es deshalb sinnvoll, die Kernfunktionen des Unternehmens auch in Zukunft mit Mitarbeitern in festen Voll- oder Teilzeitarbeitsverhältnissen zu besetzen.

2.2.3 Dynamische Personalentwicklung in Spezialfunktionsunternehmen

Kennzeichen einer dynamischen Personalentwicklung ist die Integration von Lern- und Arbeitsfeld. Ziel der Personalentwicklung in Spezialfunktionsunternehmen ist die ganzheitlich am Menschen ausgerichtete **Handlungskompetenz** mit den Bestandteilen Sozial-, Methoden- und Fachkompetenz. Adressaten der Personalentwicklungsarbeit sind nicht mehr einzelne Mitarbeiter, sondern auf Problemlösung bedachte „reife" Organisationseinheiten (Zum 3-Generationen-Modell der Personalentwicklung u.a. *Becker 1997, S. 9ff.)*. Eine dynamische Personalentwicklung muß über die enge Sichtweise sporadischer Anpassungsweiterbildung auf die Inhaltsbereiche Bildung, Förderung und Organisationsentwicklung systematisch ausgeweitet werden (zu den Inhaltsbereichen *Becker 1993, S. 88ff.*). Insbesondere der Bereich der Förderung mit den Instrumenten Leistungsbeurteilung, Arbeitsplatzwechsel, Strukturiertes Mitarbeitergespräch (*Becker 1994c, S. 90ff.*), Auslandseinsatz, Karrieremanagement und Zielvereinbarung gewinnt dabei für die Transformation zu einer marktorientierten Personalarbeit in Spezialfunktionsunternehmen an Gewicht. Der Einsatz von neuen Karrieremustern und von Zielvereinbarungen wird deshalb im folgenden kurz dargestellt.

2.2.3.1 Neue Karrieremuster in Spezialfunktionsunternehmen

Durch die Veränderungsprozesse hin zum Spezialfunktionsunternehmen sind Führungspositionen, z.T. aber auch ganze Führungsebenen, weggefallen oder ausgedünnt worden (*Drumm 1996, S. 16*). Weil das menschliche Grundbedürfnis nach persönlicher Entwicklung und personaler Hervorhebung in Organisationen trotz eingeschränkter Karrieremöglichkeiten nicht abnimmt, müssen im Rahmen eines marktorientierten Personalmanagements **neue Karrieremuster** entwickelt werden (*Becker 1996, S. 84ff.*). Die Führungskarriere stellt zwar weiterhin eine Karrieremöglichkeit dar, doch werden Formen wie Fach- und Projektkarriere zunehmend wichtiger (*Becker 1996, S. 85*; Abbildung 6).

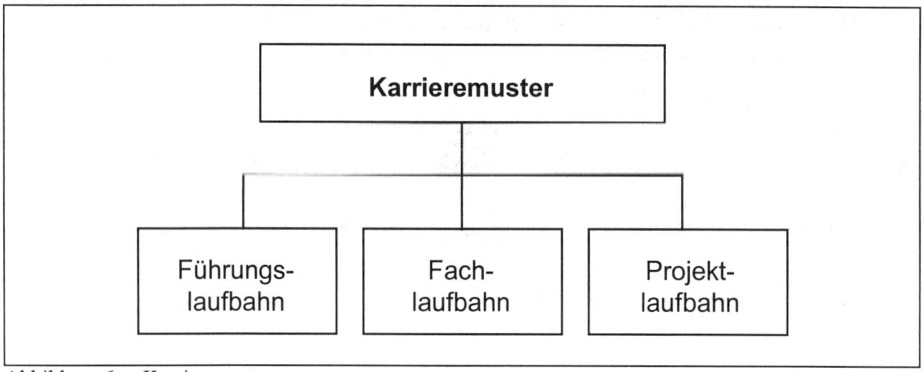

Abbildung 6: Karrieremuster

Die **Fachlaufbahn** als eine alternative Form der Karriere gewinnt durch die Konzentration auf Kernkompetenzen im Spezialfunktionsunternehmen an Bedeutung. Sie kann als „Ersatz für die aufgelösten Hierarchieebenen der Hauptabteilungsleiter und Gruppenleiter“ (*Reiß 1994, S. 35*) gesehen werden und ist besonders geeignet für eine an den Karrierebedürfnissen der Arbeitnehmer orientierte Personalarbeit im Agenturunternehmen als Sonderform des Spezialfunktionsunternehmens (**Mitarbeiterorientierung**). Für Unternehmen in oder mit Netzwerkstrukturen sind Fachlaufbahnen allerdings weniger geeignet, da der Wertschöpfungsbeitrag von Spezialisten bei der Koordination sich wandelnder Unternehmensbeziehungen als eher gering einzuschätzen ist (*Reiß 1994, S. 38*) (**Prozeß- und Kostenorientierung**). Eine sinnvolle Alternative bietet die **Projektlaufbahn**, die eine befristete Zuordnung zu übergreifenden Aufgabenstellungen vorsieht. Sie ermöglicht zum einen karriereorientierten Arbeitnehmern die Wahrnehmung eines hohen Grades an Eigenverantwortung und Selbständigkeit (**Mitarbeiterorientierung**), erfordert dabei jedoch auch begleitende Personalentwicklungsmaßnahmen, die die Arbeitnehmer mit den Anforderungen der Projektarbeit vertraut machen (zur Personalarbeit in Projekten *Gareis/Titscher 1992, Sp. 1946ff.;* zur traditionellen Karrieremotivation *Einsiedler/Rau/v. Rosenstiel 1987, S. 177*). Sie trägt zum anderen durch die unmittelbare Problembezogenheit der Projektaufgaben bei Netzwerkstrukturen zu einer Steigerung der Wertschöpfung bei (**Kosten- und Ergebnisorientierung**).

Die unterschiedlichen Laufbahnen sind im Rahmen des zukünftigen Karrieremanagements gleich zu gewichten und müssen durchlässig sein. Die Eröffnung alternativer Karrierelaufbahnen ist durch ein **Karrieremanagement** „nach und mit Maß“ zu ergänzen, das folgende Gestaltungsaspekte umfaßt (*Becker 1997, S. 20*):

- ☐ Stärkung der direkten Vorgesetzten bei der Potentialanalyse,
- ☐ Abbau zentraler Personalentwicklung zugunsten von dezentraler, am Individuum ausgerichteter Bildung und Förderung,
- ☐ Verzicht auf zentrale Nachfolge- und Karriereplanung und
- ☐ Etablierung von Mentoren- und Patensystemen für Potentialkandidaten.

2.2.3.2 Führen durch Zielvereinbarung im Spezialfunktionsunternehmen

Das Führen durch Zielvereinbarung als Instrument der Förderung sieht im Gegensatz zur Führung durch Zielvorgaben vor, „daß Vorgesetzte und Mitarbeiter zu Beginn des Jahres gemeinsam eine verbindliche Vereinbarung über die persönlichen Ziele treffen" (*Svoboda 1997, S. 36*). Ziele sind die Ausrichtung aller Unternehmensbereiche an den Unternehmenszielen, die Verstärkung unternehmerischen Denkens und Handelns, die Erhöhung der Motivation und die kontinuierliche Verbesserung von Leistung und Zusammenarbeit (*Hoffmann 1997, S. 7*). In Spezialfunktionsunternehmen dient das Instrument der Zielvereinbarung zur Koordination der durch veränderte Leistungserstellung auftretenden hohen Variabilität der Aufgaben und der Verbesserung der Leistung (**Prozeß- und Ergebnisorientierung**). Sie ermöglicht ferner den Arbeitnehmern eine eigenverantwortliche Erreichung der festgelegten Ziele und trägt zur Verbesserung des Arbeitsklimas bei (**Mitarbeiterorientierung**).

Voraussetzung für eine erfolgreiche Durchführung des Zielvereinbarungsprozesses ist zum einen, daß die Arbeitnehmer über die erforderlichen Qualifikationen verfügen (persönliche Voraussetzungen). Zum anderen ist es aber auch notwendig, die gemeinsam im Dialog unter Berücksichtigung der Rahmenbedingungen vereinbarten Ziele transparent zu formulieren und dem Arbeitnehmer die erforderlichen Kompetenzen zur Erreichung der Ziele zuzuweisen (organisatorische Voraussetzungen) (*Svoboda 1997, S. 39ff.*).

Ausgangspunkt des Zielvereinbarungsprozesses sind interne und externe Analysen zur Entwicklung der Branche, des Marktvolumens, der Kosten, der Mitarbeiter und weiterer externer Rahmenbedingungen. Im Unternehmen beginnt der Prozeß mit der Klärung der ökonomisch-unternehmerischen Ziele zum einen und den Erwartungen der Mitarbeiterinnen und Mitarbeiter zum anderen (Abbildung 7).

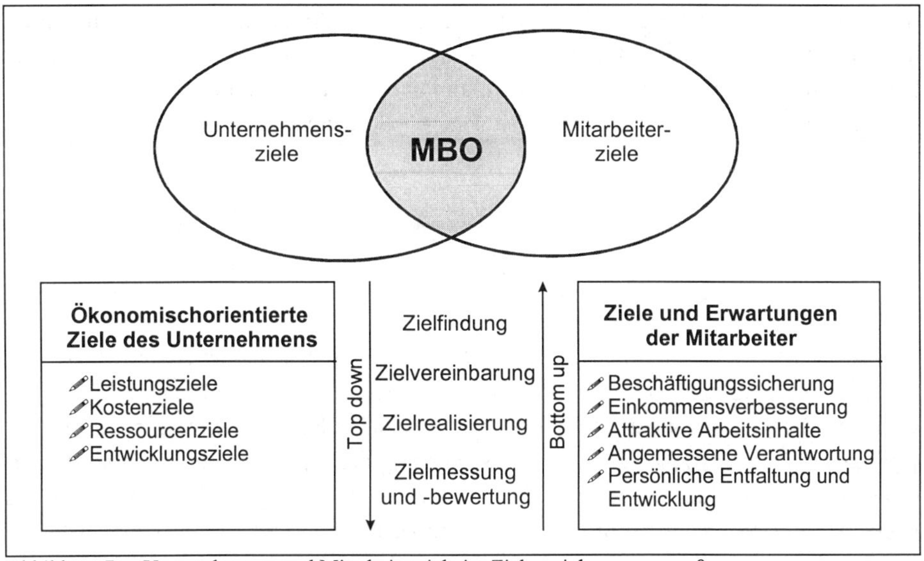

Abbildung 7: Unternehmens- und Mitarbeiterziele im Zielvereinbarungsprozeß

Ein anschauliches **Gesamtkonzept** des Führens durch Zielvereinbarung hat die Siemens AG entwickelt (Abbildung 8).

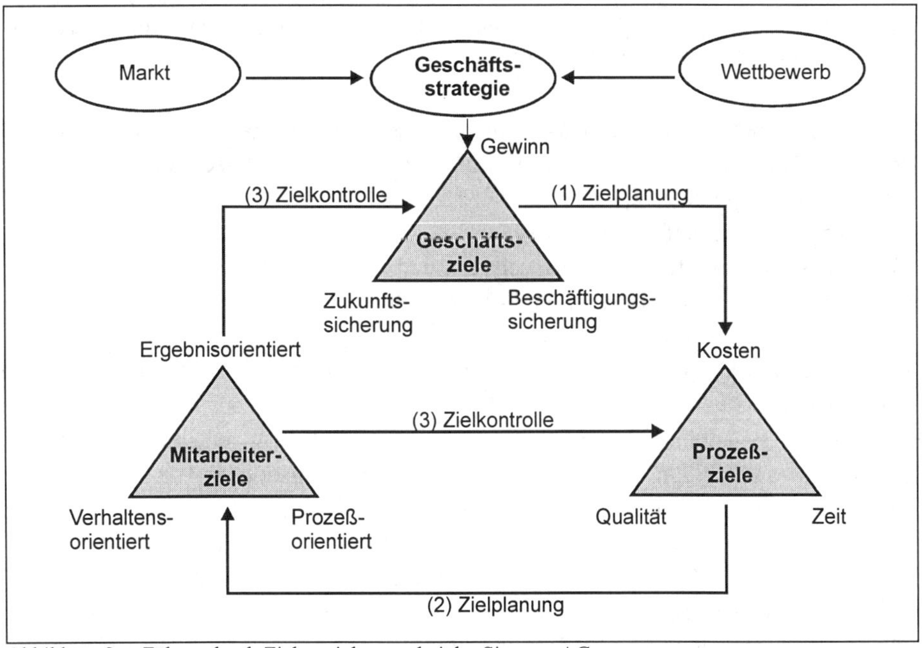

Abbildung 8. Führen durch Zielvereinbarung bei der Siemens AG

Insgesamt kann somit festgestellt werden, daß in Spezialfunktionsunternehmen zumindest bei einigen personalwirtschaftlichen Instrumenten eine marktorientierte Umgestaltung erforderlich ist. Besonderes Gewicht kommt dabei aufgrund der bei neuen Organisationsformen steigenden Anforderungen dem Aspekt der Mitarbeiterorientierung zu.

2.3 Institutionelle Ebene zukünftiger Personalarbeit

Der Grundsatz „structure follows strategy“ verlangt eine Anpassung von Strukturen, wenn sich Markt- und Unternehmensziele wandeln und eine erfolgreiche Weiterentwicklung des Unternehmens innerhalb der bestehenden Strukturen nicht mehr erreicht werden kann (*Probst 1993, S. 209*). Die Anpassung der institutionellen **Rahmenbedingungen der Personalarbeit** muß zur Vermeidung von Personalmanagement-Gaps (*Ackermann 1994, S. 273f.*) proaktiv und permanent bereits bei drohenden Leistungslücken erfolgen. Im Sinne proaktiver Planung müssen Änderungstendenzen frühzeitig wahrgenommen und in Anpassungsmaßnahmen umgesetzt werden. Eine intensive Beobachtung der für die Personalarbeit relevanten Umwelt ist deshalb erforderlich (z.B. über Benchmarking). Ferner besteht die Notwendigkeit, die unternehmensinternen Informationswege durch die Einbindung des Personalbereichs in Planungs- und Entwicklungsprozesse, z.B. in Wirtschaftsausschuß und Aufsichtsrat, abzukürzen (*Hölterhoff/Becker 1984, S. 20ff.; Becker 1992, 29f.*).

Eine Transformation von angebots- zu marktorientierter Personalarbeit erfordert Veränderungen auch auf der institutionellen Ebene. In der **Praxis** lassen sich gegenwärtig folgende Schwerpunkte erkennen:

- ☐ Konzentration auf Kernaufgaben,
- ☐ sinnvolle Aufteilung zwischen zentraler und dezentraler Personalarbeit und
- ☐ Organisation der Personalarbeit in Wertschöpfungs-Centern.

Bei der in Spezialfunktionsunternehmen notwendigen marktinduzierten Konzentration auf Kernaufgaben (*Wunderer/Kuhn 1992, S. 65ff.*) stehen insbesondere solche dem Personalbereich zugeordnete Teilgebiete zur Disposition, die von unternehmensexternen Dienstleistern kostengünstiger wahrgenommen werden können (z.B. Werksverpflegung, Werkschutz, Gesundheitsdienst oder Fahrbereitschaft). Durch Auslagerung operativer Personalfunktionen wie der Personalverwaltung oder der Lohn- und Gehaltsabrechnung fallen weitere Bereiche weg. Ebenso erscheint es als wenig problematisch, konzeptionell intern vorgeplante Bildungsmaßnahmen von einem externen Bildungsträger durchführen zu lassen (**Kostenorientierung**). Bei den marktorientierten Reorganisationsmaßnahmen ist allerdings zu beachten, daß Personalpolitik und Beratungskompetenz den Spezialfunktionsunternehmen als Kernfunktionen erhalten bleiben müssen. Die Preisgabe dieser Funktionen würde zu einer Schwächung der Wettbewerbsfähigkeit, einer erhöhten Abhängigkeit und einer verringerten Flexibilität führen.

Marktorientierte Personalarbeit erfordert ferner eine Neuverteilung der Kompetenzen zwischen Zentralbereich, dezentralen Personalstellen, Führungskräften und Mitarbeitern. Unternehmensweite Regelungen und für alle verbindliche personalpolitische Grundsätze müssen weiterhin zentral vorgegeben werden. Dezentral sollen zur Ermöglichung von kundennahen Regelungen bereichsbezogene Maßnahmen geplant und realisiert werden. Als Führungsaufgaben sind z.B. Personaleinsatz und Personalentwicklung zu gestalten. In subsidiärem Verständnis sollen die Mitarbeiter administrative Tätigkeiten wie Zeiterfassung, Urlaubsplanung und -abrechnung eigenverantwortlich erledigen (zur arbeitnehmerseitigen Wahrnehmung administrativer Tätigkeiten über das Intranet *Fröhlich 1998, S. 20f.*). Die Mitarbeiter sind außerdem aktiv an der Realisierung der eigenen Personalentwicklung, z.B. über die Investition von Freizeit, zu beteiligen. Einen Sonderfall stellt die institutionelle Gestaltung der Personalarbeit bei ausgegliederten Unternehmensteilen dar. Sind neugegründete Unternehmen zu klein, um einen eigenen Personalbereich wirtschaftlich zu betreiben, übertragen sie ihre Personalarbeit der Muttergesellschaft. Dieser neue Trend zur Zentralisation der Personalarbeit ist dann leistungsfähig, wenn in der Zentrale feste Ansprechpartner für die Beteiligungs- und Tochterunternehmen verfügbar sind (**Prozeß- und Kostenorientierung**).

Die Organisation in Wertschöpfungs-Centern ermöglicht dem Personalbereich, „einen Beitrag zum Erfolg des Unternehmens [zu leisten], wenn es [ihm] gelingt, interne Dienstleistungen kunden- und strategiegerecht, in nachgefragter Qualität und Zeit, und wenn immer möglich zu günstigeren Konditionen als externe Anbieter zu erbringen“ (*v. Arx 1995, S. 424*). Durch eine Organisation in Wertschöpfungs-Centern wird das unternehmerische Handeln auch im Personalbereich gefördert (**Kosten- und Ergebnisorientierung**). Außerdem erweitert sich dadurch der Handlungsspielraum der Personalarbeit leistenden Arbeitnehmer (**Mitarbeiterorientierung**). Zwingend erforderlich für die Funktionsfähigkeit der Personalarbeit in Wertschöpfungs-Centern ist allerdings die Anpassung der Qualifikationen der Arbeitnehmer an die erweiterten Anforderungen (Zur kundenorientierten Professionalisierung der Mitarbeiter der Personalentwicklung *Becker 1994b, S. 588ff.*; vgl. auch den Beitrag von *Wunderer* in diesem Sammelband).

Der Daimler-Benz-Konzern hat den Personalbereich reorganisiert: „Die Festung Personalwesen ist in den letzten Jahren immer stärker ins Kreuzfeuer der Kritik gekommen. Vor allem die Kunden in den Funktionsbereichen bemängelten nicht nur die Effizienz und Effektivität der Personalabteilung, sondern auch das starre Verharren in zentralistischen Ordnungsstrukturen“ (*Mauser 1994, S. 1*). Die Marktorientierung steht bei Daimler-Benz im Vordergrund der Reorganisation der Personalarbeit. Das Unternehmen hat die Eigenverantwortung der Unternehmensbereiche durch Entwicklung weitgehend autonomer Leistungszentren gestärkt. Als zwangsläufige Folge der Umstrukturierung der Funktionsbereiche mußte auch die Personalfunktion angepaßt werden. „Center sind eigenverantwortliche, selbstbewußte Kunden. Sie wollen keine fürsorgliche, bevormundende Betreuung, sondern „kaufen“ bei dem Dienstleister Personalwesen konkret definierte Leistungsumfänge auf Basis beiderseitiger Vereinbarungen“ (*Mauser 1994, S. 3*) (**Kosten-, Prozeß- und Ergebnisorientierung**).

3. Zusammenfassung und Ausblick

Eine marktorientierte Umgestaltung zukünftiger Personalarbeit in Spezialfunktionsunternehmen stellt eine sinnvolle Alternative zu der bislang in Allfunktionsunternehmen durchgeführten angebotsorientierten Personalarbeit dar. Sie unterstützt durch den vermehrten Einsatz personalwirtschaftlicher Flexibilisierungsinstrumente die auf Kernfunktionen und Prozesse ausgerichtete Leistungserstellung und ermöglicht durch die Möglichkeit des internen oder externen Bezugs eine kostengünstige, qualitativ hochwertige Versorgung mit den nachgefragten personalwirtschaftlichen Leistungen. Sie hat ferner zur Erhaltung von Arbeitsplätzen wirksam beizutragen. Gelingt ihr dies, dann hat sie das Vertrauen der Belegschaft.

Für Mitarbeiter des Personalbereichs ergeben sich in Spezialfunktionsunternehmen neue Anforderungen. So wird es z.B. notwendig, bislang nur für das eigene Unternehmen erstellte Leistungen auch für potentielle externe Kunden attraktiv zu gestalten. Bisher vernachlässigte absatzwirtschaftliche Instrumente wie Produkt- und Preispolitik sowie Werbung werden deshalb zukünftig stärker in die marktorientierte Personalarbeit einbezogen werden müssen. Zentrale Voraussetzung hierfür sind motivierte und leistungsfähige Mitarbeiter des Personalbereichs.

Für eine marktorientierte Personalarbeit ist es außerdem erforderlich, daß die für Personalarbeit Verantwortlichen insbesondere darauf achten, daß sie die personalwirtschaftlichen Konzepte und Instrumente angepaßt an die spezielle Situation des eigenen Unternehmens entwickeln und auch bei deren Durchsetzung aktiv mitwirken (*Becker 1994a, S. 20*).

Marktorientierte Personalarbeit plant und realisiert ihre Programme und Produkte nachfrageorientiert vom Kunden her. Der Personalbereich sollte deshalb nicht länger zeigen, was er alles zu leisten vermag, sondern den Unternehmensbereichen die von diesen nachgefragten Dienstleistungen zu marktfähigen Bedingungen bereitstellen.

Literaturverzeichnis

Ackermann, K.F. (1994): Auf der Suche nach kundenorientierten Organisationsformen des Personalmanagements, in: *Kienbaum, J. (Hrsg.)*: Visionäres Personalmanagement, Stuttgart, S. 271-284.

Arbeitskreis Organisation der Schmalenbach-Gesellschaft/Deutsche Gesellschaft für Betriebswirtschaft e.V. (1996): Organisation im Umbruch, (Was) Kann man aus bisherigen Erfahrungen lernen?, in: Zeitschrift für betriebswirtschaftliche Forschung, 48. Jg., Nr. 6, S. 621-665.

v. Arx, S. (1995): Das Wertschöpfungs-Center als Strukturansatz zur unternehmerischen Gestaltung der Personalarbeit, Darstellung aus Sicht der Wissenschaft, in: *Wunderer, R./ Kuhn, T. (Hrsg.)*: Innovatives Personalmanagement. Theorie und Praxis unternehmerischer Personalarbeit, Neuwied/Kriftel/Berlin, S. 423-441.

Bartölke, K./Kiunke, S. (1997): Implosion und Explosion als arbeitsorganisatorische Visionen: Spekulationen über personalwirtschaftliche Konsequenzen und Perspektiven für die Lehre, in: *Auer, M./Laske, S. (Hrsg.)*: Personalwirtschaftliche Ausbildung an Universitäten. Grundfragen, Konzepte und Erfahrungen, München/Mering, S. 116-139.

Becker, M. (1992): Strategieorientierte Bildungsbedarfsanalyse, Diskussionsbeitrag des Fachbereichs Wirtschaftswissenschaft der Universität-Gesamthochschule Duisburg, Duisburg.

Becker, M. (1993): Personalentwicklung – Die personalwirtschaftliche Herausforderung der Zukunft, Bad Homburg v. d. Höhe.

Becker, M. (1994a): Personalarbeit in turbulenter Zeit, in: Personalwirtschaft, 21. Jg., Nr. 1, S. 17-20.

Becker, M. (1994b): Weiterbildung kann kein Selbstzweck sein, in: Betriebswirtschaftliche Blätter, Nr. 12, S. 588-591.

Becker, M. (1994c): Strukturierte Mitarbeitergespräche, in: *Schwuchow, K./Gutmann, J./ Scherer, H.-P. (Hrsg.)*: Jahrbuch der Weiterbildung 1994, Düsseldorf, S. 90-95.

Becker, M. (1996): Geändertes Karriereverständnis, Personalentwicklung im Zeichen von Führungs-, Fach- und Projektkarrieren, in: *Schlaffke, W./Weiß, R. (Hrsg.)*: Gestaltung des Wandels. Die neue Rolle der Führungskräfte, Köln, S. 84-114.

Becker, M. (1997): Ausbildung und Personalentwicklung, in: *Teichmann, U./Wolff, J. (Hrsg.)*: Die Wohnungswirtschaft am Scheideweg, Berlin, S. 277-308.

Beiersdorf AG (Hrsg.) (o.J.): Beiersdorf Personalpolitik, Hamburg.

BMW AG (Hrsg.) (1996): Die langfristige Personalpolitik im BMW Konzern, München.

Bruhn, M. (1995): Internes Marketing als Forschungsgebiet der Marketingwissenschaft, Eine Einführung in die theoretischen und praktischen Probleme, in: *Bruhn, M. (Hrsg.)*: Internes Marketing. Integration der Kunden- und Mitarbeiterorientierung. Grundlagen, Implementierung, Praxisbeispiele, 1. Aufl., Wiesbaden, S. 13-61.

Drumm, H.J. (1996): Das Paradigma der Neuen Dezentralisation, in: Die Betriebswirtschaft, 56. Jg., Nr. 1, S. 7-20.

Einsiedler, H.E./Rau, S./v. Rosenstiel, L. (1987): Karrieremotivation bei Führungskräften, in: Die Betriebswirtschaft, 47. Jg, Nr. 2, S. 177-183.

Ford-Werke AG (Hrsg.) (o.J.): Verpflichtung des Personalwesens, Köln.

Fröhlich, U. (1998): Employee Self Service, Prozeßorientierung durch Intranet-Anwendungen im HR-Bereich, in: Personalwirtschaft, 25. Jg., Nr. 3, S. 20-21.

Gareis, R./Titscher, S. (1992): Projektarbeit und Personalwesen, in: *Gaugler, E./Weber, W. (Hrsg.)*: Handwörterbuch des Personalwesens, 2. Aufl., Stuttgart, Sp. 1938-1953.

Hesch, G. (1997): Das Menschenbild neuer Organisationsformen. Mitarbeiter und Manager im Unternehmen der Zukunft, Wiesbaden.

Hoffmann, W. (1997): Variable Vergütung und Führen durch Zielvereinbarung, unveröffentlichte Vortragsunterlagen zur 4. Personalkonferenz an der Martin-Luther-Universität Halle-Wittenberg am 24.4.1997, Halle (Saale).

Hölterhoff, H./Becker, M. (1984): Ziele beruflicher Weiterbildung aus der Sicht eines Betriebes, in: *Woortmann, G. (Hrsg.)*: Weiterbildungsmodelle und Weiterbildungspraxis in Industrie, Handel, Banken, Versicherungen und Fremdenverkehr, München, S. 15-23.

Mauser, K.-E. (1994): Personalarbeit dahin, wo Personal ist – der geordnete Rückzug des Personalwesens, Vortrag anläßlich des 3. I.I.R.-Personalkongresses, Wiesbaden.

Mercedes-Benz (Hrsg.) (o.J.): Handlungsgrundsätze Personal, Stuttgart.

Picot, A./Reichwald, R. (1994): Auflösung der Unternehmung? Vom Einfluß der IuK-Technik auf Organisationsstrukturen und Kooperationsformen, in: Zeitschrift für Betriebswirtschaft, 64. Jg., Nr. 5, S. 547-570.

Picot, A./Reichwald, R./Wigand, R.T. (1996): Die grenzenlose Unternehmung. Information, Organisation und Management, 2. Aufl., Wiesbaden.

Probst, G.J.B. (1993): Organisation, Landsberg am Lech.

Reiß, M. (1994): Abenteuer „Parallellaufbahn“, in: Personalwirtschaft, 21. Jg., Nr. 9, S. 35-38.

Svoboda, M. (1997): Erfolg durch Zielvereinbarung, in: Personalwirtschaft, 24. Jg., Nr. 12, S. 35-41.

Weber, W. (1992): Personalforschung, in: *Gaugler, E./Weber, W. (Hrsg.)*: Handwörterbuch des Personalwesens, 2. Aufl., Stuttgart, Sp. 1690-1700.

Wunderer, R. (1992): Von der Personaladministration zum Wertschöpfungs-Center, in: Die Betriebswirtschaft, 52. Jg., Nr. 2, S. 201-217.

Wunderer, R./Kuhn, T. (1992): Zukunftstrends in der Personalarbeit, Schweizerisches Personalmanagement 2000, Bern/Stuttgart/Wien.

Wunderer, R./Kuhn, T. (1993): Unternehmerisches Personalmanagement. Konzepte, Prognosen und Strategien für das Jahr 2000, Frankfurt am Main/New York.

Summary
Due to increased competition the Management of human resources has to be restructured concerning three levels. Based on a market-oriented focus (normative level), the functions of human resources havc to bc rcdcsigncd towards a more market adjusted approach (instrumental level) and the organisational structures have to be adapted (institutional level).

Therefore human resource managers are facing new challenges. Instruments that have been neglected in the past, now have to be integrated into the human resource management. Especially product and price policy, but also promotion has to be implemented. Main requirement to enable this process of integration are motivated and skilled human resource managers. To put it in a nutshell the human resources department has to change from a mostly internal driven department to a market driven one.

Die Umgestaltung der Führungsstrukturen im Rahmen der Implementierung des Internen Marketing

von Friedemann W. Nerdinger und Lutz von Rosenstiel

Prof. Dr. Friedemann W. Nerdinger ist Professor für ABWL: Wirtschafts- und Organisationspsychologie an der Universität Rostock;
Prof. Dr. Lutz von Rosenstiel ist Ordinarius für Organisations- und Wirtschaftspsychologie an der Ludwig-Maximilians-Universität, München.

1. Kundenorientierte Organisation durch Internes Marketing

Seitdem die Unternehmensberater *Peters* und *Waterman* (*1984*) in ihrem „Mega-Seller" von den exzellenten Unternehmen mit dem Schlagwort von der „Kundennähe" bzw. „Kundenorientierung" der Organisation (*Albers/Eggert 1988; Kühn 1991*) einen vermeintlich entscheidenden Faktor des Unternehmenserfolgs ausgemacht haben, ist die Diskussion um den richtigen Weg zu diesem Ziel nicht mehr verstummt. Unter der **Kundenorientierung einer Organisation** kann der Grad verstanden werden, in dem die Unternehmensführung am Marketinggedanken orientiert ist und in dem dieser in konkrete Handlungen umgesetzt wird (kritisch dazu: *Kühn 1991*). Das Konzept des Internen Marketing läßt sich wiederum als (personalpolitisches) Mittel zur Entwicklung so definierter, kundenorientierter Organisationen verstehen. Durch die Übertragung der Marketingmaxime von der Bedürfnis- und Marktorientierung auf die Beziehungen im Unternehmen wird mit diesem Konzept letztlich eine konsequente Umsetzung des (externen) Marketingmanagements angestrebt (*Stauss/Schulze 1990; Stauss 1995*).

Nach dem hier zugrunde gelegten Verständnis sollen im Rahmen des internen Marketing die personalpolitischen Entscheidungen an den (aufgabenbezogenen) Erfordernissen und Bedürfnissen der MitarbeiterInnen ausgerichtet werden (*Grönroos 1985*). Die damit verbundene **Perspektive der MitarbeiterInnen als interne Kunden** wird v.a. dann relevant, wenn vom Personal ein Verhalten erwartet wird, das nur über ein auf dessen Bedürfnisse abgestimmtes Angebot an Arbeitsbedingungen zu erreichen ist. Solche Bedingungen sind in kundenorientierten Organisationen gegeben, in denen dem Kundenkontaktpersonal eine entscheidende Bedeutung bei der Umsetzung der (externen) Marketingstrategie zukommt. Das Kundenkontaktpersonal bildet die Nahtstelle zum Kunden, es steht in unmittelbarem Kontakt zu den Bedürfnissen der Kunden und repräsentiert gleichzeitig das Unternehmen (*Nerdinger 1994*).

Eine kundenorientierte Organisation hat Auswirkungen auf das Erleben und Verhalten des Kundenkontaktpersonals, die auch empirisch belegt sind. *Schneider* (*1973*) hat in Untersuchungen im Bankbereich gezeigt, daß die Arbeitszufriedenheit des Kundenkontaktpersonals signifikant mit der Zufriedenheit der Kunden mit ihrer Bank korreliert. In weiteren Studien fand sich ein wesentlicher Zusammenhang zwischen der von den Kunden wahrgenommenen Qualität des Services von Banken und der vom Kundenkontaktpersonal wahrgenommenen Ausrichtung der Strukturen der Organisation an den Bedürfnissen der Kunden bzw. der Verrichtung der Dienstleistung (*Schneider/Schoenberger White/Paul 1997*).

Siguaw, Brown und *Widing* (*1994*) konnten zeigen, daß die vom Verkaufspersonal **wahrgenommene Kundenorientierung** ihres Unternehmens positiv mit der Haltung der VerkäuferInnen gegenüber den Kunden korreliert. Darüber hinaus sind nach den Befunden der Autoren VerkäuferInnen kundenorientierter Organisationen zufriedener mit ihrer Arbeit und fühlen sich stärker an die Organisation gebunden. Der Grund dafür dürfte in den – ebenfalls empirisch belegten – geringeren Rollenkonflikten und der geringeren Rollenambivalenz der VerkäuferInnen von kundenorientierten Organisationen liegen. Rollenkonflikte entstehen bei VerkäuferInnen, wenn die Erwartungen der Kunden und die Erwartungen der Vorgesetzten nicht übereinstimmen. Wenn die Führungskräfte ihre Erwartungen an das Verhalten der VerkäuferInnen nicht eindeutig definieren, dann folgt Rollenambivalenz (*Nerdinger 1997*).

Diese Studien belegen zum einen die Wirkung der Kundenorientierung einer Organisation auf die Wahrnehmung der Dienstleistungsqualität durch die Kunden, zum anderen die Auswirkungen einer solchen Organisation auf Erleben und Verhalten der MitarbeiterInnen. Wie lassen sich aber kundenorientierte Unternehmen organisieren? Am anschaulichsten wird der Gedanke im **Modell der „Dienstleistungspyramide"**, das der Chef der skandinavischen Luftfahrtgesellschaft SAS, Jan *Carlzon* (*1990; Grönroos 1998*), popularisiert hat. Werden herkömmliche Unternehmen als hierarchische Pyramide dargestellt, an deren Spitze die Geschäftsführung steht und die getragen wird von den absteigend breiter werdenden Ebenen des Managements und der MitarbeiterInnen bis hin zu den Kunden, so stellt die Dienstleistungspyramide die bestehenden Verhältnisse buchstäblich auf den Kopf. In diesem Modell stehen die Kunden ganz oben, dann schließen sich die MitarbeiterInnen an, die in direktem Kundenkontakt stehen, gefolgt vom Management und – ganz unten – der Direktion.

Die Metapher von der Dienstleistungspyramide verdeutlicht die Idee der Kundenorientierung und ihre Umsetzung in eine Unternehmensstruktur, die sich an den Bedürfnissen der Kunden orientiert. Demnach muß eine Organisation auf diejenigen MitarbeiterInnen ausgerichtet sein, die in unmittelbarem Kontakt zu den Kunden stehen. Ein schönes Bild kann allerdings nicht die Probleme realer Organisationen lösen – wie in der Dienstleistungspyramide das Koordinationsproblem, der Ausgangspunkt hierarchischer Strukturen, bewältigt wird, darüber sagt das Modell nichts aus. Damit ist auch das grundlegende Dilemma der Umsetzung eines Internen Marketing in herkömmlich strukturierten Unternehmen benannt: Die Ausrichtung des personalorientierten Marketingmanagements an den Bedürfnissen der MitarbeiterInnen steht in Konflikt mit der „Befehlskette", die weiterhin von oben nach unten, von der Geschäftsleitung zu den MitarbeiterInnen verläuft. Die Implementierung des Internen Marketing erfordert daher ein neues Führungsverständnis (siehe Abschnitt 2), das durch einen Prozeß des geplanten Wandels (*Kirsch/Gabele/Esser 1979*) abzusichern ist (siehe Abschnitt 3).

2. Führung in kundenorientierten Organisationen

Entscheidende Bedeutung in der Umsetzung einer kundenorientierten Unternehmensphilosophie kommt dem konkreten **Verhalten der Führungskräfte** zu. In ihrem Verhalten gegenüber den MitarbeiterInnen, v.a. dem Kundenkontaktpersonal, zeigt sich, ob die Unternehmensphilosophie der Kundenorientierung nur eine verbal bekundete Absichtserklärung oder aber gelebte Realität ist. Wenn sich das Unternehmen tatsächlich an den Bedürfnissen der Kunden orientiert, dann müssen diejenigen MitarbeiterInnen, die in direktem Kontakt mit den Kunden stehen, von ihren Führungskräften bei der Verrichtung ihrer Arbeit jede Unterstützung erhalten. Führung bedeutet dann aber in erster Linie Beratung und Förderung der MitarbeiterInnen, eine Führungsfunktion, die heute mit dem schillernden Begriff des „Coaching" umschrieben wird (*Hauser 1993*).

Der Begriff des **Coaching** wurde im Sport entwickelt und bezeichnet dort eine individuelle Beratung, die über das Einüben im Training hinausgeht und ein eindeutiges Leistungsziel hat (*Hauser 1993*). Übertragen auf den betrieblichen Bereich erscheint Coaching als Führungsfunktion, mit der ein Vorgesetzter dazu beiträgt, daß die MitarbeiterInnen ihre Aufgaben erfolgreicher bewältigen. Letztlich zielt Coaching darauf ab, die MitarbeiterInnen in einem Prozeß der Hilfe zur Selbsthilfe zu entwickeln. Führung wird damit *auch* als Dienstleistung für die Geführten betrachtet, als Angebot, die Geführten bei der Erfüllung ihrer Aufgaben zu unterstützen. Insofern die Aufgaben der MitarbeiterInnen auf die Kundenbedürfnisse ausgerichtet sind, kann Coaching auch als kundenorientierte Führung verstanden werden.

Im Konzept des Coaching spiegelt sich die Ambivalenz der Dienstleistungspyramide wieder – als Coach soll der Vorgesetzte (!) seine MitarbeiterInnen bei der Entwicklung neuer Fertigkeiten unterstützen und dabei gleichzeitig auch die traditionellen Führungsfunktionen ausüben, u.a. Leistungsziele setzen, die Leistungsergebnisse kontrollieren und bewerten, letztlich für die Realisierung der Unternehmensziele sorgen (*Looss 1991*). Die Auflösung des damit angedeuteten Rollenkonflikts zwischen der beratenden, unterstützenden und der disziplinarischen Führungsfunktion kann nicht allein dem – durch entsprechende Trainings entwickelten – Verhaltensgeschick der Führungskräfte überlassen bleiben, vielmehr müssen in der Organisation Bedingungen hergestellt werden, die eine Umsetzung dieses Führungsverständnisses fördern. Wesentlich ist dafür u.a., den MitarbeiterInnen die Möglichkeit zu eigenverantwortlichem Handeln einzuräumen, die durch eindeutige Delegation und durch flache Hierarchien auch strukturell verankert ist. Darüber hinaus erfordert Führung im Sinne des Coaching eine Unternehmenskultur, die den Menschen, den Kunden und den Mitarbeiter in den Mittelpunkt stellt. Solche Bedingungen lassen sich nicht durch eine „Strategie des Bombenwurfs"

(*Kirsch et al. 1979*), d.h. durch hierarchisch abgesicherte Anordnung, implementieren, sondern durch partizipative Formen der Organisationsentwicklung (*v. Rosenstiel 1989*).

3. Implementierung eines neuen Führungsverständnisses

3.1 Kundenorientierte Unternehmenskultur und Führung

Sowohl das Konzept des Internen Marketing im Sinne der Orientierung an den Bedürfnissen der MitarbeiterInnen als auch das Verständnis von Führung im Sinne des Coaching implizieren eine Unternehmenskultur, die durch **Partizipation und Partnerschaft** geprägt ist. Versteht man unter Unternehmenskultur den Kern gemeinsam geteilter Werte (*Schein 1985*), dann sollte die Orientierung an den Kunden den wichtigsten Wert im Unternehmen darstellen. Ein solcher Wert wird allerdings nur dann zentral sein, wenn die ökonomisch definierten Unternehmensziele dazu kongruent sind. Zwar lassen immer mehr Unternehmen Kundenorientierung offiziell als ihren zentralen Wert verkünden, in konkreten Entscheidungen dominiert dann aber häufig die Orientierung am kurzfristigen Gewinn über die gewöhnlich erst längerfristig sichtbaren, ökonomischen Wirkungen der Orientierung an den Bedürfnissen der Kunden. In solchen Fällen widerlegen Unternehmen durch ihre konkreten Praktiken die propagierten Werte – als Folge zeigen sich bei den MitarbeiterInnen häufig Rollenkonflikte, die als Reflex auf die Widersprüche zwischen Reden und Handeln im Unternehmen zu deuten sind (*Nerdinger 1994*).

Mit dem Konzept des Internen Marketing wird die Orientierung an den Kundenbedürfnissen auf die **Beziehungen im Unternehmen** übertragen, daher kann Internes Marketing auch als adäquate, personalorientierte Umsetzung einer kundenorientierten Unternehmenskultur verstanden werden. Die Vorgesetzten sollten im Rahmen einer solchen Kultur als Rollenmodell gegenüber ihren MitarbeiterInnen auftreten. Das Verhalten, das von den MitarbeiterInnen im Kontakt zu den Kunden erwartet wird, soll ihnen im Verhalten der Vorgesetzten vorgelebt werden (*Berry 1985*). Zwar muß die Geschäftsleitung bedingungslos hinter einem solchen Konzept stehen, die dazu erforderliche Wandlung in der Grundeinstellung zur Führung kann aber nicht allein durch Beschluß der Geschäftsleitung verordnet werden – in einer solchen Aktion zeigt sich bereits ein Widerspruch zwischen Reden und Handeln im Unternehmen. Vielmehr muß in der Methodik des Wandels, in den konkreten Praktiken der Einführung des Internen Marketing bereits die Orientierung an den MitarbeiterInnen realisiert werden. Daher kommen nur partizipative Veränderungsstrategien als Mittel zur Implementierung des

Internen Marketing und eines dazu adäquaten Führungsverhaltens in Frage. Solche Methoden werden gewöhnlich mit dem Konzept der Organisationsentwicklung bezeichnet (*v. Rosenstiel 1989*).

3.2 Organisationsentwicklung: Begriff und Methodik

Unter **Organisationsentwicklung** wird allgemein ein längerfristig angelegter, organisationsumfassender Entwicklungs- und Veränderungsprozeß der Unternehmung und der in ihr arbeitenden Menschen verstanden. Der Prozeß beruht auf dem Lernen aller Betroffenen durch direkte Mitwirkung und praktische Erfahrung, sein Ziel besteht in der gleichzeitigen Verbesserung der Leistungsfähigkeit einer Organisation und der Qualität des Arbeitslebens (*Gesellschaft für Organisationsentwicklung 1980*). Durch die Konzeption und Implementierung geeigneter Arbeits-, Führungs- und Kooperationsformen soll eine Bindung der MitarbeiterInnen an die Organisation und deren leistungsbezogene Effizienz sichergestellt werden. Die dabei eingesetzte Methodik läßt sich durch Geplantheit und Aktionsforschung kennzeichnen. Geplantheit meint, daß die Interventionen als längerfristiger (meist mehrjähriger), ganzheitlicher Veränderungsprozeß angelegt sind; mit dem Begriff „Aktionsforschung" (*Moser 1977*) wird die Überwindung des traditionellen Berater-Klientenverhältnisses und die Konzeption der Veränderung als Lernprozeß umschrieben.

Maßnahmen der Organisationsentwicklung werden – je nach ihrem Ansatzpunkt – in **strukturale und personale Ansätze** differenziert (*Gebert 1995*). Da alle damit bezeichneten Maßnahmen auf die Änderung von Verhalten zielen, können die Unterschiede beider Ansätze mit Hilfe eines Modells zur Erklärung von Verhalten präzisiert werden. In der Psychologie ist folgendes Schema weithin bestätigt worden, wonach Verhalten eine Funktion ist von

S (Stimulus),
O (Organismus),
R (Reaktion),
K (Konsequenzen).

Orientiert an diesem Schema versuchen **strukturale Ansätze** die Komponenten S und – eher selten – K zu verändern, **personale Ansätze** dagegen intervenieren bei O und R (*Gebert 1995*). Entsprechend werden bei strukturalen Ansätzen solche organisatorische Regelungen und technologische Bedingungen verändert, die auf das Arbeitsverhalten

Einfluß haben (S). Besonders wichtig sind gleichzeitige Veränderungen der Belohnungsstrukturen als wesentliche Konsequenzen (K) des Verhaltens, da nur auf diesem Wege Änderungen längerfristig stabilisiert werden. Der personale Ansatz dagegen versucht die MitarbeiterInnen (O) und ihr Verhalten (R) bzw. die sozialen Beziehungen im Unternehmen zu verändern; in der Hoffnung, daß sich auf diesem Wege mittelfristig auch die Organisation in ihrer Gesamtheit ändert. Mittlerweile hat sich zumindest in der Literatur die Ansicht durchgesetzt, daß nur die Integration beider Ansätze dauerhafte Änderungen gewährleistet (*v. Rosenstiel 1989*).

Entscheidend ist für die „Philosophie" der Organisationsentwicklung, daß – unabhängig vom dominanten Ansatzpunkt an den Strukturen oder den Personen – ein **partizipatives Vorgehen** gewählt wird: Durch Beteiligung der Betroffenen an den Entscheidungen, die zur Veränderung der Organisation führen sollen, wird zum einen anerkannt, daß die MitarbeiterInnen die Experten für ihre Arbeit sind und über die notwendigen organisatorischen Unterstützungen zur Optimierung ihrer Tätigkeit am besten Bescheid wissen. Zum anderen kann dadurch die Identifikation der Betroffenen mit den erforderlichen Maßnahmen sichergestellt werden. Diese Konzeption deckt sich wiederum mit dem Grundverständnis des Internen Marketing, der Orientierung der Personalarbeit an den aufgabenbezogenen Bedürfnissen der MitarbeiterInnen.

3.3 Implementierung eines neuen Führungsverständnisses durch Organisationsentwicklung

Das konkrete Vorgehen bei einer Organisationsentwicklung muß natürlich auf die jeweiligen, bereits gegebenen **Bedingungen** in einer Organisation und die **Zielvorstellungen** des zu implementierenden Internen Marketing abgestimmt werden. Im folgenden werden daher nur die wesentlichen Aspekte einer möglichen Implementierungsstrategie skizziert.

1. Mitarbeiterbefragung und Daten-Feedback

Kernstück der meisten Organisationsentwicklungsprozesse bildet die Methode des „survey feedback", die von dem Psychologen Kurt *Lewin* am Forschungszentrum für Gruppendynamik (zunächst am MIT in Harvard, dann in Michigan) entwickelt wurde. Bei dieser Methode werden empirische Daten im Sinne der herkömmlichen empirischen Sozialforschung erhoben und ausgewertet. Die Ergebnisse verbleiben jedoch nicht bei den Experten oder den Auftraggebern einer Untersuchung, sondern werden an die Betroffenen selbst weitergeleitet, die auf der Grundlage der so erhaltenen Informationen über ihre Situation diese eigenverantwortlich zu modifizieren versuchen. Dazu stehen mittlerweile standardisierte Fragebögen zur Verfügung (*Bungard/Jöns 1997*), die allerdings eher allgemein diejenigen Bedingungen in der Organisation abfragen, die Einfluß auf die Zufriedenheit der MitarbeiterInnen zeigen können. Im Rahmen der Implementierung des Internen Marketing und speziell des dafür erforderlichen Führungsverhaltens sollten daher bestehende Instrumente um Fragen ergänzt werden, die auf die Ausrichtung der Organisation an den Kundenbedürfnissen und der Unterstützung der MitarbeiterInnen in ihrer Arbeit abzielen. Ausgehend von der (externen) Marketingstrategie sind natürlich Fragen nach dem konkreten Verhalten der Vorgesetzten im Hinblick auf die Unterstützung und Beratung der MitarbeiterInnen bei der Arbeitserfüllung besonders wichtig. Über so gestaltete Fragebögen kann gezielt der Ist-Zustand hinsichtlich des erwünschten Führungsverhaltens – z.B. im Sinne des Coaching – erfaßt und die allgemeine Änderungsrichtung thematisiert werden.

Die Erfassung des Ist-Zustandes einer Organisation bzw. des Führungsverhaltens aus Sicht der MitarbeiterInnen (survey) bildet damit im Internen Marketing das Pendant zur herkömmlichen Marktforschung. Bei einer Organisationsentwicklung werden allerdings die Ergebnisse den Mitgliedern der Organisation – und zwar möglichst allen, nicht nur den oberen Führungsrängen – vollständig oder in jeweils interessierenden Ausschnitten zurückgekoppelt (feedback). Wie eine Vielzahl empirischer Untersuchungen belegt (*v. Rosenstiel 1987*), steigt im Anschluß an ein „survey feedback" die Wahrscheinlichkeit, daß die Gruppenmitglieder aus den vorliegenden Daten konkrete Konsequenzen für ihre Situation ableiten. *Eine* wesentliche Konsequenz kann die Einleitung von Teamentwicklungsprozessen sein, innerhalb derer einzelne Arbeitsgruppen mit ihren Vorgesetzten neue Spielregeln der Zusammenarbeit aushandeln und definieren.

2. Teamentwicklung

Mit dem Übergang von der Datenrückkoppelung zur Teamentwicklung wird ein partizipativer Prozeß in Gang gesetzt, in dessen Gefolge sich auch das bestehende Führungsverhalten in einer Organisation verändern kann. Durch die Diskussion über die bislang praktizierten Spielregeln der Zusammenarbeit werden die Rollen der Führungskräfte und der MitarbeiterInnen problematisiert. Dieses Rollenverhandeln wurde in methodisch-technischer Hinsicht von *Harrison* (*1977*) weiterentwickelt zu einer Form, die für die hier interessierende Implementierung von Führung im Sinne von Coaching besonders geeignet erscheint. Alle Gruppenmitglieder definieren in einem ersten Schritt ihre Rollenerwartungen an den Vorgesetzten (und dieser seine Erwartungen an die MitarbeiterInnen). Zu diesem Zweck müssen jeweils drei Fragen beantwortet werden:

(1) Es würde mir helfen, meine eigene Effektivität in Bezug auf die Erfüllung meiner Aufgaben zu steigern, wenn Sie folgendes mehr oder besser machen würden: ...
(2) Es würde mir helfen, meine eigene Effektivität in Bezug auf die Erfüllung meiner Aufgaben zu steigern, wenn Sie folgendes weniger oder nicht mehr tun würden: ...
(3) Mit folgenden Verhaltensweisen haben Sie mir geholfen, meine Effektivität in Bezug auf die Erfüllung meiner Aufgaben zu steigern, und ich hoffe, daß Sie sie in Zukunft beibehalten: ...

Die Rollenerwartungen aller Gruppenmitglieder werden anschließend visualisiert, über strittige Rollenerwartungen wird – häufig mit Unterstützung eines Moderators – zwischen den jeweils Beteiligten verhandelt und das Verhandlungsergebnis als Protokoll der veränderten Spielregeln schriftlich niedergelegt. Abbildung 1 zeigt ausschnitthaft die Ergebnisse eines solchen Prozesses im Bankbereich.

Präzisierung der Rollenerwartungen der Gruppenmitglieder Müller, Schulze, Huber und Maier an ihren Vorgesetzten Otto (Beispiele aus der Kreditabteilung einer Bank)

Mehr oder besser tun	Weniger oder nicht mehr tun	So tun wie bisher
Decken Sie uns nachhaltiger gegenüber dem Vorstand, wenn wir eigene Aufgaben auf nachgeordnete Ebenen übertragen, um Zeit für den Kunden zu gewinnen (gefordert von Müller, Schulze). Erläutern Sie uns detaillierter die Geschäftspläne des Vorstandes (gefordert von Müller, Schulze, Huber und Maier). Kämpfen Sie stärker beim Vorstand für die von uns vorgebrachten Veränderungsvorschläge und informieren Sie uns über den jeweiligen Stand der Diskussion (gefordert von Huber und Maier). Übertragen Sie mir bei der Kreditwürdigkeitsprüfung nicht nur die eindeutigen, sondern auch die unklaren Grenzfälle zur eigenen Bearbeitung und präzisieren Sie die von Ihnen angelegten Bonitäts-Kriterien (gefordert von Schulze).	Ignorieren Sie nicht unsere Notizen und Berichte zur Kostenkontrolle (gefordert von Huber und Maier). Geben Sie dem Kunden keine Sonderkonditionen, sofern wir dies dem Kunden gegenüber bereits abgelehnt haben (gefordert von Müller, Schulze). Kritisieren Sie uns nicht hinter dem Rücken (gefordert von Schulze und Huber). Schreiben Sie uns nicht vor, bei welchen Kunden wir härter und bei welchen wir weniger hart verhandeln, sondern überlassen Sie diese Entscheidung uns (gefordert von Müller und Maier). Fallen Sie uns bei gemeinsamen Besprechungen weniger häufig ins Wort (gefordert von Maier und Müller). Reagieren Sie weniger ungeduldig, wenn wir Ihnen bei Kreditentscheidungen widersprechen (gefordert von Huber und Müller).	Uns gegenüber dem Vorstand den Rücken decken, wenn wir hart verhandeln und entsprechend ein Geschäft mit dem Kunden nicht zustande kommt (gefordert von Müller und Maier). Die Weise der Einbeziehung in die Festlegung der quantitativen Ziele (gefordert von Müller, Schulze, Huber und Maier). Antibürokratischen Geist (weniger Aktennotizen) trotz Wachstums unseres Instituts durchhalten (gefordert von Müller und Schulze). Uns bei wichtigen Kunden im Rahmen von Spezialfragen selbständig entscheiden lassen (gefordert von Schulze und Huber). Keinen Sündenbock suchen bei Kreditausfällen (gefordert von Müller, Schulze, Huber und Maier).

Abbildung 1: Präzisierung von Rollenerwartungen am Beispiel von MitarbeiterInnen aus dem Bankbereich;
Quelle: Gebert 1995, S. 489

In einem Prozeß der Rollenverhandlung werden somit genau die Aspekte des Führungsverhaltens thematisiert, die mit dem Konzept „Coaching" als unterstützend und leistungsfördernd ausgewiesen sind. Auf diesem Wege kann ein Führungsverhalten implementiert werden, das dem Gedanken des Internen Marketing adäquat ist. Dabei handelt es sich nicht um einen einheitlichen Führungsstil, der dem ganzen Unternehmen „übergestülpt" wird, sondern jede Arbeitsgruppe definiert Führungsverhaltensweisen, die eine effizientere Erfüllung der je spezifischen Arbeitsaufgaben ermöglichen. Sind die Aufgaben kundenorientiert zugeschnitten, dann wird auf diesem Wege zwangsläufig Internes Marketing praktiziert.

3. Training des Führungsverhaltens

Mit dem Konzept des Coaching, das geeignet ist zur Umsetzung des Internen Marketing, wird die Förderung und Entwicklung der Fähigkeiten der MitarbeiterInnen zu einer zentralen Führungsaufgabe. Die wesentlichen psychologischen Fähigkeiten des Coaching – strukturiertes Beobachten, aktives Zuhören und Vermitteln von konstruktivem Feedback (*Hauser 1993*) – können wiederum erfolgreich trainiert werden. Neben der Vermittlung solcher Basisqualifikationen sollten Trainings den Stellenwert eines Coaching-Führungsverhaltens im Rahmen des Internen Marketing verdeutlichen. Je eindeutiger die Bedeutung des Internen Marketing für die Unternehmenspolitik ist, desto eher besteht die Chance, daß ein Transfer der trainierten Verhaltensweisen in die Führungspraxis erfolgt.

Damit ist ein kritischer Aspekt bei der Implementierung des Internen Marketing benannt: Das hier skizzierte Führungsverständnis erfordert einen prinzipiellen Wandel in der Einstellung der Führungskräfte zu ihrer Aufgabe. Ein solcher Wandel kann durch entsprechende Teamentwicklungs- und Trainingsmaßnahmen unterstützt werden, die langfristige Absicherung erfordert aber, daß *alle* Führungsebenen sich daran orientieren. Der häufige Fall, in dem die Geschäftsleitung verbal einen Wandel des Führungsverhaltens fordert, sich selbst aber aus allen darauf abzielenden Maßnahmen, wie z.B. den Führungstrainings, ausnimmt, widerspricht der Grundidee des Internen Marketing und verurteilt es damit zum Scheitern. Wenn von den (unteren und mittleren) Führungskräften erwartet wird, daß sie als Rollenmodell für die MitarbeiterInnen dienen, dann muß ihnen das entsprechende Verhalten von ihren Vorgesetzten vorgelebt werden.

Mit „survey feedback", Teamentwicklung und Training sind die wesentlichen personalen Aspekte der Organisationsentwicklung angesprochen. Die im Rahmen des Internen Marketing notwendigen Wandlungen der Einstellungen und Verhaltensweisen müssen aber von strukturalen Maßnahmen flankiert werden, um eine längerfristige Stabilisierung des Wandels zu erreichen. Solche Maßnahmen sollten nach der oben gegebenen

Definition von Organisationsentwicklung an der Situation (S) und an den Konsequenzen (K) ansetzen. Zur Situation zählen dabei die Arbeitsbedingungen sowie – für Kundenkontaktpersonal besonders wichtig – die Handlungsspielräume und Kompetenzen, die im Kontakt zu den Kunden eingeräumt werden. Mit Blick auf das „neue" Führungsverhalten ist in erster Linie an die Verfahren zur Selektion der Führungskräfte und an die Belohnungsstrukturen im Unternehmen zu denken.

4. Selektion

Gerade bei der Auswahl (neuer) Führungskräfte verlangt die Implementierung des Internen Marketing ein Umdenken: Das Stereotyp von der Führungskraft – entscheidungsfreudig, konfliktbereit, konkurrenzorientiert, dynamisch, selbstsicher, durchsetzungsfähig ... (*Neubauer 1990*) -, das landläufig Aufstiegsentscheidungen leitet, bietet nicht die besten psychologischen Voraussetzungen für die erfolgreiche Umsetzung eines Führungsverständnisses, das dem Internen Marketing adäquat ist (interessanterweise kommt das weibliche Stereotyp diesem Konzept sehr viel näher; *Neubauer 1990*). Solche Stereotype entfalten gerade in **Potential-Assessment-Centern**, deren Ergebnisse zumindest in größeren Unternehmen einiges Gewicht bei Aufstiegsentscheidungen haben (*Arbeitskreis Assessment Center 1996*), ihre Wirkung. Sowohl die dabei eingesetzten situativen Tests, in denen gewöhnlich Fähigkeiten wie Selbstdarstellung (z.B. durch Stehgreifvorträge) oder Durchsetzungsvermögen (z.B. durch unstrukturierte Gruppendiskussionen) angesprochen werden, als auch die gängigen Beobachtungsdimensionen begünstigen die Auswahl solcher Bewerber, die den stereotypen Vorstellungen vom Manager entsprechen. Wenn ein Unternehmen die Umsetzung des Internen Marketing konsequent verfolgt, dann müßten sich auch die Aufstiegsentscheidungen an den daraus ableitbaren Prinzipien einer kunden- und mitarbeiterorientierten Führung orientieren – d.h. nicht zuletzt, es müssen auf ein solches Führungsverständnis abgestimmte Assessment-Center entwickelt werden.

Mit dem Potential-Assessment-Center ist natürlich nur ein – wenn auch wesentliches – personalpolitisches Instrument zur Fundierung von Aufstiegsentscheidungen thematisiert. Werden bei solchen Entscheidungen die Ergebnisse von Personalbeurteilungen (*Selbach/Pullig 1992*) berücksichtigt, dann sind die entsprechenden Verfahren ebenso auf die Anforderungen des neuen Führungsverständnisses abzustimmen (z.B. durch die Ausrichtung vorgegebener Beurteilungsdimensionen an den psychologischen Anforderungen, die sich aus dem Coaching ableiten lassen). Denkbar wäre aber auch, daß jeder, der in Führungspositionen befördert wird, vorher eine gewisse Zeit als Trainer im Unternehmen Erfahrungen mit der Beratung und Unterstützung von einzelnen MitarbeiterInnen und Gruppen gesammelt hat.

Bedenkt man allerdings die Rolle der Mikropolitik (*Neuberger 1995*) bei Aufstiegsentscheidungen, dann wird deutlich, daß die Implementierung des Internen Marketing einen längerfristigen Prozeß darstellt, der die Überwindung festgefügter Strukturen und Verhaltensweisen im Management erfordert. Das wird nicht zuletzt an einer weiteren flankierenden Maßnahme, der Korrektur bestehender Belohnungsstrukturen, deutlich.

5. Belohnungsstrukturen

Soll ein neues Führungs- und Kooperationsverhalten dauerhaft implementiert werden, dann sind auch die Belohnungsstrukturen darauf abzustimmen (in der Praxis werden gerade diese Maßnahmen bei Organisationsentwicklungen des öfteren, wenn überhaupt, nur halbherzig durchgesetzt; *Gebert 1995*). Wird von MitarbeiterInnen kundenorientiertes Verhalten erwartet, dann ist eine einseitige Definition der Leistung über quantifizierbare Größen (z.B. Umsatzziele) und entsprechende Entlohnung häufig kontraproduktiv: Nicht nur besteht die Gefahr einer Verminderung intrinsischer, aus der Tätigkeit selbst entstehender Motivation, darüber hinaus werden die qualitativen Aspekte der Arbeit, v.a. die für eine kundenorientierte Organisation entscheidende Pflege der Beziehung zum Kunden, eher vernachlässigt (*Nerdinger 1995*). Dasselbe gilt für die Führungskräfte: Solange ihr Erfolg lediglich am Erreichen von (kurzfristigen) quantitativen Zielen gemessen und belohnt wird, widersprechen die betrieblichen Anreize dem geforderten kunden- und mitarbeiterorientiertem Führungsverhalten. Letztlich erfordert damit Internes Marketing ein stärker qualitativ orientiertes Controlling, in dem solche Größen wie Kundenbindung und Führen in Übereinstimmung mit dem Internen Marketing erfaßt und bei der Entlohnung zumindest mitberücksichtigt werden.

Werden die hier nur knapp skizzierten, strukturalen Maßnahmen nicht konsequent und parallel zu den personalen Maßnahmen umgesetzt, dann besteht die Gefahr, daß die Einführung des Internen Marketing mehr schadet als nützt – eine Verstärkung der Rollenkonflikte gerade in den (unteren und mittleren) Führungsebenen könnte die unintendierte Konsequenz sein.

4. Ausblick

Das hier zugrundegelegte Verständnis von Internem Marketing erfordert ein Führungsverhalten, das sich mit dem **Konzept „Coaching"** angemessen beschreiben läßt. Die Realisierung eines solchen Führungsverhaltens verlangt wiederum sehr viel mehr als einen Vorstandsbeschluß und ein Training der entsprechenden Fähigkeiten, entscheidend ist vielmehr ein Wandel der Einstellungen der MitarbeiterInnen und v.a. der Führungskräfte sowie der Strukturen einer Organisation. Ein solcher Wandel kann nur über einen längerfristigen Prozeß bewirkt werden, in den alle Betroffenen partizipativ eingebunden sind.

Zur **Implementierung des Internen Marketing** erscheint daher eine umfassende **Organisationsentwicklung** der geeignete Weg. Im Rahmen eines solchen Vorgehens werden sowohl die Einstellungen und Verhaltensweisen der MitarbeiterInnen und Führungskräfte als auch die Strukturen und Prozesse der Organisation unter den übergeordneten Prämissen des Internen Marketing thematisiert. Gleichzeitig – und das ist der entscheidende Punkt – wird damit bereits Internes Marketing praktiziert. Versteht man unter Internem Marketing die konsequente Umsetzung des Marketingmanagements auf das Personal, dann muß Personalarbeit ihren Ausgangspunkt bei den aufgabenbezogenen Bedürfnissen der MitarbeiterInnen nehmen. Das ist auch der Ansatzpunkt der Organisationsentwicklung, wobei unterstellt wird, daß die MitarbeiterInnen Experten für ihre Arbeit sind und daher selbst am besten beurteilen können, welche Form der Unterstützung sie benötigen, um die Effizienz ihrer Arbeit zu steigern. Organisationsentwicklung setzt an der Wahrnehmung der Arbeitssituation durch die MitarbeiterInnen an und versucht von diesem Punkt aus, die Organisation zu verändern. So gesehen ist Organisationsentwicklung eine angewandte Form des Internen Marketing.

Literaturverzeichnis

Albers, S./Eggert, K. (1988): Kundennähe – Strategie oder Schlagwort? in: Marketing ZFP, 10.Jg., Nr. 1, S. 5-16.

Arbeitskreis Assessment Center (Hrsg.) (1996): Assessment Center als Instrument der Personalentwicklung, Hamburg.

Berry, L.L. (1984): The Employee as Customer, in: *Lovelock, C. H. (Hrsg.)*: Services Marketing. Text, Cases, and Readings, Engelwood Cliffs, S. 271-278.

Bungard, W./Jöns, I. (Hrsg.) (1997): Mitarbeiterbefragung. Ein Instrument des Innovations- und Qualitätsmanagements, Weinheim.

Carlzon, J. (1990): Alles für den Kunden, Frankfurt am Main.

Gebert, D. (1995): Interventionen in Organisationen, in: *Schuler, H. (Hrsg.)*: Organisationspsychologie, 2. Aufl., Göttingen, S. 481-494.

Gesellschaft für Organisationsentwicklung (1980): Leitbild und Grundsätze für Organisationsentwicklung, Langenfeld.

Grönroos, C. (1985): Internal Marketing – Theory and Practice, in: *Bloch, T.M./Upah, G. D./ Zeithaml, V.A. (Hrsg.)*: Services Marketing in a Changing Environment, Chicago, S. 41-47.

Grönroos, C. (1998): Organisation der Marktorientierung in Dienstleistungs-Organisationen, in: *Meyer, A. (Hrsg.)*: Handbuch Dienstleistungs-Marketing, Stuttgart, S. 139-152.

Harrison, R. (1977): Rollenverhandeln: Ein harter Ansatz zur Teamentwicklung, in: *Sievers, B. (Hrsg.)*: Organisationsentwicklung als Problem, Stuttgart, S. 116-133.

Hauser, E. (1993): Coaching von Mitarbeitern, in: *v. Rosenstiel, L./Regnet, E./Domsch, M. (Hrsg.)*: Führung von Mitarbeitern, Stuttgart, S. 223-235.

Kirsch, W./Gabele, W. M./Esser, E. (1979): Das Management des geplanten Wandels, Stuttgart.

Kühn, R. (1991): Methodische Überlegungen zum Umgang mit der Kundenorientierung im Marketing-Management, in: Marketing ZFP, 13. Jg., Nr. 2, S. 97-107.

Looss, W. (1991): Coaching für Manager, Landsberg/L.

Moser, K. (1977): Methoden der Aktionsforschung, München.

Nerdinger, F.W. (1994): Zur Psychologie der Dienstleistung. Theoretische und empirische Studien zu einem wirtschaftspsychologischen Forschungsgebiet, Stuttgart.

Nerdinger, F.W. (1995): Motivation und Handeln in Organisationen, Stuttgart.

Nerdinger, F.W. (1997): Konflikte in Dienstleistungstätigkeiten – das Beispiel der Firmenkundenberater, in: *Heyse, V. (Hrsg.)*: Kundenbetreuung im Banken- und Finanzwesen. Praxisbeiträge zur Kompetenzentwicklung, Münster, S. 107-121.

Neubauer, R. (1990): Frauen im Assessment Center – ein Gewinn? in: Zeitschrift für Arbeits- und Organisationspsychologie, 34. Jg., Nr. 1, S. 29-36.

Neuberger, O. (1995): Mikropolitik, Stuttgart.

Peters, T.J./Waterman, R.H. (1984): Auf der Suche nach Spitzenleistungen, Landsberg/L.

v. Rosenstiel, L. (1987): Was „bringen" partizipative Veränderungsstrategien? in: *v. Rosenstiel, L./Einsiedler, H.E./Streich, R.K./Rau, S. (Hrsg.)*: Motivation durch Mitwirkung, Stuttgart, S. 12-38.

v. Rosenstiel, L. (1989): Innovation und Veränderung in Organisationen, in: *Roth, E. (Hrsg.)*: Organisationspsychologie. Encyklopädie der Psychologie D III 3, Göttingen, S. 652-684.

Schein, E.H. (1985): Organizational Culture and Leadership, New York.

Schneider, B. (1973): The Perception of Organizational Climate. The Customer's View, Journal of Applied Psychology, Vol. 57., No. 3, S. 248-256.

Schneider, B./Schoenberger White, S./Paul, M.C. (1997): Relationship Marketing. An Organizational Perspective, in: *Swartz, T.A./Bowen, D.E./Iacobucci, D. (Hrsg.)*: Advances in Services Marketing and Management, Vol. 6, S. 1-22.

Selbach, R./Pullig, K.-K. (Hrsg.) (1992): Handbuch Mitarbeiterbeurteilung, Wiesbaden.

Siguaw, J.A./Brown, G./Widing, R.E. (1994): The Influence of the Market Orientation of the Firm on Sales Force Behavior and Attitudes, in: Journal of Marketing, Vol. 31, No. 1, S. 106-116.

Stauss, B. (1995): Internes Marketing als personalorientierte Qualitätspolitik, in: *Bruhn, M./ Stauss, B. (Hrsg.)*: Dienstleistungsqualität. Konzepte, Methoden, Erfahrungen, Wiesbaden, 2. Aufl., S. 257-276.

Stauss, B./Schulze, H.S. (1990): Internes Marketing, in: Marketing ZFP, 12. Jg., Nr. 3, S. 149-158.

Summary
Customer orientation is an increasingly decisive factor for an organisation's success. The concept of internal marketing is a personnel policy method for the development of customer orientated organisations. With the application of the need- and marketorientated marketing principle to the relationships in the organisation a consequent realisation of the external marketing management is pursued. However, the alignment of the personnel orientated marketing management with the (task related) needs of the employees within the framework of the internal marketing is in conflict with the traditional top down structure. Therefore, the implementation of internal marketing requires a new managerial behaviour, which can be described with the concept of „coaching". Management is seen as an offering to the employees to give them support with their tasks. However, the renunciation of the traditional management of discipline towards the realisation of a supportive management style requires a change in the attitude of the employees and in particular of the managers as well as a change in the structures and processes of an organization. Such a change can only be realized in a longterm process in which all employees participate. Hence, for the implementation of internal marketing an extensive development of the organisation appears to be appropriate.

Mitarbeiterführung im Total Quality Management

von Rolf Bühner und Peter Horn

Prof. Dr. Rolf Bühner, Inhaber des Lehrstuhl für Betriebswirtschaftslehre mit Schwerpunkt Organisation und Personalwesen, Universität Passau.
Dr. Peter Horn, KSB AG, ehem. Mitarbeiter von Prof. Bühner.

1. Problemstellung

Um sich im Wettbewerb behaupten zu können, müssen Unternehmen heute die Ziele Kosten, Zeit und Qualität simultan verfolgen. **Grundgedanke des Total Quality Management (TQM)** ist, daß Qualität in Form fehlerfreier Arbeit und ständiger Verbesserung dazu beiträgt, Zeit zu sparen und Produktivitätsvorteile zu realisieren. Das Wissen und die Problemlösungsfähigkeit der Mitarbeiter werden dabei als wichtige Ressource gesehen, die durch geeignete Organisationsgestaltung und Führung erfolgssichernd im Sinne der Unternehmenszielsetzungen einzusetzen ist.

Führung besteht in der zielorientierten Beeinflussung des Verhaltens der Mitarbeiter durch Führungskräfte. Die Führung der Mitarbeiter ist dabei einzubinden in die Organisation und deren Regelwerk. Nachfolgend werden aus einer Betrachtung der Entwicklung industrieller Qualitätsarbeit Auswirkungen auf die Führung von Mitarbeitern abgeleitet sowie TQM-spezifische Führungsaufgaben und -instrumente dargestellt.

2. Drei Entwicklungsstufen industrieller Qualitätsarbeit

In der Entwicklung industrieller Qualitätsarbeit sind grundsätzlich drei Entwicklungsstufen zu beobachten (ähnlich *Garvin 1988, S. 3ff.*), die Parallelen zu einem grundlegenden Wandel im Verständnis des Begriffs der **Mitarbeiterführung** erkennen lassen:

- Qualität durch Inspektion,
- Qualität durch begleitende Prozeßkontrolle,
- Qualität durch präventive Prozeßgestaltung und Mitarbeiterbeteiligung (TQM).

2.1 Qualität durch Inspektion

Traditionell wurde **Qualitätssicherung** als technisch-ingenieurwissenschaftliche Aufgabe zur Sicherstellung bestimmter technischer Spezifikationen in Produkten gesehen. Qualitätssicherung war der Arbeitsbereich einer spezialisierten Betriebsabteilung. Die Aufgabe dieser Abteilung bestand vorrangig in der Planung und Durchführung von Qualitätsprüfungen am fertigen Produkt. Qualität wurde als reiner Kostenfaktor gesehen. Betriebswirtschaftliches Ziel der Qualitätssicherung war mithin die Optimierung von Qualitäts- und Produktionskosten.

Führungsaufgabe in diesem Verständnis ist der Einsatz hierarchischer Koordinationsmittel, die sicherstellen, daß Mitarbeiter qualitätsbezogene Vorgaben befolgen. Koordinationsmittel sind im wesentlichen materielle Anreize wie Akkordlohn und Sanktionen, mit denen die Führungskraft „gute" Leistungen belohnt und Fehler oder „schlechte" Leistungen bestraft. Die Wirkung dieser Koordinationsmittel hängt weitgehend von Autorität und Führungsstil der Führungskraft ab. Autorität beruht auf formalen Rechtfertigungen (Positionsmacht), fachlicher Kompetenz (Expertenmacht) oder persönlicher Akzeptanz (Referenzmacht) (*French/Raven 1968, S. 263ff.*). Autorität und Akzeptanz der Führungskraft beeinflussen die Akzeptanz und damit die Wirksamkeit der eingesetzten Anreize.

2.2 Qualität durch begleitende Prozeßkontrolle

Erste Ansätze eines **Qualitätsmanagements** gehen auf die Arbeiten von *Feigenbaum (1961)*, *Deming (1982)*, *Crosby (1986)* und *Juran (1988, 1989)* zurück. Sie betonen erstmals einen **kundenorientierten Qualitätsbegriff**. Vorrangige Qualitätsmanagement-Methode ist die Statistische Prozeßkontrolle. Durch Stichprobenprüfungen im Prozeß wird versucht, Zeit und Wertschöpfung bis zur Entdeckung eines Fehlers zu verringern. Damit sollen Qualitätskosten minimiert werden. Die Autoren sehen die wesentliche Aufgabe der Führung darin, Mitarbeiter in der Anwendung statistischer Methoden zu schulen. In der Praxis ist die Einführung dieser Konzepte mit Projekten verbunden, die durch die Übertragung einer begrenzten Mitverantwortung in Form einfacher Selbstkontrollaufgaben die herkömmliche Qualitätssicherungsarbeit ergänzen, um Flexibilität zu gewinnen und Reaktionszeiten auf Qualitätsprobleme zu verkürzen. Das Verständnis der Qualitätsmanagement-Aufgabe ist aber auch hier im wesentlichen auf Maßnahmen im Produktionsbereich zur Minimierung der Abweichungen von technischen Vorgaben beschränkt.

Diese Entwicklung geht einher mit **Führungskonzepten**, die den Erfolg einer Führungskraft nicht mehr von ihren Eigenschaften bzw. ihrem persönlichen Führungsstil abhängig machen, sondern von ihrer Fähigkeit, ihr Führungsverhalten differenziert auf situative Bedingungen einzustellen. Kernaussage situativer Führungskonzepte ist, daß bei Vorliegen unstrukturierter Aufgaben ein mitarbeiterorientiertes, d.h. durch Betonung sozialer Beziehungen zu charakterisierendes Führungsverhalten vorzuziehen ist; umgekehrt sollte bei klar strukturierten Aufgabenstellungen aufgabenorientiert, d.h. durch Ausübung hierarchischer Autorität, geführt werden (grundlegend *Tannenbaum/Schmidt 1958*; beispielhaft *Fiedler 1967*). Dies impliziert eine intensive Kontrolle (aufgabenorientiertes Führen) seitens der Führungskraft bei reinen Prüftätigkeiten und gegebenen Steuergrößen. Bei schlecht strukturierten Aufgabenstellungen hingegen wäre ein mitarbeiterorientiertes Führen vorzuziehen, etwa durch Beteiligung der Mitarbeiter an der Entwicklung von Prüfsystemen oder durch Zielvorgaben und deren Erläuterung und Begründung.

2.3 Qualität durch präventive Prozeßgestaltung und Mitarbeiterbeteiligung (TQM)

Beiden oben genannten Ansätzen liegt ein Qualitätsverständnis zugrunde, das von einer zufriedenstellenden Qualität ausgeht, wenn bestimmte Toleranzgrenzen eingehalten werden. Erst im *Total Quality Management (TQM)* ändert sich der Qualitätsbegriff. **Qualität** bedeutet

- ☐ die vollkommene Entsprechung von Produkten und Serviceleistungen zu den **Bedürfnissen der Kunden**. Jede Tätigkeit, die nicht zur Schaffung von Kundennutzen beiträgt, ist Verschwendung;
- ☐ die Fähigkeit interner Strukturen und Prozesse, diese Entsprechung **ohne Verschwendung von Ressourcen** herzustellen (*Garvin 1988, S. 49f.; Waldmann 1994, S. 511*).

Qualität ist in dieser Sichtweise nicht mehr nur Kostenfaktor, sondern zentrale Bestimmungsgröße der Wettbewerbsfähigkeit eines Unternehmens:

- ☐ Aus Kundensicht entscheidet Qualität über das Marktpotential (*Juran 1988*). Der kundenorientierte Qualitätsbegriff des TQM bezieht dabei alle Tätigkeiten des Unternehmens ein.
- ☐ Qualität bedeutet,
  - die richtigen (vom Kunden gewünschten) Dinge
  - in der richtigen Weise (durch effizienten Ressourceneinsatz) zu tun.

  Nicht Qualität verursacht Kosten (Ausschuß) und Zeitaufwand (Nacharbeit, Mehrproduktion), sondern jede Abweichung davon (*Taguchi/Clausing 1990*).

Der Qualitätsbegriff des TQM beinhaltet folglich die Produktivität und Zielorientierung aller Tätigkeiten des Unternehmens. TQM ist als ein das ganze Unternehmen umfassender Ansatz zur Steigerung der Produktivität und Kundenorientierung durch die Anwendung „wissenschaftlicher" Methoden der Problemlösung zu verstehen. Im Mittelpunkt steht die **Vermeidung von Fehlern**. Dieser Qualitätsansatz wirkt sich auf die Organisation aus, die wiederum die Führungssituation bestimmt. Die Organisation im Total Quality Management zeichnet sich insbesondere durch zwei Merkmale aus:

Prozeßorientierung
Der kundenorientierte Qualitätsbegriff wird durch die Betonung interner Kunden-Lieferanten-Beziehungen in die Leistungsprozesse hineingetragen (*Töpfer/Mehdorn 1993, S. 131f.*). Die Anforderungen an eine Tätigkeit werden von der jeweils nachgelagerten Stufe im Prozeß definiert. Entsprechend erfolgt die Koordination einzelner Tätigkeiten verstärkt horizontal zwischen produktiven Einheiten in Prozessen (*Grant/Shani/Krishnan 1994, S. 28*). Hierarchien werden flacher, Entscheidungen werden dezentral getroffen. Mit der Dezentralisierung von Entscheidungen löst sich die Differenzierung von reinen Ausführungsstellen und solchen mit Entscheidungskompetenz auf. Die Aufgaben im operativen Bereich werden angereichert und die Management-Ebenen von operativen, delegierbaren Steuerungsaufgaben entlastet.

Teamorientierung
Die horizontale Koordination wird durch teamorientierte Kommunikationsstrukturen gefördert, in denen der Informationsfluß über Prozeßstufen hinweg horizontal verläuft (*Grant/Shani/Krishnan 1994, S. 28*). Teamorientierung wirkt sich in der Arbeitsorganisation durch den verstärkten Einsatz permanenter Arbeitsgruppen und temporär problembezogen gebildeter Teams aus. In Arbeitsgruppen werden Arbeitsplätze prozeßorientiert zu Arbeitsbereichen zusammengefaßt, in denen Mitarbeitergruppen ihren Prozeßabschnitt weitgehend selbständig steuern (*Bühner/Pharao 1993*). Das Ausmaß der Selbständigkeit, der Autonomie im Hinblick auf Steuerungsentscheidungen, bestimmt die Führungssituation: Der Autonomiegrad legt die notwendige (und realisierbare) Führungsintensität sowie die verfügbaren Einflußmöglichkeiten der Führungskraft fest.

Prozeß- und Teamorientierung schaffen ein Spannungsfeld, in dem die Mitarbeiterführung die innerbetriebliche Zusammenarbeit zielorientiert gestaltet. Dynamische Prozesse, große Leitungsspannen und dezentrale Entscheidungen verringern die Stabilität der Führungssituation. Die Mitarbeiter und ihre intellektuellen Fähigkeiten werden zur kritischen Ressource des Unternehmens. Der Unternehmenserfolg wird abhängig vom Verhalten der Mitarbeiter. Auf der anderen Seite erfordert der Qualitätswettbewerb auf der Grundlage des umfassenden Qualitätsbegriffs des TQM eine engere Koordination aller Aktivitäten im Unternehmen. In diesem Spannungsfeld gewinnt die Partizipation der Mitarbeiter an Führungsentscheidungen an Bedeutung. Sie ersetzt hierarchische Koordinationsmechanismen. Die Bedeutung der Mitarbeiterführung im TQM ergibt sich aus grundlegend geänderten **Anforderungen an Führungskräfte**. Tabelle 1 faßt die Entwicklung dieser Anforderungen zusammen.

Entwicklungsphasen der Qualitätssicherung	**Qualität durch Inspektion**	**Qualität durch Prozeßkontrolle**	**TQM**
Entwicklung des Führungsverständnisses	Hierarchische Koordination, **Führungsstil** bestimmt Führungserfolg	Hierarchische Koordination und fachliche Anweisung nach Situation differenziert, Einschätzung der **Führungssituation** bestimmt Führungserfolg	Horizontale Koordination, Ausmaß der **Partizipation** bestimmt Führungserfolg
Führungsaufgaben und -instrumente	☐ Einsatz von materiellen Anreizen und Sanktionen ☐ Autorität	☐ Information, differenzierte Erweiterung der Handlungsspielräume ☐ Zielvorgaben	☐ Übertragung von Entscheidungsrechten, unterstützende Rolle ☐ Kommunikation, Zielvereinbarung, Kontrolle und Feedback

Tabelle 1: Entwicklung der Anforderungen an Führungskräfte im Total Quality Management

3. Anforderungen an Führungskräfte

Unter den veränderten arbeitsorganisatorischen Rahmenbedingungen der Prozeß- und Teamorientierung müssen Führungskräfte **Entscheidungsrechte** auf ihre Mitarbeiter übertragen, um deren Problemlösungskapazität für die Verbesserung der Kundenorientierung der Leistungsprozesse zu erschließen. Führungskräfte nehmen in diesem Konzept eine neue Rolle ein, die verstärkt unterstützenden Charakter hat. Diese Rolle bringt veränderte Führungsaufgaben mit sich, deren Erfüllung den differenzierten Einsatz **partizipationsorientierter Führungsinstrumente** erfordert. Eine konsequente Anwendung der TQM-Prinzipien führt schließlich auch zur Betrachtung der **Qualität der Führung**, d.h. der Fehlervermeidung bei der Erfüllung der Führungsaufgaben und der ständigen Verbesserung des Führungsverhaltens.

3.1 Übertragung von Entscheidungsrechten

Die Dezentralisierung qualitätssichernder Aufgaben impliziert einen weitgehenden Verzicht auf direkte, steuernde Eingriffe in die Qualitätsarbeit der Mitarbeiter. Führungskräfte müssen im TQM bereit und in der Lage sein, Entscheidungsrechte aus der Hand zu geben und ihren Mitarbeitern anzuvertrauen. Prozeßorientierung und Teamorientierung der Organisation im TQM gehen einher mit einer gezielten **Delegation** von qualitätssichernden Aufgaben, Handlungskompetenzen und Entscheidungsverantwortung an die Mitarbeiter.

Delegation bezieht sich dabei sowohl auf Routineaufgaben, deren kundenorientierte Erfüllung sicherzustellen ist, als auch auf Maßnahmen zur Qualitätsverbesserung. Es lassen sich demnach Aufgaben der routinemäßigen **Qualitätssicherung** und der ständigen **Qualitäts- (Prozeß-)verbesserung** unterscheiden.

Delegation und Routineaufgaben der Qualitätssicherung
Qualitätssicherung als Vermeidung von Fehlern in Routineprozessen wird häufig durch die prozeßorientierte Zusammenführung von Einzelarbeitsplätzen zu Gruppenarbeitsbereichen in Verbindung mit einer Delegation von Planungs- und Steuerungsaufgaben (sowie der entsprechenden Handlungskompetenzen und Entscheidungsverantwortung) angestrebt. Die Koordination einzelner Prozeßstufen wird horizontal und prozeßorientiert in diesen Gruppen durchgeführt. Dadurch wird für den abgegrenzten Gruppenbereich eine Reduktion stochastischer Störgrößen gegenüber einer zentralen Planung gesamter Prozesse sowie eine zeitnahe Reaktion auf externe Informationen erreicht. Es wird möglich, die Ziele der Durchlaufzeitreduktion, Kostensenkung und Fehlervermeidung simultan zu verfolgen.

Beispiele für solche selbststeuernden Arbeitsgruppen finden sich in der Produktion oder auch in der Auftragsabwicklung. In der Produktion werden Aufgaben der Qualitätsprüfung, Prozeßkontrolle und präventiven Instandhaltung, die kurzfristige Produktionsplanung und -steuerung sowie der kurzfristige Personaleinsatz an eine Gruppe delegiert. In der Auftragsabwicklung wird der gesamte auftragsbezogene Informationsfluß zusammengeführt. Durch die Zusammenarbeit und umfassende Verantwortung der Gruppe können Fehler und Zeitverluste, die aus einer hierarchischen, zentralen Abstimmung entstehen, reduziert werden.

Delegation und Qualitätsverbesserung
Die Qualitätsverbesserung wird durch sekundäre, teamorientierte Organisationskonzepte angestrebt, die die primäre Organisation ergänzen. Bereichsübergreifende Maßnahmen

der Prozeßverbesserung können nur durch intensive Kommunikation zwischen den betroffenen Einheiten vorteilhaft sein. Ohne diese bereichsübergreifende Zusammenarbeit in Teams zur Prozeßverbesserung drohen inkonsistente Maßnahmen, die an einer Stelle Verbesserungen bringen, an einer anderen Stelle aber negative Folgen nach sich ziehen. Die Diskussion um Teamarbeitskonzepte geht auf das Qualitätszirkel-Konzept zurück (*Zink/Schick 1984, S. 46ff.; Deppe 1989, S. 28ff.; Oess 1993, S. 285ff.*). Hierbei handelt es sich um ein System von themenspezifisch von Führungskräften gebildeten und gesteuerten Gruppen, in denen Mitarbeiter für Probleme außerhalb ihres Arbeitsbereichs sensibilisiert werden und zu deren Lösung beitragen sollen. Später entstanden Qualitätsgruppenkonzepte, die sich durch eine weitergehende Delegation von Kompetenzen und Verantwortung auszeichnen, beispielsweise die eigenständige Gründung und Zusammensetzung einer Gruppe seitens der Mitarbeiter, die ein Problem entdecken, oder die selbständige Umsetzung erarbeiteter Vorschläge (*Ritter/Zink 1989, S. 249*). Diese Tendenz der Verselbständigung der Qualitätsarbeit ist letztlich eine Reaktion auf hierarchiebedingte Probleme der Qualitätszirkelarbeit.

Im ursprünglichen Konzept liegt die Steuerung der Qualitätszirkelarbeit und die Verantwortung für die Umsetzung von Ergebnissen bei den Führungskräften. Die mangelnde Umsetzungskompetenz für eigene Vorschläge und deren Zurechnung zu Führungskräften senkt die Motivation der Mitarbeiter, konstruktive Vorschläge zu machen (*Lawler/ Mohrman 1985*). Hierin äußert sich das Problem der mangelnden Kongruenz von Aufgabe, Kompetenz und Verantwortung bei der Delegation (*Neuberger 1977, S. 57 ff.*). *Hauschildt (1992, Sp. 1032*) fordert in bezug auf das Problem der gegenüber dem Aufgaben- und Kompetenzbereich mangelnden Verantwortung weitergehend, daß in einer innovationsfördernden Organisation Mitarbeiter einen flexiblen, über den Aufgaben- und Kompetenzbereich hinausgehenden Verantwortungsspielraum für die Umsetzung innovativer Ideen haben sollen.

Die Delegation im TQM muß ausdrücklich fixiert sein, um Rückdelegationseffekte zu vermeiden. Voraussetzung ist eine klare Abgrenzung von Delegationsinhalten. Die Instrumente der Absicherung müssen auf den Charakter der Qualitätsaufgaben abgestimmt sein. Routineaufgaben lassen sich durch Standardisierung und Dokumentation gemäß DIN ISO 9000 ff. formalisieren und hinsichtlich des Delegationsaspektes festlegen. Für Verbesserungsaufgaben wird eine differenzierte Systematik von Entscheidungsrechten mit fester Zuordnung vorgeschlagen.

Standardisierung setzt bei der Analyse der Prozesse an. Ziel ist die Fehlerprävention durch Ausschaltung von fehlerträchtigen Arbeitsweisen (*Susaki 1994, S. 82ff.*). Eine „fehlerfreundliche" Prozeßgestaltung umfaßt technische Maßnahmen zur Steigerung der

Fehlerrobustheit von Prozessen (Poka Yoke; *Shingo 1986*) sowie die Standardisierung von Arbeitsabläufen. Hierdurch kann das verhaltensbedingte Fehlerpotential reduziert werden. Die genaue Definition von Standardarbeitsweisen bietet eine Grundlage für die Prozeßverbesserung. Sie ermöglicht die Verfolgung von Problemursachen im Prozeßzusammenhang und erlaubt ein detailliertes Feedback über das Qualitätsniveau einzelner Prozeßschritte. Standardisiert werden vornehmlich

- Routinetätigkeiten; hier ist an eine Automatisierung zu denken;
- Wartungsarbeiten sowie Meß- und Prüfmethoden, die qualitätskritisch sind; Standards bestehen hier beispielsweise in exakten Checklisten;
- Reaktionsmuster bei Qualitätsproblemen (Wer ist wann zu informieren?);
- Kernpunkte der Arbeitsweise an Einzel- oder Gruppenarbeitsplätzen, deren Beachtung wichtig für die Vermeidung von Fehlern ist.

Eine Möglichkeit der Dokumentation qualitätsbezogener Aufgaben bietet die Normenreihe **DIN EN ISO 9000 ff**. Diese Normenreihe legt Richtlinien für die Gestaltung eines Qualitätssicherungssystems fest. Grundlage für eine Zertifizierung nach diesen Normen ist die Übereinstimmung eines zu führenden Qualitätshandbuches und entsprechender, detailliert dokumentierter Arbeitsunterlagen (*Reimann/Hertz 1994*). Die detaillierten Anweisungen und Arbeitsnachweise zu Qualitätssicherungsaktivitäten können als Organisationsanweisungen verstanden werden und regeln insoweit den Delegationsbereich der Mitarbeiter. Damit wird Rückdelegationsbestrebungen sowohl von seiten der Mitarbeiter als auch der Führungskräfte vorgebeugt.

Wichtig ist anzumerken, daß die Normenreihe hier ausschließlich als Werkzeug zur Dokumentation und damit als Führungshilfsmittel verstanden wird, nicht jedoch als Element des TQM. Ihre Eignung als Führungshilfe ergibt sich aus dem Dokumentationserfordernis und der bereits weiten Verbreitung in der Praxis. Inhaltlich zeigen die Normen einige Schwächen im Hinblick auf die Beurteilung der Kundenorientierung. Für Aktivitäten zur Qualitätsverbesserung bieten sie *keine* Hilfestellung (vgl. hierzu die Diskussion in Gegenüberstellung zum Malcolm Baldrige National Quality Award bei *Reimann/Hertz 1994*).

In bezug auf Aktivitäten zur Qualitätsverbesserung systematisieren *Wruck/Jensen (1994, S. 264)* die **Übertragung von Entscheidungsrechten** im TQM, indem sie vier Kategorien differenzieren:

(1) Das **Initiativrecht** (initiation right): Das Recht, Maßnahmen zur Qualitätsverbesserung vorzuschlagen;

(2) Das **Bewilligungsrecht** (ratification right): Das Recht, einen Vorschlag aus ökonomischer Sicht zu prüfen und seine Umsetzung zu bewilligen;

(3) Das **Durchführungsrecht** (implementation right): Das Recht auf selbständige Planung und Umsetzung einer Verbesserungsmaßnahme;

(4) Das **Fortschrittskontrollrecht** (monitoring right): Das Recht auf Bewertung des Fortschritts und Entscheidung über Erfolg oder Mißerfolg einer Maßnahme sowie über Weiterführung oder Abbruch eines Projektes.

Auf Grundlage dieser Systematik schlagen *Wruck/Jensen (1994, S. 264ff.)* folgenden **Partizipationsansatz** vor:

- ☐ Zweck der Übertragung von Entscheidungsrechten auf Mitarbeiter ist die weitestgehende Nutzung verteilten, d.h. dezentral von den Mitarbeitern getragenen, qualitätsspezifischen Wissens bei gleichzeitig optimaler Sicherung der Orientierung jeder Qualitätsmanagement-Aktivität an den Unternehmenszielen.
- ☐ Zu diesem Zweck werden Entscheidungsdurchsetzungsrechte (decision management rights) von Entscheidungskontrollrechten (decision control rights) unterschieden.
  - **Entscheidungsdurchsetzungsrechte** umfassen das Initiativ- und das Durchführungsrecht. Sie werden auf die Mitarbeiter übertragen
  - **Entscheidungskontrollrechte** beinhalten das Bewilligungs- und das Fortschrittskontrollrecht. Ihre Ausübung bleibt Führungsaufgabe.
- ☐ Mitarbeiter sind gehalten, ihr spezifisches Wissen zur Identifikation von Schwächen in Prozessen einzusetzen und diese Schwächen gegenüber Vorgesetzten zu problematisieren (Initiativrecht).
- ☐ Aufgabe von Führungskräften ist es, die Durchführbarkeit der vorgeschlagenen Verbesserungsprojekte abzuschätzen, die Übereinstimmung der Verbesserungsziele mit den Unternehmenszielen sicherzustellen sowie den Wirkungsbereich des Projektes abzugrenzen (Bewilligungsrecht).
- ☐ Die Projektdurchführung wird vollständig in den Verantwortungsbereich der Mitarbeiter, aus deren Reihen das Projekt initiiert wurde, übertragen (Durchführungsrecht). Dieses Recht umfaßt Steuerungsentscheidungen wie die interne Aufgabenverteilung im Projekt oder differenzierte Zielgrößen für Projektphasen sowie die Umsetzung der erarbeiteten Lösungen.
- ☐ Der Führungskraft verbleibt ein Fortschrittskontrollrecht, das sich auf Budget, Zeitrahmen und eine laufende Meilensteinkontrolle zur Sicherung der Orientierung an Unternehmenszielen sowie auf Entscheidungen über Projektfortführung oder -abbruch und eine abschließende Erfolgsbewertung bezieht.

Dieser Ansatz von *Wruck/Jensen* stellt die Delegation von Kompetenzen und der damit verbundenen Verantwortung auf eine „objektive" Grundlage, auf der die Mitarbeiter ihre Einflußmöglichkeiten und die Auswirkungen ihrer Handlungen verläßlich einschätzen können. Damit wird einer möglichen Verantwortungsunsicherheit entgegengetreten, die zu mangelnder Initiative aus Unkenntnis möglicher individueller Folgen sowie zu Rückdelegationstendenzen führen kann. Abbildung 1 stellt diesen Partizipationsansatz zusammenfassend dar.

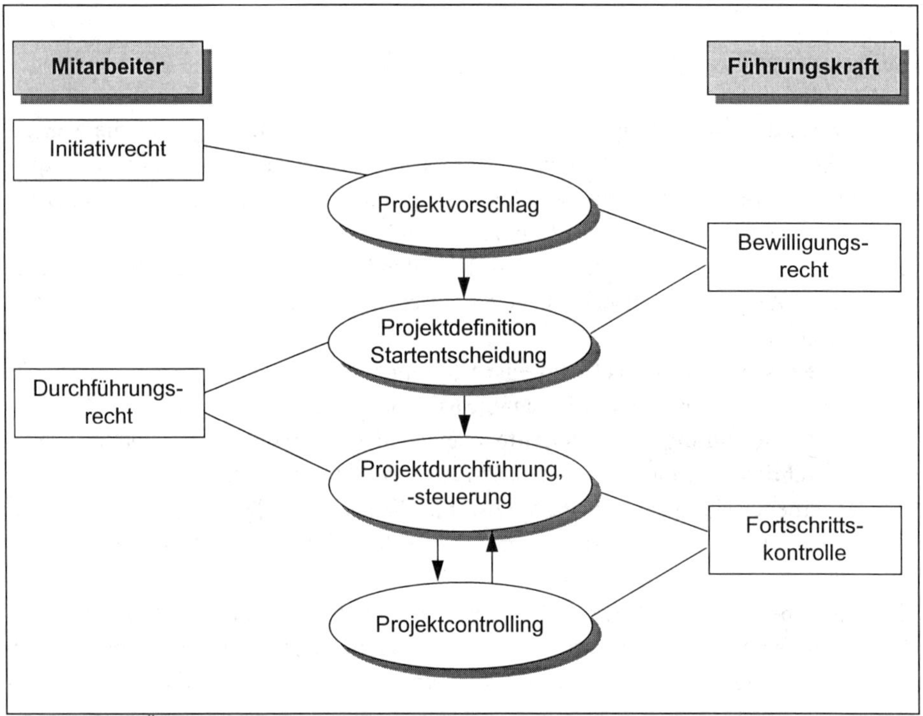

Abbildung 1: Übertragung von Entscheidungsrechten nach Wruck/Jensen (1994)

3.2 Verändertes Rollenverständnis von Führungskräften

TQM bewirkt eine umfassende Neuausrichtung der gesamten Organisation. Prozeß- und Teamorientierung verändern das Verhältnis zwischen Führungskräften und Mitarbeitern (die in einer mehrstufigen Hierarchie wiederum Führungsverantwortung tragen können) und bringen neue Arbeitsweisen mit sich, die zusammen mit erweiterten Delegationsinhalten einen größeren Spielraum für Selbstbestimmung bieten. Führungskräfte spielen nicht mehr vorrangig die Rolle einer hierarchischen Steuerungsinstanz mit fachlicher Weisungskompetenz. Ihre neue Rolle läßt sich durch drei Funktionen charakterisieren:

- ☐ eine Initiativfunktion,
- ☐ eine Dienstleistungsfunktion,
- ☐ eine Koordinations- und Entscheidungsfunktion.

Initiativfunktion
Führungskräfte haben die Aufgabe, qualitätsfördernde Prozesse im Unternehmen initiativ in Gang zu setzen (*Grabert et al. 1993, S. 270*). Die Durchsetzung von TQM beginnt mit einem Top-down-Prozeß, in dem die Verbindlichkeit der Regeln des TQM vermittelt werden muß. Das TQM muß über bloße Lippenbekenntnisse zur Qualität hinausgehen. Befindet sich hinter den Appellen der Führungsebene wenig Substanz, enden die Bestrebungen oftmals in gesteigertem Mißtrauen der Mitarbeiter gegenüber neuen „Philosophien“. Beim Entwurf und bei der Durchsetzung der grundlegenden Handlungsmaximen sind daher Führungskräfte der oberen Ebenen die entscheidenden Machtpromotoren (*Töpfer/Mehdorn 1995, S. 25*). Sie sorgen dafür, daß diese möglichst breite Akzeptanz finden und im Unternehmen gelebt werden. Die Demonstration eines gemeinsamen Willens der Verantwortlichen zur qualitätsorientierten Ausrichtung und Veränderung der Unternehmensabläufe ist unverzichtbar.

Die Initiativfunktion beinhaltet auch, die Aufmerksamkeit der Mitarbeiter ständig auf qualitätsrelevante Fragestellungen zu richten und die Initiative zur ständigen Verbesserung der Prozesse zu wecken. Das Führen durch Vorbild und Beispiel gewinnt im TQM eine neue Bedeutung. Die Vorbildrolle schließt beispielsweise mit ein, daß die Führungskräfte ihr eigenes Wissen zu qualitätsrelevanten Aspekten stets anpassen und erweitern. Wesentlicher Bestandteil ist aber auch die Akzeptanz von Delegationsbereichen, die ja umgekehrt auch von den Mitarbeitern erwartet wird. Darüber hinaus zählt dazu, daß sämtliche Führungskräfte persönlich an Qualitätsschulungen und Sitzungen zu Qualitätsfragen teilnehmen.

Dienstleistungsfunktion
Die Dienstleistungsfunktion der Führungskraft besteht generell darin, die Mitarbeiter in die Lage zu versetzen, selbständig Qualität zu erzeugen und zu verbessern. Diese Aufgabe beinhaltet zunächst die umfassende Versorgung mit Informationen über Anforderungen externer und interner Kunden sowie die Darstellung der ökonomischen Wirkungszusammenhänge von Entscheidungen innerhalb des Delegationsbereichs der Mitarbeiter. Führungskräfte müssen ihren Mitarbeitern eine unternehmerische Einschätzung ihrer Qualitätsarbeit ermöglichen. Darüber hinaus ist es Aufgabe der Führungskräfte, den Mitarbeitern Sachmittel zur Verfügung zu stellen und sie bei der Anwendung von qualitätsfördernden Arbeitstechniken zu unterstützen. Sie moderieren Qualitätsgruppen und vermitteln den Mitarbeitern den Zugang zu Expertenwissen spezialisierter Bereiche.

Wichtige Aufgabe ist auch die Verteidigung von Handlungs- und Entscheidungsspielräumen der Mitarbeiter gegen Eingriffe von außen, etwa aus funktionalen Zentralbereichen. Hier vertritt die Führungskraft die Mitarbeiter und vermittelt ihnen das Vertrauen in den eigenen Einfluß, das eine wesentliche Voraussetzung für eine kontinuierliche Aktivierung der Mitarbeiter darstellt.

Koordinations- und Entscheidungsfunktion

Die Koordinationsfunktion gewinnt gegenüber der klassischen Rolle der Führungskraft an Bedeutung. Zwar werden Koordinationskompetenzen delegiert, demgegenüber wird jedoch das Spektrum zu koordinierender Aufgaben durch die prozeßorientierte Zusammenfassung bisher funktional differenzierter Aufgaben (beispielsweise im Produktionsbereich: Qualitätsprüfung, Instandhaltung, Arbeitsvorbereitung) stark erweitert. Als Koordinator muß die Führungskraft die Aktivitäten der Mitarbeiter auf die Zielsetzungen der Organisation ausrichten. Sie muß sicherstellen, daß

- Prioritäten beachtet und keine unwichtigen Probleme bearbeitet werden sowie in verschiedenen Prozeßabschnitten nicht einander widersprechende und im Ablauf behindernde Lösungen erarbeitet werden,
- keine den Unternehmenszielen zuwiderlaufenden Lösungen resultieren,
- alle Einsparungspotentiale genutzt werden, Verbesserungsprojekte nicht bei einer allein für die Mitarbeiter vorteilhaften, für Unternehmensziele aber indifferenten oder gar zielkonträren Lösung abgeschlossen werden. So ist etwa eine Reduzierung von Fehlleistungen aus Mitarbeitersicht ein Erfolg; aus Unternehmenssicht gilt dies nur, wenn sie ohne zusätzliche Aufwendungen realisiert wird, die die Einsparungen überschreiten.

Der Bezugsrahmen der Führungsaufgabe wird um ökonomische Inhalte bereichert. Die Führungskraft erlangt eine unternehmerische Funktion **als Manager interner Kunden-Lieferanten-Beziehungen** mit klaren wirtschaftlichen Zielsetzungen. Damit wird die Koordinationsfunktion, die in der klassischen Führungsrolle von unternehmerischen Entscheidungen durch die Hierarchie abgekoppelt war, zu einer Entscheidungsfunktion aufgewertet. Die Rückführung funktionaler Aufgabenteilung verlagert unternehmerische Entscheidungen, die kundenorientierte Prozesse betreffen, von der Unternehmensspitze in den Aufgabenbereich von Führungskräften aller Ebenen. Deren ehemals rein funktional-fachliche Entscheidungskompetenzen werden damit zwingend um technisch-wirtschaftliche, organisatorische und personalwirtschaftliche Inhalte erweitert.

3.3 Führungsaufgaben und -instrumente

Um dieser vielschichtigen Rolle gerecht werden zu können, müssen Führungskräfte neuartige Aufgaben wahrnehmen. Wesentliche Aufgabenfelder von Führungskräften im TQM sind:

- Produktive Kommunikation und Information;
- Zielvereinbarung, partizipativer Verbesserungsprozeß und Fehlerkultur;
- Ergebniskontrolle, Feedback und Mitarbeitergespräche.

Produktive Kommunikation und Information

Die erweiterte Koordinationsfunktion führt zu einer steigenden Intensität persönlicher Kommunikation zwischen Führungskräften und Mitarbeitern. Direkte, informelle Kommunikation in und zwischen Gruppen und Teams wird im TQM zum vorrangigen Koordinationsinstrument. Der Erfolg der Kommunikation wird wesentlich von psychologischen Faktoren bestimmt. Die Art und Weise, wie Führungskräfte und Mitarbeiter miteinander reden, ist letztlich mit entscheidend für den Erfolg der Qualitätsarbeit (vgl. auch den Beitrag von *Schulze* in diesem Sammelband).

Kommunikation ist grundsätzlich ein Austausch von Nachrichten zwischen einem Sender und einem Empfänger. Wie in Abbildung 2 dargestellt, beinhaltet jeder Kommunikationsvorgang neben der übertragenen objektiven Information (Sachebene der Nachricht) eine Komponente, die die Beziehung zwischen Sender und Empfänger erfaßt (Beziehungsebene der Nachricht). Diese Beziehungsebene beeinflußt die Wahrnehmung und Interpretation der Information durch psychologische und emotionale Nebenbedingungen. Störungen in der Kommunikation resultieren zumeist aus einer mangelnden Übereinstimmung zwischen Sach- und Beziehungsebene (freundlich vorgebrachte Drohung). Dem Empfänger wird die Intention des Senders nicht klar, eine gezielte Reaktion ist daher unmöglich (*Watzlawick/Beavin/Jackson 1974, S. 53ff.*; *Schulz v. Thun 1981, S. 25ff.*).

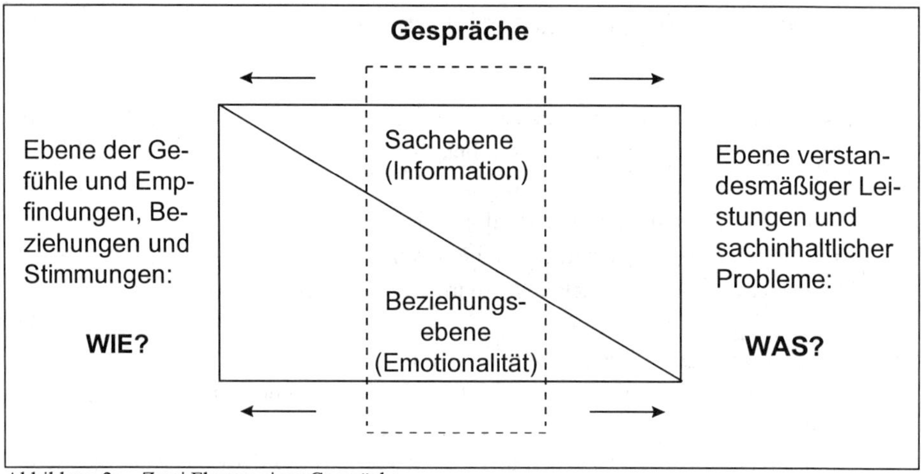

Abbildung 2: Zwei Ebenen eines Gesprächs

Führungskräfte – hierunter soll in diesem Zusammenhang auch ein informeller Führer verstanden werden, beispielsweise ein Gruppenmitglied, das die Kommunikation besonders forciert (*Cartwright/Zander 1968*) – müssen beide Ebenen der Kommunikation berücksichtigen und gezielt einsetzen, um zu einer produktiven, auf sachliche Lösungen von Qualitätsproblemen oder auch auf Qualitätsverbesserungen gerichteten Kommunikation zu gelangen. **Bedingungen produktiver Kommunikation** sind:

- **Häufigkeit und Regelmäßigkeit**. Durch die Festsetzung fixer Besprechungstermine in kurzen Intervallen wird sichergestellt, daß qualitätsrelevante Probleme, für deren Lösung die Mitarbeiter die Unterstützung der Führungskraft benötigen, nicht im operativen Geschäft untergehen.

- **Beziehungsklärung**. Führungskräfte müssen vor der Diskussion eines Sachaspektes ihre Absicht und ihre Erwartungen hinsichtlich einer Reaktion von seiten der Mitarbeiter deutlich machen. Unterbleibt die Klärung dieser „verborgenen“ Bestandteile der Kommunikation, kann es zu Fehlinterpretationen kommen, die eine unerwünschte und zielkonträre Reaktion auslösen können. Legt die Führungskraft ihre Ziele und Erwartungen klar dar, kann eine vertrauensvolle Gesprächsatmosphäre entstehen und die Lösung von Sachproblemen in den Vordergrund treten.

  Führungskräfte beeinflussen die Kommunikation nicht nur in ihrer aktiven Rolle als Sender. Als Empfänger von Botschaften müssen sie Einblick in die emotionale Komponente der Nachricht gewinnen, um eine produktive, zielbezogene Kommunikation zu ermöglichen. In der Diskussion von Qualitätsproblemen ist es eine vorrangige Aufgabe von Führungskräften, verborgene Schuldzuweisungen in scheinbar objektiven Informationen über Qualitätsmängel aufzudecken und zu klären. Führungskräfte sollten zu diesem Zweck aktiv zuhören, d.h. die empfangene Nachricht mit eigenen Worten zusammenfassen und das richtige Verständnis bestätigen lassen sowie subjektive Eindrücke über die Beziehungsebene der empfangenen Nachricht ausdrücklich formulieren. Erst nach Ausräumen von persönlichen Differenzen ist eine gemeinsame Suche nach Fehlerursachen und Lösungsansätzen erfolgreich.

- **Sachliche Information**. Die Bereitstellung von Informationen als zweckorientiertes Wissen (*Wittmann 1959, S. 14*) ist der Kern der Dienstleistungsfunktion von Führungskräften. Sie dienen eigenverantwortlich tätigen Mitarbeitern als Arbeitsmittel zur produktiven Ausfüllung ihres Delegationsbereichs im Hinblick auf fehlerfreie Leistung und Prozeßverbesserung. Umfassende Information gibt ihnen die Möglichkeit, ihre Leistung gegenüber den Ansprüchen interner und externer Kunden zu bewerten. Wichtig ist die verständliche Darstellung der Information, die eine Voraussetzung für die Umsetzung in qualitätsfördernde Handlungen darstellt. Über die mündliche Kommunikation hinaus können Führungskräfte dabei eine Vielzahl von Medien einsetzen, deren Wirksamkeit von den Informationsgewohnheiten und der Qualifikation der Mitarbeiter abhängig ist (Schautafeln, Pinwände, Videofilme, E-Mail, Werkszeitschriften, wissenschaftliche Artikel). Inhalt und Häufigkeit der Information sind auf den Informationsbedarf und die Informationsverarbeitungskapazität der Mitarbeiter abzustimmen. Der Informationsbedarf wird durch sachliche Informationen, die nicht nur den eigenen Arbeitsbereich betreffen sondern auch Hintergrundinformationen umfassen, bestimmt. Die beschränkte Informationsverarbeitungskapazität des Menschen begrenzt die wünschenswerte Informationsmenge. Bei einer Informationsüberflutung können Selektionsmechanismen zu der Gefahr führen, daß wichtige Informationen nicht wahrgenommen werden.

Einen ständigen Kontakt mit qualitätsrelevanten Informationen sichert deren Visualisierung in Form einfacher Darstellungen am Arbeitsplatz. Eine Möglichkeit zur **Visualisierung von Kundenorientierung** besteht beispielsweise in der Erstellung von **Kunden-Lieferanten-Diagrammen**, die den Aufgabenbereich jedes Mitarbeiters bildlich in den Zusammenhang eines kundenorientierten Prozesses einordnen (*Susaki 1994, S. 35ff., S. 56ff., S. 184ff.*; weitere Inhalte sind statistische Daten, Beziehungsdiagramme, Beispiele für Fehlteile und Fehlverhalten, etwa als Fotografie oder auch im Original, umgesetzte Verbesserungsvorschläge, Personaleinsatzpläne und Qualifizierungstabellen). Die Soll-Leistungen vorgelagerter

Bereiche (Lieferanten) bzw. Anforderungen nachgelagerter Bereiche (Kunden) können in diesem Diagramm aufgelistet werden. Dadurch wird ein geschlossenes System von Qualitätsmaßstäben konstruiert und den Mitarbeitern vor Augen geführt. Das Kunden-Lieferanten-Diagramm trägt so zur Strukturierung der innerbetrieblichen Kommunikation sowie zu deren Konzentration auf das vordringliche Ziel der Erzeugung von Qualität bei. Darüber hinaus bietet die systematische Auflistung von Anforderungen an einen Prozeßschritt eine Grundlage für die operative Führung. Sie erzwingt eine systematische Abbildung von Prozessen und schafft damit die Informationsbasis für Maßnahmen wie die Aufdeckung von Schwachstellen im Prozeß, eine Bewertung der Leistungen der Mitarbeiter sowie für Zielvereinbarungs- und Feedbacksysteme.

Zielvereinbarung, partizipativer Verbesserungsprozeß und Fehlerkultur

Ziele erfüllen zwei **Funktionen im Führungsprozeß**. Sie dienen

- den Mitarbeitern als Informationsträger über Leistungsanforderungen und Verantwortlichkeiten sowie als Orientierungshilfe und Bewertungsmaßstab für die Zielgerichtetheit und den Erfolg eigenen Handelns. Insoweit unterstützen sie die Dienstleistungsfunktion der Führungskraft,
- den Führungskräften als Instrument zur Erfüllung ihrer Koordinationsfunktion und als unternehmerischer Erfolgsmaßstab.

Identifikations- und Verständnisprobleme, die häufig aus der heutigen Praxis der Zielsetzung resultieren, werden mit einer Führung durch Zielvereinbarung vermieden. Die Mitarbeiter nehmen an der Formulierung der Ziele ihres Arbeitsbereiches aktiv teil. Die Handlungsziele werden nicht mehr von oben herab als konkrete, unabänderliche Vorgabe an sie gerichtet. Auf diese Weise intensiviert sich die Zusammenarbeit zwischen Führungskraft und Mitarbeiter.

Zielvereinbarungsgespräche finden zwischen der Führungskraft und einzelnen Mitarbeitern oder Mitarbeitergruppen statt. Der partizipative Zielvereinbarungsprozeß besteht im wesentlichen aus den folgenden drei Schritten (*Knicker/Gremmers 1990, S. 63; Bühner 1997 S. 353)*:

(1) **Erläuterung der Unternehmens- und Bereichsziele**: Die umfassende Klärung der strategischen Ziele des Unternehmens sollte in einem offenen Gruppengespräch zwischen den Mitarbeitern und der Führungskraft erfolgen. Erst wenn die Mitarbeiter die Unternehmens- und Bereichsziele verstanden haben, können sie ihre Anstrengungen auf deren Erreichung konzentrieren. Die Akzeptanz wird sichergestellt, wenn die Mitarbeiter- und persönlichen Ziele integrativer Bestandteil jedes Zielgesprächs sind.

(2) **Ableitung operativer Ziele**: In einem gemeinsamen Prozeß leiten Führungskraft und Mitarbeiter die operativen Handlungsanleitungen sowie die von den Ausführenden beeinflußbaren Variablen aus den Unternehmenszielen ab. Führungsaufgabe ist die Moderation des Zielbildungsprozesses. Der Bezug zu Unternehmenszielen sichert die Kundenorientierung differenzierter Zielvereinbarungen und trägt so zur unternehmerischen Koordination zwischen Prozeßstufen bei.

(3) **Setzen von Prioritäten**: Auf der Basis der operativen Ziele ist eine Trennung in Haupt- und Nebenziele vorzunehmen. Daraus läßt sich auch die zeitliche Struktur der Vorgehensweise ableiten.

Die Mitarbeiter müssen die Ziele erfassen und ihren eigenen Einfluß auf die Zielsetzung einschätzen können. Sämtliche Ziele müssen daher die drei Bedingungen der Machbarkeit, Meßbarkeit und Überprüfbarkeit erfüllen. Zielvereinbarungen sollten schriftlich festgelegt werden. Sie können anhand der folgenden **5W-Fragen** präziser gestaltet werden (*Knicker/Gremmers 1990, S. 65*):

- WAS? (Zielinhalt);
- WIEVIEL? (Zielumfang);
- WO? (Zielgebiet);
- WANN? (Zielfrist);
- WER? (Zielverantwortung).

Die **Visualisierung** von Zielen und die Gegenüberstellung von Leistungen ermöglicht den Mitarbeitern eine stetige Einschätzung ihrer aktuellen Qualitätssicherungs- und Verbesserungserfolge und unterstützt sie so bei der gezielten Nutzung ihrer Handlungsspielräume und Entscheidungsrechte.

Der Prozeß der **Umsetzung** vereinbarter Ziele ist durch das Ausmaß der Delegation von Planungsaufgaben und Entscheidungsrechten charakterisiert. Grundsätzlich sollten Mitarbeiter die Umsetzungsphase in demselben Maße beeinflussen können, wie sie an der Definition der Ziele beteiligt sind. Einen Anhaltspunkt bietet die Systematik der Entscheidungsrechte nach *Wruck/Jensen (1994)*.

In dieser Systematik geht die Erarbeitung von Maßnahmen zur Qualitätssicherung oder Prozeßverbesserung von den Mitarbeitern aus (Initiativrecht). Im Bereich der Qualitätssicherung betrifft dies insbesondere die Definition von Ablaufstandards. Eine eigenständige Standardisierung von Abläufen durch die Mitarbeiter kann, wie *Adler* am Beispiel des Automobilwerks NUMMI zeigt, hohe Produktivitätseffekte bewirken. Die Wahrscheinlichkeit von Fehlhandlungen sinkt, da die Mitarbeiter eine detaillierte Kenntnis von Prozeßzusammenhängen und Fehlerquellen gewinnen (*Adler 1993, S. 104; Adler/*

Cole 1993). Eine Definition von Leistungsstandards ist darüber hinaus Voraussetzung für gezielte Maßnahmen zur Prozeßverbesserung (*Imai 1992, S. 89ff.*).

Aufgabe der Führungskraft ist die Bewertung von Maßnahmen im Hinblick auf ihre ökonomische Zielorientierung und Widerspruchslosigkeit zu den Zielen anderer Bereiche (Bewilligungsrecht). Die Umsetzung der Maßnahmen ist dann durch die betroffenen Mitarbeiter zu leisten (Durchführungsrecht). In diesem Umsetzungsprozeß ist die Zielorientierung der Maßnahme ständig zu überprüfen (Fortschrittskontrollrecht).

Ein anderer Ansatz zur Gestaltung des Umsetzungsprozesses ist **der Zyklus systematischer Qualitätsverbesserungen** (P-D-C-A-Zyklus) nach *Deming (1982)*. In der **P**lanphase werden auf der Grundlage von Ablaufstandards Maßnahmen zur Qualitätsverbesserung entwickelt. *Imai* fordert hier eine weitgehend selbständige Arbeit der betroffenen Mitarbeiter (*Imai 1992, S. 88*). In der **D**o-Phase werden die Maßnahmen umgesetzt und im Detail verbessert, bis sie sich reibungslos bewähren. Diese Detailarbeit sehen *Sasaki/Hutchins* (*1984, S. 116f.*) als originäre Aufgabe der betroffenen Mitarbeiter an. Die **C**heck-Phase entspricht der Monitoring-Aufgabe der Führungskraft; die Maßnahmen werden auf ihre Qualitätswirkungen überprüft. Die **A**ct-Phase betont den Charakter der qualitätsorientierten Führung als revolvierender Prozeß ständiger Verbesserung. Sie dient der Analyse der getroffenen Maßnahmen, der organisatorischen Verankerung und Verbreitung und der Initialisierung weitergehender Verbesserungen. Abbildung 3 stellt beide Ansätze schematisch dar.

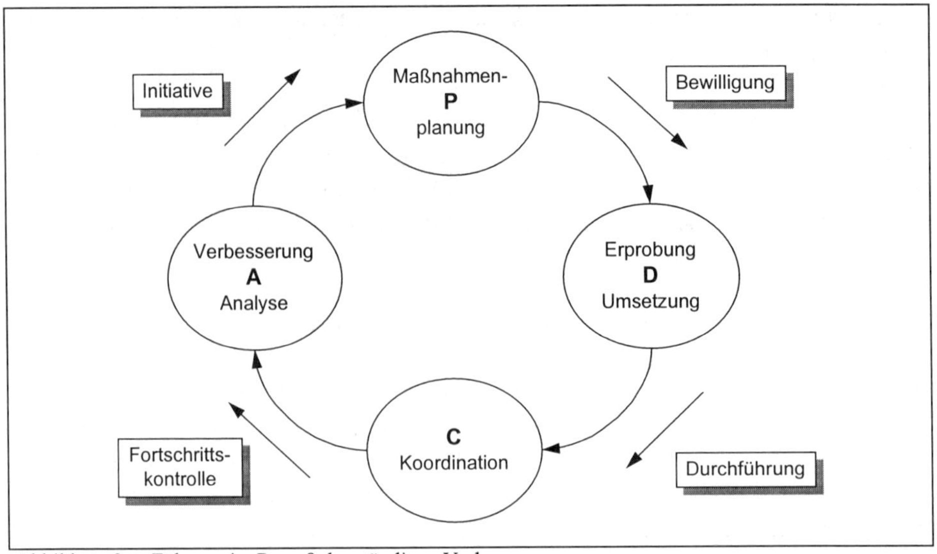

Abbildung 3: Führung im Prozeß der ständigen Verbesserung

Das Prinzip der ständigen Verbesserung verlangt eine Sichtweise von Fehlern als Chance, die in der Darstellung des P-D-C-A-Zyklus als geschlossener Kreislauf zum Ausdruck kommt. Das im TQM angestrebte Null-Fehler-Prinzip wird in der Praxis häufig verkürzt interpretiert. Die Null-Fehler-Forderung wird unmittelbar auf die Mitarbeiter übertragen. Bei Auftreten eines Fehlers werden sofort „Schuldige" gesucht und zur Verantwortung gezogen. Die Folge sind Verschwendungen durch Schuldzuweisungen und Rechtfertigungen, die Kommunikation wird unproduktiv. Die wahre Fehlerursache bleibt im Dunklen, der Fehlleistungsaufwand steigt weiter. Eine **qualitätsfördernde Fehlerkultur**, die Fehler als Ausgangspunkt und Chance für Verbesserungen begreift, unterstützt die Risiko- und Experimentierfreude der Mitarbeiter, indem sie ihnen Freiräume gewährt und auch Fehler zugesteht.

Diese Forderung berührt nicht nur Ausführungsfehler, sondern auch Denkmuster, die zumeist unbewußt die Einstellungen von Mitarbeitern und Führungskräften zur Verantwortung für Fehler bestimmen. Mitarbeiter verlassen sich darauf, daß Probleme früher oder später entdeckt und „von oben" gelöst werden. Führungskräfte versuchen auf der anderen Seite, Mitarbeiter über die Zusicherung von Unterstützung und Rückendeckung zur Initiative zu ermutigen. Damit lösen sie allerdings einen genau entgegengesetzten Effekt aus: Die Mitarbeiter gewinnen den Eindruck, daß ihre Initiative nur mit Unterstützung von Führungskräften erfolgreich sein könnte. Dies läuft dem Grundgedanken der Delegation von Verantwortung für Verbesserungen zuwider. Es führt dazu, daß Mitarbeiter Verantwortung für Fehler von sich weisen, anstatt sich bei ihrem Erkennen für die Lösung des Problems verantwortlich zu fühlen und selbständig einzusetzen (*Argyris 1994*).

Ein wesentliches Merkmal der Fehlerkultur im TQM ist die gemeinsame Suche nach den wahren Fehlerursachen. Bei Anwendung des 5-Warum-Systems läßt sich regelmäßig feststellen, daß der eigentliche Auslöser für Defekte oder Prozeßabweichungen von einer völlig anderen Stelle ausgeht als ursprünglich vermutet wurde. Indem fünf mal nach dem „Warum" gefragt wird, wird die gesamte Kausalkette bis zur Fehlerentstehung zurückverfolgt und nach Möglichkeiten zu deren Beseitigung gesucht. Aus dem Wissen um die Fehler der Vergangenheit resultieren Lernerfolge, die den Prozeß in Zukunft sicherer gestalten.

Ergebniskontrolle, Feedback und Mitarbeitergespräche

Maßnahmen zur **Ergebniskontrolle** stellen auf eine Abweichungsanalyse ab, die überprüft, inwieweit die vereinbarten Ziele mit den erreichten Ergebnissen übereinstimmen. Hierzu dienen regelmäßige Abstimmungsgespräche, in denen die Führungskraft mit den Mitarbeitern aufgetretene Problemfelder analysiert und Abhilfemaßnahmen diskutiert.

Zusätzlich kann eine permanente Rückkopplung über das Instrument der Zielberichte gewährleistet werden. In regelmäßigen Abständen müssen die Mitarbeiter die Arbeitsfortschritte in ihrem Verantwortungsbereich dokumentieren. Den Führungskräften bieten Zielberichte den Vorteil, daß sie trotz der Eigenständigkeit der Mitarbeiter deren Anstrengungen kontrollieren und in eine gemeinsame Richtung steuern können. Frühzeitig formulierte Meilensteine dienen der Erfolgskontrolle und erlauben einen Vergleich zwischen dem aktuellen Stand der Dinge und dem geplanten Fortschritt.

Führungskräfte müssen ihre Mitarbeiter über qualitätsbezogene Leistungen und Ergebnisse von Verbesserungsmaßnahmen sowie über Beiträge zu den Unternehmenszielen informieren. Dieses **Feedback** dient als Orientierungshilfe und Leistungsanreiz (*Pritchard/Jones 1988; Susaki 1994, S. 193ff.*). Es erlaubt den Mitarbeitern, von der Rückmeldung über Ergebnisse auf die ergriffenen Maßnahmen zu schließen, und so Hinweise für zukünftige Maßnahmen zu gewinnen. Die Wirksamkeit von Feedback wird wesentlich von der Art und Weise beeinflußt, in der es vermittelt wird:

- Feedback sollte sich auf einen konkreten Sachverhalt beziehen und zeitnah dazu gegeben werden. So wird es emotional mit diesem Vorgang in Verbindung gebracht (*v. Rosenstiel 1993, S. 218*).
- Feedback muß für gute Leistungen gegeben werden, um Effekte positiver Verstärkung des Erlebnisses dieser Leistung zu erzielen (*Brown 1982, S. 9*).
- Feedback muß sachlich und ohne Wertung vorgebracht werden. Die enthaltene Information muß direkt mit den Leistungen in Verbindung stehen, damit das Feedback eine realistische Grundlage für gezielte Verhaltensanpassungen bilden kann.
- Feedback sollte den Ausgangspunkt für regelmäßige **Mitarbeitergespräche** bilden, in denen sachliche Leistungen sowie persönliche Beziehungen gemeinsam analysiert werden. Probleme können auf ihre Ursachen zurückgeführt werden, die
  - in technisch-organisatorischen Schwachstellen bestehen können, die wiederum Gegenstand von Verbesserungsbemühungen werden;
  - in Kommunikationsschwierigkeiten begründet sein können, deren Ausräumung durch Gespräche zur Beziehungsklärung wiederum Aufgabe der Führungskraft ist.

Von Bedeutung für die Wirksamkeit von Feedback ist darüber hinaus die Häufigkeit der Rückmeldung. Zwischen der Anzahl der Feedback-Gespräche und der erzielten Verbesserung besteht ein positiver Zusammenhang: Je häufiger die Mitarbeiter über ihre Leistung informiert werden, desto schneller können sie ihre Arbeitsweise korrigieren und Prozesse selbständig steuern. Feedback sollte dabei nicht rein ergebnisorientiert sein. Eine prozeßorientierte Rückmeldung während der Aufgabenerfüllung kann eine unmittelbare Verhaltensänderung bewirken und sich direkt auf die Leistung niederschlagen. Die Führungskraft sollte – insbesondere bei negativen Rückmeldungen – einen auf den oben beschriebenen Anforderungen produktiver Kommunikation basierenden, informellen Weg wählen, Feedback zu geben. Jede Rückmeldung dient als Ausgangspunkt für eine Suche nach Verbesserungen. Diese Sichtweise des Feedback ist Ausfluß der TQM-Fehlerkultur und einer lernenden Organisation.

3.4 Qualität der Führung

Durch Zielvereinbarungen, partizipative Verbesserung und Kontrolle sowie Feedback wird Mitarbeiterführung im TQM zu einem revolvierenden Prozeß der Initiierung und Durchsetzung ständiger Verbesserung im Unternehmen. Die konsequente Umsetzung des Prinzips der ständigen Verbesserung fordert auch, den Führungsprozeß als solchen einer permanenten Analyse und Verbesserung zu unterziehen. Führungskräfte müssen ihre Leistung, die Qualität ihres Führungsverhaltens, fortlaufend daraufhin überprüfen, ob sie den Erwartungen und Bedürfnissen ihrer „Kunden" genügt. Kunden der Führungskräfte sind (*Susaki 1994, S. 174f.*)

- ☐ die Mitarbeiter, die Führung als Dienstleistung nachfragen, und
- ☐ das Unternehmen, das Führung als Koordinationsaufgabe fordert.

Ein **systematisches Verbesserungsprogramm zur Mitarbeiterführung** kann die Führungskraft hierbei analog der Qualitätsauditierung unterstützen (*Bühner 1998*). Ziel ist es, Führungskräften ein Instrumentarium an die Hand zu geben, mit dem sie ihren eigenen Umgang mit den Kunden und sich selbst kritisch reflektieren sowie kontinuierlich in kleinen Schritten verbessern können. Auditierungskriterien zielen dabei im besonderen auf zwei Problemfelder der Mitarbeiterführung:

- ☐ **Fehlervermeidung** durch Messung und Standardisierung von Führungsverhalten. Hier bietet sich eine analoge Anwendung der FMEA – Failure Mode and Effects Analysis (*Franke 1987*) an. Ein Beispiel für einen Führungsfehler wäre eine mangelhafte Beziehungsklärung in Feedback-Gesprächen. Eine „Führungs-FMEA" könnte hier eine Fehlerbeschreibung und mögliche Fehlerfolgen (mangelnde Orientierung des Mitarbeiters über Ursachen schlechter Leistungen, Einschätzungen und Erwartungen seitens der Führungskraft, Ansätze für Verbesserungen) aufzeigen und so die Dringlichkeit einer Veränderung des Führungsverhaltens in diesem Punkt darlegen.

- **Kundenorientierung** der Führungstätigkeit durch Erfassung und Operationalisierung der Erwartungen von Mitarbeitern und Unternehmen (*Susaki 1994, S. 191ff.*). Auf der Grundlage einer Analyse von Führungsanforderungen nach dem Muster des QFD – Quality Function Deployment – (*Hauser/Clausing 1988; Akao 1990*) können Norm-Verhaltensweisen entwickelt werden. Diese ermöglichen es der Führungskraft, ihre Leistung gegenüber den Ansprüchen ihrer Kunden zu bewerten und auf dieser Informationsbasis zu verbessern (*Breitkopf 1997*).

Eine Verbesserung der Qualität der Führung ist nur insoweit möglich, wie es gelingt, den „weichen" Faktor Führung zu operationalisieren und zu messen. Die Messung der Kundenorientierung der Führung kann von Unternehmensseite, Kunden, Kollegen oder Mitarbeitern in unterschiedlicherweise vorgenommen werden:

- Das Unternehmen kann sich **Kennzahlen** bedienen, die die Umsetzung der TQM-Prinzipien widerspiegeln. Beispiele sind
  - der Anteil der Mitarbeiter mit schriftlicher Zielvereinbarung oder
  - die Anzahl umgesetzter Verbesserungsvorschläge pro Mitarbeiter.
- Die Einschätzung der Kollegen oder Mitarbeiter über die Qualität der Führung kann durch **Befragungen** oder **Aufwärtsbeurteilungen** erfaßt werden (*Reineke 1983; Domsch/Gerpott 1987, Sp. 1648*). Werden die Führungskräfte mit den Ergebnissen dieser Maßnahmen konfrontiert, können diese einen Ausgangspunkt für Verhaltensänderungen bilden. Voraussetzung ist eine Konkretisierung der Qualitätsmängel und ein detailliertes Feedback. Eine ausgeprägte Fehlerkultur würde den Mitarbeitern Gelegenheit geben, den Führungskräften die Ergebnisse zu erläutern und gemeinsam eine Ursachenanalyse und Problemlösung durchzuführen.

4. Fazit

Das Konzept des Total Quality Management ist Ausfluß einer verschärften Wettbewerbssituation, die die Qualität des Unternehmens in den Vordergrund der Diskussion gerückt hat. Die Instrumente des TQM wurden zu einem großen Teil in westlichen Ländern entwickelt, wenngleich in Japan zuerst erfolgreich umgesetzt. Ein Grund ist, daß westliche Unternehmen häufig ein Qualitätsmanagement mit TQM-Instrumenten in einer klassischen, hierarchischen Führungsstruktur durchsetzen wollten. TQM erfordert aber eine Form der Mitarbeiterführung, die die Abkehr von klassischen Organisationsprinzipien (weitgehende Aufgabenteilung und Spezialisierung) voraussetzt. Aufgabenintegration und die Übertragung von Entscheidungsrechten in Verbindung mit einer neuen Definition von Führung (und Hierarchie) als Koordinationsinstrument, dessen

Einsatz und Gestalt von kundenorientierten Prozessen abhängig ist, begründen eine neue Rolle der Führungskräfte. Sie fordern unternehmerische Initiative von ihren Mitarbeitern und ermöglichen ihnen, eigenständig an der Verbesserung der Prozesse und der Zusammenarbeit im Unternehmen zu arbeiten. Sie tragen Kundenanforderungen in die Prozesse hinein und koordinieren deren fehlerfreie Erfüllung. Durch die Anwendung von Führungsinstrumenten, die zu einer Intensivierung der informellen, persönlichen Kommunikation im Unternehmen beitragen, tragen sie die Entwicklung des Unternehmens hin zu einer lernenden Organisation wesentlich mit.

Literaturverzeichnis

Adler, P.S. (1993): Time-and-Motion Regained, in: Harvard Business Review, Vol. 71, No. 1, S. 97-108.

Adler, P.S./Cole, R.E. (1993): Designed for Learning. A Tale of Two Auto Plants, in: Sloan Management Review, Vol. 34, No. 3, S. 85-94.

Akao, Y. (1990): Quality Function Deployment. Integrating Customer Requirements into Product Design, Cambridge.

Argyris, C. (1994): Good Communication That Blocks Learning, in: Harvard Business Review, Vol. 72, No. 4, S. 77-85.

Breitkopf, D. (1997): Qualität in der Mitarbeiterführung. Quality Function Deployment als Kommunikations- und Verbesserungsinstrument, Wiesbaden.

Brown, P.L. (1982): Managing Behavior on the Job, New York u.a.

Bühner, R. (1997): Personalmanagement, 2. Aufl., Landsberg am Lech.

Bühner, R. (1998): Mitarbeiterführung als Qualitätsfaktor: Führungsverhalten systematisch bewerten und verbessern, München/Wien.

Bühner, R./Pharao, I. (1993): Erfolgsfaktoren integrierter Gruppenarbeit, in: VDI-Z, 135. Jg, Nr. 1/2, S. 46-57.

Cartwright, D./Zander, A. (1968): Group Dynamics. Research and Theory, 3. Aufl., New York.

Crosby, P.B. (1986): Qualität ist machbar, Hamburg.

Deming, W.E. (1982): Quality, Productivity, and Competitive Position, Cambridge.

Deppe, J. (1989): Quality Circle und Lernstatt. Ein integrativer Ansatz, Wiesbaden.

Domsch, M./Gerpott, T.J. (1987): Personalbeurteilung von Führungskräften, in: *Kieser, A./ Reber, G./Wunderer, R. (Hrsg.)*: Handwörterbuch der Führung, Stuttgart, Sp. 1647-1656.

Feigenbaum, A.V. (1961): Total Quality Control, New York.

Fiedler, F.E. (1967): A Theory of Leadership Effectiveness, New York.

Franke, W.D. (1987): FMEA. Fehlermöglichkeits- und -einflußanalyse in der industriellen Praxis, Landsberg am Lech.

French, J.R.P./Raven, B.H. (1968): The Bases of Social Power, in: *Cartwright, D./Zander, A. (Hrsg.)*: Group Dynamics, Research and Theory, 3. Aufl., New York, S. 259-269.

Garvin, D.A. (1988): Managing Quality, New York/London.

Grabert, S./Kamiske, G.F./Malorny, C/Michael, H./Sander, H.-D. (1993): Qualitätsmanagementsysteme nach DIN ISO 9000. Wo liegen die Schwierigkeiten?, in: Qualität und Zuverlässigkeit, 38. Jg., S. 269-274.

Grant, R.M./Shani, R./Krishnan, R. (1994): TQM's Challenge to Management Theory and Practice, in: Sloan Management Review, Vol. 35, No. 2, S. 25-35.

Hauschild, J. (1992): Innovationsmanagement. in: *Frese, E. (Hrsg.)*: Handwörterbuch der Organisation, 3. Aufl., Stuttgart, Sp. 1029-1041.

Hauser, J.R./Clausing, D. (1988): Wenn die Stimme des Kunden bis in die Produktion vordringen soll, in: Harvard Manager, 10. Jg., Nr. 4, S. 57-70.

Imai, M. (1992): KAIZEN, 2. Aufl., München.

Juran, J.M. (1988): Juran on Planning for Quality, New York/London.

Juran, J.M. (1989): Juran on Leadership for Quality, New York.

Knicker, T./Gremmers, U. (1990): Das Rüstzeug für zielorientiertes Führen, in: Harvard Manager, 12. Jg., Nr. 1, S. 62-71.

Lawler, E.E./Mohrman, S.A. (1985): Qualitätszirkel – nicht mehr als eine Modeerscheinung?, in: Harvard Manager. 7. Jg., Nr. 3, S. 33-39.

Neuberger, O. (1977): Organisation und Führung, Stuttgart u.a.

Oess, A. (1993): Total Quality Management: die ganzheitliche Qualitätsstrategie, 3. Aufl., Wiesbaden.

Pritchard, R.D./Jones, S.D./Roth, P.L./Stuebing, K.K./Ekeberg, S.E: (1988): Effects of Group Feedback, Goal Setting, and Incentives on Organizational Productivity, in: Journal of Applied Psychology, Vol. 73, S. 337-358.

Reimann, C.W./Hertz, H.S. (1994): Der Malcolm Baldrige National Quality Award und die ISO 9000-Zertifizierung, in: *Mehdorn, H./Töpfer, A. (Hrsg.):* Besser-Schneller-Schlanker. TQM-Konzepte in der Unternehmenspraxis, Neuwied, S. 185-214.

Reineke, P. (1983): Vorgesetztenbeurteilung. Ein Instrument partizipativer Führung und Organisationsentwicklung, Köln u.a.

Ritter, A./Zink, K.J. (1989): Differenzierte Kleingruppenkonzepte als wesentlicher Bestandteil eines umfassenden, integrierten Qualitätsmanagements (im Sinne von TQM), in: *Zink, K.J. (Hrsg.)*: Qualität als Managementaufgabe, Landsberg am Lech, S. 233-258.

v. Rosenstiel, L. (1993): Anerkennung und Kritik als Führungsmittel, in: *v. Rosenstiel, L./Regnet, E./Domsch, M. (Hrsg.)*: Führung von Mitarbeitern, Stuttgart, S. 211-221.

Sasaki, N./Hutchins, D. (1984): The Japanese Approach to Product Quality, Oxford u.a.

Schulz v. Thun, F. (1981): Miteinander reden 1: Störungen und Klärungen. Psychologie der zwischenmenschlichen Kommunikation, Reinbek.

Shingo, S. (1986): Zero Defect Control: Source Inspection and the Poka Yoke-System, Cambridge.

Susaki, K. (1994): Die ungenutzten Potentiale, München/Wien.

Taguchi, G./Clausing, D. (1990): Robust Quality, in: Harvard Business Review, Vol. 68, No. 1, S. 65-75.

Tannenbaum, R./Schmidt, W.H. (1958): How to Choose a Leadership Pattern, in: Harvard Business Review, Vol. 36, No. 2, S. 95-101.

Töpfer, A./Mehdorn, H. (1995): Weltweit von den Besten lernen, in: Personalwirtschaft, 22. Jg., Nr. 2, S. 24-27.

Töpfer, A./Mehdorn, H. (1993): Total Quality Management, Neuwied u.a.

Waldman, D.A. (1994): The Contributions of Total Quality Management to a Theory of Work Performance, in: Academy of Management Review, Vol. 19, S. 510-536.

Watzlawick, P./Beavin, J.H./Jackson, D.D. (1974): Menschliche Kommunikation. Formen, Störungen, Paradoxien, 4. Aufl., Bern/Stuttgart.

Wittmann, W. (1959): Unternehmen und unvollkommene Information, Köln u.a.

Wruck, K.H./Jensen, M.C. (1994): Science, Specific Knowledge, and Total Quality Management, in: Journal of Accounting and Economics, Vol. 18, S. 247-287.

Zink, K.J./Schick, G. (1984): Quality Circles, München, Wien.

Summary

Total Quality Management (TQM) seeks to improve the integration of workers in decision-making processes and to satisfy customer needs. A mistake-avoidance-process preventing waste of internal resources is to be implemented. Furthermore, as quality perceived by the customer determines market-potential, every deviation from quality leads inevitably to costs for the company. On the basis of a process- and team-oriented organization intellectual abilities of its workers become critical. Moreover, TQM demands that management clearly delegate some of their decision-making authority to the workers and at same time decline taking direct intervention in the quality of work of the employees. Whereas workers tend to have decision management rights, management still boasts decision control rights. This means management are entitled and required to approve quality-improving processes, to compliment and service workers who independently produce and heighten quality and to coordinate these efforts. The functions of management as defined by TQM are productive communication and relay of information, the establishment of goals, improvement processes and their respective cultures together with the workers and finally the control of results, feedback and worker-oriented discussions.

Von der Personaladministration zum Wertschöpfungs-Center

Ansätze zu einer unternehmerisch ausgerichteten Personalarbeit

von Rolf Wunderer

Prof. Dr. Rolf Wunderer ist Ordinarius für Betriebswirtschaftslehre, insbesondere Führung und Personalmanagement an der Universität St. Gallen und Direktor des dortigen Instituts für Führung und Personalmanagement.

1. Von der Bürokratisierung zur unternehmerischen Orientierung

Als organisatorische Institution hat sich das Personalwesen – von einigen Ausnahmen abgesehen – erst spät entwickelt. Bis in die fünfziger Jahre war es in der Regel ein Teil der kaufmännischen Verwaltung. In dieser Zeit bildeten sich im deutschsprachigen Raum auch erste professionelle Vereinigungen von Personalleitern heraus. Und an den Universitäten wurden in den sechziger Jahren die ersten Lehrstühle und Studienangebote für Personalwesen etabliert. Heute findet man in Unternehmen ab etwa 150 Mitarbeitern zumindest halbamtliche Personalchefs und die Kommission Personalwesen im Verband der Hochschullehrer für Betriebswirtschaft zählt inzwischen rund 100 Mitglieder.

Wenn man versucht, diese sprunghafte Entwicklung idealtypisch in Phasen zu charakterisieren, dann kann dies nach folgenden fünf „Etappen" geschehen (*Wunderer 1983, 1989*). Dabei wird die Beschreibung nach der jeweils vorherrschenden Philosophie und strategischen Grundeinstellung sowie nach den Hauptfunktionen und Verantwortungsträgern in tabellarischer Kurzschreibweise vorgenommen.

Natürlich gibt es noch heute Personalabteilungen, die vor allem durch die Phase I charakterisiert sind; auch finden sich manche Mischformen.

I. Bürokratisierung (bis ca. 1960)

Philosophie:	Kaufmännische Bestandspflege der „Personalkonten"
Strategie:	Aufbau vorwiegend administrativer Personalfunktionen
Hauptfunktionen:	Verwaltung der Personalakten, Durchführung personalpolitischer Entscheidungen – z.T. in Nebenfunktion
Verantwortlich:	Kaufmännische Leitung

II. Institutionalisierung (ab ca. 1960)

Philosophie:	Anpassung des Personals an organisatorische Anforderungen (Sozialisationskonzepte)
Strategie:	Professionalisierung der Personalleiter, Zentralisierung des Personalwesens, Spezialisierung der Personalfunktionen
Hauptfunktionen:	Neben Kernfunktionen: Verwaltung, Einstellung, Einsatz, Entgeltfindung, juristische Konfliktregelung, zusätzlich Ausbau der qualitativen Sozialpolitik (Bildung, Freizeit, Arbeitsplätze)
Verantwortlich:	Personalleiter im Groß- und z.T. Mittelbetrieb

III. Humanisierung (ab ca. 1970)

Philosophie: Anpassung der Organisation an die Mitarbeiter (Akkomodationskonzepte)

Strategie: Spezialisierung, Ausbau sowie Mitarbeiterorientierung der Personalfunktionen

Hauptfunktionen: Humanisierung, Partizipation, Ausbau der qualitativen Funktionen, wie Aus- und Weiterbildung (off the job), kooperative Mitarbeiterführung, Human Relations, Personalbetreuung, Humanisierung von Arbeitsplätzen, -umgebung, Arbeitszeit, Organisations- und Personalentwicklung

Verantwortlich: Personalressort in der Geschäftsleitung, Personalstäbe, Arbeitnehmer-Vertretung

IV. Ökonomisierung (ab ca. 1980)

Philosophie: Anpassung von Organisation und Personal an veränderte Rahmenbedingungen nach Wirtschaftlichkeitsaspekten

Strategie: Dezentralisierung, Generalisierung, Entbürokratisierung, Rationalisierung von Personalfunktionen

Hauptfunktionen: Flexibilisierung der Arbeit und der Arbeitskräfte, Rationalisierung des Entwicklungspotentials, Abbau quantitativer und freiwilliger Personalleistungen, Orientierung auf Freisetzungspolitik

Verantwortlich: Geschäftsleitung, Personalwesen, Linienmanagement

V. Unternehmerische Orientierung (ab ca. 1990)

Philosophie: Mitarbeiter als wichtigste, wertvollste und sensitivste Unternehmensressource. Das Personalmanagement soll sie als Mitunternehmer gewinnen, entwickeln und erhalten. Wertschöpfung („added value“) als Oberziel

Strategie: Zentralisierung des strategischen und konzeptionellen Personalmanagements bei gleichzeitiger Delegation operativer Personalarbeit an die Linie

Hauptfunktionen: Unternehmerisches Mitwissen, Mitdenken, Mithandeln und Mitverantworten in allen wesentlichen Unternehmensentscheidungen. Damit integrierte und gleichberechtigte Mitwirkung bei der Unternehmensphilosophie, -politik und -strategie mit besonderer Berücksichtigung von „Mensch und Arbeit“. Evaluation der ökonomischen und sozialen Folgen von Unternehmensentscheiden (Personal-Controlling)

Verantwortlich: Die Geschäftsleitung, insbesondere ein für Personal (Human Ressourcen und Humankapital) verantwortliches Mitglied, das zentrale Personalmanagement als „Wertschöpfungs-Center“ sowie die Linie (als dezentrales Personalmanagement) und z.T. die Mitarbeiter selbst (z.B. Selbstentwicklung)

2. Zur Unternehmerrolle der Personalchefs

Im Zusammenhang mit der fünften Entwicklungsstufe wird nun ein Leitbild diskutiert, das bei einer Umfrage – in Form eines Polaritätenprofils („Typenmapping“) durchgeführt – von 65 schweizerischen Unternehmen nach Ansicht der über 1.100 Befragten (Unternehmer, Personalverantwortliche, Linienchefs, Mitarbeiter und Mitglieder der Betriebskommission) schon 1981 26 Prozent der Personalchefs (Abbildung 1) charakterisierte: die Unternehmerrolle.

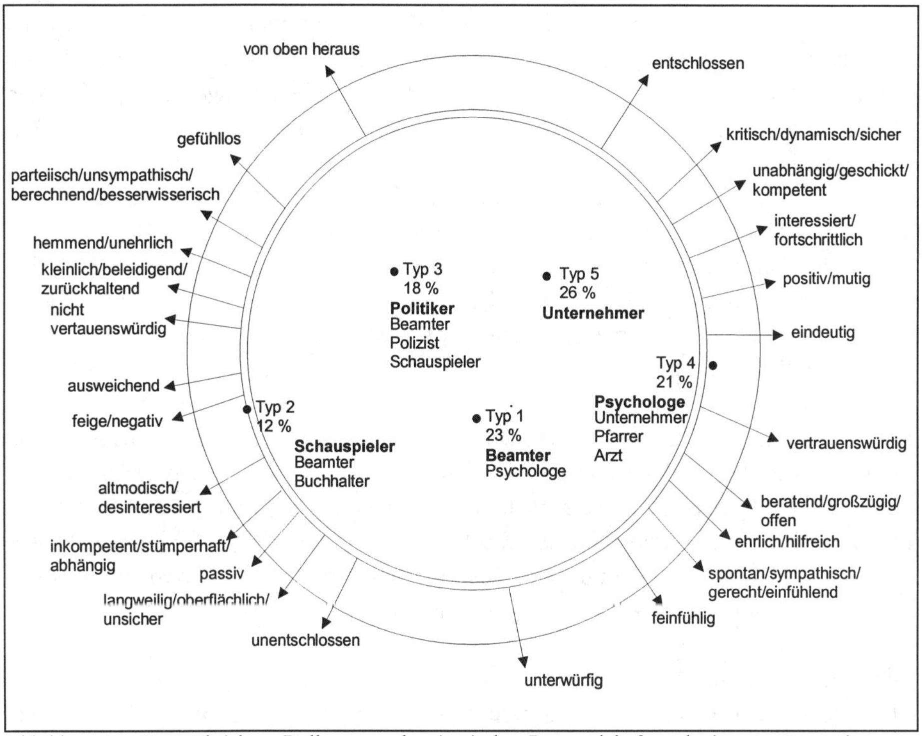

Abbildung 1: Zugeschriebene Rollen von schweizerischen Personalchefs nach einer repräsentativ angelegten Umfrage (in Form eines Polaritätenprofils) im Jahre 1981

Die Verwirklichung dieses Denkmodells ist nur schrittweise möglich (Entwicklungsmodell). Dabei ist die optimale Erfüllung der klassischen Personalfunktionen Voraussetzung für eine Übertragung unternehmerischer Funktionen. Zur Realisierung müssen neben dem Personalchef verschiedene Einflußgruppen aktiv beitragen. Vor allem zählen dazu: Geschäftsleitung, Linienchefs, Ausbildungsinstitutionen und Fachverbände sowie der Personalchef selbst.

Die Geschäftsleitung kann diese Zielsetzung am besten sichern, wenn sie den Personalverantwortlichen zu ihrem Mitglied macht, auch in Mittelbetrieben. Das forderten schon 1981 bei der zitierten Umfrage der Schweizer Gesellschaft für Personalfragen 31 Prozent der Mitarbeiter, 36 Prozent der Linienchefs und 50 Prozent der Betriebskommissionsmitglieder, 59 Prozent der Personalchefs, aber nur 30 Prozent der Geschäftsleitungsmitglieder (*Institut für betriebswirtschaftliche Forschung* und *Robertson AG 1983*).

In einer deutschen Studie (*Heidrick & Struggles 1990*) wurde der Kategorie „unternehmerisches Denken" der größte Bedeutungszuwachs (von 35 Prozent auf zukünftig 87 Prozent) unter allen Anforderungen zugeschrieben. Was verlangt diese Unternehmerrolle zusätzlich vom Personalchef? In erster Linie muß er (der Titel wird geschlechtsneutral verstanden) sich als Mitglied der Geschäftsleitung, erst in zweiter Linie als Verantwortlicher für seinen Geschäftsbereich „Personal" verstehen. Er wirkt – natürlich unter besonderer Berücksichtigung der Human Ressourcen und des Humankapitals – an allen geschäftspolitischen Entscheidungen mit. Darin eingebunden entwickelt er mit seinen Kollegen und den Linienchefs in Initiativfunktion die Personalpolitik und -strategie als Teil der Unternehmenspolitik und -strategie. So interessiert er sich mit seinen Marketingkollegen auch für den Absatzmarkt, mit seinen Produktionskollegen für die Struktur und Situation der Leistungserstellung, mit seinen Finanzkollegen für die Zahlen aus dem Finanz- und Rechnungswesen.

Er versteht sich damit als Generalist, der sich dabei besonders um die Gewinnung, die Erhaltung, die Entwicklung und den wirtschaftlichen Einsatz des menschlichen Potentials kümmert. Er muß damit nicht mehr, aber auch nicht weniger können als jedes andere Mitglied der Geschäftsleitung. Und selbst wenn er (noch) nicht Mitglied der Geschäftsleitung wäre, dann könnte er immerhin in diesem Sinne denken und handeln, damit die Unternehmerfunktion auch ohne entsprechende Position erfüllen.

1991 ermittelte eine internationale Studie von *Price/Waterhouse* zum „International Strategic Human Resource Management", daß „europaweit nur eine Minderheit von Personalabteilungen über schriftlich fixierte Zielsetzungen verfügt, diese in konkrete Arbeitsprogramme umsetzt und zusätzlich deren Zielerreichungsgrad kontrolliert" (*S. 7f.*). In der Bundesrepublik zeigte sich dabei eine ähnliche Situation. Nur knapp 20 Prozent der befragten deutschen Unternehmen hatten eine schriftlich formulierte Personalstrategie, sie bildeten damit das Schlußlicht im europäischen Vergleich. Auch eine Umfrage bei 887 der größten Unternehmen der Bundesrepublik im Jahre 1990 durch die Unternehmensberatung *Heidrick & Struggles* ergab, daß nur etwa ein Drittel der Beantworter über eine verbindliche Personalstrategie verfügte. Dazu wurde der Einfluß der

Personalverantwortlichen auf die Formulierung der Unternehmensstrategie als generell sehr begrenzt eingeschätzt.

Die Situation des Personalwesens scheint sich damit in den letzten Jahren nicht grundlegend geändert zu haben. Es befindet sich also noch immer auf dem (langen) Weg zur unternehmerischen Orientierung. Wenn Veränderungen über eine Prozeß- bzw. Funktionsoptimierung nicht greifen, dann sind – so die Systemtheorie – Strukturmaßnahmen sinnvoll. Deshalb wird im folgenden ein Entwurf für einen neuen Strukturansatz diskutiert: das Personalwesen als Wertschöpfungs-Center.

3. Überlegungen zu einem Wertschöpfungskonzept und -Center

Die Termini „Wert" und „Wertschöpfung" werden in der wirtschaftswissenschaftlichen Literatur (vgl. dazu z.B. *Weber et al. 1961; Kargl 1976*) sehr unterschiedlich verwendet. Im einzelnen soll hier auf die zum Teil kontroverse Diskussion nicht weiter eingegangen werden. Diese beginnt mit der Frage von *Marx*, welcher Produktionsfaktor überhaupt einen Mehrwert in einer Volkswirtschaft erzielen könne. Die betriebswirtschaftliche Diskussion bei *Nicklisch* (*1932*) macht die menschliche Arbeit zum tragenden „Betriebselement" und „Wertschöpfer" einer Allgemeinen Betriebswirtschaftslehre und definiert Wertschöpfung als Summe von bezahlten Löhnen und erzieltem Gewinn (*S. 525, 560ff.*). Später mündet sie ein in eine recht unterschiedliche Verwendung als Indikator für Leistungsmessung.

Wertschöpfung wird heute in der betriebswirtschaftlichen Literatur so formuliert: „Die Differenz zwischen den vom betrachteten Betrieb abgegebenen Leistungen und den vom betrachteten Betrieb übernommenen Leistungen oder positiv als die Eigenleistung des Betriebes" (*Weber 1981, Sp. 1788*). Oder *Meyer-Merz* (*1979, S. 2*): „Die Wertschöpfung ist eine zeitraumbezogene Differenzgröße zwischen einem Output im Sinne von geschaffenen Gütern und/oder Dienstleistungen und einem Input, der die sogenannten Vorleistungen umfaßt". Ähnlich *Chmielewicz*: „Die Wertschöpfung stellt den Wertzuwachs dar, den ein Produktionsbetrieb über den Wert der Zulieferungen oder Vorleistungen anderer Produktionsbetriebe hinaus erreicht" (*1983, S. 152*).

Ziele einer Wertschöpfungsrechnung (*Meyer-Merz 1979; Weber 1981; Wenke 1987*) sind dabei v.a.: Wirtschaftlichkeits- und Produktivitätsmessung, Produktionsmessung (z.B. zur Erfassung von Fertigungstiefen), Betriebsgrößen- und Wachstumsmessung, Grundlage für fiskalische Abgaben.

Die Wertschöpfungsrechnung kann dabei als Entstehungsrechnung und als Verteilungsrechnung konzipiert werden. Als Entstehungsrechnung konzentriert sie sich auf den Leistungsaspekt und errechnet die Wertschöpfung als Differenz zwischen Unternehmensleistung und Vorleistungen. Als Verteilungsrechnung fokussiert sic den Sozialaspekt und ermittelt die Wertschöpfung als Summe der Einkommen aller an der Unternehmenstätigkeit Beteiligten.

Wird die Personalabteilung als eine Wertschöpfungseinheit verstanden, dann liegt ihre (strategische) Aufgabe darin, als Unternehmen im Unternehmen Wettbewerbsvorteile aufzubauen. Diese entstehen „im wesentlichen aus dem Wert, den ein Unternehmen für seine Abnehmer schaffen kann, soweit dieser die Kosten der Wertschöpfung für das Unternehmen übersteigt" (*Würth 1991*, *S. 205f.; Porter 1986*). Die Entstehungsrechnung bietet sich damit hierfür besonders an.

In der amerikanischen Literatur hat sich der Terminus „added-value" durchgesetzt. Er wird gerade in der Diskussion um Messung und Meßkennzahlen im Human-Ressourcen-Bereich (vgl. dazu v.a. *Fitz-Enz 1984, 1990*) viel verwendet und dort nach einer qualitativen sowie einer quantitativen Dimension differenziert.

Nun zum Wertschöpfungs-Center. Im Bereich der organisatorischen Gestaltung wird gerne der Terminus „Profit-Center" verwendet (*Mercer 1989; Weuster 1991*). Uns scheint dieser Begriff einmal zu eng bzw. speziell, zum anderen auch für die Personalarbeit nicht empfehlenswert. Dies wird anschließend begründet. Deshalb wird die sicher noch gewöhnungsbedürftige Bezeichnung „Wertschöpfungs-Center" vorgeschlagen. Dazu wird eine Differenzierung in zwei Hauptdimensionen vorgenommen, eine Management- und Service- sowie eine Business-Dimension (vgl. Abbildung 2).

Die Management- und Service-Dimension fokussiert den Wertschöpfungs-Aspekt auf die Leistungsphilosophie und -kultur der Personalarbeit. Sie konzentriert sich auf eine bedürfnis- und bedarfsgerechte sowie eine innovative, flexible, professionelle und problemlösungsorientierte Unterstützung der wesentlichen Bezugsgruppen (v.a. Mitarbeiter, Kader, Geschäftsleitung) sowie weiterer Externer in ihrer strategischen und operativen Arbeit. Dafür definiert sie ihre zentralen Servicekriterien: Bereitschaft, Umfang und Qualität sowie Breite und Tiefe ihres Angebots. Die Steuerung und Messung vollzieht sich vorwiegend über qualitative Nutzungsmessung durch die meist „internen" Kunden.

Wertschöpfungs-Center	
Management- und Service-Dimensionen	Business-Dimensionen
mit nicht-monetärer Nutzenbeurteilung	mit monetärer Nutzenbewertung
Management- und Servicebereitschaft	**Cost-Center** Kosten(vergleichs-)größen als Steuerungsinstrument
Management- und Serviceumfang	**Revenue-Center** Leistungs(vergleichs-)größen als Steuerungsinstrument
Management- und Servicequalität	**Profit-Center** Erfolgs(vergleichs-)größen als Steuerungsinstrument

Abbildung 2: Wertschöpfungs-Center „Personal" (Mensch und Arbeit)

Bei einem höheren Entwicklungsgrad („Reifegrad") dieses Konzepts, insbesondere auch im Bereich der monetären Leistungsmessung und -verrechnung, wird die sog. „Business-Dimension" des Wertschöpfungs-Centers angesprochen. Je nach Möglichkeit und bewußter Entscheidung kann damit der Weg vom „Cost"- zum „Revenue"- bis zum klassischen „Profit-Center" verfolgt werden. In der Unternehmenspraxis sind nur in ganz wenigen Ausnahmefällen die Voraussetzungen für dieses Konzept erfüllt. Es liegen damit auch kaum Erfahrungen vor (vgl. Berichte von *Bullwinkel 1991; Festag 1991; Ischebeck/v. Arx 1995)*. Einen integrierten Ansatz zeigt Abbildung 4, die nach Zielen, Leistungen und Funktionen zusätzlich differenziert (*Wunderer/v. Arx 1998, S. 235f.*).

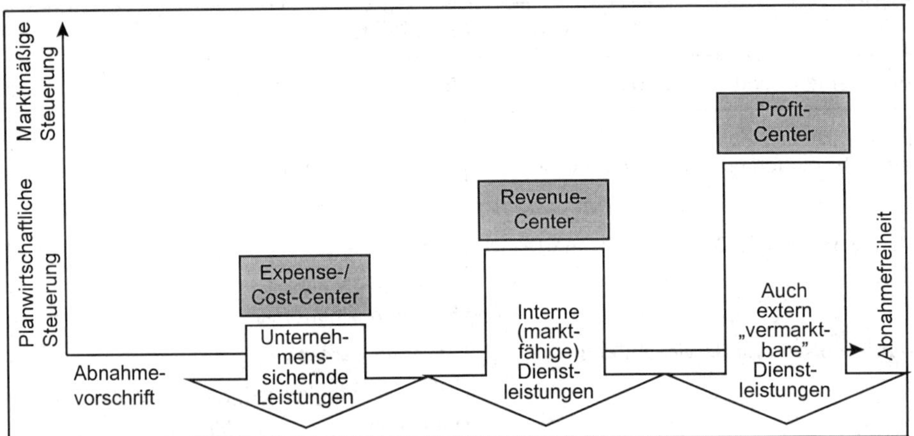

	Cost-Center	Revenue-Center	Profit-Center
Art der Leistungen	Unternehmenssichernde Leistungen im Auftrag/auf Weisung der Geschäftsleitung. Da sie erfolgkritisch und unternehmensspezifisch sind, werden sie nicht auf dem externen Markt angeboten.	Prinzipiell marktfähige Leistungen und individuelle, für Kunden erarbeitete Lösungen. Diese werden ausschließlich auf dem internen Markt, jedoch zu Verrechnungspreisen abgesetzt.	Marktfähige Leistungen mit Vergleichsmöglichkeiten der Preise und Qualität mit externen Marktangeboten. Handelt es sich nicht um erfolgskritische Maßnahmen, so können diese extern angeboten werden.
Steuerungs-konzept	Hierarchie und Bürokratie: Steuerung der unternehmenssichernden Leistungen über vorgegebene Budgets. Finanzierung über die interne Gemeinkostenumlage.	Bedingt marktmäßige Steuerung und Netzwerke: Aushandeln von internen (kostendeckenden) Verrechnungspreisen. Direkte auftragsbezogene Kosten werden den Kunden belastet.	Marktmäßige Steuerung: Orientierung an Marktpreisen, Vergleich mit externen Angeboten.
Autonomiegrad der Personal-funktion (Lieferant)	Gering: Zwingende „Herstellpflicht" für unternehmenssichernde Leistungen. Jedoch Richtlinienkompetenz gegenüber internen Kunden.	Mittel: Angebot orientiert sich an der Nachfrage der internen Kunden. Externer Verkauf wird ausgeschlossen. Verrechnungspreise werden gemäß dem Transferpreismodell festgelegt.	Hoch: Angebot orientiert sich an der internen und externen Nachfrage. Preise müssen markt- und konkurrenzfähig sein. Marktpartner können frei gewählt werden.

Abbildung 3a: Center-Formen für den Personalbereich

	Cost-Center	Revenue-Center	Profit-Center
Autonomiegrad der internen Kunden	Gering: Es bestehen zwingende Abnahmevorschriften für die unternehmenssichernden Leistungen.	Mittel: Zugang zu externem Markt kann für die internen Kunden durch Vorschriften eingeschränkt werden.	Hoch: Interne Kunden dürfen Dienstleistungen auf dem externen Markt beziehen, wenn kein konkurrenzfähiges Angebot vorliegt.
Verantwortungsumfang für die Bereichsleitung	Kosten- und Budgetverantwortung. Effizienz der Leistungserstellung bzw. Minimierung der Kosten. Vereinbarung eines bestimmten Outputs.	Kosten-, Umsatz- und Qualitätsverantwortung. Vereinbarter Prozentsatz der Bereichskosten muß durch die internen Einnahmen gedeckt werden. Vereinbartes Mengengerüst muß in der erforderlichen Qualität hergestellt werden.	Gewinn-/Deckungsbeitragsverantwortung. erfolgreiche Marktpositionierung. Umsatz- und Absatzziele.
Erfolgsevaluation	Kostenabweichungen im Rahmen der Plankostenrechnung. Benchmarkingmöglichkeit mit gleichen Kostenstellen/Verantwortungsbereichen anderer Unternehmen.	Umsatz bzw. Grad der Kostendeckung. Benchmarkingmöglichkeit mit gleichartigen externen Marktleistungen.	Differenz von Aufwand und Ertrag (Gewinn). Benchmarkingmöglichkeit mit gleichartigen Konkurrenzunternehmen der Branche.

Abbildung 3b: Center-Formen für den Personalbereich (Fortsetzung)

3.1 Beurteilung der Leistung und des qualitativen Erfolgsbeitrages (Management- und Service-Dimension)

Zum einen ist Wert also eine qualitative und subjektive Meßgröße. Hier ist Wertschöpfung ein Ausdruck für den Nutzen, welchen die Personalfunktion ihren Kunden, also den wesentlichen Bezugsgruppen – im Sinne eines Stakeholder-Beitrages – leisten kann. Als Bezugsgruppen wären dabei v.a. zu nennen: Linie, Mitarbeiter selbst, Geschäftsleitung, Arbeitnehmer-Vertreter sowie Externe (z.B. Familienangehörige, Pensionisten). Beurteilungs- und Maßgrößen dafür könnten sein: Beratungsqualität, Serviceschnelligkeit, Ansprechbarkeit.

Diese können umfassend durch eine bezugsgruppenorientierte Erfolgs- und Nutzenbewertung erfaßt werden. Einen Ansatz dafür haben *Remer/Wunderer* (*1979*) entwickelt, bei dem Leistung und Erfolg der Personalabteilung durch folgende Bezugsgruppen in den zentralen Personalfunktionen bewertet wurden: Linie, Unternehmensleitung, Vertreter der Mitarbeiter (vgl. Abbildung 5).

Fragen/ Gruppen — Teilgebiete	Einfluß			Bedeutung			Erfolg		
	PL (Personalleiter)	AL (Fachabteilungsleiter)	BR (Betriebsrat)	PL (Personalleiter)	AL (Fachabteilungsleiter)	BR (Betriebsrat)	PL (Personalleiter)	AL (Fachabteilungsleiter)	BR (Betriebsrat)
1. Gestaltung des Arbeitsinhaltes	3,0	2,3	2,1	4,1	3,8	4,1	2,8	3,2	2,8
2. Gestaltung der Arbeitsbedingungen	2,8	2,6	2,1	4,0	3,4	4,2	2,9	3,3	3,1
3. Sachliche Arbeitsbeziehungen	2,9	2,6	2,3	3,9	4,0	4,0	3,1	3,2	2,7
4. Soziale Arbeitsbeziehungen	3,4	2,9	2,5	4,0	3,7	4,1	3,0	3,1	2,8
5. Personalbedarfsplanung	4,1	3,3	3,0	4,1	4,0	4,3	3,3	3,4	2,7
6. Personalbeschaffung und -abbau	4,8	4,0	3,4	3,9	3,8	4,4	4,0	3,4	2,9
7. Innerbetriebliche Personalbewegungen	4,4	3,5	3,0	4,0	3,8	4,5	3,4	3,1	2,6
8. Fachliches Bildungswesen	4,3	3,3	3,0	4,0	3,7	4,5	3,3	3,1	3,6
9. Verhaltensentwicklung	4,0	2,6	2,7	4,0	4,2	4,2	2,7	2,9	2,7
10. Entgeltbezogene Bewertung und Beurteilung	4,2	3,1	2,8	4,1	4,1	4,3	3,5	3,2	2,7
11. Entgelt	4,4	3,7	3,1	3,5	3,8	4,4	3,8	3,5	3,0
12. Andere Leistungen an Mitarbeiter	4,3	3,8	3,0	3,3	3,1	4,0	3,6	3,5	3,4
13. Verwaltung der Personalarbeit	4,8	4,0	4,3	2,8	2,4	3,2	4,0	3,4	3,4
14. Arbeitsrecht	4,7	4,0	3,8	4,2	3,7	4,4	4,0	3,7	3,5
Ø	4,0	3,3	3,0	3,8	3,6	4,2	3,4	3,3	3,0

Abbildung 4: Evaluation der Leistungen der Personalabteilung durch 35 Personalleiter und zwei Bezugsgruppen (55 Abteilungsleiter und 45 Betriebsrätesprecher in den Jahren 1975-1977, Skala: 1 = sehr gering, 5 = sehr groß)

Einer solchen qualitativen, nicht monetären und subjektiven Nutzenbewertung durch die Bezugsgruppen („Kunden“) kommt in der Personalarbeit besondere Bedeutung zu. Dieser „Management- und Service-Audit“ kann z.B. neben den zuvor angesprochenen Funktionen (z.B. Personalbeschaffung, Personalentwicklung) auch nach Institutionen (z.B. zentrale oder dezentrale Personalbetreuer) sowie nach dem Beitrag zu zentralen Problembereichen (z.B. Produktivität, innere Kündigung, Vakanzen, Absenzen) durchgeführt werden.

Als Konzepte für einen solchen Audit eignen sich aber besonders zwei weitere Ansätze. Einmal sind es Kriterien zur Beurteilung der Managementleistung (vgl. Abbildung 6 sowie Wunderer 1991a). Weiterhin eignen sich Dimensionen der Servicequalität (vgl. dazu Abbildung 6 und *Parasuraman et al. 1985; Horovitz 1989; Jung 1991; Stauss 1991*).

1. Innovation: neue Konzepte, Instrumente, Regeln
2. Planung: Analysen, Prognosen, Strategien, Pläne
3. Koordination: Abstimmung, Integration, Strukturierung
4. Konflikthandhabung: Interessenausgleich und -vertretung, Moderation
5. Implementation: beratende und aktive Mitwirkung bei der Umsetzung
6. Evaluation: Strategisches und operatives Controlling
7. Repräsentation: Unternehmensvertretung, Industrial und Public Relations

Abbildung 5: Management-Qualität – 7 Schlüsselfunktionen

1. Verläßlichkeit: Richtigkeit, Rechtzeitigkeit, Glaubwürdigkeit
2. Reagibilität: Schnelligkeit, Pünktlichkeit, Unmittelbarkeit
3. Kompetenz: Fähigkeit, Fertigkeiten, Professionalität
4. Kontakt: Bequemlichkeit, Erreichbarkeit, Wartezeiten
5. Höflichkeit: Freundlichkeit, Aufmerksamkeit und Auftreten
6. Kommunikation: Informationsbereitschaft, -fähigkeit
7. Verständnis: für spezielle Bedürfnisse, Kundenorientierung

Abbildung 6: Dienstleistungsqualität – 7 Schlüsseldimensionen

Auch Ansätze aus der sog. wertorientierten Strategieplanung lassen sich für unser Konzept gut verwenden (*Timmermann 1988* und die dort angegebene Literatur; *Bühner 1990*). Diese von der Finanztheorie entwickelten Modelle streben v.a. an, Mehrwert für die Bezugsgruppe „Anteilseigner" zu schaffen. Mit wertorientierten Planungstechniken wird versucht, den Beitrag einzelner Projekte oder Geschäfte zum Marktwert der Unternehmung zu bewerten – und zwar über abgezinste Mittelflüsse.

Diese Modelle können hier nicht näher beschrieben werden. Sie sind aber auch für die Errechnung eines „Mehrwerts" für andere Bezugsgruppen (z.B. Linie, Mitarbeiter) anwendbar.

Ebenfalls von Interesse ist ein Konzept zur Ermittlung des „Mehrwerts der Zentrale". Dieser wird v.a. gesehen in: (a) Leistungsverbesserungen von Einzelgeschäften, (b) der Leistung durch besondere Fähigkeiten und Kenntnisse der Mitglieder von Zentraleinheiten (wie z.B. Personalabteilungen), (c) der gemeinsamen Nutzung von Ressourcen (*Timmermann 1988*).

Dazu werden auch spezifische Rollen der Zentrale definiert („Chirurg", „Sponsor", „Architekt", „Coach"). Je nach den geforderten bzw. erbrachten Leistungen werden andere Rollen erforderlich, um den Mehrwert von Zentralabteilungen zu erreichen bzw. zu suchen.

Dieses Konzept kann als neuerer bezugsgruppenorientierter Ansatz verstanden werden, der sich besonders für die Bewertung der qualitativen Nutzendimension zentraler Personalabteilungen einsetzen läßt.

Wenn der Erfolgsbeitrag direkt noch nicht erfaßt werden kann, bietet sich eine Evaluation über Indikatoren, insbesondere über Kennziffern an.

Kennziffern

Im folgenden werden einige Kennziffern (*Radke 1973; Reichmann 1985; Beyer 1990; Wunderer/Schlagenhaufer 1994*) beispielhaft aufgeführt, die als Indikatoren für den Wertschöpfungsbeitrag dienen können.

- Globale Kennziffern:
  Kennziffern zu Absenzen, Fluktuation, Vakanzen, Produktivitätsziffern (*Kopelman 1986*).

- Kennziffern für einzelne Personalfunktionen (Beispiele):

Stellenbesetzung:	Bewerbungen pro Ausschreibung, Wiederbesetzungsdauer, Anteil interner Besetzungen, Besetzungsgrad.
Entwicklung:	Fortbildungstage pro Beschäftigten, Deckungsgrad von Anforderungsprofil und Erfüllungsprofil nach Quantität und Qualität, Lerntransfer.
Entlohnung:	Anzahl der Lohngruppen, Arbeitsstunden, Arbeitsproduktivität.
Selektion:	Auswahlrate, Prognosegrad von externen/internen Auswahlentscheidungen.
Freisetzung:	natürliche Fluktuation, Frühpensionierungen, firmenbezogene Kündigungen.
Führung:	Arbeitszufriedenheit, Führungsverhalten.

3.2 Monetäre Bewertung (Business-Dimension)

Die Business-Dimension des Wertschöpfungs-Centers konzentriert sich auf die klassischen Größen des Rechnungswesens: Kosten und Aufwendungen, bewertbare Leistungen und Erträge sowie Differenzen und Relationen zwischen beiden Klassen.

Die Aufwands- und Kostenseite ist in den meisten Unternehmen schon recht weit ausgebaut. Häufig steht aber ihre Aufgliederung für statistische Zwecke im Vordergrund (z.B. getrennt nach Arbeitern und Angestellten, Teilzeit- und Vollzeitbeschäftigten). Eine Ausgestaltung der Personalabteilung als Cost-Center würde sich daher ohne große Probleme realisieren lassen. Im Vordergrund steht hierbei ein Effizienzmanagement, das sich aus dem Kostenstellencharakter der Personalabteilung ableitet. Im Mittelpunkt der Personalarbeit steht das Gewährleisten leistungsoptimaler Strukturen durch Analyse verursachter Kosten bzw. Kostenabweichungen.

Die Leistungs- und Ertragsseite der Personalarbeit ist dagegen kaum für die Ziele eines Revenue-Centers aufbereitet. Um der Umsatz- und Verkaufsorientierung des Revenue-Centers gerecht zu werden, müßten Lenk- und Verrechnungspreise hierfür die entsprechende Grundlage bilden. Erst dann wird es möglich sein, die Business-Dimension zu einem Profit-Center-Konzept weiterzuentwickeln, in dem dann Erfolgsgrößen sowie Kosten-/Leistungsrelationen im Vordergrund stehen. Ferner ist bei einer umfassenden Realisierung des Profit-Center-Konzepts freier Zugang zum Beschaffungs- und Absatzmarkt für die Personalabteilung zu gewährleisten.

Anschließend werden beispielhaft einige Erläuterungen zur Ermittlung der angesprochenen Rechnungsgrößen diskutiert.

Aufwands- bzw. Kostengrößen sind relativ besser zu ermitteln bzw. sie liegen schon vor. So die Aufwendungen für externe Maßnahmen der Personalentwicklung, der Personalwerbung, der Personalselektion, der Freisetzung bzw. Fluktuation. Die ihnen gegenüberstehenden Erträge dagegen könnten meist nur über Lenk- bzw. Verrechnungspreise (*Weilenmann 1989*) definiert werden.

Dieses Konzept basiert auf dem von *Schmalenbach* (*1948*) entwickelten Modell der „Pretialen Betriebslenkung". Seither hat man theoretisch viel (z.B. *Drumm 1972; Cascio 1982; Spencer/Lyle 1986; Weilenmann 1989; Treyer 1990; Wunderer/Schlagenhaufer 1994*) daran gearbeitet – in der Praxis bereitet aber gerade die Ermittlung und Festlegung von Lenkungspreisen einige Schwierigkeiten.

Ansatzpunkte könnten über Marktpreise geliefert werden, wie z.B. in der Personalbeschaffung, -selektion, in Personalentwicklungsmaßnahmen „off the job" (v.a. über Seminarveranstaltungen), in der Freisetzung (Outplacement-Kosten) sowie in bestimmten Administrationsleistungen (z.B. Lohnbuchhaltung). Soweit sowohl Aufwand und Ertrag tatsächlich definiert und gemessen werden können, wäre die Differenz als Gewinn pro Auftrag, Aktion, Projekt oder Programm auch errechenbar. Damit wären Grundsätze,

Konzepte und Methoden des Profit-Center-Konzepts (*Menz 1973; Wolf 1985; Weilenmann 1989; Alt/v. Arx 1995; Lichtsteiner/v. Arx 1995; Wunderer/v. Arx 1998*) anwendbar.

3.3 Integrierte Bewertung der Service- und Business-Dimension

Erst durch die zusätzliche Berücksichtigung des zuvor diskutierten qualitativen Nutzens für Bezugsgruppen (Management/Service-Dimension) wird das Business- bzw. Profit-Center-Konzept zum Wertschöpfungs-Center erweitert. *Mercer* (*1989, S. 14*) schlägt für das Profit-Center folgendes Grundkonzept vor:

(1) Identifizierung von „Business"-Problemen,
(2) Schätzung der Kosten der „Business"-Probleme,
(3) Identifizierung der Möglichkeiten der Personalabteilung zur Überwindung der Probleme,
(4) Schätzung der Kosten der von der Personalabteilung vorgeschlagenen Problemlösungen,
(5) Ermittlung der aus den Problemlösungen resultierenden Ergebnisverbesserung,
(6) Ermittlung des Kosten-Nutzenverhältnisses von Problemlösungen.

Basierend auf dieser Vorgehensweise entwickelt er in zahlreichen Beispielen Vorschläge für die Bewertung einzelner Programme bzw. Projekte. Ein Beispiel wird in Übersetzung in Abbildung 7 wiedergegeben.

Schwieriger ist die Errechnung bei Funktionen, die v.a. mit der Bereitstellung für unregelmäßig anfallende und nur begrenzt planbare Leistungen verbunden sind. Hier könnten dann entsprechende Stundensätze mit Bereitstellungskostenanteil verrechnet werden. Dazu gehören z.B.: Beratung der Linie bzw. der Unternehmensleitung, Zusammenarbeit mit Betriebsrat, Gewerkschaften, Verbänden, Auskünfte gegenüber Mitarbeitern in lohn- oder versicherungsrechtlichen Fragen, Beratung bei der Gehaltsfestsetzung, bei Austrittsankündigungen. Gegen Stundensatzverrechnung wird eingewendet, dies führe zu Bürokratie. Die Vorgehensweise von Beratungsfirmen widerlegt dieses Argument.

Problem: Hohe Fluktuation von Managern einer Restaurantkette mit 85 Filialen

Kosten des Problems: $ 2.450.000/Jahr

Struktur der Kosten:

A. Fluktuation
= Anzahl der Fluktuationen/Jahr x Kosten pro Fluktuation
= 35 Fluktuationen/Jahr x $ 40.000/Fluktuation – $ 1 400.000/Jahr

B. Geringere Produktivität in den einzelnen Restaurants als Folge der Fluktuation
= Anzahl der Fluktuationen/Jahr x Durchschn. Produktivitätssenkung als Folge der Fluktuation
= 35 Fluktuationen/Jahr x $ 1.050.000/Jahr

Kosten des Problems = $ 1.400.000/Jahr + $ 1.050.000/Jahr = $ 2.450.000/Jahr

Lösung des Problems: Bereitstellen realistischer Karriereplanungen für Kandidaten mit Potential für die Position eines Restaurant-Managers

Kosten der Lösung: $ 91.500

Struktur der Kosten:

A. Interviews mit jetzigen und früheren Restaurant-Managern
= Anzahl der geführten Interviews x Kosten pro Interview
= 100 Interviews x $ 100/Interview = $ 10.000

B. Analyse der Interviewergebnisse = $ 1.000

C. Entwickeln realistischer Karrierepläne = $ 2.500

D. Ausführen realistischer Karrierepläne mit Kandidaten, die hohes Potential besitzen
= Anzahl Kandidaten mit hohem Potential, die in den Karriereplanungsprozeß einbezogen werden x (Zeitbedarf des Interviewers + Reisekosten der Kandidaten und Spesen)
= 65 Kandidaten x ($ 400 + $ 800) = $ 78.000
Kosten der Lösung:
= $ 10.000 + $ 1.000 + $ 2.500 + $ 78.000 = $ 91.500

Nutzen der Verbesserung: $ 1.540.000/Jahr

Nutzen der Verbesserung:
= Kosten des Problems vor Einführung realistischer Karrierepläne – Kosten des Problems nach Einführung realistischer Karrierepläne

Kosten des Problems vor Einführung realistischer Karrierepläne = $ 2.450.000

Kosten nach Einführung realistischer Karrierepläne umfassen:

A. Fluktuation
= Anzahl Fluktuationen/Jahr x Kosten pro Fluktuation
= 13 Fluktuationen/Jahr x $ 40.000 = $ 520.000/Jahr

B. Niedrigere Produktivität pro Restaurant als Folge der Fluktuation
= Anzahl der Fluktuationen/Jahr x Durchschnittliche Produktivitätssenkung als Folge von Fluktuationen
= 13 Fluktuationen/Jahr x $ 30.000/Fluktuation = $ 390.000/Jahr

Kosten des Problems nach Einführung realistischer Karrierepläne
= $ 520.000/Jahr + $ 390.000/Jahr = $ 910.000/Jahr

Nutzen der Verbesserung
= $ 2.450.000/Jahr – $ 910.000/Jahr = $ 1.540.000/Jahr

Kosten-Nutzen-Relation: 1 : 16,8
$ 91.500 : $ 1.540.000

Abbildung 7: Modell für realistische Karriereplanung zur Senkung der Fluktuation von Managern im Gaststättenbereich
Quelle: Mercer 1989, S. 164f. (Übersetzung)

Wichtig bei einem Wertschöpfungs-Center-Konzept wäre allerdings, daß die Personalabteilungen bestimmte Leistungen auch am Markt anbieten könnten. Damit wird die Auslastung von Leerkapazitäten (z.B. durch Vermietung eines Schulungszentrums in den Sommerferien) verbessert. Weiterhin bringt dies Motivationsanreize für Mitarbeiter – z.B. für firmeninterne Trainer, die freie Kapazität anderen Klienten anbieten dürften. Auch werden zusätzlich Dienstleistungen für Kunden des Unternehmens möglich (z.B. Schulung von Führungskräften von Kunden ohne eigene Führungsausbildung) – mit entsprechenden Synergien im Bereich des Absatzmarketing. Schließlich könnten damit die externe Leistungs- und Wettbewerbsfähigkeit der Personalfunktionen und von Mitarbeitern der Personalabteilung getestet bzw. unter Beweis gestellt werden.

4. Beurteilung des Wertschöpfungs-Center-Konzepts

Eine Beurteilung ist wegen der relativ geringen Praxiserprobung zur Zeit v.a. theoretisch möglich. Die folgenden Aspekte wurden Personalverantwortlichen zur Bewertung im Rahmen von umfassenderen Umfragen vorgelegt (*Wunderer/Kuhn 1993, S. 205f.*). Die Reihenfolge der nachfolgenden Vorteile bzw. Grenzen entspricht der Beurteilung durch die Befragten (16 Personalvorstände, 41 Personalleiter).

Vorteile eines solchen Konzepts wären in folgendem zu sehen:

- ☐ Durch Selbständigkeit und Transparenz der Ergebnisse des eigenen Bereiches verbunden mit innerbetrieblichem Wettbewerb werden die Personalverantwortlichen unternehmerisch orientiert und motiviert.
- ☐ Die Personalabteilung kann sich dann zu einer unternehmensinternen Beratungs- und Serviceabteilung entwickeln (*Alt/v. Arx* 1995), u.U. sogar Teil einer eigenen Servicegesellschaft („Management-Service“) werden. Damit wird sie für hochqualifizierte unternehmerische Mitarbeiter attraktiver, kann entsprechend den Leistungen besser vergüten und den Mitarbeitern auch intrapreneurische Freiräume anbieten.
- ☐ Für die „Kunden“ werden die Folgen von Anforderungen, wie z.B. Beratung, Aufwand für Personalentwicklungsmaßnahmen und Fluktuationen (Freisetzungskosten, Beschaffungs-, Selektions- und Einarbeitungskosten) durch Erfassung anfallender Kosten und Erlöse wesentlich transparenter und belegbarer. Das gilt auch für spontane Anfragen von Geschäftsleitungen, die hohen Such-, Auswertungs- und Berichtsaufwand erfordern.
- ☐ Die aufwandsverursachenden Leistungen werden viel genauer auf ihre Notwendigkeit und ihre Kostenfolgen hin beurteilt.

- Da die Entscheidungskompetenz innerhalb des Wertschöpfungs-Centers liegt, führen kürzere Informationswege zu einer Steigerung organisatorischer Flexibilität.
- Aufwands- und Ertragsverantwortung bewirken eine verstärkte Gewinnorientierung.

Grenzen und Voraussetzungen dieses Konzepts wären (ebenfalls in der Reihenfolge der Beurteilung):

- Strategisches Denken tritt gegenüber Streben nach Periodenerfolg zurück. Bürokratisierung neigt zu quantitativer statt qualitativer Sichtweise.
- Die Nachfrage nach notwendigen, aber „teuren" und erst langfristig wirksamen Dienstleistungen (z.B. Personalentwicklung) geht zurück, wenn die Fachabteilungen unter starkem Kostendruck stehen.
- Der Qualitätsstandard der angebotenen Leistungen der Personalabteilung muß so hoch sein, daß sie bei „make-or-buy"-Entscheidungen wettbewerbsfähig ist.
- Ausreichende Ressourcen sind für die neue Organisation bereitzustellen.
- Eine Verlagerung von der verfahrens- zur ergebnisorientierten Kontrolle ist erforderlich.
- Die Zurechnung ist nicht immer einfach durchzuführen.
- Die Personalabteilung muß eine Mindestgröße aufweisen, ferner müssen die Mitarbeiter und Führungskräfte über ein den Anforderungen des Wertschöpfungs-Center-Konzepts entsprechendes Qualifikationsniveau verfügen.
- Verstärkte Dezentralisierung konterkariert Synergieeffekte und führt zu Abteilungsegoismus, verbunden mit kurzfristiger Gewinnorientierung.
- Noch schwieriger ist die Ermittlung, Festlegung und Durchsetzung von Lenk- und Verrechnungspreisen. Diese erfordert als erste Voraussetzung einen hohen Reifegrad der Personalabteilung im Rechnungswesen, der bisher noch meist fehlt.
- Auch bei möglicher Einflußminderung der Unternehmensführung im Personalbereich ist deren Unterstützung für den Reorganisationsprozeß erforderlich.
- Eine erfolgreiche Durchführung in anderen betrieblichen Funktionsbereichen könnte eine wesentliche Starterleichterung für die organisatorische Neu- bzw. Fortentwicklung der Personalabteilung sein.
- Die Personalabteilung ist mit genügend Kompetenzen auszustatten, um Entscheidungen über Beschaffung, Erstellung und Vermarktung von internen/externen Dienstleistungen weitgehend selbständig fällen zu können.
- Die auftragsgerechte Aufwands-/Kostenzurechnung erfordert höheren administrativen Aufwand als die bisherige Praxis, die Kosten der Personalabteilung über allgemeine Schlüssel umzulegen.
- Eine Profit-Center-orientierte Ausgestaltung des Rechnungswesens im Rahmen von Deckungsbeitragsrechnungs-Strukturen ist erforderlich.

5. Schritte auf dem Weg zum Wertschöpfungs-Center

Der lange Weg von der Personalverwaltungs- zur Wertschöpfungsabteilung ist sicher nicht von heute auf morgen zurückzulegen. Entsprechende Zwischenschritte müssen akzeptiert und eingeplant werden. Die gesamte Unternehmenskultur muß auch sonst auf ähnliche Konzepte eingestellt sein, die zuvor vielleicht schon in anderen Servicefunktionen – z.B. EDV, Informatik – erprobt wurden.

Zunächst wäre das Wertschöpfungskonzept als personalmarketingorientierte (*Wunderer 1991b*) Denk- und Leistungshaltung für zentrale und dezentrale Personalstellen zu sehen, also wie eine selbständige und auf Wertschöpfung für ihre Kunden verpflichtete Einheit zu denken und zu agieren – im Sinne eines „Management- und Service-Centers“. Solche Denkhaltungen müssen zu ihrer Umsetzung auch instrumentell abgesichert und durch entsprechende Anreize und Sanktionsmöglichkeiten verstärkt werden. Ebenso müßte über eine regelmäßige Bewertung der Leistungen aus Sicht der Bezugsgruppen der Management- und Servicegrad differenziert evaluiert werden. Die „Business-Dimension“ kann über die besprochenen Organisationsformen für dezentralisierte und differenzierte Bildung von Verantwortungsbereichen realisiert werden (*Wolf 1985; Antony et al. 1989; Wunderer/Kuhn 1995, S. 442ff.*).

Dieser Schritt sollte zunächst mit einem Cost-Center realisiert werden. Damit wird die methodische Grundlage für eine genauere, direkte sowie auftragsbezogene Zurechnung über die verursachten Kosten gelegt.

Nach erfolgreicher Ermittlung der Input-Seite würde die Erlösseite als Grundlage für die Bildung eines „Revenue-Centers“ verwendet werden. Dies allerdings nur bei Erfüllung der zuvor genannten Voraussetzungen. Dann könnte man Ansätze zu einem „Profit-Center“ verfolgen, in welchem die Differenz zwischen Erlösen und Kosten die Steuerungs- und Verantwortungsgrundlage bildet.

In einem dritten Schritt wäre zu prüfen, inwieweit das Wertschöpfungs-Center-Konzept zunächst erst einmal für einzelne Funktionen implementiert werden könnte, in denen es relativ leicht realisierbar wäre. Dies ist gegeben, wenn schon einige Kostenstellen gebildet sind (wie häufig in der Lehrlingsausbildung) und wenn für die Output-Seite vergleichbare Marktpreise vorliegen, bzw. wenn diese Leistungen schon bisher z.T. von außen eingekauft wurden (z.B. Fortbildungsmaßnahmen durch interne und externe Trainer bzw. Veranstalter) oder Personalbeschaffung bestimmter Zielgruppen durch interne Stellen und Personalberatungsunternehmen betrieben wurde. Funktionen, wie Personalbeschaffung (*Mercer 1989*), Personalentwicklung (*Bullwinkel 1991; Festag 1991; Jeek*

1991; Ischebeck/v. Arx 1995) – aber auch bestimmte Bereiche der Personaladministration – würden sich hier also besonders anbieten.

Anschließend könnten zunächst die dezentralen Personalabteilungen entsprechend organisiert werden. Denn hier ist die Zurechnung leichter. Auch sind Kosten und Leistungen im operativen Bereich einfacher zu be- und verrechnen. Abschließend würde dann zu überlegen sein, das gesamte Personalwesen als Wertschöpfungs-Center zu entwikkeln.

Verschiedene Beispiele zeigen, daß dieser Weg in der Praxis bereits mit Erfolg beschritten wird (*Wunderer/Schlagenhaufer 1994, S. 137ff.; Wunderer/Kuhn 1995, S. 442ff.; Wunderer/v. Arx 1998*). Entscheidend ist, daß ein Anfang gemacht wird, der das Personalwesen der neunziger Jahre deutlich von dem früherer Dezennien unterscheidet. Es wird immer evidenter, daß das Humankapital der am schwierigsten zu beschaffende, teuerste und sensibelste Produktionsfaktor geworden ist. Seine Gewinnung, Betreuung, Qualifizierung, Motivierung und Erhaltung gehört damit zu den zentralen Erfolgspositionen der meisten Unternehmen. Der Anteil der Arbeitskosten an den gesamten Selbstkosten der Unternehmung erreicht zum Teil über 70 Prozent; deshalb ist eine ökonomisch fundierte und unternehmerisch orientierte Personalarbeit unumgänglich. Zur Gewinnung und Erhaltung der Ressourcen auf dem internen und externen Personalmarkt müssen neben der Linie Spezialisten des Personalwesens eingesetzt werden, deren Tätigkeit in einem „added-value", einer Wertschöpfung, legitimiert und nachweisbar ist. Ein solches Verständnis der Personalfunktion erhöht auch den Stellenwert der Personalverantwortlichen im Unternehmen und damit die Attraktivität für erfolgreiche Manager anderer Funktionen, diese Aufgabe zu übernehmen. Auch für unternehmerische Mitarbeiter des Personalwesens, die gerne in selbständige Beraterpositionen wechseln möchten, könnte diese Funktion wieder interessant werden – unter dem Intrapreneuring-Motto von *Pinchot* (*1988*): „Why you don't have to leave the corporation to become an entrepreneur".

Literaturverzeichnis

Alt, H./v. Arx, S. (1995): Dezentrale Personalabteilungen als professionelle Service-Center bei der Drägerwerk AG, in: *Wunderer, R./Kuhn, T. (Hrsg.)*: Innovatives Personalmanagement, Neuwied u.a., S. 472-497.

Antony, R./Dearden, J./Bedford, N. (1989): Management Control Systems, Homewood.

Bühner, R. (1990): Das Management-Wert-Konzept, Stuttgart.

Bullwinkel, H. (1991): Bildungsarbeit als Profitcenter-Betriebsergebnis schon im zweiten Jahr positiv, in: Personalführung, Nr. 5, S. 326-332.

Cascio, W.F. (1982): Costing Human Resources, Boston.

Chmielewicz, K. (1983): Wertschöpfung, in: Die Betriebswirtschaft, 43. Jg, Nr. 1, S. 152-154.

Drumm, H. (1972): Theorie und Praxis der Lenkung durch Preise, in: Zeitschrift für betriebswirtschaftliche Forschung, 24. Jg., S. 253-267.

Festag, W. (1991): Das Bildungszentrum als Profitcenter, in: Personalführung, Nr. 5, S. 314-327.

Fitz-Enz, J. (1984): How to Measure Human Resources Management, New York u.a.

Fitz-Enz, J. (1990): Human Value Management, San Francisco.

Heidrick & Struggles (1990): Der Vorstand/Geschäftsführer Personal, München.

Horovitz, J. (1989): Service entscheidet – Im Wettbewerb um den Kunden, Frankfurt am Main/ New York.

Institut für betriebswirtschaftliche Forschung und Robertson AG, Zürich (Hrsg.)(1983): Die Stellung des Personalwesens in schweizerischen Unternehmen. Zürich.

Ischebeck, W./v. Arx, S. (1995): Aus- und Weiterbildung als eigenständige Bildungsgesellschaft bei IBM Deutschland, in: *Wunderer, R./Kuhn, T. (Hrsg.)*: Innovatives Personalmanagement, Neuwied u.a., S. 498-524.

Jeek, W. (1991): Business unit als kostendeckende Einheit – Weiterbildung bei Unilever, in: Personalführung, Nr. 4, S. 318-325.

Jung, H. (1991): Customer Satisfaction Measurement, in: Absatzwirtschaft, Sonderheft, Nr. 10, S. 172-180.

Kargl, H. (1976): Wertanalyse, in: *Grochla, E./Wittmann, W. (Hrsg.)*: Handwörterbuch der Betriebswirtschaft, 1/3, Stuttgart, Sp. 4425-4438.

Kopelman, R.E. (1986): Managing Productivity in Organizations, New York.

Menz, W.D. (1973): Die Profit-Center-Konzeption, Bern/Stuttgart.

Mercer, M. (1989): Turning Your Human Resources Department into a Profit-Center, New York.

Meyer-Merz, A. (1982): Die Wertschöpfungsrechnung der Unternehmung, in: Der Schweizer Treuhänder, 56. Jg, Nr. 10, S. 2-8.

Nicklisch, H. (1932): Die Betriebswirtschaft, 7. Aufl., Stuttgart.

Parasuraman, A./Zeithaml, V.A./Berry, L.L. (1985): A Conceptual Model of Service Quality and its Implications for Future Research, in: Journal of Marketing, Vol. 49, No. 4, S. 41-50.

Pinchot, G. (1988): Intrapreneuring, Wiesbaden.

Porter, M. (1986): Wettbewerbsvorteile, Frankfurt am Main.

Price Waterhouse – Cranfield Project (1991): International Strategic Human Resource Management, London.

Radke, M. (1973): Die große betriebswirtschaftliche Formelsammlung. 4. Aufl., München.

Reichmann, Th. (1985): Controlling mit Kennzahlen, München.

Remer, A./Wunderer, R. (1979): Personalarbeit und Personalleiter in Großunternehmen, Berlin.

Schmalenbach, E. (1947/48): Pretiale Wirtschaftslenkung, Bd. 1: Die optimale Geltungszahl, Bd. II: Pretiale Lenkung des Betriebes, Bremen-Horn.

Spencer, J./Lyle, M. (1986): Calculating Human Resource Costs and Benefits, New York.

Stauss, B. (Hrsg.)(1991): Erfolg durch Service Qualität, München.

Timmermann, A. (1988): Evolution des strategischen Managements, in: *Henzler, H. (Hrsg.)*: Handbuch Strategische Führung, Wiesbaden, S. 85-105.

Weber, H.K. (1981): Wertschöpfung, betriebliche, in: *Kosiol, E./Chmielewicz, K./Schweitzer, M. (Hrsg.)*: Handwörterbuch des Rechnungswesens, 2. Aufl., Stuttgart, Sp. 1787-1795.

Weber, W./Albert, H./Kade, G. (1961): Wert, in: Handwörterbuch der Sozialwissenschaften, Bd. 11, Tübingen u.a., Sp. 637-658.

Weilenmann, P. (1989): Dezentrale Führung: Leistungsbeurteilung und Verrechnungspreise, in: Zeitschrift für Betriebswirtschaft, 59. Jg., Nr. 9, S. 932-956.

Wenke, K.G. (1987): Theorie der Wertschöpfung und der Wertschöpfungsrechnung, Mainz.

Wenster, A. (1991): Profit-Center-Konzept gerät ins Abseits, in: Personalwirtschaft, Nr. 6, S. 49-51.

Wolf, M. (1985): Erfahrungen mit der Profit-Center-Organisation, Frankfurt am Main u.a.

Würth, R. (1991): Der Mitarbeiter als Erfolgsfaktor Nr. 1 zur Realisierung von Wachstumsstrategien, in: *Zinken, H. (Hrsg.)*: Zukunftssicherung durch Strategische Unternehmensführung, Gütersloh, S. 205-222.

Wunderer, R. (1983): Entwicklungstendenzen im Personalwesen, in: Die Betriebswirtschaft, 43. Jg, Nr. 2, S. 217-236.

Wunderer, R. (1989): Personalmanagement und Personalchef der neunziger Jahre, in: *Lattmann, C./Krulis-Randa, J.S. (Hrsg.)*: Die Aufgaben der Personalabteilung in einer sich wandelnden Umwelt, Heidelberg, S. 227-239.

Wunderer, R. (1991a): Personalmarketing, in: Die Unternehmung, 45. Jg., Nr. 2, S. 119-131.

Wunderer, R. (1991b): Managementrolle: Führender, in: *Staehle, W.H. (Hrsg.)*: Handbuch Management, Wiesbaden, S. 363-382.

Wunderer, R./v. Arx, S. (1998): Personalmanagement als Wertschöpfungs-Center. Integriertes Organisations- und Personalentwicklungskonzept, Wiesbaden.

Wunderer, R./Kuhn, T. (1993): Unternehmerisches Personalmanagement, Frankfurt am Main/ New York.

Wunderer, R./Kuhn, T. (Hrsg.)(1995): Innovatives Personalmanagement, Neuwied u.a.

Wunderer, R./Schlagenhaufer, P. (1992): Die Personalabteilung als Wertschöpfungs-Center. Ergebnisse einer Umfrage, in: Zeitschrift für Personalforschung, Nr. 2, S. 180-187.

Wunderer, R./Schlagenhaufer, P. (1994): Personal-Controlling, Stuttgart.

Der vorliegende Beitrag ist die überarbeitete Fassung des Aufsatzes „Von der Personaladministration zum Wertschöpfungscenter“, in: Die Betriebswirtschaft, 52. Jg., 1992, Nr. 2, S. 201-215; mit freundlicher Genehmigung des Verlages Schäffer-Poeschel, Stuttgart.

Summary
In the context of five development phases of personnel activities the concept of a value added center is described as a characteristic of entrepreneurial personnel work. Consequences for the role of personnel work, i.e. for the personnel department, the personnel management, and for those responsible for the personnel are concluded. After general thoughts about the concept of value added centers possibilities of control and evaluation of measurements are shown. Steps to the realisation of this new concept bring the essay to a conclusion.

Erweiterte Anforderungen und Formen der Personalauswahl zur Sicherstellung der Qualität im Internen Marketing

von Clemens Heidack

Prof. Dr. Clemens Heidack ist Professor für Betriebswirtschaftslehre, insb. Personal- und Bildungswesen an der Fachhochschule in Düsseldorf.

1. Erweiterte Problemstellung

„Wen bearbeiten Sie?“ wurde PL befragt.
PL antwortete: „Ich habe viel Mühe, denn ich bereite meinen nächsten Irrtum vor!“
(nach B. Brecht)

So umfassend wie der Wandel, ist die Herausforderung an alle Beteiligten, insbesondere an deren kritisches Bewußtsein, wie man vielleicht schmunzelnd beim Lesen des vorstehenden Textes feststellt.

Die Herausforderung der Personalauswahl in der Personalbedarfsdeckung und Personalanpassung eines Unternehmens liegt nicht in der Mühe der Massenabfertigung der Bewerbungen oder bei jenen Aufgaben, die Personalbeauftragte fremdgetrieben tun. Entscheidend ist ihr Mitwirken (*Lutz 1998, S. 81ff.*) an einer ganzheitlichen Bewußtseinsbildung und Motivation im Veränderungsmanagement auf allen Führungsebenen und bei den hochqualifizierten Spezialisten zur Sicherung der Qualität des Internen Marketing.

Die aktuellen Anforderungen und Formen für die Personalauswahl bilden sich zum einen in der Dynamik der Entwicklung von **Paradigmenwechseln** (*Geyer 1998, S. 91ff.*) und verlangen zum anderen eine Qualitätssicherung im Internen Marketing. Die erweiterte Problemlage besteht darin, daß sie bei der beschleunigt verlangten Innovation durch kontinuierliche Qualitätsverbesserung im wesentlichen nicht nur die technische Qualität im Auge hat, sondern durch permanentes Lernen und Selbstqualifikation die Qualität des gesamten Arbeitsergebnisses bewußt im Sinne eines Total Quality/Qualification Management (TQQM) (vgl. hierzu *Heidack/Schwalbe/Zander 1997*) steuert – bei der Personalauslese bereits vorsteuert. Es geht nicht mehr vorrangig um die äußeren strukturellen Organisations- oder Verhaltensformen. Innere, prozessuale und selbstgesteuerte, interaktiv wirkende Verhaltensfelder bestimmen den Weg und Werdegang der Personalauswahl zu qualifiziertem, richtig eingesetztem und sich engagiert einsetzendem Personal. Delegation von Verantwortung und Zuständigkeit in Projekten sowie Konfrontation mit Konflikten in der Hierarchie und im Team sowie schnell und dauerhaft aus eigenen Erfolgen und Fehlern im Team zu lernen, deuten die anders ausgerichteten aktuellen Anforderungen für Formen der Personalauswahl an. Ein Unternehmen kann keine Beschäftigungsgarantie geben.

Hier ergibt sich durch die verstärkte Notwendigkeit und Zuwendung zur Beschäftigungsbefähigung über das eigene Unternehmen hinaus eine erweiterte Problemlage auch für das Spektrum der Kompetenzentwicklung in der Personalauslese. Vielleicht ist eine Perspektive möglich, eine „Garantie für die Beschäftigungsfähigkeit (employability) aufzubauen", wie es der Philosophie und den Zielen des Sozialplans bei CASE, Deutschland GmbH in Neuß war, durch ein Zentrum für Arbeit und Beschäftigung (ZAB) eine umfassende Qualifizierung für den Arbeitsmarkt (*Maag 1996, S. 23ff.; Yavaz 1997*) zu schaffen.

Dies bedeutet allerdings eine umfassende Potentialbildung von Anfang an, wie es *Heinrich von Pierer*, Vorstandsvorsitzender der Siemens AG auf dem Internationalen Human Resources Congress im Juli 1998 in Paderborn betonte. „Employability" hat für ihn nicht nur eine perspektivische Bedeutung für die global operierenden Unternehmen, sondern ist eine unabdingbare Herausforderung an die nachhaltige Kompetenzentwicklung, die die Geschäftspolitik vom Internen Marketing für die Zukunftssicherung verlangt, wonach sich die Qualität der Qualifikation im Unternehmen richten muß. Es ist die Abkehr von der kurzfristigen, eher defizitorientierten Bedarfsdeckung, die in den Unternehmen bislang weitgehend die Kriterien der Weiterbildung bestimmt, die das Unternehmen „zahlt", und was zählt nach dem Motto folgender Situation (*Heintel 1998, S. 33f.*):

> Beim Vorstellungsgespräch fragt der Vorgesetzte:
> „Was haben Sie denn gelernt?" – „Nichts!" – „Gut! dann brauchen wir sie wenigstens nicht umzuschulen!"

2. Mitarbeiterauswahl und -integration im soziotechnischen Arbeitssystem

2.1 Personal – kritischer Erfolgsfaktor im Unternehmen

Die strategische, insbesondere **wettbewerbsrelevante Bedeutung der Mitarbeiterauswahl** kann darüber hinaus anhand folgender Aussagen von unterschiedlichen Aspekten her begründet werden.

Mitarbeiter im Unternehmen sind:

- ☐ einer der teuersten Produktionsfaktoren (Kostenaspekt),
- ☐ diejenigen, auf die sich letztlich die Produktivität aller anderen Faktoren zurückführen läßt (Basis- und Ganzheitsaspekt),

- die einzigen Produktionsfaktoren, die aus sich heraus (Kreativitätsaspekt) und über sich hinaus (Innovationsaspekt) wachsen können.

Aus dieser Erkenntnis hat sich der übergreifende Ansatz des heutigen **Personalmarketing** entwickelt, der eine ganzheitliche Denkweise und Neuorientierung der **Wertschöpfung des Humankapitals** in der gesamten Personalarbeit und des Internen Marketing darstellt (Abbildung 1).

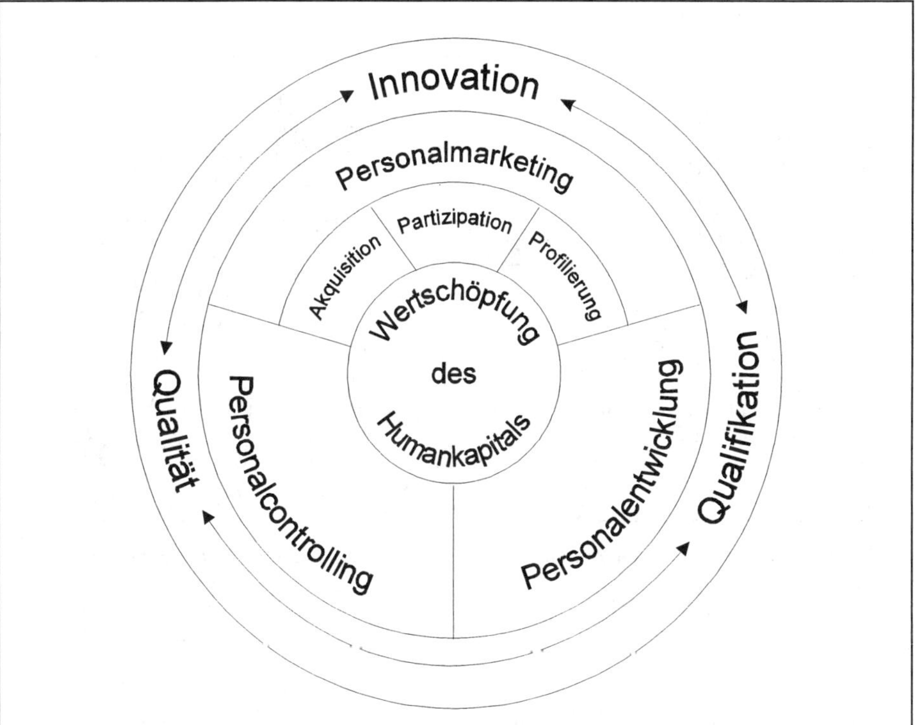

Abbildung 1: Kerngebiete des Personalmanagements
Quelle: Heidack 1994a, S. 7

Der ganzheitliche Bezug dieser Managementaufgabe zielt auf die **Integration des Mitarbeiters in ein sozio-technisches Arbeitssystem**, das seine Lebensimpulse vom Markt her erhält und die Ziele der Mitarbeiter in die Managementperspektive einbeziehen muß, die als neue Management-Denkweise nicht nur den internen Personalbereich prägen, sondern auch Kunden und Zulieferer, bis hin zu „Satellitengruppen“, wie Tarifparteien nach außen, für die Erfolgs- und Leistungspotentiale nutzbar machen und entsprechend die Personalauswahl treffen muß.

2.2 Trend zum Human-Resources-Management

Personalmarketing hat unter dieser Zielsetzung somit ständig den Personalbereich extern wie intern zu beachten, wobei letztlich das Interne Marketing Vorrang hat. Die partnerschaftliche Gestaltung und Selbststeuerung geht noch weit darüber hinaus; Personalauswahl ist gleichzeitig eine interne Wertschöpfung des Humankapitals. Die Entwicklung zum **Human-Resources-Management** in Abbildung 2 verdeutlicht die mögliche zukünftige Personalarbeit.

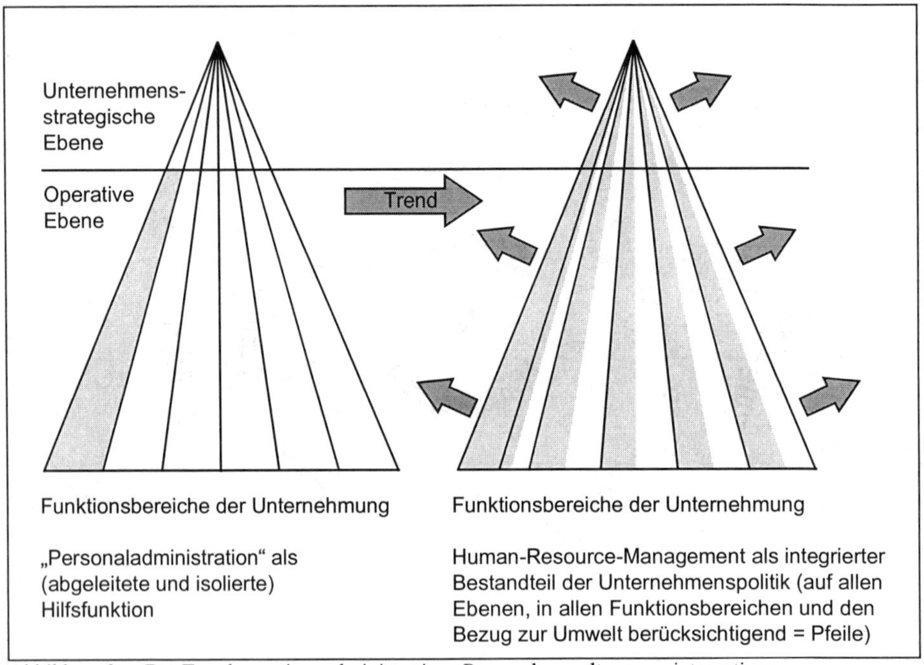

Abbildung 2: Der Trend von einer administrativen Personalverwaltung zur integrativen Personalstrategie des Human-Resources-Management
Quelle: Harlander et al. 1994, S. 496

Die prinzipiellen Forderungen des „Lean-Konzepts" verschärfen die Situation bei der Erarbeitung eines **internen Marketingkonzepts** und insbesondere beim internen Personalmarketing (*Heidack 1994a, S. 9f.*). Dabei sind zwei Aspekte zu beachten:

(1) Strikte Zuwendung zu allen Strukturen, Prozessen und Instrumenten, die der primären Aufgabe des Unternehmens vom Markt her nutzen und die Primärprozesse intern unterstützen bzw. sie optimieren (Wertschöpfung durch und im Produkt-/Dienste-Center).

(2) Der Auf- und optimale Ausbau eines interaktiven Netzwerkes (eine vielfach verzweigte Wertschöpfungskette vom Markt in den Betrieb) und gleichzeitig die Entwicklung von Dienstleistungen, um die Integration beider „Lean"-Angelegenheiten zu fördern (Wertschöpfung durch und mit einem Service-Center). Hierbei spielt die wechselseitige Spannung und Wertschöpfung von Qualität und Qualifikation sowie zwischen Selbststeuerung und der Betonung der Gruppenarbeit eine zentrale Rolle.

2.3 Integration und Sicherstellung der Qualität des Personalmarketing durch Auswahl- und Austauschprozesse

In der Integration der beiden Basisinstrumente der Unternehmenskultur, Corporate Identity (CI) und Image des Unternehmens, äußert sich die Notwendigkeit einer ganzheitlichen Betrachtungsweise des Begriffs Personalmarketing, die durch die Gestaltung der Unternehmenskultur über das Personalmarketing-Management gelingen kann. Abbildung 2 zeigt die Ableitung des Personalmarketing in seiner Zuordnung zur CI, die die besonderen Funktionen des Internen Marketing wahrnimmt und zum Ausdruck bringt.

Extern wird die Personalauswahl durch Personalmarketing auf eine breitere Basis gestellt, einmal durch die Akquisitionsfunktion, die durch eine Profilierungsfunktion ergänzt und unterstützt wird (*Scholz 1989*). Externe Bewerber und potentielle Mitarbeiter sollen für das Unternehmen generell und speziell für die dort angebotenen Arbeitsplätze interessiert werden. Im **Internen Marketing** wirkt sich dies so aus, daß bereits eingestellte Mitarbeiter durch das Image langfristig für das Unternehmen motiviert und dadurch an den Betrieb gebunden werden. Durch Partizipation und Motivation soll Fluktuation nicht nur verhindert werden, sondern auch die spezifische Funktion der Profilierung nach außen durch Imagewirkung und durch CI nach innen verstärkt werden. Diese drei Funktionen weist Abbildung 3 im Rahmen des Personalmarketing deutlich aus. Alle Funktionen und Phänomene des Personalmarketing sind auf den einzelnen derzeitigen und zukünftigen Mitarbeiter bezogen. Sie haben eine externe und interne Wirkungsweise, die durch CI- und Imagepflege nachhaltig wirksam sein muß.

Die richtige Einschätzung, welche Funktion das Personalmarketing im Rahmen der Gesamtgestaltung der Personalarbeit und des Human-Resources-Management hat, ist durch Bedarfsermittlung und Bedarfsdeckung des Personalmarketing bestimmt. Durch professionell gestaltetes Personalmarketing ist zunehmend mehr möglich, sich von der reinen **Defizitbetrachtung des Bedarfs** zu lösen und den **Potentialbedarf** zu beachten sowie Erfahrungen für die Zukunftssicherung des Humanpotentials zu sammeln.

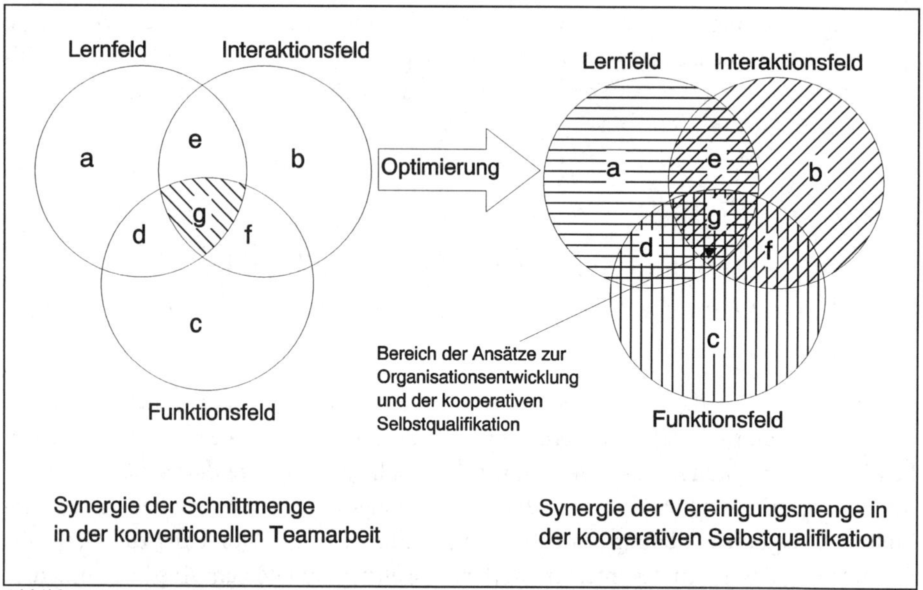

Abbildung 3: Optimierung der Lernstrategie nach dem Prinzip der kooperativen Selbstqualifikation

Der ideale Weg führt über die **kooperative Selbstqualifikation** im Sinne einer interaktiven Gestaltung der Arbeits- und Lernvollzüge im direkten Transfer in einem Experten-Mixed-Team. Dafür gibt es keine „Geheimrezepte", sondern sie wird – mehr oder weniger – über wechselseitiges Geben und Nehmen in problem- und zielorientierter Zusammenarbeit im Team gewonnen und dort auch, wenn möglich, „just-in-time" am effektivsten genutzt. Das Personalmarketing-Management soll hierzu Motivation, Umfeld und Instrumentierung aufbereiten, um die Qualität der Organisationsentwicklung des Internen Marketing an der Schnittstelle von Marketing und Personalmanagement zu sichern (vgl. Abbildung 3).

Diese bereits in den Lean-Prinzipien erwähnte **interaktive Gestaltung von Austauschprozessen** spielt im Marketingkonzept von *Kotler* eine zentrale Rolle. Seine Definition von „Marketing-Management" (*Kotler/Bliemel 1999*) umfaßt die Analyse, Planung, Durchführung und Kontrolle von Programmen, die darauf gerichtet sind, erwünschte Austauschbeziehungen zwischen bestimmten Zielgruppen zum Zweck des eigenen oder beidseitigen Vorteils herbeizuführen. Dies gilt sowohl in einmaligen Transaktionen als auch durch kontinuierliche Austauschbeziehungen.

Die Definition vermeidet bewußt eine Aussage über die Objekte des Austauschs. Sie gilt somit in vollem Umfang für die Schnittmengen des Internen Marketing, wenngleich traditionell Güter und Dienstleistungen die Tauschobjekte sind und auch traditionell den Wertschöpfungsansatz von der ökonomischen Seite her kennzeichnen. Diese Aussage zum interaktiven Austauschprozeß in seiner Definition wird als Ausgangslage für die **theoretische Ableitung des Personalmarketing/Bildungsmarketing** in Abbildung 4 genommen.

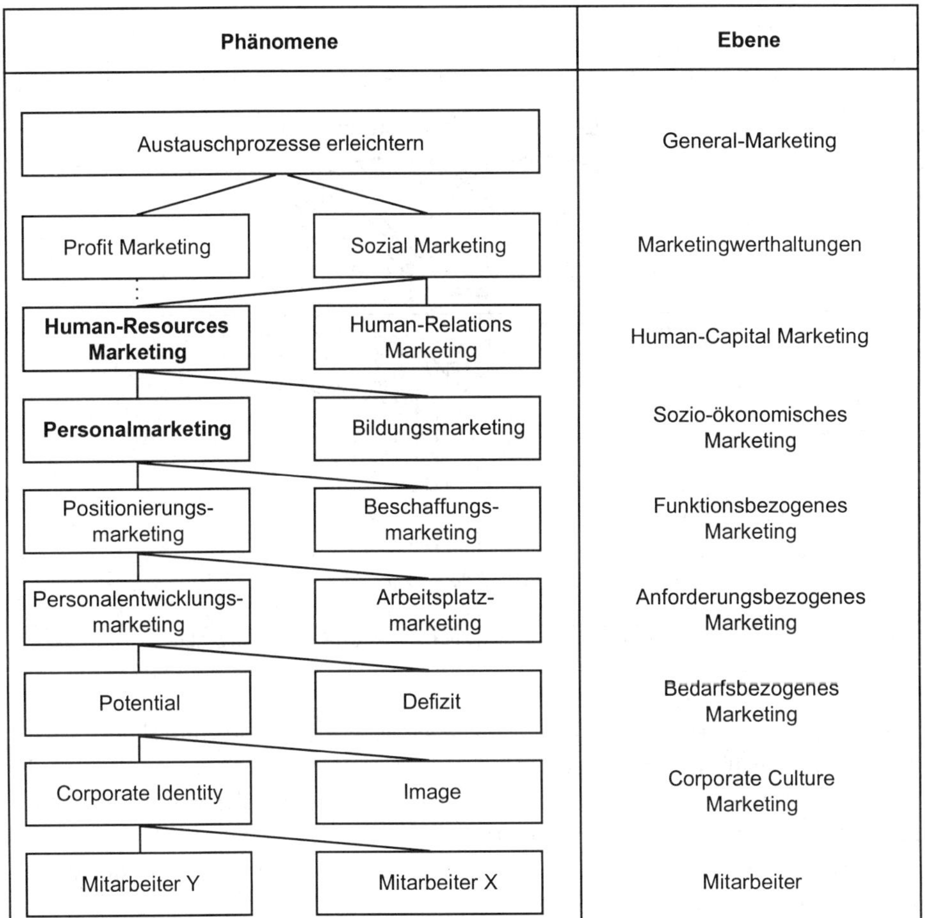

Abbildung 4: Phänomene der Ableitung des Personalmarketing nach der Austauschtheorie von Kotler
Quelle: Küthe/Koppelmann 1986

Der Austauschprozeß kennzeichnet demgemäß aktuell nicht nur eine wirtschaftlich-materielle, sondern auch eine **geistig-soziale Wertschöpfungskette**. Die soziale Wertschöpfungskette wird im Austauschprozeß speziell durch den interaktiven Gestaltungsprozeß zum Ausdruck gebracht.

Die Optimierung dieser Gestaltungsprozesse im Funktionsfeld der alltäglichen beruflichen/betrieblichen Arbeitsvollzüge, der notwendigen Anpassungs-, Lern- und Innovationsprozesse im Lernfeld sowie der interaktiven Gestaltung in interpersonellen und gruppeninternen Leistungsvollzügen im Interaktionsfeld ereignet sich, wie Abbildung 5 zu verdeutlichen versucht, durch kooperative Selbstqualifikation dort, wo sich alle drei Aktionsfelder überlagern.

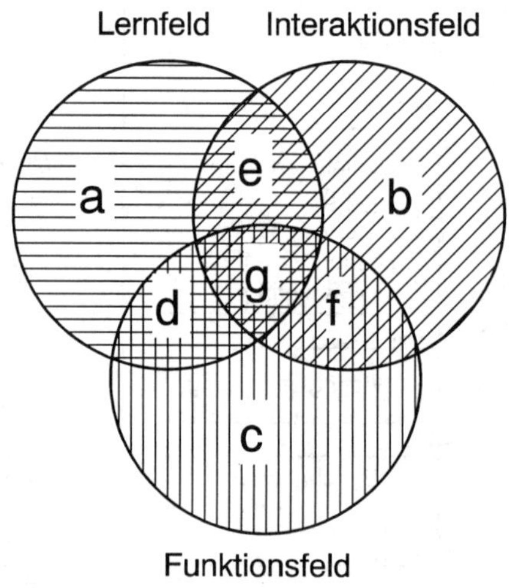

Abbildung 5: Optimierung der Austauschprozesse im Rahmen der betrieblichen Aktionsfelder
Quelle: Heidack 1993, S. 22

Die Maxime des Personalmarketing im Rahmen des Internen Marketing (*Poth 1992, S. 37f.*) macht gemäß der Anreiz-Beitrags-Theorie eine Kernaussage zur Motivation der Mitarbeiter zum wechselseitigen Erfolg im Unternehmen: Angesichts der Dynamik der Entwicklung folgt das gedankliche Grundkonzept der These, daß die Existenz eines Unternehmens dann gesichert ist, wenn es gelingt, ein **Gleichgewicht zwischen Anreizen und Beiträgen** herzustellen.

Auf die personalwirtschaftliche Situation der Personalauswahl eines Unternehmens übertragen bedeutet diese Sicht, daß für Eintritt und Verbleib eines Mitarbeiters sowie für die Erbringung der gewünschten Leistung ein Gleichgewicht zwischen den Anreizen des arbeitgebenden Unternehmens und den Bedürfnissen der Mitarbeiter erreicht werden muß. Das Personalmarketing geht davon aus, daß der Arbeitsplatz mit seinem gesamten Gestaltungsfeld einen Beitrag zur Erfüllung der menschlichen Bedürfnisse leisten kann. Die Gestaltung und inhaltliche Ausfüllung der Arbeit im Unternehmen wird vornehmlich durch die strategische Unternehmensführung abhängig sein, die zum einen von der Unternehmenspolitik und der dahinterstehenden Unternehmensphilosophie belebt wird, zum anderen durch das personalpolitische Führungssystem und die Personalorganisation gestaltet wird (*Harlander et al. 1994, S. 21ff.*). Neben dieser instrumentellen Erklärung des Personalmarketing ist insbesondere der ideelle Erklärungsansatz zu berücksichtigen. Personalmarketing wird dabei als übergreifendes Denk- und Handlungsmuster verstanden, das den Mitarbeiter in den Mittelpunkt unternehmerischen Handelns stellt und den Mitarbeiter als **„Internen Unternehmer"** sieht.

Im Internen Marketing finden wir instrumental-organisatorische, strategische und unternehmenspolitische Ansätze, die Austauschprozesse erleichtern und interaktive Vorgänge der Personalauslese innen und außen steuern. Konzeptionell wird hierbei vorzugsweise ein **Mitarbeiterpotential vom Typ Y** nach *McGregor* im Prozeß der Auslese zur Qualitätssicherung des Humanpotentials angestrebt (vgl. Abbildung 6).

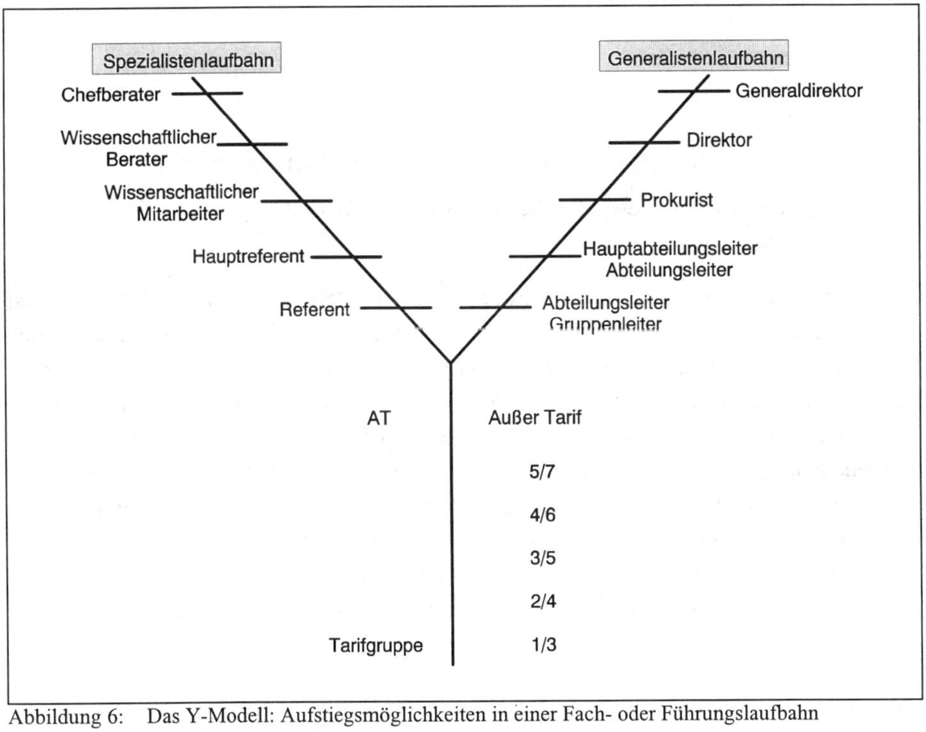

Abbildung 6: Das Y-Modell: Aufstiegsmöglichkeiten in einer Fach- oder Führungslaufbahn
Quelle: Heidack 1994a, S. 73

Die Wertschöpfung durch Personalbedarfsdeckung muß durch die Unternehmenspolitik sowie durch ein **unternehmenspolitisches Leitbild** und **Führungssystem** vorgesteuert werden, wodurch die Corporate Identity und Unternehmenskultur geprägt werden, und damit auch die aktuellen Anforderungen der Personalauswahl für einen Personalpotentialaufbau erfüllt werden können, die in ihren klassischen Gebieten der Arbeitsgestaltung und Lernorganisation der betrieblichen Bildung eine zweifache Paradigmenveränderung erfahren haben, die die aktuellen Anforderungen der Auslese mehr und mehr beeinflussen.

3. Formen der Personalauswahl im Wandel

Welche Kennzeichen weisen die **neuen Formen der Personalauslese** – in besonderer Weise im internen Unternehmensbereich – auf, wenn man ihre klassischen Formen von Personalentwicklung (*Harlander et al. 1994, S. 260ff.*), Aus- und Weiterbildung sowie Laufbahngestaltung angesichts der Paradigmenverschiebungen und der Leanphilosophie vorweg betrachtet?

3.1 Paradigmenverschiebung der Personalentwicklung zugunsten der Organisationsentwicklung

Die tayloristische Art der Rationalisierung durch Arbeitsteilung und Spezialisierung ist an ihre Grenzen gestoßen. Damit die Arbeitsorganisation auch weiterhin fortschrittlich funktioniert, ist **ganzheitliches Denken** (*Warnecke 1998, S. 175ff.*) in Zusammenhängen und integrierende Arbeitsgestaltung erforderlich. Das immer enger werdende Verhältnis von „Arbeiten und Lernen" im Betrieb und die Einheit von Lernen/Lehren in permanenten Qualifikations- und Verbesserungsprozessen kennzeichnet die Situation der Qualitätssicherung im Arbeitsumfeld. Sie bildet auch die persönliche Grundlage der organisatorischen, humanen Gestaltung der Arbeit und Leistung. Lernungewohnte und lernunwillige Mitarbeiter – und hier trifft es besonders die älteren Mitarbeiter und die jüngeren ohne Ausbildung und weitere Schulung – sind schwer auswahl- und entwicklungsfähig.

Die Formen der Personalentwicklung sind immer weniger administrativ-funktional gebunden und verlagern sich in die **Kompetenz der Führungskräfte**, weg von der rein institutionell-administrativen Betreuung und den Einsatz- und Auswahlkriterien der Personalabteilung, wie es der Trend des Ressourcen-Management in Abbildung 2 verdeutlicht (*Heidack 1994b, S. 460f.*), hin zur **Organisationsentwicklung**. Hilfe zur Selbsthilfe ist gefordert.

Aus- und Weiterbildung haben nicht nur an Bedeutung zugenommen, sondern gewinnt auch in ihren neuen Formen eine andere Qualität. Sie zeigt auch in ihren Aufgaben und Zielvorgaben der Qualifikation einen Paradigmenwechsel (*Heidack 1997a, S. 383ff.*) von der funktional-pragmatischen Gestaltung zur Verhaltensdimension im Sinne einer kooperativen Handlungs- und Führungskompetenz (*Heidack 1997a, S. 397f.*). Eine Verhaltensprägung dieser Art ist nicht mehr im Unterricht und lehrerzentrierten Seminar allein möglich. Mehrere Lernorte im Betrieb und außerhalb werden durchlaufen *(Heidack/Brinkmann 1987, S. 25ff.; Heidack 1997b, S. 85ff.),* um auch hier Anhaltspunkte für eine Optimierung der Personalauslese zu gewinnen, zumal sich die Auswahl in ihren Kriterien auch auf die Neuorientierungen und Freisetzungen beziehen läßt.

Die neuen Anforderungen werden durch die **zweite Paradigmenveränderung,** die sich in der umfassenden Leanphilosophie wiederfindet, in zweifacher Hinsicht betroffen. Einmal ist es die schlanke Organisation, die ganze Führungsränge im Mittelbau der Hierarchie trifft und sodann in den flacheren Organisationen vom strukturbezogenen zum prozeß- und teamorientierten Vorgehen zwingt. Die Wende zeigt sich darin, daß Ziele und Aufgaben der Arbeits- und Lerngestaltung einen deutlichen Wandel von der strukturell-funktionellen Dimension hin zur kooperativen Verhaltensdimension aufweisen.

3.2 Potentialsicherung und Karriere

Die **Laufbahnorientierung** mit ihren hierarchisch-funktionalen Wünschen und Vorstellungen hat sich insbesondere durch die Lean-Diskussion und flachere Organisationsstrukturen relativiert. Ein konsequentes Lean-Management hat in diesem Zusammenhang viele Ängste ausgelöst, die auch in Firmen, die das Outplacement als Instrument (*Heidack/Schwalbe/Zander 1997, S. 22ff.*) im Internen Marketing einsetzen, nicht wesentlich verringert werden konnten. Insbesondere, nachdem in der nachfolgenden Krise auch der Einsatz des Outplacement reduziert wurde. Allgemein ist die Gestaltung der Auswahl im Trend so zu sehen, daß Fitneß-Programme (*Heidack 1998*) und Assessments sich immer stärker an Prozeßkriterien ausrichten *(Jeserich 1989).* Nicht die hierarchische Stellung steht im Vordergrund, sondern die Kompetenz, Prozesse zu steuern und dabei in der Lage zu sein, die Mitarbeiter oder das Team von einem arbeitenden System in ein lernendes System zu überführen.

Karriereplanung versus Potentialplanung

Traditionell ist die Laufbahn in größeren und meist auch mittleren Unternehmen an den Aufstieg in der Führungshierarchie gebunden. Die beste Fachkraft wird i.d.R. Führungskraft. Auch wenn sie dabei weniger glücklich ist, wie z.B. der Starverkäufer der Vertriebschef wurde, und sich mit Terminen und Reklamationen „herumschlagen" muß, anstatt selbst „an der Front" zu stehen.

Seit Anfang der 70er Jahre gehen Großunternehmen nach dem sog. Y-Modell vor, das den Mitarbeitern im außertariflichen Bereich die Möglichkeit bietet, eine Spezialistenlaufbahn auf dem einen „Ast" als Fachmanager einzuschlagen oder auf dem Generalisten-„Ast" als Linienmanager aufzusteigen (vgl. hierzu Abbildung 6).

In vielen Fällen scheint diese Vorgehensweise mehr eine Defizit- oder gar Verlegenheitslösung zu sein, als daß sie einer **Potentialgestaltung** nahekommt. Dennoch war dieses Modell für viele Firmen eine wesentliche systematische Verbesserung gegenüber der seinerzeit herkömmlichen Praxis.

Im Rahmen des Human-Resources-Management mit den übergreifenden Zielen eines Personalmarketing scheinen individuelle Laufbahnmöglichkeiten in Richtung eines strategisch relevanten Know-hows für eine Potentialbildung bedarfsgerechter zu sein.

Die Bedarfslinien für die Pflege eines strategisch relevanten Know-hows als Erfolgsfaktor kennzeichnet Abbildung 7. Die geschwungene Linie trennt das bisherige Wirkungsfeld von dem schraffierten Potentialfeld, das mit „strategisch relevantes Know-how" gekennzeichnet ist und die ganzheitliche Gestaltung der Sicherstellung des Spezialisten- und Managementpotentials andeutet.

Die **Zusammensetzung des Spezialisten- und Managementpotentials** im Unternehmen darf nicht dem Zufall überlassen bleiben. Der Bedarf dieses strategisch relevanten Know-hows und seine Sicherstellung gewährleisten langfristig die Existenz und das Wohlergehen des Unternehmens. Die Bedarfslinien verlaufen in das in der Darstellung als strategisch relevantes Know-how bezeichnete Feld. Der Pfeil für das Spezialistenpotential biegt leicht in diese Richtung, und auch die Generalistengerade geht nicht nur steil nach oben weiter, sondern zweigt in einer bestimmten Qualifikationshöhe – dort, wo er sich mit dem Pfeil in Richtung Tendenz zum strategisch relevanten Know-how kreuzt – ab, um dorthin variierbar und individuell optimierbar zu sein. Eine solche strategische Relevanz scheint nur über ein Personalmarketing-Management mit einer Potentialentwicklung optimierbar zu sein, die eingebunden ist in eine Personal-, Organisations- und Marktentwicklung (*Harlander et al. 1994, S. 144ff.*).

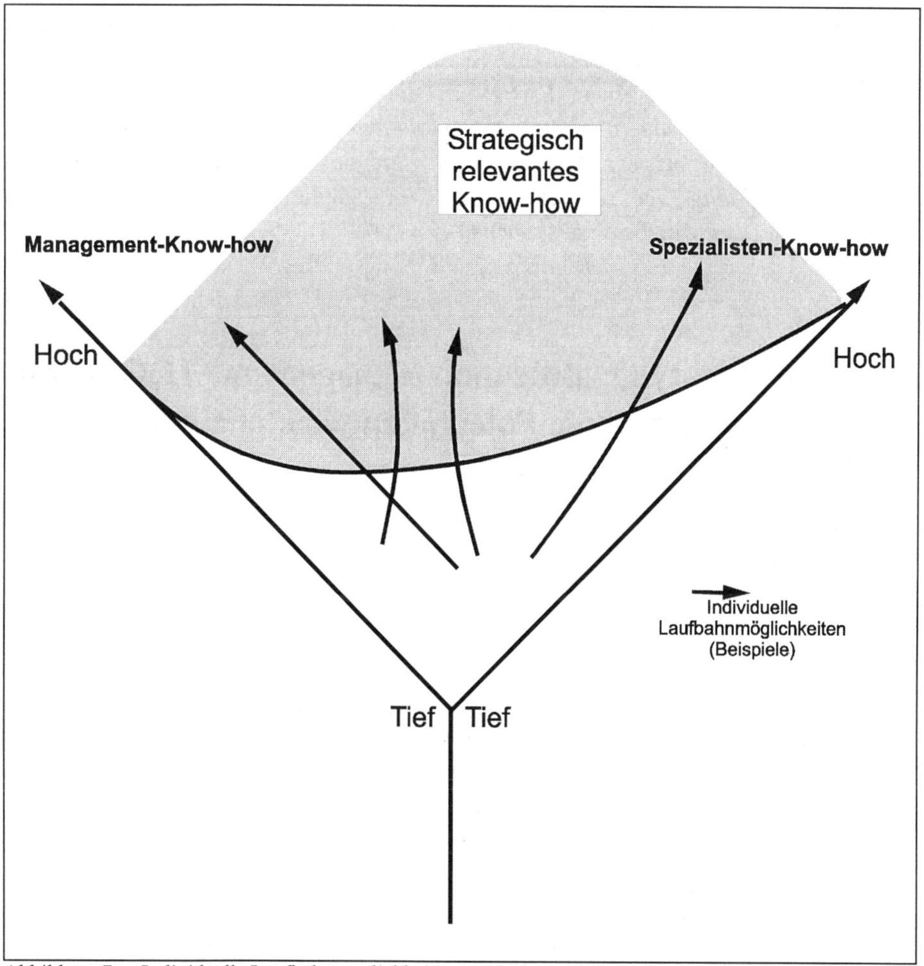

Abbildung 7: Individuelle Laufbahnmöglichkeiten in Richtung strategisch relevantes Know-how
Quelle: Heidack 1994a, S. 74

Kompetenz und Know-how sind im wesentlichen die Gütekriterien des Humanpotentials, die als besondere Auslesekriterien verstärkt in den Vordergrund der Qualitätssicherung treten. Hierarchische Macht wird dadurch nicht abgeschafft. Zum Wandel zu neuen Formen der Personalauslese gehört auch weiterhin die Vorstellung vom Karriereerfolg, der diese Macht in Aussicht stellt. In der gewandelten neuen Form muß sie dem

Mitarbeiter die Notwendigkeit vermitteln, Fähigkeiten und Kenntnisse über Abteilungs- und geographische Grenzen hinweg zu erweitern. Die Mitarbeiter müssen ermutigt werden, sich über einen horizontalen Prozeß weiterzuentwickeln, statt innerhalb einer Funktion auf der Hierarchieleiter aufzusteigen, Macht anzusammeln und möglichst viele Leute unter sich zu haben. Neue Fähigkeiten, die die Basis des Wissens allein oder im Team mit anderen erweitern (kooperative Selbstqualifikation) sind genauso wertvoll wie fundierte Kenntnisse auf einem Fachgebiet, die früher die Beschäftigungsgarantie waren. Heute sollte – wie zu Anfang erwähnt – durch umfassende Qualifikation das Unternehmen schon bei der Auswahl eine Garantie für **Beschäftigungsfähigkeit** (employabilty) (*Maag 1996*) mit Blick auf die Wertschöpfung seiner Human-Resources und der Zukunft des Mitarbeiter anstreben (*Yavas 1997, S. 20ff., 47ff.*).

4. Total Quality/Qualification Management (TQQM) für innovationsfreudige Potentialentwicklung und nachhaltige Potentialsicherung

4.1 Qualität und Qualifikation als Eckpfeiler der Potentialsicherung

Der Fokus der Qualität nach dem Paradigmenwechsel verleiht der Wertschöpfung auch neue Aspekte. Die schlicht materielle Betrachtungsweise brachte die Human Resources nicht voll zur Geltung. Durch die soziale Kreativität und ihre innovative Schubkraft durch gemeinsames Lernen und die Partnerbezüge in den Lerngemeinschaften, die sich und ihre entstehenden und bestehenden Konflikte miteinander koordinieren und handhaben, werden Synergien für die Wertschöpfung geschaffen und Potentiale genutzt und ausgebaut. Die Pointe dieser kooperativen Selbstqualifikation ist, wie *Scholz* (*1997, S. 305*) feststellt, die „wechselseitige Zusammenführung von Lern- und Lehrprozessen“, wodurch synergetisch sichergestellt werden soll, daß es zu einem „gemeinschaftlichen Lernen von Individuen *in der* Organisation mit einer Rückführung der Ergebnisse *für die* Organisation“ kommt. Dies ist insbesondere für die Kompetenzentwicklung und Potentialsicherung von Bedeutung.

Im Sinne der Beschäftigungsfähigkeit sind die Eckpfeiler der Potentialsicherung die Qualität und Qualifikation, die in einem kontinuierlichen Wachstum der Entwicklung (sustainable development) im Unternehmen durch Kräfte von innen heraus (als Corporate Culture und Corporate Identity näher zu differenzieren) entstehen. Die Gestaltung dieser Erfolgspotentiale in der Qualität des Arbeitsergebnisses läßt sich dem Begriff des Total Quality/Qualification Management (TQQM) subsumieren (*Heidack/Schwalbe/ Zander 1997*).

4.2 Erleben von Arbeitsqualität

Qualität hat nicht nur einen materiell rational feststellbaren Wert. Die besondere Bedeutung besteht in der emotionalen Wertigkeit und Wertschätzung, die letztlich auch die Mitarbeiter veranlaßt, die eigenen Ressourcen voll einzubringen.

Dabei ist zu bedenken, daß das Umfeld und der Markt die Denkweise derartig beeinflussen, daß auch die internen Beziehungen von der „Marketingdenke" nicht verschont bleiben. Für den erfolgszuversichtlichen, selbstbewußten Mitarbeiter ist es eine Herausforderung, seine Ressourcen zur Entfaltung zu bringen, für den eher mißerfolgsängstlichen, auf Anweisungen wartenden Typ kann die mit permanentem Lernen verbundene Aufgabe ein Alptraum sein. Beide erleben die Qualität der Arbeitsanforderungen anders. Die Wahrnehmung, Interpretation und die Einstellung zu den Anforderungen im Verbund der strukturell sich ändernden Elemente der Arbeitsorganisation vollzieht sich in wesentlichen Zügen, wie es Abbildung 8 für die Grundsituation der Qualität im Internen Marketing deutlich macht. Das **Erleben der Qualität der Arbeitsanforderungen** bestimmt auch die Qualität des Arbeitsverhaltens. Bei der Personalauswahl und der entsprechenden internen Potentialbildung sind die flexiblen personellen Verhaltenselemente für die Arbeitsorganisation genauso wichtig zu berücksichtigen, wie die strukturelle Vernetzung der Dynamik der in den Vordergrund tretenden Prozesse, die das Interne Marketing erst nötig machten.

4.3 Sicherung von Qualität durch Qualifikation

Es ist eine äußerst komplexe Aufgabe, Konzepte und neue Formen der Personalarbeit zu entwickeln, die eine derart angemessene Personalbedarfsdeckung erzielen, daß Menschen als erfolgsversprechende Potentiale ausgelesen, entwickelt und in Bereitschaft gehalten werden. Bereitschaft ist *die* Voraussetzung zur Veränderung. Weiterbildung ist von daher nicht als „Reparaturwerkstatt“ zu verstehen, die Defizite zu beheben versucht. Im Zeitalter des ISO 9000ff.-Standard und vor dem Hintergrund des Lean-Development kann **Qualität keine Defizitgröße** sein, die wie bisher als Fehler nachträglich erkannt und nachgebessert werden muß, um ihre Sicherstellung zu gewährleisten.

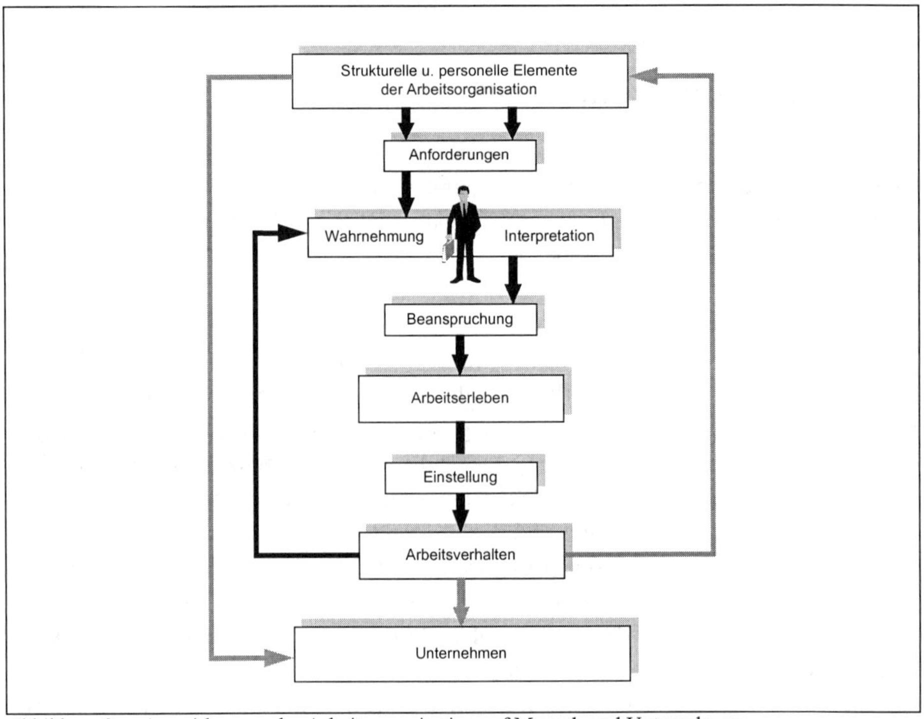

Abbildung 8: Auswirkungen der Arbeitsorganisation auf Mensch und Unternehmen
Quelle: nach Wexlberger, in: Heidack 1993, S. 303

Die Sicherstellung der Qualität für ein Internes Marketing gründet auf einem erweiterten Qualitätsverständnis (vgl. hierzu Abbildung 9), das als Qualität des Arbeitsergebnisses über die Produktqualität und die produktive Wertschöpfung hinausgeht. Ein solches Verständnis beruht vor allem auf dem Bewußtsein, daß Menschen die Bereitschaft und den Willen zur Veränderung haben. Die **Humanressourcen sind Wertschöpfungsquellen**, aus denen sich Innovation und bei Qualifikation auch hohe Qualität herleiten lassen. Potential und Potentialsicherung heißt, das Bewußtsein und die Bereitschaft zu haben, seine Fähigkeiten richtig („just-in-time“) qualitativ und quantitativ einzusetzen.

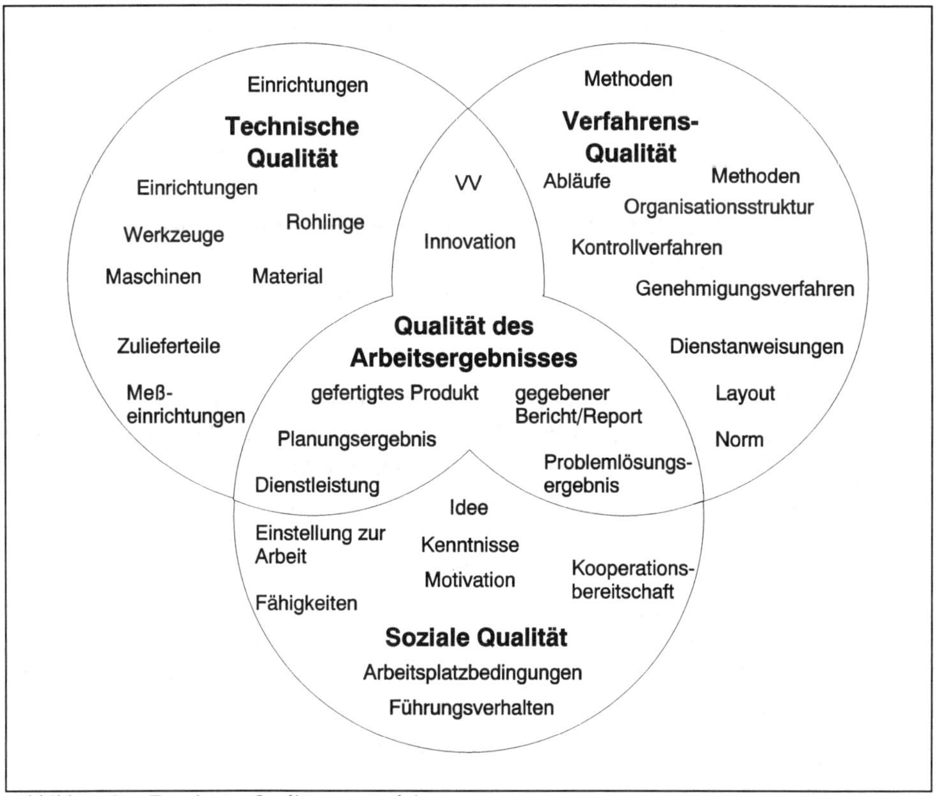

Abbildung 9: Erweitertes Qualitätsverständnis
Quelle: Heidack 1994a, S. 9

5. Formen des differenzierteren Bewußtseins als Maßstab für die Potentialbildung im Rahmen des Total Quality/Qualification Management

Veränderungen mit dem Zwang zur permanenten Innovation machen permanentes Lernen unabdingbar und schaffen auch neue Bewußtseinsanforderungen. Diese Formen des differenzierteren Bewußtseins müssen als Maßstab für die arbeitsmarktbezogene Potentialbildung verstanden werden.

5.1 Lern- und Leistungsverdichtung durch ein erweitertes Qualitätsverständnis

Das erweiterte Verständnis der Qualität zeigt exemplarisch auf, daß eine adäquate Personalauswahl und Personalentwicklung mit der entsprechenden Bewußtseinsveränderung aufgrund der veränderten Umfeldveränderungen eng verbunden ist. Der Wandel der **Auffassungen von Qualität** seit Ende der 70er Jahre ist sehr aufschlußreich für die Inhalte, die mit den neuen Bewußtseinsanforderungen bzw. differenzierterem Bewußtsein gemeint sind.

Qualität wurde kontrolliert und in das Produkt „hineingeprüft". Mit dem Siegel einer autorisierten Endprüfstelle in einer Produktwertschöpfungskette wurde ihre Güte festgestellt. Die anfänglichen Auffassungen eines Total Quality Management waren entsprechend von Zero-Defect-Programmen geprägt und hatten wenig mit ganzheitlichen Managementvorstellungen zu tun.

Seit der japanischen Qualitätsoffensive Ende der 70er Jahre ist ein sich beschleunigender Wandel im Qualitätsverständnis und hinsichtlich des Beitrages von Gruppen hierzu zu beobachten. Qualität wurde eine mehr und mehr strategische Größe, die ganzheitlich die Arbeitsgestaltung von Produkt- und Dienstleistungsprozessen vorsteuert. Die Pflege der Gruppenkultur begann mit der Qualitätszirkelarbeit *(Heidack 1997a, S. 29ff.)* und der deutschen Variante „Lernstatt".

Das erweiterte Verständnis von Qualität, wie es Abbildung 9 in seinen integrierten Qualitätsfacetten darstellt, ist Ausdruck eines totalen Wandels im Verständnis der Qualität. Qualität im erweiterten Verständnis als **ganzheitlicher Ergebnis- und Erlebnisprozeß** bei der Gestaltung der Arbeit, wie Abbildung 8 verdeutlicht, zielt darauf ab, die externen Kunden mit ihren Vorstellungen und Wünschen vom Markt her zufriedenzustellen. Der Arbeitsprozeß als Erlebnis der Qualität der Arbeitsorganisation in Auswirkung auf die Qualität der Arbeitsergebnisse vermag die Mitarbeiter als „interne Kunden" zu motivieren. Total-Quality-Management (TQM) wurde mit Fitneß-Programmen und Re-Engineering der Lean-Philosophie verbunden. Gleichwohl sie sich vor den tayloristischen Vorstellungen abzugrenzen versuchten, blieben sie stark mit technologischen Aspekten verknüpft.

Einen weiteren Schritt zur internen Qualitäts- und Leistungsverdichtung bringt der kontinuierliche Verbesserungsprozeß im Sinne der **Kaizen-Philosophie** *(Imai 1991)*. Die kreativen Ideen und Verbesserungsvorschläge bringen nicht nur einen Quantensprung, der sich in der Alltagsarbeit abnutzt (vgl. Abbildung 10) und als einmalige Verbesserung oder Innovation keine Kontinuität für das entstandene, innovative Leistungsniveau verbürgt. Sie werden in ihrer Qualität und ihrem Verbesserungspotential über ihre Implementation hinaus weitergepflegt *(Harlander et al. 1994, S. 298ff.; Heidack 1998)*. Dies zeichnet letztlich das aktuelle Qualitäts- und Innovationsmanagement *(Thom 1992)* aus, das auch TQM (Total-Quality-Management; vgl. zur Entwicklung *Zink 1995;* ferner den Beitrag von *Töpfer* in diesem Sammelband) genannt und vom Begriff TQQM für das Interne Marketing umrissen wird. Zum einen, um den überwiegend einseitigen technischen Vorstellungen des TQM mit einem ganzheitlichen Konzept entgegenzuwirken, zum anderen, um die tatsächlich notwendigen Prozesse und ihre Zusammenhänge zwischen sich rasch entwickelnder Innovation und entsprechender Qualität mit den kontinuierlichen Verbesserungs- und kooperativen Lern-/Lehrprozessen nach dem Kaizen-Prinzip zu integrieren und deutlich hervorzuheben, wurde der Terminus TQQM als Total Quality/Qualification Management geprägt (hierzu u.a. *Heidack 1995, S. 107ff.; Heidack/Schwalbe/Zander 1997*; *Heidack 1998, S. 209ff.*). Für die Potential- und Kompetenzentwicklung ist die nachhaltige Selbstqualifikation – individuell oder im Gruppenverband – von entscheidender Bedeutung.

5.2 Schwierigkeiten mit dem Investitionsbewußtsein

Personalauswahl als Investitionsvorgang ist meist mit recht hohen Kosten verbunden. Wenn man z.B. bei Bayer oder Hoechst eine(n) Chemiker(in) auszuwählen hat, geht es um einen Einstellerfolgswert von 2 Mio. DM. Das ist eine Topaufgabe *(Jeserich 1989, S. 31ff., S. 183ff.)*. Dies erfordert ein **Investitionsbewußtsein** (*Heidack 1998, S. 191f.*), das auch heute nicht in ausreichendem Maß vorhanden ist, wenngleich festgestellt wird, daß das Personal der kritische Erfolgsfaktor im Unternehmen ist und der Wandel zum Human-Resources-Management, wie ihn Abbildung 2 verdeutlicht, unumgänglich erscheint.

Zur qualitativen Bewältigung von Dauer ist dieser Herausforderung nicht nur durch ein gezielt ausgebautes externes Kontaktnetz, z.B. durch ein systematisches Hochschulmarketing, und ein methodisch hochentwickeltes Arsenal von Auswahl- und Diagnoseinstrumenten von Interviewverfahren, Potentialanalysen, Assessmentvariationen bis hin zum „flexiblen" Beurteilungssystem, zu begegnen. Entscheidend sind letztlich das Bewußtsein und die Sensitivität für eine solch bedeutsame Investition, die verankert sind im CI des Internen Marketing. Dies macht das Selbstverständnis und die ständige Selbstqualifikation der betroffenen Führungskräfte und der organisatorischen Stellen im ständigen Wandel aus. Diese interne Dynamik ist Organisationsentwicklung. Wie erfolgsbewußt sie betrieben wird, bestimmt die Qualität des Internen Marketing.

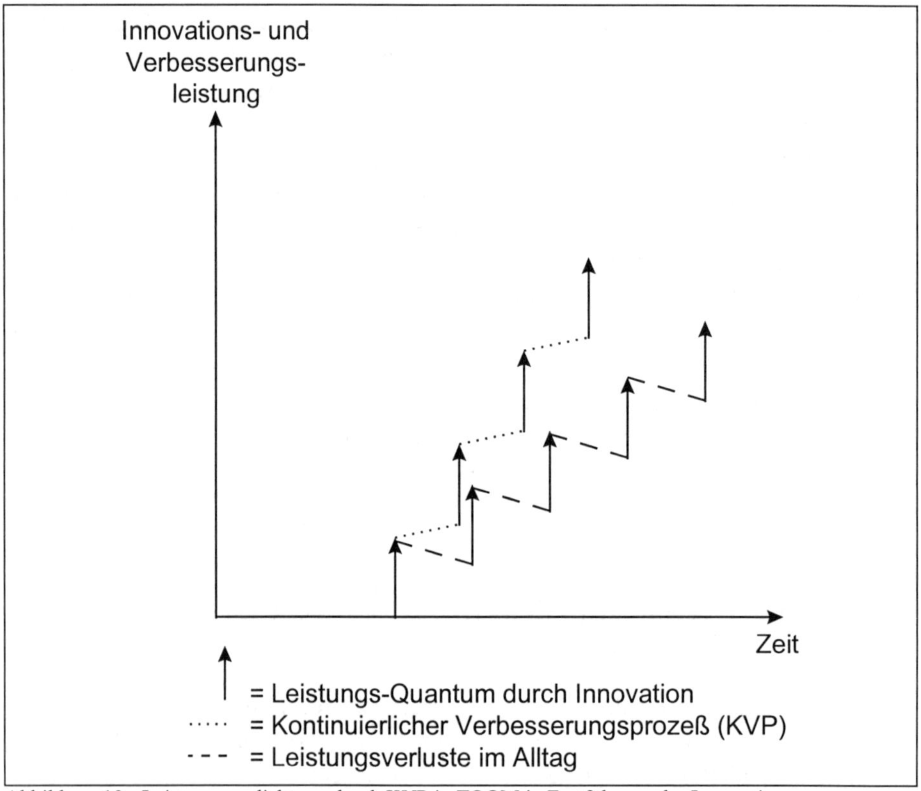

Abbildung 10: Leistungsverdichtung durch KVP in TQQM in Fortführung der Innovationen

5.3 Veränderungen und neue Bewußtseinsanforderungen

Der beständige Fortschritt und Wandel eröffnet noch weitere, wichtige Felder, auf denen sich Veränderungen und Erweiterungen des Verständnisses ergeben und neue Bewußtseinsanforderungen notwendig sind bzw. deutlich werden. An erster Stelle ist insbesondere das veränderte **Qualitäts- und Gruppenarbeitsverständnis** zu betrachten. Dabei spielen insgesamt folgende Veränderungen jeweils als Anforderung an den Nachwuchs oder als dessen eigene Ansichten und Einstellungen mit:

- Der empirisch klar nachgewiesene Wertewandel,
- ein breit angelegtes Ökologieverständnis,
- die Einsicht in die Notwendigkeit eines ganzheitlichen, stetigen Systems des kontinuierlichen Wachstums (Sustainable Development),
- eine Veränderung des neuen Lern- und Arbeitsverständnisses und -verhältnisses,
- ein verändertes Qualifikationsbewußtsein,
- vernetzte Beziehungen zu den Menschen: Einsicht in die Notwendigkeit der Kommunikation,
- Trend zu Prozessen und Prozeßverkettung in abgeflachten Hierarchien,
- Führungsverunsicherung,
- bewußte geistige und moralische Wertschöpfung,
- Kreativität und Innovationsfähigkeiten.

5.4 Bewußtseins- und Verständniszusammenhänge als Erfolgsfaktor des Internen Marketing

Die Kenntnis und das Erleben dieser **Bewußtseins- und Verständniszusammenhänge** ist für die Führungskräfte von größter Bedeutung, und zwar nicht zuletzt für ihren eigenen Erfolg. In Untersuchungen (*Wohlgemuth 1989*) ist festgestellt worden: Die „gute" Unternehmung unterscheidet sich von der „schlechten" Unternehmung durch das Verständnisniveau ihrer Führungskräfte und der Spezialisten untereinander. Zwischen dem Mitarbeiter im Vertrieb und dem Mitarbeiter im Betrieb sind Spannungen aufgrund unterschiedlicher, funktionsspezifischer Denkweisen schädlich. Bei der Personalauswahl und Imagebildung sollten Programme oder Qualifikationsprofile dieser Art in aller Deutlichkeit aufgezeigt werden – eine Herausforderung dafür, daß man sie hat.

In **guten Unternehmen** gelingt es, die Mitarbeiter zu befähigen, den Wandel, den sie bewußt lernend gestalten, als selbstverständlich anzusehen. Solange der Wandel als außergewöhnliches Ereignis betrachtet wird, widerstrebt die geistige Einstellung und Werthaltung dem Wandel als etwas Fremdem, das Unsicherheit verbreitet.

Der hierzu notwendige ganzheitliche Ansatz eines unternehmenspolitischen Führungssystems (*Hopfenbeck 1991, S. 44ff., S. 684ff.; Harlander et al. 1994, S. 35ff., S. 120ff.*) beruht auf einer Unternehmensphilosophie, die die Werte und Einstellungen des Menschen in ihrem Menschenbild und Unternehmensleitbild darlegt und in einem organisatorischen Konzept der Motivations- und Führungsstrategie optimal zu gestalten versucht.

Für den Betrieb ist es notwendig, wenigstens allgemeine Aussagen zur Unternehmensphilosophie zu machen, damit der Mitarbeiter seine persönlichen Chancen sieht und persönliche Risiken berücksichtigen kann. Das Selbstbewußtsein des Einzelnen ist gewachsen. Das Selbstverständnis nimmt zu und das Selbstbild wird positiv reflektiert. Ein **positives Menschenbild** im Bewußtsein der Mitarbeiter zu fördern, ist eine wesentliche Aufgabe der Unternehmensführung und Personalpolitik, die den Führungskräften tagtäglich obliegt. Allerdings geht es gerade mit Blick auf die Personalauslese nicht darum, ein Idealbild zu entwickeln, sondern um den Menschen in seiner Persönlichkeit als Mitglied des Unternehmens und in einer Handlungs- und Lernbereitschaft, mit seinen Hoffnungen, Ängsten und Schwierigkeiten, und in Situationen, in denen er als Mensch ernstgenommen werden will, Partnerschaft und Betreuung erwartet. Angesprochen ist hiermit als Zentralproblem seine Motivation.

6. Schlußbemerkungen

Die Herausforderung der Personalauswahl in der Personalbedarfsdeckung und Personalanpassung eines Unternehmens liegt heute nicht in der Massenabfertigung der Bewerbungen hierzulande, oder in Osteuropa bzw. im fernen Osten, sowie der Wahl von neuen Formen der Teilzeit, der Nutzung der nunmehr monopolfreien Vermittlungsangebote oder der Verfeinerung von wichtigen Auswahlinstrumenten, wie z.B. von Assessmentcentern, Potentialanalysen sowie der Gesprächsmethodik. Entscheidend ist die **ganzheitliche Bewußtseinsbildung und Motivation** im Veränderungsmanagement auf allen Führungsebenen und mit den hochqualifizierten Spezialisten mit einem partnerschaftlichen Menschenbild als Voraussetzung für die Personalauswahl, das auch im Unternehmensleitbild im Sinne einer umfassenden „Leanphilosophie" zur Sicherung der Qualität des Internen Marketing verankert ist.

Für junge Leute kommt es zunächst darauf an, daß sie den Praxiszugang durch ein Traineeprogramm oder andere Formen der Personallogistik – vom freundlichen Empfang und einer motivierenden Einweisung durch den Vorgesetzten bis zur Auslandsentsendung – finden. Wer die interne Qualität sichern will, muß in erster Linie für die Qualifikation einiges tun.

Darüber hinaus ist es wichtig, daß die Mitarbeiter die **Qualität der Arbeitsgestaltung** (vgl. Abbildung 8) erleben und im Rahmen des TQQM pflegen. Zentrale Kriterien sind:

(1) Das Selbstverständnis des Mitarbeiters, das sich in der Reflexion auf das eigene Ich und auch auf das Zusammenwirken mit anderen in der Gruppe im Unternehmen sowie deren Identität, vor allem mit Blick auf das Neue, niederschlägt.
(2) Die vermehrte selbstgesteuerte Interaktion und Begegnung mit den anderen, die unterschiedliche Arbeitserlebnisse und Lernerfahrungen mit sich bringt und eine aktive Identifikation mit dem Unternehmen prägt.
(3) Das sich dabei bildende Bewußtsein findet in der Unternehmensphilosophie sowie in der Unternehmenspolitik seinen Ausdruck. Der Einfluß auf dies sich neu bildende Bewußtsein ist auf den Wertewandel zurückzuführen. Die vom gesellschaftlichen Wandel beeinflußten Mitarbeiter oder Kunden bewirken Veränderungen im Unternehmen, so daß der gesellschaftliche Wandel heute über den Menschen das Unternehmen beeinflußt *(Wunderer/Kuhn 1994)*.

Literaturverzeichnis

Antonoff, R. (1984): Methoden der Imagegestaltung für Unternehmen und Organisationen, Essen.

Fröhlich, W. (1987): Strategisches Personalmarketing. Kontinuierliche Unternehmensentwicklung durch systematische Ausnutzung interner und externer Qualifikationspotentiale, Düsseldorf.

Geyer, E. (1998): Kreativität im Unternehmen und der Mut zum „Paradigmawechsel“, in: *Heidack, C. (Hrsg.):* FIT durch Veränderung, Festschrift für *Dr. Ing. Eberhard Merz*, Mering/München, S. 91-110.

Harlander, N./Heidack, C./Kopfler, F./Müller, K.-D. (Hrsg.) (1994): Praktisches Lehrbuch Personalwirtschaft, 3. Aufl., Landsberg/Lech.

Heidack, C. (1995): Qualität und Qualifikation – Effektivität der kooperativen Selbstqualifikation als geistig-soziale Wertschöpfung, in: *Heidack, C. (Hrsg.):* Arbeitsstrukturen im Umbruch, München/Mering, S. 85-121.

Heidack, C. (1993): Lernen der Zukunft. Kooperative Selbstqualifikation – die effektivste Form der Aus- und Weiterbildung, 2. Aufl., München (3. Aufl. im Druck).

Heidack, C. (1994a): Personalmarketing, in: *Poth, L.G. (Hrsg.):* Marketing, Loseblatt-Sammlung, Kap. 67, Neuwied.

Heidack, C. (1994b): Personalarbeit 2000, in: *Harlander, N./Heidack, C./Köpfler, F./Müller, K.-D. (Hrsg.):* Personalwirtschaft, 3. Aufl., Landsberg/Lech, S. 469-509.

Heidack, C. (1996): Kooperative Selbstqualifikation und Kompetenzentwicklung. Schule und Wirtschaft (Dokumentation), Fachhochschule Düsseldorf, Reihe 12, Düsseldorf.

Heidack, C. (Hrsg.) (1997a): Arbeitsstrukturen im Umbruch. Festschrift für *Prof. Dr. Dr. h.c. Friedrich Fürstenberg*, 2. Aufl., München/Mering.

Heidack, C. (1997b): Der Arbeitsprozeß als „Lernort" – Erfolgreiche Gestaltung zeitgemäßer Unternehmenskulturen durch kooperative Lernstrategien, in: *Heidack, C. (Hrsg.):* Arbeitsstrukturen im Umbruch, Festschrift für *Prof. Dr. Dr. h.c. Friedrich Fürstenberg*, München/Mering, S. 85-126.

Heidack, C. (Hrsg.) (1998): FIT durch Veränderung, Festschrift für Dr. Ing. *Eberhard Merz*, Mering/München.

Heidack, C./Brinkmann, E.P. (1987): Unternehmenssicherung durch Ideenmanagement, Band 2: Mehr Erfolg durch Motivation, Teamarbeit und Qualität, 2. Aufl., Freiburg.

Heidack, C./Schwalbe, H./Zander, E. (1997): Wie Phönix aus der Asche durch Fordern und Fördern. Total Quality/Qualification Management (TQQM), Bielefeld.

Heinen, E. (1987): Unternehmenskultur als Gegenstand der Betriebswirtschaftslehre, in: *Heinen, E. (Hrsg.):* Unternehmenskultur. Perspektiven, Wissenschaft und Praxis, München/ Wien.

Heintel, P. (1998): Weiterbildung durch Veränderung, in: *Heidack, C. (1998) (Hrsg.):* FIT durch Veränderung, Festschrift für *Dr. Ing. Eberhard Merz*, Mering/München, S. 33-50.

Hopfenbeck, W. (1991): Allgemeine Betriebswirtschafts- und Managementlehre, 3. Aufl., Landsberg/Lech.

Imai, M. (1991): Der Schlüssel zum Erfolg der Japaner im Wettbewerb, 6. Aufl., München.

Jeserich, W. (1989): Weg zur Topaufgabe, München.

Kotler, P./Bliemel, F. (1999): Marketing-Management. Analyse, Planung und Kontrolle, 9. Aufl., Stuttgart.

Küthe, E./Koppelmann, U. (1986): Produktmarketing und Produkt-Design, in: *Poth, L.G./Poth, G.S. (Hrsg.):* Marktfaktor Design. Grundlagen für die Marketing-Praxis, Landsberg am Lech, S. 115-149.

Lutz, B. (1998): Industrielle Arbeitswelt als Strategischer Engpaß des 21. Jahrhunderts, in: *Heidack, C. (Hrsg.)*: FIT durch Veränderung, Festschrift für *Dr. Ing. Eberhard Merz*, Mering/München, S. 73-87.

Maag, A. (1996): Motivation und Akzeptanz als Basis für eine wirksame Beschäftigungsbefähigung, CASE Germany GmbH (Hrsg.), Neuss.

Peters, T./Waterman, R.H. (1984): Auf der Suche nach Spitzenleistungen, Landsberg/Lech.

Poth, L.G. (1992): Marketing und Logistik, in: *Poth, L.G. (Hrsg.):* Marketing, Loseblatt-Sammlung, Kap. 38, Neuwied.

Scholz, C. (1993): Personalmanagement. Informationsorientierte und verhaltenstheoretische Grundlagen, 3. Aufl., München.

Scholz, C. (1997): Strategische Organisation, Prinzipien zur Vitalisierung und Virtualisierung, Landsberg/Lech

Strutz, H. (Hrsg.) (1992): Strategien des Personalmarketing – Was erfolgreiche Unternehmen besser machen, Wiesbaden.

Tenbusch, B./v. Pappstein, P. (1991): Selbstqualifikation durch vernetztes Lernen, in: *Heidack, C. (Hrsg.):* Lernort Computer, Hochheim/Main, S. 11 -138.

Thom, N. (1987): Personalentwicklung als Instrument der Unternehmensführung, Stuttgart.

Thom, N. (1992): Personalentwicklung und Personalentwicklungsplanung, in: *Gaugler, E./ Weber, W. (Hrsg.):* Handwörterbuch des Personalwesens, 2. Aufl., Stuttgart, Sp. 1676-1690.

Warnecke, G. (1998): Ganzheitliches Denken – Gemeinsames Handeln, in: *Heidack, C. (Hrsg.):* FIT durch Veränderung, Festschrift für *Dr. Ing. Eberhard Merz*, Mering/München, S. 175-191.

Wohlgemuth, A.C. (1989): Unternehmensdiagnose in Schweizer Unternehmungen. Untersuchungen zum Erfolg mit besonderer Berücksichtigung des Humanpotentials, Bern u.a.

Wunderer, R./Kuhn, T. (1994): Unternehmerisches Personalmanagement. Konzepte, Prognosen und Strategien für das Jahr 2000, Frankfurt/New York.

Yavaz, K. (1997): Planung und Einsatz von Aktivitäten der Personalentwicklung im Rahmen des ZAB bei CASE in neuss, CASE Germany (Hrsg.), Neuss.

Zink, K.J. (1997): Die Entwicklungen der Arbeitsstrukturen im sozio-technischen Wandel. Ein Überblick, in: *Heidack, C. (Hrsg.):* Arbeitsstrukturen im Umbruch, 2. Aufl., München/ Mering; S. 11ff.

Summary

Human Resource Marketing has to consider internal and external Human Resource Markets to profit from their potential performance. Additionally, „Lean philosophy“ postulates a concentration on the core competences of a company, a horizontal, interactive communication network and a cooperative processing of knowledge. Quality and qualification of its Human Resource thus become critical competitive factors. All this leads to Human Resource Marketing with its basic instruments Corporate Identity and image, whose external task is the acquisition of employees and profiling and whose internal assignment is the long term motivation and loyalty of its Human Resources.

As a result, the employees engage in an interactive learning process in social groups called „cooperative self-qualification“. The exchange discernible at the intersection of Human Resource and Marketing Management determines quality and organizational development of internal Marketing. This means that an equilibrum between incentives and employee performance secures a company's existence. Cooperation has to be prevalent in training and continued education. Moreover, the emphasis on career wanes in favor of the learning of social competence and the know how necessary to run processes.

By „making a career“ employees are often used suboptimally. Therefore a „model Y“ of generalists and specialists was developed. Horizontal learning gains in importance relative to a vertical ascension. A basic assumption is thereby the will to change which determines the quality of internal Marketing.

The selection process becomes more complicated and must be internalized in internal Marketing. Human Resource selection is a critical investment process as Human Resource are predominant success factors of a company. Thus the concept postulates a network of external contacts and sensitivity for such investments on the basis of internal Marketing. The company itself has to communicate its philosophy so that (potential) employees may see their chances and risks. Nevertheless, a company should not look for an „ideal employee“ but for one it can motivate.

Marketingorientierte Ausrichtung der Personalentwicklung in Dienstleistungsunternehmen – am Beispiel von Finanzdienstleistern

von Fred G. Becker

Prof. Dr. Fred G. Becker ist Universitätsprofessor für Betriebswirtschaftslehre, insbesondere Organisation, Personal und Unternehmungsführung an der Universität Bielefeld.

Der Verfasser dankt seiner Mitarbeiterin, Dipl.-Kfm. Hilke Ganslmeier, ganz herzlich für ihre Zuarbeit bei der Erarbeitung des Artikels.

1. Problemstellung

Banken als Finanzdienstleister sind einem starken **Strukturwandel** unterworfen (*Betsch 1988; Gondring 1989; Klee 1991*). Diese Entwicklung zeichnet sich auch in der Zukunft weiter ab. Zu nennen sind hier die Erweiterung der traditionell breiten Produktpalette der Banken, das Electronic Banking, die Notwendigkeit von Umsetzungen und Personalfreisetzungen im Rahmen eines Lean Banking, Veränderungen im Privatkundengeschäft u.ä.m. Viele Kunden sind heute besser informiert, kritischer eingestellt und preisbewußter als früher. Auf der Angebotsseite ist das Filialnetz mittlerweile so dicht geworden, daß die Institute um Kunden konkurrieren und der Finanzplatz Deutschland als „overbanked" zu charakterisieren ist. Die qualitativen Veränderungen der Aufgaben im Bankgewerbe führen zu erheblichen Veränderungen der Anforderungen an die Mitarbeiter. So hat sich der Anteil qualifizierter Mitarbeiter an den Gesamtbelegschaften bereits in den letzten 25 Jahren deutlich erhöht (*Burgard 1993, S. 958*).

Das Produkt „Finanzdienstleistung" bzw. Bankleistung verlangt eine sensible Behandlung, vor allem im Umgang mit der (potentiellen) Kundschaft. Die hohe „Kundentreue" ist keine auf Dauer als sicher anzunehmende Größe. Zumindest in den direkt und indirekt profitablen Aufgabenfeldern ist daher auch in Zukunft verstärkt auf **Kundenorientierung** bei der Produktpalette, aber auch gegenüber der Belegschaft zu achten. Kundenfreundlichkeit bedeutet kundengerechte, kompetente sowie freundliche Beratung, aber auch fehlerfreie und rasche Abwicklung der Geschäfte. Ähnlich wie im Key-Account-Management ist eine konzentrierte Kundenbetreuung sowie eine produktübergreifende Beratung sinnvoll und vom Kunden erwünscht. Banken, die diesem Wunsch durch entsprechend qualifizierte Finanzberater (allein oder im Team) entsprechen, verbessern ihre Marktposition. Personal ist also von großer Bedeutung für die Qualitätswahrnehmung der Dienstleistungskunden und sollte im Rahmen des Internen Marketing als Instrument einer personalorientierten Qualitätspolitik systematisch gefördert werden (*Stauss 1995*).

Gerade wegen der Ähnlichkeit der Produktpaletten der anbietenden Dienstleister besteht eine Abgrenzungsmöglichkeit zur Schaffung einer Unique Selling Proposition (USP) durch den **Service**. Die einzelnen Geschäftsstrategien der Banken, ob im Privatkunden- oder Firmenkundengeschäft, sind stärker auf die Kunden und deren Motive auszurichten – und zwar durch die Produktpalette, Kundenfreundlichkeit, durch angemessene organisatorische Regeln (z.B. Backoffice-Mitarbeiter im Hintergrund statt im Schalterraum) und Mitarbeiterqualifikationen. Das aus der Kundenperspektive vielfach erwartete Maß an Qualität, Schnelligkeit, Freundlichkeit und Hilfsbereitschaft der Mitarbeiter ist durch mitarbeiterbezogene Anstrengungen des Dienstleisters sicherzustellen. Eine

Vielzahl an Möglichkeiten steht den Betrieben hierzu zur Verfügung: Personalauswahlaktivitäten, Gestaltung der Arbeitsbedingungen und -prozesse, des Anreizsystems und des Informationssystems sowie – last but not least – die **Personalentwicklung** (*Meier 1992*). Sie alle sollen dazu beitragen, die aus Kundensicht notwendigen Qualifikationen bereitzustellen und zu entwickeln sowie die Bereitschaft und die Bedingungen zum Einsatz der Qualifikation zu gewährleisten. Im folgenden wird auf die Möglichkeiten im Rahmen der Personalentwicklung eingegangen.

2. Grundlagen der Personalentwicklung

2.1 Begriffsverständnis und Stand

Die **Personalentwicklung** (PE) ist ein bedeutender Erfolgsfaktor in der Wirtschaftspraxis im generellen und bei Finanzdienstleistern im speziellen, da die Erhaltung und der Ausbau der Wettbewerbsfähigkeit von Betrieben u.a. maßgeblich davon abhängt, wie qualifiziert die Mitarbeiter sind. Der Mitarbeiterqualifikation kommt dadurch die Funktion eines strategischen Schlüsselfaktors zu. Die auf die Verbesserung der Qualifikationen gerichtete Personalentwicklung kann als strategischer Erfolgsfaktor bezeichnet werden und sollte auch als **strategisch-orientierte Personalentwicklung** verstanden werden (*Becker, F.G. 1988; Elsik 1992; Steinmann/Hennemann 1993*).

In der **Praxis der Finanzdienstleister** werden Personalentwicklungsbudgets oft am verfügbaren Finanzierungspotential und dem Einflußpotential der Personalleitung bemessen sowie konkrete Personalentwicklungsentscheidungen überwiegend kurzfristig getroffen. Fundierte Konzepte stehen eher im Hintergrund oder werden zumindest nicht genügend umgesetzt. Dies führt dazu, daß Personalentwicklung oft ineffizient, an den notwendigen Bedarfen vorbei, unter Vernachlässigung systematischer Qualifizierungsprozesse und keineswegs anwendungsorientiert durchgeführt wird. Dies wird ihrer Rolle als strategische Erfolgsgröße keineswegs gerecht (*Meier 1996; Durstberger/Baade 1997*).

In der Literatur weist der **Begriff der Personalentwicklung** große Heterogenität und auch Unschärfe auf (*Flohr/Niederfeichtner 1982; Thom 1987; Neuberger 1994; Mentzel 1997*). Gemeinsame Basisannahme ist, daß Mitarbeiterqualifikationen sich verändern und gezielt verändert werden können. Strittig ist vor allem der Umfang der Personalentwicklungsteilaufgaben sowie ihre Klassifizierung. Das klassische Personalwesen – auch bei an sich „modernen" Finanzdienstleistern – setzt Personalentwicklung weitgehend mit Aus- und/oder Fortbildung gleich. Damit werden Formen des Arbeitsplatzlernens (Training-on-the-job) nicht beachtet. Unter Personalentwicklung werden hier diejenigen betrieblich veranlaßten Maßnahmen verstanden, mit denen Qualifikationen von Mitarbeitern (nicht nur von Führungskräften = Management Development) durch die Organisation von Lernprozessen weitgehend systematisch erhalten und erweitert bzw. diese Veränderungen angeregt werden. Die nachhaltige Sicherung der Qualifizierung der Mitarbeiter gilt als ein i.w.S. planbarer und steuerbarer Prozeß, auch wenn die Steuerung nicht immer im Detail zu gestalten ist. Das Lernen kann dabei stetig oder diskontinuierlich, sprunghaft oder langsam, intendiert oder „zufällig" stattfinden.

Die betrieblichen und individuellen **Ziele**, die mit der Personalentwicklung in der Bankpraxis wie auch anderswo verbunden sein können, lassen sich wie folgt formulieren (*Weber 1985; Thom 1987; Neuberger 1994*):

- ☐ **Betriebliche Ziele**: Erhaltung und Verbesserung der Wettbewerbsfähigkeit (via Konkurrenzvorteile am Arbeitsmarkt gegenüber anderen mitarbeitersuchenden Banken usw.); Erhöhung der Flexibilität der Mitarbeiter (via Teamarbeit, erhöhter Innovationsfähigkeit usw.); Erhaltung und Verbesserung der Mitarbeitermotivation (via Verbesserung der Zufriedenheit, der Identifikation usw.); Sicherung eines qualitativen wie quantitativen Personalbestands (via Entwicklung von Nachwuchskräften/Spezialisten, Anpassung der Qualifikationen an Kundenerfordernisse, Unabhängigkeit von externen Arbeitsmärkten).
- ☐ **Mitarbeiterziele**: Aktivierung des Qualifikationspotentials; Verbesserung der Chancen zur Selbstverwirklichung am Arbeitsplatz; Minderung der Risiken des Arbeitsplatzverlustes; Erhöhung individueller Mobilität (regional, fachlich, hierarchisch); Erhaltung/Verbesserung der Qualifikation; Erhöhung des Entgelts, Prestiges u.a.; Befriedigung immaterieller Motive.

Eine relativ problemlose **Synthese zwischen individuellen und betrieblichen Zielen** (Harmoniethese) ist in der Praxis selten zu finden. Die optisch vorgenommene Gleichstellung suggeriert eine faktisch nicht bestehende Gleichwertigkeit. Die betrieblichen Zielsetzungen sowohl zur Deckung eines qualitativen Personalbedarfs (Sachziel) als auch zur effizienten Durchführung der Personalentwicklung (Formalziel) stehen im Vordergrund. Eine rein am betrieblichen Bedarf orientierte Personalentwicklung ohne Berücksichtigung individueller Motive wäre allerdings weder zeitgemäß noch effizient. Das Wollen der zu qualifizierenden Mitarbeiter ist gerade im Hinblick auf eine qualitativ hochwertige Kundenorientierung eine notwendige, wenn auch nicht hinreichende Voraussetzung (Nebenbedingung des Formalziels), um Lernerfolge erzielen zu können.

Angestrebt wird die Vermittlung als notwendig erachteter Qualifikation bzw. Handlungskompetenz zur Aufgabenerfüllung. Unter **Qualifikation** ist dabei ein individuelles

Arbeitsvermögen zu verstehen, welches einem Mitarbeiter zu einem bestimmten Zeitpunkt (aktuell oder zukünftig) zur Verfügung steht. Die **Handlungskompetenz** bezieht sich auf eine spezifische Qualifikation, die Eignung für eine Stelle. Sie läßt sich differenzieren in die folgenden:

- **Fach- bzw. Sachkompetenz** – fachspezifische Kenntnisse (Breiten- und Tiefenwissen) für die jeweilige Stelle, beispielsweise Kenntnisse im Kredit- und Anlagengeschäft für einen Finanzberater.
- **Methoden- bzw. Konzeptkompetenz** – Fähigkeit, Fachwissen zu kombinieren und zu ergänzen; Lernfähigkeit; alternative Arbeitsweisen; Denken in Zusammenhängen; Fähigkeit, Wesentliches von Unwesentlichem zu unterscheiden u.ä., beispielsweise im Umgang mit spezifischen Kundenproblemen.
- **Sozialkompetenz** – Verantwortungsbereitschaft; Teamfähigkeit; zwischenmenschliche Interaktionsfähigkeit; gruppenorientiertes Verhalten u.a., beispielsweise im Umgang und in der Zusammenarbeit mit Kunden.

Hinzu kommt das notwendige **Wollen**, also positiv ausgeprägte Motivation, Einstellungen, Anstrengungs- und Konsequenzerwartung.

Von der **Qualifizierungsrichtung** her gesehen läßt sich die Personalentwicklung in drei Gruppen differenzieren:

- Die **Erweiterungsqualifizierung** soll vor allem die Bandbreite der beruflichen Handlungskompetenz erweitern, ohne daß es darum geht, aufzusteigen. Beispielhaft zu nennen wäre hier die Personalentwicklung für einen Kreditsachbearbeiter, der zusätzlich noch in die Subventionsfinanzierung eingearbeitet werden soll. Dies führt zu einer horizontalen Qualifikations- und Mobilitätserweiterung.
- Von **Anpassungsqualifizierung** wird gesprochen, wenn die Qualifikation einer technischen, wirtschaftlichen, organisatorischen und/oder sozialen Veränderung – bei in der Regel gleichem Arbeitsplatz – anzupassen ist. Beispielhaft anzufügen ist der verstärkte Einsatz von PCs an Sacharbeitsplätzen in Bankfilialen. Personalentwicklung kann hier zur Erhaltung der bestehenden horizontalen Mobilität beitragen.
- Mit der **Aufstiegsqualifizierung** sollen höherwertige Qualifikationen mit dem Ziel eines beruflichen bzw. hierarchischen Aufstiegs für Mitarbeiter vermittelt werden. Beispielhaft zu nennen wäre ein Seminar zur Mitarbeiterführung oder zur Projektleitung für bisherige Sachbearbeiter ohne Führungsverantwortung. Personalentwicklung sorgt in diesem Fall für eine Erhöhung der vertikalen Mobilität.

Personalentwicklung ist nicht allein eine Angelegenheit der Personalabteilung. Eine feste **Institutionalisierung der Personalentwicklung** in der Zentrale oder der Niederlassung ist allenfalls zur systematischen Durchführung der Aktivitäten notwendig. Im dezentralen Modell sind die anfallenden Aufgaben und Entscheidungen den Linienvorgesetzten zugesprochen. Im zentralen Organisationsmodell ist einer hauptamtlichen Stelle die gesamte Aufgabenpalette samt Entscheidungsbefugnissen übertragen. Das zentrale Modell läßt sich als „normaler" Servicebereich einrichten, aber auch als Profit-Center führen (*Fiedler 1994*).

2.2 Marketingorientierte Personalentwicklung

Bedingt durch veränderte interne wie externe Umweltbedingungen haben sich die **Anforderungen an eine moderne Personalarbeit** bei Finanzdienstleistern geändert. In der Anfangsphase des „Personalwesens" hatte es eine rein administrative Funktion, d.h. Personalverwaltung, Gehaltsabrechnung und Pflege der Personalstammdaten standen im Mittelpunkt. Quasi „nebenbei" wurden personelle Fragestellungen, wie Auswahl, Entgelte und Ausbildung, bearbeitet. Spätere arbeits- und sozialrechtliche Bestimmungen, Erhöhungen der Personalkosten, veränderte Ansprüche der Mitarbeiter u.a. stellten qualifiziertere Ansprüche an die betriebliche Personalarbeit. Funktionierende Stellenbeschreibungen, Auswahlverfahren, Personalbeurteilungen, Personalinformationssysteme, kooperative Führung u.a. waren nunmehr gefragt. Die **Personalabteilung** machte eine **Phase der Professionalisierung** durch, teilweise mit Einbeziehung der Vorgesetzten, teilweise ohne. Von der Zielrichtung, nicht jedoch immer von der Umsetzung, war sie „kundenorientiert", d.h. auf die Erfordernisse der Mitarbeiter auszurichten. Sie sollte Serviceleistungen für die Mitarbeiter innerbetrieblich erbringen bzw. „vermarkten". Teilweise ging allerdings bei manchen Finanzdienstleistern der Bezug zu den betrieblichen Zielsetzungen verloren. Die Personalarbeit mutierte zum Selbstzweck; die Einbeziehung als Instrument zur Durchsetzung gesamtbetrieblicher Zielsetzungen stand eher im Hintergrund. Einen Versuch, dies konzeptionell zu unterbinden, stellt das **Interne Marketing** dar, als das Bestreben, eine marketingorientierte Ausrichtung auch der Personalarbeit systematisch herbeizuführen.

Die **marketingorientierte Ausrichtung der Personalentwicklung** soll die planmäßige Gestaltung der Austauschbeziehungen mit den Mitarbeitern zu absatzorientierten Zwekken zum Inhalt haben. Im Rahmen eines Internen Marketing ist die Personalentwicklung als ein Instrument zu begreifen, welches dazu beiträgt, eine im Hinblick auf externe Märkte konzipierte Marketingstrategie zu initiieren und umzusetzen (*Stauss 1995*). Die Personalentwicklung bedient als Serviceleister direkt den internen und indirekt den externen Kunden. Es erfolgt insofern eine personalbezogene Absicherung der externen Marketingstrategie. Ganz besonders sollte dies bei Dienstleistungen mit hoher Interaktionsintensität gelten. Gerade hier wird die Dienstleistung im Zuge des Kundenkontaktes erstellt. Je höher daher die Interaktionsintensität der Dienstleistung, um so verstärkter bestimmt der vom Kunden wahrgenommene Verlauf dieses Kontaktes dessen Qualitätsurteil und seine Einstellung zum Betrieb (*Wohlgemuth 1989*).

Besondere Bedeutung kommt der Personalentwicklung im dienstleistungsintensiven Bankbetrieb zu. Ein **personalorientiertes Internes Marketing** soll einige speziellere Zielsetzungen erreichen helfen: Das kundenbezogene Mitarbeiterverhalten ist – vor allem in den Kundenkontaktsituationen – durch die Personalentwicklung sicherzustellen, damit letztlich Kunden hierdurch gewonnen, zufriedengestellt und gehalten werden. Kundenorientierte Mitarbeiter sind zu entwickeln, die bereit und fähig sind, externe Marketingziele umzusetzen (*Stauss 1995* und die dort angegebene Literatur).

3. Ablauf der Personalentwicklung

Der **Prozeß der Personalentwicklung** besteht aus vier Phasen, die in Abbildung 1 visualisiert werden:

(1) Analysephase,
(2) Planungsphase,
(3) Qualifizierungsphase,
(4) Kontrollphase.

(1) Analysephase
Auf Basis der Ergebnisse der Personalforschung (*Becker/Martin 1993*) wird der **Personalentwicklungsbedarf** als qualitative Unterdeckung zum aktuellen oder zu einem zukünftigen Zeitpunkt individuell ermittelt. Im Rahmen eines **Lückenkonzepts** besteht er, wenn zwischen den erhobenen zukünftigen Arbeitsplatzanforderungen und den aktuellen Qualifikationen (z.B. aktuelles Verhalten) eine Lücke besteht und diese durch das Qualifikationspotential der Mitarbeiter und durch deren Entwicklungswünsche gedeckt werden kann. Für eine solche defizitorientierte Bedarfsanalyse existieren jedoch keine methodisch gesicherten Wege zur Anforderungsanalyse und -prognose wie zur Qualifikationsprognose. Dadurch resultiert eine Unschärfe bei der Bestimmung des Personalentwicklungsbedarfs. Die zudem implizit verbundene Annahme, daß für jede Lücke eine bestimmte adäquate Personalentwicklungsmethode eingesetzt werden kann (deterministische Personalentwicklung), ist zudem haltlos.

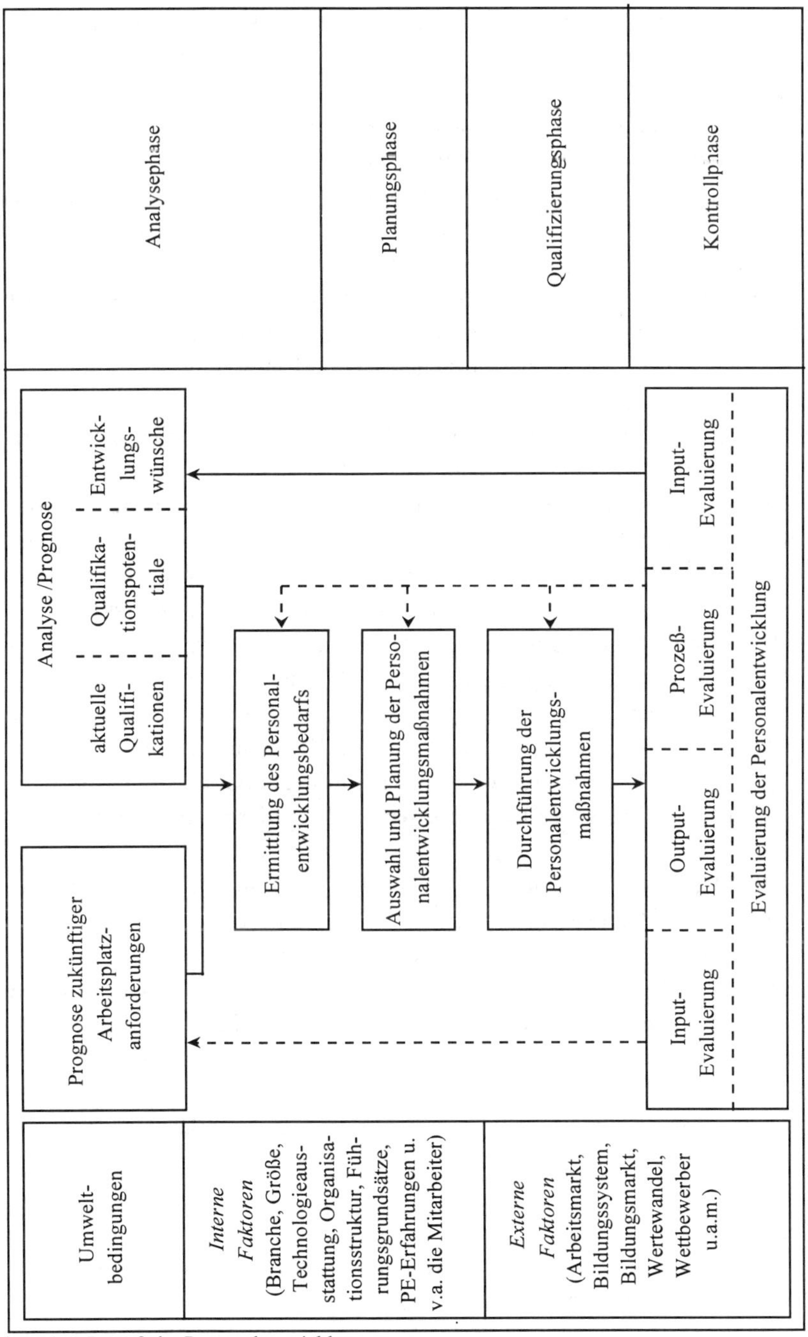

Abbildung 1: Prozeß der Personalentwicklung

Anstelle des Lückenkonzepts könnte eine **potentialorientierte Personalentwicklung** treten, mit der Handlungskompetenzen – ohne direkten funktionalen Anforderungsbezug – geschaffen werden. Für die unbestimmte Zukunft an Anforderungen sollen Qualifikationspotentiale aktiviert werden, die den flexiblen Umgang mit stetig neuen Anforderungen gestatten (*Laske/Gorbach 1993; Bronner/Schröder 1983*). Das Assessment-Center wird in diesen Zusammenhängen verstärkt als Analyseinstrument zur Personalentwicklung eingesetzt. Man greift zudem auf extrafunktionale Qualifikationen (Schlüsselqualifikationen) zurück. Sie betreffen solche Handlungskompetenzen, die positionsübergreifend wirken, z.B. Lern- und Kooperationsbereitschaft oder Denken in fachübergreifenden Zusammenhängen. Die funktionalen Qualifikationen als stellenspezifisch notwendige Leistungsvoraussetzungen stehen eher im Hintergrund.

Ausgangspunkt der Personalentwicklungsbedarfsanalyse im Rahmen einer marketingorientierten Ausrichtung sind nicht primär die Mitarbeitermotive, sondern die **Kundenwünsche**: „Gerade aus dem Bewußtsein um die dominierende Bedeutung der Kundenbedürfnisse und dem Wissen, daß volles Engagement für die Erfüllung der Kundenbedürfnisse nicht automatisch mit der Erfüllung der Mitarbeiterbedürfnisse zusammenfällt, ergibt sich die Notwendigkeit des internen Marketing" (*Stauss 1995, S. 261*). Ein solches Verständnis liegt einem Konzept der personalbezogenen Absicherung einer externen Marketingstrategie zugrunde. Kundennähe bedeutet die weitgehende Ausrichtung aller Aktivitäten eines Finanzdienstleisters auf die Erfüllung von Kundenwünschen (*Albers 1992*). Die Kundenmotive (nicht nur die Kundenfreundlichkeit) bilden einen Ausgangspunkt der Marketingstrategie und den primären Orientierungspunkt insofern auch für die personalbezogenen Überlegungen bei der Anforderungsermittlung.

Die **Arbeitsplätze** bei Finanzdienstleistern sind in unterschiedlichem Umfang mit Kundeninteraktionen verbunden. Vereinfachend kann in eher beziehungsorientierte und in eher aufgabenorientierte Stellen differenziert werden (*Stauss 1995*). Eine solche Differenzierung ermöglicht im Rahmen der Personalentwicklungsbedarfsanalyse eine gezielte Auswahl der Personalentwicklungsmaßnahmen und der Mitarbeiter. In Abbildung 2 werden beispielhafte Qualifikationsanforderungen für einen Finanzberater mit direkten Kundenkontakten wiedergegeben, die als Ergebnis der Analysephase festzuhalten sind. Auch sonst soll die Position des Finanzberaters als banktypisches Berufsbild beispielhaft im Zentrum der nachfolgenden Überlegungen stehen.

(2) Planungsphase

Die systematische Deckung des Personalentwicklungsbedarfs wird im Rahmen der **Personalentwicklungsplanung** (*Drumm 1992*) in seinen wesentlichen Merkmalen (Lerninhalte, Mitarbeiter, Lernprozeß, Methoden u.ä.) vorgesehen. Eine unsystematische

Qualifizierung, sei es durch Intensivkurse (z.B. Crashkurse zur Kreditbesicherung) oder per Anlernausbildung durch pädagogisch nicht geschulte Mitarbeiter des Finanzdienstleisters, ist in der Regel ineffizient. Mitvoraussetzung der Personalentwicklung ist, daß die zu vermittelnde Qualifikation nutzbar wird und bleibt. Dies bedeutet vor allem die Möglichkeit zur praktischen Anwendung. Es sind Bedingungen zu schaffen, die Raum zur Ausübung der erworbenen Qualifikationen ermöglichen.

Kommunikation:	Fähigkeit, sich in den Interaktionen mit dem Kunden verbal und schriftlich klar auszudrücken.
Einfühlungsvermögen:	Fähigkeit, die Gefühle und den Standpunkt des Kunden anzuerkennen und darauf einzugehen.
Entscheidungsfähigkeit:	Bereitschaft, Entscheidungen zu treffen und etwas zu unternehmen, um Kundenwünsche zu erfüllen.
Energie:	Hoher Grad an Wachheit und Aufmerksamkeit im gesamten Interaktionsprozeß.
Flexibilität:	Fähigkeit, den eigenen Service-Stil entsprechend der jeweiligen Situation oder der Persönlichkeit des Kunden zu variieren.
Verläßlichkeit	Zeitgerechte und adäquate Leistung entsprechend der gemachten Zusagen.
Äußerer Eindruck:	Saubere und ordentliche Erscheinung, positiver Eindruck auf den Kunden.
Initiative:	Eigene Aktivitäten, um Kundenerwartungen immer wieder zu erfüllen oder überzuerfüllen.
Integrität:	Einhaltung hoher sozialer und ethischer Standards im Umgang mit den Kunden.
Fachkenntnis:	Vertiefte Kenntnisse bezüglich des Angebots und der kundenbezogenen Leistungsprozesse.
Urteilsvermögen:	Fähigkeit, verfügbare Informationen richtig zu beurteilen und zur Entwicklung von Problemlösungen zu nutzen.
Motivation, dem Kunden zu dienen:	Eigenschaft, Gefühl der Arbeitszufriedenheit aus dem Umgang mit dem Kunden, der Erfüllung seiner Bedürfnisse und der Behandlung seiner Probleme gewinnen zu können.
Überzeugungsfähigkeit/ Verkaufstalent:	Fähigkeit, mit seinen Ideen und Problemlösungen beim Kunden Akzeptanz zu finden und ihn vom Angebot des Unternehmens zu überzeugen.
Planungsvermögen:	Fähigkeit, die kundenbezogene Arbeit zeitlich und sachlich richtig vorzubereiten.
Belastungsfähigkeit:	Fähigkeit, unerwartete Kundenprobleme, unvorhersehbaren Arbeitsanfall oder Arbeitsdruck während des Kundenkontaktes auszuhalten.
Situationsanalyse:	Sammlung und logische Analyse von wichtigen Informationen über die Situation des Kunden.
Hohes Anspruchsniveau:	Hohe Ziele im Kundendienst und ständige Bemühung, diese Ziele zu erreichen.

Abbildung 2: Anforderungen an das Kundenkontaktpersonal
Quelle: Becker/Wellins 1990, S. 49 (aus Stauss 1995)

Im Mittelpunkt sollte weniger die Vermittlung von Standardverhaltensweisen an das Kundenkontaktpersonal für übliche Interaktionssituationen mit Kunden stehen. Dies stellt zwar auch eine wichtige Maßnahme dar. Nachhaltiger ist es allerdings, ein **„Commitment der Mitarbeiter zur Kundenorientierung"** zu erzielen. Letztlich sollte ein Kundenkontaktmitarbeiter in der Lage und bereit sein, im Rahmen der eigenen Persönlichkeit die vielfältigen Ermessensspielräume in Kundenkontaktsituationen selbständig zugunsten des Kunden zu nutzen (*Frisch 1990*).

Die betriebliche Personalentwicklungsplanung umfaßt u.a. die **individuelle Karriereplanung**. Sie bedeutet die gedankliche Vorwegnahme möglicher, zukünftig im Betrieb zu besetzender Stellen, der mit ihnen verknüpften Qualifikationen einzelner Mitarbeiter und deren individueller Karrieren. Vereinfachend kann im Rahmen der Karriereplanung auf Hilfsmittel, wie z.B. Karrierephasen, Karriereanker (*Schein 1978; Berthel/Koch 1985*) und Karrieremuster, zurückgegriffen werden.

(3) Qualifizierungsphase

Schließlich erfolgt die **Durchführung** der geplanten Personalentwicklungsmaßnahmen, also die Qualifizierung selbst.

- ☐ Unter **innerbetrieblicher Personalentwicklung** werden alle betriebsintern durchgeführten Qualifizierungsmaßnahmen – gleich ob durch interne oder externe Dozenten – gefaßt. Sie hat durch eine bedarfsorientierte Auswahl von Inhalten wie Terminen sowie ein mögliches Eingehen auf das konkrete Arbeitsfeld durch die Dozenten viele Vorteile. Solche Trainingsmaßnahmen können dazu beitragen, betriebskulturelle Sozialisationswirkungen zu verstärken, die letztlich das Kundenkontaktverhalten entsprechend der Notwendigkeiten positiv verstärken.
- ☐ Die **überbetriebliche Personalentwicklung** bezieht sich auf solche Maßnahmen, die bei Bildungseinrichtungen veranstaltet werden, welche von mehreren Betrieben sowie von Kammern und Verbänden eingerichtet wurden, um Veranstaltungen für ihre Mitarbeiter bzw. Mitglieder anzubieten. Die Sparkassenorganisation bietet beispielsweise einen Kundenberaterlehrgang („Sparkassenfachwirt") bei regionalen Sparkassenakademien an. Ähnliches ist auch im Genossenschaftsbereich sowie mit Abstrichen im privaten Bankgewerbe möglich (*Burgard 1993*).
- ☐ Im Rahmen der **außerbetrieblichen Personalentwicklung** werden Mitarbeiter zu Veranstaltungen externer Bildungsträger entsandt. Die externe Personalentwicklung bietet ein breites Angebot und Methoden-Know-how sowie pädagogisch ausgebildete Trainer und eine didaktische Aufbereitung der Veranstaltungen u.a.m. als Vorteile. Dafür ist das Transferproblem der erworbenen Qualifikationen auf die bankinternen Arbeitsplätze tendenziell höher, die Praxisferne größer, oft die Qualität ungewiß sowie die Ausrichtung auf spezielle betriebliche Erfordernisse eines Finanzdienstleisters gering.

(4) Kontrollphase

Mit zunehmendem Kostenbewußtsein und steigenden Personalentwicklungsinvestitionen stellt sich die Frage nach einer ökonomisch orientierten Evaluierung. **Personalentwicklungsevaluierung** (*Bronner/Schröder 1992*) drückt die Überprüfung und Bewertung von Personalentwicklungsmaßnahmen hinsichtlich

- ihres Einsatzes, den qualitativen Personalbedarf und das Angebot externer Seminaranbieter (= Input-Evaluierung),
- ihres Prozesses über den adäquaten Verlauf der einzelnen Personalentwicklungsphasen (= Prozeßevaluierung) und
- ihres Ergebnisses über die tatsächlich erzielten Effekte (= Output-Evaluierung) bezüglich ihres kurzfristigen und/oder langfristigen Beitrages zur Erreichung pädagogischer wie ökonomischer Ziele aus.

Im Rahmen einer marketingorientierten Ausrichtung ist vor allem auf die Erfüllung der derivativen Zielsetzung bzgl. der Erreichung der spezifischen Marketingstrategie zu achten. Wichtig ist insbesondere, daß der andauernde Transfer zum – bzw. die Anwendung im – Funktionsfeld des Finanzberaters gelingt. Die Evaluierung kann im Sinne eines Controlling hier früh eingreifen und die Maßnahmen hinsichtlich dieser Zielsetzung steuern helfen (*Fellenstein 1997*).

Eine **Bewertung des konkreten ökonomischen Nutzens der Personalentwicklung** im Hinblick auf die Marketingorientierung scheitert an kaum zu überbrückenden Bewertungsproblemen. Die unmittelbare Qualifikationsentwicklung mag für eine erfolgreiche Weiterbildung sprechen, inwieweit sich damit aber ein betrieblicher Nutzen generell wie auch speziell durch eine – verstärkte – Marketingorientierung bei der Aufgabenerfüllung ergibt, läßt sich allenfalls in der Grobrichtung angeben, in der Höhe dagegen gar nicht erfassen. Auch die Kostenseite ist insbesondere bei stellengebundenen Personalentwicklungsmaßnahmen nicht erfaßbar. Zwar ließen sich in einem Modell die einzelnen Kostenarten (Zeit des Vorgesetzten, Abwesenheiten zwecks Fortbildung, Abstimmungsprobleme usw.) bestimmen, ihre Höhe dagegen nicht. Die Zeitperspektive (vor allem bezüglich des langfristigen Lernerfolges) macht eine sinnvolle Kosten-Nutzenanalyse weiter unmöglich. Trotz dieser Problematik ist der Versuch einer ökonomischen Betrachtung notwendig, um weiter Stimuli für eine ökonomische Ressourcenverwendung geben zu können.

4. Instrumentarium der Personalentwicklung

Welches **Instrumentarium der Personalentwicklung** steht in der Bank für die genannte Zielsetzung zur Verfügung? Zu differenzieren ist in Teilbereiche und Methoden.

4.1 Teilbereiche

Aus systematisch-analytischer Sicht läßt sich die Personalentwicklung in verschiedene Teilbereiche – nach unterschiedlichen Systematisierungskriterien – differenzieren (*Thom 1987; Becker, M. 1993; Neuberger 1994; Berthel 1997*). Die in Tabelle 1 wiedergegebene Klassifizierung legt besonderes Augenmerk auf die **Zielrichtung der Personalentwicklung**.

<table>
<tr><td colspan="2">Berufs- und stellen-vorbereitende Qualifizierung
(= Einstiegsqualifizierung)</td><td colspan="2" rowspan="2">Berufs- und stellen-begleitende Qualifizierung
(= Anpassungs- und Erweiterungsqualifizierung)</td><td colspan="3" rowspan="2">Berufs- und stellen-verändernde Qualifizierung
(= Aufstiegsqualifizierung)</td></tr>
<tr><td rowspan="2">Berufsvorbereitende Maßnahmen
☐ Berufsausbildung
☐ Umschulung</td><td rowspan="2">Stellenvorbereitende Maßnahmen
☐ Trainee-Ausbildung
☐ Anlernausbildung</td></tr>
<tr><td>Anpassungs- und Erweiterungsfortbildung</td><td>Stellenbezogene Qualifizierung</td><td>Aufstiegsfortbildung</td><td>Stellengestaltende Qualifizierung</td><td>Stellenfolgenbezogene Qualifizierung</td></tr>
</table>

Tabelle 1: Teilbereiche der Personalentwicklung

4.1.1 Berufs- und stellenvorbereitende Qualifizierung

Berufs- und stellenvorbereitende Qualifizierung betrifft solche betrieblichen Personalentwicklungsaktivitäten, die erstmals Mitarbeiter auf einen Beruf bzw. eine bestimmte

Stelle(nklasse) vorbereiten sollen. In erster Linie zählt der gesamte **Berufsausbildungsbereich**, aber auch die **betriebliche Umschulung**, zu den berufsvorbereitenden Maßnahmen. Als stellenvorbereitende Maßnahme gilt dagegen die tätigkeits- und arbeitsplatzspezifische **Anlernausbildung** sowie die ebenen- bzw. bereichsspezifische **Traineeausbildung**.

(1) Berufsausbildung

Die Berufsausbildung hat das erstmalige Erlernen eines staatlich anerkannten Berufes (z.B. Bankkaufmann/-frau) zum Ziel. Sie soll die für die Ausübung einer qualifizierten beruflichen Tätigkeit notwendigen fachlichen Fertigkeiten und Kenntnisse in einem geordneten Ausbildungsgang vermitteln sowie den Erwerb der erforderlichen Berufserfahrung ermöglichen. In der Bundesrepublik Deutschland findet sie im Rahmen des sog. **dualen Systems** statt (*de Grave 1992; Becker, M. 1993*). Das Bankgewerbe zählt zu den ausbildungsintensivsten Branchen, wobei allerdings bemerkt werden muß, daß derzeit noch (zu) viele Auszubildende den Ausbildungsbetrieb bereits kurz nach Berufsabschluß verlassen, um ein Studium zu beginnen. Ein Großteil der Ausbildungsinvestitionen und -bemühungen zahlt sich insofern nicht aus. Ein möglicher Ausweg ist die verstärkte Einstellung von Auszubildenden mit Fachhochschulreife. Als problematisch hat sich aber bei diesem Personenkreis eine ausreichende Grundqualifikation gezeigt. Eine mögliche Begleitmaßnahme zur Verstärkung der Bleibebereitschaft ausgebildeter Abiturienten ist die frühzeitige Berücksichtigung bei der betrieblichen Karriereplanung und das Angebot an Weiterbildungsmaßnahmen (*Delisle 1994*).

(2) Umschulung

Die Umschulung bezeichnet nach dem Berufsbildungsgesetz berufliche Bildungsmaßnahmen, die das Ziel haben, den Übergang eines Arbeitnehmers in eine andere geeignete berufliche Tätigkeit zu ermöglichen. Sie sind geeignete Reaktionen bzw. qualitative Anpassungsmaßnahmen auf technische Umstellungen und damit Schutz (Vermeidung oder Beendigung) vor Arbeitslosigkeit. Die Umschulung baut auf einer Berufsausbildung und/oder vorangegangenen Erwerbsphase auf. Die Umschüler haben einen entscheidenden Qualifikationsvorteil, indem sie bereits grundlegende Berufsqualifikationen einbringen und insofern schneller (kostengünstiger) qualifiziert werden können.

(3) Anlernausbildung

Unter einer Anlernausbildung wird die Qualifizierung eines Arbeitnehmers vor allem durch Unterweisung am Arbeitsplatz für ein in der Regel enges Fachgebiet (z.B. als Backoffice-Mitarbeiter in einer Filiale) verstanden. Sie bietet sich an, wenn die Arbeitsplätze zumindest so kompliziert auszufüllen sind, daß sich eine einfache Unterweisung als unzureichend herausstellt, eine umfassende Berufsausbildung aber unnötig ist. Die

Anlernausbildung ist insofern von kurzer Dauer, auf die speziellen Anforderungen eines Arbeitsplatzes zugeschnitten und nicht mit einem staatlichen Abschluß verbunden. Eine für manche Aufgaben durchaus lohnende Anlernausbildung könnte darin bestehen, Mitarbeiter aus serviceorientierten Berufen, die die Branche wechseln wollen, einzustellen und ihre Qualifikationen im Kundenkontakt zu nutzen.

(4) Traineeausbildung
Die Traineeausbildung ist ein betriebliches Personalentwicklungsprogramm, mit dem insbesondere Hochschulabsolventen im Bankenbereich systematisch mit dem gesamtbetrieblichen Geschehen, allen Sparten des Bankgeschäfts und konkreten Arbeitsanforderungen vertraut gemacht werden. Die Trainees sollen dann – in Konkurrenz mit den aus der Berufsausbildung kommenden Praktikern – den Bedarf an qualifizierten Nachwuchskräften decken (*Burgard 1993*). Mittel- bis langfristig ist die Verbesserung der Verwendungsbreite, die Erkennung von Fach-/Führungspotentialen und die Schaffung breiter Personalressourcen intendiert (*Thom 1987*). Die Trainees durchlaufen systematisch mehrere Ausbildungsstationen, in denen sie z.T. auch praktisch mitarbeiten. Zusätzlich sind Maßnahmen der Fortbildung vorgesehen. Die Traineeprogramme können für einzelne Tätigkeitsbereiche in einem Betrieb (z.B. Investment-Banking-Trainee) spezifisch ausgestaltet sein, sie können auch allgemein gehalten sein, wobei erst im Zeitablauf eine Spezifizierung stattfindet. Beispielhaft anzufügen wäre eine Trainingsmaßnahme zur Sensibilisierung für Kundenwünsche und zum Eingehen auf diese.

4.1.2 Berufs- und stellenbegleitende Qualifizierung

Berufs- und stellenbegleitende Qualifizierung setzt bei bereits im Bankbetrieb beschäftigten Mitarbeiter an. Die Mitarbeiter werden für aktuelle wie zukünftige Anforderungen qualifiziert; zudem ist dem Prozeß der Dequalifizierung vorzubeugen. In erster Linie zählt die **Anpassungs- und Erweiterungsfortbildung** zu diesem Bereich, z.T. auch eine **stellenbezogene Qualifizierung**. Fortbildung (synonym: Weiterbildung) stellt die Fortsetzung oder Wiederaufnahme des (intentionalen) organisierten Lernens nach Abschluß einer ersten auf Erwerbstätigkeit ausgerichteten Bildungsphase (in der Regel Berufsausbildung, Studium) oder im Anschluß an eine durch Arbeitserfahrungen gewonnene Qualifikation – in diesem Bereich vor allem – zur Qualifikationsstabilisierung dar. Stellenbezogene Maßnahmen sollen durch veränderte Aufgabenmerkmale Qualifikationseffekte erzielen.

4.1.3 Berufs- und stellenverändernde Qualifizierung

Berufs- und stellenverändernde Qualifizierung intendiert eine Aufstiegsqualifizierung. Zu differenzieren ist in die Aufstiegsfortbildung, die stellengestaltende und die positionsbezogene Qualifizierung. Zu nennen wären hier z.B. qualifizierende Seminare im Kreditbereich.

(1) Aufstiegsfortbildung
Bildungsbezogene Qualifizierung im Rahmen der berufs- und stellenverändernden Personalentwicklung läßt sich als Aufstiegsfortbildung bezeichnen. Sie unterscheidet sich in dem hier vertretenen Verständnis von der Anpassungs- und Erweiterungsfortbildung durch die Intention.

(2) Stellenverändernde Qualifizierung
Stellenbezogene bzw. -verändernde Qualifizierung liegt vor, wenn entsprechende Maßnahmen zur Stellenbesetzung und/oder -veränderung (auch) explizit unter Qualifizierungsaspekten vorgesehen sind. Umgesetzt wird sie per Aufgabenstrukturierung. Diese hat die gezielte Gestaltung des Aufgabenfeldes eines Arbeitsplatzinhabers zum Gegenstand (*Berthel 1997*). Sie erweitert den Spielraum für die Selbstqualifikation und bietet Möglichkeiten zur Nutzung bereits vorhandener Arbeitsvermögen. Dies kann in zwei Richtungen erfolgen: Zum einen trägt eine Aufgabenverkleinerung zur Spezialisierung (z.B. Konzentration auf das Anlagengeschäft) bei. Zum anderen trägt eine Aufgabenvergrößerung (z.B. zusätzliche Planungs- und Entscheidungsaufgaben eines Filialleiters u.a.) – neben anderen Gründen – zur Personalentwicklung mittels Job Enrichment und Job Enlargement bei. Die Trennung in Servicemitarbeiter und Finanzberater kann zu der positiven Wirkung einer entsprechenden Spezialisierung – und damit einer erhöhten Qualität – beitragen. Verstärkt wird sie bereits noch durch die Teambildung mit heterogenen fachlichen Zuordnungen. Ein Beispiel wäre ein spezielles Verkaufstraining, das einem Backoffice-Mitarbeiter den Weg zum Frontoffice ermöglichen würde.

(3) Stellenfolgenbezogene Qualifizierung
Auch der sukzessive Durchlauf verschiedener Positionen trägt mit zur Qualifizierung für bestimmte Stellen bei. Um dieses Personalentwicklungsziel zu erreichen, sollte die Folge der zu besetzenden Stellen in der Karriereplanung unter Lernaspekten geplant werden. Mit dieser Qualifizierungsmaßnahme kann auch verstärkt eine interne Beförderung gesteuert werden (*Berthel/Koch 1985*). Hier wäre z.B. ein zeitlich beschränkter Einsatz an der Börse denkbar, der die Basis für eine Position in der Wertpapierberatung legen kann. Aus der Vielzahl der Bewegungsmöglichkeiten in einem betrieblichen Karrieresystem wird für spezifisch angestrebte Karriereziele ein idealtypisches Maßnah-

menbündel zusammengestellt, welches aufeinander abgestimmte Positionsfolgen enthält. Diese werden als *Karrieremuster* bezeichnet. Sie helfen, den Mitarbeitern ihre prinzipiellen Karrieremöglichkeiten im Betrieb aufzuzeigen sowie eine gezielte Karriereplanung vorzusehen (Beispiele: Trainee – Firmenkundenbetreuer – Leiter Kreditabteilung – Filialleiter; Auszubildende – Backoffice-Mitarbeiter – Finanzberater – Geschäftsstellenleiter).

4.2 Methoden der Personalentwicklung

Personalentwicklungsmethoden betreffen die vom Betrieb initiierten Formen des organisierten Lernens – in unterschiedlichen Organisationsgraden. Darunter sind alle Aktivitäten planerischer, organisatorischer und umsetzungsspezifischer Art zu verstehen, die erforderlich erscheinen, um bestimmten Mitarbeiter(gruppe)n eine in etwa bestimmte Qualifikation in einem begrenzten Zeitraum zu vermitteln. Inhaltlich lassen sich die **Methoden** in verschiedene Gruppen klassifizieren:

- Beim **Training-off-the-job** (stellenungebundene Personalentwicklung) findet die Qualifizierung losgelöst von der eigentlichen Arbeitsaufgabe außerhalb des Arbeitsplatzes intern oder extern statt.
- Beim **Training-on-the-job** (stellengebundene Personalentwicklung) erfolgt die Qualifizierung bei der Erfüllung der Arbeitsaufgaben am Arbeitsplatz selbst, also bei der Tätigkeit als Revisor, Geschäftsstellenleiter, Projektmitarbeiter o.a.
- Unter **Training-near-the-Job** (stellenübergreifende Personalentwicklung) sind Personalentwicklungsmaßnahmen zu verstehen, die in enger räumlicher, zeitlicher und inhaltlicher Nähe zum Arbeitsplatz stattfinden (*Birnkammer/Nerdinger 1997*).

Tabelle 2 benennt methodenbezogene Instrumente (*Becker, M. 1993; Becker, F.G. 1994; Berthel 1997*).

Die Methoden und Instrumente lassen sich prinzipiell im Rahmen aller skizzierten Teilbereiche einsetzen. Sie unterscheiden sich vor allem im Arbeitsplatzbezug sowie den unterschiedlich notwendigen Aktivitätsgraden der Lernenden und Lehrenden (passive versus aktive Lernformen; letztere versprechen größeren Lernerfolg).

Training-on-the-job	Training-off-the-job	Training-near-the-job
□ Unterweisung am Arbeitsplatz □ Leittextmethode □ Einsatz als Assistent und Stellvertreter □ Modellernen □ Job Enlargement □ Job Enrichment □ Job Rotation □ Gruppenautonomie	□ Vortrag □ Lehrgespräch □ Kurse □ Verhaltenstraining □ Fallstudie, Planspiel, Rollenspiel □ programmierte Unterweisung □ gruppendynamisches Training □ Teamentwicklung □ Tagungen, Workshops	□ Qualitätszirkel □ Mentoring, Coaching □ Counselling □ Projektgruppenarbeit

Tabelle 2: Methoden und Instrumente der Personalentwicklung

Wichtig für den Erfolg der Personalentwicklung ist eine ausreichende **Anstrengungs- und Konsequenzerwartung der Mitarbeiter**. Unter Anstrengungserwartung ist die empfundene Wahrscheinlichkeit zu verstehen, durch die eigene Qualifikation und Anstrengung sowie durch die Arbeitsbedingungen auch tatsächlich kundenfreundlich sein zu können; unter Konsequenzerwartung die empfundene Wahrscheinlichkeit, daß kundenfreundliches Verhalten sich (a) tatsächlich positiv bei der Kundschaft und beim Absatz niederschlägt sowie (b) auch innerbetrieblich positiv gewürdigt werden (*Becker, F.G. 1994*). Es bedarf eines bzgl. Kundenfreundlichkeit positiv ausgeprägten Selbstkonzepts sowie der Reagibilität von Kunden wie Betrieb auf entsprechendem oder gegenteiligem Verhalten. Die Personalentwicklung hat hier insbesondere zwei Aufgaben: Zum einen sollte sie durch Qualifizierungsmaßnahmen die notwendige Handlungskompetenz und das entsprechende Selbstvertrauen der Mitarbeiter entwickeln. Zum anderen ist im Rahmen der Karriereplanung darauf zu achten, daß lediglich ein der externen Marketingstrategie angemessenes Verhalten bei Beförderungsentscheidungen positiv sanktioniert wird.

5. Fazit

Wenngleich in dieser systematisch-analytischen Darstellung die Personalentwicklung als wohlstrukturiertes Problem mit eindeutigen Lösungen erscheint, so ist sie dies in der bankbetrieblichen Praxis keineswegs. Die sinnvollen Strukturierungen sind ein Spielfeld für Prozesse der Selbstorganisation der Beteiligten, für Trial-and-Error-Prozesse der Personalentwicklungsbedarfsanalyse, für Versuche der zweckmäßigen Instrumentenwahl, für mikropolitische Karriereprozesse (*Auer et al. 1993*) u.a.m. Menschen lassen sich nicht in starre Schemata pressen, sie agieren innerhalb eventuell auch gegen vorgegebene Schemata. Eine rein instrumentell-technische Perspektive verstellt den Blick auf den auch interessengeleiteten Personalentwicklungsprozeß.

Daß die Kundenzufriedenheit ebenso wie die Servicequalität durch ein systematisches Internes Marketing (auch im Personalentwicklungsbereich) erhöht werden kann, darauf deuten einige Studien hin (*Richardson/Robinson 1986; Tansuhaj/Wong/McCullogh 1987; Watson 1988*). Ein ausreichender Beleg gerade für die Erfolgswirksamkeit von Personalentwicklungsaktivitäten liegt jedoch nicht vor. Dies würde auch eine Spezialisierung und Operationalisierung der Kundenkontaktsituationen im Finanzdienstleistungsbereich und entsprechende Wirksamkeitsstudien voraussetzen. Die Personalentwicklung wäre auch überfordert, sollte sie allein als Instrument zur Förderung des kundenorientierten Verhaltens der Kundenkontaktpersonen des Finanzdienstleisters eingesetzt sein. Die Steuerung des Kundenkontaktpersonals bezieht sich neben der Personalentwicklung noch auf das Angebot an Produkten/Dienstleistungen, das Arbeitsumfeld (z.B. des Backoffice), die innerbetrieblichen Arbeitsprozesse, die Organisationskultur u.a.m. (*Ballantyne 1991*). Dies impliziert, daß Backoffice-Mitarbeiter kundenorientiert denken und handeln müssen, damit die Kundenkontaktmitarbeiter hinreichend qualifiziert an die (potentiellen) Kunden herantreten können. Kundennähe und Dienstleistungsqualität ist nicht allein durch das Mitarbeiterverhalten und die Personalentwicklung zu beeinflussen. Sie ist vielmehr Ergebnis des ganzen Betriebes.

Literaturverzeichnis

Albers, S. (1992): Kundennähe, in: *Diller, H. (Hrsg.)*: Vahlens Großes Marketinglexikon, München, S. 589-590.

Auer, M. et al. (1993): Mikropolitische Perspektiven der Personalentwicklung, in: *Laske, S./ Gorbach, S. (Hrsg.)*: Spannungsfeld Personalentwicklung, Wiesbaden, S. 153-169.

Ballantyne, D. (1991): Internal marketing, collaboration and motivation in service quality management, in: *van der Wiele, T./Timmers, J.G. (Hrsg.)*: Proceedings of the „Workshop on Quality Management in Services", Booklet I, Brussels, S. 227-247.

Becker, F.G. (1988): Personalentwicklung im Rahmen einer strategischen Führung, in: Zeitschrift für Personalforschung, 2. Jg., Nr. 3, S. 197-213.

Becker, F.G. (1994): Lexikon des Personalmanagements, München.

Becker, F.G./Martin, A. (Hrsg.)(1993): Empirische Personalforschung, München/Mering

Becker, M. (1993): Personalentwicklung, Bad Homburg v.d.H.

Becker, W.S./Wellins, R.S. (1990): Customer-service perceptions and reality, in: Training & Development Journal, Vol. 44, No. 3, S. 49-51.

Berthel, J. (1997): Personal-Management, 5. Aufl., Stuttgart.

Berthel, J./Koch, H.-E. (1985): Karriereplanung und Mitarbeiterförderung, Stuttgart.

Betsch, O. (1988): Strukturwandel und Wettbewerb am Bankenmarkt, Stuttgart.

Birnkammer, M./Nerdinger, F.W. (1997): Qualitätszirkel als Instrument der Personalentwicklung?, in: Personal, Nr. 3, S. 152-155.

Bronner, R./Schröder, W. (1992): Evaluation der betrieblichen Bildungsarbeit, in: *Gaugler, E./Weber, W. (Hrsg.)*: Handwörterbuch des Personalwesens, 2. Aufl., Stuttgart, Sp. 853-863.

Burgard, W. (1993): Personalwesen, in: *Obst/Hintner (Hrsg.)*: Geld-, Bank- und Börsenwesen, 39. Aufl., Stuttgart, S. 956-991.

Delisle, E. (1994): Marketing als Bildungsinhalt, in: Versicherungswirtschaft, Nr. 3, S. 198-202.

de Grave, A.J. (1991): Gestaltung beruflicher Erstausbildung in Unternehmungen. Frankfurt am Main u.a.

Drumm, H.J. (1992): Personalplanung, in: *Gaugler, E./Weber, W. (Hrsg.)*: Handwörterbuch des Personalwesens, 2. Aufl., Stuttgart, Sp. 1758-1769.

Durstberger, H./Baade, R. (1997): Personalentwicklung – strategischer Erfolgsfaktor für Banken, in: Die Bank, Nr. 3, S. 146-149.

Elsik, W. (1992): Strategisches Personalmanagement. München/Mering.

Fellenstein, D. (1997): Personalentwicklungs-Controlling in Banken, Bern u.a.

Fiedler, M. (1994): Dezentrale Organisation und marktorientierte Steuerung der Personalentwicklung, Köln/Bergisch Gladbach.

Flohr, B./Niederfeichtner, F. (1982): Zum gegenwärtigen Stand der Personalentwicklungsliteratur, in: *Kossbiel, H. (Hrsg.)*: Personalentwicklung, Zeitschrift für betriebswirtschaftliche Forschung – Sonderheft 14, Wiesbaden, S. 11-49.

Frisch, W. (1990): Im Dienste des Kunden, in: Personal – Mensch und Arbeit, 42. Jg., Nr. 6, S. 232-238.

Gondring, H. (1989): Finanzmärkte im Wandel, Frankfurt am Main.

Klee, H.-W. (1991): Strukturwandel der Banken: Konsequenzen neuer Strategien für die Organisationsstrukturen, in: Zeitschrift Führung & Organisation, 6. Jg., Nr. 60, S. 386-393.

Laske, S./Gorbach, S. (Hrsg.)(1993): Spannungsfeld Personalentwicklung, Wiesbaden.

Meier, H. (1992): Personalentwicklung in Banken. Strategien, Konzepte, Instrumente, Banktraining, Wiesbaden.

Meier, H. (1996): Anspruch, Schein und Wirklichkeit. Strategische Planung und Personalentwicklung in Banken und Sparkassen, in: Geldinstitute, Nr. 4/5, S. 96-100.

Mentzel, W. (1997): Unternehmenssicherung durch Personalentwicklung, 7. Aufl., Freiburg i. Br.

Neuberger, O. (1994): Personalentwicklung, 2. Aufl., Stuttgart.

Richardson, B.A./Robinson, C.G. (1986): The impact of internal marketing on consumer service in a retail bank, in: International Journal of Bank Marketing, Vol. 4, No. 5, S. 3-30.

Schein, E.H. (1978): Career Dynamics: Matching Individual and Organizational Needs, Reading.

Stauss, B. (1995): Internes Marketing als personalorientierte Qualitätspolitik, in: *Bruhn, M./ Stauss, B. (Hrsg.)*: Dienstleistungsqualität. Grundlagen, Konzepte, Methoden, 2. Aufl., Wiesbaden, S. 257-276.

Steinmann, H./Hennemann, C. (1993): Personalentwicklung und strategisches Management, in: *Laske, S./Gorbach, S. (Hrsg.)*: Spannungsfeld Personalentwicklung, Wiesbaden, S. 131-151.

Tansuhaj, P./Wong, J./McCullogh, J. (1987): Internal and external marketing: Effects on consumer satisfaction in banks in Thailand, in: International Journal of Bank Marketing, Vol. 5, No. 3, S. 73-83.

Thom, N. (1987): Personalentwicklung, Stuttgart.

Watson, P.J. (1988): Training for quality service, in: Journal of European Industrial Training, Vol. 12, No. 2, S. 20-23.

Weber, W. (1985): Betriebliche Weiterbildung, Stuttgart.

Wohlgemuth, A.C. (1989): Führung im Dienstleistungsbereich. Interaktionsintensität und Produktionsstandardisierung als Basis einer neuen Typologie, in: zfo-Zeitschrift für Organisation, 58. Jg., Nr. 5, S. 339-345.

Summary

Due to changing and highly competetive markets commercial banks are forced to modify products and customer services in order to survive. Service is becoming increasingly a key factor for success. Therefore qualified staff is more or less vital for a strong market position. Banks have to increase their efforts to recruit and develop service orientated and qualified employees. In this article a theoretically based personnel-development system is presented and the necessity explains the necessity and possibility for qualifying employees in the context of an internal marketing strategy is explained. Different forms of training assist employees at all stages during their career in developing a service mentality. However training has to be provided continously, organized systematically and, even if difficult, evaluated to be successful for both the employee and the company.

Betriebliche Weiterbildung zur Förderung des Internen Marketing

von Joachim Münch

Prof. Dr. Joachim Münch ist Professor für Sozial- und Wirtschaftswissenschaften an der Universität Kaiserslautern.

1. Präzisierung der Aufgabenstellung

Das Thema des Beitrages wurde dem Autor vorgegeben. Er hat sich darauf eingelassen, weil die gestellte Aufgabe ihm vergleichsweise leicht erschien, und nun sieht er sich in der Situation desjenigen, der eine ihm „eingebrockte Suppe" auslöffeln muß. Der Betriebspädagoge, dem aus seiner eigenen Disziplin randlose Begriffe nicht unbekannt sind, ahnte nicht, wie weit der Mantel „Marketing" ist, und was sich alles darunter verbirgt bzw. verbergen kann. Er hat versucht, sich mit Hilfe einschlägiger Literatur kundig zu machen. Er hat gelernt (z.B. von *Stauss/Schulze 1990*), daß

- Marketing als Prozeß der zielorientierten Gestaltung von Austauschprozessen verstanden wird,
- es einen „vorgeblichen Allzuständigkeitsanspruch des Marketing" gibt,
- der Terminus „Internes Marketing" in betriebswirtschaftlichen Beiträgen verwendet wird,
- „we can think of internal marketing as viewing employees as internal customers",
- Internes Marketing unter normativem Aspekt als unternehmerische Grundhaltung oder Maxime verstanden wird,
- es „Oberziel" des Internen Marketing sei, die „service awareness" und Motivation der Mitarbeiter zu erhöhen,
- der Kern des Internen Marketing nicht der Instrumentaleinsatz, sondern die Managementphilosophie sei und
- „personalorientiertes internes Marketing (...) somit ein Sammelbegriff für das Instrumentarium zur Realisierung, Absicherung und Durchsetzung einer geplanten Unternehmenskultur" (*Stauss/Schulze 1990, S. 155*) ist.

Diese Aussagen sollen und können hier weder im einzelnen belegt noch kommentiert werden. **Internes Marketing**, und zwar speziell in der Variante des **Personalmarketing**, ist aber offenbar sowohl eine wichtige Rahmenbedingung (im Sinne der Unternehmenskultur) als auch Ziel und Instrument für ein erfolgreiches, am Markt operierendes Unternehmen. Die Nähe zur Personalentwicklung und damit zur Weiterbildung als der Kernkomponente der Personalentwicklung ist ebenfalls unverkennbar. Die folgenden Ausführungen werden sich deshalb auf die Beantwortung der Frage konzentrieren, welche Leistungen die **betriebliche Weiterbildung** für die **Förderung einer kundenorientierten Unternehmenskultur und Belegschaft** zu erbringen vermag. Dabei wird ein umfassendes Konzept der Kundenorientierung zugrunde gelegt, das also nicht nur die externen, sondern auch die internen Kundenbeziehungen einschließt. Jeder am Wertschöpfungsprozeß Beteiligte ist in dieser Sicht gleichzeitig Kunde und Dienstleister, Lehrender und Lernender, und oberstes Gebot und Ziel aller kommunikativen und interaktiven Austauschprozesse ist es, die Bedürfnisse und Erwartungen von Kunden, der externen wie der internen, soweit wie nur möglich zu befriedigen und zu erfüllen.

Wurde bisher die **betriebliche Weiterbildung** indirekt als Mittel zum Zweck definiert und verstanden, so liegt es jedoch nahe, Personalentwicklung und betriebliche Weiterbildung selbst als **Objekt des Internen Marketing** zu sehen und zu verstehen, also Grundprinzipien und Grundaspekte des Internen Marketing in der betrieblichen Weiterbildung zur Geltung zu bringen. Demgemäß geht es im folgenden darum, die betriebliche Weiterbildung – in Relation zum Internen Marketing – zum einen als Instrument und zum anderen als Gegenstand darzustellen. Als dafür notwendige informelle Basis und zwecks Abbildung gegenwärtiger Realität in den Unternehmen ist aber zunächst die betriebliche Weiterbildung als Teil der Personalentwicklung in organisatorischer, personeller und funktionaler Hinsicht zu skizzieren und zu problematisieren.

2. Betriebliche Weiterbildung als Kernkomponente der Personalentwicklung

Es sind die Menschen, die mit ihren Potentialen und Qualifikationen, mit ihren Bedürfnissen und Erwartungen, mit ihrer **Motivation und Zufriedenheit** den Unternehmenserfolg bestimmen. Dies besonders zu erwähnen, ist inzwischen schon fast trivial. Kein Unternehmer und kein Manager wird diese Aussage ernstlich bestreiten wollen. Damit gibt es aber auch keinen Dissens über die große Rolle der Personalentwicklung, und zwar ungeachtet dessen, daß Bekenntnis und reales Handeln zum Teil erheblich auseinanderklaffen. Stehen bei der **Personalwirtschaft** die betriebswirtschaftliche und bei der **Personalverwaltung** die administrative Dimension des Personalwesens im Vordergrund, so ist demgegenüber die Personalentwicklung in starkem Maße pädagogisch-psychologisch orientiert. Denn ihre Kernaufgabe ist letztlich die Erhaltung und Förderung der Qualifikationen aller Mitarbeiter, und zwar „mit der Zwecksetzung, die Zielverwirklichung der Mitarbeiter und des Unternehmens zu fördern" (*Conradi 1983, S. 3*). Im Rahmen des Aktivitätenbündels der Personalentwicklung nimmt die Weiterbildung eine Schlüsselrolle ein, und auch aus diesem Grunde wird gelegentlich Personalentwicklung mit Weiterbildung gleichgesetzt. Einen Überblick über die Aufgaben der Personalentwicklung vermittelt Abbildung 1.

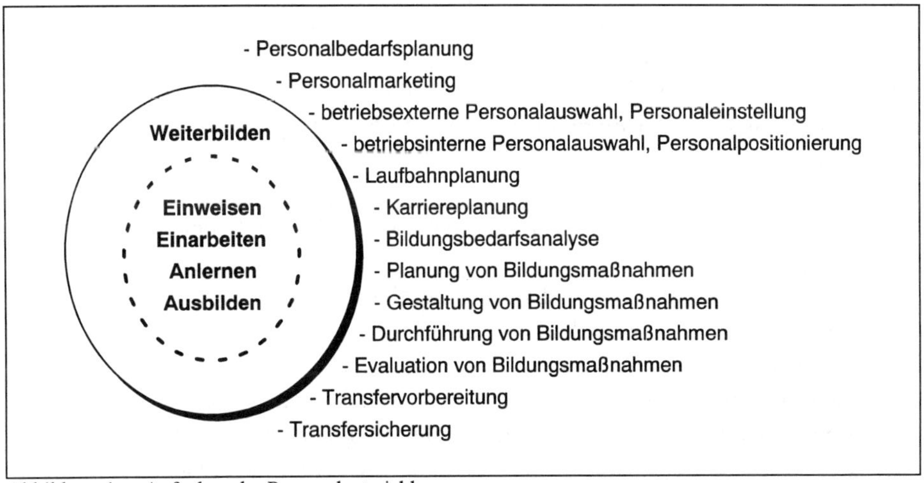

Abbildung 1: Aufgaben der Personalentwicklung
Quelle: Münch 1994, S. 36

Eine nähere und systematische Analyse der Phänomenologie und Begrifflichkeit von Weiterbildung zeigt, daß diese äußerst facettenreich ist (*Münch 1993b*). Dies gilt auch für die betriebliche Weiterbildung, die in aller Regel **berufliche Weiterbildung** ist, aber umfassender als betriebliche Weiterbildung, weil auch von außerbetrieblichen Einrichtungen berufliche Weiterbildung angeboten und durchgeführt wird. Die Bedeutung der Betriebe als Anbieter von beruflicher Weiterbildung läßt Abbildung 2 erkennen.

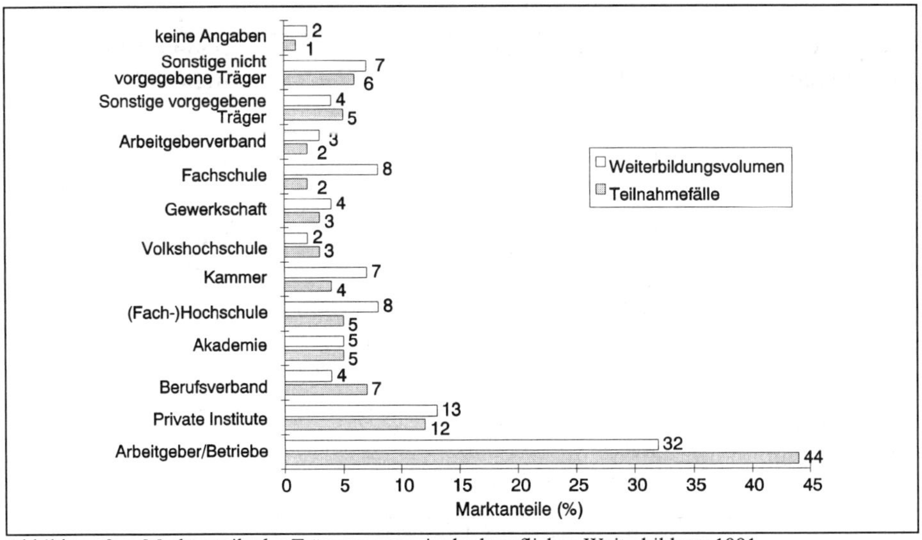

Abbildung 2: Marktanteile der Trägergruppen in der beruflichen Weiterbildung 1991
Quelle: Alt/Sauter/Tillmann 1994, S. 87

Gemessen an den Teilnahmefällen sind die Betriebe also die weitaus größten Anbieter von beruflicher Weiterbildung. Aus dem geringeren Anteil der Betriebe am Weiterbildungsvolumen (32 Prozent) läßt sich indirekt schließen, und die empirischen Befunde bestätigen dies, daß in den Betrieben Maßnahmen kurzzeitiger **Anpassungsweiterbildung** überwiegen.

Der Versuch einer näheren Analyse und **Systematik der betrieblichen Weiterbildung** führt zu folgenden Ergebnissen:

- ☐ Betriebliche Weiterbildung ist hinsichtlich ihrer Ziele, Inhalte und Zielgruppen sehr variantenreich, wie Abbildung 3 ausweist.
- ☐ Alle darin ausgewiesenen Zielformen kommen mehr oder weniger in allen großen und sehr großen Unternehmen vor, wobei die Basisweiterbildung und allgemeine Weiterbildung eher von geringer Bedeutung sind. Den größten Stellenwert innerhalb der betrieblichen Weiterbildung nimmt, wie bereits ausgewiesen, die **Anpassungsweiterbildung** ein, während die **Aufstiegsweiterbildung** eine vergleichsweise marginale Rolle spielt. Während die Weiterbildung für Führungskräfte (Führungsweiterbildung) Tradition hat, befindet sich die **Innovationsweiterbildung** (Ingangsetzen von Innovationen durch Weiterbildung) im Rahmen kundenorientierter Unternehmenskulturen auf dem Vormarsch. In kleineren und mittelgroßen Unternehmen kommt fast nur die Anpassungsweiterbildung vor. Innovationsweiterbildung ist aber auch in ihnen notwendig und möglich, wenn über arbeitsorganisatorische Veränderungen das Lernen am Arbeitsplatz und Lernen als Problemlösung favorisiert wird.

Anpassungs-weiterbildung	arbeitsplatzbezogen betriebsbezogen berufsbezogen technologiebezogen produktbezogen prozeßbezogen organisationsbezogen	**Innovations-weiterbildung**
Aufstiegs-weiterbildung	betriebsspezifisch betriebsübergreifend branchenübergreifend	**Führungs-weiterbildung**
Basisweiterbildung	mathematische Grundkenntnisse naturwissenschaftliche Grundkenntnisse betriebswirtschaftliche Grundkenntnisse ...	
Allgemeine Weiterbildung	Gesellschaftspolitik Kultur Sport und Hobby ...	

Abbildung 3: Zielformen der Weiterbildung in den Betrieben
Quelle: Münch 1993b, S. 69

- Bei der betrieblichen Weiterbildung ist die weiterbildende Institution (der Betrieb in Gestalt der Weiterbildungsabteilung) gleichzeitig **Lieferant und Kunde**, Anbieter und Nachfrager. Die daraus resultierenden Besonderheiten, Möglichkeiten und Notwendigkeiten werden noch Gegenstand besonderer Überlegungen sein.
- Maßstab für den Erfolg betrieblicher Weiterbildungsarbeit sind nicht Lernergebnisse im herkömmlichen Sinne (z.B. nach einem Weiterbildungsseminar), sondern der durch **Verhaltensänderung der Mitarbeiter** bewirkte Unternehmenserfolg. Fragen und Prozesse der Transfervorbereitung, Transferdurchführung und Transfersicherung sind deshalb in der betrieblichen Weiterbildung von besonderer Relevanz. Dies gilt für alle Weiterbildungsmaßnahmen, die im Lernfeld (z.B. in Seminarform) durchgeführt werden (*Münch 1990, 1993a*). Es ist in diesem Zusammenhang darauf hinzuweisen, daß das Lernen am Arbeitsplatz auch in der Weiterbildung, ebenso wie im traditionsreichen System der Dualen Ausbildung, die Transferstrecke verkürzt und ein ständiges Feedback mit dem Kriterium der Erfolgsorientierung ermöglicht (*Münch o.J.*).
- Betriebliche Weiterbildung intendiert nicht Weiterbildung oder gar Bildung „an sich", sondern dient der Lösung von betrieblichen Problemen über **Qualifikationsförderung und -veränderung**. Dies schließt nicht aus, daß auch betriebliche Weiterbildung „Bildung" (versus funktionale „Abrichtung") ermöglicht, ja in starkem Maße bewirkt. Die Chancen dazu sind um so größer, je stärker die Arbeit ganzheitlich und damit für den Mitarbeiter fordernd und fördernd organisiert ist. Es ist dies der Weg von der tayloristischen zur ganzheitlichen, „humanistischen" Arbeitsorganisation.
- Betriebliche Weiterbildung findet fast ausschließlich während der Arbeitszeit statt und wird in der Regel von den Betrieben finanziert. **Unternehmenserfolgsorientierte Weiterbildung** kann mit dem vitalen Interesse sowohl der Unternehmensleitungen als auch der Mitarbeiter rechnen. Diese Interessenkonvergenz bringt es mit sich, daß die Teilnahme oder Nichtteilnahme von Mitarbeitern an Weiterbildung in aller Regel kein Thema ist. Es gibt aber tendenziell Bevorzugungen und Benachteiligungen (z.B. Führungskräfte versus Facharbeiter) von Mitarbeitergruppen. Diese immer noch zu beklagende Situation bringt mit Notwendigkeit auch die Frage eines kundenorientierten Weiterbildungsmarketing ins Spiel, wie es in Abschnitt 4 dargestellt wird.
- Die **finanziellen Aufwendungen** der Betriebe für die von ihnen veranlaßte und durchgeführte Weiterbildung sind anerkanntermaßen hoch. Sie betrugen im Jahre 1992 rund 36,5 Milliarden DM (*Weiß 1994, S. 153*).
- In einzelbetrieblicher Sicht ist zu beklagen, daß sich die meisten Betriebe hinsichtlich ihrer **Weiterbildungsaufwendungen prozyklisch** verhalten, also bei schlechter Konjunktur ihre Weiterbildungsaufwendungen stark, zum Teil über-

proportional, reduzieren. Insofern gibt es nicht selten einen Widerspruch zwischen der allgemeinen und überall reklamierten Bedeutung betrieblicher Weiterbildung einerseits und der realen Weiterbildungspolitik der Unternehmen andererseits. Dieses widersprüchliche Verhalten der Betriebe resultiert auch aus einer immer noch stark angebotsorientierten Weiterbildung, bei der das Problemlösungspotential und die Kundenorientierung von Weiterbildung vernachlässigt wird. Darauf will ein **kundenorientiertes Weiterbildungsmarketing** reagieren, das Gegenstand der folgenden Betrachtungen ist.

3. Der Gedanke des Marketing in der betrieblichen Weiterbildung

Eine Betrachtung der betrieblichen Weiterbildung unter Marketinggesichtspunkten muß die unterschiedlichen Verknüpfungen der betrieblichen Weiterbildung mit dem Marketinggedanken beachten.

Dabei geht es zum ersten um die Frage, ob und inwieweit das **Marketing der betrieblichen Weiterbildung** im Sinne des „klassischen" Bildungsmarketing optimiert werden kann (*Gottmann 1985; Cramer 1987*). Die Frage der Gestaltung und Umsetzung der betrieblichen Weiterbildungsarbeit im Sinne eines kundenorientierten Weiterbildungskonzeptes scheint auf den ersten Blick keine besondere Relevanz zu haben. Denn was spricht dagegen, ein betriebliches Weiterbildungsmarketing analog zum Marketing von Volkshochschulen oder sonstigen Trägern von beruflicher Weiterbildung zu betreiben? Es sei jedoch schon an dieser Stelle darauf hingewiesen, daß die Kundenbeziehungen und -erwartungen von Mitarbeitern eines Betriebes zu ihrer Weiterbildungsabteilung andere sind als diejenigen von Teilnehmern an einem Volkshochschulkurs. Diese potentiellen „Kunden", in diesem Falle einer Volkshochschule, entschließen sich aus eigenem Antrieb, in eigener Entscheidung und aus einer individuellen Interessenlage heraus, zum Beispiel einen Programmierkurs zu belegen. Richtlinie für das Angebots- und Marketingverhalten der Volkshochschule ist die Nachfrage und Annahme von Kursen. Die betrieblichen Weiterbildungsprodukte (sprich: die Ergebnisse betrieblicher Weiterbildungsarbeit) werden hinsichtlich ihrer Notwendigkeit und Qualität prinzipiell an ihrem (möglichen) Beitrag zum Unternehmenserfolg gemessen, so schwierig dies in methodischer Hinsicht in der Praxis sein mag. Dies gilt auch für diejenigen Weiterbildungsprodukte, die Unternehmen von externen Weiterbildungsträgern „kaufen", wenn sie sich weder quantitativ noch qualitativ in der Lage sehen, ihren Weiterbildungsbedarf mit Hilfe eigener Maßnahmen zu decken. Dies gilt in besonderem Maße für kleine und mittelgroße Unternehmen.

Zum zweiten sind Überlegungen darüber anzustellen, warum und in welcher Weise betriebliche Weiterbildung nach der **Philosophie** und den **Prinzipien des Marketing** gestaltet werden sollte. Ist im ersten Falle die betriebliche Weiterbildung (mit Blick auf das Marketing) Subjekt, so ist sie im zweiten Falle das in Richtung Marketing zu verbessernde oder zu verändernde Objekt. Mit der letzteren Blickrichtung werden Entwicklungen fokussiert, die in der betrieblichen Realität allmählich Platz greifen und sich von der sogenannten Angebotsorientierung in der betrieblichen Weiterbildung entfernen. Dies ist noch im einzelnen aufzuzeigen.

Zum dritten schließlich ist die Kernfrage zu stellen, auf welche Weise die betriebliche Weiterbildung einen Beitrag zur **Förderung des Internen (und externen) Marketing** zu leisten vermag. Diesen (drei) Fragestellungen entsprechen die im folgenden zu behandelnden Problemkreise:

- ☐ das Marketing *der* betrieblichen Weiterbildung,
- ☐ betriebliche Weiterbildung *als* Marketingkonzept,
- ☐ betriebliche Weiterbildung *zur Förderung* des gesamtbetrieblichen Internen Marketing.

Diese inhaltliche Strukturierung geht von der Annahme aus, daß betriebliche Weiterbildung nur dann das Interne Marketing nachhaltig zu fördern in der Lage ist, wenn es selbst sein Marketing verändert und eine gesamtbetriebliche Philosophie des Marketing „verinnerlicht" und operativ umsetzt, die durch Kundenorientierung und kooperatives Lernen, durch ein **totales Qualitätsmanagement** und das **Prinzip der „ständigen Verbesserung"** geprägt ist.

4. Das „Marketing" der betrieblichen Weiterbildung

Bildung, hier in der Variante der betrieblichen Weiterbildung, in Verbindung mit einem **Marktgeschehen**, mit Angebot und Nachfrage, mit Anbietern und Kunden, mit Qualität und Preisen zu denken, ist in manchen Köpfen eine immer noch ungewohnte Vorstellung. Dies gilt in besonderem Maße für den Bereich der öffentlichen Bildungseinrichtungen und zumal dann, wenn sie aus Steuermitteln finanziert werden. Die Bildungsgutscheine (Vouchers) in Großbritannien, das Ranking der Universitäten in den USA und das Werbeverhalten gewinnorientierter privater Weiterbildungseinrichtungen sind Ge-

genbeispiele. Angebote werden „schmackhaft" gemacht, Zugangs- und Rahmenbedingungen werden in einem günstigen Lichte dargestellt und die durch Weiterbildungsteilnahme möglichen Perspektiven verdeutlicht. Wegen der Komplexität des Gutes Weiterbildung und der daraus resultierenden Unmöglichkeit für die nachfragenden Individuen, Weiterbildungsqualitäten zu erkennen, zu bewerten und zu vergleichen, ist der betriebsexterne Weiterbildungsmarkt sehr unvollkommen.

Die **betrieblichen Weiterbildungsabteilungen** oder Abteilungen für **Personalentwicklung** befinden sich in jedem Falle in einer anderen Lage als externe Weiterbildungsanbieter, verhalten sich aber zum Teil (noch) ähnlich. Zum einen ist die potentielle Weiterbildungsklientel nach Art (Mitarbeiter verschiedener Qualifikationsstufen und Führungskräfte verschiedener Hierarchiestufen) und Zahl bekannt, zum anderen kennen die potentiellen Teilnehmer an betrieblicher Weiterbildung den Anbieter (Bildungsabteilung bzw. Weiterbildungsabteilung bzw. Personalentwicklungsabteilung), aber auch einen Teil der Weiterbildungsangebote, und zwar vor allem dann, wenn in Unternehmen die angebotsorientierte Weiterbildung (noch) vorherrscht.

Die von den Bildungsabteilungen der großen Unternehmen erstellten **Angebotskataloge** ähneln im Prinzip den Weiterbildungsprogrammen außerbetrieblicher Weiterbildungsträger wie Volkshochschulen, Bildungswerke der Wirtschaft, Technische Akademien usw. Sie alle wenden sich an potentielle Kunden, zumeist ohne genaue Kenntnis darüber, welche Erwartungen oder Wünsche diese haben. „Treffsicherheitskriterium" ist der Grad der Nachfrage bzw. Beteiligung; nicht nachgefragte Angebote werden zurückgezogen, stark nachgefragte werden wiederholt oder gar als Doppel- oder Mehrfachveranstaltungen angeboten. Sofern in einem Betrieb die berufliche Weiterbildung auf der Grundlage von Bedarfseinschätzung und Teilnehmerstatistiken angebotsorientiert ist, kann diese nur bedingt effiziente Ausprägung betrieblicher Weiterbildung immerhin durch ein kriteriengeleitetes Marketing optimiert werden.

Optimierungskriterien für eine angebotsorientierte betriebliche Weiterbildung sind zum Beispiel:

- ☐ Transparenz des Weiterbildungsangebotes für alle Mitarbeiter nach Zahl und Art der angebotenen Weiterbildungsmaßnahmen,
- ☐ Motivierung und Ermutigung der Mitarbeiter, insbesondere durch die Führungskräfte,
- ☐ Herstellung von größtmöglicher Zugangsoffenheit,
- ☐ Vermeidung bzw. Beseitigung von Teilnahmehindernissen,
- ☐ Beratungsintensität,
- ☐ Nachbetreuung,
- ☐ Lernerfolgsbestätigung.

Allerdings wird dadurch kein Paradigmenwechsel erreicht. Es bleibt also bei einem Ansatz betrieblicher Weiterbildung, der modernen Forderungen nach **Integration von Organisationsentwicklung und Personalentwicklung** nicht zu entsprechen vermag (siehe Abbildung 4).

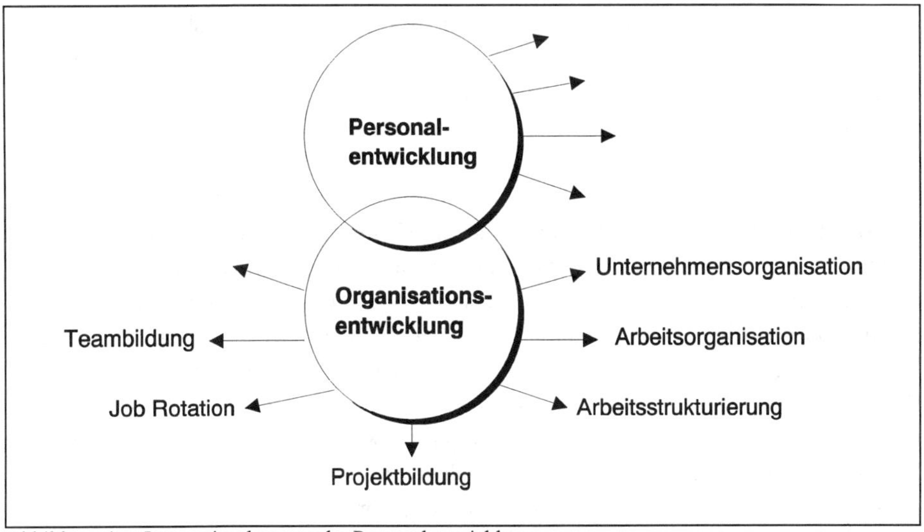

Abbildung 4: Integrationskonzept der Personalentwicklung
Quelle: Münch 1994, S. 36

Es ist zwar löblich, angebotsorientierte Weiterbildung nach den vorstehend genannten Kriterien zu gestalten. Aber diese Form der betrieblichen Weiterbildung ist bestenfalls eine **Vorstufe** für eine Weiterbildung, die sich nicht nur gut verkaufen möchte, sondern sich als dichtes Netz von Kommunikations- und Interaktionsbeziehungen realisiert, in dem jeder des anderen Kunden ist, und jeder bemüht ist, den jeweiligen Kunden zufriedenzustellen.

5. Betriebliche Weiterbildung als Marketingkonzept

Es wurde bereits dargestellt, daß in Abhebung vom umgangssprachlichen Marketingbegriff einerseits und in Einengung wie Konzentration auf einen Aspekt des wissenschaftlichen Marketingbegriffes andererseits die strikte Kundenorientierung und eine entsprechende Unternehmenskultur im Vordergrund der Betrachtungen stehen. Bezogen auf die betriebliche Weiterbildung bedeutet dies, daß Mitarbeiter und Führungskräfte den Status von Kunden gegenüber den Weiterbildungsabteilungen und den Weiterbildungsprodukten (Weiterbildungsangeboten) erhalten. Dem **Prinzip der Kundenorientierung** widerspricht es aber, daß Weiterbildungsabteilungen oder auch einzelne Weiterbildner standardisierte Produkte anbieten, die von Mitarbeitern wie Führungskräften abgerufen und „verkonsumiert" werden. Zwar kann auf standardisierte Produkte nicht ganz verzichtet werden, doch gehen im Sinne der hier zu diskutierenden Kundenorientierung die Impulse zur Weiterbildung prinzipiell von den Mitarbeitern und Führungskräften aus, unter Umständen auch von der Unternehmensleitung, wie noch zu zeigen sein wird.

Bei oberflächlicher Betrachtung ließe sich daraus ein **nachfrageorientierter Ansatz** der betrieblichen Weiterbildung ableiten. Jedoch: Während die *angebots*orientierte Weiterbildung „Bedarf" induziert und zum Teil am tatsächlichen Bedarf vorbeigeht, folgt eine *nachfrage*orientierte Weiterbildung subjektiven Bedarfseinschätzungen und erfaßt damit nicht den „objektiven" Bedarf. Dabei muß gesehen werden, daß der individuelle Weiterbildungsbedarf von Mitarbeitern eines Betriebes im Rahmen ihrer Arbeitsaufgaben an betriebliche Bedürfnisse gekoppelt ist, die überdies nicht nur aus Notwendigkeiten des Tages, sondern vor allem aus künftigen Entwicklungen resultieren, die von den Mitarbeitern, Führungskräften und Personalentwicklern nur bedingt, zumindest aber nicht allein und ohne weiteres antizipiert werden können. Aus diesem Grunde gibt es nur eine begrenzte Übereinstimmung von individuellem und betrieblichem Bedarf in der betrieblichen Weiterbildung. Damit ist aber die bedarfsorientierte Weiterbildung für die Ausprägung einer Kundenorientierung nicht ungeeignet, im Gegenteil.

Bedarfsorientierte Weiterbildung ist das Ergebnis eines – über subjektive und situative Wahrnehmungen hinausgehenden – komplexen Findungs- und Gestaltungsprozesses, an dem sowohl die Kunden (Mitarbeiter und Führungskräfte) als auch die Anbieter (Weiterbildungsabteilung bzw. Weiterbildner) beteiligt sind. In dieser Sicht wird nicht Weiterbildung „an sich" nachgefragt und Weiterbildung „an sich" angeboten, sondern vor allem als Mittel sowohl zur Lösung konkreter betrieblicher Probleme als auch zur Vorbereitung und Grundlegung betrieblicher Innovationen und zum Erreichen strategischer Ziele eingesetzt. Auch im Sinne einer **integrativen Relation zwischen Organisations- und Personalentwicklung** gewinnen damit maßgeschneiderte Entwicklungs- sowie umfassende und perspektivische Beratungskonzepte an Bedeutung. Dies gilt auch für die „Nachkaufbetreuung" in Form der Transfervorbereitung, Transferdurchführung und Transfersicherung. Abbildung 5 stellt ein interessantes Kundenmodell der Personalentwicklungsarbeit dar.

KUNDE	BEDARFSERHEBUNG auf Basis von	PRODUKTE	ENTSCHEIDUNG über	CONTROLLING durch	ZENTRALE PE als
Unternehmens-leitung	- Unternehmenspolitik - Personalpolitik - Unternehmens-strategien - Unternehmens-schwerpunkte	- Einführungsprogramme - Potentialentwicklung - Führungskräfteentwicklung - Allgemeine Aus- und Weiterbildung * Allg. Bankwissen * Kommunikations-training * Persönlichkeits-entwicklung * Schwerpunkt-programme	Rahmen für Gesamt-Investition * unternehmens-weit * arbeitsplatz-orientiert * kurz-/mittel-fristig	- Erhöhung des Geschäftserfolges - Kundenbefragungen - Imageuntersuchungen - Personalplanung = Erreichen der notwendigen Qualifikations-struktur = Nachwuchs aus-reichend vorhanden (Führungslisten)	Gestalter
Bereichs-leitungen	- Bereichsstrategien - Bereichsschwerpunkte - Personalplanung	- Laufbahnorientierte Programme z.B. für Kassierer P1-Berater U2-Berater - Einzelmaßnahmen	- Investition in die einzelnen Zielgruppen * Laufbahn-orientiert * Einzelmaß-nahmen	- Interne Erfolgskontrolle (Transfer)	
Linien-Vorgesetzter	Arbeits- und Entwicklungs-vereinbarungen	- Auswahl der Entwick-lungsmaßnahmen über Personalentwicklungs-katalog * standardisierte * Non-Standard (Beratung, maßge-schneiderte Entwick-lungsmaßnahmen)	- Investition in bestimmte Mitarbeiter (Auftrag und Zahlung)	- Mitarbeiterbeurteilung - Fallbeispiele / Tests	
Mitarbeiter	- Erwartungsabfrage - tägl. Rückmeldung	- Computergest. Selbst-einschätzungstests - Selbstlernunterlagen		- Seminarfeedback	Dienstleister

Abbildung 5: Die Kundenbeziehungen einer zentralen Personalentwicklung
Quelle: Holzer o.J.

Eine gewisse Schematisierung und Segmentierung des Aufgabenfeldes „betriebliche Weiterbildung" ist dabei nicht zu verkennen. Es wird überdies nicht deutlich, daß auch die Unternehmensleitung, die Bereichsleitungen, die Führungskräfte und die Mitarbeiter zueinander in einem Kundenverhältnis stehen, das (neben anderen) auch auslösende Wirkungen auf die betriebliche Weiterbildung hat. Betriebliche Weiterbildung als Marketing, also mit starker Kundenorientierung, hat eine **Dezentralisierung der Personalentwicklungsarbeit** zur Voraussetzung. Je zentralistischer sie organisiert ist, je weiter sie also von den unmittelbar wertschöpfenden Arbeitsbereichen entfernt ist, um so mehr verliert sie – jedenfalls tendenziell – die eigentlichen Kunden aus den Augen, um so mehr besteht die Gefahr eines Rückfalles in eine nur angebotsorientierte Weiterbildung.

Die aus diesem Grunde zu favorisierende Dezentralisierung der Personalentwickungsarbeit in den Betrieben führt einerseits zu **institutioneller „Verschlankung" der Personalentwicklung** und andererseits zur Diffundierung des Weiterbildungsgedankens und der Idee permanenten und kooperativen Lernens aller Mitarbeiter in alle Arbeitsbereiche und Hierarchieebenen. Damit erhält die Unternehmenskultur als Rahmen- und Ermöglichungsbedingung für betriebliche Weiterbildung einen besonderen Akzent, der mit dem Begriff des **lernenden Unternehmens** (*Senge 1990; Sattelberger 1991; Stahl et al. 1993; Arnold/Weber 1995; Münch 1995a*) zum Ausdruck gebracht wird.

Allerdings, Unternehmen lernen, und zwar sowohl im Blick auf ihre Außenbeziehungen (Gesellschaft, Markt und Umwelt) als auch in Bezug auf ihre internen Strukturen und Prozesse, stets nur über das Medium der in ihnen arbeitenden Menschen. Arbeitsorganisatorische Entwicklungen – von der tayloristischen zur ganzheitlichen Arbeitsorganisation – schaffen dafür wesentliche Voraussetzungen bzw. Ermöglichungsbedingungen. Können die Prinzipien des **Total Quality-Konzeptes** und der ständigen Verbesserung in kleinen Schritten (**Kaizen**) gewissermaßen als Katalysatoren für das Auslösen und In-Gang-Halten von Lernprozessen angesehen werden, so ist kundenorientiertes Verhalten der Mitarbeiter sowohl Ziel als auch Ausdruck des lernenden Unternehmens. Kommunikation und Interaktion in einem solchen Unternehmen sind durch einen offenen Horizont des Lernens geprägt und bestimmen die kooperativen Beziehungen der Mitarbeiter untereinander. Kundenorientierung läßt sich vor dem Hintergrund dieser Überlegungen als die Gesamtheit gedanklicher und operativer Austauschprozesse definieren, die auf die größtmögliche Erfüllung des Unternehmenszieles gerichtet sind. Kundenorientierung ist damit nicht nur Prinzip des externen Marketing, sondern auch Prinzip der internen Organisationsentwicklung und damit Inhalt des Internen Marketing.

Es ist nun zu fragen, welchen Beitrag die betriebliche Weiterbildung zur **Förderung** des so verstandenen **Internen Marketing** zu leisten vermag. Vorher soll jedoch an einem konkreten Beispiel gezeigt werden, welche Möglichkeiten es gibt, betriebliche Weiterbildung *als* Marketing zu realisieren. Im Rahmen ihrer „dialogischen Bildungsbedarfsanalyse" stellen *Müller* und *Stürzl* das Tableau eines Workshops für eine **Bildungsbedarfsanalyse** vor. Dieses Tableau gibt nicht nur eine Wegweisung für eine erfolgs- und kundenorientierte Bildungsbedarfsanalyse, sondern erzwingt zu seiner praktischen Umsetzung **kooperatives Lernen und „Dienstleisten"** von Unternehmensleitung, Führungskräften, Mitarbeitern und Personalentwicklern. Dabei werden im Dialog und Diskurs Ziele, Vorstellungen, Erwartungen und Wünsche der „Kundengruppen" kritisch geprüft, optimiert und schließlich zu Planungen und Maßnahmen der Organisations- und Personalentwicklung überführt.

(1)	**Zukunftsanalyse und Prognose der Anforderungen im betrachteten Tätigkeitsfeld** (Wohin geht die Entwicklung?) - Input: Unternehmensziel, Geschäftspolitik - Was bedeutet das für die Bildungsarbeit? - Was bedeutet diese Entwicklung für den einzelnen Arbeitnehmer?
(2)	**Bestandsaufnahme** (Wo stehen wir heute?) - Welche Probleme haben wir derzeit? - Tun wir die richtigen Dinge? - Tun wir die Dinge richtig? - Wie entstanden diese Probleme? (Entwicklungslinien aus der Vergangenheit) - Wo stehen wir heute in den relevanten Themen?
(3)	**Zielformulierung** (Wo wollen wir hin?) Visualisierung und Konkretisierung der Erfolgsvision (= Erfolgszustand) - Was ist dann anders an unserer Arbeitssituation? - Welche Aufgaben bearbeiten wir dann? - Wie verändert sich dann meine Rolle? - Wie arbeiten wir dann miteinander? - Wie reden wir dann miteinander?
(4)	**Kraftfeldanalyse** (Welche Widerstände müssen wir überwinden?) - Was hemmt die Realisierung einer optimalen Lösung? - Wo liegen die Ursachen dafür? - Was ist für uns das Gute an der bisherigen Situation? (= subjektive Gewinne) - Wie, durch welches Verhalten, sabotieren wir uns? - Was sind wir bereit „aufzugeben“, d.h. als Preis für die gewünschten Veränderungen zu zahlen? - Welche Faktoren fördern die Realisierung der optimalen Situation? - Wie können diese verstärkt werden?
(5)	**Maßnahmenplanung** (Was muß noch getan werden?) Differenzenbildung: Bildungsbedarf konkretisieren und eingrenzen: - Welche konkreten Aufgaben/Probleme müssen mit welchen beobachtbaren Ergebnissen gelöst werden? - Welche Maßnahmen müssen im einzelnen ergriffen werden? - Wer ist bis wann und mit wem verantwortlich für welche Maßnahmen und welche Ergebnisse?

Abbildung 6. Tableau eines Bildungsbedarfsanalyse Workshops
Quelle: Müller/Stürzl 1992, S. 132f.

6. Betriebliche Weiterbildung zur Förderung des gesamtbetrieblichen Internen Marketing

Wurden bisher das Marketing *der* betrieblichen Weiterbildung (im Sinne des herkömmlichen Bildungsmarketing) sowie Ausprägung der betrieblichen Weiterbildung *als* Marketingkonzept (im Sinne von Kunden- und Problemlösungsorientierung) thematisiert und problematisiert, so ist nun zu fragen, ob und auf welche Weise die betriebliche

Weiterbildung Einfluß auf eine **gesamtbetriebliche Ausformung des Internen Marketing** zu nehmen vermag. Dabei soll das Adjektiv „gesamtbetrieblich" lediglich verdeutlichen, daß es vernünftigerweise nicht nur „ein bißchen" Internes Marketing und nicht nur „ein bißchen" Kundenorientierung geben kann bzw. geben sollte. Wenn also betriebliche Weiterbildung als Konzept des Internen Marketing realisiert und zur Geltung gebracht werden soll, so ist es undenkbar, die unmittelbar wertschöpfenden Bereiche des Unternehmens davon auszuschließen. Betriebliche Weiterbildung als Marketingkonzept wurde dadurch charakterisiert, daß sie gewissermaßen mit ihrer Kundenvernetzung in alle Unternehmensbereiche diffundiert. Insofern kann betriebliche Weiterbildung nur in dem Maße Internes Marketing fördern, indem sie selbst nach den Prinzipien des Internen Marketing agiert. Betriebliche Weiterbildung wird zum Modell für Internes Marketing und ermöglicht gewissermaßen (aus der Sicht der wertschöpfenden Unternehmensbereiche) **Lernen am und im Modell** – wenn die Unternehmensleitung und die Führungskräfte offen sind für den Gedanken des Internen Marketing, für eine diesem angemessene Unternehmenskultur und für die entsprechenden Lernprozesse.

Dies alles ist aber zur Zeit noch eher eine Vision als betriebliche Realität, wie eine eigens im Februar 1995 durchgeführte „Blitzumfrage" zeigt. Da es sich um eine kleine Zufallsstichprobe handelt, kann mit den Ergebnissen kein Anspruch auf Repräsentativität erhoben werden. Dennoch läßt sich tendenziell erkennen, daß Begriff und **Realität des Internen Marketing**, insbesondere mit Blick auf die Rolle der betrieblichen Weiterbildung, in den Betrieben eine noch vergleichsweise kleine Rolle spielen. Von 26 antwortenden Unternehmen (Gesamtsample: 42) gaben nur 10 (38,5 Prozent) an, daß Internes Marketing bei ihnen ein Thema sei. Dabei ist beachtenswert, daß immerhin 23 der 26 Unternehmen 1.000 und mehr Personen beschäftigen, davon sechs mehr als 30.000. Daraus kann geschlossen werden, daß es offenbar keinen Zusammenhang zwischen der Unternehmensgröße einerseits und der Kenntnis wie Bedeutung des Internen Marketing aus der Sicht der befragten Personalentwickler bzw. Weiterbildner andererseits gibt. Sofern Internes Marketing überhaupt ein Thema ist, variieren die Vorstellungen und „Konzepte" sehr stark. Auf die Frage, ob die betriebliche Weiterbildung (auch) zur Förderung des Internen Marketing eingesetzt werde, antworteten sieben Befragte mit Ja, drei mit Nein. Aus den Antworten auf die Frage, auf welche Weise die berufliche Weiterbildung zur Förderung des Internen Marketing beitrage („Könnten Sie wohl mit einigen Stichworten verdeutlichen, wie Sie das tun?") läßt sich wiederum schließen, daß in der betrieblichen Praxis nur ein vages Verständnis von Internem Marketing vorhanden ist. Die Antworten werden im folgenden wörtlich wiedergegeben.

- „Kommunikationstraining für MA (nicht nur für Führungskräfte)
  – Präsentationstechniken für Gruppensprecher
  – Visualisierungstechnik für Gruppensprecher und QS-Beauftragte
  – Problemlösetechnik für Koordinatoren"
- „Durch Bildungsmarketing für Weiterbildung in der Arbeitszeit (gelbe Broschüre) und in der Freizeit (blaue Broschüre)"
- „Durch diverse Programme unterstützen wir z.B. Laufbahnentwicklung, Personalauswahl, Potentialanalysen, Auslandsentsendungen, Teambildung. Ebenso strategische Programme z.B. TQM, Beurteilung, Umweltprogramme (Responsable Care), Kleingruppenarbeit. Dadurch werden interne Dienstleistungen unterstützt und die Effizienz gesteigert."
- „Weiterbildung wurde teilweise gestrichen, man soll jedoch Informationsveranstaltungen außerhalb der Arbeitszeit besuchen."
- „Es erfolgt im Rahmen des Projekts „Brücke" eine Schulung durch ein Vorbereitungsprogramm."
- „Karriereplan, als spezielles Qualifizierungs- und Beförderungskonzept. Wird durch interne Kräfte getragen und mit interner Unterstützung begleitet. Mit diesem Konzept wollen wir die Fluktuation im Außendienst eindämmen, indem wir allen MA im Verkauf berufliche Perspektiven aufzeigen und dafür die erforderlichen Qualifizierungs- und Zertifizierungsmaßnahmen vorhalten (Karrierepaß, Lizenzen, Verbandsprüfung zum ‚Bauspar- und Finanzierungsfachmann')."
- „(Noch eher informell) dienen Seminare dazu, Mitarbeiter für Veränderungen und Neuerungen zu gewinnen. (Präsentationen, Diskussionen, Erleichterung von Umsetzungsaktivitäten)"
- „Das dienstleistungsorientierte Marketing und der ‚Mitarbeiter als Kunde' werden in drei Seminaren von jeweils einer Woche für den Großteil der Mitarbeiter umgesetzt."

Bei aller Inkonsistenz und Spärlichkeit der Aussagen belegen sie jedoch, daß offenbar zum gegenwärtigen Zeitpunkt in der betrieblichen Praxis

- betriebliche Weiterbildung und Internes Marketing ein noch sehr **offenes Problemfeld** darstellen,
- betriebliche Weiterbildung **als** Marketingkonzept noch wenig entwickelt ist,
- aus diesem Grunde betriebliche Weiterbildung zur **Förderung des Internen Marketing** bisher noch geringe Relevanz hat und
- damit der Paradigmenwechsel von der Angebotsorientierung zur strikten **Kundenorientierung** noch in den Kinderschuhen steckt.

Es ist aber eine unbestrittene Notwendigkeit, daß die zunehmend von den Mitarbeitern geforderte Dienstleistungskompetenz einen tiefgreifenden Wandel der betrieblichen

Weiterbildung erfordert. **Integrative Vernetzung** der betrieblichen Weiterbildung, Offenheit, Flexibilität und Ganzheitlichkeit der Weiterbildungsarbeit sind entscheidende Voraussetzungen für ein Internes Marketing, das die mit Recht hochgesteckten Erwartungen zu erfüllen vermag.

Literaturverzeichnis

Alt, C./Sauter, E./Tillmann, H. (1994): Berufliche Weiterbildung in Deutschland – Strukturen und Entwicklungen, Bielefeld.

Arnold, R. (1990): Betriebspädagogik, in: *Münch, J. (Hrsg.)*: Ausbildung – Fortbildung – Personalentwicklung 31, Berlin.

Arnold, R./Weber, H.(Hrsg.)(1995): Weiterbildung und Organisation zwischen Organisationslernen und lernenden Organisationen, in: *Münch, J. (Hrsg.)*: Ausbildung – Fortbildung – Personalentwicklung 36, Berlin.

Bruhn, M./Tilmes, J. (1994): Social Marketing, 2. Aufl., Berlin/Köln.

Conradi, W. (1983): Personalentwicklung, Stuttgart.

Cramer, B. (1987): Marketing für innerbetriebliche Weiterbildungsleistungen, Frankfurt am Main u.a.

Dichtl, E. (1995): Ein neuer Rahmen für das Marketing. Beziehungsdenken und Prozeßorientierung auf dem Vormarsch, in: Blick durch die Wirtschaft, 7. Febr. 1995, Nr. 22, S. 7.

Gottmann, G. (1985): Marketing für Volkshochschulen, Frankfurt am Main.

Heeg, F.J./Münch, J. (1993): Handbuch Personal- und Organisationsentwicklung, Stuttgart, Dresden.

Holzer, A. (o.J.): Die ERSTE österreichische Spar-Casse Bank, Vortragsmanuskript.

Kotler, P./Bliemel, F. (1992): Marketing-Management, 7. Aufl., Stuttgart.

Meisel, K. et al. (1994): Marketing für Erwachsenenbildung?, Bad Heilbronn.

Müller, H.-J./Stürzl, W. (1992): Dialogische Bildungsbedarfsanalyse. Eine Zentrale Aufgabe des Weiterbildners, in: *Geißler, H. (Hrsg.)*: Neue Qualitäten betrieblichen Lernens, Frankfurt am Main u.a., S. 103-146.

Münch, J. (1990): Lernen am Arbeitsplatz. Bedeutung innerhalb der betrieblichen Weiterbildung, in: *Schlaffke, W./Weiß, R. (Hrsg.)*: Tendenzen betrieblicher Weiterbildung, Köln, S. 141-166.

Münch, J. (1991): Unternehmenskultur im Wandel und Folgerungen für die Personalentwicklung, in: *Arnold, R. (Hrsg.)*: Taschenbuch der betrieblichen Bildungsarbeit, Hohengehren, S. 11-121.

Münch, J. (1993a): Lernen am Arbeitsplatz ist kein Selbstläufer, in: Management und Seminar, Nr. 11, S. 36-39.

Münch, J. (1993b): „Die" Weiterbildung als begriffliches und bildungspolitisches Problem, in: *Sommer, K.H./Twardy, M. (Hrsg.)*: Berufliches Handeln, gesellschaftlicher Wandel, pädagogische Prinzipien, Esslingen.

Münch, J. (1994): Personalentwicklung als Strategie moderner Unternehmensführung. Grundlegung und Einführung, Baustein 1, Postgraduales Studium Personalentwicklung an der technischen Universität Chemnitz-Zwickau.

Münch, J. (1995a): Die lernende Organisation – eine Weiterentwicklung des lernorttheoretischen Ansatzes?, in: *Arnold, R./Weber, H. (Hrsg.)*: Weiterbildung und Organisation zwischen Organisationslernen und lernenden Organisationen, Berlin.

Münch, J. (1995b): Personalentwicklung im öffentlichen Sektor, Universität Kaiserslautern, Typoskript.

Münch, J. (1996): Ökonomie betrieblicher Bildungsarbeit. Qualität, Kosten, Evaluierung, Finanzierung, Berlin u.a.

Münch, J. (1997): Qualifikationspotentiale entdecken und fördern. Beispiele innovativer Personalentwicklung aus deutschen Unternehmen, Berlin u.a.

Münch, J. (o.J.): Evaluation in der Aus- und Weiterbildung. Bildungscontrolling und Evaluation als Komponenten der Personalentwicklungsarbeit, Baustein 133, Akademie für Führungspädagogik, Landau.

Sattelberger, T. (1991): Die lernende Organisation. Konzepte für eine neue Qualität der Unternehmensentwicklung, Wiesbaden.

Senge, P.M. (1990): The fifth discipline. The art and practice of learning organization, New York.

Severing, E. (1994): Arbeitsplatznahe Weiterbildung, Neuwied.

Stahl, T. et al. (1993): Die lernende Organisation. Eine Vision der Entwicklung der Humanressourcen, Brüssel.

Stahl, T./Stölzl, M. (Hrsg.) (1994): Bildungsmarketing im Spannungsfeld von Organisationsentwicklung und Personalentwicklung, Bielefeld.

Stauss, B./Schulze, H.S. (1990): Internes Marketing, in: Marketing ZFP, 12. Jg., Nr. 3, S. 149-158.

Summary

Continuing vocational training is regarded as a key element in the development of human resources and internal marketing is seen as the total sum of communicative and cooperative exchange processes within a company. In this framework, customer orientation and an open learning culture have become decisive factors. Continuing vocational training can and must contribute to this kind of internal marketing. However, in daily life there are still many shortcomings in this respect. The training departments are increasingly developing a policy of marketing for their training but they still have a long way to go before they achieve this goal. It is for this reason, that their ability to influence and stimulate the overall marketing of the company is limited.

Dritter Teil

INTERNES MARKETING AUS SICHT DES MARKETINGMANAGEMENTS

Die Relevanz des Wertewandels für die Gestaltung eines personalorientierten Marketingmanagements

von Lutz von Rosenstiel und Friedemann W. Nerdinger

Prof. Dr. Lutz von Rosenstiel ist Ordinarius für Organisations- und Wirtschaftspsychologie an der Ludwig-Maximilians-Universität, München.
Prof. Dr. Friedemann W. Nerdinger ist Professor für ABWL: Wirtschafts- und Organisationspsychologie an der Universität Rostock.

1. Das Konzept „Internes Marketing"

Das Konzept „**Internes Marketing**" wird momentan noch mit unterschiedlichen Akzentsetzungen verwendet, wobei *Stauss* (*1995*; vgl. auch *Stauss/Schulze 1990*) im wesentlichen drei **Schwerpunkte** unterscheidet:

(1) Im Sinne der internen Steuerung zu absatzmarktorientierten Zwecken,
(2) als interner Einsatz der Marketinginstrumente und
(3) als interne Kundenorientierung.

(1) Speziell im Dienstleistungsbereich wird unter Internem Marketing eine Methode der innerbetrieblichen Implementierung einer für den externen Markt konzipierten Marketingstrategie verstanden. Das Ziel des **personalorientierten Marketingmanagements** ist dann die planmäßige Gestaltung der Austauschbeziehungen mit den Mitarbeitern zu absatzmarktorientierten Zwecken, d.h., für den Absatzmarkt entwickelte Marketingstrategien sollen innerbetrieblich gegenüber den Mitarbeitern durchgesetzt werden. Im Dienstleistungsbereich wird bei diesem Ansatz das Kundenkontaktpersonal, dessen Arbeit integraler Bestandteil der unternehmerischen Leistung ist, zur speziellen Zielgruppe des Marketingmanagements (*Nerdinger 1994a*).

(2) Bei der zweiten Akzentsetzung wird eine Analogie zwischen herkömmlichem (externem) und Internem Marketing über den innerbetrieblichen Einsatz der bekannten Marketinginstrumente gestiftet (*Compton et al. 1987*). Nach diesem Verständnis umfaßt Internes Marketing eine **interne Produktpolitik**, die im wesentlichen in der Gestaltung des Arbeitsplatzes gesehen wird; eine Distributionspolitik, z.B. hinsichtlich der geographischen Verteilung der Arbeitsplätze; eine Preispolitik, die sich auf die Entlohnung, die Zusatzleistungen usw. richtet und schließlich eine Kommunikationspolitik, die in der Übermittlung von Informationen zur Steuerung von Einstellungen und Verhalten der Mitarbeiter besteht. Die Analogiebildung zum herkömmlichen (externen) Marketing gelingt allerdings nur in der Kommunikationspolitik, die im Zuge der Diskussion um die Corporate Identity (z.B. *Wiedmann 1988*) bzw. die Corporate Communication (z.B. *Raffée/Wiedmann 1989*) parallel zur externen Marketingkommunikation entwickelt und umgesetzt wurde.

(3) Im Sinne der internen Kundenorientierung sollen durch Internes Marketing alle unternehmerischen Entscheidungen an den Erfordernissen und Bedürfnissen der Mitarbeiter ausgerichtet werden (*Grönroos 1985*). Unter der Voraussetzung, daß die externen Gütermärkte und die internen Personalmärkte vergleichbar sind, wer-

den die Mitarbeiter als interne Kunden betrachtet, deren Zufriedenheit das Ziel des **personalorientierten Marketingmanagements** bildet. Diese Perspektive wird v.a. dann relevant, wenn sich Personal mit den aus Unternehmenssicht erwünschten Fähigkeiten und Fertigkeiten nur schwer beschaffen läßt bzw. wenn das geforderte Verhalten des Personals nur über ein auf deren Bedürfnisse abgestimmtes Angebot von Arbeitsbedingungen zu erreichen ist.

Diese Bedingungen sind heute bei einer wichtigen Zielgruppe der Personalarbeit, den potentiellen Führungsnachwuchskräften, d.h. in erster Linie den Absolventen der Universitäten, in besonderem Maße gegeben (*v. Rosenstiel et al. 1989*). Im Zuge einer gesellschaftlichen Entwicklung, die als **Wertewandel** bezeichnet wird, haben sich in dieser Population die Ansprüche an die Arbeit dramatisch verschoben. Da den potentiellen Führungsnachwuchskräften entscheidende Bedeutung für die Entwicklung der Unternehmen zukommt, scheint die Umsetzung eines personalorientierten Marketingmanagements im Sinne interner Kundenorientierung gerade bei dieser Gruppe gefordert.

2. Der Wertewandel

2.1 Diagnose

Mit dem Begriff „**Wertewandel**" wird eine gesellschaftliche Entwicklung bezeichnet, die ihren Ausdruck in einer grundlegenden Verschiebung der Meinungen und Einstellungen in der Bevölkerung findet (*Kmieciak 1976; Klages 1984; 1993; Klages et al. 1992*). Empirisch stützt sich die Diagnose eines gesellschaftlichen Wandels der Werte weitgehend auf die Ergebnisse von Meinungsumfragen. Die verschiedenen kommerziellen Institute, die solche Umfragen durchführen, pflegen in regelmäßigen zeitlichen Abständen dieselben Fragen an repräsentative Stichproben der Bevölkerung zu stellen. Durch den Vergleich der Ergebnisse über die Zeit hinweg lassen sich auf diesem Wege Trends der Änderung von Meinungen und Einstellungen innerhalb einer Bevölkerung feststellen. Tabelle 1 zeigt das Ergebnis einer solchen Trendanalyse anhand einer Frage, die vom Institut für Demoskopie in Allensbach (IfD) entwickelt wurde (*Noelle-Neumann/Strümpel 1984*). Die Frage lautet:

„Welche Stunden sind Ihnen ganz allgemein am liebsten: die Stunden während der Arbeit oder die Stunden, während Sie nicht arbeiten, oder mögen Sie beide gerne?"

	1962	1967	1972	1978	1983	1988	1994
Während der Arbeit/Beide gern	53	55	49	43	49	42	30
Wenn ich nicht arbeite	39	42	47	54	45	53	64
Unentschieden	8	3	4	3	6	5	6

Tabelle 1: „Die liebsten Stunden" im Zeitverlauf (in Prozent der unter-30jährigen Arbeitnehmer)
Quelle: Allensbacher Archiv

Die Daten zeigen, daß den unter-30jährigen deutschen ArbeitnehmerInnen (in den alten Bundesländern) bis in die Mitte der 60er Jahre die Zeit in der Arbeit und die Freizeit gleich angenehm war. Mitte der 60er Jahre setzt eine deutliche Umorientierung in der grundlegenden Einstellung zur Lebensführung ein, die Freizeit wird immer stärker präferiert. Weiterhin läßt sich der Tabelle 1 entnehmen, daß die Wandlung schubweise vor sich geht: In einem relativ klar umgrenzten Zeitraum zwischen Mitte der 60er und Ende der 70er Jahre ist ein erster Wandlungsschub zu verzeichnen, in den letzten Jahren hat sich diese Tendenz erneut verschärft.

Die **Einstellung zu Arbeit und Freizeit** ist nur ein Aspekt, der sich in den letzten Jahrzehnten geändert hat. Als wesentliche Wandlungen, die mit den Ergebnissen verschiedener Befragungen empirisch belegbar sind, lassen sich folgende Trends identifizieren (*v. Rosenstiel 1992*):

- Abwendung von der Arbeit als einer Pflicht,
- Unterstreichung des Wertes der Freizeit,
- Ablehnung von Bindung, Unterordnung und Verpflichtung,
- Betonung des (hedonistischen) Lebensgenusses,
- Erhöhung der Ansprüche in bezug auf eigene Selbstverwirklichungschancen,
- Betonung der eigenen Gesundheit,
- Hochschätzung einer ungefährdeten und bewahrten Natur.

Aus diesen Wandlungen haben konservative Kulturkritiker auf ein Schwinden der Arbeitsmoral der Deutschen geschlossen (z.B. *Noelle-Neumann 1978; Noelle-Neumann/ Strümpel 1984*), eine These, die zu heftigen Auseinandersetzungen über die Interpretation der vorliegenden Daten führte. Differenziertere Analysen kamen schließlich zu dem Ergebnis, daß die Befunde keinen pauschalen Bedeutungsverlust der Arbeit indizieren, sondern eher eine qualitative Verschiebung der Ansprüche an die Arbeit. Demnach sind in erster Linie **arbeitsinhaltliche Aspekte** wichtiger geworden (interessante, abwechslungsreiche, verantwortungsvolle Arbeit, in die man eigene Ideen einbringen kann; vgl. dazu *Pawlowsky 1985*). Wichtiger wurde aber außerdem eine **Verkürzung der**

Arbeitszeit, die in den 80er Jahren auch weitgehend durchgesetzt wurde, sowie soziale Aspekte der Arbeit. An Bedeutung verloren haben dagegen die traditionellen Anreize zur Arbeit, besonders der Verdienst und die Möglichkeiten zu beruflichem Aufstieg.

Genauere Analysen zeigen allerdings, daß Aufstieg sehr wohl weiterhin ein zentraler Wunsch geblieben ist, geändert hat sich aber die **Einstellung zu den Folgen der Karriere** – wenn der Aufstieg auf Kosten der Familie und der Freizeit geht, dann wird Karriere eher kritisch betrachtet (*v. Rosenstiel et al. 1991*). Umgekehrt darf aus dem Bedeutungsverlust des Einkommens und anderer materieller Aspekte nicht geschlossen werden, daß diese mittlerweile unwichtig wären. Vielmehr haben materielle Ansprüche eine gewisse Selbstverständlichkeit gewonnen, d.h., wenn die Einkommensvorstellungen in der Arbeit nicht erfüllt werden, dann führt dies sehr wohl weiterhin zur Unzufriedenheit (*v. Rosenstiel et al. 1991*)!

2.2 Theoretische Erklärung

Zur Erklärung der Befunde aus den Meinungsumfragen wurde eine Vielzahl von Hypothesen entwickelt (vgl. *v. Rosenstiel et al. 1989, S. 9ff.*), wobei der Ansatz des amerikanischen Politologen *Ronald Inglehart* (*1977; 1989*) besondere Beachtung gefunden hat. Inglehart glaubt, daß die Ergebnisse der Meinungsumfragen letztlich Indikatoren eines zugrundeliegenden Wandels der Werte darstellen. Unter „Wert" versteht er in Anlehnung an die klassische Definition von *Kluckhohn* (*1951, S. 395*) „eine Auffassung des Wünschenswerten, die für ein Individuum oder eine Gruppe kennzeichnend ist und die Auswahl der zugänglichen Weisen, Mittel und Ziele des Handelns beeinflußt". Damit erhebt sich die Frage, wie so verstandene Werte entstehen und wie ihre Wandlung im Zeitverlauf zu erklären ist. *Inglehart* (*1977*) führt dazu zwei Hypothesen ein, die Sozialisations- und die Mangelhypothese.

Nach der **Sozialisationshypothese** werden Werte in der Kindheit und Jugend geprägt und bleiben dann für den Rest des Lebens relativ stabil. Werte entwickeln sich nach seiner Vorstellung komplementär zu den gesellschaftlich determinierten Bedingungen der Bedürfnisbefriedigung. Werden Bedürfnisse in der Jugend nicht hinreichend befriedigt, dann lernen die Menschen die zur Befriedigung erwünschten situativen Merkmale hochzuschätzen, d.h. diese werden zu Werten, die dem weiteren Leben Orientierung geben. Die wesentlichen Bedürfnisklassen konstruiert *Inglehart* in Anlehnung an die bekannte Motivhierarchie von *Maslow* (*1981*):

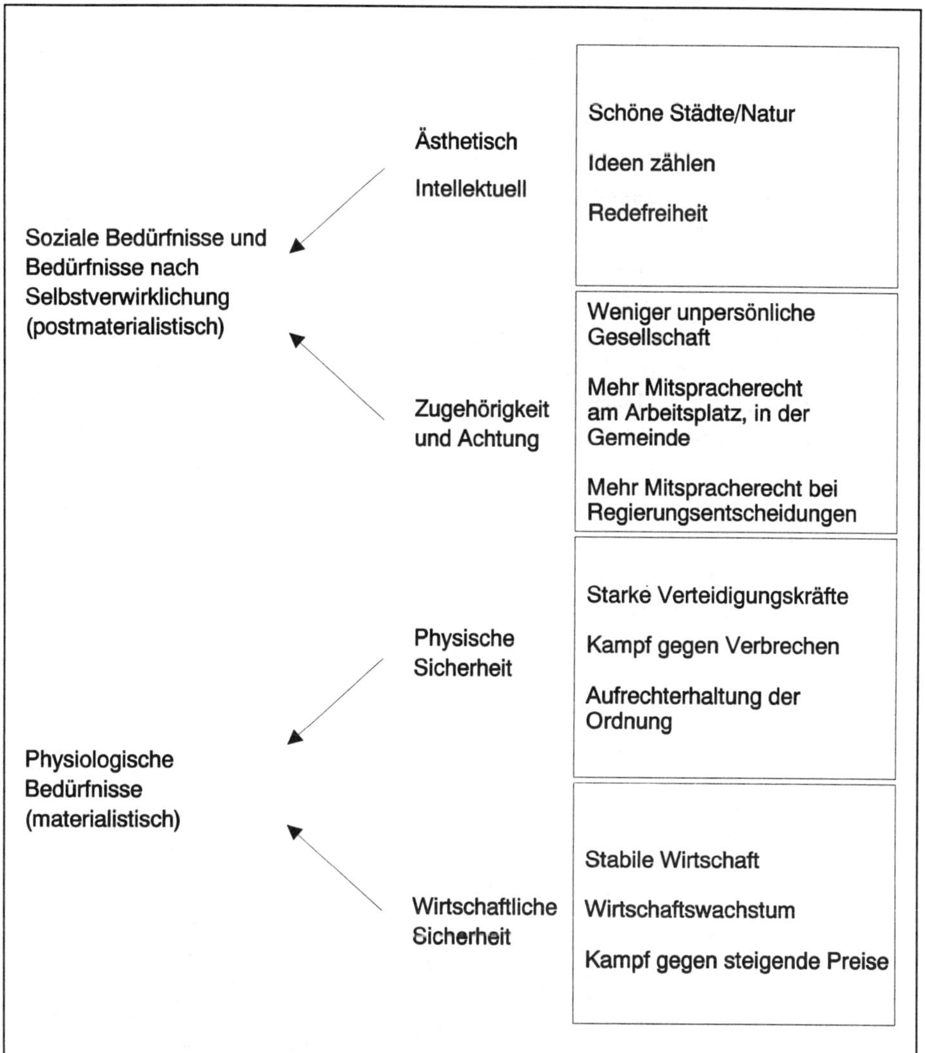

Abbildung 1: Materialistische und postmaterialistische Werte und ihr Bezug zu Maslows Bedürfnishierarchie
Quelle: Inglehart 1977, S. 286

Werden in der Jugend die grundlegenden physiologischen und Sicherheitsbedürfnisse nicht befriedigt, dann entwickelt ein Mensch Werte, die sich an diesen Themen orientieren. *Inglehart* (*1977*) nennt sie **materialistische Werte** und erfaßt sie in seinen empirischen Untersuchungen durch Aussagen, die sich auf ihre gesellschaftliche Realisierung beziehen. Besteht in der Kindheit und Jugend dagegen kein Mangel in der Befriedigung dieser Bedürfnisklassen, dann sollten in Anlehnung an die Theorie von *Maslow* (*1981*) die „höheren Motive" aktiviert werden. Daher werden Themen wie Zugehörigkeit, Achtung und Selbstverwirklichung wichtig, die entsprechenden Werte bezeichnet *Inglehart* als **postmaterialistisch**.

So schafft *Inglehart* die theoretischen Grundlagen zur Erklärung des Wertwandels mit Hilfe der sogenannten **Mangelhypothese**: Während die Kriegs- und Nachkriegsgeneration unter materieller Not litt, konnte sich die darauffolgende „Wohlstandsgeneration" von Anfang an mit anderen Lebensthemen befassen. Nach dieser Vorstellung sollte die Nachkriegsgeneration eher durch materielle, die Wohlstandsgeneration dagegen stärker durch postmaterielle Werte gekennzeichnet sein. Diese Schlußfolgerung hat *Inglehart* (*1989*) in einer Vielzahl von Untersuchungen in den verschiedensten Ländern der Erde zu erhärten versucht. Dabei werden repräsentativen Stichproben der jeweiligen Bevölkerung die in Abbildung 1 aufgeführten Items vorgelegt mit der Bitte, die vier wichtigsten auszuwählen. Wer drei oder vier Items aus dem materiellen Bereich wählt, der wird als Materialist bezeichnet, wer drei oder vier aus dem postmateriellen Bereich wählt, den nennt *Inglehart* „Postmaterialist" (die Mischtypen mit jeweils zwei gewählten Items vernachlässigt er in seinen Analysen). Abbildung 2 zeigt Befunde aus verschiedenen Ländern im Vergleich zwischen 1970 und 1989.

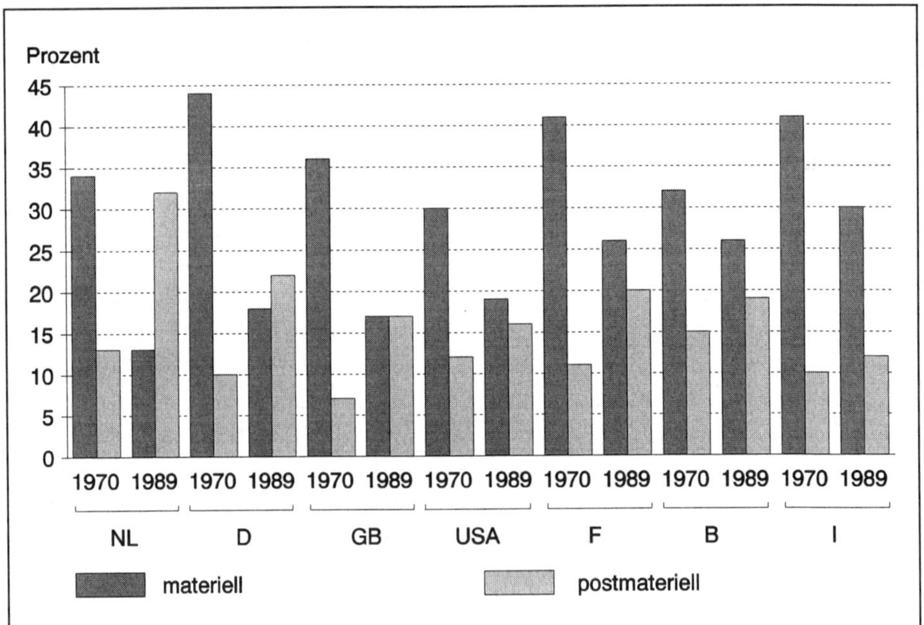

Abbildung 2: Die Entwicklung vom Materialismus zum Postmaterialismus im internationalen Vergleich
Quelle: Inglehart 1989

In zwei Jahrzehnten hat der prozentuale Anteil an Postmaterialisten demnach in allen untersuchten Ländern zugenommen, die Zahl der Materialisten dagegen kontinuierlich abgenommen. Weiter zeigt sich, daß die „reicheren" Länder tendenziell in dieser Entwicklung weiter sind als die „ärmeren". Das kann als substantieller Beleg für die These vom Wertewandel in der Deutung von *Inglehart* interpretiert werden. Eine solche gesellschaftliche Entwicklung hat natürlich auch für die Unternehmen der Wirtschaft Konsequenzen.

2.3 Der Konflikt zwischen gewandelten Werten und erstarrten Strukturen

Vom Wandel der Werte wurden nicht alle Gruppen der Gesellschaft in gleichem Maße erfaßt. Besonders starke Ausprägungen lassen sich bei den Jüngeren und hier spezifisch bei den besser Ausgebildeten feststellen (*v. Rosenstiel/Stengel 1987; v. Rosenstiel 1992*). Für die Organisationen der Wirtschaft hat ein solcher Befund erhebliche Tragweite. Unternehmen rekrutieren ihren Führungsnachwuchs bevorzugt unter Hochschulabsolventen (*Witte et al. 1981*), eine Population, die durch besondere Betonung von Selbstentfaltungswerten gekennzeichnet ist. Geht man nun davon aus, daß in den meisten Bereichen der Unternehmen von den Führungskräften nach wie vor materialistische Werte im Sinne *Ingleharts* gefordert werden – besonders deutlich in Bereichen wie Produktion, Verwaltung, Finanzen oder Beschaffung der klassischen Branchen – dann läßt sich ein Konflikt zwischen den „gewandelten Werten" der Menschen und den „erstarrten Strukturen" in den Organisationen vermuten (*v. Klipstein/Strümpel 1985*).

Der Übergang von der Hochschule, die eine Orientierung an postmaterialistischen Werten nachhaltig unterstützt, in das Beschäftigungssystem, in dem von den Führungsnachwuchskräften besonders hohe Identifikation mit dem Unternehmen und volles Engagement für seine Ziele erwartet werden, sollte daher nicht ohne „Schock" verlaufen (*Müller-Fohrbrodt et al. 1978*). Ihre auf persönliche Entfaltung, Selbständigkeit und Freiraum gerichteten Orientierungen sowie die Sozial- und Umweltverträglichkeit präferierenden politischen Einstellungen stoßen auf Strukturen, in denen nach wie vor Arbeitstugenden wie Disziplin, Fleiß und Unterordnung gefordert werden, das Leistungsprinzip eindeutig vor dem Sozialprinzip rangiert und vorgebliche ökologische Orientierungen bei jeder Gefährdung des Gewinns vernachlässigt werden. Die Folgen dieses Konflikts zwischen Individuum und Organisation werden am Institut für Psychologie der Universität München in einer empirischen Längsschnittstudie untersucht (*v. Rosenstiel et al. 1994*).

3. Wertewandel und die Folgen für den Führungsnachwuchs

3.1 Selektion und Sozialisation des Führungsnachwuchses

Die Studie „Selektion und Sozialisation des Führungsnachwuchses" ist Teil des von der Deutschen-Forschungs-Gemeinschaft geförderten Sonderforschungsbereiches 333 „Entwicklungsperspektiven der Arbeit" (*Nerdinger et al. 1988*). Im Rahmen der Studie werden Studenten und Studentinnen der Wirtschafts-, Ingenieurs- und Naturwissenschaften, die in besonderem Maße für Führungspositionen in der Wirtschaft qualifiziert sind (*Witte et al. 1981*), untersucht. Im Examenssemester des Jahres 1992 wurden an Universitäten in München, Berlin und im Ruhrgebiet ca. 1.000 StudentInnen befragt. Nach einem Jahr fand eine zweite Befragung statt, an der noch 73 Prozent teilnahmen, von denen 90 Prozent eine Anstellung gefunden hatten.

Die Untersuchung wird mit umfangreichen Fragebögen durchgeführt, die zu beiden Zeitpunkten u.a. die **Bereitschaft zur Identifikation mit den Zielen wirtschaftlicher Organisationen** erfassen. Den Befragten wurde jeweils eine Liste mit folgenden acht Unternehmenszielen vorgelegt:

- ☐ Wirtschaftliches Wachstum
- ☐ Erhaltung der Umwelt
- ☐ Förderung der Persönlichkeitsentfaltung ihrer Mitarbeiter
- ☐ Entwicklung der „Dritten Welt"
- ☐ Sicherung von Arbeitsplätzen
- ☐ Steigerung des Gewinns
- ☐ Förderung des technischen Fortschritts
- ☐ Stabilisierung unserer Gesellschaftsstruktur

Die Befragten sollen die drei Ziele auswählen, von denen sie annehmen, daß sie von den Unternehmen der Wirtschaft mit höchster Priorität verfolgt *werden* (Ist-Ziele). Danach sollen sie unter denselben Zielen diejenigen wählen, die nach ihrer Meinung die wichtigsten sind, d.h. von den Unternehmen verfolgt werden *sollten* (Soll-Ziele). Während die Ist-Ziele die von individuellen Wertorientierungen relativ unabhängigen Wahrnehmungen erfassen, bilden die Soll-Ziele die individuellen Wünsche ab, die von den Wertorientierungen geprägt sind. Stimmen die Ist- und die Soll-Ziele überein, dann kann von Identifikationsbereitschaft gesprochen werden (*v. Rosenstiel/Stengel 1987*).

3.2 Identifikationsbereitschaft vor und nach dem Berufseinstieg

Abbildung 3 zeigt, welche Ziele von den Unternehmen verfolgt werden, und zwar im Vergleich zwischen der Zeit an der Universität (1992) und nach dem Berufseinstieg (1993):

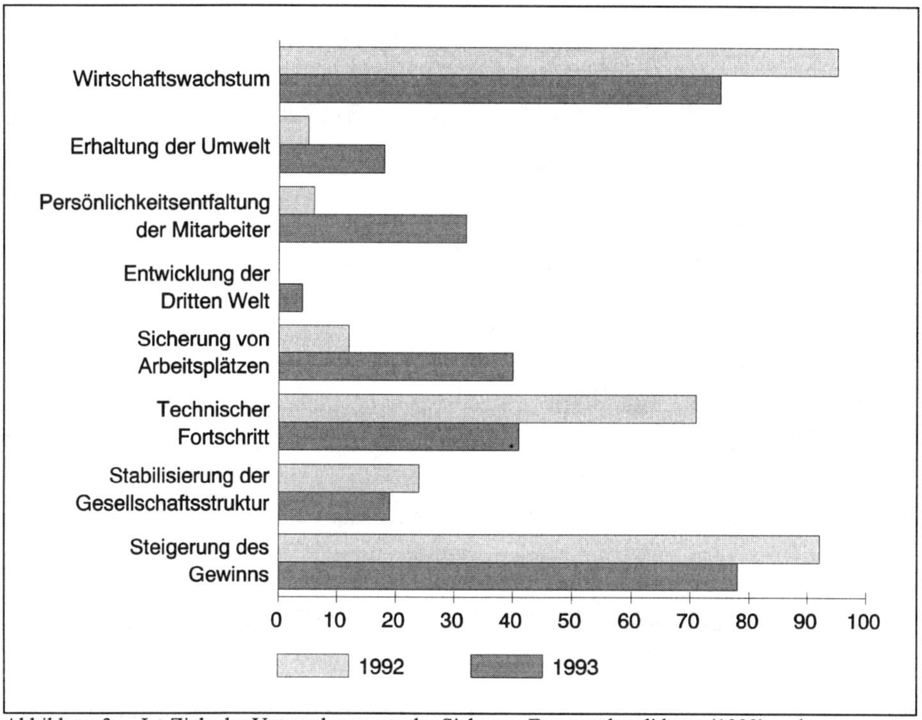

Abbildung 3: Ist-Ziele der Unternehmen aus der Sicht von Examenskandidaten (1992) und nach dem Berufseinstieg (1993) (Angaben in Prozent)

Wirtschaftswachstum, Gewinn und – mit deutlichem Abstand – technischer Fortschritt sind demnach die Ziele, die aus Sicht der StudentInnen in erster Linie von den Unternehmen verfolgt werden. Nach der Integration ins Arbeitsleben werden zwar noch dieselben Aspekte als wichtigste Unternehmensziele wahrgenommen, doch erscheinen diese Ziele nicht mehr so eindeutig dominierend. Die Befragten attestieren statt dessen den Unternehmen, daß sie sich in viel höherem Maße als früher vermutet auch der Sicherung von Arbeitsplätzen und der Persönlichkeitsentfaltung der MitarbeiterInnen widmen. Demgegenüber scheint den Befragten auch nach dem Berufseinstieg die Erhaltung der Umwelt für die Unternehmen kein sehr wichtiges Ziel zu sein, wobei zum zweiten Zeitpunkt immerhin eine leichte Höhergewichtung festzustellen ist.

Umgekehrt stellt sich die Entwicklung hinsichtlich der Wünsche, d.h., der Soll-Ziele dar:

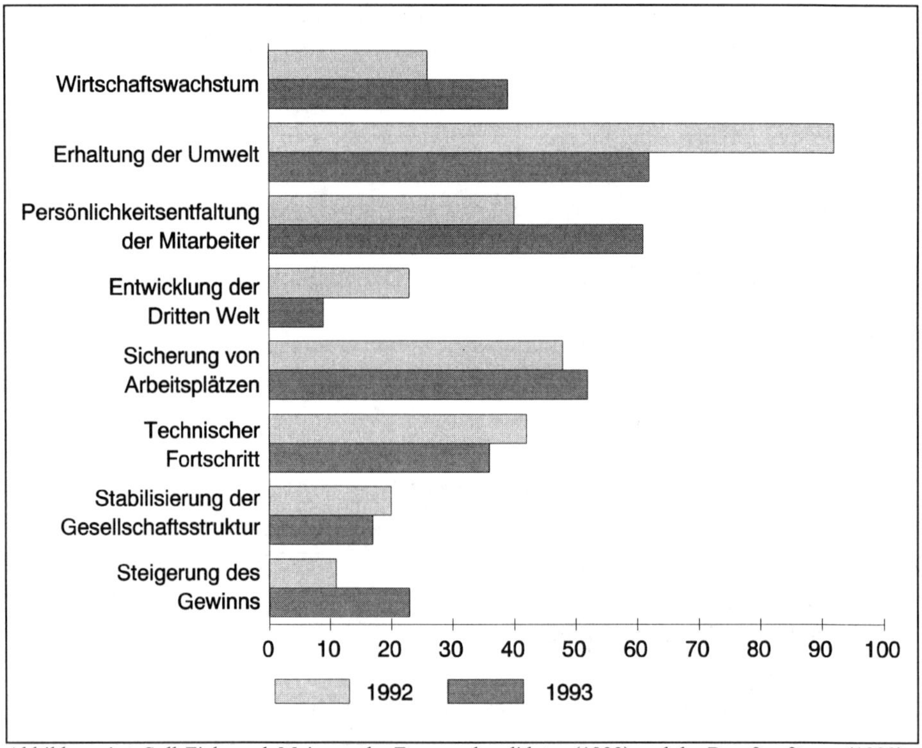

Abbildung 4: Soll-Ziele nach Meinung der Examenskandidaten (1992) und der Berufsanfänger (1993) (Angaben in Prozent)

War die Erhaltung der Umwelt mit über 90 Prozent der Nennungen während des Studiums mit Abstand das am häufigsten gewünschte Unternehmensziel, so wird es nach dem Einstieg ins Berufsleben nur noch zu rund 60 Prozent gewählt. Deutliche Einbußen verzeichnet aber auch das Soll-Ziel „Entwicklung der Dritten Welt". Statt dessen steigen die Wünsche nach stärkerer Betonung der Ziele „Persönlichkeitsentfaltung", „Gewinnsteigerung", „Förderung des Wirtschaftswachstums" und „Sicherung der Arbeitsplätze".

Die Erhaltung der Umwelt bleibt auch nach dem Berufseinstieg das wichtigste Soll-Ziel, gefolgt von der Persönlichkeitsentfaltung der Mitarbeiter und der Sicherung der Arbeitsplätze. Vergleicht man die Ist- und Soll-Ziele nach dem Berufseinstieg, dann stellt sich die Identifikationsbereitschaft bei dieser, für die Unternehmen so wichtigen Population relativ niedrig dar: Das wichtigste Soll-Ziel (Umwelt) wird nach Meinung der Befragten kaum verfolgt, das in der Wahrnehmung eindeutig dominante UnternehmenszieI „Gewinn" dagegen nimmt auch nach dem Einstieg ins Berufsleben nur einen hinteren Platz auf der Wunschliste ein.

4. Konsequenzen für ein personalorientiertes Marketingmanagement

Der Übergang von der Hochschule in den Beruf ist durch eine partielle Abstimmung von Personen und Unternehmen gekennzeichnet, die durch **Selektions- und Sozialisationseffekte** erklärbar sind (*v. Rosenstiel et al. 1989*). Die Prozesse der Selektion lassen sich nach Selbst- und Fremdselektion differenzieren. **Selbstselektion** bezeichnet die gezielte Wahl eines Unternehmens durch einen Bewerber. Aufgrund der bereits zur Zeit der Stellensuche bestehenden Images von Unternehmen als Arbeitgeber prüfen potentielle Bewerber, ob sie mit ihren Werthaltungen und Ansprüchen an die Arbeit zu einem Unternehmen passen oder nicht. Im Prozeß der Selbstselektion werden bestimmte Unternehmen als ungeeignet für die Person eingestuft und aus dem Kreis der möglichen Alternativen ausgeschlossen. Damit fällt dem marketingorientierten Personalmanagement die wichtige Aufgabe zu, dem Unternehmen auf dem Arbeitsmarkt ein Image als Arbeitgeber vermitteln, das geeignet ist, erwünschtes Personal anzuziehen (*Nerdinger 1994b*).

Fremdselektion bezeichnet die „klassische" Situation, in der Unternehmen aus einem Pool von Bewerbern die nach ihren Kriterien Geeigneten auswählen. Neben den Anforderungen an die Qualifikation bilden gerade bei der Auswahl von Führungsnachwuchskräften die Erwartungen hinsichtlich der Wertorientierungen und Einstellungen der Bewerber wichtige Auswahlkriterien. Die Abstimmung zwischen Person und Unternehmen über Prozesse wechselseitiger Auswahl werden unterstützt durch die nach dem Berufseinstieg prinzipiell erhöhte Bereitschaft der „Neulinge", sich an das Bestehende anzupassen. Die erste Zeit im Unternehmen ist gekennzeichnet durch Rollenunsicherheit, d.h., die Neulinge sind bestrebt, sich in den komplexen Beziehungsstrukturen der Organisation und den fachlichen Anforderungen der Aufgabe zurechtzufinden. Durch Übernahme der im Unternehmen präferierten Werte, Normen und Deutungsmuster können die Neulinge ihre Unsicherheit reduzieren; es kommt zur Sozialisation, der Anpassung an die im Unternehmen vertretenen Werte.

Die Ergebnisse unserer Studie belegen nun, daß durch Selektion und Sozialisation der Konflikt zwischen wahrgenommenen und gewünschten Unternehmenszielen zwar tendenziell verringert wird, es verbleiben jedoch beachtliche Diskrepanzen. An diesen Diskrepanzen muß ein marketingorientiertes Personalmanagement ansetzen. Ein Beispiel für ein konkretes Vorgehen bildet die werteorientierte Personalarbeit, wie sie bei der Firma BMW praktiziert wird (*Biehl 1995*). Die wesentlichen Aspekte des dabei gewählten Vorgehens lassen sich so skizzieren: Ausgehend von den Werten, deren Wandel die Situation in der Arbeit besonders beeinflussen, wird festgestellt, in welchem Maße die MitarbeiterInnen diese Werte in der Arbeit bereits realisieren können (Ist-Zustand). In einem zweiten Schritt wird festgelegt, welche Wertrealisierungen vor dem Hintergrund der Unternehmensziele wünschbar sind (Soll-Zustand) und schließlich werden personalpolitische Instrumente gesucht bzw. neu entworfen, die geeignet sind, die Diskrepanz zwischen Ist- und Soll-Zustand zu verringern.

Gerade die im Zuge des Wertewandels veränderten Ansprüche an die Arbeit begründen die **Forderung nach einem marketingorientierten Personalmanagement**. Die traditionellen Mechanismen der Integration – Selektion und Sozialisation – können nicht länger eine Passung von Organisation und Person hinlänglich sichern. Internes Marketing hat in dieser Situation die Aufgabe, bestehende Diskrepanzen zwischen Person und Organisation zu diagnostizieren (interne Marktforschung) und die Instrumente der Personalarbeit – in Einklang mit der unternehmensinternen Kommunikation – zur gezielten Reduktion der Diskrepanzen auszurichten.

Literaturverzeichnis

Bihl, G. (1995): Werteorientierte Personalarbeit, München.

Compton, F.F./George, W.R./Grönroos, C./Karvinen, M. (1987): Internal Marketing, in: *Czepiel, J.A./Congram, C.A./Shanahan, J. B. (Hrsg.)*: The Services Challenge: Integrating for Competitive Advantage, Chicago, S. 7-12.

Grönroos, C. (1985): Internal Marketing – Theory and Practice, in: *Bloch, T.M./Upah, G.D./ Zeithaml, V.A. (Hrsg.)*: Services Marketing in a Changing Environment, Chicago, S. 41-47.

Inglehart, R. (1977): The Silent Revolution, Princeton.

Inglehart, R. (1989): Kultureller Umbruch, Frankfurt am Main.

Klages, H. (1984): Wertorientierungen im Wandel, Frankfurt am Main.

Klages, H. (1993): Traditionsbruch als Herausforderung. Perspektiven der Wertewandelsgesellschaft, Frankfurt am Main.

Klages, H./Hippler, H.-J./Herbert, W. (Hrsg.)(1992): Werte und Wandel. Ergebnisse und Methoden einer Forschungstradition, Frankfurt am Main.

v. Klipstein, M./Strümpel, B. (1985): Gewandelte Werte – Erstarrte Strukturen?, Bonn.

Kluckhohn, C. (1951): Values and Value Orientations in the Theory of Action. An Exploration in Definition and Classification, in: *Parsons, T./Shils, E.A. (Hrsg.)*: Toward a General Theory of Action, Cambridge, Mass., S. 388-433.

Kmieciak, P. (1976): Wertstrukturen und Wertwandel in der Bundesrepublik Deutschland, Göttingen.

Maslow, A. (1981): Motivation und Persönlichkeit, Reinbek bei Hamburg.

Müller-Fohrbrodt, G./Cloetta, B./Dann, H.D. (1978): Der Praxisschock bei jungen Lehrern. Formen, Ursachen, Folgerungen, Stuttgart.

Nerdinger, F.W. (1994a): Zur Psychologie der Dienstleistung. Theoretische und empirische Studien zu einem wirtschaftspsychologischen Forschungsgebiet, Stuttgart.

Nerdinger, F.W. (1994b): Selbstselektion des Führungsnachwuchses. in: *v. Rosenstiel, L./Lang, Th./Sigl, E. (Hrsg.)*: Auswahl des Fach- und Führungsnachwuchses in den alten und neuen Bundesländern, Stuttgart, S. 20-38.

Nerdinger, F.W./v. Rosenstiel, L./Spieß, E./Stengel, M./Weber, F. (1988): Selektion und Sozialisation des Führungsnachwuchses, in: Sonderforschungsbereich 333 (Hrsg.): Entwicklungsperspektiven von Arbeit, München.

Noelle-Neumann, E. (1978): Werden wir alle Proletarier?, Zürich.

Noelle-Neumann, E./Strümpel, B. (1984): Macht Arbeit krank? Macht Arbeit glücklich?, München.

Pawlowsky, P. (1986): Arbeitseinstellungen im Wandel, München.

Raffée, H./Wiedmann, K.-P. (1989): Corporate Communications als Aktionsinstrumentarium des strategischen Marketing, in: *Raffée, H./Wiedmann, K.-P. (Hrsg.)*: Strategisches Marketing, Stuttgart, S. 662-691.

v. Rosenstiel, L. (1992): Führungs- und Führungsnachwuchskräfte: Spannungen und Wandlungen in Phasen gesellschaftlichen Umbruchs, in: Zeitschrift für Personalforschung, 6. Jg., Nr. 3, S. 327-351.

v. Rosenstiel, L./Lang, Th./Sigl, E. (1994): Auswahl des Fach- und Führungsnachwuchses in den alten und neuen Bundesländern, Stuttgart.

v. Rosenstiel, L./Nerdinger, F.W./Spieß, E. (1991): Was morgen alles anders läuft, Düsseldorf.

v. Rosenstiel, L./Nerdinger, F.W./Spieß, E./Stengel, M. (1989): Führungsnachwuchs im Unternehmen, München.

v. Rosenstiel, L./Stengel, M. (1987): Identifikationskrise?, Bern.

Stauss, B. (1995): Internes Marketing als personalorientierte Qualitätspolitik, in: *Bruhn, M./ Stauss, B. (Hrsg.)*: Dienstleistungsqualität. Konzepte, Methoden, Erfahrungen, 2. Aufl., Wiesbaden, S. 257-276.

Stauss, B./Schulze, H.S. (1990): Internes Marketing, in: Marketing, 12. Jg., Nr. 3, S. 149-158.

Wiedmann, K.-P. (1988): Corporate Identity als Unternehmensstrategie, in: Wirtschaftswissenschaftliches Studium, 17. Jg., Nr. 5, S. 236-242.

Witte, E./Kallmann, A./Sachs, G. (1981): Führungskräfte der Wirtschaft, Stuttgart.

Summary

A change from individually perceived importance of work towards a higher importance of spare time can be constituted in the middle-60s. At the same time, society no longer defined work as a duty and the significance of self-actualization, health and the protection of the environment increased. People began to expect more from their work's content and its social aspects. Money thus lost its leading rank as a primary motivator (Maslow) as other values mentioned above slowly gained momentum. However, these social values tended to hit a wall of inflexible company-structures. Currently, even though the trend has become reality, companies still value internal performance which leads to profits and external stability above the personal desires of its employees. Albeit the tendency of the self (by the employee) and external (by the company) selection and the following socialization of the same to lessen this conflict, it is still highly important that internal marketing identify and further reduce this dilemma with its proper instruments.

Integration von Kunden- und Mitarbeiterorientierung

von Stefan Müller

Prof. Dr. Stefan Müller ist Inhaber des Lehrstuhls für Betriebswirtschaftslehre, insb. Marketing der Technischen Universität Dresden.

1. Transaktionsorientierung des Marketing

Das klassische Marketing orientierte sich in der Vergangenheit primär am Absatzmarkt. Die damit einhergehende Dominanz der horizontalen Betrachtung des Marktgeschehens wurde zunächst durch das Vertikale bzw. das Trade Marketing korrigiert. Dadurch rückten anfangs die nachgelagerten und später die vorgelagerten Stufen des Marktgeschehens in den Focus der Betrachtung; als Folge der sog. Ölkrise entwickelte sich etwa das Beschaffungsmanagement zu einer eigenständigen Disziplin (*Arnold 1995*).

Je differenzierter man auf diese Weise den Leistungsprozeß betrachtete, desto mehr schärfte sich das Bewußtsein für die Vielschichtigkeit der dabei ablaufenden Transaktionen, aber auch für die damit einhergehenden Schnittstellenprobleme (*Specht 1995*). Daraus wiederum erwuchs die Maßgabe einer **funktionsübergreifenden Koordination** der Wertschöpfungskette. Reduziert man das z.B. von *Gerken* (*1990*) beklagte Koordinationsdefizit jedoch nicht auf die ungenügende Abstimmung der zentralen Unternehmensfunktionen an sich (z.B. Marketing ⇔ F&E), sondern bezieht auch die verschiedenen Anspruchsgruppen von Unternehmen (*Meffert/Kirchgeorg 1997*) in die Betrachtung mit ein, entsteht das Konzept des integrierten Marketing, in dessen Mittelpunkt nicht von ungefähr der Mitarbeiter als „interner Kunde" steht (vgl. Abbildung 1).

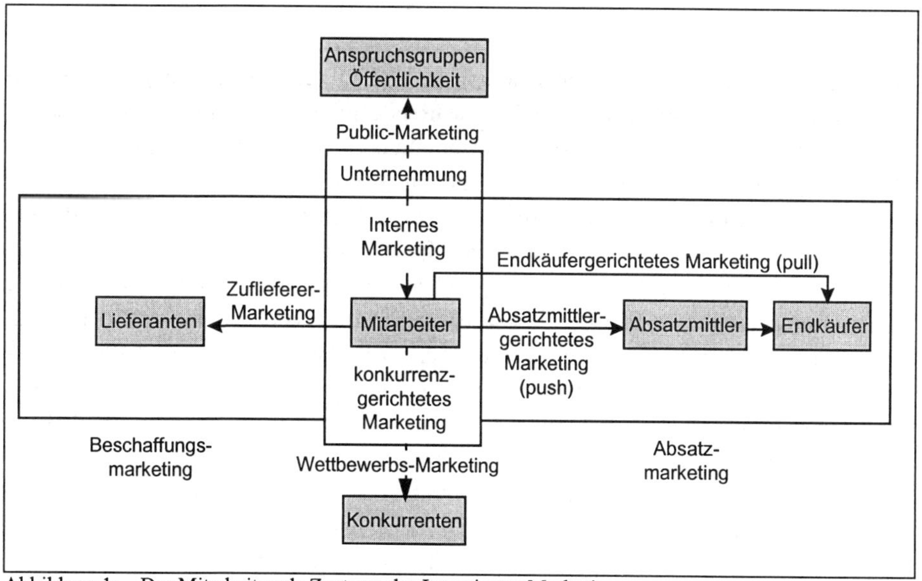

Abbildung 1: Der Mitarbeiter als Zentrum des Integrierten Marketing
Quelle: Meffert 1997, S. 26

1.1 Vertikalisierung der Geschäftsbeziehungen

Die fünfziger und frühen sechziger Jahre erscheinen in der Rückschau als eine Phase relativ stabiler Marktbedingungen und Wettbewerbsbeziehungen. Im Konsumgüterbereich etwa sorgte dafür nicht zuletzt die damals gegebene Dominanz der klassischen Herstellermarke. Ganz anders verhielt es sich im **Dienstleistungsbereich**, der mangels eines allgemeinen Servicebewußtseins und entsprechenden Anspruchsdenkens der Gesellschaft damals insgesamt ein Nischendasein führte.

In der Folgezeit hat dann das Erstarken des Handels eine neuartige **Konkurrenzsituation** geschaffen (*Meffert 1991*), deren Schwergewicht sich mehr und mehr von der horizontalen in die vertikale Ebene verlagerte. Wie bspw. eine anfangs der neunziger Jahre bei 72 führenden Markenartikel-Unternehmen durchgeführte Delphi-Befragung ergab, fühlten sich diese damals von den Konzentrationsprozessen im Handel signifikant stärker bedroht als von den entsprechenden Verdichtungen auf der horizontalen Ebene (vgl. Abbildung 2).

1.2 Zunahme von Tauschvorgängen

Durch die sich anbahnende Globalisierung zusätzlich verschärft, zwang im weiteren Verlauf der Entwicklung der beständig wachsende Preis- und Rationalisierungsdruck alle Marktpartner zur Reorganisation und kontinuierlichen Optimierung der gesamten **Wertschöpfungskette**. Dies wiederum hatte zur Konsequenz, daß sich selbst bei Herstellern, deren **Unternehmensidentität** ursprünglich (natürlich) primär vom Produkt geprägt war, die „Corporate Mission" zunehmend zu den Transaktionen verlagerte (*Webster 1992*). Mit der Transaktionskostentheorie (*Coase 1937; Picot 1991a*) und der Transaktionstheorie (*Berne 1970;* vgl. auch den Beitrag von *Schulze* in diesem Sammelband) haben die Wirtschaftswissenschaften bzw. die Sozialwissenschaften Analyseraster bereitgestellt, in deren Fokus die aggregierten bzw. die individuellen **Austauschvorgänge** stehen. Einmal darauf aufmerksam geworden, erkennt man, daß sich zahlreiche theoretische Erklärungsansätze bzw. instrumentale Herangehensweisen, die sich mit den verschiedenen Erscheinungsformen von Transaktionen befassen, paarweise zusammenfassen lassen; jeweils die ökonomische und die sozialpsychologische Forschungsperspektive (z.B. Principal-Agent-Theorie (*Jensen/Meckling 1976*) und die Theorien der sozialen Austauschprozesse (*Thibaut/Kelley 1959*).

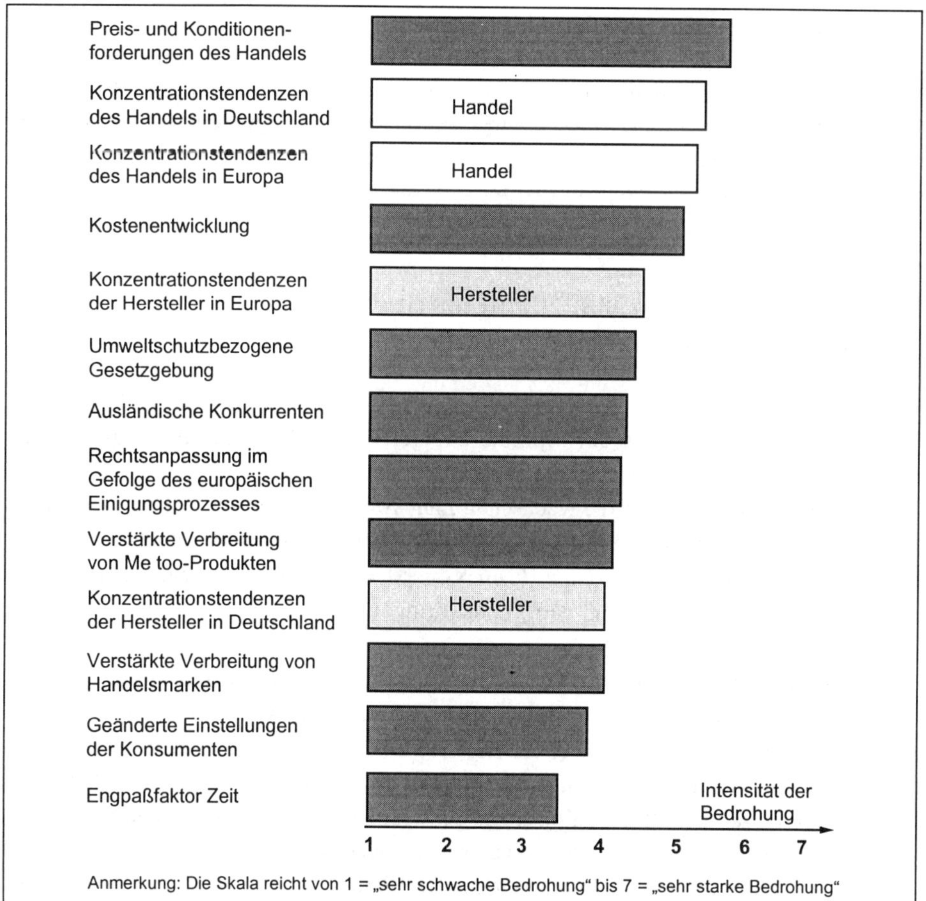

Abbildung 2: Zentrale Problemfelder der neunziger Jahre
Quelle: eigene Erhebung (n = 72 Markenartikel-Hersteller)

Als Vision zeichnet sich vor diesem Hintergrund und mit Blick auf „Anspruchsinflation" der Kunden das **virtuelle Unternehmen** ab: als Summe von Leistungspartnern bzw. gedachter Kooperationsverbund im Dienste des Kunden stehend (*Münzberg 1995*). Prototypisch hierfür ist das Konzept des Co-Marketing, womit *Frey* (*1997, S. 125f.*) die „Marketing-Flanke" des bislang primär logistisch umgesetzten Konzepts des Efficient Consumer Response (ECR) bezeichnet. Es stellt darauf ab, daß eine vom **Equity-Prinzip** *(Walster/Walster/Berscheid 1978*) getragene partnerschaftliche Beziehung zwischen Hersteller und Handel Synergieeffekte generiert – aus der Interaktion der Produktkompetenz der Hersteller und der Marktkompetenz des Handels. Diese können und müssen zum Nutzen beider Seiten zumindest partiell an den Kunden weitergegeben werden, wodurch eine win-win-win-Konstellation entsteht. Eine entscheidende Randbedingung verkörpern dabei die Neuen Medien, etwa in Gestalt des E-Commerce, deren (potentielle) Effizienz erst den erforderlichen Verteilungsspielraum schafft, jedenfalls in dem Maße, wie sich die bereits seit längerem feststellbare Einstellungs-Akzeptanz breiter Schichten der Verbraucher in die erforderliche Verhaltensakzeptanz wandelt (*Geppert/Greipl/Müller 1997*).

1.3 Total Quality Management als übergeordnetes Führungsprinzip

Im Zuge der **Reorganisation** und Optimierung der Wertschöpfungsketten kam es konsequenterweise zu einer weitgehenden Aufhebung der konventionellen Funktionsabgrenzungen. Deshalb gewann die wachsende Zahl von Transaktionen nicht nur quantitativ an Bedeutung. Mit Blick auf die teils lediglich proklamierte, teils jedoch vollzogene Aufwertung von Dienstleistungen, z.B. im Kontext von Added-value-Stategien, wuchs auch der **qualitative Stellenwert von Transaktionen**.

Angesichts des Uno-actu Prinzips war allerdings die Qualität von Dienstleistungen oder Produkten, die durch Dienstleistungen entscheidend aufgewertet wurden, erheblich schwerer zu gewährleisten als die Qualität von klassischen Konsumgütern, weshalb Internes Marketing überzufällig häufig mit Blick auf den Dienstleistungssektor diskutiert wird. Während traditionelles Qualitätsmanagement auch einer weitgehenden Standardisierung des Leistungsprozesses bedarf, verlangt die wachsende Transaktionsorientierung nach anderen Strategien und Instrumenten. Da hierbei der unmittelbaren Interaktion zwischen Kunde und Mitarbeiter besondere Bedeutung zukommt, sind diese eher im Sinne des **Beziehungs**- denn gemäß den Grundannahmen des **Beeinflussungsparadigmas** zu verstehen und zu gestalten *(Diller/Kusterer 1988*).

In jedem Falle müssen die gesuchten Strategien und Instrumente dazu beitragen, Schnittstellenprobleme zwischen den betrieblichen Funktionen, etwa zwischen Marketing und Logistik, aber auch und gerade zwischen Marketing und Personal zu lösen. Dies um so mehr, als sich immer wieder zeigte, daß insbesondere bei komplexen, beratungsbedürftigen Leistungen ein nicht zu übersehender Zusammenhang zwischen dem Verhalten der Mitarbeiter und dem Verhalten der Kunden (*Lohmann 1997; Gelbrich/ Schwartz 1998*) besteht.

Die Ergebnisse einer von der MC Marketing Corporation, Bad Homburg, durchgeführten Studie, die im allgemeinen ergab, daß nur 9 Prozent der Kunden wegen des Preises und 14 Prozent aufgrund ungenügender Qualität der Produkte abwandern, aber 67 Prozent der **Verhaltensweisen von Mitarbeitern** wegen, bestätigt die in Abbildung 3 dokumentierte Gap-Analyse im besonderen. Die größten „Gaps" (Zufriedenheitsdifferenzen) zwischen loyalen und abgewanderten Kunden tun sich bei solchen Leistungsebenen auf, für die primär der einzelne Mitarbeiter zuständig ist, sieht man einmal von den erforderlichen Rahmenbedingungen (z.B. Aufbau- und Ablauforganisation, Unternehmenskultur) ab: Vertrauen, Betreuung, Wartezeit am Schalter usw. Wenn auch das zugrundeliegende quasi-experimentelle Untersuchungsdesign keine kausale Aussage zuläßt, sprechen doch Plausibilität und die Fülle konsistenter einschlägiger Untersuchungsbefunde dafür, daß die abgewanderten Kunden primär der mangelhaften **Prozeßqualität** wegen ihre Bankverbindung gewechselt haben. Auf allen mehr oder minder objektiven Leistungsebenen (z.B. Öffnungszeiten, Konditionen, Erreichbarkeit, Gestaltung der Filialen) unterscheiden sich ihre Zufriedenheitswerte nämlich nicht systematisch von denen der loyalen Kunden.

2. Internes Marketing

Der gewöhnlich mit den Schlagworten „gesättigte Märkte" und „ausgereifte Produkte" umschriebenen Erschöpfung der klassischen Treiber des Wettbewerbs versucht man mehr und mehr mit den Instrumenten des Internen Marketing zu begegnen. Auch mehren sich die Hinweise darauf, daß die Zufriedenheit der Mitarbeiter als Voraussetzung für die Zufriedenheit der in ihren Bedürfnissen zunehmend prozeßorientierten Kunden gelten kann, jedenfalls ein enger Zusammenhang zwischen beiden Konstrukten besteht (*Stauss/Hentschel 1991; Meffert 1998*). Deshalb betrachten – und behandeln – immer mehr Unternehmen auch die eigenen **Mitarbeiter als (interne) Kunden**. Dieses Deepening des Marketing (*Enis 1973*) geschieht indessen nicht als Selbstzweck. Vielmehr will man – mit Total Quality Management (TQM) als Unternehmensphilosophie und umfassender Führungskonzeption (*Töpfer/Mehdorn 1995*) – eine ganzheitliche Qualitätskultur schaffen (vgl. auch den Beitrag von *Stauss/Neuhaus* in diesem Sammelband). Anstatt reaktiv, d.h. „end-of-the-pipe" und damit häufig nur bedingt oder sehr kostenintensiv, Qualität zu sichern, soll auf diese Weise proaktiv eine marktgerechte Qualität erzeugt werden, z.B. mit dem 6-Sigma-Kriterium als Zielgröße (vgl. auch den Beitrag von *Töpfer* in diesem Sammelband) und dem überzeugten, eigenverantwortlich handelnden Mitarbeiter als Protagonisten.

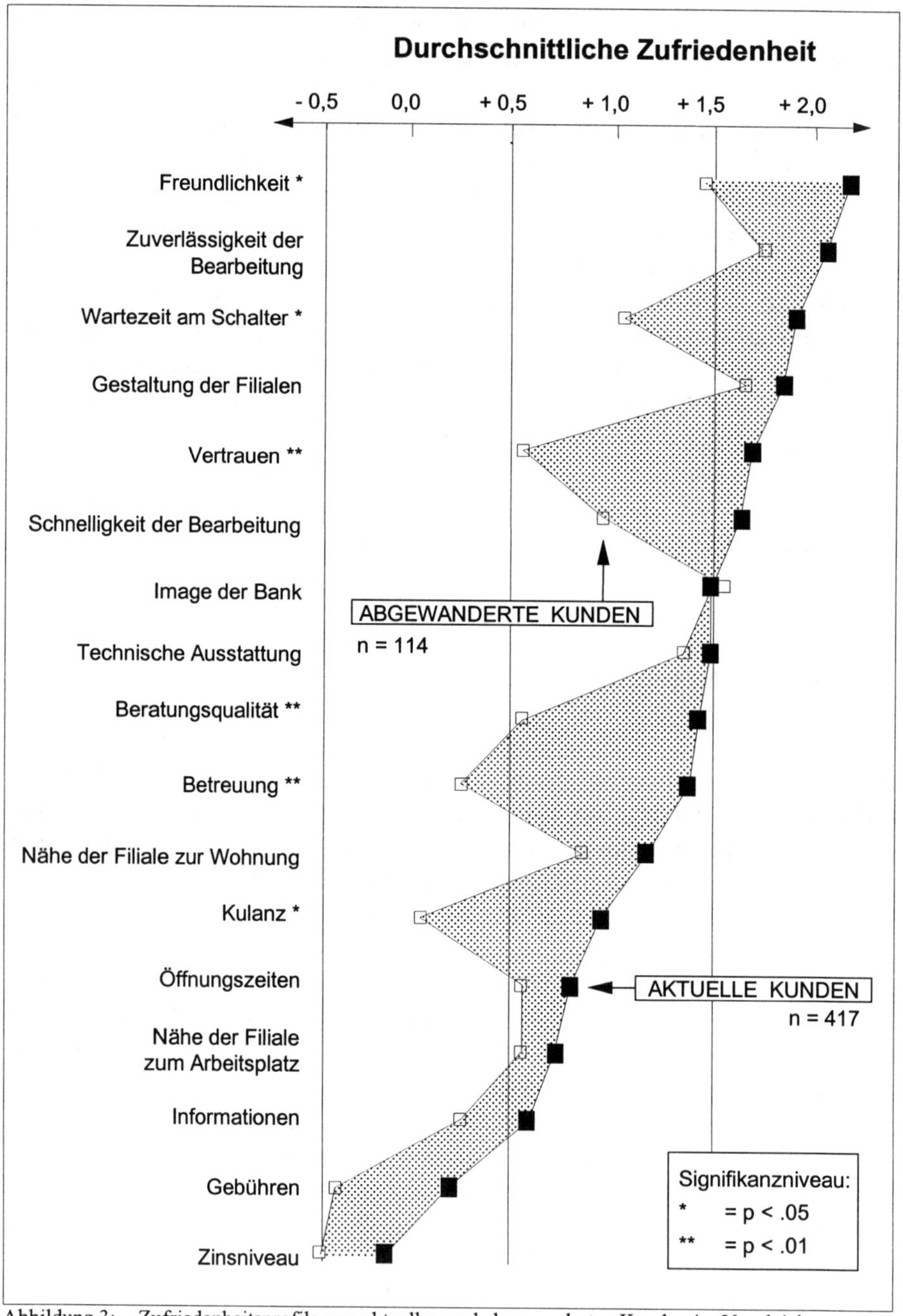

Abbildung 3: Zufriedenheitsprofile von aktuellen und abgewanderten Kunden im Vergleich
Quelle: Eigene Erhebung

Für diese zusätzliche Ausrichtung eines Unternehmens auf die internen Vorgänge – als Voraussetzung für dessen (externen) Markterfolg – prägte *Grönroos* (*1981*) den Begriff des **Internen Marketing**, und *Berry* (*1984*), der dem weiter gefaßten Konzept der **Beziehungs-Marketing** den Vorzug gab, sprach wenig später vom „Mitarbeiter als Kunde". In der Folge beschrieb *Bruhn* (*1995, S. 22*), der von einer zunehmenden Überschneidung von Personal- und Marketingmanagement ausgeht, Internes Marketing als simultane, sich wechselseitig unterstützende Kunden- und Mitarbeiterorientierung: „Systematische Optimierung unternehmensinterner Prozesse mit Instrumenten des Marketing- und Personenmanagements zu absatzmarktorientierten Zwecken." *Berry* (*1984, S. 273ff.*) und *Stauss (1995, S. 264*) haben diesem Konzept alle Instrumente subsumiert, welche die Motivation, die Einstellungen und das Verhalten der Mitarbeiter beeinflussen können. Dabei lautet die Zielgröße jeweils „kundenorientiertes Verhalten"; dieses wiederum ist meßbar und steuerbar – z.B. anhand des Monitoring der Kundenzufriedenheit *(Griffin et al. 1995*).

In der Praxis wächst diese Einsicht – nur langsam zwar, aber doch, wie die zunehmende Koppelung von Kunden- und Mitarbeiterzufriedenheitsstudien zu erkennen gibt (vgl. auch den Beitrag von *Bruhn/Grund* in diesem Sammelband). Diese Forschungsstrategie eröffnet die Möglichkeit, eine bestimmte, aussagekräftige Form von Gap-Analysen durchzuführen. Anfangs der neunziger Jahre jedoch war vom Janus-Kopf **„Kunden-/ Mitarbeiterorientierung"** noch keine Rede. Wie eine Befragung von 144 deutschen Industrieunternehmen ergab, rangierte damals „Kundenzufriedenheit" ganz oben auf der Rangliste der Unternehmensziele; hingegen belegte das Ziel „Mitarbeiterzufriedenheit" lediglich Rang 12 von 22 möglichen. Entsprechend wurde die Frage nach dem unternehmerischen Selbstverständnis beantwortet (vgl. Tabelle 1). Offensichtlich waren in dieser Phase unternehmensexterne und -interne Ziele noch nicht oder nicht wirklich aufeinander abgestimmt.

Die Notwendigkeit, Marketing umfassend, d.h. im Sinne des Internen Marketing zu betreiben, stellt sich in besonderem Maße im Dienstleistungsbereich. Wenn angesichts zunehmend austauschbarer Produkte Positionierungs-Chancen vielfach nur noch in der **Art und Weise der Leistungserbringung** bestehen (*Backhaus 1996, S. 25*), so heißt dies im Falle von Produkten, daß die Kundenzufriedenheit hauptsächlich vom begleitenden Service abhängt. Aufgrund des Uno-actu-Prinzips ist bei Dienstleistungen die „line-of-visibility" weit länger und vielgestaltiger als bei industriell gefertigten Massenerzeugnissen – und damit auch die Notwendigkeit sowie Möglichkeit, eine vertrauensvolle Beziehung zu schaffen. Da es dabei gewöhnlich zu einer wesentlich intensiveren Kunde-/Mitarbeiter-Beziehung kommt, bedürfen gerade Dienstleister kompetenter und hochmotivierter Mitarbeiter, wodurch wiederum deren besonderes Engagement im Weiterbildungsbereich zu erklären ist (*Krüger/Theissen/Olemotz 1992, S. 254;* vgl. auch den Beitrag von *Münch* in diesem Sammelband). Im Falle der im weiteren Verlauf der Argumentation akzentuierten Finanzdienstleistungen kommt noch deren Erklärungsbedürftigkeit hinzu.

Selbstverständnis	$\bar{x}$	**SD**
(1) „Wir sind ein Unternehmen, für das eine maximale Kundennähe, d.h. das dauerhafte Erkennen und Erfüllen aller Wünsche unserer Kunden die oberste Leitmaxime darstellt." (**Kundenorientierte Grundhaltung**)	5,82	0,95
(2) „Wir legen größten Wert auf technisch perfekte Produkte." (Produkttechnische Grundhaltung)	5,69	1,07
(3) „Wir sind ein Unternehmen, das alle betrieblichen Vorgänge konsequent auf den Absatzmarkt und insbesondere auf den Kunden hin ausrichtet." (Absatzmarktorientierte Grundhaltung)	5,45	1,08
(4) „Wir verstehen uns als ein besonders verkaufsorientiertes Unternehmen." (Verkaufsorientierte Grundhaltung)	5,28	1,20
(5) „Die Optimierung aller Betriebsabläufe und vor allem die Perfektion unserer Produktionsverfahren sind für unser Unternehmen oberste Leitprinzipien." (Produktorientierte Grundhaltung)	5,19	1,12
(6) „Wir sind ein besonders kostenbewußtes Unternehmen." (Kostenorientierte Grundhaltung)	5,00	1,06
(7) „Wir verstehen uns als ein Unternehmen, das besonderen Wert auf ein möglichst hohes finanzielles Ergebnis legt." (Finanzielle Grundhaltung)	4,99	0,93
(8) „Wir sind ein besonders innovationsfreudiges Unternehmen (z.B. durch die Einführung neuer Produkte)." (Innovationsorientierte Grundhaltung)	4,78	1,32
(9) „Wir sehen uns als ein Unternehmen, das eine besondere Verantwortung für den Schutz der natürlichen Umwelt trägt. (Umweltschutzorientierte Grundhaltung)	4,51	1,44
(10) „Für unser Unternehmen sind Wohlfahrt und Selbstverwirklichung unserer Mitarbeiter oberstes Gebot." (**Mitarbeiterorientierte Grundhaltung**)	4,43	1,17
(11) „Wir legen besonderen Wert darauf, uns umfassend am Verhalten unserer wichtigsten Konkurrenten zu orientieren." (Wettbewerbsorientierte Grundhaltung)	4,14	1,46
(12) „Wir sind in erster Linie ein technologieorientiertes Unternehmen." (Technologieorientierte Grundhaltung)	4,09	1,66
(13) „Wir sind ein Unternehmen, das auf die öffentliche Meinung großen Wert legt." (Öffentlichkeitsorientierte Grundhaltung)	3,71	1,57
(14) „Wir verstehen uns als ein Unternehmen, das einen Beitrag zur Lösung gesellschaftlicher Probleme zu leisten hat." (Gesellschaftsorientierte Grundhaltung)	2,89	1,50
Anmerkung: $\bar{X}$ = arithmetisches Mittel; SD = Standardabweichung; Skala: 1 = gar nicht, 7 = in extrem hohen Maße.		

Tabelle 1: Das Selbstverständnis deutscher Industrieunternehmen
Quelle: Raffée/Fritz 1992, S. 309

Vergleicht man in diesem Zusammenhang die Ziele, die das Unternehmen mit Weiterbildung verfolgt, mit denen der Mitarbeiter, so zeigt sich eine partielle Unvereinbarkeit (*Becker 1998*); bei der Weiterbildung jedenfalls kann somit von einer Integration von Kunden- und Mitarbeiterorientierung noch keine Rede sein. Davon abgesehen aber gilt: Mag auch der Übergang von der reinen Wissens- zur Kompetenzvermittlung bei weitem noch nicht abgeschlossen sein, so bestätigt doch der spürbar gestiegene Stellenwert der Vermittlung von **Sozialkompetenz** (*Oehler 1995, S. 142*): Gerade Finanzdienstleister gehen davon aus, daß die sozialen Fähigkeiten und Fertigkeiten ihrer Mitarbeiter den Ausschlag dafür geben, wie die Kunden die gebotenen Leistungen wahrnehmen und in welchem Maße daraus Kundenzufriedenheit und -treue erwachsen (*Reisach 1994, S. 155*).

3. Kunden- und Mitarbeiterorientierung

Während *Bruhn* (*1998*) von einem positiven Zusammenhang zwischen Mitarbeiter- und Kundenzufriedenheit ausgeht, korrelieren nach *Meyer/Oppermann* (*1998, S. 1008*) beide Ebenen nicht zwangsläufig positiv miteinander. An letzterer Position anknüpfend läßt sich – idealtypisch simplifizierend – die in Abbildung 4 dargestellte Struktur vergegenwärtigen.

		Mitarbeiterorientierung	
		stark	schwach
Kunden-orientierung	stark	*Idealfall*	*Kundenzentrismus*
	schwach	*Selbstzentrismus*	*Produkt-/Leistungszentrismus*

Abbildung 4: Das Kunden-/Mitarbeitertorientierungs-Portfolio

Geht man der Einfachheit davon aus, daß das traditionelle produktfixierte Unternehmen (bald?) der Vergangenheit angehört und das gleichermaßen mitarbeiter- wie kundenorientierte Unternehmen die anzustrebende Utopie kennzeichnet, so sind zunächst zwei mögliche Konstellationen erklärungsbedürftig:

- Das **selbstzentrierte Unternehmen** ist primär mit sich selbst, d.h. mit den internen Abläufen befaßt und läuft Gefahr, aufgrund seiner Kundenferne am Markt zu scheitern. Mit dem Schlagwort des „Hilfe ein Kunde“-Syndroms in die populäre Managementliteratur eingegangen, können derartige Unternehmen nur in engen Nischen oder monopolistischen „Märkten“ längerfristig überleben.

- Ganz anders das **kundenzentrierte Unternehmen**: Es weiß alles über seine Kunden und tut alles für sie – und vernachlässigt darüber die Mitarbeiter. Jedenfalls nehmen diese ihre Situation entsprechend wahr. Allerdings haben die Mitarbeiter durchaus verschiedene Möglichkeiten, damit in ihrem Sinne umzugehen. In diesem Zusammenhang fällt gewöhnlich das Stichwort „innere Emigration". Real weitaus bedeutsamer aber sind weniger extreme, letztlich jedoch nicht minder destruktive bzw. leistungsmindernde Erscheinungsformen (aus Sicht des Unternehmens). Hierzu zählt auch die in Abbildung 5 dargestellte Situation. Die Mitarbeiter dieses Unternehmens sind fast ausschließlich mit sich selbst befaßt. Auf die Frage, welche Wünsche sie an die – als überaus „fern" empfundene – Geschäftsleitung richten möchten, nannten diese Probanden fast nur Themen, die unmittelbar sie selbst und ihre Befindlichkeit betreffen. Der Markt, die Kunden, der Wettbewerb, d.h. die Basis der beruflichen Existenz jedes einzelnen Probanden, sind auf diesem Wunschzettel allenfalls indirekt präsent. So wurden Optionen wie „intensiver über die Zufriedenheit unserer Kunden ...", „die Maßnahmen der Konkurrenten informiert werden" derart selten gewählt, daß sie in dieser Darstellung unerwähnt bleiben mußten.

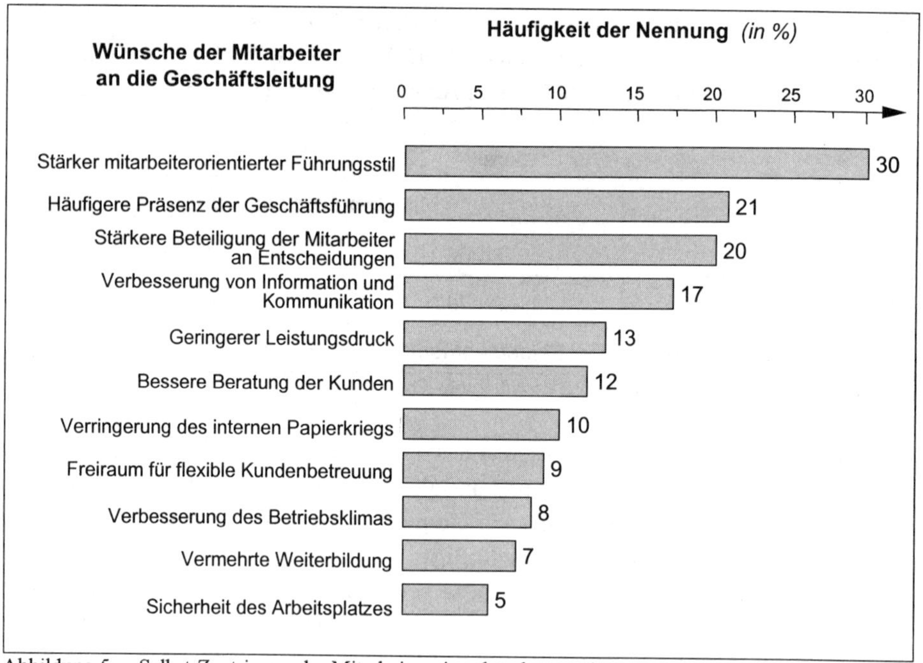

Abbildung 5: Selbst-Zentrismus der Mitarbeiter eines kundenzentrierten Dienstleisters
Quelle: eigene Erhebung (n = 237 Mitarbeiter)

4. Integration von Kunden- und Mitarbeiterorientierung

4.1 Dimensionen der Integration

Bedingt durch einen bisweilen gedankenlosen bzw. inflationären Gebrauch ist **Integration** eine jener Worthülsen, deren Sinn sich uns erst erschließt, wenn wir ihn hinterfragen. Aufschluß gibt dabei ein Blick in das „Das Große Fremdwörterbuch" des Dudenverlags, das zwei **Konnotationen** unterscheidet:
(1) Einbeziehung, Eingliederung in ein größeres Ganzes
(2) (Wieder-)Herstellen einer Einheit aus zuvor Differenziertem.

Tatsächlich geht durch die Fülle der in der einschlägigen Literatur dokumentierten Einzelanalysen der zunehmend spezialisierten Wissenschaften der Blick für die **Einheit des Erkenntnisobjektes** verloren. Worin „das Ganze" im vorliegenden Fall besteht, läßt sich **qualitativ-verbal** relativ leicht formulieren: in dem komplexen Prozeß der Leistungserstellung, zu dem viele Akteure einen wesentlichen Beitrag leisten, nicht zuletzt Mitarbeiter und Kunden. Allerdings sind die jeweiligen Anteile des einen nur schwer von denen der anderen zu isolieren. Der Gesetzgeber etwa definiert allgemeine Rahmenbedingungen (z.B. Ladenöffnungszeiten, Produkthaftungsgesetz), die mittelbar und unmittelbar auf Kundenzufriedenheit und Mitarbeiterzufriedenheit Einfluß nehmen. Auch die Zulieferer prägen durch ihre Leistungen in ganz offensichtlicher Weise die Qualität des Endproduktes, und die verschiedenen (Finanz-, Kommunikations-, Distributions- usw.)-Intermediäre sorgen für Transaktionseffizienz, die, zumindest bei technisch ausgereiften Produkten, die Kundenzufriedenheit häufig stärker prägt als jede andere Leistungskomponente. Wenn, um diese Aufzählung ohne Anspruch auf Vollständigkeit zu beenden, die Zufriedenheit von vermögenden Privatkunden mit ihrer Vermögensverwaltung u.a. signifikant davon abhängt, ob sie selbst generell, d.h. in ihrem täglichen Leben, unter Zeitdruck stehen (*Gelbrich/Schwartz 1998*), liegt die Vergeblichkeit der Absicht, diesen komplexen Prozeß gleichermaßen differenziert wie ganzheitlich **quantifizieren** zu wollen, auf der Hand.

Die Maxime „Mitarbeiterorientierung" soll helfen, das Formalziel „Kundenzufriedenheit" zu erreichen; sie ist unter Wissenschaftlern und Praxisvertretern weitgehend unbestritten. Deshalb kann es weniger darum gehen, „Kundenorientierung" und „Mitarbeiterorientierung" miteinander zu harmonisieren; beide Denkhaltungen also gleichberechtigt in ein größeres Ganzes einzuordnen (**Integration i.S. von Vereinigung**), da das Ziel „Kundenzufriedenheit" im Regelfall Kompromisse ausschließt. Bezieht man allerdings „Mitarbeiterorientierung" in die Maxime „Kundenorientierung" ein (**Integration**

i.S. von Eingliederung, Vervollständigung), so entsteht eine neue, übergeordnete Form der Kundenorientierung als „das größere Ganze": Der Mitarbeiter als der teils interne, teils externe Kunde (vgl. Abbildung 6). Kunden- und Mitarbeiterorientierung sind dann insofern Aufgaben gleicher Priorität *(Bruhn 1998*), als die zwischen beiden Analyseebenen bestehenden und im folgenden nachzuweisenden Wechselwirkungen keinen Primat erkennen lassen.

4.2 Mitarbeiterorientierung als spezifische Form der Kundenorientierung

Was aber heißt eigentlich Mitarbeiterorientierung? Analog zur klassischen Definition: alle Unternehmensaktivitäten an den Bedürfnissen der Mitarbeiter ausrichten? Diesem selbstzentrierten Unternehmenstypus (vgl. Abbildung 4) wäre dauerhaft sicherlich kein Erfolg beschieden. Folgerichtig wirft *Bruhn* (*1998*) die Frage auf, wie weit **Mitarbeiterorientierung** in diesem Zusammenhang eigentlich gehen darf bzw. in welchem Umfang die internen Kunden Objekt des unternehmerischen Marketing werden müssen oder können.

Im Sinne des Internen Marketing bedeutet Mitarbeiterorientierung nicht in erster Linie, die Mitarbeiter auf allen Ebenen und in vollem Umfang zufriedenzustellen. Arbeitszufriedenheit ist sicherlich ein willkommener Nebeneffekt; primär aber kommt es darauf an, sie zu **kundenorientiertem Handeln** zu bewegen. „Nicht die Bedürfnisse der Mitarbeiter, sondern die der Kunden sind der zentrale Orientierungspunkt für die Gestaltung von Arbeitsplatz und Arbeitsverhalten". Ob sich die Mitarbeiter eines (Dienstleistungs-) Unternehmens letztlich kundenorientiert verhalten, hängt allerdings von einer ganzen Reihe von Einflußfaktoren ab (*Stauss 1992, S. 478*), wobei die (Arbeits-)Zufriedenheit der Mitarbeiter nur eine mögliche Größe darstellt:

- ☐ Grundlegende Einstellung der Mitarbeiter (⇨ Gewinnung kundenorientierter, d.h. zur „Dienst-Leistung" bereiter Mitarbeiter),
- ☐ Grad der Information über und Akzeptanz der Bedeutung der Kundenorientierung sowie Fähigkeit, diese Denkhaltung auch in reales Verhalten umzusetzen (⇨ Personalentwicklung),
- ☐ Unterstützende Rahmenbedingungen (⇨ Anreizsysteme und Arbeitsumfeld),
- ☐ Qualität der intern bereitgestellten Dienstleistungen (⇨ **interne Kundenzufriedenheit**).

Bei der Analyse des theoretisch naheliegenden Wechselspiels von Kunden- und Mitarbeiterzufriedenheit sind also verschiedene intervenierende Variablen zu beachten. Deshalb kommt es nicht von ungefähr, wenn sich in empirischen Studien (*Meyer/Oppermann 1998, S. 1008*) nur geringe Korrelationen zwischen beiden Konstrukten zeigten (vgl. Abbildung 15).

Analog zur üblichen Argumentationskette „Kundenorientierung ⇨ Kundenzufriedenheit" betrachten wir im folgenden Mitarbeiterzufriedenheit als **operationalen Indikator** von Mitarbeiterorientierung. Mitarbeiterzufriedenheit wiederum ist kein homogenes Konstrukt. Zumindest drei Analyseebenen lassen sich dabei unterscheiden:

- ☐ **Arbeitszufriedenheit im traditionellen Sinn** (⇨ Zufriedenheit mit den einzelnen Facetten der eigenen Tätigkeit, der dafür erhaltenen Gegenleistung usw.),
- ☐ **Zufriedenheit als „interner Kunde"** (⇨ Zufriedenheit mit den Beziehungen innerhalb des Unternehmens, der Güte der Kooperation mit den anderen (internen oder externen) Abteilungen),
- ☐ **Zufriedenheit als „externer Kunde"** (⇨ Zufriedenheit als Kunde des Unternehmens, bei dem man angestellt ist).

Vor einer detaillierten (empirischen) Untersuchung der Zusammenhänge zwischen der so differenzierten Mitarbeiterzufriedenheit und der Kundenzufriedenheit detaillierter nachgehen, soll Abbildung 6 anhand ausgewählter zusätzlicher Betrachtungsebenen die **Vielschichtigkeit** des hier thematisierten Integrationsprozesses vor Augen führen. So könnten bei der Produktentwicklung die dramatisch hohe Zahl von Flops vermutlich reduziert und Entwicklungskosten gespart werden, wenn es gelänge, das in deutschen Betrieben vielfach brachliegende interne Vorschlagswesen nicht nur zu aktivieren, sondern, z.B. in kombinierten Kreativitätssitzungen (635, Brainwriting usw.), mit dem bislang noch immer unterschätzten Produkt- und Marktwissen der Kunden i.S. der **Kundenintegration** zusammenzuführen (*Soderberg/O'Halloran 1992, S. 17; Meyer/Blümelhuber 1998, S. 817f.*). Das **Beschwerdemanagement**, das eine weitere Möglichkeit der Integration von Kunden- und Mitarbeiterorientierung bietet, wiederum wird nur dann seine Funktion erfüllen können, wenn nicht zuletzt durch eine andere Namensgebung (z.B. Relation-Management bzw. Quality-Management) das Unternehmen seinen internen und externen Bezugsgruppen signalisiert, daß es „Beschwerden" nicht als lästige und damit zu minimierende Tatbestände betrachtet, sondern als willkommene Marktinformation; somit gilt es, diese nicht zu unterdrücken, sondern z.B. mit Hilfe geeigneter Screening-Verfahren aufzudecken. Die Berliner Bank AG etwa hat dafür den Begriff „Kundensekretariat" geprägt. Kommunikationspolitisch wiederum ließe sich das gesteckte Ziel (= Integration) durch eine gemeinsame Kunden-/Mitarbeiterzeitschrift anstreben.

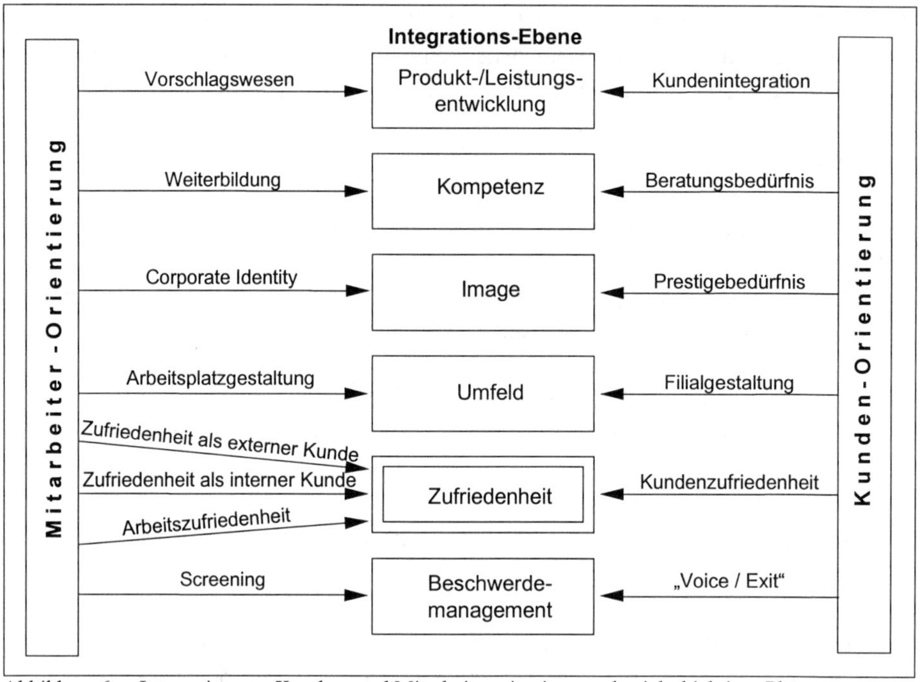

Abbildung 6: Integration von Kunden- und Mitarbeiterorientierung als vielschichtiges Phänomen

4.2.1 Mitarbeiter als „externe" Kunden

Per Arbeitsvertrag sind Bankmitarbeiter vielfach gehalten, ihre Bankgeschäfte ausschließlich bei ihrem Arbeitgeber zu bewerkstelligen. Vielleicht ist es dieser „Zwangs-Kundenschaft" zuzuschreiben, daß sie, in ihrer Rolle **als Kunde der „eigenen" Bank**, mit den Leistungen ihrer Kollegen in jeder Hinsicht unzufriedener sind als die „eigentlichen" Kunden (vgl. Abbildung 7).

Daß die Gaps besonders groß ausfallen, wenn es um ablauforganisatorische Leistungen geht (Zuverlässigkeit und Schnelligkeit der Auftragsbearbeitung sowie prompte Bedienung am Schalter), läßt sich aufgrund der in explorativen Vorstudien (Gruppendiskussionen) gewonnenen Zusatzinformationen erklären. Mehr noch als die einfachen Mitarbeiter haben die Führungkräfte das Gefühl, im Zweifelsfall immer „hinten anstehen" zu müssen. Für sie entlarvt sich so die offiziell propagierte Kundenorientierung des eigenen Unternehmens als Lippenbekenntnis, bestenfalls als situativ bzw. taktisch eingesetzte **Beeinflussungsstrategie**, nicht aber als grundlegende **Werthaltung**, die sich, unabhängig von kurzfristigen Erwägungen, in allen wichtigen Erscheinungsformen der Unternehmenstätigkeit manifestiert; dann nämlich würden auch Mitarbeiter und Führungskräfte kundenorientiert behandelt.

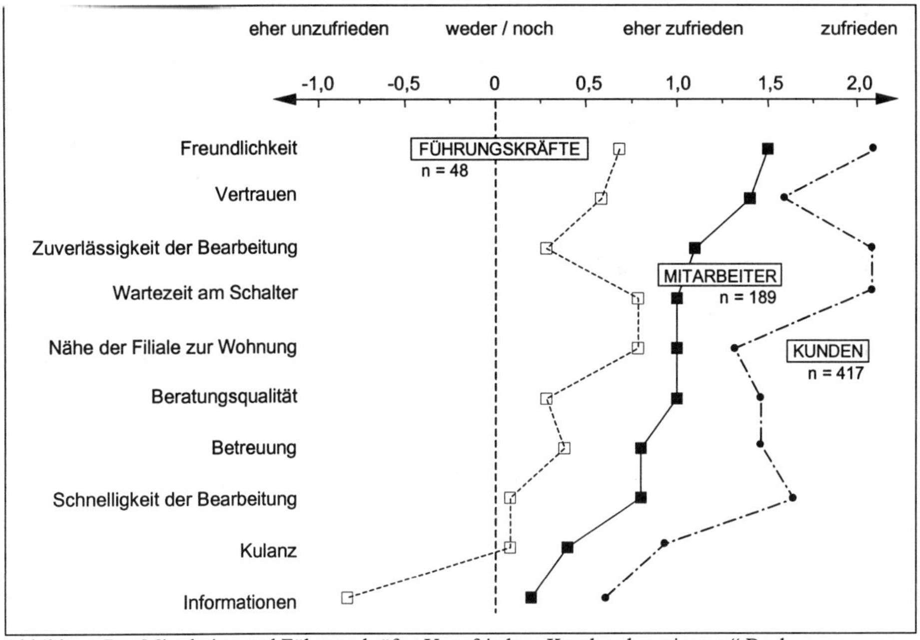

Abbildung 7: Mitarbeiter und Führungskräfte: Unzufriedene Kunden der „eigenen" Bank
Quelle: eigene Erhebung

Dies allein genügt gegebenenfalls jedoch nicht, wie Abbildung 8 zu entnehmen ist. Da **Zufriedenheit** immer relativer Natur ist, d.h. einen irgendwie gearteten **Soll/Ist-Vergleich** verkörpert *(Oliver 1993; Babin/Griffin 1998),* haben wir die Zufriedenheit der Mitarbeiter hier im Verhältnis zu der von diesen wahrgenommenen Kundenzufriedenheit gemessen. Dabei zeigte sich, daß nur solche Probanden, die sich selbst als zufriedener einstufen (als ihre Kunden), kognitiv und/oder emotional in der Lage sind, sich mit deren Wünschen und Bedürfnissen auseinanderzusetzen. Während jeweils rund ein Fünftel der – so gemessen – zufriedenen Mitarbeiter bei ihren „Wünschen an die Geschäftsleitung" den Kunden im Sinn hatten (bessere Beratung der Kunden, mehr Freiraum für eine flexible Kundenbetreuung), gab sich von den weniger zufriedenen Mitarbeitern nur ein verschwindend kleiner Anteil (3 Prozent bzw. 7 Prozent) hier als kundenorientiert zu erkennen. Ihre vordringlichsten Wünsche waren eindeutig Ich-orientiert: 35 Prozent mahnten einen stärker mitarbeiterorientierten Führungsstil an und 25 Prozent eine stärkere Präsenz der Geschäftsleitung.

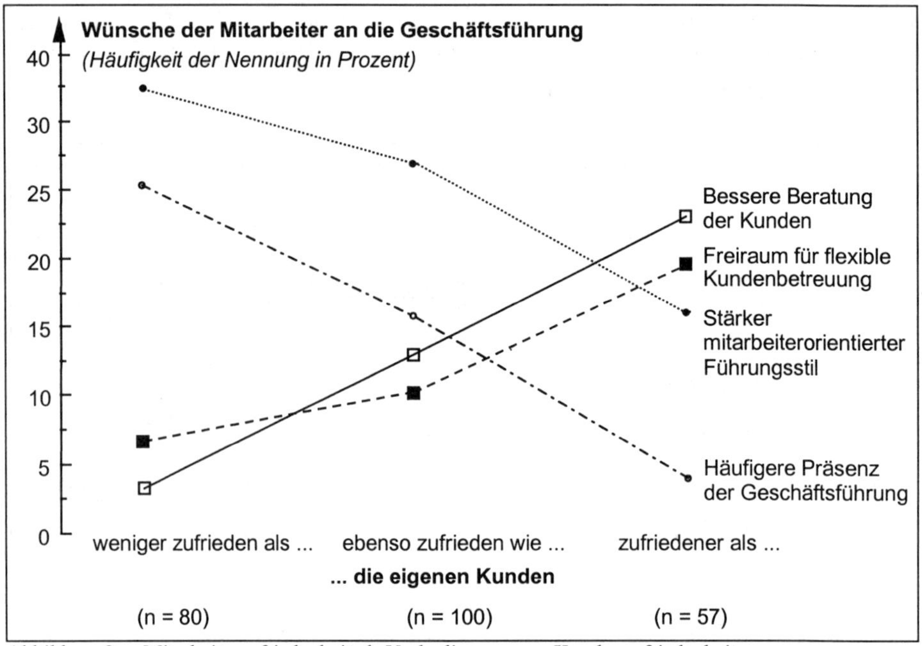

Abbildung 8: Mitarbeiterzufriedenheit als Vorbedingung von Kundenzufriedenheit
Quelle: eigene Erhebung

4.2.2 Mitarbeiter als interne Kunden

Mit der – auf zehn Ebenen gemessenen – Qualität der internen Beziehungen sind die Führungskräfte in jeder Hinsicht unzufriedener als die ihnen unterstellten Mitarbeiter. Abbildung 9 vermittelt den Eindruck eines fast gleichförmigen Gaps von 0,6 Skaleneinheiten, wobei die Vorgesetzten überproportional starke Kritik an Dauer und (mangelnder) Flexibilität der Auftragsbearbeitung üben.

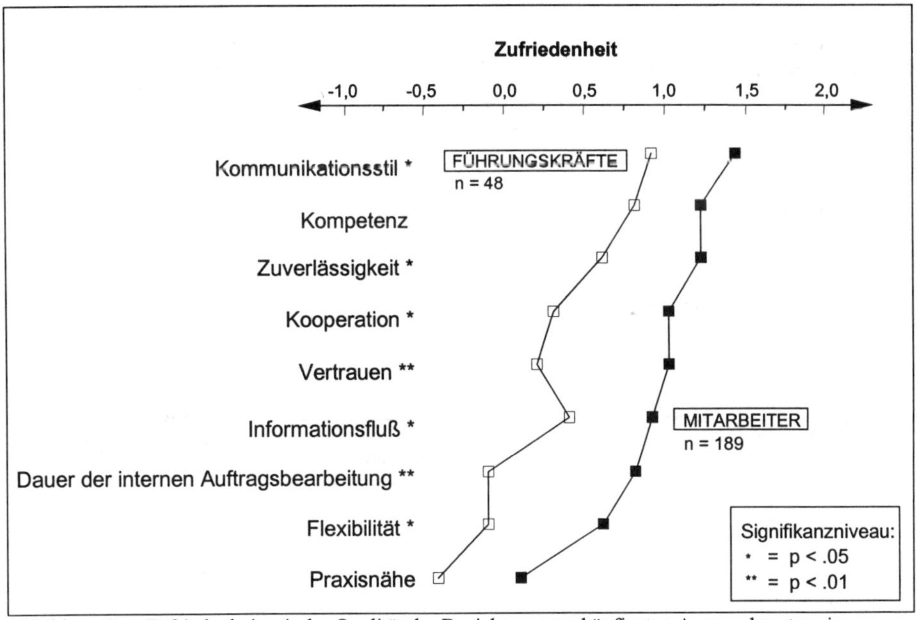

Abbildung 9: Zufriedenheit mit der Qualität der Beziehung zum häufigsten Ansprechpartner im Unternehmen
Quelle: eigene Erhebung

Strukturell, d.h. in ihrem **Einfluß** auf die **Gesamtzufriedenheit** mit den internen Beziehungen, schlagen sich diese absoluten Unterschiede jedoch kaum nieder. Die für Mitarbeiter und Führungskräfte getrennt berechneten schnittweisen Regressionsmodelle ähneln sich weitgehend: Form (= Kommunikationsstil) und Qualität der Beziehung (= Vertrauen) wirken bei beiden Teilstichproben gleichermaßen zufriedenheitsstiftend oder -mindernd, je nach Ausprägung (vgl. Abbildung 10). Der einzige wesentliche Unterschied besteht darin, daß die Führungskräfte die sachliche Ebene der Zusammenarbeit abstrakt erfassen (= Kompetenz), während die Mitarbeiter auf Offensichtlicheres Wert legen (Praxisnähe und Schnelligkeit der Auftragsbearbeitung).

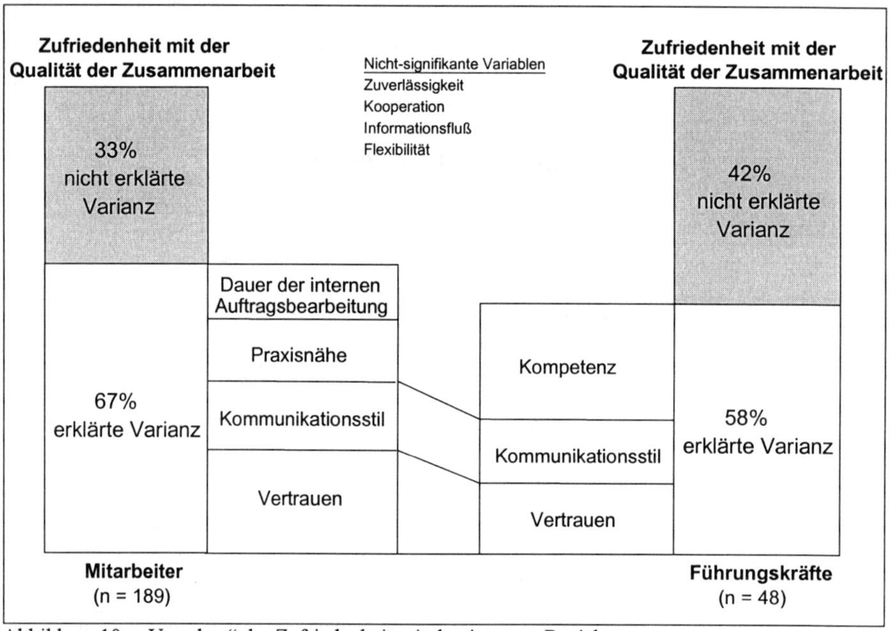

Abbildung 10: „Ursachen" der Zufriedenheit mit den internen Beziehungen
Quelle: eigene Erhebung

4.2.3 Arbeitszufriedenheit

Entschließen sich Dienstleister dazu, bewußt Internes Marketing zu betreiben, so dürften sie damit bei ihren Mitarbeitern „offene Türen einrennen". So jedenfalls sind die in Abbildung 11 dargestellten Befunde zu interpretieren. Sieht man einmal von dem im Herzbergschen Sinne Hygienefaktor „Sicherheit des Arbeitsplatzes" und dem Motivator „Anerkennung der geleisteten Arbeit" ab, so liegen den Befragten insbesondere solche Leistungsbereiche am Herzen (= „sehr wichtig"), welche die interne Dienstleistungsqualität stark beeinflussen dürften: Ablauforganisation und interne Zusammenarbeit sowie Klarheit der Stellendefinition (Beschreibung und Abgrenzung des Tätigkeitsbereiches). Die **extrinsischen Elemente** der Arbeitszufriedenheit (z.B. Vergütung, Aufstiegsmöglichkeiten) hingegen scheinen weniger Bedeutung zu besitzen. Auch unterstützen diese Befunde die überaus plausible **Empowerment-Hypothese** nicht, jedenfalls nicht auf den ersten Blick; denn die Bedürfnisse nach Mitbestimmung, Abwechslungsreichtum und Selbständigkeit rangieren mehr oder weniger eindeutig am Ende dieser Skala.

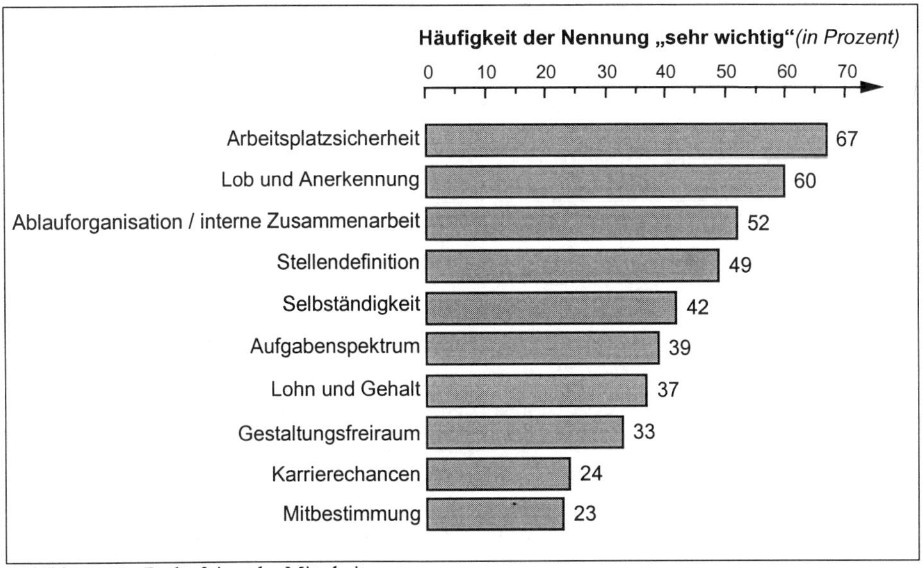

Abbildung 11: Bedürfnisse der Mitarbeiter
Quelle: eigene Erhebung

Bestimmt man indessen den Einfluß der einzelnen **Facetten der Arbeitszufriedenheit** auf die allgemeine Arbeitszufriedenheit mit Hilfe einer weiteren schrittweisen Regressionsanalyse, so läßt sich diese Vermutung konkretisieren: Vier der zehn potentiell erklärenden Variablen beeinflussen die Zufriedenheit der Mitarbeiter signifikant; allen voran die Karrierechancen. Mit dem Gestaltungsfreiraum und dem Abwechslungsreichtum des Tätigkeitsbereichs sprechen immerhin zwei der vier Prädiktoren für die Empowerment-Hypothese.

Erstaunlicherweise ließ sich die wenig befriedigende **Güte dieses Regressionsmodells** auch durch die Berücksichtigung weiterer Prädiktoren (z.B. Dauer der Betriebszugehörigkeit, Kontakthäufigkeit, Kompetenzempfinden) nicht wesentlich verbessern. Selbst die für Zufriedenheitsstudien geradezu klassische intervenierende Variable, das Alter der Probanden, erwies sich in diesem Kontext als bedeutungslos, was sich vermutlich mit der beschränkten Varianz erklären läßt. Da funktionsspezifische Regressionsanalysen jedoch völlig unterschiedliche Erklärungsmodelle zutage förderten (z.B. Vergütung und Gestaltungsfreiheit bei Individualkunden-Betreuern, hingegen Abwechslung, Zusammenarbeit, Aufstiegsmöglichkeiten und Stellendefinition bei Mengenkunden-Betreuern), liegt die Vermutung nahe, daß diese Besonderheiten und die daraus erwachsende Heterogenität der Stichprobe ein besseres Ergebnis verhindern.

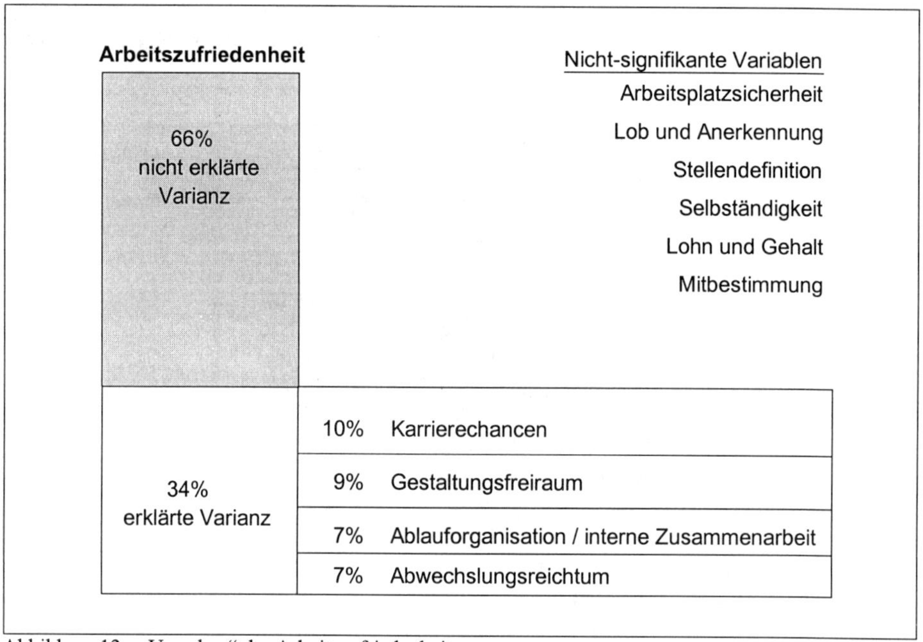

Abbildung 12: „Ursachen" der Arbeitszufriedenheit
Quelle: eigene Erhebung

Eine gute Möglichkeit, die Arbeitszufriedenheit der Mitarbeiter zu steigern und damit indirekt auch deren Kundenorientierung zu erhöhen, bietet die **Weiterbildung**. Mitarbeiter, die sich selbst als kompetent einstufen, sind mit ihrer Tätigkeit insgesamt deutlich zufriedener als ihre diesbezüglich weniger selbstbewußten Kollegen. Dieser Unterschied tritt plausiblerweise vorrangig bei komplexeren Produkten zutage (Wertpapieranlagen, individuelle Kredite); bei weitgehend standardisierten Leistungen fallen die Unterschiede weniger deutlich aus (vgl. Abbildung 13).

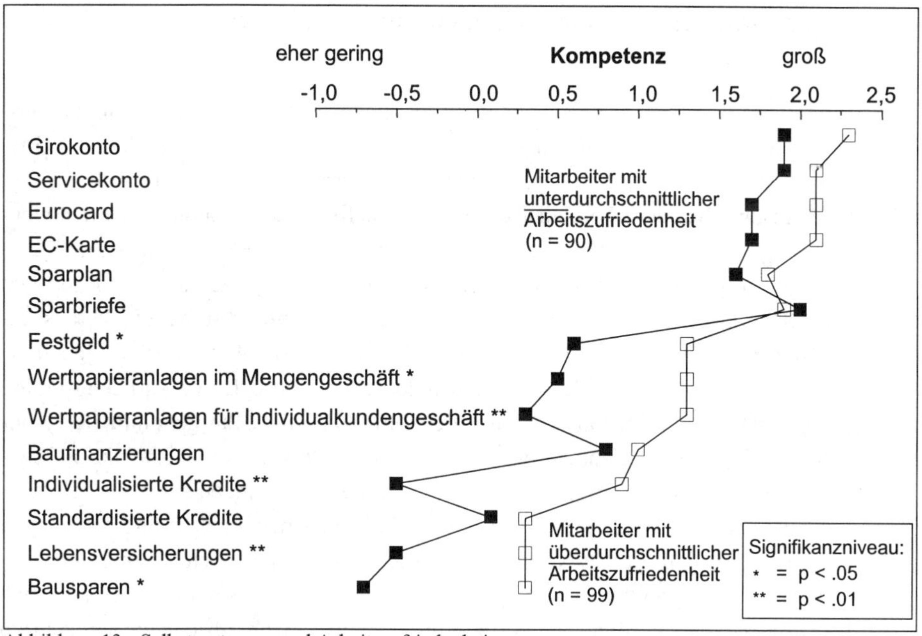

Abbildung 13: Selbstvertrauen und Arbeitszufriedenheit
Quelle: eigene Erhebung

4.3 „Wahrgenommene" Kundenzufriedenheit

Kundenzufriedenheitsanalysen haben Konjunktur. Dabei fragt man reale Kunden üblicherweise mit Hilfe der verschiedensten **Erhebungsinstrumente** (objektiv vs. subjektiv, direkt vs. indirekt, quantitativ vs. qualitativ, ereignisorientiert vs. merkmalsorientiert) nach den Erfahrungen, die sie mit einem bestimmten Leistungsanbieter gesammelt haben (*Naumann/Giel 1995*). Innerhalb der jeglicher Art von Marktforschung gesetzten Grenzen ist der Erkenntniswert dieser Vorgehensweise mittlerweile unstrittig, es sei denn, man lehnt Marktforschung a priori ab.

Wie aber verhält es sich mit dem hier in den Mittelpunkt der Argumentation gerückten Konstrukt (der vom Mitarbeiter) „**wahrgenommenen**" Kundenzufriedenheit? Während gewöhnlich die beim Kunden selbst erfragte Kundenzufriedenheit analysiert und mit der Mitarbeiterzufriedenheit in Beziehung gesetzt wird, erproben wir aus mehreren Gründen eine alternative Form der Operationaliserung von Kundenzufriedenheit.

4.3.1 Vier Argumente für ein nicht ganz „neues" Konstrukt

(1) Von denselben Auskunftspersonen erfragt und damit – durch Konstanthalten – von einer **systematischen Fehlervarianzquelle** befreit, ist rein rechentechnisch erst dann eine wirkliche (d.h. individuelle) Integration beider Datenreihen möglich. Im üblichen Fall können lediglich – z.B. filialweise – aggregierte Kundendaten mit individuellen Mitarbeiterdaten verglichen werden oder umgekehrt.

(2) Weit wichtiger aber ist ein inhaltliches Argument: Es liegt auf der Hand und läßt sich **attributionstheoretisch** leicht erklären, daß es für Mitarbeiter überaus bedeutsam ist zu wissen, ob und in welcher Weise die Abnehmer der von jenen erbrachten Leistungen, die Kunden, zufrieden sind. Diese **Laien-Epistemologien** (*Kruglanski 1985*), hier als (die von den Mitarbeitern) „wahrgenommene" Kundenzufriedenheit bezeichnet, beeinflussen plausiblerweise die Interaktion zwischen Kunde und Mitarbeiter nachhaltiger als die vom Kunden subjektiv erlebte – und zumeist nicht artikulierte – klassische Kundenzufriedenheit. Natürlich hängen Art und Weise dieses Einflusses wiederum von bestimmten intervenierenden Variablen ab. Unabhängig vom grundlegenden Erklärungsmodell aber läßt sich **lerntheoretisch** begründen, daß der Eindruck, es mit unzufriedenen Kunden zu tun zu haben, ganz allgemein die Wahrscheinlichkeit von Vermeidungsverhalten (Passivität des Mitarbeiters) erhöhen wird, während umgekehrt als zufrieden wahrgenommene Kunden Annäherungsverhalten des Mitarbeiters begünstigen dürften. Ob letzteres indessen von Gelassenheit und Selbstsicherheit (positiv) oder von Überheblichkeit (negativ) geprägt sein wird, dürfte vom jeweiligen Selbstkonzept (*Fischer/Wiswede 1997, S. 331ff.*) des einzelnen Mitarbeiters abhängen.

(3) Ein drittes Argument dafür, mit der vom Mitarbeiter wahrgenommenen Kundenzufriedenheit „vorlieb" zu nehmen, rekurriert auf die **gesetzliche Ebene**. Häufig widersetzt sich der Betriebsrat unter Verweis auf den Datenschutz jeglicher Identifizier- und Zuordenbarkeit von personengebundenen Daten, und sei es nur auf Filialebene, so daß die Korrelation von Mitarbeiterzufriedenheit und wahrgenommener Kundenzufriedenheit die einzig mögliche Analyseebene eröffnet.

(4) Schließlich sei auf das von *Parasuraman/Zeithaml/Berry (1985)* vorgeschlagene Modell zur Erfassung von **Dienstleistungsqualität** verwiesen, welches Soll (= erwartete Dienstleistung) und Ist (= wahrgenommene Dienstleistung) gleichfalls derart relativierend und aus der Sicht Mitarbeiter erfaßt.

4.3.2 Konstruktvalidierung

In unseren Studien zum Zusammenhang von Kunden- und Mitarbeiterzufriedenheit hat sich immer wieder herausgestellt, daß die wahrgenommene Kundenzufriedenheit eine Schlüsselrolle bei der Erklärung dieser Beziehung spielt (auch *Albrecht/Zemke 1987*). Deshalb gebührt diesem Konstrukt vermehrte Aufmerksamkeit.

Mitarbeiter, welche die Zufriedenheit ihrer Kunden **systematisch unterschätzen**

- ☐ werten die Intensität der entsprechenden Kundenbedürfnisse ab,
- ☐ machen für dieses vermeintliche Zufriedenheitsdefizit weniger die von ihnen zu verantwortenden Leistungsebenen (z.B. Freundlichkeit), als vielmehr übergeordnete Einflußfaktoren (z.B. Image der Bank) verantwortlich,
- ☐ sind aber zugleich wenig von der eigenen Leistungsfähigkeit (Kompetenz) überzeugt und glauben seltener als ihre Kollegen daran, dank eigener Stärken Kunden gewinnen bzw. binden zu können.

Dieser Mitarbeitertypus ist also innerlich sehr stark mit **Schuldzuweisung** und **Verlagerung von Verantwortung** befaßt. Daß dieser Attributionseffekt im übrigen bei allen Zufriedenheits- und Wichtigkeitsangaben in Rechnung zu stellen ist, läßt sich Abbildung 14 entnehmen. Je weniger die Befragten **direkten Kundenkontakt** haben, um so mehr unterschätzen sie die Zufriedenheit der Kunden mit dieser primär von den Front-office-Mitarbeitern erbrachten Leistung und bedingt auch deren Wichtigkeit. Wenn umgekehrt die Führungskräfte die Wichtigkeit des Zinsniveaus für die Kunden massiv unterschätzen und die Mitarbeiter tendenziell deren Zufriedenheit mit dieser Leistungsebene, so wird die „alte Frontstellung" sichtbar: Für Mißerfolge (= Unzufriedenheit der Kunden) sind „die anderen" verantwortlich. Aus Sicht von Back-office und Führungskräften das ungenügende Servicebewußtsein der Front-office Mitarbeiter, während diese vorzugsweise die von der Unternehmensleitung geschaffenen – und damit auch von ihr zu verantwortenden – Rahmenbedingungen kritisieren: Zinsen, Gebühren, technische Ausstattung usw.

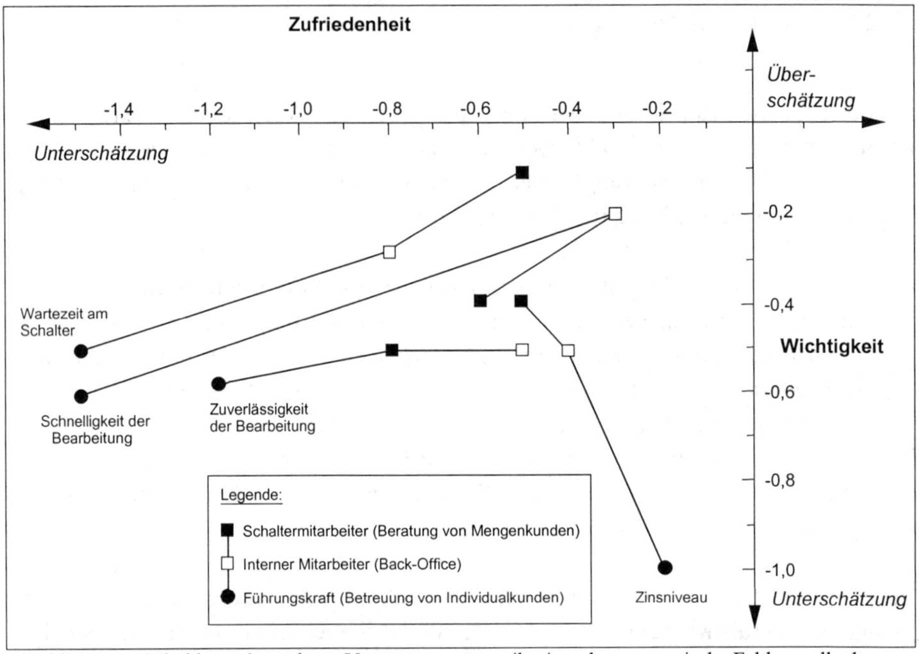

Abbildung 14: Schuldzuweisung bzw. Verantwortungsattribution als systematische Fehlerquelle der Zufriedenheitsforschung
Quelle: eigene Erhebung

Wenn Mitarbeiter die Kundenzufriedenheit unterschätzen, so bleibt dies auch nicht ohne Konsequenz für ihr eigenes **Verhalten**.

- Selbst von den Leistungen der eigenen Bank wenig überzeugt, unterhalten viele von ihnen – laut Arbeitsvertrag nicht zulässige – Nebenbankverbindungen.
- Bei diesen somit illoyalen Mitarbeitern besteht weiterhin kein signifikanter Zusammenhang zwischen Arbeitszufriedeneheit und wahrgenommener Kundenzufriedenheit.
- Daß sie überdies auch mit dem Weiterbildungsangebot weniger zufrieden sind als ihre Kollegen, nährt den Verdacht, daß ihre Urteile in einer generalisierten Unzufriedenheit wurzeln, was den Aussagewert dieses Konstrukts erheblich begrenzen würde.
- Dem steht indessen entgegen, daß dieses Segment einen auffällig großen Weiterbildungsbedarf bekundet (auch falls dies zu Lasten der eigenen Freizeit ginge!) und mehr Verbesserungsvorschläge unterbreitet als andere.

Zusammenfassend entsteht somit eher der Eindruck, daß **vornehmlich konstruktiv-kritische** Mitarbeiter die Zufriedenheit ihrer Kunden systematisch unterschätzen.

Deshalb wird im weiteren Verlauf der Diskussion auf dieses auch rein pragmatisch „leichter“ mit der Mitarbeiterzufriedenheit zu verknüpfende Konstrukt, die (von den Mitarbeitern) „wahrgenommene“ Kundenzufriedenheit, zurückgegriffen. Zuvor jedoch soll eine einfache Skizze einen Überblick über mögliche Betrachtungs- und Analyseebenen geben.

5. Strukturmodell der Kunden-/Mitarbeiterzufriedenheit

Die Stärke der **Korrelationen** zwischen den vier in Kapitel 4 betrachteten Konstrukten, die zwischen 0,13 und 0,35 schwanken und allesamt signifikant sind (vgl. Abbildung 15), signalisiert zweierlei:

(1) Zwischen den verschiedenen Zufriedenheitsmaßen bestehen beachtenswerte Beziehungen (= die Korrelationen sind substantiell).

(2) Zugleich fallen die Korrelationen nicht derart hoch aus, als daß man aus Gründen der Redundanz und Forschungsökonomie auf eines der Konstrukte verzichten müßte bzw. dürfte. So beträgt selbst der Determinationskoeffizient (= r^2) der „engsten“ Beziehung, der zwischen der Zufriedenheit als externer Kunde und der wahrgenommenen Kundenzufriedenheit, lediglich 0,12.

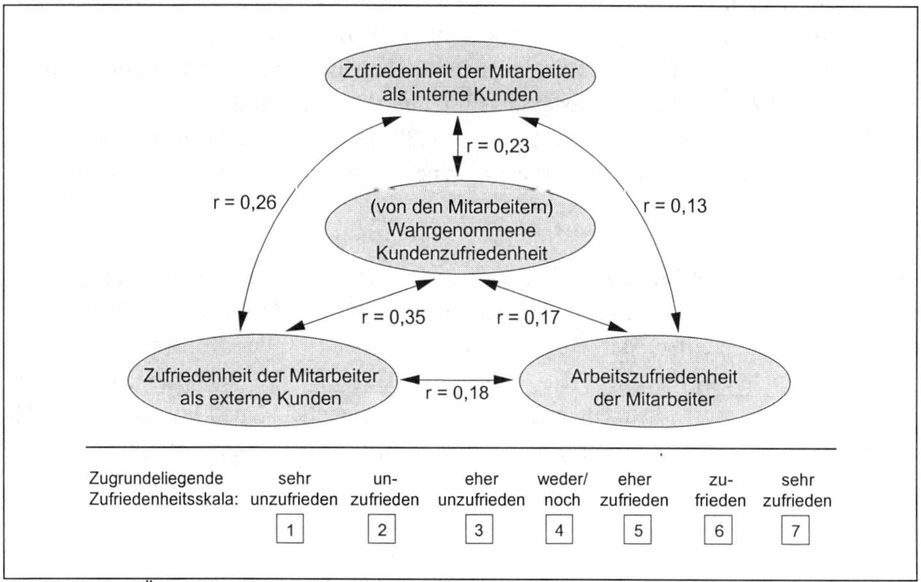

Abbildung 15: Überblick über das Strukturmodell (= I)
Quelle: eigene Erhebung

Somit sind alle vier Konstrukte notwendig, um die Beziehung Mitarbeiter-/Kundenzufriedenheit hinreichend zu repräsentieren. Inhaltlich weisen die Befunde auf die Notwendigkeit hin, daß (Dienstleistungs-)Unternehmen ihre Mitarbeiter stärker als bislang als **externe Kunden** betrachten sollten. Enger als das traditionelle Konstrukt „Arbeitszufriedenheit" korrespondiert jenes Maß mit der wahrgenommenen Kundenzufriedenheit und der Zufriedenheit der Mitarbeiter als interne Kunden.

Um die interne Struktur dieser Beziehung weiter erhellen zu können, haben wir die **faktorielle Struktur** der drei Maße der **Mitarbeiterzufriedenheit** identifiziert und auf das Konstrukt (wahrgenommene) Kundenzufriedenheit bezogen (vgl. Abbildung 16). Mit Blick auf die hier zu diskutierende Fragestellung lassen sich daraus drei wesentliche Befunde ablesen:

(1) Erneut zeigt sich, daß keine dominante Beziehung besteht. Es bedarf vielmehr (zumindest) aller **vier Konstrukte**, um den Sachverhalt hinreichend erfassen zu können.

(2) Wie im theoretischen Teil der Arbeit vermutet, hängt die (wahrgenommene) Kundenzufriedenheit vergleichsweise stark von der **Art und Weise der Leistungserstellung ab** (Ablauforganisation und interne Zusammenarbeit innerhalb der Arbeitszufriedenheit; Zuverlässigkeit, Schnelligkeit sowie Kulanz innerhalb des Einflußbereiches „Mitarbeiterzufriedenheit als externer Kunde").

(3) Die Devise „Mitarbeiterzufriedenheit um jeden Preis" stellt, für sich genommen, noch lange nicht sicher, daß durch die Integration von Kunden- und Mitarbeiterzufriedenheit der Leistungsprozeß insgesamt, wie erhofft, auf eine höhere Ebene gehoben wird. So zeigt sich, daß zwar **intrinsisch motivierte Mitarbeiter** (zufrieden mit Selbständigkeit, Gestaltungsfreiraum usw.) wahrscheinlich auch mit ihrer Tätigkeit insgesamt zufrieden sind ($r = 0{,}38$; in Abbildung 16 nicht dargestellt), dies aber kaum mit der (wahrgenommenen) Kundenzufriedenheit korrespondiert ($r = 0{,}11$).

Indirekt liefert dieses Strukturmodell auch einige empirische Befunde dafür, was im einführenden Kapitel theoretisch diskutiert wurde: Die **Komplexität** des Objektbereiches (d.h. eines Internen Marketing, das von der Relevanz des Konstrukts „wahrgenommene Kundenzufriedenheit" ausgeht), zwingt dazu, Mitarbeiterzufriedenheit differenzierter als bislang zu betrachten. Ob das hier entwickelte Modell hinreichend Erklärungskraft besitzt, müssen weitergehende Studien, z.B. LISREL-Analysen, klären.

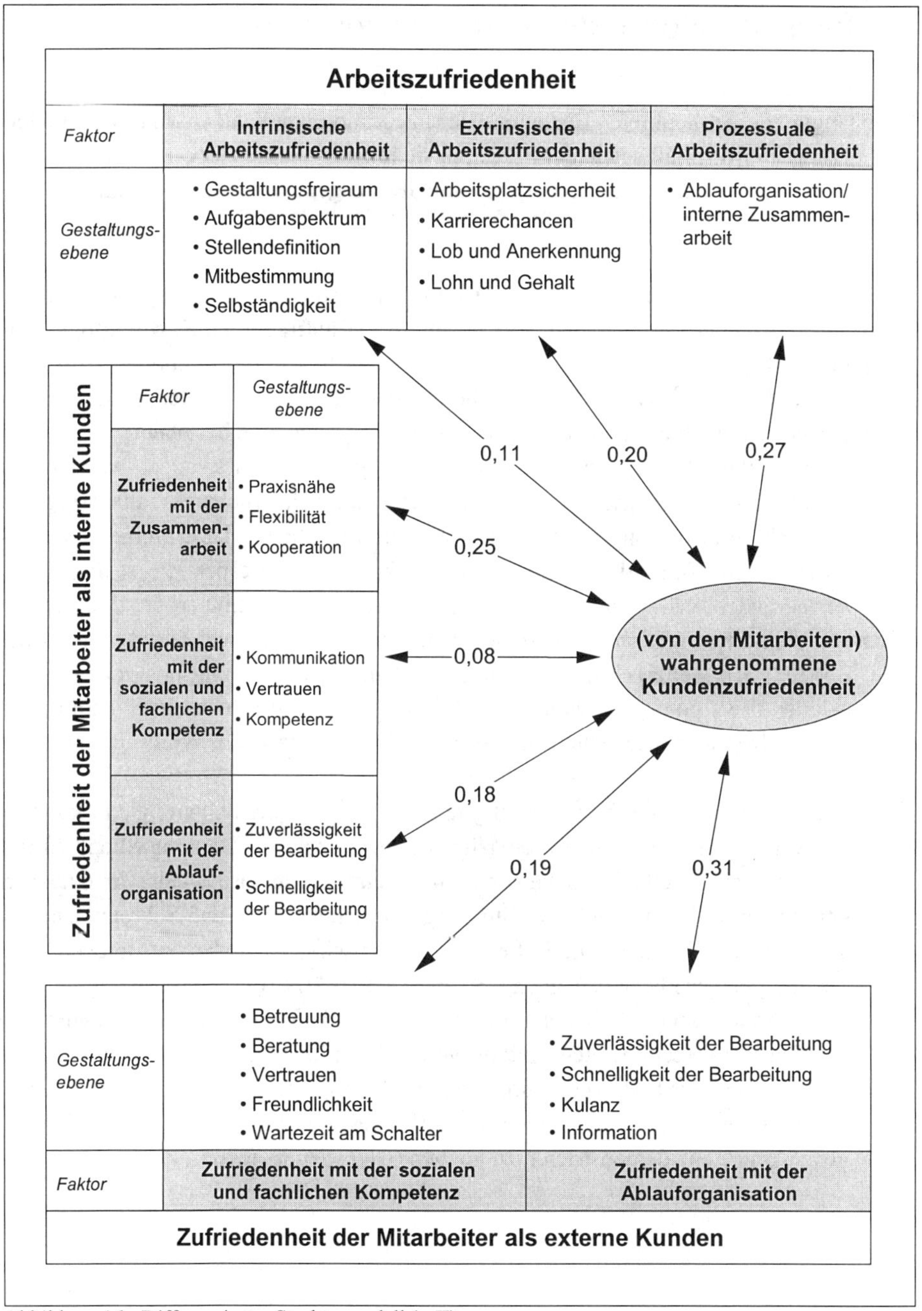

Abbildung 16: Differenziertes Strukturmodell (= II)
Quelle: eigene Erhebung

6. Interessenkonflikte als Integrationsbarrieren

Unabhängig von der konkreten Bedeutung der Integration von Kunden- und Mitarbeiterorientierung im Einzelfall sowie der Frage, ob sie jeweils wünschenswert ist, lassen sich auch Tatbestände ausmachen, die dem objektiv entgegenstehen: sog. Integrations-Barrieren.

Prinzipiell können beide Konstrukte nur dann in einer positiven, sich gegenseitig möglichst unterstützenden Beziehung stehen, wenn die **Bedürfnisse** und **Erwartungen** beider Zielgruppen des Managements zwar nicht identisch, zumindest aber nicht gegensätzlich sind. Indessen lassen sich zahlreiche Beispiele aufzählen, bei denen dies a priori nicht gegeben ist und bisweilen gar konkurrierende Zielsetzungen bestehen.

- *Bruhn* (*1998, S. 26*) berichtet von empirischen Untersuchungen, wonach die durchschnittliche Zufriedenheit der Kunden eines Unternehmens allein deshalb drastisch zurückgegangen ist, weil bestimmte Mitarbeiter das Unternehmen verlassen haben. Vermutlich nicht nur im Bankdienstleistungsbereich ist dies damit zu begründen, daß gerade A- bzw. Vermögenskunden kontinuierlich, d.h. von ein und demselben Mitarbeiter betreut werden wollen. Dem steht das Bedürfnis der Berater, sich weiterzubilden und intern aufzusteigen, Führungspositionen einzunehmen usw., entgegen. Da dies letztlich zumeist einen Filialwechsel bedingt, ist das der Kundenzufriedenheit höchst abträgliche „**Beraterkarussell**" in Gang gesetzt.
- Erste Erfahrungen der Vereinsbankgruppe zeugen von der Schwierigkeit, kunden- und verkaufsorientierte Mitarbeiter für die Vertriebsform „Banking-Shop" zu finden. Daß ein Großteil des Personals nach einer Testphase wieder in eine herkömmliche Filiale wechseln wollte, mag u.a. daran liegen, daß Schreibtische abgeschafft wurden, damit die Betreuer dem Wunsch der Kunden entsprechend diesen auf gleicher Ebene begegnen („**Steh-Arbeitsplätze**").
- Selbst wenn Bankmitarbeiter ihrer ureigensten Aufgabe nachkommen und den Kunden sachgerecht beraten, sind bisweilen Komplikationen unausweichlich. Dies ist etwa dann der Fall, wenn gutinformierte (Vermögens-)Kunden sich von einem Beratungsgespräch weniger erwarten, gut beraten zu werden, als primär ihre eigene Kompetenz demonstrieren zu können (*Gelbrich/Schwartz 1998*).

7. Ausblick

Zwei der faktorenanalytisch ermittelten Dimensionen der Arbeitszufriedenheit (die extrinsische und die intrinsische Arbeitszufriedenheit) weisen nur eine schwache Beziehung zu der von den Mitarbeitern wahrgenommenen Kundenzufriedenheit auf. Demgegenüber besteht ein relativ enger Zusammenhang zwischen diesem Konstrukt und der **prozessualen Arbeitszufriedenheit** (r = 0,27). Auch auf den anderen Analyse-Ebenen erweist sich die Qualität der intern bereitgestellten Dienstleistung als die bedeutsamere Variable. Insofern bestätigt dieser empirische Befund eine der gängigen Definitionen des Internen Marketing, wonach darunter die „planmäßige Gestaltung der unternehmerischen Austauschbeziehungen mit internen Systemelementen zu absatzmarktorientierten Zwecken" (*Stauss 1992, S. 477*) zu verstehen ist.

Dem Zusammenhang zwischen den einzelnen Facetten der Mitarbeiterzufriedenheit und der Zufriedenheit der Kunden mit Hilfe weiterer empirischer Studien nachzuspüren ist auch deshalb sinnvoll und notwendig, weil die Ergebnisse der vorliegenden Studie zum Teil im **Widerspruch** stehen zu anderen empirischen Untersuchungen. Beispielsweise berichten *Steyrer/Geyer (1998)*, daß ein Führungsstil, der sich an den intrinsischen Motiven der Mitarbeiter orientiert („transformationale Führung"), den (langfristigen) Unternehmenserfolg (gemessen an der Ausschöpfung des Kundenpotentials durch Cross-Selling) vergleichsweise stark beeinflußt.

Dies verweist abschließend auf ein weiteres Problem: (Internes) Marketing als (Teil-) Gebiet der angewandten Betriebswirtschaftslehre darf nicht das originäre Erkenntnisobjekt der Disziplin (Untersuchung von Entscheidungen, die zur langfristigen Gewinnerzielung/-maximierung beitragen) aus dem Auge verlieren. Deshalb gilt es, parallel zu den subjektiven Erfolgsindikatoren (Mitarbeiter- und Kundenzufriedenheit), künftig verstärkt **objektiv meßbare Erfolgsindikatoren** in einschlägige Studien aufzunehmen (Umsatz, Gewinn usw.) und an diesen Außenkriterien die Befunde zu validieren.

Literaturverzeichnis

Albrecht, K./Zemke, R. (1987): Service-Strategien, Hamburg.

Arnold, U. (1995): Beschaffungsmanagement, Stuttgart.

Babin, B.J./Griffin, M (1998): The Nature of Satisfaction: An Updated Examination and Analysis, in: Journal of Business Research, Vol. 41, No. 2, S. 127-136.

Backhaus, J. (1996): Erfolgsfaktor Mitarbeiter der SparkassenFinanzgruppe, in: Sparkasse, 113. Jg., Nr. 1, S. 25-27.

Berne, E. (1970): Spiele der Erwachsenen: Psychologie der menschlichen Beziehungen, Reinbek (englischsprachige Erstausgabe 1961).

Berry, L.L. (1984): The Employee as Customer, in: *Lovelock, C.H. (Hrsg.)*: Services Marketing, Englewood Cliffs, S. 271-278.

Bruhn, M. (1995): Internes Marketing als Forschungsgebiet der Marketingwissenschaft. Eine Einführung in die theoretischen und praktischen Probleme, in: *Bruhn, M. (Hrsg.)*: Internes Marketing. Integration der Kunden- und Mitarbeiterorientierung. Grundlagen, Implementierung, Praxisbeispiele, 1. Aufl., Wiesbaden, S. 13-61.

Bruhn, M. (1998): Kundenzufriedenheit und interne Strukturen, in: Gablers Magazin, 32. Jg., Nr. 4, S. 26-28.

Coase, R. (1937): The Nature of the Firm, in: Economica, New Series, Vol. 4, No. 16, S. 386-405.

Diller, H./Kusterer, M. (1988): Beziehungsmanagement. Theoretische Grundlagen und empirische Befunde, in: Marketing ZFP, 10. Jg., Nr. 3 , S. 211-220.

Enis, B.M. (1973): Deepening the Concept of Marketing, in: Journal of Marketing, Vol. 37, No. 4, S. 57-62.

Fischer, L./Wiswede, G. (1997): Grundlagen der Sozialpsychologie, München.

Frey, U.D. (1997): Sales Promotion Power für mehr Umsatz, Landsberg.

Gelbrich, K./Schwartz, D. (1998): Die Kunden/Berater-Beziehung aus Sicht der Neuen Institutionenlehre und der Sozialpsychologie, in: *Müller, S./Strothmann, H. (Hrsg.)*: Kundenzufriedenheit und Kundenbindung. Strategien und Instrumente von Finanzdienstleitstern, München (im Druck).

Geppert, D./Greipl, E./Müller, S. (1996): Interaktives Fernsehen als Kommunikations- und Distributionskanal: Kenntnisstand, Interessen und Akzeptanz der Verbraucher, in: *Trommsdorff, V. (Hrsg.)*: Handelsforschung 1996/97, Wiesbaden, S. 165-184.

Gerken, G. (1990): Abschied vom Marketing. Interfusion statt Marketing, Düsseldorf.

Griffin, A./Gleason, M./Preiss, R./Shevenaugh, D. (1995): Die besten Methoden zu mehr Kundenzufriedenheit, in: Harvard Business Manager, 17. Jg., Nr. 3, S. 65-76.

Grönroos, C. (1981): Internal Marketing – an Integral Part of Marketing Theory, in: *Donnelly, J.H./George, W.R. (Hrsg.)*: Marketing of Services, Chicago, S. 236-238.

Jensen, M.C./Meckling, W.H. (1976): Theory of the Firm: Behavior, Agency Costs and Ownership Structure, in: Journal of Financial Economics, Vol. 3, No. 4, S. 305-360.

Krüger, W./Theissen, E./Olemotz, T. (1992): Erfolgsfaktoren im Bankenbereich, in: Die Bank, o. Jg., Nr. 7, S. 254-261.

Kruglanski, A.W. (1985): Die Theorie der Laienepistemologie, in: *Frey, D./Irle, M. (Hrsg.)*: Theorien der Sozialpsychologie, Bd. III, Bern, S. 293-314.

Lohmann, F. (1997): Loyalität von Bankkunden. Bestimmungsgrößen und Gestaltungsmöglichkeiten, Wiesbaden.

Meffert, H. (1991): Herausforderungen an die Markenführung in den 90er Jahren, in: Markenartikel, 53. Jg., Nr. 6, S. 264-265.

Meffert, H. (1998): Marketing. Grundlagen marktorientierter Unternehmensführung, 8. Aufl., Wiesbaden.

Meffert, H./Kirchgeorg, M. (1997): Marktorientiertes Umweltmanagement, 3. Aufl., Stuttgart.

Meyer, A./Blümelhuber, C. (1998): Dienstleistungsinnovation, in: *Meyer, A. (Hrsg.)*: Handbuch Dienstleistungs-Marketing, Bd. 1, Stuttgart, S. 807-826

Meyer, A./Oppermann, K. (1998): Bedeutung und Gestaltung des Internen Marketing, in: *Meyer, A. (Hrsg.)*: Handbuch Dienstleistungs-Marketing, Bd. 1, Stuttgart, S. 991-1009.

Münzberg, H. (1995): Den Kundennutzen managen, Wiesbaden.

Naumann, E./Giel, K. (1995): Customer Satisfaction Measurement and Management, Cincinnati.

Oehler, A. (1995): Betreuung durch Relationship-Management, in: Die Bank, o.Jg., Nr. 3, S. 137-142.

Oliver, R.L. (1993): Cognitive, Affective, and Attribute Bases of the Satisfaction Response, in: Journal of Consumer Research, Vol. 20, No. 4, S. 418-430.

Parasuraman, A./Zeithaml, V.A./Berry, L.L. (1985): A Conceptual Model of Service Quality and Its Implications for Future Research, in: Journal of Marketing, Vol. 49, No. 4, S. 41-50.

Parasuraman, A./Zeithaml, V.A./Berry, L.L. (1994): Reassessment of Expectations as a Comparison Standard in Measuring Service Quality. Implications for Further Research, in: Journal of Marketing, Vol. 58, No. 1, S. 111-124.

Picot, A. (1991): Ökonomische Theorien der Organisation. Ein Überblick über neuere Ansätze und deren betriebswirtschaftliches Anwendungspotential, in: *Ordelheide, D./Rudolph, B./ Büsselmann, E. (Hrsg.)*: Betriebswirtschaftslehre und Ökonomische Theorie, Stuttgart, S. 143-170.

Raffée, H./Fritz, W. (1992): Dimensionen und Konsistenz der Führungskonzeption von Industrieunternehmen, in: Zeitschrift für betriebswirtschaftliche Forschung, 44. Jg., Nr. 4, S. 303-322.

Reisach, U. (1994): Markt- und Mitarbeiterorientierung von Kreditinstituten: eine personalwirtschaftliche Analyse der Wechselwirkungen, München.

Soderberg, L.G./O'Halloran, J.D. (1992): Heroic Engineering Takes more than Heroes, in: The McKinsey Quarterly, Vol. 1, S. 3-23.

Specht, G. (1995): Schnittstellenmanagement, in: *Köhler, R./Tietz, B./Zentes, J. (Hrsg.)*: Handwörterbuch des Marketing, 2. Aufl., Stuttgart, Sp. 2265-2275.

Stauss, B. (Hrsg.) (1991): Erfolg durch Service-Qualität, München.

Stauss, B. (1992): Internes Marketing, in: *Diller, H. (Hrsg.)*: Vahlens Großes Marketinglexikon, München, S. 477-479.

Stauss, B. (1995): Internes Marketing als personalorientierte Qualitätspolitik, in: *Bruhn, M./ Stauss, B. (Hrsg.)*: Dienstleistungsqualität. Konzepte, Methoden, Erfahrungen, 2. Aufl., Wiesbaden, S. 257-276.

Steyrer, S./Geyer, A. (1998): Führungsverhalten und dessen lang- und kurzfristige Erfolgswirksamkeit in Bankbetrieben, in: *Müller, S./Strothmann, H. (Hrsg.)*: Kundenzufriedenheit und Kundenbindung. Strategien und Instrumente von Finanzdienstleistungen, München, S. 241-254.

Thibaut, J.W./Kelley, H.H. (1959): The Social Psychology of Groups, New York.

Töpfer, A./Mehdorn, H. (1995): Total Quality Management. Anforderungen und Umsetzung im Unternehmen, 4. Aufl., Neuwied.

Walster, E./Walster, G./Berscheid, E. (1978): Equity Theory and Research, Boston.

Webster, F.E. Jr. (1992): The Changing Role of Marketing in the Corporation, in: Journal of Marketing, Vol. 56, No. 4, S. 1-17.

Summary

Integrating customer- and employee-orientation is an emerging field of research. Therefore the primary task is that of conceptualization. First, we need evidence about what kind of integration we are speaking of: Are both constructs entitled to the same rights or are they, in some way, subordinated to each other? In the marketing literature, contrary to the management/human behaviour literature, customer orientation has priority, with employee orientation as a necessary condition. Second, our work shows that the traditional concept of job satisfaction represents only one facet. To grasp the whole state of affairs we need to consider at least two additional constructs: satisfaction of employees as (a) internal and (b) external customers. Third, empirical evidence, as presented here in the sense of construct validation, indicates that „customer satisfaction as viewed by the employees“ is possibly more instructive than „customer satisfaction as viewed by the customers themselves“.

Business Television als Instrument der Mitarbeiterkommunikation

von Bernd Stauss und Frank Hoffmann

Prof. Dr. Bernd Stauss ist Inhaber des Lehrstuhls für Dienstleistungsmanagement an der Katholischen Universität Eichstätt, Wirtschaftswissenschaftliche Fakultät Ingolstadt.

Dipl.-Kfm. Frank Hoffmann ist Wissenschaftlicher Mitarbeiter an diesem Lehrstuhl.

1. Problemstellung

Mit zunehmendem Wettbewerb wird Kundenorientierung zur zentralen unternehmerischen Maxime. Um die innerbetrieblichen Voraussetzungen von Kundenorientierung zu schaffen, bedarf es einer Ausweitung des traditionellen Marketinggedankens von der externen auf die interne Zielgruppe. **Internes Marketing** wird somit zu einem wesentlichen Erfolgsfaktor, mit dessen Hilfe es gelingen soll, kundenorientierte und motivierte Mitarbeiter zu gewinnen, weiterzuentwickeln und an das Unternehmen zu binden.

In diesem Zusammenhang kommt vor allem der **Mitarbeiterkommunikation** eine entscheidende Rolle zu. Ihre Aufgabe ist es, die erforderlichen kundenbezogenen Informationen und Fähigkeiten im Unternehmen zu vermitteln. Es stellt sich jedoch heraus, daß die traditionellen Instrumente der Mitarbeiterkommunikation den steigenden Anforderungen bezüglich Qualität, Quantität, Schnelligkeit und Zielgenauigkeit der Informationsvermittlung nicht mehr gerecht werden. Die Hoffnung richtet sich daher zunehmend auf die sogenannten **neuen Medien**, zu denen auch das unternehmensinterne Fernsehen, kurz **Business Television** (BTV) zählt.

Allerdings herrscht hinsichtlich Eignung und Effizienz von Business TV für kommunikative Zwecke im Rahmen des Internen Marketing noch große Unsicherheit. In Deutschland sammeln erst wenige Großunternehmen seit kurzer Zeit Erfahrungen mit diesem neuen Medium; theoretisch-konzeptionelle sowie empirische Forschungsarbeiten hinsichtlich seiner Kommunikationswirkungen, Einsatzbedingungen sowie der Kosten-Nutzen-Bewertung im Vergleich zu anderen Instrumenten stehen noch aus. Deshalb ist es Ziel des vorliegenden Beitrages, die potentielle Eignung von Business TV als Instrument der Mitarbeiterkommunikation herauszuarbeiten.

Hierzu wird zunächst – im zweiten Kapitel – die Mitarbeiterkommunikation in den Rahmen des Internen Marketing eingeordnet und auf Ziel- und Instrumentalebene näher beschrieben. Darüber hinaus wird geprüft, inwieweit die traditionellen Instrumente geeignet sind, die wesentlichen Ziele der Mitarbeiterkommunikation zu erreichen. Die dabei identifizierten Defizite sind der Ausgangspunkt für die Frage, inwiefern Business TV zu einer besseren Zielerreichung beitragen kann.

Zu diesem Zweck wird das Medium Business TV mit seiner Funktionsweise und seinen Anwendungen im dritten Kapitel vorgestellt. Auf dieser Basis erfolgt anschließend – in Kapitel 4 – eine Ableitung seiner Vorzüge als Instrument der Mitarbeiterkommunikation, wobei deutlich wird, welche offenen Fragen für eine fundierte Einschätzung noch beantwortet werden müssen. Schließlich werden die konzeptionellen Überlegungen zur Eignung von Business TV für einen wesentlichen Anwendungsbereich der Mitarbeiterkommunikation (internes Training) durch Ergebnisse einer Befragung in deutschen Großunternehmen ergänzt. Sie geben einen Einblick, wie die Anwendungschancen und -grenzen von denjenigen eingeschätzt werden, die in der unternehmerischen Praxis die Verantwortung für diesen internen Kommunikationsbereich tragen.

2. Mitarbeiterkommunikation im Internen Marketing

2.1 Die Bedeutung der Mitarbeiterkommunikation im Internen Marketing

Die Entwicklung des **Internen Marketing** – als einer auf innerbetriebliche Zielgruppen ausgerichteten Kundenorientierung – begann, als deutlich wurde, daß Marketingstrategien und -konzepte, die allein auf eine externe Klientel abzielen, nicht mehr ausreichen, um ökonomische Ziele wie Umsatz und Gewinn zu realisieren. Allein auf externe Kunden ausgerichtete Marketingkonzepte drohen zu scheitern, wenn die innerbetrieblichen Subsysteme und Prozesse nicht konsequent auf die kundenbezogenen Zielsetzungen ausgerichtet sind und wenn es Mitarbeitern an kundenorientierten Einstellungen und Verhaltensweisen mangelt. In dieser Situation gewinnt die Überzeugung an Bedeutung, daß die auf den externen Markt bezogene Marketingperspektive einer Ergänzung durch ein Internes Marketing bedarf (*Varey 1995; Stauss 1997*).

Bei der innerbetrieblichen Anwendung des Marketingkonzeptes sind verschiedene interne Zielgruppen anzusprechen und unterschiedliche Marketinginstrumente einsetzbar. Es zeigt sich jedoch, daß der **Zielgruppe der Mitarbeiter** und dem Instrumentalbereich der **Kommunikationspolitik** die größte Bedeutung zukommen.

Die Variante, die sich auf die Zielgruppe der Mitarbeiter richtet, wird auch als **personalorientiertes Internes Marketing** bezeichnet (*Stauss 1995a, 1995b*) und umfaßt die planvolle Gestaltung der Austauschbeziehungen zwischen Management und Mitarbeitern auf unterschiedlichen Hierarchiestufen. Die Notwendigkeit dieser Gestaltungsaufgabe wurde zuerst im Dienstleistungsmarketing erkannt, denn viele Dienstleistungen werden im direkten Kontakt zwischen Kunde und Personal erstellt, wobei das Verhalten der Mitarbeiter wesentlich die vom Kunden wahrgenommene Dienstleistungsqualität beeinflußt. Damit wird die Sicherstellung eines kundengerechten Personalverhaltens zum Gegenstand des (Internen) Marketing (*Berry 1981; Grönroos 1985*). Da aber Kundenkontaktmitarbeiter sich nur dann kundenorientiert verhalten können, wenn entsprechende innerbetriebliche Rahmenbedingungen und Anreizstrukturen vorliegen und sie von ihren „internen Lieferanten" adäquat beliefert werden, wird sehr schnell deutlich, daß personalorientiertes Internes Marketing nicht allein in bezug auf Kundenkontaktmitarbeiter und nicht nur in Dienstleistungsunternehmen erforderlich ist.

Unter den Instrumenten des Internen Marketing hat die **interne Kommunikationspolitik** besonderes Gewicht. Während es sich bei den anderen internen Marketinginstrumenten vielfach nur um bekannte betriebswirtschaftliche Sachverhalte handelt, die mit Marketingbegriffen umbenannt wurden, beinhaltet die interne Kommunikationspolitik einen neuen, umfangreichen Bereich. Sie „umfaßt sämtliche Maßnahmen, die auf Kenntnisse, Einstellungen und Verhaltensweisen von unternehmensinternen Kunden (z.B. aktuelle, ehemalige, potentielle Mitarbeiter, Abteilungen, Niederlassungen) auf unterschiedlichen hierarchischen Ebenen einwirken" (*Bruhn 1998, S. 1046*). Der Teil der internen Kommunikationspolitik, der sich im Rahmen des personalorientierten Internen Marketing allein auf die Zielgruppe der Mitarbeiter richtet, wird als **Mitarbeiterkommunikation** bezeichnet.

Diese mitarbeiterbezogene Kommunikationspolitik gewinnt mehr und mehr an Relevanz. Angesichts eines immer schnelleren Wandels im wettbewerblichen Umfeld und bei Kundenanforderungen, einer Verkürzung von Produktlebenszyklen, technologischer Innovationen sowie eines raschen Wechsels von Marketingkonzeptionen steigen zugleich die Notwendigkeit und die Schwierigkeit, Mitarbeiter zielgerecht, schnell sowie auf ihren Bedarf abgestimmt mit Informationen zu versorgen und zudem das Personal als Quelle von Informationen stärker zu nutzen. Insofern ist *Broßmanns* Einschätzung zuzustimmen, daß „Information und Kommunikation zur Schlüsselgröße des unternehmerischen Erfolges werden" (*1997, S. 1*).

2.2 Ziele der Mitarbeiterkommunikation

Mitarbeiterkommunikation bezeichnet den planvollen Einsatz von kommunikativen Maßnahmen zur systematischen Beeinflussung von Kenntnissen, Einstellungen und Verhaltensweisen der aktuellen Mitarbeiter. Mit dieser Definition sind eine Reihe wesentlicher Festlegungen erfolgt:

- ☐ Mitarbeiterkommunikation ist mit dem **planvollen Einsatz kommunikativer Maßnahmen** verbunden. Insofern sind nicht alle innerbetrieblichen Informationsprozesse begrifflich integriert, sondern nur jene Maßnahmen, die intentional zur kommunikativen Steuerung eingesetzt werden.
- ☐ Damit ist keineswegs verbunden, daß Mitarbeiterkommunikation immer im Sinne einer Einweg-Kommunikation **Top-down** erfolgen muß. Ebenso eingeschlossen sind Maßnahmen zur planvollen Gestaltung von **Bottom-up-** bzw. Feedback-Kommunikation sowie die zwischen Mitarbeitern gleicher Hierarchiestufe ablaufende **(seitwärtsgerichtete) Kommunikation**.
- ☐ Mitarbeiterkommunikation richtet sich potentiell auf **alle aktuellen Mitarbeiter**, was bedeutet, daß keine Gruppe prinzipiell ausgeschlossen wird, auch wenn es sinnvoll ist, innerbetrieblich unterschiedliche Zielgruppen (z.B. Führungskräfte, Mitarbeiter im Innendienst, Mitarbeiter im Kundenkontakt usw.) zu differenzieren.
- ☐ Mitarbeiterkommunikation ist **systematisch auf Beeinflussung ausgerichtet**. Sie dient also der Erreichung unternehmerischer Ziele.

Hinsichtlich der mittels Mitarbeiterkommunikation anzustrebenden **Ziele** ist die Bandbreite sehr groß. Grundsätzlich läßt sich zur Systematisierung – wie auch bei der externen Kommunikationspolitik – zwischen ökonomischen und vorökonomischen bzw. kommunikativen Zielen unterscheiden (*Bruhn 1997, S. 914*). Allerdings handelt es sich hier nicht um Alternativen, weil die ökonomischen Ziele wie Kostensenkung/Ertragssteigerung durch Verbesserung der Arbeitsleistung gerade über die kommunikativen Zwischenziele erreicht werden sollen. Die **Kommunikationsziele der Mitarbeiterkommunikation** können entsprechend den in der Definition genannten Beeinflussungsebenen in Kenntnisse, Einstellungen und Verhaltensweisen differenziert werden. Auf der **Kenntnisebene** müssen Mitarbeiter über Kundenanforderungen, unternehmerische Strategien, Konzepte, Leistungsinnovationen und den Einsatz externer Marketinginstrumente ebenso informiert sein wie über wesentliche Aspekte des unternehmerischen Geschehens (*Lobscheid 1988, S. 22; Stauss/Schulze 1990, S. 151f.; Kurz/Altgeld 1995, S. 455; Bühler 1997, S. 8;* vgl. auch den Beitrag von *Dotzler* in diesem Sammelband). In bezug auf **Einstellungen** geht es vor allem um die Schaffung einer kunden- und dienstleistungsorientierten Denkhaltung, aber auch um das Gewinnen von Verständnis für Managemententscheidungen, die Identifikation mit dem Unternehmen und die Bildung einer fundierten Haltung zu gesamtwirtschaftlichen und gesellschaftlichen Fragen. Die Einstellungen sollen dann auch auf der **Verhaltensebene** wirksam werden, etwa in der Weise, daß Mitarbeiter eigenständig und selbstverantwortlich nach kundenorientierten Lösungen suchen, aktiv Informationen sammeln und weitergeben sowie den innerbetrieblichen Dialog suchen (Tabelle 1).

Kenntnisse	Einstellungen	Verhalten
☐ Kundenanforderungen ☐ Produktinnovationen und -variationen ☐ Neue Marketing-konzepte ☐ Unternehmens-veränderungen	☐ Kundenorientiertes Denken ☐ Verständnis für Managemententscheidungen ☐ Identifikation mit dem Unternehmen ☐ Einschätzung gesamtwirtschaftlicher Fragen	☐ Kundenorientiertes Handeln ☐ Eigenständigkeit ☐ Verantwortungs-übernahme ☐ Engagement ☐ Aktives informatorisches Feedback

Tabelle 1: Beispiele für Ziele der Mitarbeiterkommunikation

2.3 Traditionelle Instrumente der Mitarbeiterkommunikation

Angesichts der Relevanz der aufgezeigten Ziele muß erstaunen, welchen vergleichsweise geringen Stellenwert die Mitarbeiterkommunikation in Unternehmen einnimmt. Sie erfährt auch nicht annähernd die Gewichtung und professionelle Behandlung wie die externe Kommunikation. Dies zeigt sich auch in Art, Umfang und Einsatz der Medien. *Bruhn* (*1997, S. 928*) spricht von einer „Medienarmut" und sieht in ihr einen deutlichen Ausdruck von Geringschätzung der Mitarbeiter durch das Management.

Die in Unternehmen eingesetzten Instrumente (*Klöfer 1996; Gruninger-Hermann/Willems 1997, S. 20*) lassen sich nach ihrer Wirkungsrichtung in Medien der Top-down-, Bottom-up- und seitwärtsgerichteten Kommunikation unterteilen, wobei sich einzelne Instrumente mehreren Kategorien zuordnen lassen (Abbildung 1).

Wie empirische Studien zum Medieneinsatz in der Mitarbeiterkommunikation zeigen (*Thom/Cantin 1994; Klöfer 1996*), dominieren eindeutig die **Instrumente der Top-down-Kommunikation** wie Schwarzes Brett, Mitarbeiterzeitschrift, Mitarbeiterbroschüren, Aushänge oder Rundschreiben. Die Medien der **Bottom-up-Kommunikation** lassen sich weiter differenzieren: Die Instrumente der primären Bottom-up-Kommunikation dienen ausschließlich dem Informationsaustausch mit höheren Hierarchieebenen. Dazu gehören etwa Mitarbeiterbefragungen, ein betriebliches Vorschlagswesen oder ein internes Beschwerdemanagement. Demgegenüber handelt es sich bei den sekundären Bottom-up-Instrumenten um die Medien der Top-down-Kommunikation, die über Feedback-Möglichkeiten der unteren Hierarchien zu ihren Vorgesetzten verfügen, z.B.

Mitarbeiterzeitschriften mit Leserbriefspalte (*Bruhn 1997, S. 933ff.*). Für die **seitwärtsgerichtete Kommunikation** steht eine Reihe von Gesprächsformen (z.B. Abteilungsbesprechungen, Projektsitzungen usw.) zur Verfügung, in denen ein Informationsaustausch auf horizontaler Ebene erfolgen kann.

Top-down-Kommunikation	**Bottom-up-Kommunikation**	**Seitwärtsgerichtete Kommunikation**
+ Schwarzes Brett + Mitarbeiterzeitschrift + Mitarbeiterbroschüren + Aushänge + Rundschreiben + Internes Training	*Primäre Aufwärtskommunikation* + Mitarbeiterbefragungen + Betriebliches Vorschlagswesen + Internes Beschwerdemanagement + Betriebsversammlungen + Open-Door-Policy	+ Abteilungsbesprechungen + Teamgespräche + Projektsitzungen + Open-Door-Policy
	Sekundäre Aufwärtskommunikation Medien der Top-down-Kommunikation mit Feedbackmöglichkeiten	

Abbildung 1: Traditionelle Instrumente der Mitarbeiterkommunikation (Datenbasis: Klöfer 1996, Bruhn 1998, S. 1054)

Für die weitere Diskussion wird eine Eingrenzung der Betrachtung auf die Instrumente der Top-down-Kommunikation und der sekundären Aufwärtskommunikation vorgenommen. Dies erfolgt aus drei Gründen:

- Die seitwärtsgerichtete Kommunikation dient in hohem Maße der innerbetrieblichen Sachabstimmung und damit nicht in erster Linie den oben genannten Zielen der Mitarbeiterkommunikation.
- Die große Mehrheit der Mitarbeiterkommunikationsziele bezieht sich auf die Beeinflussung von Kenntnissen, Einstellungen und Verhaltensweisen von Mitarbeitern durch das Management, also auf die Top-down-Kommunikation; die Ermöglichung des Feedbacks ist in der sekundären Aufwärtskommunikation vorgesehen.
- Die Instrumente der Top-down-Kommunikation sind an einen Medieneinsatz geknüpft und damit für das Instrument Business TV interessant.

2.4 Defizite des Instrumentaleinsatzes im Rahmen der Mitarbeiterkommunikation

Die Entwicklungen der letzten Zeit stellen zunehmende Anforderungen an die Leistungsfähigkeit der internen Kommunikationsmedien. Wettbewerbliche, gesellschaftliche und technologische Unternehmensumwelt sind von zunehmender Dynamik geprägt, was Anpassungs- und Veränderungsnotwendigkeiten der Unternehmen bedingt. Die Situation bringt nicht nur einen stetig wachsenden Informationsbedarf der Mitarbeiter mit sich (u.a. *Bullinger/Schäfer 1997, S. 6; Bühler 1997, S. 8; Herold 1997, S. 27*), sondern führt auch zu einer erheblichen Steigerung der Anforderungen an die Qualität der zu vermittelnden Informationen, die Effizienz der Informationsweiterleitung und die Möglichkeiten zur unmittelbaren Interaktion.

Berücksichtigt man diese Entwicklung, so stellt sich heraus, daß traditionelle Instrumente der Mitarbeiterkommunikation oft nicht mehr ausreichen, um ihrer Aufgabe gerecht zu werden (u.a. *Schick 1995, S. 460/Bühler 1997, S. 8*).

Hauptkritikpunkte sind vor allem

- die geringe Informationsgeschwindigkeit,
- die Informationsverzerrung aufgrund fehlender Direktkommunikation,
- die mangelnde Effizienz zur Erreichung großer Zielgruppen mit dezentralem Aufenthaltsort,
- die nicht ausreichende Zielgruppenorientierung,
- die unzureichende Nutzung aufgrund fehlender Attraktivität,
- die kaum nennenswerten Feedbackmöglichkeiten und
- die fehlende integrierende Wirkung.

Medien wie Mitarbeiterzeitschrift oder -broschüre sind aufgrund ihrer **geringen Informationsgeschwindigkeit** kaum geeignet, aktuelle Informationen möglichst unmittelbar den Adressaten zugänglich zu machen (*Seibold/Turowsky 1997, S. 7*). Die Dynamik des Wirtschaftslebens verlangt aber nach Medien, die es erlauben, Mitarbeiter sofort von relevanten Veränderungen (z.B. Preisvariationen) zu unterrichten. Die gleiche Anforderung ergibt sich in Krisensituationen, wenn z.B. aufgrund einer öffentlichen Berichterstattung unter der Belegschaft Unsicherheit und Orientierungsbedarf bestehen und sich das Management sehr schnell mittels „Krisenkommunikation" an die Mitarbeiter wenden muß (*Bruhn 1998, S. 1054*). Eine geringe Informationsgeschwindigkeit ergibt sich auch dadurch, daß die herkömmlichen Kommunikationsinstrumente meist „kaskadenartig" über die verschiedenen Unternehmensebenen eingesetzt werden. Diese traditionelle Weiterleitung durch die betriebliche Stufenordnung führt zu einer **Informationsverzerrung** durch Filterung und Selektion. Studien haben ergeben, daß Mitteilungen pro Weiterleitungsebene ca. 25 Prozent ihres Inhalts verlieren (*Schüller 1997, S. 30*). Die genannten Probleme verschärfen sich noch, je mehr **große interne Zielgruppen mit dezentralem Aufenthaltsort** erreicht werden sollen. Handelt es sich zum Beispiel um Großunternehmen mit einer Vielzahl von Werken und/oder Außendienstmitarbeitern, erweisen sich Rundschreiben und Schwarzes Brett als ineffizient.

Zwar lassen sich für verschiedene Mitarbeitergruppen prinzipiell unterschiedliche Aushänge und Rundschreiben erstellen, doch kann man dies kaum als konsequente **Zielgruppenansprache** bezeichnen. Eine Ausrichtung der Kommunikation in inhaltlicher und formaler Hinsicht auf nach verschiedenen Kriterien selektierte Mitarbeitergruppen erfolgt in der Regel nicht und kann bei einer Distribution über diese Medien auch nur schwer realisiert werden.

Hinzu kommt, daß die Instrumente häufig wenig nutzungsfreundlich und **unattraktiv aufgemacht** sind. Die Mitarbeiter erwarten aber Kanäle, die den von ihnen in ihrer Freizeit genutzten Medien in Form und Aufmachung vergleichbar sind und Informationen in unterhaltender Weise vermitteln.

Zusätzlich sind **Feedbackmöglichkeiten** bei diesen Instrumenten außerordentlich begrenzt vorhanden. Leserbriefrubriken in Mitarbeiterzeitungen sind quantitativ unbedeutend, und die Beiträge sind zum Zeitpunkt ihrer Veröffentlichung meist schon irrelevant. Insofern bestehen zum einen Barrieren, diese (scheinbaren) Zweiweg-Kommunikationsmedien zu nutzen, zum anderen existieren Motivations- und Identifikationsprobleme für die Mitarbeiter unterer Hierarchiestufen, die kaum eine Möglichkeit haben, mit Entscheidungsträgern in Kontakt zu treten (*Bruhn 1998, S. 1054*).

Nicht zuletzt fehlt eine **integrierende Wirkung** (*Wollert 1995, S. 536*), d.h. es mangelt an der systematischen Integration der einzelnen Maßnahmen der Mitarbeiterkommunikation ebenso wie an der konsistenten Einbindung der Mitarbeiterkommunikation in die gesamtunternehmerische Informationsstruktur (*Bruhn 1997, S. 937ff.*).

Angesichts dieser Probleme klassischer Medien, den neuen Anforderungen gerecht zu werden, richten sich die Hoffnungen auf den Einsatz **neuer Kommunikationsinstrumente**. Dazu gehören primär Internet, Intranet oder Electronic Mail; in sekundärer Hinsicht erlangt ein weiteres Instrument zunehmende Aufmerksamkeit: Unternehmensinternes Fernsehen bzw. **Business Television** (BTV).

3. Business Television: Begriff und Funktionsweise

Der **Begriff** „Business Television“ (BTV) entstand Mitte der 80er Jahre und entwickelte sich aus den Bereichen „Teleconferencing“ und „Videoconferencing“ (*Broßmann 1997, S. 2*). Wählt man eine weite Definition, so läßt sich Business Television als „jegliche Unternehmenskommunikation mittels audiovisueller Medien“ bezeichnen (*o.V. 1997a, S. 24*). Eine engere Begriffsklärung wird von *Kienel/Zerbe/Krcmar* vertreten. Sie beschreiben Unternehmensfernsehen als „Online-Informationsmedium für eine geschlossene Benutzergruppe, mit dessen Hilfe Informationen kurzfristig von einem Ort zu einer beliebigen Anzahl von Empfängern schnell und in identischer Ausprägung verteilt und bereitgestellt werden können“ (*1998, S. 118*). Abbildung 2 zeigt eine Übersicht über die **Funktionsweise** von Unternehmensfernsehen:

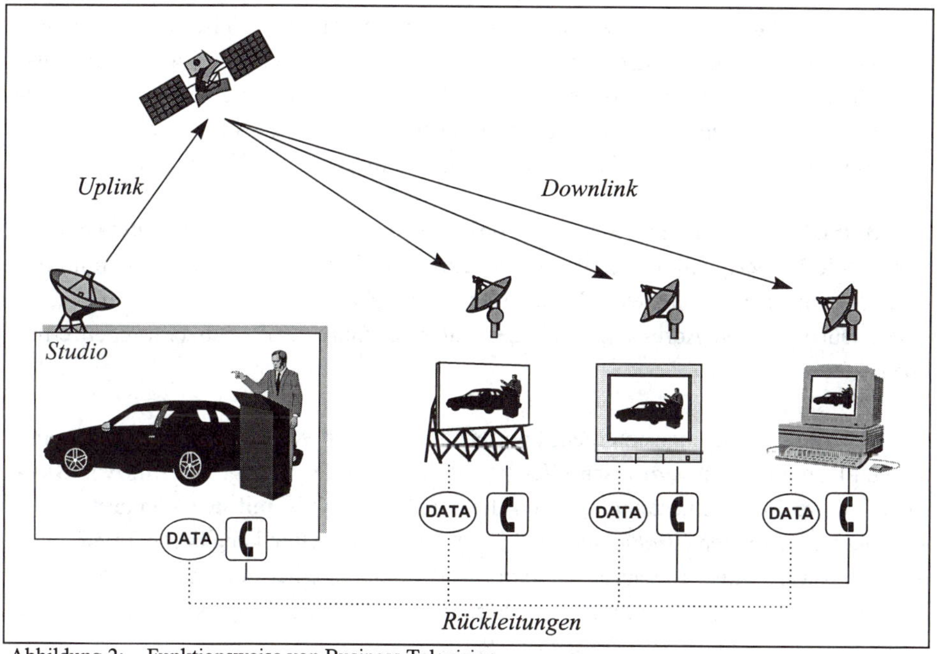

Abbildung 2: Funktionsweise von Business Television

Die technische Infrastruktur eines Business TV-Netzes läßt sich in folgende Komponenten unterteilen:

- Sendestudio,
- Übertragung des Programms,
- Empfang,
- Rückkanäle,
- Verschlüsselung und Adressierung.

Das firmeninterne Fernsehprogramm wird in einem **Studio** (alternativ per Übertragungswagen an jedem anderen Schauplatz) produziert und live ausgestrahlt. Zur Zeit erfolgt die **Übertragung** fast ausschließlich per Satellit. Die Ursache für die Wahl dieses Mediums liegt im Mangel an Alternativen mit vergleichbarer Datenübertragungskapazität. Zusätzlich hat die Satellitenkommunikation den Vorteil, daß eine beliebig hohe Anzahl von Empfängern erreicht werden kann, ohne die Sendekosten zu beeinflussen, wie dies bei terrestrischen Lösungen der Fall ist. Entscheidend für den Senderadius ist allein das Ausleuchtungsgebiet des Satelliten, der sogenannte „Footprint" (*Seibold/Siebert 1997, S. 160*), innerhalb dessen alle Signale mittels einer handelsüblichen Parabolantenne empfangen und danach auf eine Leinwand, ein Fernsehgerät oder den Arbeitsplatz-PC übertragen werden können (*Seibold 1997, S. 2*). Nachteile der Satellitenübertragung sind vor allem die hohen Sendekosten sowie die Notwendigkeit einer exakten Vorausplanung und Buchung der Satellitenkapazität (*Szyperski et al. 1998, S. 13*).

Um vertrauliche Unternehmensinformationen vor unberechtigtem Zugriff zu schützen, werden die Sendesignale verschlüsselt ausgestrahlt und an den Empfangsstellen mittels eines Dekoders in sichtbares Bild übersetzt (*Jäger/Geiger 1997, S. 37*). Auf diesem Wege läßt sich eine Adressierbarkeit der Daten an individuelle Nutzergruppen erreichen.

Ein Ziel von unternehmensinternem Fernsehen ist es, sich von der bisherigen Einbahnstraßen-Kommunikation zu lösen (*Nörder 1997, S. 44*). So verfügt **interaktives Business TV** stets über Rückkanäle, durch die Mitarbeiter aktiv mit dem Sendestudio in Kontakt treten können (*Broßmann 1997, S. 2*). Die Partizipation kann durch Telefon und Telefax sowie mittels Datentransfer (wie per E-Mail, Internet oder Keypad) realisiert werden. In speziellen Fällen, wie zum Beispiel bei virtuellen Kongressen, ist auch eine Video-Rückleitung möglich (*Ernst 1997, S. 61ff.*).

4. Mitarbeiterkommunikation mittels Business Television

4.1 Einsatzbereiche für Business Television in der Mitarbeiterkommunikation

Grundsätzlich lassen sich alle Kommunikationsziele der Mitarbeiterkommunikation mittels Business TV erreichen, und zwar prinzipiell unter Vermeidung der kritischen Punkte, die gegenüber den herkömmlichen Instrumenten vorgebracht werden (siehe Abschnitt 2.4).

Business TV hat eine außerordentlich **hohe Informationsgeschwindigkeit** (*Herold 1997, S. 27; Seibold/Turowsky 1997, S. 7*). Gleichgültig, in welcher geographischen Entfernung sich die Mitarbeiter befinden, sie können unmittelbar informiert werden. Das gilt auch und gerade für **große Mitarbeitergruppen** bzw. Unternehmensangehörige, die sich **dezentral**, in unterschiedlichen Teilen des Landes oder der Welt aufhalten. Mit Hilfe der Satellitenübertragung können sie zeitgleich angesprochen werden, bei Bedarf auch per Simultanübersetzung in ihrer jeweiligen Landessprache (*Fresenborg/Pflüger 1997, S. 4f.*). Dabei kann der Einsatz **zielgruppendifferenzierend** erfolgen, indem für unterschiedliche Segmente verschiedene Formate, inhaltliche Schwerpunkte oder Gestaltungsvarianten erstellt werden. Zudem können aufgrund der direkten Kommunikation, die auch Hierarchiegrenzen überschreitet, **Informationsverzerrungen weitgehend vermieden** werden (*Babiel 1998, S. 267; Jäger 1998, S. 20*). Das gilt insbesondere wegen des Interaktionscharakters des Mediums, der es den Mitarbeitern erlaubt, Rückfragen zu stellen und zunächst unverständliche Sachverhalte unmittelbar zu klären (*Kienel/Zerbe/Krcmar 1997, S. 3*). Diese **Feedback-Möglichkeit** gibt den Mitarbeitern auch die Chance, ihre eigenen Vorschläge und Kritikpunkte einzubringen sowie Fragen direkt an unternehmerische Entscheidungsträger zu stellen, so daß hier tatsächlich ein wirksames sekundäres Bottom-up-Medium vorliegt. Darüber hinaus handelt es sich um ein Instrument, das den Mitarbeitern vertraut ist und durch die Ansprache aller Sinnesorgane Möglichkeiten einer **attraktiven Gestaltung** bietet. Insbesondere mittels des Live-Charakters, der Interaktion und des Einsatzes von Videosequenzen kann die Grundlage für Aufmerksamkeit bei den Zusehern und damit für den Kommunikationserfolg gelegt werden. Tabelle 2 stellt die Vorteile noch einmal zusammen.

Charakteristika der Medien	**Mitarbeiter-kommunikation mittels traditioneller Medien**	**Kommunikation mittels Business Television**
Informationsgeschwindigkeit	Gering	Hoch
Informationsverzerrung durch indirekte Kommunikation	Hoch	Niedrig
Ansprachemöglichkeit großer Gruppen mit dezentralem Aufenthaltsort	Schlecht	Gut
Zielgruppenorientierung	Schlecht	Gut
Attraktivität für Nutzer	Niedrig	Hoch
Feedbackmöglichkeit	Gering	Hoch

Tabelle 2: Vorteile von Business TV gegenüber traditionellen Medien

In Abhängigkeit von der primären Zielsetzung des Medieneinsatzes lassen sich unterschiedliche Formate unterscheiden, die sich zudem durch den „Mischungsgrad" von Informations- und Unterhaltungsorientierung differenzieren: Tele-Training, Tele-Information, Tele-Data-Services, Tele-Event und Tele-Communication (*Broßmann 1997, S. 3f.*) (Abbildung 3).

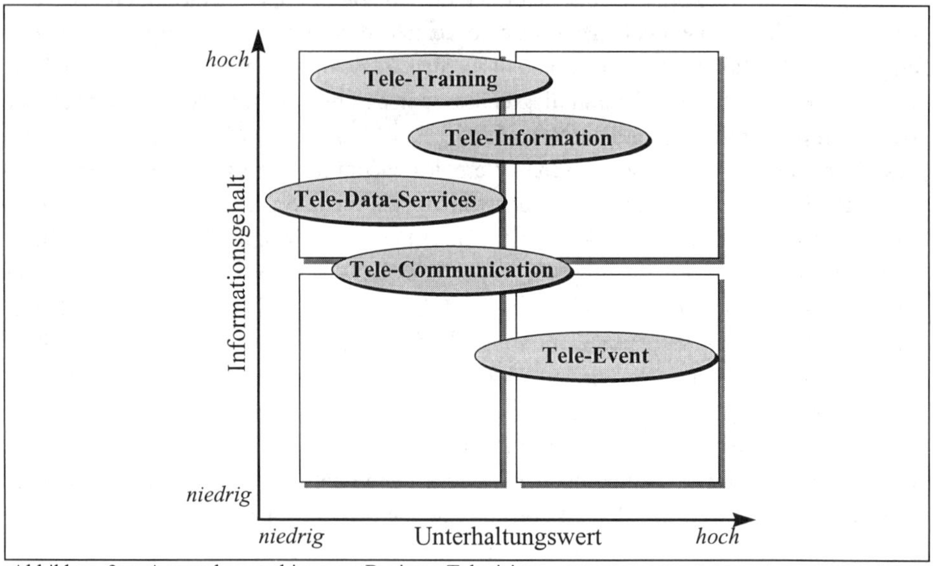

Abbildung 3: Anwendungsgebiete von Business Television
(Darstellungsform in Anlehnung an Jäger/Geiger 1997, S. 38)

- **Tele-Training** bietet die Möglichkeit, interaktive Maßnahmen der betrieblichen Aus- und Weiterbildung mit einer beliebigen Anzahl räumlich getrennter Teilnehmer durchzuführen. Dabei lassen sich die Sendungen mittels Codierung exakt an gewisse Empfängergruppen adressieren. Ein wesentlicher Vorteil dieser Trainings gegenüber herkömmlichen Schulungen wird vor allem in der Vermeidung von Reisezeiten und -kosten gesehen (*Herold 1997, S. 27; Seibold/Turowsky 1997, S. 13; Jäger/Geiger 1997, S. 42*).

- **Tele-Information** zielt auf eine aktuelle Information der Mitarbeiter ab. Hier sind unterschiedliche Zielrichtungen denkbar. Zum einen kann es um die Beschreibung von neuen Unternehmensaktivitäten (Produktinnovationen, Marketingkonzepte, Termine, Preise) gehen, zum anderen um die Position des Unternehmens zu internen oder übergreifenden Fragestellungen. Als Beispiel für den letztgenannten Fall seien die Krisenkommunikation von Daimler-Benz zu Sicherheitsproblemen der A-Klasse sowie der Deutschen Bank zum Schneider-Prozeß genannt.

- Im Zuge eines **Tele-Events** werden bedeutende Ereignisse eines Unternehmens, wie z.B. Werkseröffnungen oder Pressevorführungen neuer Produkte, einer Vielzahl von Mitarbeitern per Fernsehen zugänglich gemacht. Dies soll vor allem zu einer Steigerung der Motivation und zu einer Stärkung der Identifikation von Mitarbeitern mit ihrem Arbeitgeber führen.

- Ein aus der großen Übertragungskapazität der digitalen Satellitenkommunikation resultierender Nebeneffekt des Business TV ist das Feld der **Tele-Data-Services**. Dahinter verbirgt sich die Möglichkeit, parallel zu Fernsehbildern, Daten, wie z.B. Material zur Nachbereitung und Vertiefung oder schulungsbegleitende Computer-based-trainings (CBTs), zu übertragen. Auch hier gilt das Prinzip, daß mit einer Datensendung beliebig viele Empfänger versorgt werden können, ohne Mehrkosten zu verursachen.

- Die **Tele-Communication** entspricht weitgehend der traditionellen Videokonferenz und kann daher nur unter Vorbehalt als Inhalt von Business TV gewertet werden. Aufgrund der Codierung von Sendungen und der damit verbundenen Adressierbarkeit an einzelne Empfänger ist es möglich, audiovisuellen Kontakt zwischen Personen herzustellen. Somit wird z.B. eine virtuelle Sitzung der Mitglieder einer Geschäftsführung durchführbar, obwohl diese über mehrere Kontinente verteilt sind.

4.2 Unsicherheiten bei der Einschätzung von Business Television als Instrument der Mitarbeiterkommunikation

Grundsätzlich scheint Business TV als Instrument der Mitarbeiterkommunikation in hohem Maße geeignet. Doch eine präzise Beurteilung, inwieweit die mit Unternehmensfernsehen verfolgten Kommunikationsziele im Rahmen des personalorientierten Internen Marketing tatsächlich besser als durch alternative Medien realisierbar sind, ist derzeit noch nicht möglich, da in Deutschland erst wenige Anwendungen existieren und somit kaum auf Praxiserfahrung zurückgegriffen werden kann. Insofern besteht noch ein hohes Maß an **Unsicherheit** hinsichtlich verschiedener wesentlicher Faktoren des Instrumentaleinsatzes, insbesondere hinsichtlich der Akzeptanz, der Wirkung und der Rentabilität.

- Über die **Akzeptanz** des neuen Mediums bei Mitarbeitern ist noch wenig bekannt. Zwar spricht viel dafür, daß aufgrund seiner relativen Gestaltungsvorteile kaum grundsätzliche Akzeptanzprobleme bestehen. Auch berichten mehrere deutsche Institutionen wie die Adolph Würth GmbH & Co. KG, die Bausparkasse Schwäbisch Hall oder die Bankakademie in Frankfurt übereinstimmend von einer hohen Akzeptanz bei BTV-Teilnehmern (*Hasebrook/Wolf 1997, S. 6; Fresenborg/Pflüger 1997, S. 10*). Doch ein Pauschalurteil über Akzeptanzfragen kann nicht abgegeben werden, da Befürwortung oder Ablehnung von vielen Faktoren wie Sendungsinhalt, Wahl des Moderators, Dauer der Sendung, organisationale Einbindung von Business TV im Unternehmen, Feedbackmöglichkeiten, Begleitmaterial usw. abhängen werden (*Fresenborg/Pflüger 1997, S. 17f./Babiel 1998, S. 276ff.*).

- Noch größer als die Ungewißheit hinsichtlich der Akzeptanz ist die Unsicherheit hinsichtlich der erreichten **Wirkungen** in bezug auf die angestrebte Beeinflussung von Kenntnissen, Einstellungen und Verhaltensweisen. Am ehesten lassen die verfügbaren Erfahrungsberichte einen Schluß auf den Lernerfolg von Ausbildungssendungen mittels Business TV zu. Danach scheint Wissensvermittlung per Fernsehen eine vergleichbare Effektivität wie traditionelle Schulungsmethoden aufzuweisen, sofern bestimmte Bedingungen (geeignete Themenauswahl, Begleitmaterial, ausreichende Feedbackmöglichkeiten) gegeben sind (*Hasebrook/Wolf 1997*). Was bisher über langfristige Einstellungs- und Verhaltensänderungen geäußert wird, basiert noch nicht auf empirischen Erkenntnissen, sondern stellt überwiegend Mutmaßungen der Autoren dar (*Fresenborg/Pflüger 1997, S. 5; o.V. 1997b, S. 21*).

- Als Barriere für den umfangreicheren Einsatz von Business TV als Instrument der Mitarbeiterkommunikation erweist es sich auch, daß hohe Unsicherheit in bezug auf die **Rentabilität** der Investition in dieses Medium besteht. Bevor die erste hausinterne Sendung ausgestrahlt werden kann, hat das Unternehmen einen erheblichen Kapitaleinsatz zu leisten. Dem stehen vor allem im Schulungsbereich jedoch hohe Kostensenkungspotentiale gegenüber. So belegen Kalkulationen, daß allein die Ersparnisse an Reisekosten für ausbildungsintensive Unternehmen ausreichen, um die Investition zu amortisieren (*Seibold/Turowsky 1997, S. 13; Jäger/ Geiger 1997, S. 42*). Allerdings setzt eine genaue Rentabilitätsrechnung bessere Daten über die Erreichung der kommunikativen Ziele voraus.

4.3 Einstellung von Entscheidungsträgern zur Eignung von Business Television im Bereich der Mitarbeiterkommunikation (am Beispiel des internen Trainings)

Um die Beurteilung von Business TV im Internen Marketing nicht ausschließlich auf Hypothesen stellen zu müssen, wurde eine empirische Studie unter Personalverantwortlichen der Top 600 Unternehmen Deutschlands durchgeführt. Insgesamt 203 Entscheidungsträger antworteten (Rücklaufquote 31 Prozent) und gaben Auskunft über ihre Einschätzung hinsichtlich genereller Entwicklungschancen und spezieller Einsatzmöglichkeiten von BTV für Schulungszwecke (*Stauss/Hoffmann 1997*).

Bezüglich des zu erwartenden Marktpotentials für Unternehmensfernsehen in Deutschland ergab sich, daß derzeit 21 Prozent der befragten Unternehmen über den **Einsatz von Business TV** nachdenken (Abbildung 4). Hiervon befindet sich der Großteil (48 Prozent) noch im Stadium der Vorüberlegung, nur 18 Prozent gaben an, Fernsehen bereits routinemäßig einzusetzen.

Berücksichtigt man bei dieser Situation den Neuigkeitsgrad des Mediums in Deutschland sowie die Tatsache, daß das Datenmaterial ausschließlich auf Aussagen von Personalexperten basiert, die unter Umständen nur begrenzt für ihr Gesamtunternehmen sprechen können, so läßt dies die Vermutung zu, daß Business TV in Zukunft in deutschen Konzernen eine größere Verbreitung finden könnte. Zahlreiche Veröffentlichungen, die von „Boom“ oder „Medium der Zukunft“ sprechen (*Weber 1997; Jäger/Geiger 1997*), sowie Marktprognosen der BTV-Provider weisen ebenfalls in diese Richtung.

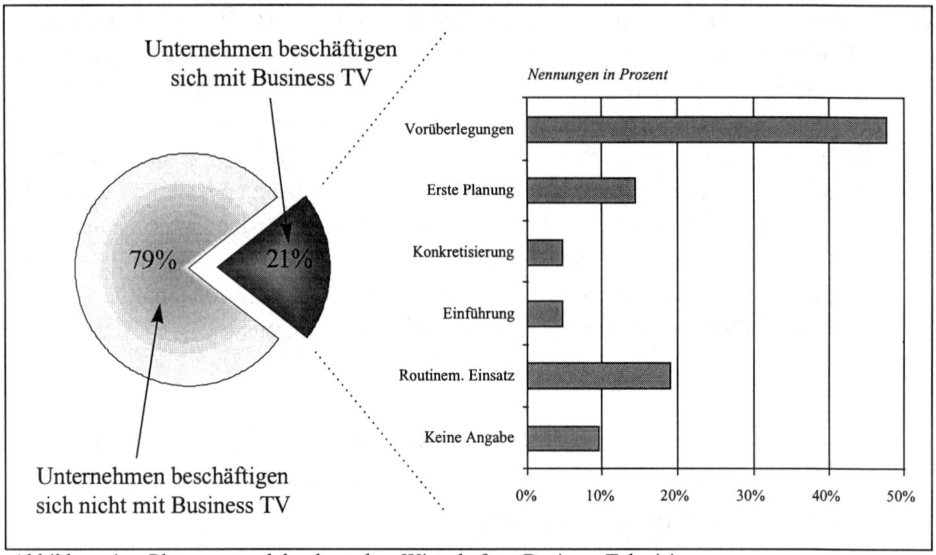

Abbildung 4: Planungsstand der deutschen Wirtschaft zu Business Television

Auf die Frage nach der **Bedeutung von Business TV in der Zukunft** äußerten sich die Auskunftspersonen mit einem Notendurchschnitt von 2,8 (auf einer Skala von 1 = „sehr hohe Bedeutung" bis 5 = „keine Bedeutung") eher zurückhaltend. Für weitgehende Unsicherheit der Firmenvertreter in diesem Punkt spricht eine hohe Antwortverweigerungsrate von 21 Prozent. Dieser Trend setzt sich bei der Einschätzung der **Bedeutung von Business TV für die Konkurrenzfähigkeit eines Unternehmens** fort. 26 Prozent wählten die Ausweichkategorie („kann ich nicht beurteilen"), der Rest vergab das Durchschnittsurteil 3,2 (1 = „sehr wichtig", 5 = „unwichtig") und dokumentierte damit erneut die Unsicherheit gegenüber dem Kommunikationsmedium Unternehmensfernsehen. Fragen, die konkreter auf den Einsatzbereich „internes Training" abzielten, decken auf, daß Business TV nicht für alle **Schulungsinhalte** gleichermaßen geeignet ist (Abbildung 5).

Dem TV-Training wird eine Stärke vor allem in der Vermittlung von „Produkt-" bzw. „EDV-Know-how" sowie in der Vermittlung „unternehmensinterner Themen" zugeschrieben, während die Personalexperten die Bereiche „Verkaufsgespräch" und „Menschenführung" nicht als primär für Unternehmensfernsehen geeignet ansahen. Diese Meinung deckt sich weitgehend mit der Einschätzung, daß Business TV nur als **ergänzendes Schulungsinstrument** im Verbund mit anderen Medien eingesetzt werden sollte (88 Prozent stimmten für dieses Urteil) und unterstreicht, daß potentielle Nutzer über differenzierte Vorstellungen hinsichtlich der Eignung von Fernseh-Training verfügen.

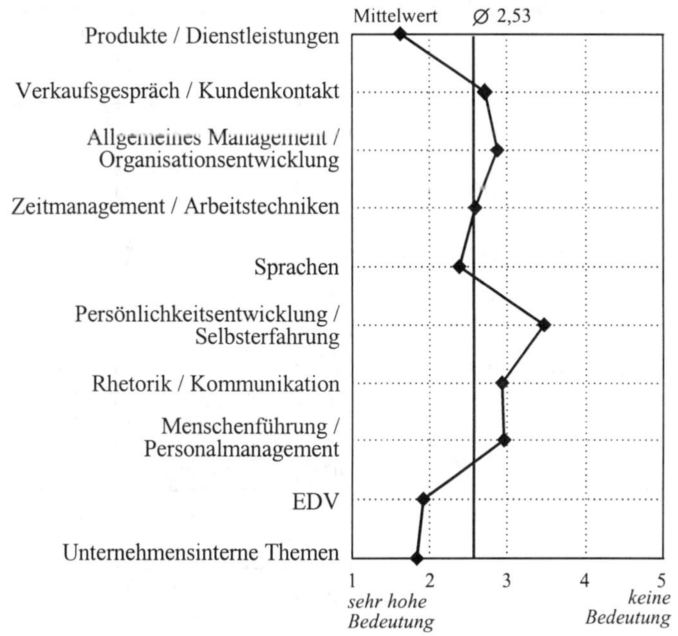

Abbildung 5: Einsatzbereiche für Business TV im Bereich internes Training

In der Einstellung der Auskunftspersonen zu den **Gütekriterien des Unternehmensfernsehens** wird offensichtlich, daß die Befragten Zweifel an der Dauerhaftigkeit des Lernerfolges sowie an der Motivationswirkung hegen. Einzig die Integrierbarkeit des Mediums TV in den Tagesablauf scheint die Auskunftspersonen zu überzeugen (Abbildung 6).

Bei der Bewertung dieser Ergebnisse ist allerdings zu beachten, daß sich zwar alle befragten Personalexperten bereits mit der Einführung von Business TV beschäftigt haben, jedoch die wenigsten, aufgrund der geringen Durchdringung in Deutschland, über fundierte Praxiserfahrung verfügen dürften.

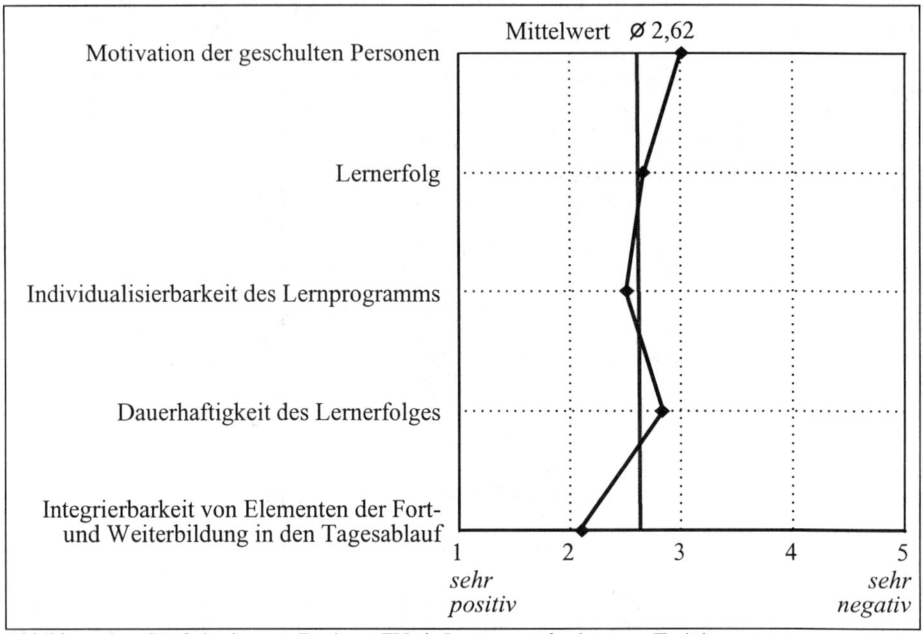

Abbildung 6: Gütekriterien von Business TV als Instrument des internen Trainings

5. Zusammenfassung und Ausblick

Mit der Notwendigkeit zur konsequenten Kundenorientierung steigt auch die Bedeutung des Internen Marketing, mit dessen Hilfe die innerbetrieblichen Voraussetzungen für kundenorientiertes Verhalten geschaffen werden. Ein besonders großes Gewicht kommt dabei der Mitarbeiterkommunikation zu, durch die erforderliche kundenbezogene Kenntnisse, Einstellungen und Verhaltensweisen vermittelt werden sollen.

Angesichts der Dynamik der unternehmerischen Umwelt geraten die herkömmlichen Medien der Mitarbeiterkommunikation jedoch an ihre Grenzen. Sie erweisen sich als zu langsam, zu wenig zielgruppenorientiert, zu unattraktiv, bieten kaum Möglichkeiten zur Ansprache großer Gruppen mit dezentralen Aufenthaltsorten, lassen wenig Feedback zu und bergen angesichts des indirekten Einsatzes die Gefahr der Informationsverzerrung in sich.

Mit Business TV steht heute ein Medium zur Verfügung, das prinzipiell geeignet ist, diese Defizite in der Mitarbeiterkommunikation auszugleichen. Mit Tele-Training, Tele-

Information, Tele-Events, Tele-Data-Services und Tele-Communication existiert eine Reihe unterschiedlicher Formate, mit deren Hilfe die verschiedenen Ziele der Mitarbeiterkommunikation prinzipiell erreicht werden können. Allerdings bestehen – wie auch eine empirische Erhebung unter Personalverantwortlichen zeigt – noch weitgehende Unsicherheiten hinsichtlich Akzeptanz, Wirkung und Rentabilität des Business TV-Einsatzes. Hieraus resultiert ein erheblicher Forschungsbedarf, und erst wenn diesbezüglich ein wesentlich höheres Maß an empirischem Wissen vorliegt, lassen sich die Chancen von Unternehmensfernsehen im Rahmen der Mitarbeiterkommunikation realitätsgerecht abschätzen.

Literaturverzeichnis

Babiel, D. (1998): Business Television bei Würth, in: *Broßmann, M./Fieger, U. (Hrsg.)*: Business Multimedia, Wiesbaden, S. 267-280.

Berry, L.L. (1981): The Employee as Customer, in: Journal of Retail Banking, Vol. 3, No. 1, S. 33-40.

Broßmann, M. (1997): Interaktives Business Television-Module, Applikationen und Strategie, unveröffentlichtes Diskussionspapier der Daimler-Benz AG, Stuttgart.

Bruhn, M. (1997): Kommunikationspolitik. Bedeutung – Strategien – Instrumente, München.

Bruhn , M. (1998): Interne Kommunikation, in: *Meyer, A. (Hrsg.)*: Handbuch Dienstleistungs-Marketing, Stuttgart, S. 1045-1062.

Bühler, A. (1997): Business TV: Kanal zum Außendienst, in: Die Bank, o. Jg., Nr. 1, S. 8-9.

Bullinger, H.-J./Schäfer, M. (1997): Entwicklungstrends und Herausforderungen im Informationszeitalter, in: *Bullinger H.-J./Broßmann, M. (Hrsg.)*: Business TV – Beginn einer neuen Informationskultur in den Unternehmen, Stuttgart, S. 3-15.

Ernst, G. (1997): Der virtuelle Kongreß, in: *Bullinger H.-J./Broßmann, M. (Hrsg.)*: Business TV – Beginn einer neuen Informationskultur in den Unternehmen, Stuttgart, S. 61-72.

Fresenborg, C./Pflüger F. (1997): Nutzungsmöglichkeiten von Business-TV im Bildungsbereich, Berlin.

Grönroos, C. (1985): Internal Marketing – Theory and Practice, in: *Bloch, T.M./Upah, G.D./ Zeithaml, V.A. (Hrsg.)*: Services Marketing in a Changing Environment, Chicago, S. 41-47.

Gruninger-Hermann, C./Willems, A. (1997): Der Einsatz von Unternehmensfernsehen (Business TV) bei Verbundgruppen, in: Der Verbund, o. Jg., Nr. 3, S. 18-22.

Hasebrook, J./Wolf, A. (1997): Digital-TV in der Bankausbildung, Bericht über die Pilotsendung der Bankakademie, Frankfurt.

Herold, B. (1997): Effiziente Unternehmenskommunikation mitBusiness-TV, in: technologie & management, 41. Jg., Nr. 3, S. 27-29.

Jäger, R.S. (1998): Television is easy?, in: management berater, o. Jg., Nr. 5, S. 20-21.

Jäger, W./Geiger, T.F. (1997): Business-TV als Kommunikationsinstrument der Zukunft, in: it Management, 4. Jg., Nr. 10, S. 36-42.

Kienel, H./Zerbe, S./Krcmar, H. (1998): Business Television im Marketing und Vetrieb, in: *Hippner, H./Meyer, M./Wilde, K.D. (Hrsg.)*: Computer Based Marketing – Das Handbuch zur Marketinginformatik, Wiesbaden, S. 117-124.

Klöfer, F. (1996): Mitarbeiterkommunikation 1996, Mainz.

Kurz, E./Altgeld, J. (1995): Informations- und Kommunikationstechnologien – treibender Faktor für innovative Dienstleistungen, in: *Bullinger, H.-J. (Hrsg.)*: Dienstleistung der Zukunft, Wiesbaden, S. 455-470.

Lobscheid, H. G. (1988): Internes Marketing für Beschäftigte, in: Der Betriebswirt, 29. Jg., Nr. 4, S. 21-23.

Nörder, G. (1997): Good Morning, News!, in: pr magazin, o. Jg., Nr. 11, S. 44-45.

o.V. (1997a): BTI-Präsentation: Business TV, Hamburg.

o.V. (1997b): Fernsehen für die ganze Firma, in: digits, 2. Jg., Nr. 3, S. 18-22.

Schick, S. (1995): Strukturierung und Gestaltung der Mitarbeiterkommunikation als Personalaufgabe, in: *Bruhn, M. (Hrsg.)*: Internes Marketing, Integration der Kunden- und Mitarbeiterorientierung, 1. Aufl., Wiesbaden, S. 453-470.

Schüller, S. (1997): Corporate TV – eine neue Strategie in der internen Kommunikation, in: bank und markt, o. Jg., Nr. 9, S. 28-31.

Seibold, H.-J. (1997): Management by Television, Pressebericht der BTI, Hamburg.

Seibold, B./Siebert, P. (1997): Management by Television – Technische Herausforderungen von BTV, in: *Bullinger H.-J./Broßmann, M. (Hrsg.)*: Business TV – Beginn einer neuen Informationskultur in den Unternehmen, Stuttgart, S. 155-168.

Seibold, B./Turowsky, H.-J. (1997): Management by Television, Corporate AV der BTI-Presse, Hamburg.

Stauss, B. (1995a): Internes Marketing als personalorientierte Qualitätspolitik, in: *Bruhn, M./ Stauss, B. (Hrsg.)*: Dienstleistungsqualität. Konzepte, Methoden, Erfahrungen, 2. Aufl., Wiesbaden, S. 257-276.

Stauss, B. (1995b): Internes Marketing, in: *Tietz, B./Köhler, R./Zentes, J. (Hrsg.)*: Handwörterbuch des Marketing, 2. Aufl., Stuttgart, Sp. 1045-1056.

Stauss, B. (1997): Internes Marketing, in: Die Betriebswirtschaft, 57. Jg., Nr. 5, S. 717-720.

Stauss, B./Hoffmann, F. (1997): Business Television in Aus- und Weiterbildung, unveröffentlichter Forschungsbericht, Ingolstadt.

Stauss, B./Schulze, H.S. (1990): Internes Marketing, in: Marketing ZFP, 12. Jg., Nr. 3, S. 149-158.

Szypersky, N. et al. (1998): Business Television – Einordnung, Wertschöpfungsprozesse, Entwicklungstrends, Köln.

Thom, N./Cantin, F. (1994): Verständigungsgrad verbessern, in: Gabler's Magazin, 8. Jg., Nr. 3, S. 26-30.

Varey, R.J. (1995): Internal Marketing: A Review and Some Interdisciplinary Research Challenges, in: International Journal of Service Management, Vol. 6 , No. 1, S. 40-63.

Weber, A. (1997): Business TV boomt, in: Horizont, o. Jg., 28.8.97, S. 35.

Wollert, A. (1995): Unternehmenskommunikation in Krisenzeiten – der Beitrag des Internen Marketing für Veränderungsprozesse – am Fallbeispiel HERTIE, in: *Bruhn, M. (Hrsg.)*: Internes Marketing. Integration der Kunden- und Mitarbeiterorientierung, 1. Aufl., Wiesbaden, S. 527-542.

Summary

The need for consequent customer-orientation adds new importance to human capital. Therefore an effective Internal Marketing has to insure good staff communication, due to its importance as an in-plant basis of external customer-orientation. The main goal is to impart the necessary knowledge, mentality, and behavior to members of staff. As a result of an increasingly dynamic environment, the traditional instruments of internal communication (e.g. mail shots, noticeboards) are no longer adequate. The main problems are the lack of information speed, feedback channels, attraction for users and integration of tools. Thus new media (e.g. electronic mail or the World Wide Web) become increasingly important. Business Television (BTV), the in-plant use of television, is an instrument, which has the capacity to close the gap between the needs of internal communication and the potential of traditional instruments.

With broadcast-formats like tele-training, tele-information, tele-event, tele-data-services or tele-communication, Business Television could be able to present a solution for the current problems of internal communication.

However, there still is an uncertainty about the effects of Business Television, concerning staff acceptance, motivation, satisfaction, and profitability. These factors have to be explored before a final valuation of the aptitude of Business Television as an instrument of internal communication is possible.

Stenose von Feedbackkanälen und ihre Bedeutung für kundenorientiertes Verhalten – Ein Problem des Internen Marketing

von Bernd Günter und Thomas Platzek

Prof. Dr. Bernd Günter, Inhaber des Lehrstuhls für Betriebswirtschaftslehre, insb. Marketing der Heinrich-Heine-Universität Düsseldorf.
Dr. Thomas Platzek ist Wissenschaftlicher Mitarbeiter an diesem Lehrstuhl.

1. Die Bedeutung der Stenose von Feedbackkanälen für kundenorientierte Entscheidungen

Kundenorientiertes Verhalten wird heute zu den Erfolgsfaktoren von Unternehmen gezählt (*Narver/Slater 1990*; *Kohli/Jaworski 1990*; *Homburg 1994*; *Utzig 1997*). Die in den letzten Jahren anhaltende wissenschaftliche und wirtschaftspraktische Diskussion zu den Themenbereichen Qualitätsmanagement, Kundenzufriedenheit, Beschwerdemanagement und Kundenbindung hat hier weitere Beiträge zum Zusammenhang von Kundenorientierung und bestimmten Unternehmenszielen geleistet.

Trotz mehr oder weniger intensiver Beschäftigung mit diesen Themen hat eine Reihe von Anbieterunternehmen die von Kunden geforderten Veränderungen noch nicht wahrgenommen, nur spärlich umgesetzt oder gar gänzlich ignoriert – wenn man so Aussagen von Kunden in Befragungen interpretieren darf. Welches Gefahrenpotential damit verknüpft sein kann, zeigen – für die Bundesrepublik Deutschland – z.B. die Ergebnisse des Deutschen Kundenbarometers. Immer noch, so dokumentieren die Erhebungsergebnisse, fühlen sich viele Kunden zu wenig ernst genommen, vielerorts sogar „mißhandelt". Die daraus resultierenden – zumeist negativen – Auswirkungen für einen Anbieter, wie z.B. Abwanderung oder Verbreitung von Unzufriedenheit, müßten letztlich zu Konsequenzen für den effektiveren Einsatz von Instrumenten des Zufriedenheits- bzw. Qualitätsmanagements führen. Der erfolgreiche Einsatz dieser Instrumente hängt von Informationen der Anbieter über Kundenerwartungen und -erfahrungen ab. **Kundenzufriedenheitsinformationen** erscheinen in diesem Zusammenhang als notwendige Voraussetzung für kundenorientierte Entscheidungen (*Günter 1998*). Für die nachfolgenden Überlegungen soll dieser Typ von Information allgemein charakterisiert werden als Bewertung von Qualitätsmerkmalen eines Leistungsbündels durch Kunden, im Zufriedenheitsfall nach einem getätigten Kauf. Ergänzend hierzu sollen aber auch Informationen über die Ursachen von Unzufriedenheit/Zufriedenheit sowie über die Folgen dieser Zufriedenheit/Unzufriedenheit als Zufriedenheitsinformation bezeichnet werden (*Platzek 1998*).

Derartige Informationen dienen dazu, Entscheidungen über spezifische Marketingaktivitäten, über organisatorische Änderungen und über die Weiterentwicklung des Unternehmens und seiner Leistungen zu fundieren. Die Ziele eines Anbieterunternehmens sind dabei, die Kundenzufriedenheit zu beeinflussen, Folgekäufe zu ermöglichen und zu fördern sowie das Lernsystem des Unternehmens funktionsfähig zu erhalten.

Nun sind Unternehmen, insbesondere deren Entscheidungsträger, nicht selten mit der Situation konfrontiert, daß das erforderliche und angestrebte **Kunden-Feedback** nicht immer reibungslos in das untersuchte Anbieterunternehmen gelangt (*Günter/Platzek 1994*). Informationen werden nicht selten beschönigt, entstellt oder anderweitig verändert – oder sie werden selektiert, gefiltert oder gar „unterschlagen". Der Informationsfluß in der „Pipeline" zum Kunden ist durch Verengungen verschiedensten Typs gestört. Verantwortlich für die „Stenose" in den Informationskanälen ist letztlich das Informations- und Kommunikationsverhalten einzelner Individuen. Wenngleich in diesen Zusammenhängen die Analyse von Feedbackprozessen mehrere Marktstufen umfassen kann, konzentrieren sich die nachfolgenden Überlegungen auf unternehmensinterne zufriedenheitsbezogene Feedback- und damit auch Selektionsprozesse. Zufriedenheitsbezogene interne Selektionsprozesse können als bewußte und/oder unbewußte, durch das Informationsverhalten von Individuen (internen Kunden) geprägte Manipulationen von Informations- bzw. Kommunikationsprozessen, die Zufriedenheitsinformationen als Gegenstand haben, interpretiert werden (*Platzek 1998*). Derartige Prozesse haben zur Folge, daß entscheidungsrelevante Informationen nicht in angemessener Form zur Verfügung stehen bzw. kommuniziert werden können.

Das Ziel des vorliegenden Beitrags besteht darin, die für **Stenosen in Feedbackprozessen** ursächlichen Determinanten zu analysieren und auf entsprechende Wege zur Vermeidung von internen Feedbackstörungen durch Instrumente des Internen Marketing hinzuweisen.

2. Interne Feedbackkanäle aus der Perspektive des Anbieters

Auch wenn man die Analyse „nur" auf unternehmensinterne Feedbackprozesse fokussiert, so wird deutlich, daß die dabei zu beobachtenden **Kommunikationsstrukturen** sehr komplex sein können. Besonders in Großunternehmen mit oftmals weit verzweigten Unternehmensstrukturen treten eine Vielzahl interner Liefer- und Leistungsverflechtungen auf. Dieser Zusammenhang kann im Sinne interner Kunden-Lieferanten-Beziehungen interpretiert werden (*Stauss/Schulze 1990, S. 149ff.; Neuhaus 1996*). Zu den Beteiligten eines derartigen *intra*organisationalen Netzwerkes zählen je nach Perspektive z.B. einzelne Mitarbeiter, Abteilungen, Geschäftsbereiche oder Tochterunternehmen. Abbildung 1 zeigt beispielhaft ein intraorganisationales Netzwerk mit einer Auswahl von Feedbackprozessen.

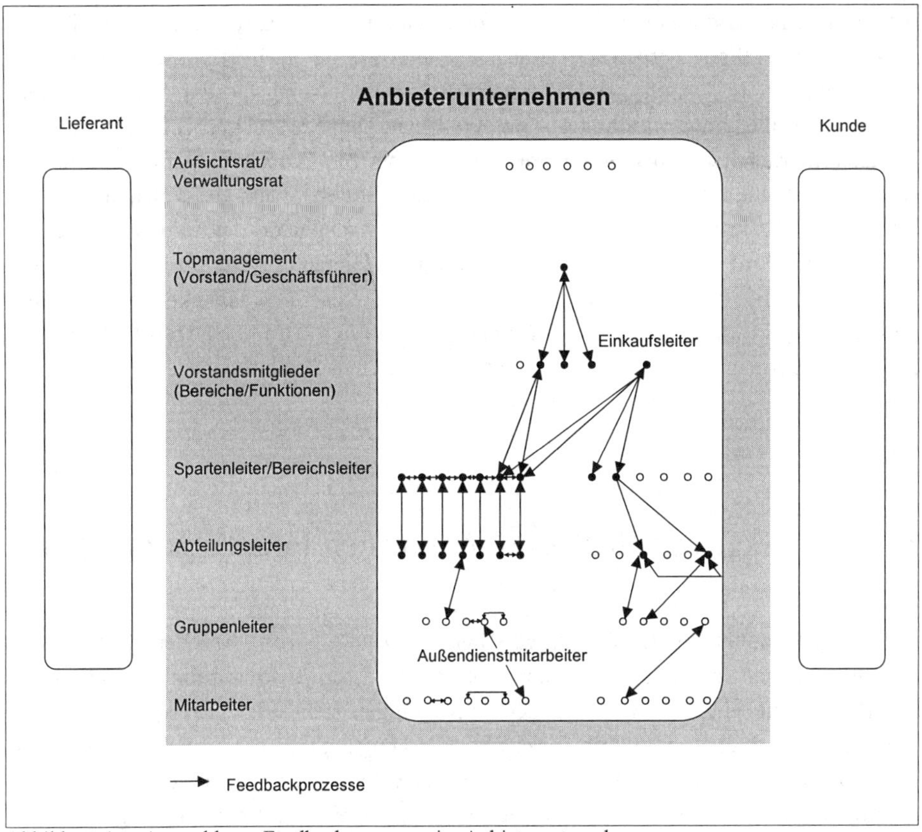

Abbildung 1: Auswahl von Feedbackprozessen im Anbieterunternehmen

Zwischen einzelnen Mitarbeitern im Anbieterunternehmen existieren Über- und Unterordnungsverhältnisse – **Principal-Agent-Beziehungen**, die als interne Liefer- und Leistungsverflechtungen interpretiert werden können. Berücksichtigt man zudem besonders die unternehmensinternen Verflechtungen, die sich bei einem internationalen Engagement ergeben können, so wird deutlich, daß interne Kommunikations- und damit auch **Selektionsprozesse** ein bedeutendes Problemfeld für Unternehmensführung und Marketing darstellen können (*Pausenberger/Glaum 1993, S. 613*). Besonders in After-Sales-Situationen führen derartige Strukturen zu Schnittstellen, die den Informationsrückfluß aus dem Markt erschweren. Zufriedenheitsbezogene Selektionsprozesse werden dadurch begünstigt. Nicht reibungslos verlaufende Feedbackprozesse führen so zu erheblichen Informationsdefiziten auf der obersten Führungsebene oder bei spezialisierten Funktionen, denen die Auswertung und Aufbereitung der Daten obliegt.

Welche Brisanz in diesem Problemfeld liegt, kann anhand des nachfolgenden fiktiven Beispiels verdeutlicht werden: Der Ausgangspunkt sei der Sachverhalt, daß ein bedeutender Kunde seine Unzufriedenheit mit einer Anbieterleistung diesem Anbieter – konkret einem Außendienstmitarbeiter – mitgeteilt hat. Der Feedbackprozeß innerhalb des Anbieterunternehmens über die Hierarchiestufen bis zum Top-Management umfaßt in dem in Abbildung 1 dargestellten Fallbeispiel sechs Stufen. Wenn aus welchen Gründen auch immer die Informationsqualität (z.B. der Wahrheitsgehalt, die Aktualität, die Genauigkeit, die Prüfbarkeit der Information) auf jeder Hierarchiestufe nur um 20 Prozent abnimmt („Stille Post-Phänomen"), dann gehen in diesem Feedbackprozeß bis zum Topmanagement mehr als 2/3 der Informationen verloren. Um derartigen Phänomenen entgegensteuern zu können, müssen zunächst deren Ursachen aufgedeckt und analysiert werden.

3. Ursachen von Stenosen in internen Feedbackkanälen

Der Ausgangspunkt für das Auffinden sowie die Analyse von Ursachen für Stenosen und nicht reibungslos verlaufende Feedbackprozesse ist im **Informationsverhalten** von Mitarbeitern zu sehen. Im Zentrum der Überlegungen steht die Analyse des reaktiven Informationsverhaltens von Anbietern, also der Umgang mit den von Kunden artikulierten Zufriedenheitsinformationen. Die Existenz derartiger Informationen im Anbieterunternehmen – an welcher Stelle auch immer – wird als Voraussetzung angenommen. Da das Informationsverhalten letztlich immer individuelles Verhalten ist, kann die Vielzahl der vorliegenden und veröffentlichten Untersuchungen zur Information und Kommunikation durch Individuen Hinweise auf Selektionspotentiale geben.

Für die nachfolgenden Überlegungen greifen wir auf das von *Wilensky* (*Wilensky 1969*) entwickelte Konzept der **Informationspathologien** zurück. Dieses Konzept ist darum bemüht, solche Faktoren zu identifizieren, die die Verzerrung, Verfälschung, Selektion usw. von Informationen allgemein innerhalb von Unternehmen beeinflussen (*Scholl 1992, Sp. 900ff.*). Dieser Ansatz erscheint dafür prädestiniert, auch auf Stenosen, als Ursachen von zufriedenheitsbezogenen Selektionsprozessen in Anbieterunternehmen, aufmerksam zu machen. Stenosen stellen insofern eine Form von Informationspathologien dar. Zudem werden die Überlegungen hierzu um empirische Ergebnisse ergänzt, die einer Untersuchung zu Selektionsproblemen in After-Sales-Netzwerken entstammen (*Platzek 1998*).

In Anlehnung an *Wilensky* beschreibt *Scholl* das Phänomen Informationspathologie wie folgt (*Scholl 1992, Sp. 901*):
„Es gibt unzählige Fehlerquellen: Die Information ist oft nicht richtig, nicht klar, nicht rechtzeitig oder nicht relevant: aber selbst wenn sie das alles ist, wird sie u.U. falsch zusammengefaßt, verzerrt oder völlig blockiert auf dem Weg zwischen Sender und Empfänger. Und wenn sie ankommt und in Handlungen umgesetzt werden könnte, wird sie vom Empfänger ggf. nicht beachtet, weil sie nicht zu seinen vorgefaßten Meinungen paßt, weil sie in irrelevantes Material eingebettet ist, weil der andere nicht glaubwürdig erscheint oder einfach weil er selbst überlastet ist.“

In diesem Sinne lassen sich Informationspathologien nicht vollständig vermeiden. Bei der Diskussion um dieses Phänomen stehen in erster Linie sogenannte vermeidbare Fehler im Mittelpunkt. Hierzu gehören „...produzierbare Informationen, die nicht produziert wurden, beschaffbare Informationen, die nicht beschafft, vorhandene Informationen, die nicht oder verzerrt übermittelt und um übermittelte Informationen, die falsch verstanden oder nicht verwendet wurden“ (*Scholl 1992, Sp. 901*). Bei näherer Betrachtung lassen sich in genau diesen Phänomenen Anhaltspunkte für den Umgang mit Kundenzufriedenheitsinformationen in Unternehmen erkennen.

Auf den Grundlagen von *Wilensky* hat *Scholl* eine Reihe weiterer Arten von Informationspathologien in die Diskussion eingebracht. In Abbildung 2 sind zusammenfassend die entsprechenden Informationspathologien dargestellt. Danach können zunächst drei **Gruppen von Pathologien** differenziert werden: Die akteurbezogenen, interaktionsbezogenen und wissensbezogenen Informationspathologien. Während die akteurbezogenen Informationspathologien das Individuum bzw. Organisationsmitglied in den Mittelpunkt stellen und dessen Probleme bei der Gewinnung und beim Umgang mit Informationen beschreiben, deuten die interaktionsbezogenen Informationspathologien auf Ursachen für Kommunikationsstörungen zwischen Akteuren hin. Die wissensbezogenen Informationspathologien hingegen betonen mögliche Informationspathologien, die aus der Art der Wissensproduktion resultieren. Nachfolgend sollen mit Hilfe dieser Informationspathologien die zufriedenheitsbezogenen Informations- und Kommunikationsstörungen innerhalb von Unternehmen analysiert werden.

Akteurbezogene Informationspathologien	Interaktionsbezogene Informationspathologien	Wissensbezogene Informationspathologien
• Der Aufbau von validem Wissen • Unzureichende Grundkenntnisse • Betriebsblindheit • Mangelnde Informationsnachfrage • Informationsüberlastung • Selbstkonzeptbedingte Verzerrungen • Mehr vom Falschen	• Eingeschränkter Meinungsaustausch • Unverständnis zwischen Spezialisten • Harmoniebedürfnis bzw. „group thinking" • Macht- und hierarchiebedingte Verzerrungen • Interessen- und konkurrenzbedingte Verzerrungen • Bürokratiebedingte Verzerrungen	• Wissen als Abbild der Realität • Die Überbetonung von Fakten • Erfahrung und Erkenntnis • Denken und Handeln

Abbildung 2: Informationspathologien

Der Fokus der **akteurbezogenen Informationspathologien** liegt auf der Gewinnung und Nutzung von Informationen. Nach den von *Scholl* systematisierten Informationspathologien basiert das für Selektionsprozesse verantwortliche Informationsverhalten zunächst auf dem Aufbau von validem Wissen. Dieser Wissensaufbau geschieht „... durch Assimilation neuer Aspekte an vorhandenes Wissen sowie durch Akkomodation des vorhandenen Wissens an neue aufgrund mangelnder Passung nicht assimilierbarer Aspekte" (*Scholl 1992, Sp. 903*). Der Wissenserwerb von Unternehmen, in diesem Sinne durch Kundenzufriedenheitsinformationen, hängt letztlich von den bei den einzelnen Mitarbeitern stattfindenden Assimilierungs- und Akkomodationsprozessen ab. Für den Fall, daß Mitarbeiter mit Beschwerdeinformationen konfrontiert werden, diese für die Bedeutung dieser Informationen nicht ausreichend sensibilisiert sind, steigt das Risiko, daß diese Informationen nicht beachtet, nicht bearbeitet und damit letztlich selektiert werden. Wir erkennen hierin ein typisches Problem, das den Einsatz von Maßnahmen des Internen Marketing erfordert.

Eine Verknüpfung zu dieser Informationspathologie sehen wir auch in „unzureichenden Grundkenntnissen", „Betriebsblindheit" und „mangelnder Informationsnachfrage". Für den Umgang mit Zufriedenheitsinformationen sind in den meisten Unternehmen Grundkenntnisse, mitunter sogar Fachkenntnisse erforderlich – insbesondere dann, wenn es um die Prüfung komplexer Beschwerdefälle geht. In diesem Zusammenhang interessant erscheinen Ergebnisse des **Deutschen Kundenbarometers**. Zum einen wird z.B. deutlich, daß mehr als zwei Drittel der befragten Mitarbeiter (69,1 Prozent) von Unternehmen aus unterschiedlichen Wirtschaftszweigen die Auffassung vertreten, daß alle Mitarbeiter auf den Umgang mit Kundenbeschwerden vorbereitet sind (*Meyer/Dornach 1997, S. 74*). Zum anderen zeigt sich aber auch, daß in vielen Branchen mehr als 50 Prozent der Beschwerdeführer mit der Reaktion der Unternehmen unzufrieden sind (*Meyer/Dornach 1997, S. 18*). Zwischen der Innen- und Außensicht von Unternehmensleistungen zeigen sich deutliche Differenzen. Man könnte nun soweit gehen, diese Lücke im Sinne nicht ausreichend vorhandener Grundkenntnisse von Mitarbeitern zu interpretieren. Um auch in den „Augen der Kunden" als kundenorientiert zu gelten, wäre dann als Maßnahme des Internen Marketing eine stärkere Sensibilisierung aller Mitarbeiter durch Aus- und Weiterbildung für den „kundenorientierten Umgang" mit Informationen empfehlenswert.

Die von *Scholl* angesprochene **Betriebsblindheit** hingegen basiert auf dem Erfahrungshorizont einzelner Mitarbeiter. Dieser wird in erster Linie durch die (identische) Umgebung der Mitarbeiter geprägt. Bleibt diese über einen längeren Zeitraum konstant, so hat das Auswirkungen auf das Informationsverhalten der Beteiligten. *Scholl* geht davon aus, daß die Neigung und Fähigkeit zur Auseinandersetzung mit Neuem (hierzu zählen z.B. bestimmte Besuche von Kunden durch Mitarbeiter der F&E-Abteilung oder abteilungsübergreifendes Arbeiten, Anm. d. V.) dementsprechend abnimmt (*Scholl 1992, Sp. 904*).

Nicht ausreichend vorhandene Grundkenntnisse und Betriebsblindheit führen nicht selten auch dazu, daß Mitarbeiter gar nicht wissen, welche Informationen sie benötigen bzw. aktiv suchen sollten (mangelnde Informationsnachfrage). Ein derartiges passives Informationsverhalten von Mitarbeitern im Umgang mit Zufriedenheitsinformationen kann zur Konsequenz haben, daß vom Markt eingehende Informationen selektiert werden.

Informationsüberlastung von Mitarbeitern wird als eine weitere Informationspathologien gesehen (*O'Reilly 1980, S. 684ff.*). Weil eine derartige Überlastung häufig auf mangelnden Grundkenntnissen und fehlenden (einseitigen) Erfahrungen basiert, erscheint es um so wichtiger, diese Defizite durch Aus- und Weiterbildung zu vermindern. Erfahrene und geschulte Mitarbeiter scheinen besser in der Lage zu sein, auch größere Informationsmengen zu verarbeiten (*Scholl 1992, Sp. 904*). Auch bei diesem Thema ist es notwendig, auf den engen Zusammenhang zur Arbeitsbelastung allgemein hinzuweisen. Die von vielen Mitarbeitern beklagte zunehmende Arbeitsbelastung erscheint für ein gewünschtes zufriedenheitsrelevantes Informationsverhalten nicht förderlich zu sein.

Insofern ist diese Informationspathologie bei der Analyse von Selektionsprozessen in den Unternehmen zu berücksichtigen.

Eine ebenso für zufriedenheitsbezogene Selektionsprozesse interessante Informationspathologie ist das sogenannte **Selbstkonzept von Individuen**. Dieses basiert auf Erfahrungen, Interessen, Persönlichkeit usw. und wird im Laufe der Zeit zunehmend unempfindlich gegenüber zweckmäßigen (kundenorientierten) Veränderungen. Jahrelang von vielen Entscheidungsträgern tolerierte Defizite im kundenorientierten Verhalten von Mitarbeitern prägen die Selbstkonzepte der Mitarbeiter und stehen schnellen, teilweise dringend notwendigen Veränderungen entgegen.

Darüber hinaus orientiert sich das Selbstkonzept auch an der Wahrnehmung der Mitarbeiter. Hiernach nehmen Mitarbeiter häufig nur die Information wahr, die sie auch tatsächlich wahrnehmen wollen (ein Aspekt der sog. „**selektiven Wahrnehmung**"). Wenn Kundenbeschwerden – aus welchen Gründen auch immer – nicht in das Selbstkonzept des jeweiligen betroffenen Mitarbeiter fallen, dann steigt das Risiko, daß derartige Informationen nicht beachtet und damit selektiert werden. Individuelles, aber auch organisationales Lernen wird durch die Nicht-Weitergabe dieser Zufriedenheitsinformationen unterbunden.

Zum Abschluß der Gruppe der akteurbezogenen Informationspathologien skizziert *Scholl* die Informationspathologie des „Mehr vom Falschen". Bei diesem Typ von Informationspathologien geht es darum, daß einige Mitarbeiter dazu neigen, ihr Informationsverhalten auch dann noch als angemessen zu beurteilen und zu verteidigen, wenn offensichtlich ist, daß ihr Verhalten bestimmten „Spielregeln" widerspricht. Das kann soweit gehen, daß Mitarbeiter sich „aus Prinzip" weigern, Zufriedenheitsinformationen, gerade auch von Kollegen, aktiv zu beschaffen bzw. diese entsprechend weiterzugeben. Äußerungen wie „das haben wir noch nie gemacht" oder „wo kommen wir da hin?" sind Anzeichen für ein derartiges Informationsverhalten.

Die zweite Gruppe von Informationspathologien wird von *Scholl* als **interaktionsbezogene Informationspathologien** gekennzeichnet. Zu diesen Informationspathologien zählen solche, die verantwortlich für zwischenmenschliche Kommunikationsstörungen sind. Dazu gehört z.B. der eingeschränkte Meinungsaustausch zwischen Mitarbeitern. Dabei geht man davon aus, daß der Informationsaustausch grundsätzlich dann begünstigt wird, wenn Gleichgesinnte miteinander kommunizieren (*Festinger 1954, S. 117ff.*). Das Verständnis untereinander erhöht sich. Als These ließe sich daraus ableiten, daß zufriedenheitsbezogene Selektionsprozesse gefördert werden, wenn anders denkende und ausgebildete Mitarbeiter miteinander kommunizieren.

Diese These läßt sich auch durch die Informationspathologie „Unverständnis zwischen Spezialisten" untermauern. Besonders in größeren Unternehmen führt die Funktions- und Bereichsorientierung zu einer Reihe von (kommunikativen) Schnittstellenproblemen. Ohne eine entsprechende aktive Problemlösung sind Informationsselektionsprozesse unabwendbar. Auf das Unverständnis zwischen Spezialisten sollte deshalb bei der Analyse von zufriedenheitsbezogenen Selektionsprozessen besonderer Wert gelegt werden.

Eine ähnliche Bedeutung kann auch dem Harmoniebedürfnis bzw. „**group thinking**" der beteiligten Mitarbeiter zugemessen werden. In den Unternehmen, in denen ein kontroverser Meinungsaustausch nicht möglich oder nicht gewollt ist, besteht die Gefahr, daß das bei den Mitarbeitern vorhandene Wissen nicht sinnvoll genutzt wird (*Janis 1972*). Für den Fall beispielsweise, daß man die Verursacher von Kundenbeschwerden nicht ermitteln will und der Grund für das Nicht-Wollen in einem stark ausgeprägten Harmoniebedürfnis der beteiligten Mitarbeiter untereinander verankert ist, wird eine Diskussion über das vom Kunden beklagte Defizit – je nach Brisanz des Problems – nicht stattfinden.

Für Selektionsprozesse ebenso bedeutsam sind macht- und hierarchiebedingte Verzerrungen. *Scholl* bemerkt dazu: „Von unten nach oben werden negative Vorkommnisse beschönigt oder verschwiegen, weil die Befürchtung besteht, daß man dafür verantwortlich gemacht und bestraft wird. Von oben nach unten werden wichtige Informationen nicht oder nur verkürzt weitergegeben, um den Machtvorsprung zu sichern" (*Scholl 1992, Sp. 907*). Die in der Abbildung 1 dargestellten Kommunikationsbeziehungen weisen auf die Relevanz von Hierarchiestufen für das interne Selektionsproblem hin. Insofern erscheint die Verpflichtung von Entscheidungsträgern, den direkten Kontakt zu Mitarbeitern und vor allem zu Kunden zu suchen, nicht nur notwendig, sondern dringend geboten.

Eine weitere Informationspathologie resultiert aus interessen- und konkurrenzbedingten Verzerrungen. Mitunter ist der Informationsaustausch aufgrund eines ausgeprägten Konkurrenzdenkens zwischen Entscheidungsträgern gestört. Das vielfach notwendige wechselseitige Vertrauen für reibungslos verlaufende Kommunikationsprozesse ist in solchen Fällen nicht gegeben. Nicht selten werden interessen- und konkurrenzbedingte Verzerrungen durch die Unternehmensstruktur begünstigt. Insbesondere bei Unternehmen, die Teilbereiche als Profit Center führen, sind notwendige Kommunikationsbeziehungen zwischen den Sparten o.ä. Unternehmensbereichen häufig nicht vorhanden.

Zudem spielen formelle Vorschriften und starke Hierarchisierung als Beispiele für bürokratiebedingte Verzerrungen eine beeinflussende Rolle für Kommunikationsprozesse. Insofern ist nicht überraschend, daß eher bürokratische Unternehmen im Umgang mit Innovationen ihre Schwierigkeiten haben (*Gebert 1978*). Die teilweise aus Kundenbeschwerden resultierenden Anknüpfungspunkte für Innovationen – kundenseitige Verbesserungs- bzw. Weiterentwicklungsvoschläge – werden oft bürokratiebedingt nicht ausgewertet und weitergegeben.

Die dritte Gruppe der Informationspathologien wird als **wissensbezogene Informationspathologie** bezeichnet. Eine der vier hier subsumierten Informationspathologien ist das Wissen als Abbild der Realität. Mitarbeiter vertreten mitunter die Ansicht, daß das eigene „Wissen" auch tatsächlich die Realität widerspiegelt. Das kann zur Folge haben, daß derartige Mitarbeiter die Auffassungen anderer Mitarbeiter nicht beachten, in Zweifel ziehen usw. Für zufriedenheitsbezogene Kommunikationsprozesse sind damit erhebliche Auswirkungen verknüpft. Von Kunden artikulierte und zwischen Mitarbeitern diskutierte Verbesserungsvorschläge finden so z.B. nicht die notwendige Beachtung. Interne Verbesserungsprozesse leiden somit am Informationsverhalten derartig denkender Mitarbeiter.

Die Überbetonung von Fakten weist auf einen für zufriedenheitsbezogene Informationsprozesse wichtigen Zusammenhang hin. Im Mittelpunkt hierbei steht die Interpretation von Fakten. In nicht wenigen Unternehmen fordern Entscheidungsträger einen bestimmten Typus von Information. Vereinfachend sind damit quantitative Informationen angesprochen. Schließt man sich dieser Aussage an, dann hat das zur Folge, daß quantitativen Aussagen ein stärkeres Gewicht als qualitativen Aussagen zukommt. Demzufolge wundert es nicht, daß Entscheidungsträgern teilweise quantitative Zufriedenheitsinformationen, z.B. in Form eines Zufriedenheitsindizes, vorliegen. Gleichzeitig aber werden die eher qualitativen Informationen, z.B. in Form von Ursachenbeschreibungen, nicht eingefordert und auf diese Weise gefiltert und selektiert. Eine in dieser Hinsicht vorgenommene Überbetonung von Fakten verstärkt die Gefahr nicht reibungslos verlaufender Feedbackprozesse.

Zur Informationspathologie „Erfahrung und Erkenntnis" bemerkt *Scholl*: „Wird im organisatorischen Handeln einseitig auf Erkenntnis oder auf Erfahrung gesetzt, dann sind Informationspathologien so gut wie sicher" (*Scholl 1992, Sp. 909;* vgl. auch *Springer/ Deutsch 1988*). Zunächst ist offensichtlich, daß einseitige Fähigkeiten im beschriebenen Sinne Kommunikationsprozesse beeinflussen. Die Erkenntnis, daß es sinnvoll ist, Zufriedenheitsinformationen zu strukturieren, auszuwerten und in Entscheidungsprozesse einfließen zu lassen, ersetzt nicht die Erfahrung, die aus der tatsächlichen Umsetzung resultiert. Doch auch ein einseitig durch Erfahrung geprägtes Wissen kann ebenso zu Informationspathologien führen. Das wird dann der Fall sein, wenn z.B. neuere Erkenntnisse zur effizienten Gestaltung von Kommunikationsprozessen nicht beachtet werden. Die inzwischen angebotene Software zur Erfassung, Bearbeitung und Auswertung von Kundenbeschwerden sind hierfür ein Beispiel (*Stauss/Seidel 1998, S. 356ff.*).

„Denken und Handeln" kennzeichnet eine Informationspathologie, die die Unternehmen darauf hinweist, daß sich bestimmte Formen von Unsicherheiten nicht durch Nachdenken vermeiden lassen. Unternehmen müssen auch handeln. Auf diesen Zusammenhang haben vergleichsweise früh *Peters* und *Waterman* hingewiesen. Die Aktionsorientierung von Unternehmen (Primat des Handelns) zählen sie zu den bedeutenden Charakteristika der bestgeführten US-Unternehmen (*Peters/Waterman 1984, S. 149ff.*).

Eine Voraussetzung für den Umgang mit defizitären **Feedbackprozessen** ist insofern das Verständnis für deren Ursachen. Das auf *Wilensky* zurückzuführende Konzept der Informationspathologien erscheint geeignet, auf eine Reihe von wichtigen Zusammenhängen hinzuweisen.

Die oben diskutierten Ursachen für nicht reibungslos verlaufende Feedbackprozesse innerhalb von Unternehmen lassen sich durch empirische Ergebnisse bestätigen bzw. ergänzen. Nachfolgend soll auf eine Auswahl von Ergebnissen einer am Lehrstuhl für Marketing der Heinrich-Heine-Universität Düsseldorf durchgeführten Untersuchung zum zufriedenheitsbezogenen Selektionsproblem in After-Sales-Netzwerken hingewiesen werden (*Platzek 1998*).

Ein Baustein dieser Untersuchung bestand darin, die für **Selektionsprozesse** verantwortlichen Faktoren ausfindig zu machen. Insgesamt wurden hierzu 53 Personen verschiedener Unternehmen aus dem Business-to-Business-Bereich befragt. Neben der Bewertung von insgesamt 38 Hypothesen wurden die Befragten darüber hinaus gebeten, die für sie zehn wichtigsten Gründe bzw. Ursachen der Informationsfilterung anzugeben sowie deren Bedeutung für das Selektionsproblem zu gewichten. Abbildung 3 zeigt zusammenfassend die Ergebnisse.

Rang (E)	Rangfolge der ***Häufigkeit der Nennungen*** als Ursache für die Filterung von Zufriedenheitsinformationen sowie ihre ***Bedeutung***	Rang (F)
1	Fehlende Kenntnisse von Mitarbeitern über die Bedeutung von Zufriedenheitsinformationen	1
2	Mangelndes Verantwortungsgefühl von Mitarbeitern gegenüber Kundenproblemen	2
3	Hohe Arbeitsbelastung von Mitarbeitern	3
9	Fehlende bzw. mangelnde fachliche Kompetenz von Mitarbeitern	4
8	Geringe oder fehlende Arbeitsmotivation von Mitarbeitern	5
5	Schlechte Erfahrung mit der Weitergabe von Zufriedenheitsinformationen	6
7	Abteilungsdenken von Mitarbeitern	7
12	Fehlende Richtlinien im Umgang mit Kundenbeschwerden	8
10	Schlechte Beurteilbarkeit produktbezogener Mängel	9
6	Fehlende Kommunikationsfähigkeit von Mitarbeitern	10

Rang (E) = Rangfolge der Häufigkeiten der Nennungen des Filterfaktors als Ursache für die Filterung
Rang (F) = Rangfolge der arithmetischen Mittel bei der Beurteilung der Wichtigkeit der Filterfaktoren

Abbildung 3: Ursachen für die Filterung von Zufriedenheitsinformationen sowie ihre Bedeutung

Fehlende Kenntnisse von Mitarbeitern über die Bedeutung von Zufriedenheitsinformationen werden von den Befragten als wichtigste Ursache gesehen. Auch der Faktor mangelndes Verantwortungsgefühl von Mitarbeitern gegenüber Kundenproblemen hat bei den Befragten eine hohe Bedeutung. Dieses Ergebnis wird insbesondere jenen Personenkreis nicht erstaunen, der in der (Selbst-)Verantwortung von Mitarbeitern einen der zentralen Erfolgsfaktoren für Unternehmen sieht. Insofern überrascht es auch nicht, daß die Befragten die geringe oder fehlende **Arbeitsmotivation** von Mitarbeitern ebenfalls als Ursache für die Filterung von Zufriedenheitsinformationen ansehen. Wenngleich wir an dieser Stelle nicht jeden einzelnen Filterfaktor aufgreifen und interpretieren wollen, so zeigt sich, daß diese Ergebnisse eine Reihe von Erkenntnissen der informationspathologischen Analyse unterstützen. Das betrifft beispielsweise die fehlende bzw. mangelnde fachliche Kompetenz von Mitarbeitern ebenso wie fehlende Richtlinien im Umgang mit Kundenbeschwerden.

Aus den insgesamt vorliegenden Ergebnissen lassen sich im Sinne des Internen Marketing Hinweise auf die Gestaltung der internen Kanalisierungsfunktion ableiten. Die nachfolgenden Überlegungen müssen vor dem Hintergrund interpretiert werden, daß branchen- und/oder unternehmensspezifische Besonderheiten die Ursachen und damit letztlich auch die Konsequenzen beeinflussen können. Die anschließend dargestellten Ansätze zur Verminderung von Selektionsprozessen haben insofern beispielhaften Charakter.

4. Instrumente des Internen Marketing zur Vermeidung von Filterprozessen

Die Vielzahl der für Stenosen in den Informationskanälen verantwortlichen Filterfaktoren gibt einen Hinweis auf das Potential an geeigneten Instrumenten zur Gestaltung von internen Feedbackprozessen. Die nachfolgend angesprochenen Instrumente tragen zunächst dazu bei, die Durchlässigkeit bestehender Feedbackkanäle zu erhöhen (Abbau von Stenosen). Zudem erscheinen diese Instrumente auch dazu geeignet, zusätzliche Feedbackkanäle zu errichten („Bypass-Funktion“). Zu dem Potential an geeigneten Instrumenten gehören selbstverständlich verschiedene Formen von **Anreizsystemen** wie etwa Prämien und Gratifikationen, ggf. auch Rabatteinräumung, für kundenorientiertes Mitarbeiterverhalten ebenso wie die Aus- und Weiterbildung von Mitarbeitern, das Training in kundenorientiertem Verhalten. Auch die Dokumentation von Kundenzufriedenheit, z.B. in Mitarbeiterzeitschriften, kann die Sensibilität der Mitarbeiter für kundenorientiertes Verhalten erhöhen. Gleichwohl werden wir nachfolgend insbesondere auf solche Instrumente näher eingehen, deren Einsatz sich in der Unternehmenspraxis (noch) nicht auf breiter Front durchgesetzt hat (*Platzek 1998*).

Zu diesen Instrumenten zählen z.B. interne Kundenkonferenzen im Sinne von **Mitarbeiterkonferenzen**. Mitarbeiterkonferenzen sind den Gruppendiskussionsverfahren zuzurechnen. Mit einer Auswahl von Mitarbeitern (ca. 6-12) werden dabei nachkaufrelevante Fragestellungen thematisiert sowie interne Kommunikationsbarrieren aufgegriffen und diskutiert. Dabei geht es insbesondere darum, die für reibungslos verlaufende Feedbackprozesse relevanten Faktoren zu identifizieren, entsprechende Ursachen zu erörtern sowie Verbesserungsvorschläge aufzugreifen. Die daraus resultierenden Ergebnisse stellen unmittelbar anwendungsbezogene Informationen dar (*Günter 1996, 1998*).

Zu den immer noch von vielen Unternehmen eher selten eingesetzten Instrumenten gehört etwa ein computergestütztes **Beschwerde- und Anfragensystem**. Im Mittelpunkt steht die Weiterleitung und Aufbereitung von Kundenangaben, also die Gestaltung von innerbetrieblichen Kommunikationsprozessen, die mit der systematischen Erfassung, Bearbeitung und Weiterleitung von Zufriedenheitsinformationen verknüpft sind. Filterprozesse können dadurch erheblich vermindert werden. Eine Reihe von mittlerweile am Markt angebotenen Hard- und Softwarelösungen leisten hierzu geeignete Hilfestellungen.

Neben diesen zumeist kostenintensiven EDV-Lösungen sind, insbesondere für kleine und mittelständische Anbieter, einfache Berichtssysteme geeignet, interne Kanalisierungsfunktionen zu übernehmen. Ein derartiges Berichtssystem kann in einfacher Form aus einem Reklamationserfassungsbogen bestehen. Außendienstmitarbeiter beispielsweise haben so eine formelle Grundlage, Kundenbeschwerden zu „konservieren".

Daneben läßt sich mit Hilfe von Richtlinien bzw. **Qualitätsstandards** das Informationsverhalten von Mitarbeitern beeinflussen (*Drewes/Klee 1995, S. 504f.*; *Günter 1997*). Entsprechende Richtlinien stellen letztlich für die Mitarbeiter verbindliche Orientierungs- und Richtgrößen für den Umgang mit Zufriedenheitsinformationen dar. Sie tragen damit zur Verminderung der Unsicherheit darüber bei, wie mit derartigen Informationen umzugehen sei. Das Aufstellen solcher Richtlinien ist für Mitarbeiter – nicht nur im Kundenkontakt – zum Teil mit erheblichen Erleichterungen verknüpft. Von Mitarbeitern als lästig empfundene Diskussionen mit Personal aus anderen Unternehmensbereichen über die Beschaffung und Weitergabe von Zufriedenheitsinformationen können so zieladäquat geregelt werden. Auch ein schriftlich fixierter Hinweis darauf, daß eine Kundenbeschwerde systematisch erfaßt und innerhalb von 24 Stunden bearbeitet werden muß, wird das Informationsverhalten der Mitarbeiter beeinflussen (vgl. hierzu auch das von *Stauss/Seidel 1998, S. 170ff.* diskutierte Eskalationssystem).

Der Umgang mit Kundenzufriedenheitsinformationen innerhalb von Unternehmen wird erheblich durch die Führungsspitze eines Unternehmens geprägt. Dennoch ist davon auszugehen, daß die Gestaltung der damit zusammenhängenden Prozesse nicht ohne, sondern nur mit den betroffenen Mitarbeitern gelingt. Insofern sind Mitarbeiter in entsprechende Planungs- und Gestaltungsprozesse zu integrieren. Die Einrichtung sogenannter **Customer Satisfaction Teams** kann dabei sehr nützlich sein. Eine Aufgabe derartiger Teams im Rahmen des Internen Marketing kann z.B. darin bestehen, abteilungsübergreifende Lösungen für Kommunikationsprobleme zu erarbeiten.

Auch das in vielen Unternehmen vorhandene innerbetriebliche **Vorschlagswesen** (*Bontrup 1996*) erscheint hierfür ein geeignetes Instrument zu sein. Leider wird die Funktion dieses Instruments heute immer noch zu stark produkt- anstatt dienstleistungsorientiert definiert. Insofern sollten die Verantwortlichen in den Unternehmen dieses Instrument um zufriedenheitsbezogene Aspekte ergänzen.

Als ein wichtiges Ergebnis der Analyse von Selektionsprozessen konnte gezeigt werden, daß insbesondere solche Instrumente in einem Gestaltungssystem zu berücksichtigen sind, die auf Motivationsdefiziten basierende Selektionsprozesse abbauen können. Nachfolgend soll deshalb auf zwei Instrumente hingewiesen werden, die an diesem Filterfaktor ansetzen: Empowerment sowie Complaint Ownership *(Stauss/Seidel 1998)*. Beide Instrumente können als Regelungsmechanismen und Instrumente des Internen Marketing aufgefaßt werden.

Empowerment kann allgemein als (Ermöglichung der) Ausweitung von Handlungsspielräumen bezeichnet werden *(Brymer 1991, S. 59; Bowen/Lawler 1995, S. 74)*. Es soll die Handlungskompetenz von Mitarbeitern – meist unterer Hierarchiestufen – erweitern und gleichsam stärken. Damit ist gerade auch im Sinne markt- und kundenorientierten Handelns eine Reihe von Vorteilen verknüpft: Schnellere Problemlösung für den Kunden, Reduktion von Beschwerdebearbeitungszeiten sowie Verbesserung der Kommunikationsbeziehungen zwischen den Mitarbeitern im Kundenkontakt und den in „nachgeordneten" Bereichen tätigen Mitarbeitern (*Brymer 1991, S. 61*). Dabei hat es sich als sinnvoll erwiesen, ein geeignetes Informationssystem zu installieren, das auch Mitarbeitern aus anderen Unternehmensbereichen den Zugriff auf Zufriedenheitsinformationen ermöglicht. Selektionsprozesse lassen sich dadurch erheblich vermindern.

In einem durchaus engen Zusammenhang mit diesem Konzept steht das im Bereich des Beschwerdemanagements diskutierte Konzept der „**Complaint Ownership**". Die Kernidee dieses Ansatzes ist, daß der Mitarbeiter, der als erster ein Kundenproblem wahrnimmt bzw. damit als erster konfrontiert wird, zum „Eigentümer" dieses Problems und der damit verbundenen Informationen wird. Sobald ein Mitarbeiter eine derartige Information erhält, ist er für die schnelle und vollständige Lösung des Kundenproblems verantwortlich. Dabei ist nicht entscheidend, ob er selbst in der Lage ist, das Problem zu lösen oder ob er andere kompetente Mitarbeiter im Unternehmen hinzuziehen muß (*Stauss/Seidel 1998, S. 103ff.*). Ein Ziel dieses Instruments kann darin gesehen werden, zur Vermeidung von zufriedenheitsbezogenen Selektionsprozessen beizutragen und Stenosen zu verhindern.

Abschließend soll darauf hingewiesen werden, daß der Einsatz der oben angesprochenen Instrumente Mitarbeiter zum Teil erheblich beansprucht. Die theoretische sowie empirische Analyse haben darauf hingewiesen, daß insbesondere eine hohe Arbeitsbelastung von Mitarbeitern dafür mitverantwortlich ist, daß Zufriedenheitsinformationen zurückgehalten und gefiltert werden. Die in diesem Zusammenhang von vielen Entscheidungsträgern zusätzlich angeordneten Aufgaben müssen deshalb – um die gewünschte Wirkung nicht zu verfehlen – in der Mitarbeiterressourcenplanung explizit berücksichtigt werden (*Platzek 1998*). Zum Abbau zufriedenheitsbezogener Informationsdefizite sowie zur positiven Beeinflussung von Feedbackprozessen erscheinen vor allem die folgenden angesprochenen **Instrumente des Internen Marketing** hilfreich:

- Anreizsysteme (Prämien, Rabatte),
- Aus- und Weiterbildung von Mitarbeitern,
- Dokumentation Kundenzufriedenheit,
- Mitarbeiterkonferenzen,
- Computergestütztes Beschwerde- und Anfragensystem,
- Berichtssystem,
- Beschwerderichtlinien,
- Qualitätsstandards,
- Einrichtung von Customer Satisfaction Teams,
- Innerbetriebliches Vorschlagswesen,
- Empowerment,
- Complaint Ownership,
- Mitarbeiterressourcenplanung.

Die Kombination dieser Instrumente ist dabei so zu wählen, daß die mit dem Zufriedenheitsmanagement verfolgten Ziele nicht nur extern gegenüber den Kunden, sondern auch im Rahmen der internen Kunden-Lieferanten-Beziehungen unterstützt werden.

Literaturverzeichnis

Bowen, D.E./Lawler, E.E. (1995): Empowering Service Employees, in: Sloan Management Review, Vol. 36, Summer, S. 73-84.

Brymer, R.A. (1991): Employee Empowerment. A Guest-Driven Leadership Strategy, in: The Cornell & Restaurant Administration Quarterly, Vol. 32, No. 1, S. 58-68.

Drewes, W./Klee, J. (1995): Messung der Dienstleistungsqualität und Qualitätsmanagement bei Kreditinstituten – am Beispiel einer deutschen Großbank, in: *Bruhn, M./Stauss, B. (Hrsg.):* Dienstleistungsqualität. Konzepte, Methoden, Erfahrungen, 2. Aufl., Wiesbaden, S. 495-524.

Festinger, L. (1954): A Theory of Social Comparison Process, in: Human Relations, Vol. 7, No. 2, S. 117-140.

Gebert, D. (1978): Organisation und Umwelt, Stuttgart.

Günter, B. (1995): Quantitative und qualitative Verfahren zur Messung von Kundenzufriedenheit, in: *Diedrich, A./Vogt, U. (Hrsg.):* Handbuch Qualitätsmanagement für Sparkassen und Banken, Stuttgart, S. 97-110.

Günter, B. (1996): Werter Kunde – beraten Sie uns doch öfter!, in: Absatzwirtschaft, 39. Jg., Nr. 6, S. 96-102.

Günter, B. (1996): Beschwerdemanagement als Instrument der Customer Integration, in: *Kleinaltenkamp, M./Fließ, S./Jacob, F. (Hrsg.):* Customer Integration – Von der Kundenorientierung zur Kundenintegration, Wiesbaden, S. 57-71.

Günter, B. (1997): Wettbewerbsvorteile, mehrstufige Kundenanalyse und Kunden-Feedback im Business-to-Business-Marketing, in: *Backhaus, K./Günter, B./Kleinaltenkamp, M./Plinke, W./Raffée, H. (Hrsg.):* Marktleistung und Wettbewerb: strategische und operative Perspektiven der marktorientierten Leistungsgestaltung, Wiesbaden, S. 213-231.

Günter, B. (1998): Beschwerdemanagement, in: *Simon, H./Homburg, C. (Hrsg.):* Kundenzufriedenheit. Konzepte – Methoden – Erfahrungen, 3. Aufl., Wiesbaden. (im Druck).

Günter, B. (1998): Qualitativ ausgerichtete Small-sample-Marktforschung – Kundenkonferenzen als Beispiel für Customer Focus Groups im After-sales-Marketing, in: *Hildebrandt, L./Erichson, B. (Hrsg.)*: Probleme und Trends in der Marketing-Forschung. Festschrift für *Professor Dr. Peter Hammann* zum 60. Geburtstag, Stuttgart, S. 193-207.

Günter, B./Platzek, T. (1992): Management von Kundenzufriedenheit – zur Gestaltung des After-sales-Netzwerkes, in: Marktforschung & Management, 36. Jg., Nr. 3, S. 109-114.

Günter, B./Platzek, T. (1994): Informationsselektion im After-Sales-Network, in: *Sydow, J./Windeler, A. (Hrsg.):* Management interorganisationaler Beziehungen – Vertrauen, Kontrolle und Informationstechnik, Opladen, S. 298-321.

Homburg, C. (1994): Kundennähe von Industriegüterunternehmen. Konzeption – Erfolgsauswirkungen – Determinanten, Wiesbaden.

Janis, I.L. (1972): Victims of Groupthink. A Psychological Study of Foreign Policy Decisions and Fiascoes, Boston.

Kohli, A.K./Jaworski, B. J. (1990): Market Orientation. The Construct, Research Propositions, and Managerial Implications, in: Journal of Marketing, Vol. 54, No. 2, S. 1-18.

Meyer, A./Dornach, F. (1997): Das Deutsche Kundenbarometer 1997 – Qualität und Zufriedenheit – Jahrbuch der Kundenzufriedenheit in Deutschland 1997, Deutsche Marketing-Vereinigung e.V. und Deutsche Post AG (Hrsg.), München.

Narver, J. C./Slater, S.F. (1990): The Effect of a Market Orientation on Business Profitability, in: Journal of Marketing, Vol. 54, No. 4, S. 20-35.

Neuhaus, P. (1996): Interne Kunden-Lieferanten-Beziehungen, Wiesbaden.

O'Reilly, C.A. (1980): Individuals and Information Overload in Organizations. Is More Necessarily Better? in: Academy of Management Journal, Vol. 23, No. 4, S. 684-696.

Pausenberger, E./Glaum, M. (1993): Informations- und Kommunikationsprobleme in internationalen Konzernen, in: Betriebswirtschaftliche Forschung und Praxis, 45. Jg., Nr. 6, S. 602-627.

Peters, T.J./Waterman Jr., R.H. (1984): Auf der Suche nach Spitzenleistungen, 3. Aufl., München.

Platzek, T. (1998): Kundenzufriedenheit – Informationsselektion im After-Sales-Netzwerk, Diss. (im Druck).

Scholl, W. (1986): Die organisierte Nutzung menschlicher Fähigkeiten, IWSP-Bericht 6, Universität Göttingen.

Springer, S.P./Deutsch, G. (1988): Linkes – rechtes Gehirn. Funktionelle Asymmetrien, Heidelberg.

Stauss, B./Schulze, H.S. (1990): Internes Marketing, in: Marketing ZFP, 12. Jg., Nr. 3, S. 149-157.

Stauss, B./Seidel, W. (1998): Beschwerdemanagement. Fehler vermeiden – Leistung verbessern – Kunden binden, 2. Aufl., München/Wien.

Utzig, P. B. (1997): Kundenorientierung strategischer Geschäftseinheiten. Operationalisierung und Messung, Wiesbaden.

Wilensky, H.L. (1967): Organizational Intelligence, Knowledge and Policy in Government and Industry, New York.

Summary

Within a supplier's company we often have to deal with the problem that information is not passed on for different reasons. The desired feedback from customers is frequently obstructed within the internal communications network. Many reasons are responsible for a conscious withholding of information or a distortion of important information. From a managerial perspective the decision maker is interested in stimulating and channeling the flow of information. This paper discusses reasons for the filtering problem and various means for reducing the „information stenosis“ inside of supplier's company, i.e. internal marketing instruments.

Anforderungen des Total Quality Management an Konzeption und Umsetzung des Internen Marketing

von Armin Töpfer

Prof. Dr. Armin Töpfer ist Inhaber des Lehrstuhls für Marktorientierte Unternehmensführung an der Technischen Universität Dresden sowie Leiter der Forschungsgruppe Management und Marketing in Kassel.

Der Verfasser dankt herzlich seinem Mitarbeiter, Herrn Dipl.-Kfm. Jens Kling, für die Mitarbeit an diesem Artikel.

1. Ziele und Grundsätze des Total Quality Management

Im Vergleich zur Qualitätskontrolle, zur Qualitätssicherung und auch zum Qualitätsmanagement zielt Total Quality Management (TQM) darauf ab, über eine Ermittlung der Qualität „End-of-the-pipe" und über die organisatorischen Regelungen zur Sicherstellung der Qualität hinaus nicht nur reaktiv, sondern vor allem präventiv ein Bewußtsein für eine umfassende Qualitätskultur zu schaffen. Damit ist TQM also nicht nur eine verfeinerte Qualitätssicherung und eine operative Detailoptimierung, sondern ein **umfassender Denk- und Handlungsansatz**, um Qualitätsbewußtsein in allen Phasen der Wertschöpfungskette sowie bei allen Führungskräften und Mitarbeitern zu verstärken. Auf der Grundlage einer ganzheitlichen prozeßorientierten Restrukturierung liefert TQM die Chance zum Wandel und zum Prägen der Unternehmenskultur. Es ist damit zugleich Unternehmensphilosophie und umfassendes Führungskonzept. Mit dieser Zielsetzung geht TQM deutlich über DIN EN ISO 9000ff. hinaus.

In Abbildung 1 sind die **Ansatzpunkte für TQM** als fünf **Ebenen der Qualität** dargestellt. Die inhaltlichen Anforderungen an Qualität definiert der Kunde, und zwar aus externer Sicht als Kunde am Markt sowie auch als interner Kunde als Mitglied des Unternehmens und damit der eigenen Wertschöpfungskette. Grundvoraussetzung für das Erreichen einer vom Kunden akzeptierten und über den Preis honorierten Qualität der Produkte, respektive Dienstleistungen, ist eine entsprechende Einstellung und Verhaltensweise der Unternehmensmitglieder, also eine Qualität des Managements und der Mitarbeiter.

Die folgenden Ebenen der Qualität lassen sich danach unterscheiden, ob der Kunde die ihm gebotene Qualität direkt wahrnimmt oder ob der Kunde zumindest indirekt durch die erreichte Qualität tangiert wird.

Bereits hieraus wird deutlich, welche Anforderungen das TQM an die **Konzeption und Umsetzung des Internen Marketing** stellt: In der Beziehung mit dem Kunden sind alle Voraussetzungen zu schaffen, damit die Produktqualität und die Kontaktqualität, die der Kunde geboten bekommt, die von ihm definierten inhaltlichen Ansprüche erfüllen. Für viele Unternehmen im industriellen Bereich ist eine Differenzierung gegenüber dem Wettbewerb immer weniger über die Produkte und ihre technische Qualität möglich, sondern immer häufiger nur über die gebotene Servicequalität und Kundenbetreuung. Hierdurch wird der Stellenwert des Internen Marketing noch verstärkt.

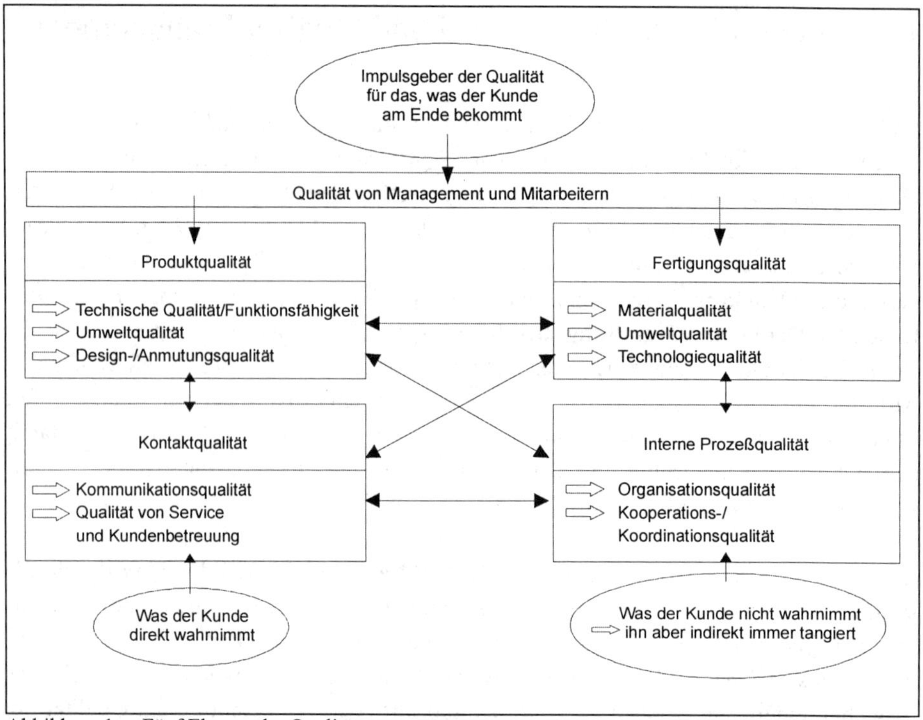

Abbildung 1: Fünf Ebenen der Qualität

Internes Marketing erstreckt sich gleichermaßen auf den Bedingungsrahmen und die inhaltlichen Abläufe zur Sicherstellung der Fertigungsqualität. Die interne Prozeßqualität ist unmittelbarer Gegenstand des Internen Marketing.

Vor diesem Hintergrund lassen sich vier **TQM-Prinzipien** formulieren, die einen unmittelbaren Einfluß auf die Anforderungen an das Interne Marketing haben und von denen weitreichende Auswirkungen auf dessen Umsetzung ausgehen. Das erste und grundlegende Prinzip des TQM ist die Philosophie und Sichtweise, daß jede nachgelagerte Phase in der Wertschöpfungskette ein Kunde ist. Diese Sichtweise kennzeichnet ein Internes Marketingdenken und definiert damit interne Kunden-Lieferanten-Beziehungen (vgl. Abbildung 2).

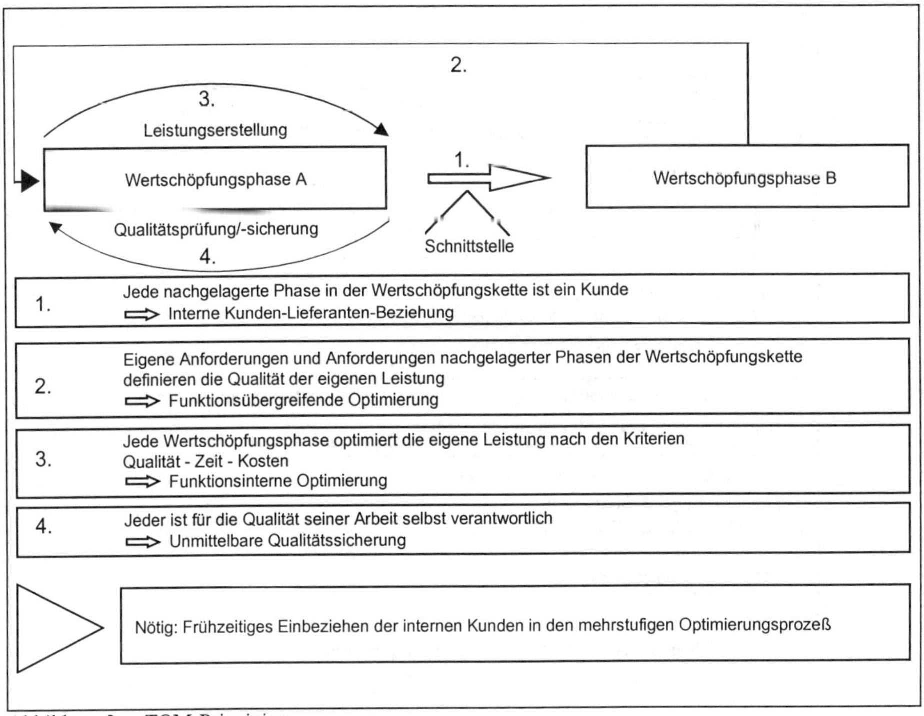

Abbildung 2: TQM-Prinzipien

Die Anforderungen und Erwartungen der nachgelagerten Phasen in der Wertschöpfungskette definieren damit die geforderte inhaltliche Qualität der eigenen Leistung. Trotz oder gerade aufgrund dieser Sichtweise ist die eigene Leistung jeder Stelle nach den Kriterien Qualität, Zeit und Kosten gleichzeitig zu optimieren. Dies besagt, daß neben der Kundensicht auch immer die Unternehmenssicht insbesondere im Hinblick auf zulässige Kostenhöhen gelten muß. Als Konsequenz bedeuten die bisherigen TQM-Prinzipien, daß jeder einzelne im Unternehmen **für die Qualität seiner Arbeit selbst endverantwortlich** ist. Gerade dieser Grundsatz hat eine umfassende Wirkung auf die organisatorische Gestaltung des gesamten Internen Marketing.

Die Definition **interner Kunden-Lieferanten-Beziehungen** führt zu einer Selektion der Aktivitäten im Unternehmen nach der aus Kundensicht damit gelieferten und geleisteten Wertschöpfung. Das Ausmerzen von Blindleistung führt bereits zu einer Reduzierung von Stellen, die dadurch noch vergrößert wird, daß interne „Lieferanten" ihre Kunden in Zukunft mit mehr Selbständigkeit und Autonomie aufgrund weitreichender Delegation bedienen (siehe Abbildung 3).

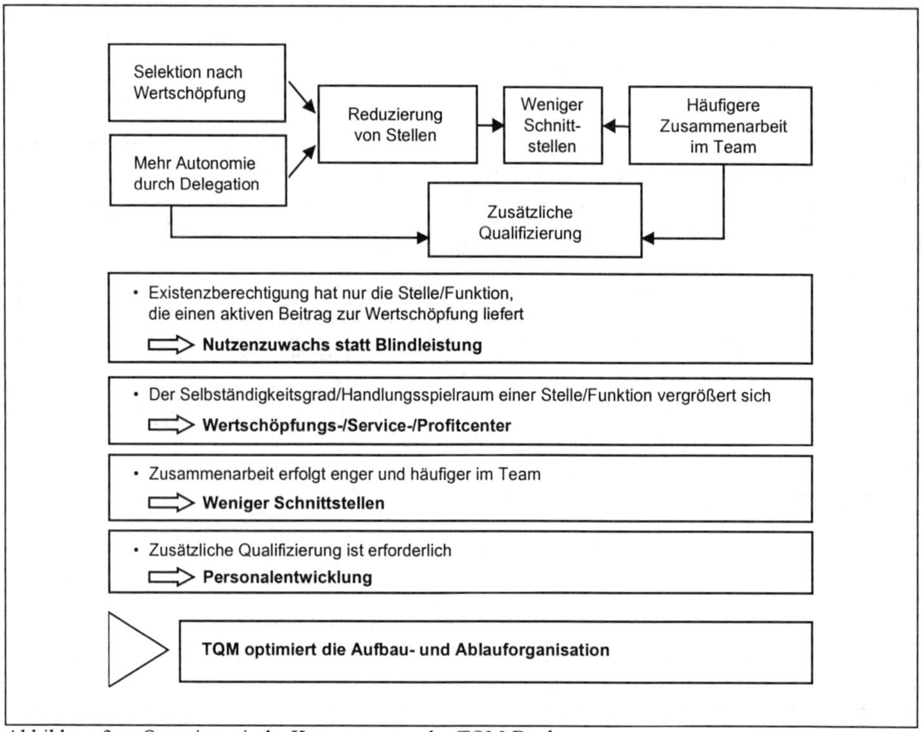

Abbildung 3: Organisatorische Konsequenzen des TQM-Denkens

Hierdurch entstehen im Unternehmen weniger **Schnittstellen**. Diese Tendenz wird zugleich noch dadurch vergrößert, daß die Zusammenarbeit im Team im Rahmen von Wertschöpfungsketten und Kunden-Lieferanten-Beziehungen eher zunimmt. Autonomie und Teamarbeit erfordern eine zusätzliche Qualifikation, die nicht nur fachlicher Natur ist, sondern sich vor allem auch auf dispositive Kompetenzen wie Methodenkompetenz, Mitwirkungskompetenz und soziale Kompetenz erstreckt (*Töpfer/Poersch 1989, S. 45*). Personalentwicklung ist damit eine unmittelbare Folge der Umsetzung des TQM-Denkens im Unternehmen.

Wird die Umsetzung der dargestellten TQM-Prinzipien „zu Ende gedacht", dann besteht das ganze Unternehmen aus Lieferanten, die jeweils in Abhängigkeit von ihren stellenbezogenen Zielen und Aufgaben anhand der Kriterien Qualität, Zeit und Kosten ihre Wertschöpfung als Leistung für interne und externe Kunden optimieren. Strategisches Denken und operativ konsequentes Handeln sind damit nicht mehr eine Frage der Zugehörigkeit zu einer bestimmten Organisations- und Hierarchieebene im Unternehmen, sondern nur noch eine Frage der **Philosophie und Kultur** im Unternehmen. Abbildung 4 skizziert diesen Zusammenhang.

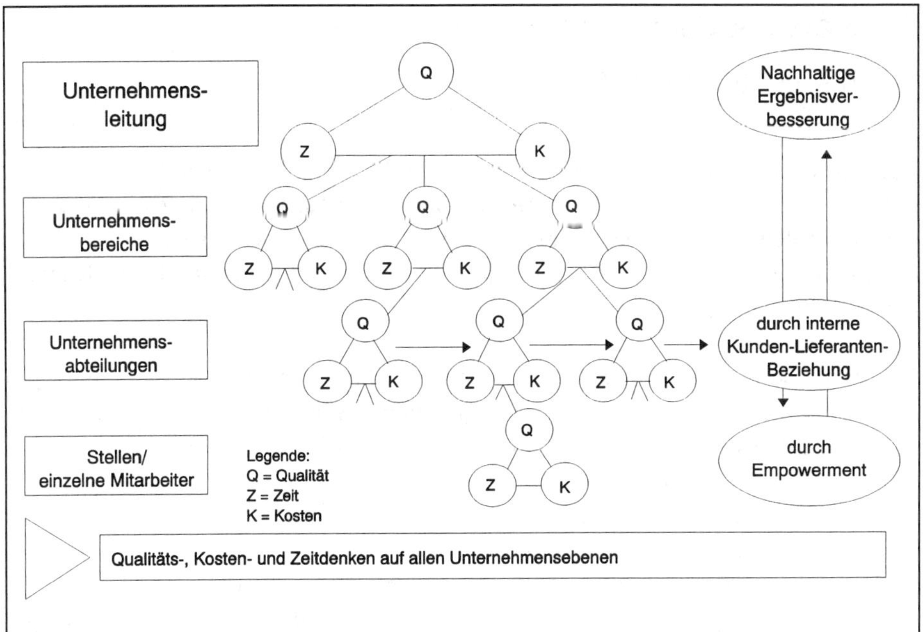

Abbildung 4: Inhaltlich ganzheitliche Optimierung auf allen Unternehmensebenen

Dieses Denken in Qualität, Zeit und Kosten gilt damit auch für einen Mitarbeiter in der Buchhaltung, einen Arbeiter am Fließband und beispielsweise den Pförtner. Konzeption und Umsetzung des Internen Marketing müssen auf dieser Basis jeden Mitarbeiter im Unternehmen einbeziehen, und dies bedeutet berücksichtigen und gleichzeitig fordern.

Das Unternehmen erfährt hierdurch eine **Neudefinition**. Es wird von einer **Zweckgemeinschaft**, die je nach Sichtweise und Zugehörigkeit „nutzbar" ist für Gewinnerzielung, Arbeitsplatzsicherung und Produkterstellung, zu einer **Sinngemeinschaft**. Unter dieser Überschrift dominieren drei „begreifbare" Sachverhalte:

- ☐ Das Denken und Handeln in Richtung auf eine **totale Qualität**.
- ☐ Eine ganzheitliche und nachhaltige Ausrichtung auf **interne und externe Kunden**.
- ☐ Das Verständnis, daß der **Mitarbeiter** als Mensch und Partner im Unternehmen ein wesentlicher Erfolgsfaktor ist.

2. Konzeptioneller Rahmen des TQM: Konsequenzen für das Interne Marketing

Nach dieser grundlegenden Kennzeichnung des TQM-Denkens und -Handelns stellt sich jetzt die Frage, wie diese **Ziele und Grundsätze** in inhaltliche Bestandteile umgesetzt und miteinander vernetzt werden. Zwei internationale Ansätze sind hierzu entwickelt worden, auf die im folgenden unter dem Aspekt der Anforderungen an die Konzeption und Umsetzung des Internen Marketing eingegangen wird.

Ein Ansatz ist das Kriterienraster des **European Quality Award**, das in Abbildung 5 auf dem Niveau der für 1998 gültigen Konzeption wiedergegeben ist. Wie sich zeigt, sind unter die Überschrift Internes Marketing vor allem die Bestandteile

- ☐ Führung (100 Punkte),
- ☐ Mitarbeiterorientierung (90 Punkte) und
- ☐ Mitarbeiterzufriedenheit (90 Punkte)

einzuordnen. Die Prozesse sind mit 140 Punkten von insgesamt 1.000 Punkten, wie gezeigt wurde, eine wichtige Grundlage hierfür. Insgesamt werden also 42 Prozent der inhaltlichen Kriterien unmittelbar durch Internes Marketing geprägt.

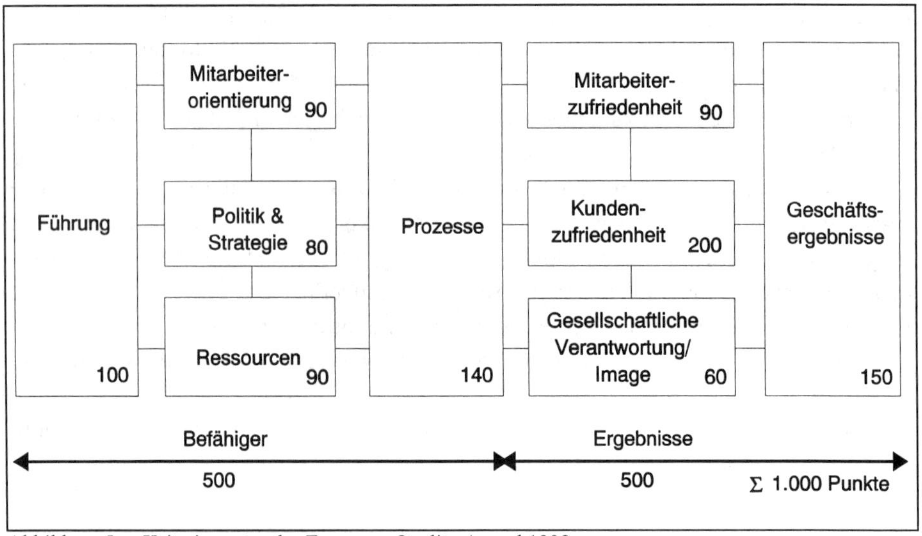

Abbildung 5: Kriterienraster des European Quality Award 1998

Im Vergleich zur Kundenzufriedenheit in externer Sicht ist die Mitarbeiterzufriedenheit deutlich geringer eingestuft. Durch die Vorphasen erhält sie jedoch insgesamt ein erhebliches Gewicht.

Unter dem Blickwinkel des Internen Marketing ist das **Verhalten aller Führungskräfte** von Bedeutung, um das Unternehmen zu umfassender Qualität zu führen. Im Vordergrund stehen hierbei sichtbares Engagement, die Vorbildfunktion in bezug auf umfassende Qualität, eine beständige TQM-Kultur sowie vor allem auch ein Anerkennen und Würdigen der Anstrengungen und Erfolge von Einzelpersonen und Teams (*Der European Quality Award 1998, S. 1ff.*). Im Bereich **Mitarbeiterorientierung** kommt es insbesondere darauf an, wie das Unternehmen das gesamte Potential aller seiner Mitarbeiter nutzt, um die Geschäftsergebnisse und die Qualität bzw. Kundenzufriedenheit zu verbessern. Im Vordergrund stehen hierbei die Aspekte, Kompetenzen und Fähigkeiten der Mitarbeiter weiterzuentwickeln, Ziele für einzelne Mitarbeiter und Teams zu vereinbaren und zu überprüfen sowie die Beteiligung aller Mitarbeiter am Prozeß der ständigen Verbesserung zu fördern. Über den Bereich der Prozesse, bei dem es um das umfassende Management aller wertschöpfenden Tätigkeiten im Unternehmen geht, ist im Bereich Mitarbeiterzufriedenheit insbesondere angesprochen, wie die Mitarbeiter selbst das Unternehmen beurteilen und wie die Zufriedenheit der Mitarbeiter gemessen wird.

Der zweite internationale Ansatz für eine TQM-Konzeption ist das Kriterienraster des **Malcolm Baldrige National Quality Award**, das in Abbildung 6 ebenfalls in seiner Ausprägung für 1998 wiedergegeben ist. Wie hieraus ersichtlich wird, kommt der Führung ein Stellenwert von 110 Punkten bei einer Gesamtsumme von 1.000 Punkten zu. Den Human-Ressourcen und dabei insbesondere ihrer Entwicklung und ihrem Management wird mit 100 Punkten, also mit gleicher Bedeutung wie dem Prozeßmanagement, Rechnung getragen. Insgesamt beziehen sich hier also 31 Prozent der inhaltlichen Kriterien unmittelbar auf Internes Marketing.

Im Bereich **Führung** werden insbesondere
- ☐ der Führungsstil des Topmanagements und
- ☐ das Führungssystem über die gesamte Organisation (insgesamt 80 Punkte)

eingefordert (*NIST 1998, S. 5ff.*).

Bei der Entwicklung und dem Management der **Human-Ressourcen** stehen
- ☐ Hochleistungs-Arbeitssysteme (40 Punkte),
- ☐ Weiterbildung, Training und Entwicklung der Mitarbeiter (30 Punkte) sowie
- ☐ das Wohlbefinden und die Zufriedenheit der Mitarbeiter (30 Punkte)

im Vordergrund.

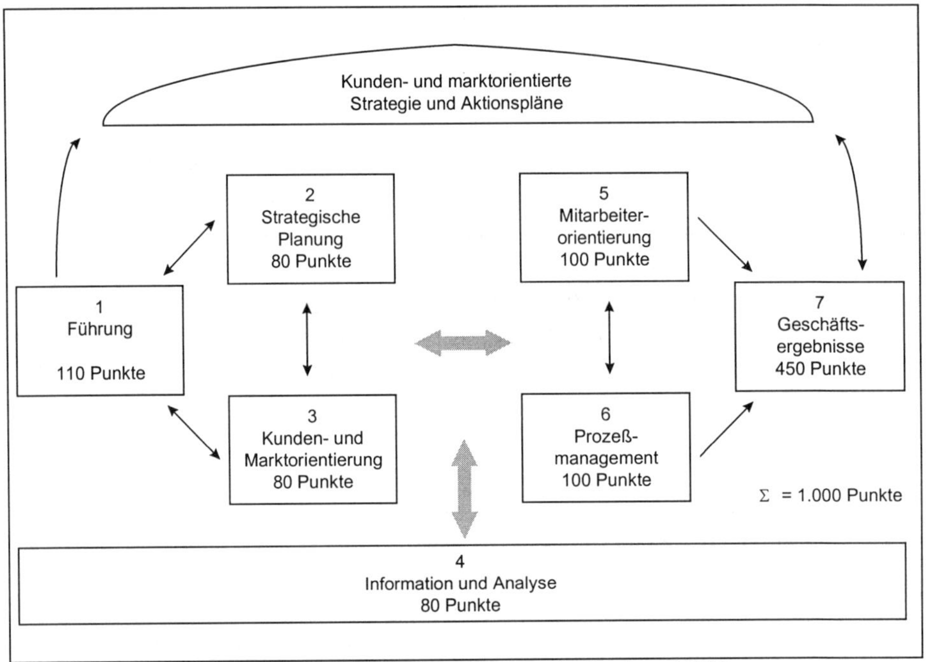

Abbildung 6: Kriterienraster des Malcolm Baldrige National Quality Award 1998
Quelle: NIST 1998, S. 43

Internes Marketing im Rahmen des TQM hat also auch die Aufgabe,

- die Bedürfnisse und Erwartungen der Mitarbeiter zu erkennen,
- einen hohen Nutzen für die Mitarbeiter zu schaffen, Vorteile für die Mitarbeiter zu kommunizieren und Probleme zu lösen,
- dadurch Mitarbeiterzufriedenheit zu erzeugen und so
- eine Bindung qualifizierter und engagierter Mitarbeiter an das Unternehmen zu erreichen (*Töpfer 1994c, S. 156*).

Wesentlicher Bestandteil des Internen Marketing ist demnach neben den internen Kunden-Lieferanten-Beziehungen zur Leistungserstellung und zur Qualitätssicherung das **Personalmarketing**. Unterscheidet man hierbei mehrere Stufen der Konzeption und Umsetzung in der Unternehmenspraxis, dann sind hohe Entwicklungsstufen dadurch gekennzeichnet, daß eine interne Dienstleistungsorientierung im Unternehmen vorherrscht, welche die Personalabteilung als Serviceeinheit einbezieht und in strategischer Hinsicht für die Unternehmensentwicklung zu einem wichtigen Wertschöpfungscenter ausgestaltet (*Töpfer 1994c, S. 159*).

Zusammenfassend lassen sich also die Anforderungen an Mitarbeiter und Führungskräfte als „Humanware“ nach fünf **Kriterien** darstellen (siehe Abbildung 7);

- ☐ Das Ziel des Tun und Handelns ist eine 100-Prozent-Qualität. Nach der 6-Sigma-Regel werden bei einer Million Operationen/Produkte nur 3,4 Fehler zugelassen.
- ☐ Eine wichtige Voraussetzung hierfür ist die umfassende Ergebnisverantwortung für die Qualität bei jedem Unternehmensmitglied.
- ☐ Als Prinzip gilt, daß jede Aktivität gleich beim ersten Mal die geforderte Qualität erbringen muß. Qualität wird also „erzeugt“ und nicht „erkontrolliert“.
- ☐ Verbesserungen in Richtung auf 6-Sigma sind als kontinuierlicher Prozeß zu verstehen.
- ☐ Das angestrebte Ergebnis besteht darin, schneller zu lernen und besser umzusetzen als Wettbewerber am Markt, weil alle wichtigen Steuerungsgrößen gemessen und verbessert werden.

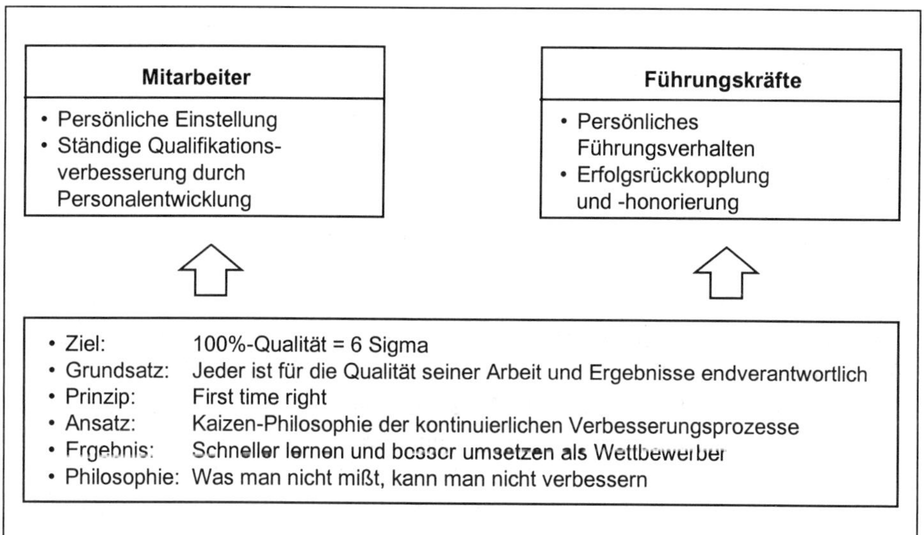

Abbildung 7: Anforderungen an die „Humanware“

Um dieses Ziel zu erreichen, ist nicht nur der Kunde als Adressat der Qualität eines Unternehmens anzusehen, sondern auch der Mitarbeiter als Kunde der Führung zu definieren. In Abbildung 8 wird die **interne und externe Kette der Servicequalität** dargestellt.

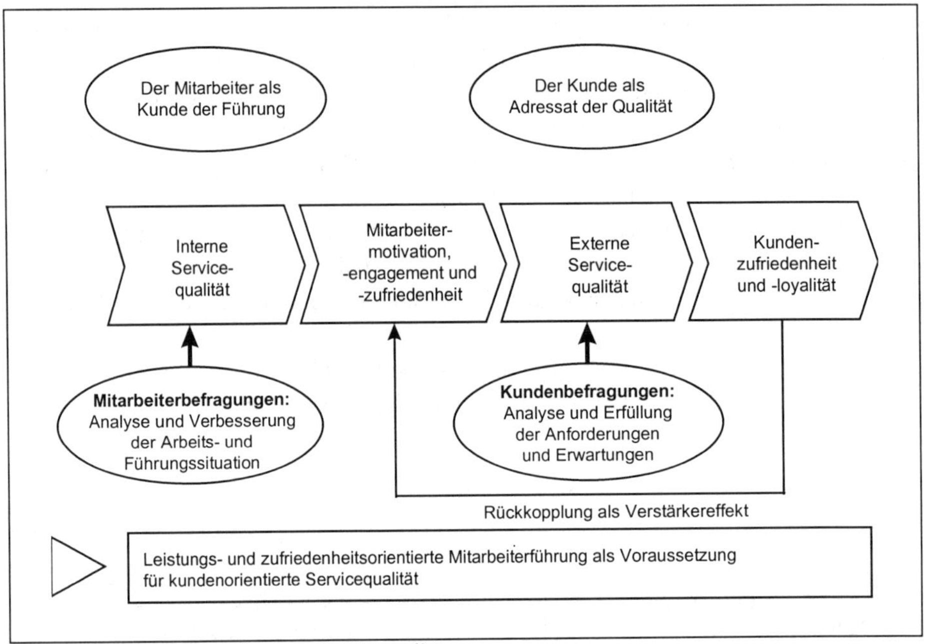

Abbildung 8: Interne und externe Servicequalität

Für erfolgreiche Unternehmen wie Rank Xerox ist eine leistungs- und zufriedenheitsorientierte Mitarbeiterführung die unmittelbare Voraussetzung für eine **kundenorientierte Servicequalität**. Oder mit anderen Worten: Mitarbeiterzufriedenheit ist die Grundlage für Kundenzufriedenheit (*Stauss 1991, S. 229ff.*). Neben Kundenbefragungen zur systematischen und periodischen Analyse, inwieweit die Erwartungen der Kunden vom Unternehmen erfüllt werden, sind Mitarbeiterbefragungen ein nach innen gerichtetes, vergleichbares Instrument, um eine Analyse und Verbesserung der Arbeits- und Führungssituation zu erreichen (*Töpfer/Funke 1985, S. 9ff.*). Ergänzend ist das Ergebnis an hoher Kundenzufriedenheit und -loyalität an die Mitarbeiter, unabhängig in welcher Abteilung sie tätig sind und ob sie direkten Kundenkontakt haben, rückzukoppeln, um so einen Verstärkereffekt zu erreichen. Die klassischen Inhalts- und Prozeßtheorien der Motivation sowie die Theorien der Arbeitszufriedenheit liefern hierfür die konzeptionelle Basis und Begründung (*v. Rosenstiel 1987, S. 67ff.; Weinert 1987, 261ff.*)

3. Prozeßmanagement als Ausgangsbasis

In vielen Unternehmen besteht ein Kernproblem darin, daß die Organisation zu stark aufbau- und strukturorientiert ist. In der Konsequenz gibt es zu viele für sich isolierte Bereiche und Abteilungen im Unternehmen, die nach dem „Silo-Effekt" primär als vertikale Regelkreise wirken. Die Folge sind gravierende Schnittstellenprobleme und **fehlende Prozeßketten** als horizontal direkt verbundene Wertschöpfungsphasen.

Wie bereits die beiden internationalen Ansätze für TQM-Konzeptionen aufzeigen, ist das Management der Geschäftsprozesse eine wichtige Basis. Es geht dabei, wie Abbildung 9 skizziert, darum, die Kerngeschäfte als Wertschöpfung, die Kundenzufriedenheit und Unternehmenserfolg garantiert, sowie die Kernprozesse als Ablauf der Aktivitäten, die beides bewirken, klar zu definieren. Auf der Grundlage der ermittelten Kernaktivitäten lassen sich kritische **Erfolgsfaktoren** und wichtige **Kernkompetenzen** herausfiltern.

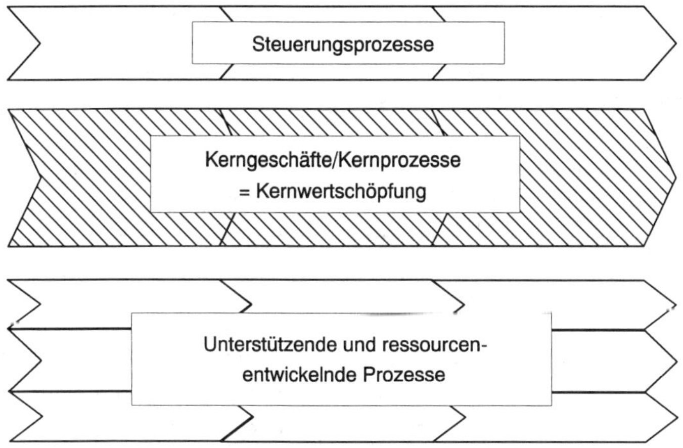

Abbildung 9: Ebenen von Geschäftsprozessen

Steuerungsprozesse sind dabei beispielsweise Marketing, Controlling oder Logistik. Unterstützende und ressourcenentwickelnde Prozesse sind etwa Personalentwicklung, Finanzierung sowie Beschaffung und EDV.

Unter dem Aspekt des Internen Marketing ist wichtig, daß dieses **Prozeßmanagement** mit einer hohen Partizipation der Mitarbeiter als von diesen Veränderungsprozessen

Betroffenen durchgeführt wird. Führung und Prozeßmanagement stehen dadurch in einem unmittelbaren Zusammenhang. Abbildung 10 verdeutlicht diese Philosophie und Vorgehensweise in drei Schritten, die sowohl die Konzeption als auch die Umsetzung zum Gegenstand haben. Um die Mitarbeiter von Beginn an in die Veränderungsprozesse einzubeziehen, gleichzeitig eine Lernphase einzuleiten und Detailverbesserungen zu erreichen, empfiehlt sich als erster Schritt eine individuelle Arbeitsplatzanalyse unter Anleitung.

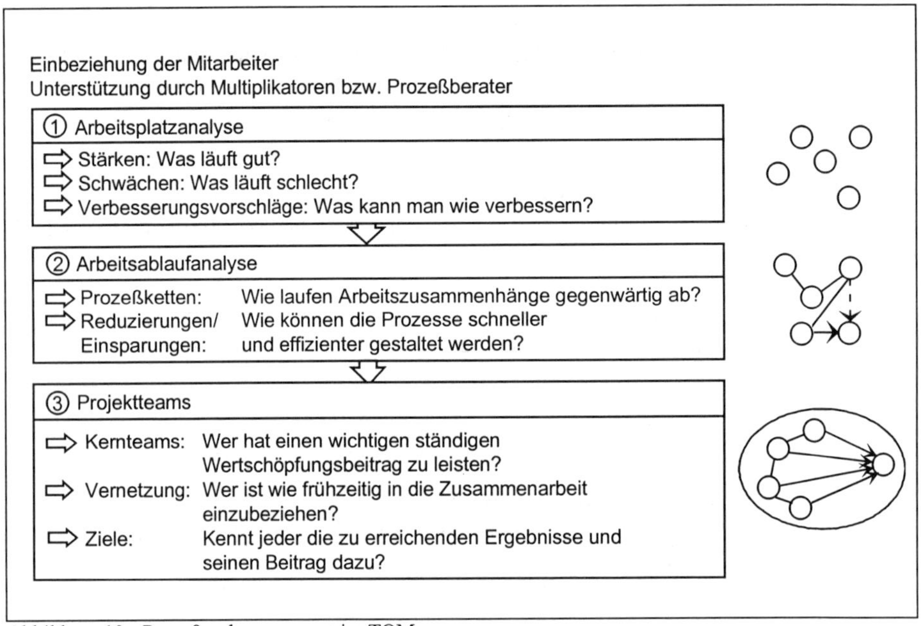

Abbildung 10: Prozeßverbesserungen im TQM

Nach diesen Lerneffekten, die zugleich vertrauensbildende Maßnahmen für die Akzeptanz von Veränderungsprozessen und deren Wirkungen oder Ergebnissen sind, ist der sinnvolle zweite Schritt eine abteilungsbezogene Arbeitsablaufanalyse. Im Vergleich zu einem umfassenden und radikalen **Re-Engineering-Ansatz** handelt es sich hier also um die Verbesserung und Optimierung der Prozeßketten.

Erst im dritten Schritt wird ein umfassenderer konzeptioneller Ansatz auf einem höheren Niveau gewählt. Hier geht es um abteilungsübergreifende Optimierungsprozesse durch **Projektteams**. Dieser Schritt kommt einer Re-Engineering-Analyse näher. Wichtig ist, daß die Vorstufen Detailverbesserungen bringen, ohne Abläufe neu zu gestalten und festzuschreiben, die der weitergehenden Arbeit dieser Kernteams zuwider laufen.

4. Interne Kunden-Lieferanten-Beziehungen als Kernelement des Internen Marketing

Mit den **Prozeßanalysen** sind die Vorbereitungen getroffen worden, um zu optimierten internen Kunden-Lieferanten-Beziehungen zu kommen. Jede interne Stelle im Unternehmen ist dabei gleichzeitig in einer Position und Funktion als Lieferant und Kunde in einer Wertschöpfungskette. Die Produktion ist also beispielsweise der Kunde der Beschaffung und gleichzeitig der Lieferant der Absatzabteilung.

Der Prozeß läuft in drei wesentlichen Schritten ab (*Bauer 1996, S. 128*). Zunächst sind, wie Abbildung 11 verdeutlicht, die Kunden-Lieferanten-Beziehungen zwischen zwei Partnern im Unternehmen zu analysieren. Dabei geht es darum, daß jeder Kunde, respektive Lieferant, aus seiner Sicht die Erwartungen an den Partner bzw. Erwartungen des Partners bewertet. Dies ist zu unterteilen nach der Zufriedenheit des Partners als Erfüllungsgrad der geforderten Leistung und nach der Wichtigkeit dieser Leistung für den Partner.

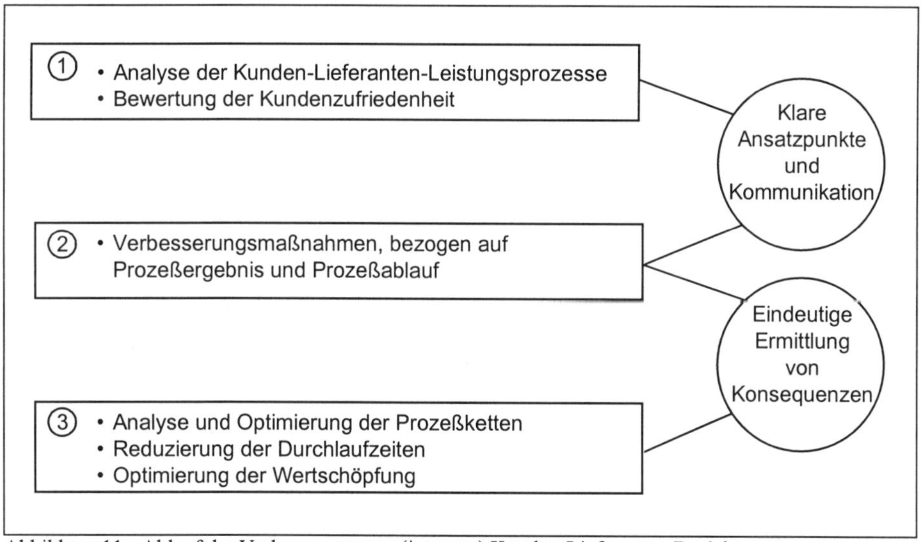

Abbildung 11: Ablauf der Verbesserung von (internen) Kunden-Lieferanten-Beziehungen

Erst danach beginnt der **Abgleich im Dialog**, um so eine gleiche oder unterschiedliche Sichtweise zu ermitteln. Dies ist die Grundlage für die Ermittlung des Handlungsbedarfs und gemeinsam erarbeitete Verbesserungsmaßnahmen, bezogen auf das Prozeßergebnis und den Prozeßablauf. Die Konsequenz sind Zielvereinbarungen als für beide Seiten verbindliche Ergebnisverbesserungen. Die Aktivitätenliste kann sich auf eine Optimierung der Prozeßkette, Beschleunigungen der Durchlaufzeiten und eine Optimierung der inhaltlichen Wertschöpfung erstrecken.

Die folgenden beiden Abbildungen 12 und 13 zeigen die **Vorgehensweise** bei der konkreten Umsetzung optimierter Kunden-Lieferanten-Leistungsprozesse (*Bauer 1996, 126ff.*). Entsprechend dem Schema in Abbildung 12 listet sowohl der interne Kunde als auch der interne Lieferant die eigenen Erwartungen bzw. die beim Kunden vermuteten Erwartungen auf und differenziert nach dem Erfüllungsgrad und der Wichtigkeit in der angesprochenen Weise.

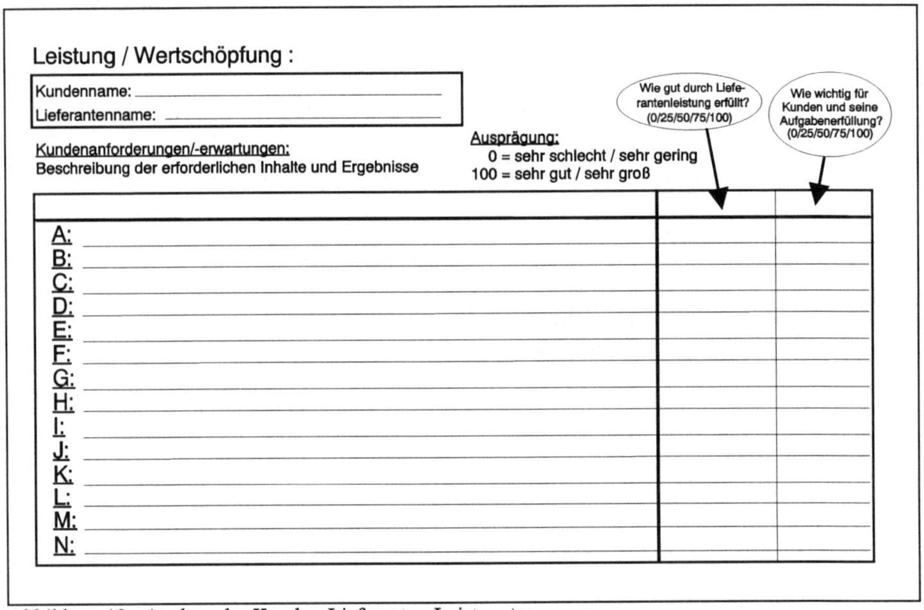

Abbildung 12: Analyse des Kunden-Lieferanten-Leistungsprozesses

Das Ergebnis dieses Analyse- und Diskussionsprozesses führt nicht nur zu mehr Verständnis für nachfolgende Wertschöpfungsphasen, sondern auch zu einer **Überwindung des Ressortdenkens**. Anforderungen werden für beide Seiten oft erstmals klar definiert. Ein Übergang vom „Denken in Schuldigen“ zum „Denken in Handelnden“ wird hierdurch möglich.

Dieser Prozeß wird dann verstärkt und beschleunigt, wenn der Erfüllungsgrad durch den Lieferanten und die Wichtigkeit aus Sicht des Kunden in einem **Portfolio**, wie es in Abbildung 13 wiedergegeben ist, eingetragen werden. Hieran lassen sich drei Bereiche herauskristallisieren:

(1) Der KO-Bereich, bei dem die aus Kundensicht sehr wichtigen Aufgaben durch eine völlig unzureichende Leistung, respektive Wertschöpfung, durch den Lieferanten abgedeckt werden.

(2) Ein größerer Problembereich, in dem die Bedeutung und die Zufriedenheit mit der Leistung ebenfalls noch in einem Mißverhältnis stehen.

(3) Es ist in der Regel auch ein Bereich mit Rationalisierungspotential erkennbar, nämlich dort, wo relativ unwichtige Aufgaben mit einer hohen Intensität und Leistung abgedeckt werden.

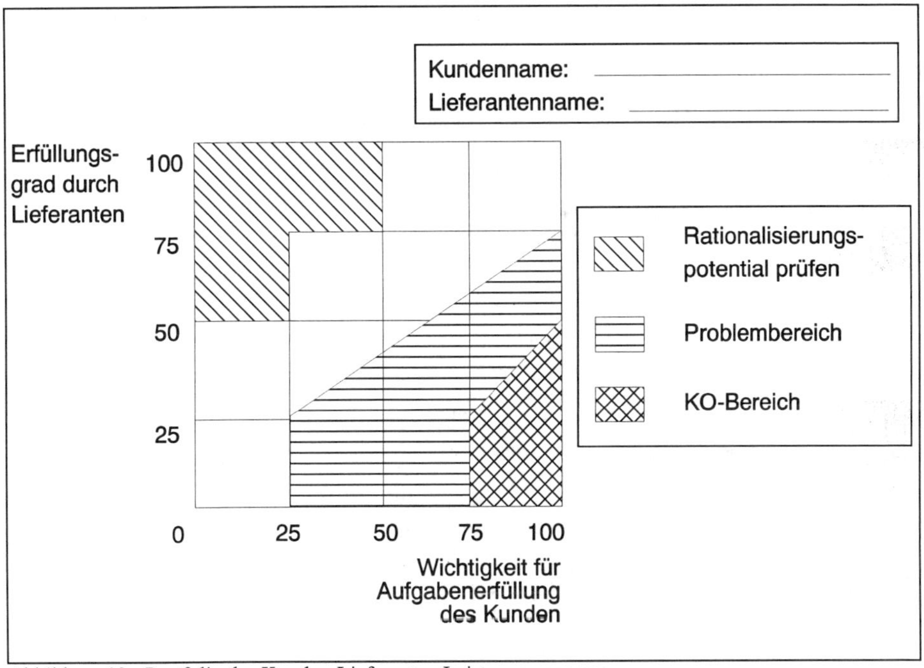

Abbildung 13: Portfolio des Kunden-Lieferanten-Leistungsprozesses
Quelle: Bauer 1996, S. 131ff.

Diese Kunden-Lieferanten-Analysen finden ihren konkreten Niederschlag im Instrument des **Simultaneous Engineering**. Dort werden alle wesentlichen nachfolgenden Wertschöpfungsphasen frühzeitig bzw. gleichzeitig von Anbeginn in den gesamten Prozeß der Wertschöpfungserstellung einbezogen. Die **Ausgangsbasis** und Legitimation hierfür sind zwei wesentliche Erkenntnisse:

- Zum einen werden über 50 Prozent aller Fehler und Qualitätsprobleme bereits in der Entwicklung verursacht und „auf Schiene gesetzt".
- Zum anderen werden bis zu 80 Prozent aller für ein Produkt anfallenden Kosten bereits in der Entwicklung durch Entscheidungen festgelegt (*Frehr 1993; Kamiske*

1994; Pfeifer 1993). Das einfache Beispiel der Abbildung 14 zeigt, daß eine frühzeitige und regelmäßige Abstimmung zwischen einzelnen Abteilungen als Wertschöpfungsphasen den gesamten Zeitaufwand reduziert und kürzere Durchlaufzeiten mit deutlich besseren Ergebnissen und einer höheren Qualität erbringt.

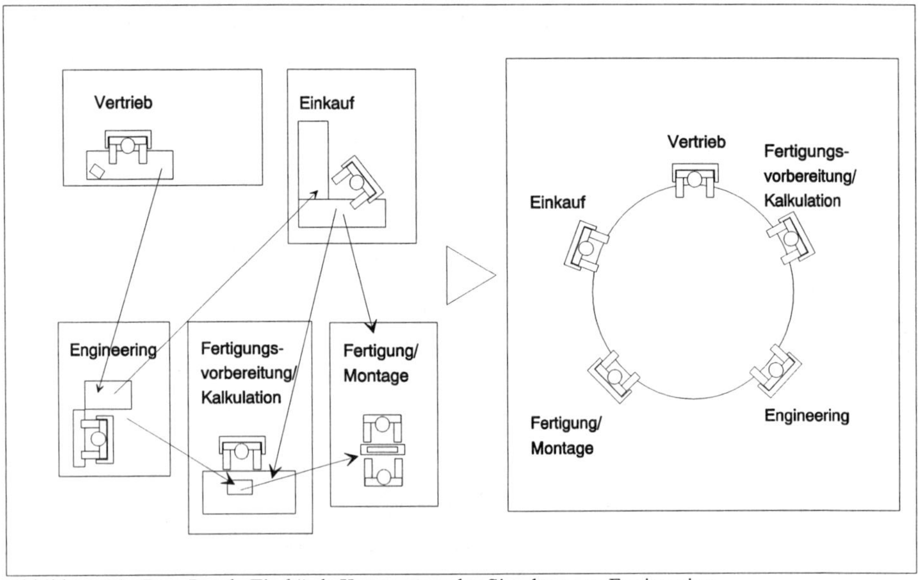

Abbildung 14: Der „Runde Tisch" als Konsequenz des Simultaneous Engineering

5. Empowerment als Konsequenz und Umsetzung des TQM-Denkens

Das **Empowerment** der Mitarbeiter hat drei Elemente:

- Zum einen hat es zum Gegenstand, Fähigkeiten der Mitarbeiter in betrieblichen Wertschöpfungsprozessen zu nutzen, die bisher aufgrund organisatorischer und führungsbezogener Rahmenbedingungen nicht eingebracht werden konnten. Im Vergleich zum Aktivitätsspektrum und zur finanziellen Eigenverantwortung im privaten Bereich ist die im betrieblichen Bereich zugestandene Budgetverantwortung nicht selten unverhältnismäßig gering. Das Ausmaß hat sich an der vorhandenen Qualifikation und an dem übertragbaren Maß an Selbständigkeit und Eigenverantwortung auszurichten.

Ein typisches Beispiel für ein Empowerment auf der Ebene der gewerblichen Mitarbeiter ist das Toyota-Produktionssystem. Dort haben die Mitarbeiter am Fließband die Kompetenz übertragen bekommen, das gesamte Band anhalten zu können, wenn die geforderte und von ihnen endgültig kontrollierte und zu verantwortende Qualität ihres Wertschöpfungsabschnittes nicht erreicht wird. Die eingerichtete Ampel signalisiert mit einer grünen Phase einen funktionsfähigen Prozeß und mit einer gelben Phase, daß der Mitarbeiter Unterstützung braucht, um in der Taktzeit ein Qualitätsproblem beheben zu können. Darüber hinaus hat er die Möglichkeit, durch das Betätigen einer Reißleine (Phase rot) das gesamte Band zum Stillstand zu bringen (*Shingo 1993*). Dieses Prinzip ist übertragen worden auf amerikanische Produktionsstätten, so z.B. das NUMMI-Projekt in Fremont/Kalifornien (*Töpfer/John 1996, S. 347ff.*). Die geforderte Produktivität wird durch dieses Empowerment nicht geringer, sondern liegt eher ständig über dem geforderten Niveau (*Adler 1993, S. 106*). Wesentliche Elemente des Toyota-Produktionssystems sind bereits auch in deutschen Unternehmen realisiert worden, so z.B. im Opelwerk Eisenach. Hierauf wird im nächsten Abschnitt noch eingegangen.

- ☐ Zum zweiten ist die Folge hiervon, daß Aufgaben, Kompetenzen und Verantwortung als in sich geschlossene Komplexe delegiert werden.

- ☐ Zum dritten folgt hieraus die Anforderung an eine Verbesserung der Qualifikation, um eine Befähigung für dieses Empowerment sicherzustellen bzw. einen kontinuierlichen personenbezogenen Wachstumsprozeß zu beginnen. Die Vergrößerung der Qualifikation hat im Rahmen einer Human-Ressourcen-Entwicklung eher on-the-job zu erfolgen mit der Zielsetzung, sowohl ein Job-Enrichment als auch ein Job-Enlargement zu erreichen. Eine Job-Rotation ist hierbei eine zweckmäßige Vorgehensweise. Eine integrierte Personalentwicklung wird damit zu einer wesentlichen Voraussetzung für ein funktionierendes Empowerment im Rahmen des TQM. In der Regel wird nicht nur die Anzahl und Intensität von Weiterbildungs- und Trainingsmaßnahmen zunehmen. Gleichzeitig werden sie auch umsetzungsorientierter und in kürzeren Sequenzen durchgeführt, beispielsweise in zweitägigen statt fünftägigen Kursen.

Empowerment führt dann zu einer **Umkehrung und Uminterpretation des Unternehmens**, wie sie in Abbildung 15 dargestellt ist. Statt eines hierarchischen Aufbaus mit definierten Anweisungsebenen werden auf der Grundlage der Ergebnisse des Prozeßmanagements in einem schlanken und schlagkräftigen Unternehmen die Kontaktstellen zum Kunden deutlich verstärkt und direkter gestaltet. Dies führt nicht nur zu einem direkten Kundenkontakt, sondern auch zu einer besseren Erfüllung der Kundenerwartungen. Im Unternehmen selbst findet diese kompromißlose Kundenorientierung ihre Fortsetzung darin, daß das gesamte Unternehmen in der beschriebenen Form nach internen Kunden-Lieferanten-Beziehungen gestaltet wird. Die anderen Ebenen werden damit nicht hierarchiebezogen, sondern funktionsbezogen definiert und bringen sich nach dem „Prinzip der stützenden Hände" (*Waterman 1994, S. 11ff.*) als Unterstützer und Strategen in den **kundenorientierten Wertschöpfungsprozeß** ein.

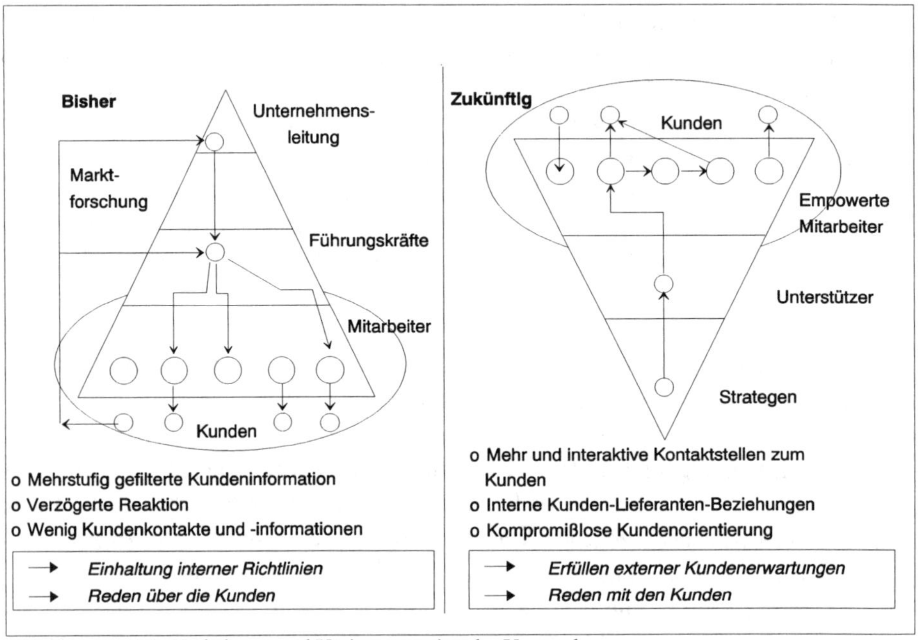

Abbildung 15: Die Umkehrung und Uminterpretation des Unternehmens

Durch diese neue Sichtweise und Gestaltung wird der Mitarbeiter von einem „kleinen Rädchen im Getriebe" zu dem zentralen Element im Kundenkontakt. Dies gilt für den Point of Sale selbst, aber auch für alle anderen steuernden und unterstützenden Wertschöpfungsaktivitäten des Unternehmens.

Ein Empowerment der Mitarbeiter führt zu drei wesentlichen Konsequenzen, die in Abbildung 16 zusammengefaßt sind. Auf die erforderliche **Grundlage** der Personalentwicklung als Befähigung ist bereits eingegangen worden.

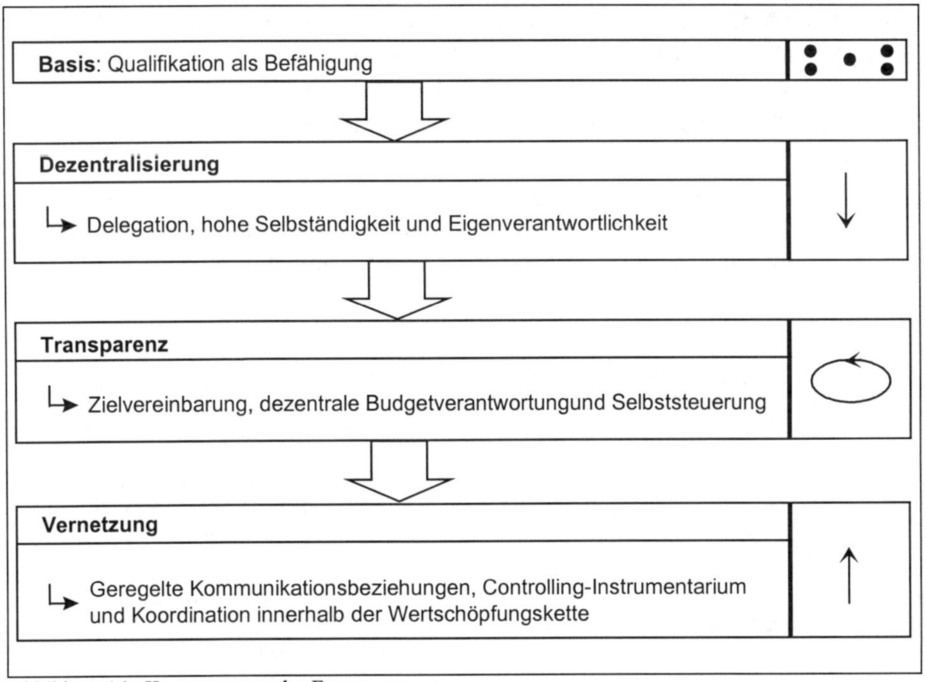

Abbildung 16: Konsequenzen des Empowerment

Die **Dezentralisierung** führt durch die Delegation, hohe Selbständigkeit und Eigenverantwortlichkeit der Mitarbeiter zu einer vertikalen Verlagerung von Aktivitäten und Kompetenzen nach unten auf nachgelagerte Ebenen (top-down). Neben diesen organisatorischen Veränderungen hat dies auch Auswirkungen auf die Mitarbeiterführung zur Folge, wenn nicht bereits im Vorfeld ein **kooperativ-partizipativer Führungsstil** gelebt wird. Dabei ist in der Praxis ein Effekt nicht zu übersehen: Die Abgabe von Kompetenzen an nachgeordnete Mitarbeiter wird von Führungskräften nicht selten als Machtverlust empfunden.

Transparenz wird auch auf den nachgelagerten Ebenen in der Weise erreichbar, daß hier horizontale Regelkreise mit Zielvereinbarung, dezentraler Budgetverantwortung und einer Selbststeuerung aktiv werden.

Ergänzend ist eine stärkere Abstimmung der dezentralen Profitcenter erforderlich, um Schnittstellen, Friktionen und Blindleistungen zu vermeiden. Vertikal ist deshalb bottom-up eine **Vernetzung** anzustreben, die über geregelte formale und inhaltliche Kommunikationsbeziehungen und ein aussagefähiges Controlling-Instrumentarium eine Koordination der Aktivitäten innerhalb der Wertschöpfungskette sicherstellt.

Damit dieses Modell der **Mitarbeiterpartizipation und -verantwortung** in der Praxis des TQM funktioniert, ist ein differenziertes Steuerungsinstrumentarium im Rahmen der Mitarbeiterführung erforderlich (siehe Abbildung 17). Zunächst sind operational umsetzbare Qualitätsstandards zu formulieren, die als gemeinsam festgelegte Ziele die geforderten Leistungen und Verhaltensweisen festschreiben. Eine Erfolgsrückkopplung ist durch eine aussagefähige Beurteilung darüber zu ergänzen, welche Ergebnisse das persönliche Verhalten erbracht hat. Dies ist die Grundlage für Anerkennung und Belohnung im Rahmen formulierter **Anreize für Leistung und Verhalten**.

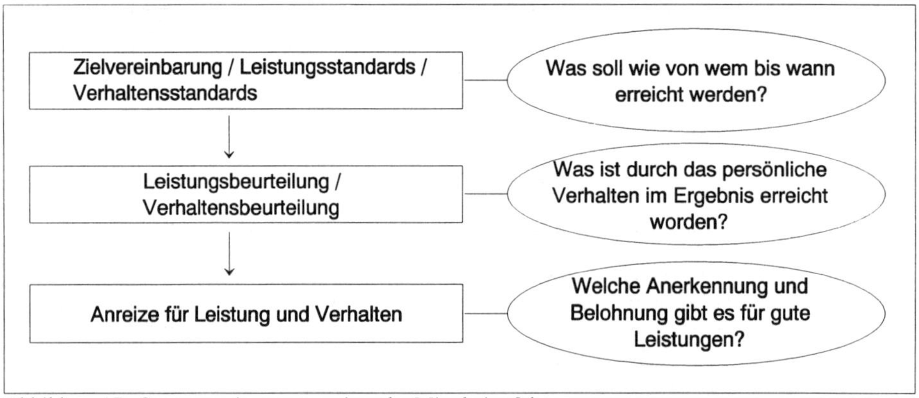

Abbildung 17: Steuerungsinstrumentarium der Mitarbeiterführung

6. Kontinuierliche Verbesserungsprozesse als Ergebnis einer TQM-Kultur im Unternehmen

Das Ziel des Empowerment ist nicht nur, die **Wertschöpfung** im täglichen Arbeitsprozeß auf dem geforderten Niveau zu erreichen und sicherzustellen. Vielmehr liegt der weitergehende Ansatz auch darin, daß kontinuierliche Verbesserungen des gesamten Wertschöpfungsprozesses, also der Abläufe, Strukturen und auch Inhalte, erreicht werden. **Kontinuierliche Verbesserungsprozesse** (KVP) mit der Zielrichtung, eine Kaizen-Philosophie im Unternehmen einzuführen, beabsichtigen eine ständige Evolution und nicht nur eine einmal erreichte Neuerung wie durch eine Innovation. Von daher ist der Ansatz, daß es leichter ist, 100mal ein Prozent Verbesserung zu erreichen, als einmal 100 Prozent, im Hinblick auf die geltenden Prinzipien anders ausgerichtet als eine Innovation. Bei einem KVP sind alle Mitarbeiter einzubeziehen, um breitflächig in allen Bereichen viele kleine Verbesserungen zu erreichen. Der kritische Erfolgsfaktor ist damit der Mensch (*Imai 1992, S. 48*). Die Vorteile, aber auch die deutlichen Begrenzungen dieses KVP sind in Abbildung 18 noch einmal zusammengefaßt. Wie ersichtlich wird, schafft dieser beständige Prozeß an umgesetzten Ideen eine Grundlage für eine **Differenzierung vom Wettbewerb**, die aber nicht vergleichbar ist mit einer grundlegenden Innovation.

+	−
⇨ Schrittweise und beständige Optimierung	⇨ Nur begrenzter Handlungsrahmen
⇨ Verbesserungen schneller umsetzbar	⇨ Nur kleine Veränderungen
⇨ Korrekturen leichter möglich	⇨ Langwierigere Umsetzung
⇨ Verbesserungen vom Wettbewerb nicht so schnell wahrnehmbar	⇨ Wettbewerber-Innovation nicht ausgleichbar
⇨ Erreichte Ergebnisse vom Wettbewerb nicht so schnell nachvollziehbar	

▷ **Kaizen ist wichtig, kann aber nachhaltige Veränderungen durch Innovationen nicht ersetzen**

Abbildung 18: Kaizen als kontinuierlicher Verbesserungsprozeß

Die Frage, die sich jetzt als Anforderung des TQM an die Konzeption und Umsetzung des Internen Marketing stellt, geht dahin, wie dieser **Gruppenprozeß** zu gestalten ist. Gruppenmodelle mit dem Ziel, Verbesserungen zu erreichen, sind seit längerer Zeit in Form von Qualitätszirkeln bekannt. Da diesen Gruppen bisher eine unmittelbare Anbindung an Managementebenen und vor allem eine Integration in einen ganzheitlich auf alle Teile des Unternehmens ausgerichteten Verbesserungsprozeß fehlte, waren sie weitgehend wirkungslos, auf jeden Fall „kopflos".

Ein **Prozeßteam** zur Verbesserung der Qualität in der gesamten Wertschöpfungskette ist im Gegensatz hierzu in ein Konzept zur Verbesserung der Unternehmensqualität und aller seiner Teile eingebunden. Wie im Abschnitt zum Prozeßmanagement gezeigt wurde, ist der Ansatz in der Regel nicht nur abteilungsbezogen, sondern vor allem auch abteilungsübergreifend. Die Arbeitsgruppe wird deshalb mit einem zeitlich begrenzten Auftrag in einer interdisziplinären Zusammensetzung wesentliche Verbesserungen einer Prozeßkette zu erarbeiten haben.

Die Frage, die sich jetzt stellt, ist, in welchem Ausmaß in der Unternehmenspraxis solche KVP-Teams schon eingesetzt werden, welche Anforderungen an den Einführungsprozeß zu stellen sind und vor allem, wie die Wirkungen dieser Form der Gruppenarbeit zu beurteilen sind (*Gottschall 1994, S. 234f.*).

Abbildung 19 liefert die Daten über den Verbreitungsgrad in deutschen und amerikanischen Unternehmen. Wie hieraus ersichtlich ist, steht der Einführungsprozeß im Gegensatz zu japanischen Unternehmen noch weitgehend am Anfang.

In den 100 größten deutschen Unternehmen (1993)	In 32% Gruppenarbeit eingeführt ⇨ davon viele erst Pilotprojekte
Gesamtzahl der Beschäftigten in deutschen Unternehmen (1993)	Weniger als 7% in Gruppenarbeit tätig
In den 1.000 größten US-Unternehmen	Nur ca. 10% der Beschäftigten in Teams eingebunden
In der Automobilindustrie Deutschlands	In weniger als 20% der Unternehmen praktiziert

Abbildung 19: KVP-Teams: Gruppenarbeit in der Praxis
Quelle: Gottschall 1994, S. 234f.

Für den **Einführungsprozeß** ist wichtig, daß eine ausreichende **Vorbereitungs- und Implementierungszeit** für KVP-Teams eingeplant wird.

- Hierbei ist insbesondere wichtig, daß die gesamte Konzeption auf mehrere Jahre eines Veränderungsprozesses angelegt wird.
- Im Vorfeld sind Investitionen in die Qualifizierung der Teammitglieder im Bereich Sozialkompetenz, Kommunikations- und Teamfähigkeit sowie Arbeits- und Problemlösungstechniken erforderlich.
- Das Team-Konzept kann dabei im Unternehmen nicht verordnet werden, sondern muß sich kontinuierlich entwickeln und entfalten.
- Um entstehende Reibungsverluste zu reduzieren, die eigentlich unumgänglich sind, wenn die KVP-Teams an den Kern der Probleme innerhalb der Prozeßketten und der Wertschöpfung im Unternehmen vordringen, ist eine ständige Pflege und Weiterentwicklung des gesamten Konzeptes erforderlich. Ein wesentlicher Bestandteil hierfür sind regelmäßig durchgeführte Gruppengespräche.

Auf dieser Basis lassen sich die in Abbildung 20 aufgeführten Vorteile von KVP-Teams realisieren. Sowohl für das Unternehmen als auch für die Mitarbeiter sind dadurch positive Wirkungen erreichbar. Nicht zu übersehen sind jedoch gleichzeitig auch die auftretenden **Probleme**. Sie äußern sich insbesondere in einer nicht ausreichenden Partizipation und Autonomie der Mitarbeiter, einem dadurch zu geringen Kompetenz- und Verantwortungszuwachs, einer Dominierung der Teams, beispielsweise hinsichtlich der Position des Gruppensprechers, sowie nicht zuletzt auch hinsichtlich einer zu stark vorgegebenen Zeiteinteilung. Die eigentlich beabsichtigten positiven Wirkungen werden hierdurch erheblich reduziert, die Arbeitsbedingungen sogar eher verschärft.

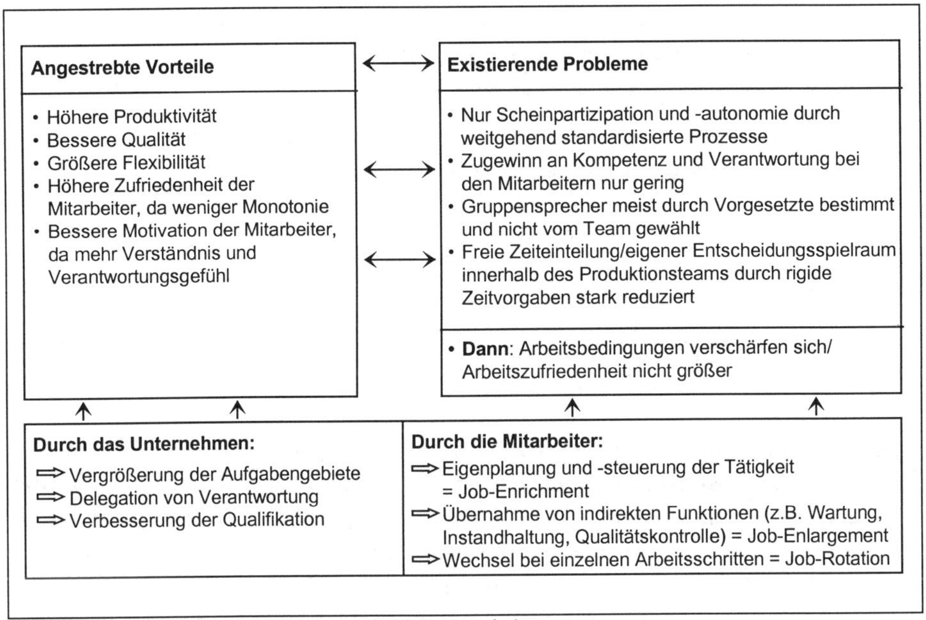

Abbildung 20: KVP-Teams: Wirkungen der Gruppenarbeit
Quelle: Gottschall 1994, S. 235ff.

Diese Sichtweise und Problemlage gilt beispielsweise auch für das Produktionssystem bei Opel Eisenach. Die KVP-Teams stehen damit in einer Konkurrenz zum Taylorismus (siehe Abbildung 21). Eigenständigkeit, Arbeitsdruck, Arbeitsablauf, Autonomiegrad und die Intensität von Verbesserungsmaßnahmen geraten hierdurch in einen inhaltlichen Gegensatz und Konflikt. Kontinuierliche Verbesserungsprozesse haben also in Abhängigkeit von der Ausrichtung und Nachhaltigkeit der Umsetzung einen nicht übersehbaren Janus-Kopf in ihren Auswirkungen.

Produktionssystem bei Opel Eisenach
Optimieren der Arbeitsabfolge durch Betroffene statt durch Refa-Fachleute ⇨ Höhere Eigenständigkeit
Im Fertigungsprozeß durch KVP Zeitreserven/Blindleistung eliminiert ⇨ Selbstgeschaffener Arbeitsdruck
Arbeitsabfolge auf „Standard-Arbeitsblättern" öffentlich visualisiert ⇨ Ablaufkontrolle durch jedes Gruppenmitglied möglich/ Anpassungsstreß steigt/Produktivität nimmt zu
Just-in-Time-Produktion verlangt eigene Entscheidungen und höchste Konzentration ⇨ Gewonnener Autonomiegrad wieder eingeschränkt
Mitarbeiter als Kunde und Lieferant für Null-Fehler-Qualität ⇨ Umsetzung von Verbesserungsmaßnahmen 3,5 Std. nach Fehleranalyse

Internationaler Vergleich (in Std.) Montagezeit für 1 PKW in	Europa	30	⇨	Ziel Eisenach	17
	USA	18			
	Japan	14			

Abbildung 21: KVP-Teams versus Taylorismus
Quelle: Gottschall 1994, S. 244

Dennoch sind, gerade bezogen auf Opel Eisenach, die Ergebnisse im Hinblick auf die Anzahl von **Verbesserungsvorschlägen** beeindruckend. In Abbildung 22 ist die Entwicklung seit Bestehen dieses Werkes aufgeführt. Vergleicht man dies mit dem Durchschnitt an Verbesserungsvorschlägen pro Mitarbeiter in der deutschen Industrie, der weniger als 0,2 Verbesserungsvorschläge pro Mitarbeiter beträgt, dann sind die Zahlen von sechs bis neunzehn erreichten, wenn auch vom inhaltlichen Ausmaß geringeren Verbesserungsvorschlägen pro Mitarbeiter, beeindruckend. In Relation zu den 32 Verbesserungsvorschlägen pro Mitarbeiter in japanischen Unternehmen nehmen sie sich aber immer noch relativ bescheiden aus (*Simon 1993, S. 137; Töpfer 1994b, S. 32*).

Die Arbeit von KVP-Teams ist mit zwei Konsequenzen verbunden: Zum einen sind klare **Anreizsysteme** erforderlich, um das Engagement und die Motivation der Mitarbeiter zu erhalten. Zum anderen führt eine höhere Anzahl von Verbesserungsvorschlägen unweigerlich zu Vorschlägen, die geringere inhaltliche Verbesserungen zum Gegenstand haben.

Betriebliches Vorschlagswesen (BVW)

- Deutschland: 8 Prozent der Mitarbeiter beteiligen sich am BVW
- 1994: Prämienausschüttung: 218 Mio. DM für 544.000 VV (Durchschnittl. 907 DM/VV)

- 1. Preis im BVW für Opelwerk Eisenach (durch DIB, Frankfurt) ein Jahr nach Produktionsbeginn in 1992

⇨ 2.423 Verbesserungsvorschläge (VV) durch ca. 750 Mitarbeiter im 2. Halbjahr 1992 = 6 VV pro Mitarbeiter im Jahr

⇨ In 1993 Zunahme auf über 9 VV pro Mitarbeiter = Rekord in Deutschland
1993: 11.194 VV von 1.200 Mitarbeitern
Einsparung: 1,8 Mio. DM

⇨ 1994: 14 VV pro Mitarbeiter

⇨ 1995: 19 VV pro Mitarbeiter
Einsparung: 12 Mio. DM

⇨ 1996: 19 VV pro Mitarbeiter

⇨ 1997: 19 VV pro Mitarbeiter

⇨ Grund: Eisenacher Produktionssystem
- mit größerer Eigenverantwortlichkeit der Mitarbeiter
- mit dem Willen zu kontinuierlichen kleinen Verbesserungen

⇨ Produktion des Corsa: 30 Prozent kostengünstiger als früher

⇨ Konsequenz: 1993 geringerer Preis als Vorgängermodell

Abbildung 22: Betriebliches Vorschlagswesen im Opelwerk Eisenach
Quelle: HNA v. 20.5.1993, S. 6; Die Zeit v. 5.11.1993, S. 24; SZ v. 6.4.1994, S. 7; Der Spiegel 34/95, S. 89; BVW Opel Eisenach 1995ff.

Materielle Anreize werden deshalb nicht nur in Form von Geld zu schaffen sein, vielmehr wird es darauf ankommen, für kleine Verbesserungen ein Punktebudget anzusammeln, um so durch den „angesparten" Punktebetrag einen höherwertigen Anreiz erhalten zu können. Dabei empfiehlt es sich, von Geldleistungen zu Sachleistungen überzugehen, um hierdurch den Erlebnis- und Erinnerungswert zu steigern. Zusätzlich sind **immaterielle Anreize** nicht minder wichtig. Hierzu gehören Präsentationen vor der Unternehmensleitung, das Verleihen eines Ideen-Preises und – als geldwerte Vorteile – beispielsweise auch die Teilnahme an einer Erlebnisreise mit dem „Besten-Club".

Literaturverzeichnis

Adler, P. (1993): Time-and-Motion Regained, in: Harvard Business Review, Vol. 71, No. 1, S. 97-108.

Bauer, E. (1996): Analyse von Kundenerwartungen – intern und extern, in: *Mehdorn, H./ Töpfer, A. (Hrsg.)*: Besser – Schneller – Schlanker. TQM-Konzepte in der Unternehmenspraxis, 2. Aufl., Neuwied/Kriftel/Berlin, S. 109-136.

Der European Quality Award (1998): Bewerbungsbroschüre, Brüssel.

Frehr, H.-U. (1993): Total Quality Management – Unternehmensweite Qualitätsverbesserung, München/Wien.

Gottschall, D. (1994): Sand im Betriebe, in: Manager Magazin, 24. Jg., Nr. 12, S. 234-247.

Hammer, M./Champy, J. (1993): Reengineering the corporation. A manifesto for business revolution, New York.

Hanser, P. (1995): Internes Marketing. Dialog macht stark, in: Absatzwirtschaft, 38. Jg., Nr. 3, S. 30-39.

Imai, M. (1992): Kaizen. Der Schlüssel zum Erfolg der Japaner im Wettbewerb, 3. Aufl., München.

Kamiske, G.F. (Hrsg.)(1994): Die Hohe Schule des Total Quality Management, Berlin et al.

Mehdorn, H./Töpfer, A. (Hrsg.) (1996): Besser – Schneller – Schlanker: TQM-Konzepte in der Unternehmenspraxis, 2. Aufl., Neuwied/Kriftel/Berlin.

NIST (National Institute of Standards and Technology) (1998): Malcolm Baldrige National Quality Award (1998), Gaithersburg.

Pfeifer, T. (1993): Qualitätsmanagement – Strategien, Methoden, Techniken, München/Wien.

v. Rosenstiel, L. (1987): Grundlagen der Organisationspsychologie, 2. Aufl., Stuttgart.

Shingo, S. (1993): Das Erfolgsgeheimnis der Toyota Produktion: Eine Studie über das Toyota Produktionssystem – genannt die „schlanke Produktion", 2. Aufl., Landsberg.

Simon, H. (1993): Stein der Weisen – Lean Management (II), in: Manager Magazin, 23. Jg., Nr. 2, S. 134-140.

Stauss, B. (1991): Internes Marketing als personalorientierte Qualitätspolitik, in: *Bruhn, M./ Stauss, B. (Hrsg.)*: Dienstleistungsqualität. Konzepte, Methoden, Erfahrungen, Wiesbaden, S. 229-246.

Stauss, B./Schulze, H.S. (1990): Internes Marketing, in: Marketing ZFP, 12. Jg., Nr. 3, S. 149-158.

Töpfer, A. (1994a): Personalmanagement 2004, in: Personalwirtschaft/Jubiläums-Nr. 1994, 21. Jg., S. 9-12.

Töpfer, A. (1994b): Zeit-, Kosten- und Qualitätswettbewerb. Ein Paradigmenwechsel in der marktorientierten Unternehmensführung?, in: *Blum, U./Greipl, E./Hereth, H./Müller, S. (Hrsg.)*: Wettbewerb und Unternehmensführung, 1. Dresdner Kolloquium und Antrittsvorlesungen an der Fakultät Wirtschaftswissenschaften der Technischen Universität Dresden, Stuttgart, S. 224-258.

Töpfer, A. (1994c): Marketing des Profit-Centers Personal. Anwendungsbeispiel Personalforschung, in: *Ackermann, K.-F. (Hrsg.)*: Reorganisation der Personalabteilung – Dezentralisierung, Divisionierung, Profit Center-Orientierung der Personalarbeit im Unternehmen, Stuttgart, S. 146-179.

Töpfer, A. (1995): Veränderungsprozesse als Herausforderung für das Personalmanagement, in: *Maess, K./Maess, Th. (Hrsg.)*: Das Personal-Handbuch '95, Neuwied/Kriftel/Berlin, S. 17-39.

Töpfer, A./Funke, U. (1985): Mitarbeiterbefragung als Analyseinstrument und Grundlage der Organisationsentwicklung, in: *Töpfer, A./Zander, E. (Hrsg.)*: Mitarbeiter-Befragungen – ein Handbuch, Frankfurt am Main/New York, S. 9-42

Töpfer, A./John, D.L. (1996): Lean Production bei NUMMI: Ein Kernelement von TQM, in: *Mehdorn, H./Töpfer, A. (Hrsg.)*: Besser – Schneller – Schlanker. TQM-Konzepte in der Unternehmenspraxis, 2. Aufl., Neuwied/Kriftel/Berlin, S. 345-359.

Töpfer, A./Mehdorn, H. (1995): Total Quality Management. Anforderungen und Umsetzung im Unternehmen, 4. Aufl., Neuwied/Kriftel/Berlin.

Töpfer, A./Poersch, M. (1989): Aufgabenfelder des betrieblichen Personalwesens für die 90er Jahre: Bedeutung und Inhalte in der Unternehmenspraxis, Neuwied/Frankfurt am Main.

Waterman, R. H. (1994): Die neue Suche nach Spitzenleistungen. Erfolgsunternehmen im 21. Jahrhundert, 2. Aufl., Düsseldorf u.a.

Weinert, A. (1987): Lehrbuch der Organisationspsychologie. Menschliches Verhalten in Organisationen, München u.a.

Summary

The article describes the targets and basic principles of Total Quality Management (TQM) with respect to Internal Marketing. It is shown that TQM is broader than just a certification by DIN ISO 9000ff. The 5 levels of quality (management and staff, product, contact, production, and internal processes) are analyzed in some detail to show that each employee in a company has the final responsibility for the results of his/her own work. This insight has major impact on Internal Marketing. In this context both the European Quality Award and the Malcolm Baldrige National Quality Award are discussed in this article. The framework for TQM is analyzed in the Personnel Management context. An Internal Marketing strategy, based on the process management system, results in the development of a quality management philosophy. Customer-supplier-relations represent a significant core element of Internal Marketing. Further, the empowerment of employees is both inevitable and necessary. The continuos improvement process is shown as the result of a TQM culture in the company. Moreover, TQM is a broad mind-and-action oriented approach in order to encourage quality awareness among all employees and managers at all stages of the value chain. In Internal Marketing the company is obliged to focus on both external and internal customers to be competitive and successful. The precondition for service quality and customer satisfaction is employee's satisfaction with his/her working situation. The situation must be analyzed by customer and employee interviews. The author gives a detailed analysis of how process management results in an improvement in the employee satisfaction level. Employees will respond to this positive development with suggestions for further improvement and greater „intrapreneurship". The article contains a number of examples of successful companies to underline how important the validity of the Internal Marketing concept is.

Die Gestaltung des Internen Marketing mit Konzepten der Transaktionsanalyse

von Henning S. Schulze

Dr. Henning S. Schulze ist Dozent für BWL, insbesondere Marketing, Personalwirtschaftslehre, Markt- und Führungspsychologie an der deutschsprachigen Abteilung für Betriebswirtschaftslehre der Marmara Universität, Istanbul.

1. Einleitung

Internes Marketing ist vor allem durch seine **Interaktionsorientierung** gekennzeichnet. Zur Unterstützung der Instrumentarbereiche des Internen Marketing bedarf es eines Konzeptes, das Interaktionsprozesse erklären, ihre Entstehung und ihre Hintergründe aufdecken und zu ihrer Verbesserung beitragen kann. Mit der **Transaktionsanalyse** liegt ein solches Konzept vor. Im folgenden Beitrag wird einleitend die Abhängigkeit ausgewählter Instrumentarbereiche des Internen Marketing von zwischenmenschlichen Interaktionsprozessen im weitesten Sinne dargestellt. Es folgt eine problemorientierte Darstellung der Grundlagen der Transaktionsanalyse mit ihren Konzeptbereichen. Darauf aufbauend werden im anschließenden Abschnitt ausgewählte Fundierungsansätze des Internen Marketing durch den Einsatz des transaktionsanalytischen Instrumentariums diskutiert.

2. Internes Marketing als individualentwicklungs-, beziehungs- und interaktionsabhängiges Instrumentarium der Unternehmensführung

2.1 Grundlegendes Verständnis des Internen Marketing

Wenn im vorliegenden Zusammenhang von „Internem Marketing“ gesprochen wird, so ist das „**Personalorientierte Interne Marketing**“ (*Stauss/Schulze 1990*) gemeint. Primärziel des Internen Marketing ist die Schaffung von markt- und kundenorientiertem Arbeitsverhalten des Personals unter der Maxime des „externen“ Marketing. Die Mitarbeiter sollen durch den Einsatz des Instrumentariums des Internen Marketing zu markt- und konsumentenorientiertem Verhalten bewegt werden (*Stauss/Schulze 1990; Schulze 1992*).

Aus dieser Hauptzielsetzung leiten sich **Subziele des Internen Marketing** ab, wie

(1) Rekrutierung, Entwicklung und Bindung hochmotivierten und kundenorientierten Personals.

(2) Information des Personals über Unternehmenszweck und Marketingstrategien, die Relevanz der kundengerichteten Kommunikation und Interaktion sowie die Ver-

antwortung des einzelnen Mitarbeiters für die wahrgenommene Leistungsqualität und das Unternehmensimage.

(3) Herbeiführung von Akzeptanz gegenüber dem marketingstrategischen Leitbild des Unternehmens.

(4) Schaffung eines unternehmungsinternen Umfeldes, das kundenorientierte Einstellungen und Verhaltensweisen unterstützt (*Stauss/Schulze 1990; Stauss 1992, 1994*).

Bei der Aufzählung der Zielsetzung(en) des Internen Marketing wird deutlich, daß sie sich in besonderem Maße auf Aspekte des Verhaltens, der Persönlichkeit sowie der **Interaktion** und der **Kommunikation** richten. Zur Erreichung dieser Ziele lassen sich Mitarbeiter nicht „einstellen“ wie Produktionsanlagen. Auch ist eine „Dressur“ wie etwa bei Grubenponys nicht durchführbar. Ein denkbarer Ansatz kann die „Überzeugungsarbeit“ auf der kognitiv/rationalen Ebene sein; dies vor allem, wenn rein willensgesteuerte Prozesse beeinflußt werden sollen. Ein weiterer Weg ist die Beeinflussung der Mitarbeiter auf der „vorkognitiven“ Ebene. Sie ist in starkem Maße beeinflußt durch psychosoziale Prozesse, wie der Individualentwicklung jedes einzelnen Mitarbeiters sowie der darauf aufbauenden Art und Weise, sich mit der Umwelt in Beziehung zu setzen und mit ihr zu interagieren.

Bevor die Abhängigkeit ausgewählter Instrumentarbereiche des Internen Marketing von den psychosozialen Prozessen der Individualentwicklung, der Beziehungsaufnahme und dem Interaktionsverhalten der Mitarbeiter diskutiert wird, sollen diese Begriffe einführend erläutert werden.

2.2 Individualentwicklung, Beziehung, Interaktion

Aus tiefenpsychologischer Perspektive betrachtet wird der Mensch Zeit seines Lebens von Erlebnissen, Erfahrungen und die daran anknüpfenden (Erinnerungs-)spuren aus vorherigen Lebensabschnitten von der frühen Kindheit bis zur jüngsten Vergangenheit beeinflußt (*Erikson 1982; Lenz et al. 1991*). Die individuelle lebensgeschichtliche Entwicklung ist also eine wichtige Determinante des Verhaltens im „Hier und Jetzt“ (*Wagner 1987*). Mithin beeinflußt sie auch den Mitarbeiter im Unternehmen. Der Mensch ist in den verschiedensten Kontexten in ein Netz von interpersonellen Beziehungen verstrickt (*Battegay 1974*). Je nach entwicklungsgeschichtlichem Hintergrund gestaltet sich der Einzelne seine Beziehungen zur Umwelt und beeinflußt dadurch

Gruppenstrukturen, Organisationsabläufe, Kundenkontaktsituationen u.a.m. Interaktion ist die wechselseitige Beeinflussung von Individuen oder Gruppen hinsichtlich ihres Handelns (*Zucha/Schlick 1983; Fröhlich 1988; Staehle 1989*). **Zwischenmenschliche Interaktionen** sind eine der Grundvoraussetzungen dafür, daß Menschen in arbeitsteiligen Gesellschaften leben können. Sie sind das „Rohmaterial" (*Mills/Margulies 1980*) vieler von menschlicher Arbeit bestimmter Wirtschaftsprozesse. So kommt ihnen eine zentrale Bedeutung im Rahmen des Internen Marketing zu. Interaktionen werden bestimmt von der Individualentwicklung und die von ihr determinierte Art, wie Menschen miteinander in Beziehung treten.

2.3 Zur Abhängigkeit ausgewählter Instrumentarbereiche des Internen Marketing von psychosozialen Prozessen

Zum stark entwicklungs-, beziehungs- und interaktionsabhängigen **Instrumentenkanon des Internen Marketing**, der für den vorliegenden Zusammenhang ausgewählt werden soll, gehören die Segmentierung der Mitarbeiterschaft als interne Klientel, die interne Interaktion, die interne und externe Massenkommunikation, die Personalauswahl sowie das Training des Personals.

Zu **Segmentierung der internen Klientel**: Segmentierung bedeutet, die Gesamtheit der in dem Unternehmen arbeitenden Individuen in zweckgerichtete, intern homogene und extern heterogene Gruppen zu unterscheiden. Ziel der internen Segmentierung ist der zielgruppenkonsequente Einsatz des Instrumentariums des Internen Marketing. Neben den demographischen Kriterien ist es wegen der starken Interaktionsorientierung des Internen Marketing besonders wichtig, interne Segmente zu differenzieren, die sich in der durch ihre Individualentwicklung beeinflußten Art und Weise, miteinander in Beziehung zu treten und zu interagieren, unterscheiden. Zu **interne Interaktion**: Sie ist der „Flaschenhals" einer jeden Organisation. Nahezu alle innerorganisationalen Tätigkeiten wie Planung und Entscheidung, Motivation und Kontrolle setzen Beratungen und Berichte, Anweisungen und Diskussionen, Kritik und Belehrungen, Fragen, Antworten, Gespräche und andere Formen der Interaktion zwischen den Unternehmensmitgliedern voraus (*Neuberger 1980*). Auch die Interaktion zwischen den Unternehmensmitgliedern ist abhängig von der Individualentwicklung der Interagierenden und den daraus resultierenden Beziehungsmustern. Zu **interne und externe Massenkommunikation**: Aufgabe der in- und externen Massenkommunikation im Internen Marketing ist es, Informationen gemäß seiner o.g. Zielsetzungen an die oft sehr heterogene interne Klientel über interne und externe Kommunikationskanäle zu vermitteln. Die massenkommunikativen Tätigkeiten sind vor allem abhängig vom Ablauf der Kommunikation in Richtung der Rezipienten. Zu **Personalauswahl**: Mitarbeiter sollen sich im Sinne der oben beschriebenen Zielsetzungen des Internen Marketing vor allem markt- und konsumentenorientiert verhalten. Um ein derartiges Verhalten zu gewährleisten, ist es notwendig Mitarbeiter auszuwählen, die, beeinflußt durch ihre Individualentwicklung, Beziehungs- und Interaktionsmuster zeigen, welche mit der Zielsetzung der optimalen Kundenorientierung des Mitarbeiterverhaltens übereinstimmen. Zu **Training**: Soll das Personal zu markt- und kundenorientiertem Verhalten bewegt werden, so kann dies nicht ohne verhaltensbeeinflussendes Training erreicht werden. Diese sind an den drei großen Bereichen Individualentwicklung, Beziehungsmuster und Interaktionsgestaltung zu orientieren, entsprechend der oben getroffenen Annahme der Abhängigkeit des menschlichen Verhaltens und der Gestaltung von Beziehungen und Interaktionsprozessen von der Individualentwicklung.

3. Transaktionsanalytische Konzepte – Instrumente zur Erklärung und Steuerung psychosozialer Prozesse

3.1 Warum Transaktionsanalyse?

Die **Transaktionsanalyse** ist ein sehr umfangreiches therapeutisches und sozialpsychologisches System. Sie beinhaltet erstens ein Persönlichkeitskonzept, mit dem innere Prozesse und lebensgeschichtliche Entwicklungen verstehbar gemacht werden; zweitens bietet sie als ein Kommunikationskonzept eine Möglichkeit, die Art und Weise der menschlichen Interaktionen zu beschreiben; drittens ist Transaktionsanalyse ein Therapiekonzept, das zur Behandlung psychischer Erkrankungen und als Beratungskonzept zur Förderung des individuellen und sozialen Wachstums eingesetzt werden kann. Als integrative Theorie kombiniert Transaktionsanalyse die Klarheit und Verständlichkeit verhaltenstheoretischer Ansätze und tiefenpsychologischer Denkweisen im Rahmen der Werte der humanistischen Psychologien und Psychotherapien (*Deutsche Gesellschaft für Transaktionsanalyse 1994*). Durch den Gebrauch eines eingängigen Vokabulars sind die Inhalte der Transaktionsanalyse für Menschen unterschiedlichster Herkunft, Bildung und Altersstufen relativ leicht zugänglich und nachvollziehbar. Gerade der spezifische Wortschatz bietet Gruppen und Organisationen, die sehr oft mit firmen- oder branchenspezifischem Vokabular arbeiten, einen relativ einfachen Zugang zu den transaktionsanalytischen Erklärungen ihres Verhaltens (*Novey 1976; Morrison/O'Hearne 1976;*

Hagehülsmann/Hagehülsmann 1983; Tatton 1983; Kriz 1985; Krech/Benesch 1985; Kaemmerling 1989). So wird ein kurzfristiger Einsatz ihres Instrumentariums sowie ein schnell eintretender Erfolg begünstigt. Die Transaktionsanalyse ist ein optimistisch orientiertes Konzept, das Nachdruck auf die Möglichkeiten des Menschen legt, sich und sein Verhalten zu verändern und seinen Umgang mit sich und seiner Umwelt trotz seiner spezifischen Vergangenheit realitätsbezogener zu gestalten (*Barker 1980*). Seit Beginn der 50er Jahre wurden verschiedene interdependente Komponenten der Transaktionsanalyse entwickelt, von denen die folgenden kurz vorgestellt werden sollen:

(1) Strukturanalyse;
(2) Transaktionsanalyse im engeren Sinne;
(3) Spielanalyse;
(4) Skriptanalyse.

3.2 Die Strukturanalyse

Die **Strukturanalyse** bildet die anthropologische und persönlichkeitstheoretische Basis und damit zugleich den wichtigsten Teil der Transaktionsanalyse (*Hostie 1986*). Die **„Ich-Zustände“**, die die menschliche Persönlichkeitsstruktur ausmachen, sind als eine von außen beobachtbare Art und Weise des menschlichen Seins zu verstehen. Jedes Individuum verfügt über eine Vielzahl von Ich-Zuständen, in denen es sich verhält. Diese können in drei Kategorien unterschieden werden (*Holloway 1980; Berne 1986*):

(1) Ich-Zustände, die dem Ich-Zustand eines Elternteils oder einer elternähnlichen, d.h. elternhaft handelnden Person entsprechen und Anderen Unterstützung oder Strukturierung bieten.
(2) Ich-Zustände, in denen sich das Individuum mit der Realität seiner Umwelt „objektiv“ auseinandersetzt, abwägendes Interesse für die Erreichung von Zielen hat und sachliche Überlegungen zu den sich aus Entscheidungen ergebenden Konsequenzen anstellt.
(3) Ich-Zustände, die regressiv sind und in Impulsivität, Ausdruckskraft, Reaktionsbereitschaft und Gefühlsbetontheit Gemeinsamkeiten mit dem Verhalten von Kindern verschiedener Altersstufen aufweisen.

Gemäß dieser Dreiteilung des psychischen Apparates kann zwischen dem „Eltern-Ich-Zustand" (Eltern-Ich; EL), dem „Erwachsenen-Ich-Zustand" (Erwachsenen-Ich; ER), und dem „Kind-Ich-Zustand" (Kind-Ich; K) differenziert werden. Jeder dieser Ich-Zustände ist eine in sich geschlossene Einheit, bestehend aus Denken, Fühlen und Handeln (*Schmidt 1987*). Sie werden in der für die Transaktionsanalyse sinnbildlichen Symbolik der drei übereinanderliegenden Kreise – dem **„einfachen Strukturmodell"** – dargestellt (siehe Abbildung 1).

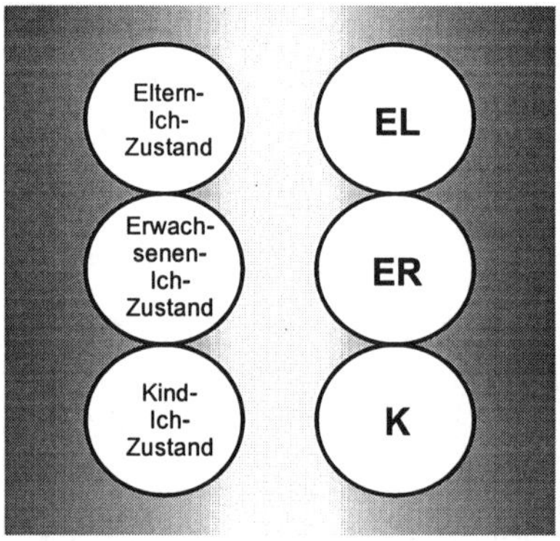

Abbildung 1: Das einfache Strukturmodell der menschlichen Persönlichkeit
Quelle: Berne 1974, S. 70

Das Modell der menschlichen Ich-Zustände kann entweder strukturell (Strukturanalyse: was ist in jedem der Ich-Zustände?) oder aber funktionell (Funktionsanalyse: wie werden die Ich-Zustände eingesetzt?) betrachtet werden (*Steward/Joines 1990*).

Aus der **funktionsanalytischen Perspektive** werden die oben beschriebenen Ich-Zustände nochmals differenziert. Das Eltern-Ich (EL) beinhaltet alle gespeicherten, unüberprüft übernommenen Normen, Ge- und Verbote, Prinzipien und Maximen, sowie damit zusammenhängende Ereignisse der frühen Kindheit eines Menschen. Es wird in das fürsorgliche Eltern-Ich (fEL) und das kritische Eltern-Ich (kEL) unterteilt. Das kritische Eltern-Ich enthält vor allem Wertungen und Vorurteile. Es ist der Zustand, aus dem heraus Verbote ausgesprochen, gemaßregelt und kritisiert wird. Das fürsorgliche Eltern-Ich enthält Normen, die vor einschneidenden körperlichen und/oder seelischen Schäden schützen sollen. Das Erwachsenen-Ich (ER) ist der Ich-Zustand, aus dem heraus der Mensch die Realität überprüft, Wahrscheinlichkeiten abschätzt und emotionslos „objektiv" gesammelte Informationen verarbeitet. Es ist auf die Realität ausgerichtet, geordnet, intelligent und sehr anpassungsfähig (*James/Jongeward 1974*). Das

ER ist zum einen ein Problemlöser für das menschliche Verhalten dritten gegenüber, zum anderen spielt es bei Spannungen zwischen den Ich-Zuständen eine wichtige Vermittlerrolle. Das Kind-Ich (K) beinhaltet alle Impulse, die während der Kindheit angelegt worden sind (*James/Jongeward 1974*). Ein Kind kann sich natürlich/frei, angepaßt oder intuitiv verhalten. Mithin werden drei Ausdrucksformen des Kind-Ich unterschieden: das freie, natürliche Kind-Ich (fK); das angepaßte Kind-Ich (aK); das rebellische Kind-Ich (rK) (*Rüttinger 1989; Petzold 1976; Novey 1976*). Im Rahmen der Diagnose des Verhaltens können die oben **funktionsanalytisch** beschriebenen Ich-Zustände anhand von Mimik, Gestik, der Artikulation sowie des verwendeten Vokabulars unterschieden werden. Eine Hilfe hierbei bietet Tabelle 1. Sie erleichtert den Einstieg in die Ich-Zustands-Analyse und den Einblick in die Besetzung der Ich-Zustände, z.B. von Interaktionspartnern. Mit ihrer Hilfe können in Zusammenhängen des Internen Marketing, wie beispielsweise der Personalauswahl, Trainings und der Segmentierung, die Persönlichkeitsstrukturen von Mitarbeitern leichtverständlich erfaßt werden.

Zur Darstellung und besseren Erfassung der Intensität, in der sich ein Mensch in den verschiedenen Ich-Zuständen (aus der funktionsanalytischen Perspektive) verhält bzw. befindet, ist das „**Egogramm**" entwickelt worden (*Dusay 1977, 1978*). Es zeigt in einer Graphik die Gewichtung der Ich-Zustände im Verhalten des betrachteten Menschen. Das Egogramm kann sowohl auf der Grundlage der Selbsteinschätzung eines Menschen erstellt, als auch durch Beobachtung oder Fragebogentechniken (*Kälin/Müri 1985*) von außen erhoben werden. Ein idealtypisches Egogramm ist in Abbildung 2 dargestellt.

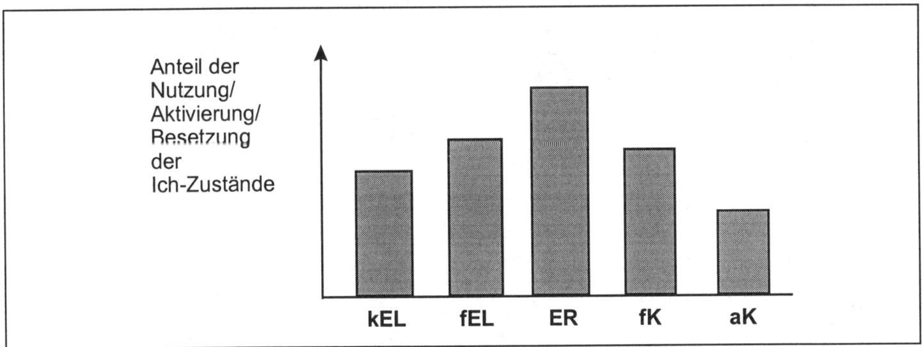

Abbildung 2: Egogramm – Beispiel für die graphische Darstellung der funktionalen Besetzung der Ich-Zustände

	fEL	kEL	ER	fK	aK
Vokabuar	kann ich helfen?; macht nichts; großartig; schön; gut; du schaffst es schon; sorge dich nicht; halb so schlimm; laß´ den Kopf nicht hängen; du armer Kerl; ich verstehe dich gut; ich mache das für dich; Vorsicht! - das ist gefährlich; komm, ich helfe dir	Unsinn!; kindisch; du sollst nie; wie kannst du nur; man macht das (nicht); hör auf damit!; wie oft soll ich dir noch sagen; das ist lächerlich	alle W-Fragen; wahrscheinlich; möglicherweise; im Vergleich zu; ich glaube; ich denke; ich werde; meiner Meinung nach	Superlative; Modewörter; ich will/möchte; ist mir egal	laß´ mich in Ruhe; jetzt erst recht; verdammt noch mal; ich verliere immer; ich traue mich nicht; ich will versuchen; ich habe Angst; meinst du?; immer ich; ich wollte doch nur; man muß
Artikulation	tröstend; besorgt; warm; beruhigend; mitfühlend; liebevoll; beschwichtigend; aufmunternd; gewährend	laut oder leise; hart; gespannt; herablassend; anklagend; streng; nachdrücklich; seufzend; ironisch; zynisch; scharf	sachlich; ruhig; gleichmäßig; neutral; selbstbewußt; leidenschaftslos; zuweilen mühsam formulierend	laut; frei; übersprudelnd; traurig; sich überschlagend; hoch	demütig; trotzig; zerknirscht; unsicher; larmoyant; devot; quengelnd; folgsam
Mimik	herzlich; gütig; verständnisvoll; bekümmert; glücklich; lächelnd; umsorgend; zufrieden; ängstlich-fürsorglich; interessiert-liebevoll	autoritär; mißbilligend; starr; zusammengepreßte Lippen; beurteilend; gerunzelte Stirn; vorgeschobenes Kinn; hoch- oder zusammengezogene Augenbrauen; mißbilligendes Kopfschütteln; befremdeter Gesichtsausdruck	nachdenklich; abwägend; aufmerksam; offener, ruhiger Blickkontakt; dem Interaktionspartner zugewandt; Lidschlag alle 3-5 Sekunden; entsprechend der Situation häufig wechselnder Gesichtsausdruck	locker; pfiffig; ungehemmt; neugierig; traurig; offener Mund; glänzende Augen; Tränen	schmollend; abweisend; verstockt; niedergeschlagene Augen; nervöser, verstohlener Blick; zitternde(s) Lippen/Kinn; verschlagen; rücksichtsvoll
Gestik	auf die Schulter klopfen; offene, ausgestreckte Arme; Arm auf die Schulter legen; umarmen; freundliches Zunicken	sich ans Kinn fassen; erhobener Zeigefinger; Hände über dem Kopf zusammen-schlagen; mit dem Zeigefinger deuten; mit d. Fuß aufstampfen; die Faust schütteln; mit der Faust auf den Tisch schlagen; Hände in die Hüften stemmen; Arme vor der Brust verschränken	entspannt; aufrechte Haltung; häufiges Wechseln der Körperhaltung; nach vorne gelehnt; aufmerksam; aktives Zuhören; unterstreichende, angemessene Gestik; Blickkontakt in gleicher Position wie der Interaktionspartner	verspielt; locker; aufgeregt; müde; entspannter/angespannter Körper;ausgelassene Bewegungen; spielerisch frei	trotzig; angespannt; zurückhaltend; verkrampft; gesenkter Kopf; schmollend; hängende Schultern; Hand heben, um etwas sagen zu dürfen; Strammstehen; Diener/Knicks machen; auf die Lippen beißen; freundlich; liebenswürdig; mit den Schultern zucken
Allgemeines Verhalten	gütig; besorgt; anerkennend; ermutigend; mitfühlend; beschützend; beratend; unterstützend; tröstend; verstehend; bemutternd; überfürsorglich; anderen wenig zumutend und alles abnehmend	vorurteilsbbeladen; automatisch urteilend und wertend; strafend und anklagend; befehlend; Schuldige suchend; autoritär; dogmatisch; rechthaberisch; zurechtweisend; Grenzen ziehend	nachdenklich; aufgeschlossen; Daten sammelnd; entspannt; sachlich; objektiv; zuhörend; emotionslos; konzentriert; Blickkontakt aufgeschlossen; Fragen stellend; Alternativen entwickelnd und auswählend; autonom; vergleichend; kooperativ	um Umweltreaktionen nicht bekümmert; spielerisch; neugierig; schöpferisch; pfiffig; manipulativ; schadenfroh; überschäumend; begeisternd; tanzen; springen; singen; lustig; traurig; echt; witzig; schamlos; neckend; egoistisch; voller Energie; phantasiert; kreativ	launisch; aufsässig; frech; trotzig; wütend; gehässig; schamvoll; störrisch; aggressiv; schuldbewußt; vorsichtig; scheu; ängstlich; gehemmt; sich rückversichernd; sich produzierend; beifallheischend; resigniert; hilflos; schmollend; bescheiden; unsicher; folgsam; introvertiert; niederge-schlagen; überfordert; klagend; Gefühle unterdrückend; gute Umgangsformen; Regeln und Vereinbarungen einhaltend; sich aufregend

Tabelle 1: Tabelle zur Verhaltensdiagnose der Persönlichkeitsstruktur
Quelle: In enger Anlehnung an Schulze 1992 und die dort angegebene Literatur

3.3 Die Transaktionsanalyse im engeren Sinne

Die **Transaktionsanalyse i.e.S.** bildet den Kern des Kommunikationskonzeptes der Transaktionsanalyse. Jede Form von Zuwendung, also alle Zeichen sozialen Austausches werden als „Transaktion" bezeichnet (*Berne 1961*). Jede menschliche Interaktion besteht aus einer Serie von interdependenten Transaktionen. Dabei besteht für den Kommunikanten die Möglichkeit, seine Transaktionen aus den verschiedenen Ich-Zuständen heraus an einen Ich-Zustand des Interaktionspartners zu senden. Dieser wiederum hat die Möglichkeit, aus einem seiner Ich-Zustände heraus zu reagieren und einen Ich-Zustand seines Gegenübers anzusprechen. Jeder verbale und/oder nonverbale Kommunikationsimpuls, der aus einem der Ich-Zustände ausgesandt wird, ist also ein Stimulus, auf den hin eine Reaktion aus einem der Ich-Zustände der anderen an der Interaktion beteiligten Person resultiert (*Kossbiel 1987*).

Die prägnantesten **Transaktionstypen**, aus deren genauerer Analyse *Berne* (*1970*) drei **Kommunikationsregeln** ableitete, sollen kurz vorgestellt werden (*Hagehülsmann/ Hagehülsmann 1983; Schlegel 1987; Rautenberg/Rogoll 1987; Bennett 1986; Steward/ Joines 1990; Schulze 1992*). Bei **Komplementärtransaktionen** laufen Stimulus und Reaktion parallel (siehe Abbildung 3a). Die Interaktion kann ohne Hemmnisse stattfinden. Die hieran anknüpfende **erste Kommunikationsregel** besagt, daß jede zwischenmenschliche Kommunikation so lange ohne Probleme verläuft, wie die Transaktionen ihren Komplementärcharakter behalten, also parallel bleiben. Mithin läßt sich sagen, daß Komplementärtransaktionen die Grundlage problemloser Kommunikation und Interaktion in dem Unternehmen bilden.

Das Hauptmerkmal von **Überkreuz-Transaktionen** ist, daß Stimulus und Reaktion verschiedene „Wege" haben. Die Reaktionstransaktion entspricht also nicht der umgekehrten Stimulustransaktion. Graphisch dargestellt, kommt es (mit Ausnahmen) zu einer „Überkreuzung" der Transaktionsvektoren (siehe Abbildung 3b). Sich überkreuzende Transaktionen führen zwischen den Interaktionspartnern zu Unstimmigkeiten. In der **zweiten Kommunikationsregel** wird hieraus abgeleitet, daß ein Zusammenbruch der Interaktion zweier Interaktionspartner höchstwahrscheinlich die Folge einer gekreuzten Transaktion zwischen ihnen ist. Brechen also Interaktionsprozesse innerhalb des Unternehmens oft in frühen Stadien ab, so ist dies höchstwahrscheinlich auf Überkreuz-Transaktionen zwischen den Interagierenden zurückzuführen. Dies gilt auch für Kundenkontaktsituationen, also die Mitarbeiter-Kunden-Interaktion.

Verdeckte Transaktionen sind Botschaften, die aus parallelen Transaktionen bestehen, welche zeitgleich auf einer offenen „Sach-" und einer verdeckten „Beziehungsebene" ablaufen. *Berne* (*1961*) sprach in diesem Zusammenhang auch von der „sozialen" und der „psychologischen Ebene". Sie liegen stets auf unterschiedlichen Ich-Zustands-Ebenen (siehe Abbildung 3c). Folglich sind also immer zwei Ich-Zustände bei jedem Interaktionspartner betroffen. An das Vorhandensein der verdeckten Transaktionen und die Tatsache, daß Transaktionen auf verschiedenen Ebenen ablaufen können, knüpft die **dritte Kommunikationsregel** an. Sie besagt, daß die Transaktionen, die auf der (verdeckten) Beziehungsebene ausgetauscht werden, den Ausgang der Interaktion im wesentlichen beeinflussen, ihn entscheiden. Die Beziehungsebene bei verdeckten Transaktionen ist also der wesentliche Bestimmungsfaktor für den Interaktionsverlauf (*Schmid 1986*). Alle Interaktions- und Kommunikationsprozesse in dem Unternehmen werden auf einer Ebene bestimmt, die oft nicht offen erkennbar ist. Dieser Sachverhalt kann zur Verbesserung unbefriedigend verlaufender Interaktionsprozesse sowie auch zur Planung positiver Kommunikation innerhalb und außerhalb des Unternehmens herangezogen werden.

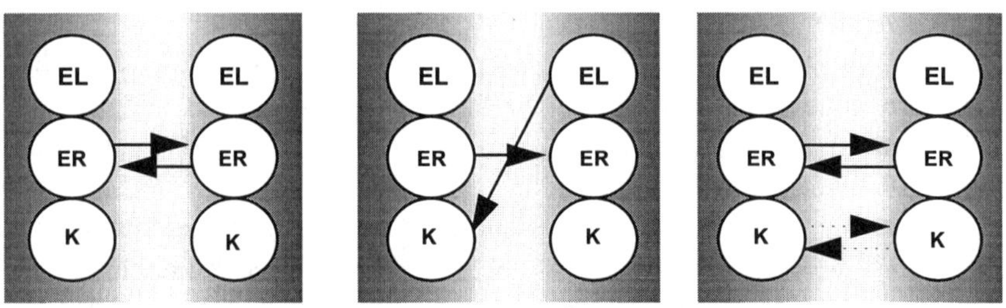

(a) Komplementärtransaktion:
A: 'Wie spät ist es ?'
B: 'Es ist genau fünf Uhr.'

(b) Überkreuz-Transaktion:
A: 'Das Gerät funktioniert nicht.'
B: 'Dann kaufen Sie sich beim nächsten Mal das bessere Gerät!'

(c) Verdeckte Transaktion:
• Sachebene: (———)
A: Herr Ober, ich bin schon eine halbe Stunde hier.'
B: 'Ich komme sofort.'
• Beziehungsebene: (······)
A: 'Ich will jetzt bedient werden.'
B: 'Ist ja gut, ich komme schon.'

Abbildung 3: Beispielhafte graphische Darstellung von Komplementär-, Überkreuz- und verdeckten Transaktionen

Mit Hilfe der Transaktionsanalyse i.e.S. und den sich aus ihr ableitenden Kommunikationsregeln können Verhaltensweisen erklärt sowie Kommunikations- und Interaktionsvorgänge zwischen Einzelpersonen und zwischen Gruppen in dem Unternehmen analysiert und verbessert werden. Schwachpunkte und sonst nicht erfaßbare Probleme in den unternehmungsinternen Interaktionskanälen können anhand des vorliegenden Instrumentariums der Transaktionsanalyse i.e.S. in eine für die an den Interaktionsprozessen beteiligten Individuen positive Richtung gelenkt werden.

3.4 Die Spielanalyse

Psychologische Spiele sind nicht im Sinne des allgemeinen Verständnisses von Spielen als kurzweiligem Zeitvertreib unter Gleichgesinnten zu begreifen. Theoretisch betrachtet sind sie „... eine Abfolge von (sich) – ihrem Wesen nach wiederholenden verdeckten Transaktionen, mit einem genau definierten Spielgewinn“ (*Berne 1983*, S. 40). Ein Spiel ist das Medium, dessen sich die beteiligten Personen bedienen, um latente Konflikte auf der verdeckten (Beziehungs-)Ebene unbewußt auszutragen (*Berne 1961; Berne 1970, Woollams/Brown 1978; Jessen/Rogoll 1980; Schlegel 1988; Burghardt/Spickenbohm 1988a; Steward/Joines 1990*). Spiele können auch als periodisch wiederkehrende Folge sich häufig wiederholender Transaktionen beschrieben werden, die vordergründig zwar plausibel zu sein scheinen, jedoch von verborgenen Motiven bzw. Bestimmungsgründen beherrscht werden (*Berne 1970*). Der aus dem Spiel resultierende „Gewinn“ – der „Payoff“ – liegt darin, daß sich mindestens ein Spieler schlecht fühlt oder auf irgendeine Art und Weise psychisch verletzt ist (*Goulding/Goulding 1981*). Der zwischen den Spielern ablaufende Interaktionsprozeß endet mit einer gegenseitigen Verstimmung. Das **Procedere eines Spiels** kann mit Hilfe der Transaktionsanalyse i.e.S. wie folgt beschrieben werden: Der Beginn des Spiels ist eine (scheinbar) direkte Transaktion vom ER des Spielinitiators zum ER des Mitspielers. Realiter handelt es sich hierbei jedoch um eine verdeckte K-K-Transaktion auf der Beziehungsebene. Auf diese Botschaft reagiert der Mitspieler, worauf der Spielinitiant den Payoff des Spieles in einer der oben beschriebenen Formen ziehen kann (*Goulding/Goulding 1981; Christoph-Lemke 1990*).

Im folgenden **Beispiel** handelt es sich um das Spiel „Warum nicht...? – Ja aber...“. Der Kunde (K) stellt ein Problem vor, woraufhin der Verkäufer (V) eine Problemlösung vorschlägt. Diesen Vorschlag wehrt K ab und bestätigt sich damit seine negative Grundeinstellung. V kann noch so gute Lösungsvorschläge präsentieren, K wird immer wieder verstehen sie abzulehnen. K: „Wenn ich mich im Spiegel ansehe, dann wird mir klar, daß ich diese Kleider nicht tragen kann.“ V: „Warum probieren Sie nicht einfach einmal etwas Legeres?“ K: „Ja, das wäre möglich, aber legere Kleidung macht mich dick und alt.“ V: „Wie wär's, wenn Sie es mit etwas Sportlichem versuchen würden?“ K: „Ja, das könnte ich machen, aber sportliche Kleidung paßt nicht zu meinem Image.“ V (entnervt und resignierend): „Jetzt reicht es aber! Versuchen Sie es doch mal bei Woolworth oder lassen sich ihren Fummel maßschneidern!“

Zur besseren Erklärung der **„Dramatik“ von Spielabläufen** kann das von *Karpman* (*1968*) entwickelte Rollenkonzept herangezogen werden. Er unterscheidet drei „manipulative Rollen“, die vor dem ER der Spieler „geheimgehalten“ werden. Diese Rollen werden als Opferrolle (in der sich der Spieler abhängig, schüchtern, kindlich, hilflos usw. gibt), Retterrolle (in der der Spieler darauf aus ist, einem zweiten zu helfen, um vor sich selbst besser bestehen zu können) und als Verfolgerrolle bezeichnet (der Spieler beschuldigt, kritisiert und klagt sein Gegenüber an). Beginnen zwei Interaktionspartner ein Spiel, so nimmt jeder eine der drei beschriebenen Rollen ein. Bei Beendigung eines Spieles wechselt einer der beiden Spieler seine Rolle. Je nachdem, aus welcher Rolle der Spielinitiator das Spiel beendet, werden die verschiedenen Spiele als Retter-, Opfer- oder aber Verfolgerspiel bezeichnet. Im oben beschriebenen Beispiel handelt es sich um ein Verfolgerspiel. *Karpman* stellte die drei Spielrollen als Ecken eines Dreieckes dar, zwischen denen die Spielpartner während des Spielverlaufes wechseln können. Dieses Dreieck wird als „Drama-“ oder „Karpman-Dreieck“ bezeichnet (siehe Abbildung 4).

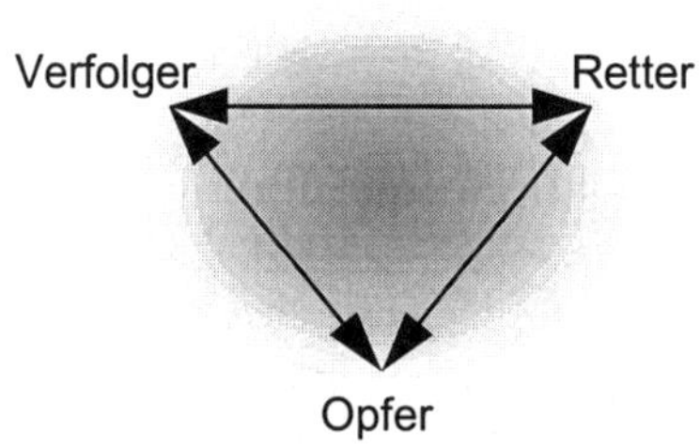

Abbildung 4: Drama- oder Karpman-Dreieck
Quelle: In Anlehnung an Schlegel 1987, S. 148

Um psychologischen Spielen entgegenzutreten und ihre negativen Einflüsse auf zwischenmenschliche Interaktionsprozesse zu vermeiden, sind zwei Strategien denkbar: erstens die grundsätzliche Vermeidung von Spielen und zweitens ihre Unterbrechung (*Burchardt/Spickenbohm 1988b; Rüttinger 1989*). Zur **Vermeidung** von psychologischen Spielen sind im vorliegenden Kontext das Wissen um Spielvorgänge, die verschiedenen Rollen im Drama-Dreieck sowie direkt vorbeugende Verhaltensformen notwendig. Hierzu gehören der Verzicht auf abwertende Transaktionen und damit das daraus resultierende Unterlassen von Transaktionen auf der verdeckten Beziehungsebene, das bewußte Geben von Rückmeldungen auf Transaktionen des Interaktionspartners sowie das Herstellen der Deckungsgleichheit von Handlungen und gesprochenem Wort. Zur **Unterbrechung** psychologischer Spiele ist es vor allem notwendig, daß einer der Interaktionspartner aus seiner Spiel-Rolle (resp. dem Drama-Dreieck) „aussteigt“; eine zweite sehr effektive Interventionsmöglichkeit ist das „Kreuzen auf der ER-Ebene“ durch das Stellen von W-Fragen, wodurch das Erwachsenen-Ich des Interaktionspartners stimuliert und ein eventuell stattfindendes Spiel unterbrochen werden kann.

3.5 Die Skriptanalyse

Ein **Skript** ist ein fortlaufendes Programm, das in der frühen Kindheit unter elterlichem Einfluß entwickelt wird, und das Verhalten eines Individuums in seinen zentralen Aspekten bestimmt (*Berne 1983*). Von frühester Kindheit an nehmen ständig andere Menschen Einfluß auf das Individuum, sagen und deuten ihm, wie es sich zu verhalten habe. Der Grundstein wird in aller Regel von den Eltern oder elternähnlichen Personen gelegt. Später schließen sich andere wichtige Bezugspersonen an. Es wird ein Kranz von Ge- und Verboten, von Maximen und Prinzipien über das angelegt, was der heranwachsende Mensch tun und lassen soll. Diese sowohl verbal als auch nonverbal übermittelten „Eltern-Botschaften" (*Rüttinger 1989*) erzeugen im jungen Menschen ein Bild seines Selbst, der ihn umgebenden Personen, des Lebens und der Welt als Ganzes. Durch die Neigung, ein einmal errichtetes Bild aufrechtzuerhalten, kommt es beim Auftreten von Unstimmigkeiten nicht selten zu Verleugnungen und Verzerrungen der Realität. Die sich im Menschen auf die beschriebene Art und Weise verankernden Zukunftsvorstellungen entsprechen dem Skript. Aus den **Konzepten der Skriptanalyse** sollen die Grundeinstellungen, die Einschärfungen und die Antreiber sowie die mit diesen zusammenhängenden Miniskripts kurz vorgestellt werden.

Grundeinstellungen sind grundlegende Haltungen, die ein Mensch einnimmt, wenn er die Werte ausdrückt, die er sich und anderen zuschreibt (*Steward/Joines 1990*). Grundeinstellungen, die auch als „Lebensanschauung" oder „Lebensgrundposition" bezeichnet werden, basieren auf den ersten, ihrer Natur nach unreflektierten, emotionalen Einstellungen, die wir uns von uns selbst und unserer Umwelt bilden (*Bennett 1986; Meininger 1987*). Kein anderer Aspekt, der später unser Leben beeinflußt, hat einen ähnlich hohen Stellenwert wie die Grundeinstellung. Sie beeinflußt das Denken, Fühlen und das Handeln des Individuums sowie seinen Umgang mit der Umwelt (*Andrews/Fine/Conrad 1977; Fine/Poggio 1977; Brown/Woollams/Huige 1983*). Das „Selbst"-Vertrauen und das Vertrauen in andere werden hier in einen direkten Zusammenhang gebracht (*Harris 1975; Schlegel 1987; Schibalski 1988; Schlegel 1988*).

Die vier Grundeinstellungen sind:

(1) Ich bin o.k. – Du bist o.k.
(2) Ich bin o.k. – Du bist nicht o.k.
(3) Ich bin nicht o.k. – Du bist o.k.
(4) Ich bin nicht o.k. – Du bist nicht o.k.

Die besondere Relevanz des Konzeptes der Grundeinstellungen liegt in seiner Erklärungsleistung für die oben beschriebene Spielanalyse. In Spielen lassen sich die Spieler ihre Grundeinstellung zu sich und zu ihrer Umwelt verifizieren.

Einschärfungen sind Botschaften aus dem Kind-Ich der Bezugsperson und werden dem jungen Menschen bereits vermittelt, noch bevor er begrifflich denken und sprechen kann. Sie stellen den Schlüssel für die unterschiedlichsten Skripts dar (*Schlegel 1987; Rautenberg/Rogoll 1987; Goulding/Goulding 1981*). Beispiele für diese destruktiven Einschärfungen sind: „Sei nicht da!“, „Sei nicht du selbst!“, „Spür' (deine Körpergefühle und/oder Grundbedürfnisse) nicht!“, „Sei nicht erwachsen/kein Kind!“, „Sei nicht erfolgreich!“, „Denk' nicht nach!“ (*Gündel 1990; Schulze 1992*).

Antreiber sind Gebote aus dem elterlichen Eltern-Ich, die es dem Heranwachsenden ermöglichen sollen, sein Leben trotz der Einschärfungen zu bewältigen. Die Bezeichnung „Antreiber“ resultiert aus der praktischen Erfahrung, daß diese die verhängnisvollen Einschärfungen selten tatsächlich zu entschärfen vermögen, sondern sie vielmehr noch verstärken, antreiben. Die fünf im mittel- und nordeuropäischen, sowie im angloamerikanischen Kulturkreis besonders weit verbreiteten Antreiber sind „Sei perfekt!“, „Streng' dich an!“, „Beeil' dich!“, „Sei stark!“ und „Mach' es anderen recht“. Fast jeder Mensch kennt diese Antreiber. Ein bis zwei sind i.d.R. unsere „Hauptantreiber“. Einschärfungen und Antreiber wirken sich in unserem Verhalten gemeinsam aus, es entstehen Miniskript-Abläufe.

Kurz beschrieben verläuft ein **Miniskript** wie folgt: Vor dem Hintergrund der „nicht o.k. – o.k.“-Grundeinstellung und der Einschärfung „Schaff' es nicht!“ treibe ich mich an, „perfekt“ zu sein. Wenn ich das schaffe, dann bin ich o.k. Da es Perfektion jedoch nicht in einer letzten Stufe geben kann, scheitere ich an der Zielsetzung und attestiere mir, daß ich „nicht o.k.“ bin. Der Kreislauf kann von neuem beginnen. Die oben beschriebenen Konzepte unserer Individualentwicklung zeigen Verhaltensbereiche auf, die immer wieder zu Problemen im Selbst sowie in Beziehungs- und Interaktionskontexten führen können.

Internes Marketing ...		Transaktionsanalytische Konzepte
... Ziele	... Instrumentarbereiche	
Personalinformation	☒ Segmentierung der internen Klientel ☒ Interne Interaktion ☒ Int. & ext. Massenkommunikation	✓ Strukturanalyse ✓ Transaktionsanalyse i.e.S. ✓ Spielanalyse ✓ Skriptanalyse
Herbeiführung von Akzeptanz gegenüber der Maxime des externen Marketing	☒ Interne Interaktion ☒ Personalauswahl	✓ Strukturanalyse ✓ Transaktionsanalyse i.e.S. ✓ Spielanalyse ✓ Skriptanalyse
Fähigkeit des Personals Kundenkontaktsituationen zielgerecht zu bewältigen	☒ Personalauswahl ☒ Personaltraining	✓ Strukturanalyse ✓ Transaktionsanalyse i.e.S. ✓ Spielanalyse ✓ Skriptanalyse
Erzeugung eines innerorganisationalen Klimas, das kundenorientierte Einstellungen und Verhaltensweisen stützt	☒ Interne Interaktion ☒ Interne Massenkommunikation ☒ Personalauswahl	✓ Strukturanalyse ✓ Transaktionsanalyse i.e.S. ✓ Spielanalyse ✓ Skriptanalyse

Tabelle 2: Übersicht über den zielorientierten Instrumenteeinsatz des Internen Marketing und Gestaltungsansätze mit transaktionsanalytischen Konzepten
Quelle: In Anlehnung an Schulze 1992, S. 216

4. Ausgewählte Ansätze zur Gestaltung des Internen Marketing mittels transaktionsanalytischer Konzepte

Die in Tabelle 2 dargestellten und im folgenden diskutierten Gestaltungsansätze beziehen sich auf die oben als stark entwicklungs-, beziehungs- und interaktionsabhängig identifizierten Instrumentarbereiche des Internen Marketing: Segmentierung der internen Klientel, interne Interaktion, interne und externe Massenkommunikation, Personalauswahl und Personaltraining. Es handelt sich um Ansätze der Gestaltung, da die umfassende Diskussion über den vorgegebenen Rahmen dieses Beitrages hinausginge.

4.1 Segmentierung der internen Klientel

Zur Erreichung der Zielsetzung der **internen Segmentierung** lassen sich alle oben dargestellten Konzepte der Transaktionsanalyse heranziehen. Auf der Grundlage des Konzeptes der Strukturanalyse ist es möglich, die interne Klientel nach dem vorwiegenden Gebrauch bzw. der Häufigkeit der Besetzung und Nutzung der verschiedenen Ich-Zustände zu segmentieren (Erstellung von Egogrammen). So wird es dann beispielsweise möglich, Mitarbeiter, die sich vorwiegend im Erwachsenen-Ich befinden/verhalten, eben genau in diesem Ich-Zustand anzusprechen/zu erreichen (siehe Abbildung 5). Andererseits wird es schwierig sein, diese Mitarbeitergruppe über EL- oder K-Transaktionen gezielt anzusprechen.

Nach dem Konzept der Transaktionsanalyse i.e.S. lassen sich interne Gruppen unterscheiden, die in unterschiedlicher Art interagieren, also verschiedenartige Transaktionsarten bevorzugen. So sind z.B. Gruppen, die vorwiegend ER-ER-Transaktionen nutzen, zu unterscheiden von solchen, die primär auf der EL-EL-Ebene oder gar auf der EL-K-Ebene interagieren. Beide Segmentierungsansätze, der strukturanalytische sowie der transaktionsanalytische, sind vor allem für den Einsatz interaktiver und kommunikativer Maßnahmen im Rahmen des Internen Marketing interessant.

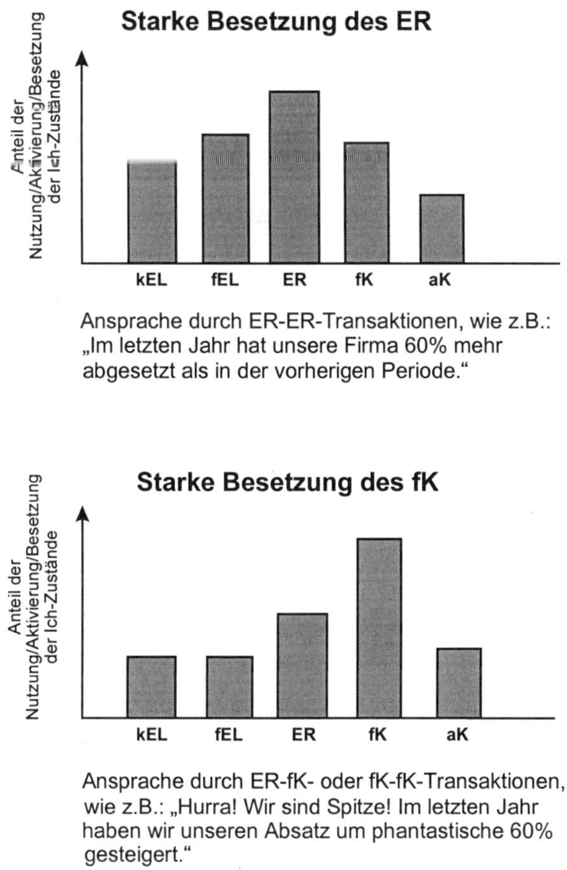

Abbildung 5: Beispiele für unterschiedliche Egogramm-Typen von Mitarbeitern und deren Ansprache

Die Spielanalyse kann als Grundlage einer Segmentierung nach Spielrollen und bevorzugten Spielen oder Spielarten herangezogen werden. Abgesehen von den therapeutischen Implikationen dieser Segmentierung, die in Trainings und Entwicklungsprozessen Einsatz finden können, kann das Wissen um die bevorzugten Spiele und Spielrollen für den Einsatz des Personals von erheblicher Bedeutung sein. So ist z.B. eine Gruppe, die vornehmlich Verfolgerspiele initiiert, im Frontoffice-Bereich mit nahem Kundenkontakt äußerst problematisch. Hingegen ist ein Mitarbeiterkreis mit einem starken fEL und/oder ER für Kundenkontaktsituationen gut vorbereitet.

Aus dem Konzeptbereich der Skriptanalyse bietet sich vor allem das Antreiberkonzept zur Segmentierung interner Gruppen an. Wie auch bei der Spielanalyse ergeben sich hier Therapie-, Trainings- und Entwicklungsimplikationen für die differenten Gruppen. Neben diesen bietet das Antreiberkonzept Möglichkeiten, den Personaleinsatz im Sinne der Zielsetzungen des Internen Marketing zu optimieren. So sind z.B. Mitarbeiter mit dem Antreiber „Beeil' dich immer!“ im direkten Kundenkontakt ungünstig eingesetzt.

Aus den transaktionsanalytischen Konzeptbereichen ergeben sich verschiedene Ansätze der internen Segmentierung. Die oben kurz dargestellten Möglichkeiten werfen verschiedene Probleme auf, wie z.B. die genannten therapeutischen Implikationen u.a.m., die im vorliegenden Rahmen keine weitere Berücksichtigung finden können.

4.2 Interne Interaktion

Für die **internen Interaktion** sind aus den oben vorgestellten Konzepten vor allem die Strukturanalyse und die Transaktionsanalyse i.e.S. als Gestaltungsansätze heranzuziehen.

Im Rahmen der für die Durchführung des Internen Marketing allgegenwärtigen Interaktionsprozesse kann es in verschiedenen Bereichen zu **Störungen der Interaktionsverläufe** kommen. Diese Störungen können in der aktiven und der passiven Interaktion auftreten. Für den positiven Verlauf der aktiven Interaktion zwischen den Unternehmensangehörigen im Rahmen des Internen Marketing sind zunächst die drei oben vorgestellten Kommunikationsregeln zu beachten. Aus ihnen lassen sich für die interne Interaktion im Rahmen des Internen Marketing drei **grundlegende Interaktionsmaximen** ableiten (*Schulze 1992*):

- ☐ Maxime 1: Wenn ein Interaktionsverlauf so gestaltet werden soll, daß er „glatt fließt“ und für beide Seiten der Interaktionsdyade vorhersehbar ist, so sollten sich die Interaktionspartner um Parallel-Transaktionen bemühen.
- ☐ Maxime 2: Gestaltet sich die Interaktion zwischen den Partnern unbefriedigend und/oder sprunghaft, so sind diese gehalten sich selbst zu fragen, ob Überkreuz-Transaktionen ausgetauscht werden. Ist dies der Fall, so sollte derjenige, der die Transaktionen des Interaktionspartners häufig (durch-)kreuzt, sich dazu entscheiden, derartige Kreuzungen zu vermeiden, wodurch die Interaktion erfolgreicher ablaufen kann.

- Maxime 3: Wer den Verlauf von Interaktionsprozessen verstehen und lenken will, der kommt nicht umhin, die Beziehungsebene der Interaktion zwischen sich und dem Interaktionspartner zu berücksichtigen und seine Interaktionen an ihr auszurichten. Das bedeutet, daß er sich auf die nonverbale Kommunikationsebene konzentrieren und hier Indizien, wie die Körperhaltung, die Mimik, und vor allem die Artikulation bzw. Sprechweise seines Gegenübers, aber auch bei sich selbst beobachten muß.

Aus den drei Maximen ergeben sich nun keine Wertungen für a priori „gute" oder „schlechte" Interaktionen. Vielmehr ist es wichtig, einerseits den Einsatz der unterschiedlichen Transaktionsarten (Parallel-Transaktion, Überkreuz-Transaktion usw.) bewußt einzusetzen und andererseits die Transaktionen so zu gestalten, daß sie den Interaktionspartner (oder Dritte) nicht abwerten (*Schulze 1992*). „Ein gutes Gespräch ist ein Kompromiß aus Reden und Zuhören" (*Jünger 1993*, S. 620). An diesem Aphorismus orientiert sich die Notwendigkeit des „aktiven" Zuhörens im Interaktionsprozeß im Rahmen des Internen Marketing.

Aus der transaktionsanalytischen Perspektive kann das Zuhörverhalten je nach Aktivierung der Ich-Zustände unterschieden werden (fEL-, kEL-Zuhören; ER-Zuhören; fK-, aK-Zuhören). Für den Austausch von Informationen sowie ernsthafte Kommunikationsverläufe ist ein aktives Zuhören aus dem ER am effektivsten, da der Zuhörer hier die ihm dargebotenen Informationen wertfrei aufzunehmen in der Lage ist. Mißverständnisse und doppelbödige Transaktionen können ebenso ausgeschlossen werden, wie ein überkritisches oder anbiederndes Zuhörverhalten. Aus diesen Gründen ist das Zuhören aus dem ER bei der Gestaltung interner Interaktionen am zweckdienlichsten.

Die interne Interaktion im Rahmen des Internen Marketing kann auch durch Skripts, die das ganze Unternehmen oder einzelne Gruppen resp. Abteilungen innerhalb des Unternehmens haben können – sogenannte „Kollektivskripts" –, negativ beeinflußt werden. Um darauf basierende negative Miniskriptabläufe sowie Spiele zwischen verschiedenen Gruppen zu vermeiden, ist es notwendig, daß sich die Mitarbeiter ihrer Rolle(n) innerhalb des Unternehmens bewußt werden und über die bewußte Wahrnehmung sowohl des Eigen- als auch des Fremdverhaltens im „Hier und Jetzt" zu einem Verhalten gelangen, das vom ER „herbeigeführt" ist und bei dem die soziale und die psychologische Ebene kongruent sind. Dieser Zustand der offenen und aufrichtigen Begegnung wird in der Transaktionsanalyse als „echte Intimität" im Umgang mit anderen bezeichnet (*Steward/Joines 1990; Schulze 1992; Schlegel 1993*). Durch Intimität wird die Team- und Konfliktfähigkeit, die Beobachtungsgabe, die soziale Sensibilität sowie eine kritische Selbsteinschätzung jedes einzelnen gestärkt.

4.3 Interne und externe Massenkommunikation

Das **Ziel der internen und externen Massenkommunikation** im Rahmen des Internen Marketing hat drei Foki: erstens bereits gebildete oder vorgefaßte Meinungen und Einstellungen zu beeinflussen, zweitens unternehmungsspezifische Daten und Fakten zu vermitteln und drittens dem Sicherheitsbedürfnis der Mitarbeiter gerecht zu werden und ihrem Bedürfnis nach Anerkennung und emotionaler Zuwendung nachzukommen.

Diese drei Foki können modellhaft als die drei Ich-Zustände der Zielgruppe(n) bzw. der Zielpersonen der Massenkommunikation verstanden werden: Das EL mit den vorgefaßten Einstellungen und Meinungen, das Daten und Fakten sammelnde und verarbeitende ER sowie das K mit dem inhärenten Sicherheitsbedürfnis des Individuums, dem Bedürfnis nach Anerkennung und Wertschätzung sowie nach Sympathie und Freude. Das Unternehmen als Kommunikator der Massenkommunikation kann durch die Gestaltung der Transaktionen einerseits Selbstbewußtsein, Autorität und Kompetenz sowie Fürsorglichkeit, Zuverlässigkeit und die Fähigkeit zur Lösung von Problemen kommunizieren. Andererseits ist sie auch in der Lage, Rationalität und Objektivität zu vermitteln sowie emotionale Botschaften zu senden.

Modellhaft können die Ich-Zustände der Mitarbeiter durch die drei „Ich-Zustände des Unternehmens" angesprochen und so bewußt beeinflußt werden. Die gesetzten Reize sind Ausdruck der Ich-Zustände des Unternehmens und dementsprechend als K-, ER- resp. EL-Transaktionen oder -botschaften zu verstehen (siehe Abbildung 6).

Die Unternehmenstransaktionen können auf die Ich-Zustände der Mitarbeiter abzielen: So etwa EL-Transaktionen, die die Autorität, die Kompetenz und das Selbstbewußtsein des Unternehmens zum Ausdruck bringen. Z.B. „Seit über 75 Jahren stehen wir mit unseren Produkten an der Spitze des Marktes". EL- Transaktionen können einerseits Wirkung auf die Bildung von Meinungen und Einstellungen bzw. auf bereits bestehende Meinungen und Einstellungen haben (EL der Empfänger der Transaktionen, siehe obiges Beispiel); andererseits können sie auf das Sicherheitsbedürfnis der Kommunikanten (also deren K) einwirken. EL-Transaktionen, die die Fürsorglichkeit, die Zuverlässigkeit und die Problemlösungsfähigkeit des Unternehmens vermitteln, können sich auf das Bedürfnis nach Sicherheit sowie nach Anerkennung, d.h. auf das K der Zielgruppenmitglieder, richten.

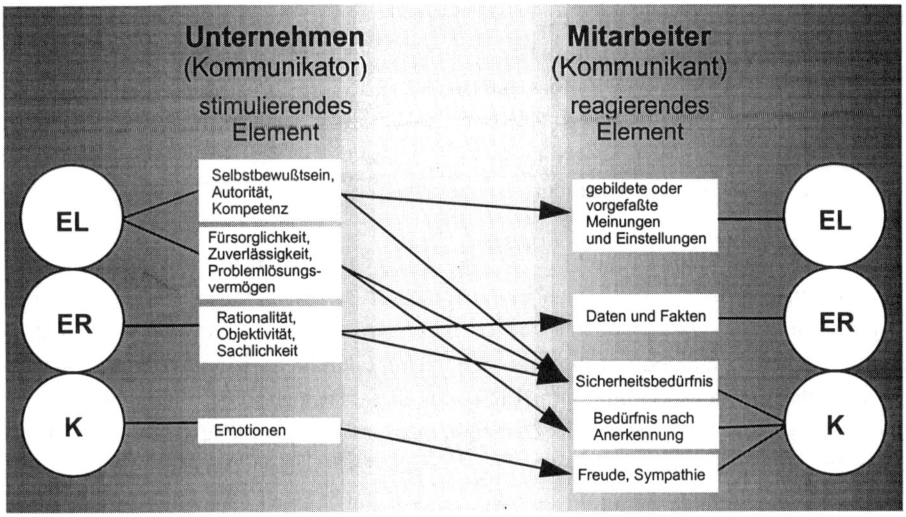

Abbildung 6: Transaktionsanalytisch orientiertes Modell der Unternehmens-/Mitarbeiter-Kommunikation
Quelle: In Anlehnung an Schulze 1992, S. 246; Tongi, o.J.

Objektivität und Rationalität vermittelnde ER-Botschaften werden entweder an das Meinungen und Einstellungen generierende EL, das Daten und Fakten sammelnde ER oder aber das sicherheitsbedürftige K der Kommunikanten gerichtet. Beispiel: „In den letzten fünfzehn Jahren beförderten wir über 2 Millionen zufriedene Fluggäste.“ Emotional aufgeladene K-Transaktionen sind geeignet, die Sympathie und Freude der Kommunikanten, d.h. das K zu beeinflussen. Beispiel: „Herzlichen Glückwunsch! Wir sind 25 Jahre jung geworden!“ oder „Klasse! Endlich sind wir wieder da!“

4.4 Personalauswahl

Die **Zielsetzung der Personalauswahl** im Rahmen des Internen Marketing ist, zukünftiges Personal aus dem Bewerberpool auszuwählen, das auf der Grundlage der individuellen Entwicklung Beziehungs- und Interaktionsmuster aufweist, die der Erreichung der o.g. Ziele des Internen Marketing zuträglich sind. Im Rahmen dieser Zielsetzung ergeben sich unterschiedliche **Gestaltungsansätze** durch die transaktionsanalytischen Konzepte.

Die Strukturanalyse bietet u.a. die Möglichkeit der Erarbeitung eines „Idealprofils", das aus der funktionsanalytischen Perspektive als Egogramm dargestellt werden kann. So lassen sich die ungefähren Ich-Zustands-Anteile bestimmen, die Mitarbeiter für bestimmte Aufgabenstellungen mitbringen sollten. Das Idealprofil kann dann bei oder nach einem Bewerbungsgespräch mit dem im Rahmen des Treffens erstellten Egogramm verglichen werden. So ergibt sich die Möglichkeit, die Personalauswahl durch ein verhaltensorientiertes Instrument zu unterstützen.

Anhand der Ich-Zustands-Analyse kann z.B. festgestellt werden, daß ein Bewerber nicht für den Kundenkontaktbereich einer Bank zu empfehlen ist, da er sich sehr stark im kEL verhält, d.h. sich verstärkt über kEL Transaktionen mit seiner Umwelt in Beziehung setzt. In Arbeitskontexten mit intensivem Kundenkontakt sind Mitarbeiter erforderlich, die vermehrt aus dem ER und dem fEL kommunizieren und so dem Kunden Informationen (ER) sowie Fürsorglichkeit, Zuverlässigkeit und Problemlösungsvermögen (fEL) kommunizieren. Die Spielanalyse bietet die Option festzustellen, welche Spielrollen der Bewerber vornehmlich einnimmt und welche Art von Spielen er gewohnt ist selbst zu inszenieren und/oder auf welche Arten von Spielen er sich einläßt. In diesem Kontext ergänzen sich die Spiel- und die Transaktionsanalyse i.e.S. Mittels der Transaktionsanalyse kann in Auswahlgesprächen, Assessment Centern und anderen intensiven Auswahlprozessen untersucht werden, wie oft und in welcher Form ein Bewerber über verdeckte Transaktionen, also auf der psychologischen Ebene mit seiner Umwelt in Interaktion tritt und damit wiederum Spiele auslöst.

Die Skriptanalyse kann herangezogen werden, um die Grundeinstellung des Bewerbers sich und der Umwelt gegenüber zu verstehen. Eine positive Grundeinstellung des potentiellen neuen Mitarbeiters, oder zumindest keine grundlegend negative (nicht o.k. – nicht o.k.), kann eine wichtige Voraussetzung dafür sein, daß er sich schnell einarbeitet, sich mit den Zielen des internen und externen Marketing und letztendlich mit den Unternehmenszielen identifiziert. Auch die noch weitergehende, tiefenpsychologisch ausgerichtete Analyse der Antreiber des Bewerbers ist denkbar, um den Auswahlprozeß zu unterstützen. Ein Bewerber für den Posten eines Staatsanwaltes mit dem Hauptantreiber „Mach's anderen recht!" könnte so beispielsweise aus der Bewerbergruppe ausgesondert werden.

4.5 Personaltraining

Zielsetzung des Personaltrainings im Rahmen des Internen Marketing ist, die psychosozialen Kompetenzen der Mitarbeiter auf allen Stufen des Unternehmens auszubauen, ihnen Möglichkeiten zur konfliktfreien Interaktion mit ihrer Umwelt zu ermöglichen, um schließlich ein „echtes" markt- und kundenorientiertes Verhalten gewährleisten zu können. Im folgenden sollen zwei Wege zur Realisierung dieses Zieles kurz dargestellt werden.

Der erste Weg führt über primär auf das Interaktionsverhalten der Mitarbeiter gerichtete Schulungsinhalte (*Schulze 1995*). Hier werden die Konzeptbereiche der Struktur-, Spiel- und Transaktionsanalyse i.e.S. in ihrer Funktion als Interaktionsmodelle herangezogen. Mittels der Erläuterung der Grundlagen und Hintergründe zwischenmenschlicher Interaktion durch die Struktur- und die Transaktionsanalyse sowie durch das Aufzeigen von Ursachen für das Abbrechen und/oder den negativen Verlauf von Interaktionsepisoden durch die Spielanalyse kann auf dieser Trainingsebene den Mitarbeitern im Rahmen von Grundlagentrainings das Rüstzeug zur Erreichung einer ausgeprägteren psychosozialen Kompetenz gegeben werden. Teilziele dieser Trainings sind z.B. die Vermeidung dysfunktionalen Verhaltens, die Stärkung des Bewußtseins für Interaktionsabläufe sowie die Vermeidung und/oder Unterbrechung von Spielen in Interaktionsprozessen.

Der zweite Weg führt über Trainings, in deren Rahmen sich die Teilnehmer intensiver mit ihrer Persönlichkeitsstruktur und den sie determinierenden Hintergründen befassen. In solchen Trainingsveranstaltungen wird über die Beschäftigung mit den Interaktionsmodellen der Transaktionsanalyse hinaus auch mit der Skriptanalyse gearbeitet. Es werden beispielsweise die Grundeinstellungen der Teilnehmer aufgedeckt. Auf dieser Grundlage können ihre Antreiber erarbeitet und die ihnen zugrundeliegenden Einschärfungen ermittelt und bearbeitet werden. Ein derartiges Vorgehen setzt das Einverständnis der Teilnehmer an der tiefenpsychologisch orientierten Arbeit an und mit ihrer Persönlichkeit voraus. Teilziele dieses Trainingsweges können z.B. die Entwicklung einer besseren Balance zwischen den Ich-Zuständen, die Erweiterung der Zeiträume, in denen sich die Teilnehmer in der o.k. – o.k.-Grundeinstellung befinden, die Vermeidung von Spielen und Herbeiführung von Intimität, die Befreiung von Antreibern und negativen Miniskriptabläufen sowie die Bearbeitung von Skripts und Skriptverhalten sowohl auf der Individual-, als auch auf der Unternehmensebene. Mit transaktionsanalytisch orientierten Trainingsinhalten wurde und wird in großen, international arbeitenden Unternehmen wie beispielsweise der Volkswagen AG und der Deutschen Lufthansa AG gearbeitet (*Randall 1973; V.A.G. Management Institut; ESi European Service Institute o.J.*).

5. Abschließende Bemerkungen

Die Transaktionsanalyse bietet ein umfangreiches Instrumentarium für die Gestaltung und Unterstützung der diskutierten entwicklungs-, beziehungs- und interaktionsabhängigen Instrumentarbereiche des Internen Marketing. Alle Konzeptbereiche der Transaktionsanalyse können mithin zur erfolgreicheren Durchsetzung der Ziele des Internen Marketing eingesetzt werden. In dem vorliegenden Beitrag konnten die diskutierten Ansätze nur einführend dargestellt werden. Die detailliertere Ausarbeitung möglicher Einsatzbereiche, wie z.B. von Konzepten zur Unterstützung der Personalauswahl, der Segmentierung interner Kunden, der Massenkommunikation usw. müssen anderen, umfangreicheren Forschungsvorhaben überlassen werden.

Der Einsatz der Transaktionsanalyse verspricht nicht nur im Rahmen des Einsatzes als singuläres Instrument zur Beeinflussung von Aspekten der Persönlichkeit, der Interaktion und der Kommunikation positive Wirkungen für die Ausgestaltung des internen Marketing. Vielmehr bekommt sie durch den Umstand, daß sie zusammen mit anderen hochentwickelten Ansätzen der Humanistischen Psychologie, wie z.B. der Gesprächspsychotherapie (*Rogers 1976, 1983*), der Themenzentrierten Interaktion (*Cohn 1974, 1975; Walter 1974*) sowie mit gestaltpsychologischen Ansätzen (*Walter 1977; Perls 1986, 1989*) einsetzbar ist, einen zusätzlichen Wert. Hierdurch kann die einseitige Orientierung und eine damit einhergehende „Methodenblindheit" weitestgehend vermieden werden.

Literaturverzeichnis

Andrews, S.S./Fine, M.J./Conrad, D.C. (1977): Life positions: stable or not?, in: Transactional Analysis Journal, Vol. 7, No. 4, S.357-360.

Arnold, W./Eysenck, J./Meili, R. (Hrsg.)(1988): Lexikon der Psychologie, Band 2, 6. Aufl., Freiburg/Basel/Wien.

Barker, D. (1980): TA and training. The theory and use of transactional analysis in organizations, London.

Barnes, G. et al. (Hrsg.) (1980): Transaktionsanalyse seit Eric Berne. Band 2: Was werd' ich morgen tun?, Berlin.

Battegay, R. (1974): Der Mensch in der Gruppe, Bern/Stuttgart/Wien.

Bennett, D. (1975): Transactional Analysis in management, in: Personnel, Vol. 52, No. 1, S. 34-44.

Berne, E. (1961): Transactional analysis in psychotherapy. A systematic individual and social psychiatry, New York.

Berne, E. (1970): Spiele der Erwachsenen: Psychologie der menschlichen Beziehungen, Reinbek bei Hamburg.

Berne, E. (1983): Was sagen Sie, nachdem Sie „guten Tag" gesagt haben? Psychologie des menschlichen Verhaltens, Frankfurt am Main.

Berne, E. (1986): Struktur und Dynamik von Organisationen und Gruppen, Frankfurt am Main.

Brown, M./Woollams, S./Huige, K. (1983): Abriß der Transaktionsanalyse, Frankfurt am Main.

Burghardt, K./Spickenbohm, H. (1988a): Zur Morphologie „psychologischer Spiele" im Alltag und im Beruf, in: Personal: Mensch und Arbeit, 40. Jg., Nr. 6, S. 249-252.

Burghardt, K./Spickenbohm, H. (1988b): „Psychologische Spiele" im Alltag und im Beruf (2), in: Personal. Mensch und Arbeit, 40. Jg., Nr. 7, S. 274-278.

Christoph-Lemke, C. (1990): Psychologische Spiele: eine erweiterte Betrachtung für Analyse und Interventionen, in: *Sell, M. (Hrsg.)*: Lesebuch: Zusammenstellung von Kongreßbeiträgen des 11. Kongresses der deutschen Gesellschaft für Transaktionsanalyse (DGTA), Hannover, S. 109-126.

Cohn, R.C. (1974): Zur Grundlage des themenzentrierten interaktionellen Systems, in: Gruppendynamik, Forschung und Praxis, 5.Jg., Nr. 3, S. 150-159.

Cohn, R.C. (1975): Von der Psychoanalyse zur Themenzentrierten Interaktion. Von der Behandlung einzelner zu einer Pädagogik für alle, Stuttgart.

Corsini, R.J./Wenninger, G. (Hrsg.) (1983a): Handbuch der Psychotherapie. Band 1, Weinheim/Basel.

Corsini, R.J./Wenninger, G. (Hrsg.) (1983b): Handbuch der Psychotherapie. Band 2, Weinheim/Basel.

Deutsche Gesellschaft für Transaktionsanalyse (Hrsg.) (1994): DGTA Informationsmappe. Die Transaktionsanalyse – Persönlichkeit, Kompetenz, Professionalität, Nürnberg.

Dusay, J.M. (1977): Egograms, New York u.a.

Dusay, J.M. (1978): Egogramme und die „Hypothese von der Konstanz", in: Neues aus der Transaktionsanalyse, 2. Jg., Nr. 5, S. 3-6.

Erikson, E.H. (1982): Kindheit und Gesellschaft, 8. Aufl., Stuttgart.

Fine, M.J./Poggio, J.P. (1977): Behavioral attributes of the life positions, in: Transactional Analysis Journal, Vol. 7, No.4, S. 350-356.

Fröhlich, W.D. (1988): Soziale Interaktion, in: *Arnold, W., Eysenck, J./Meili, R. (Hrsg.)*: Lexikon der Psychologie, Band 2, 6. Aufl., Freiburg/Basel/Wien, Sp. 1007f.

Goulding, M. McC./Goulding, R.L. (1981): Neuentscheidung. Ein Modell der Psychotherapie, Reihe: Konzepte der Humanwissenschaften Modelle für die Praxis, Stuttgart.

Gündel, J. (1990): Transaktionsanalyse. Was sie kann, wie sie wirkt und wem sie hilft, Mannheim.

Hagehülsmann, U./Hagehülsmann, H. (1983): Transaktionsanalyse, in: *Corsini, R.J./Wenninger, G. (Hrsg.)*: Handbuch der Psychotherapie, Band 2, Weinheim/Basel, S. 1315-1356.

Harré, R./Lamb, R. (Hrsg.) (1983): The encyclopedic dictionary of psychology, Oxford.

Harris, T.A. (1975): Ich bin o.k. – Du bist o.k.: Wie wir uns selbst besser verstehen und unsere Einstellungen zu anderen verändern können. Eine Einführung in die Transaktionsanalyse, Reinbek bei Hamburg.

Holloway, W.H. (1980): Transaktionsanalyse: eine integrative Sicht, in: *Barnes, G. et al. (Hrsg.)*: Transaktionsanalyse seit Eric Berne. Band 2: Was werd' ich morgen tun?, Berlin, S. 18-90.

Hostie, R. (1986): Eric Berne in search of ego states, in: *Stern, E. (Hrsg.)*: TA: the state of the art. A european contribution, Dorndrecht, Cinnaminson, S. 11-29.

James, M./Jongeward, D. (1974): Spontan Leben. Übungen zur Selbstverwirklichung, Reinbek.

Jessen, F.M./Rogoll, R. (1980): Spiel-Analyse in der Transaktionsanalyse: Die Spiel-Analyse von Eric Berne, in: Partnerberatung, 17. Jg., Nr. 4, S. 192- 200.

Jünger, E. (1993): Aphorismus: „Ein gutes Gespräch ist ein Kompromiß zwischen Reden und Zuhören." In: *Wissenschaftlicher Rat der Dudenredaktion (Hrsg.)*: Duden „Zitate und Aussprüche": Herkunft und aktueller Gebrauch, Band 12, Mannheim u.a., S. 620.

Kaemmerling, H. (1989): Hirnarchitektur und Ich-Zustände, in: *Sell, M. (Hrsg.)*: Lesebuch: Zusammenstellung von Kongreßbeiträgen des 10. Kongresses der Deutschen Gesellschaft für Transaktionsanalyse (DGTA), Hannover, S. 57- 80.

Kälin, K./Müri, P. (1985): Sich und andere führen: Psychologie für Führungskräfte und Mitarbeiter, Thun.

Karpman, S.B. (1968): Fairy tales and script drama analysis, in: Transactional Analysis Bulletin, Vol. 7, No. 26, S. 39-43.

Kieser, A. et al. (Hrsg.) (1987): Handwörterbuch der Führung. Enzyklopädie der Betriebswirtschaftslehre, Band 10, Stuttgart.

Kossbiel, H. (1987): Anerkennung und Kritik als Führungsinstrumente, in: *Kieser, A. et al. (Hrsg.)*: Handwörterbuch der Führung. Enzyklopädie der Betriebswirtschaftslehre, Band 10, Stuttgart, Sp. 12-23.

Krech, D./Benesch, H. (Hrsg.) (1985): Grundlagen der Psychologie. Band 6: Persönlichkeitspsychologie und Psychotherapie, Weinheim, Basel.

Kriz, J. (1985): Grundkonzepte der Psychotherapie. Eine Einführung, München u.a.

Lenz, G./Mertens, W./Lang, H.J. (Hrsg.) (1991): Die Seele im Unternehmen. Psychoanalytische Aspekte von Führung und Organisation im Unternehmen, Berlin u.a.

Mills, P.K./Margulies, N. (1980): Toward a core typology of service organizations, in: Academy of Management Review, Vol.5, No. 2, S. 255-256.

Morrison, J.H./O'Hearne, J.J. (1977): Practical Transactional Analysis in Management, Reading u.a.

Neuberger, O. (1980): Das Mitarbeitergespräch: persönlicher Informationsaustausch im Betrieb, lernpsychologisch aufbereitet. Neues-Lernen-Studienbücher: Psychologie im Betrieb, Band 3, Goch.

Novey, T.B. (1976): TA for management: making life work, Sacramento.

Perls, F.S. (1986): Gestalttherapie in Aktion, 4. Aufl., Stuttgart.

Perls, F.S. (1989): Grundlagen der Gestalttherapie. Einführung und Sitzungsprotokolle, 7. Aufl., München.

Petzold, H. (1976): Konzepte der Transaktionalen Analyse, in: *Petzold, H./Paula, M. (Hrsg.)*: Transaktionale Analyse und Skriptanalyse. Aufsätze und Vorträge von Fanita English, Deutsche Studienausgabe, Hamburg, S. 13-72.

Petzold, H./Paula, M. (Hrsg.)(1976): Transaktionale Analyse und Skriptanalyse. Aufsätze und Vorträge von Fanita English, Deutsche Studienausgabe, Hamburg.

Randall, L.K. (1973): P-A-C bei der Arbeit: wie man bei der Arbeit die Frage beantwortet: „Halt, was läuft hier eigentlich?" Deutsche Lufthansa AG, Abteilung Schulungskoordination und zentrales Training, o.O.

Rautenberg, W./Rogoll, R. (1987): Werde, der du werden kannst. Anstöße zur Persönlichkeitsentfaltung mit Hilfe der Transaktionsanalyse, 7. Aufl., Freiburg/Basel/Wien.

Rogers, C.R. (1976): Entwicklung der Persönlichkeit, Stuttgart.

Rogers, C.R. (1983): Klientenzentrierte Psychotherapie, in: *Corsini, R.J./Wenninger, G. (Hrsg.)*: Handbuch der Psychotherapie, Band 1, Weinheim/Basel, S. 471-512.

Rühl, M. (1992): Massen(medien)kommunikation, in: *Diller, H. (Hrsg.)*: Vahlens Großes Marketinglexikon, München, S. 746f.

Rüttinger, R. (1989): Transaktionsanalyse, 4. Aufl., Arbeitshefte zur Führungspsychologie, Heft 10, Heidelberg.

Schibalski, B. (1988): Transaktionsanalytische Ansätze der Führungskräfte-Entwicklung, in: Der Wirtschaftsingenieur, 20. Jg., Nr. 1, S. 6-11.

Schlegel, L. (1987): Die Transaktionale Analyse: ein kritisches Lehrbuch und Nachschlagewerk, 3. völlig neu überarbeitete und erweiterte Aufl., Tübingen.

Schlegel, L. (1988): Grundkurs zur Transaktionalen Analyse anhand ihrer Grundbegriffe, 6., Aufl. der Einführung in die Transaktionale Analyse, Berlin/Zürich.

Schlegel, L. (1993): Handwörterbuch der Transaktionsanalyse. Sämtliche Begriffe der TA praxisnah erklärt, Freiburg/Basel/Wien.

Schmid, B.A. (1986): Theorie, Sprache und Intuition, in: Zeitschrift für Transaktionsanalyse in Forschung und Praxis, 3. Jg., Nr. 2, S. 73-77.

Schmidt, R. (1987): Richtig miteinander reden: Transaktionsanalyse im Alltag. Wie Sie Betriebsergebnis und Betriebsklima durch erfolgreiche Kommunikation verbessern, Landsberg am Lech.

Schulze, H.S. (1992): Internes Marketing von Dienstleistungsunternehmungen. Fundierungsmöglichkeiten mittels ausgewählter Konzepte der Transaktionsanalyse, Frankfurt am Main u.a.

Schulze, H.S. (1995): Erhöhung der Dienstleistungsqualität durch transaktionsanalytisch orientierte Personalschulung, in: *Bruhn, M./Stauss, B. (Hrsg.)*: Dienstleistungsqualität. Konzepte, Methoden, Erfahrungen, 2. Aufl., Wiesbaden, S. 319-344.

Sell, M. (Hrsg.) (1989): Lesebuch: Zusammenstellung von Kongreßbeiträgen des 10. Kongresses der Deutschen Gesellschaft für Transaktionsanalyse (DGTA), Hannover.

Sell, M. (Hrsg.) (1990): Lesebuch: Zusammenstellung von Kongreßbeiträgen des 11. Kongresses der deutschen Gesellschaft für Transaktionsanalyse (DGTA), Hannover.

Staehle, W.H. (1989): Management. Eine verhaltenswissenschaftliche Perspektive, 4. Aufl., München.

Stauss, B. (1994): Qualität interner Dienstleistungen. Vortragsunterlagen zum Marketingtreffen '94 an der European Business School am 29.4.1994, Schloß Reichartshausen.

Stauss, B./Schulze, H.S. (1990): Internes Marketing, in: Marketing ZFP, 12. Jg., Nr. 3, S. 149-158.

Stern, E. (Hrsg.) (1986): TA: the state of the art. A european contribution, Dorndrecht/Cinnaminson.

Steward, I./Joines, V. (1990): Die Transaktionsanalyse: eine neue Einführung in die TA. Mit zahlreichen Abbildungen, Übungen und Hinweisen für die Praxis, Freiburg/Basel/Wien.

Tatton, C. (1983): Transactional Analysis, in: *Harré, R./Lamb, R. (Hrsg.)*: The encyclopedic dictionary of psychology, Oxford, S. 643.

Tongi, M.D. (o.J.): Investitionsgüterwerbung: Das Ansprechen der Zielgruppen, in: Sonderdruck der Technischen Rundschau, o.S.

V.A.G. Management Institut/ESi European Service Institute (Hrsg.) (o.J.): Der Kunde kommt zuerst, Lernprogramm, o.O.

Wagner, A. (1987): Besser führen mit Transaktionsanalyse, Wiesbaden.

Walter, H.-J. (1974): Das themenzentrierte interaktionelle System, in: Gruppendynamik, Forschung und Praxis, 5. Jg., Nr. 3, S.149.

Walter, H.-J. (1977): Gestalttheorie und Psychotherapie, Darmstadt.

Woollams, S./Brown, M. (1978): Transactional Analysis, Dexter.

Zucha, R.O./Schlick, S.D. (1983): Rede- und Verhandlungstraining, in: Zeitschrift für Sozialpsychologie und Gruppendynamik, 8. Jg., Nr. 2, S. 20-52.

Summary

Internal marketing is indicated by a strong orientation towards interaction processes. This covers specially areas such as internal segmentation, internal interaction, in- and external communication, selection and training of the personnel. In order to reach the main goal of internal marketing, i.e. market- and clientoriented behavior of the personnel a concept is necessary which explains and improve the interaction processes, the reasons of their emergence, and their backgrounds and contributes to their improvement. In the framework of the following study a similar concept is introduced by the use of the Transactional Analysis. At the end the author discusses the necessary approaches as the way to equip the areas of internal marketing with the support of Transactional Analysis to get the needfull social- and depthpsychological basis.

The Role of Internal Marketing in the Implementation of Marketing Strategies

von Pervaiz K. Ahmed und Mohammed Rafiq

Pervaiz K. Ahmed, Unilever Lecturer in Innovation Management, University of Bradford Management Centre, UK.
Mohammed Rafiq, The Business School, Loughborough University, UK.

1. Internal Marketing and Implementation

The field of marketing strategy can be divided into two arbitrary yet pertinent categories, namely strategy formulation and strategy implementation. The strategy field has highlighted the importance of „doing the right things rather than doing things right" (*Tregoe/Zimmerman 1980*) and thereby placed in centre stage the issue of formulating correct strategy. However, a good strategy incorrectly implemented leads to no real advantages in the market place. Recently this has led to growing concern from business academics, consultants and marketing executives alike to the issue of implementation. A persistent failing it seems is that marketing strategies are only superficially implemented, achieving the trappings of change but not the substance. Yet despite an increasing number of works arguing a case for implementation research (*Bourgeois/ Brodwin 1984; Nutt 1989; Cespedes 1991; Piercy 1992*) the problem that continues to remain is the dearth of conceptual frameworks and analytical tools for the **implementation of marketing strategy**.

An emerging area in the field of strategy implementation is internal marketing. However, whilst there is a rapidly growing literature on internal marketing (see for example *Sasser/Arbeit 1976; George 1977, 1990; Berry 1981, 1984; Grönroos 1981, 1985; MacStravic 1985; Winter 1985; Flipo 1986; Barnes 1989; Collins/Payne 1991; Piercy/ Morgan 1991*) very few organisations actually apply the concept in practice. The major reason for this is the fact that there does not exist a single unified conceptual framework of what is meant by internal marketing. This chapter begins by clarifying what internal marketing is by examining the domain of the concept and then proceeds to develop a model of internal marketing and its role in marketing strategy implementation.

2. Developments in the Internal Marketing Concept

The **concept of internal marketing** has its roots in the push for quality in the services sectors through the examination and control of the service delivery mechanism, namely employees. The underlying idea is that effective service delivery requires motivated and customer-conscious employees (*Grönroos 1981*). The notion of a link between customer satisfaction and employee satisfaction, which received its first theoretical airing in retail marketing literature (*George 1977*), gradually took widespread hold. Despite some argument and evidence which contests the claim of a link between employee satisfaction and customer satisfaction (*Hoffman/Ingram 1991; Rafiq/Ahmed 1993; Piercy 1995*), later work not only built upon this basic idea but proceeded to expand the conceptual domain/boundary of internal marketing. *Berry* (*1984*) and *Berry/Parasuraman* (*1991*), for instance, propound the idea that not only is there a link between employee satisfaction and customer satisfaction, but also that employees are internal customers of a firm. They define internal marketing as „viewing employees as internal customers, viewing jobs as internal products that satisfy the needs and wants of these internal customers while addressing the objectives of the firm" (*1991, p. 272*). Others have gone even further in espousing the idea that not only are the employees customers, but they are the first market (*Sasser/Arbeit 1976*). This tendency towards giving primacy to employees and broadening the sphere of internal marketing was advanced even further by *Berry and Parasuraman's* (*1991*) assertion that the sphere of internal marketing ought to include activities traditionally carried out by the personnel function. They suggested that „internal marketing is the philosophy of treating employees as customers ... and it is the strategy of shaping job-products to fit the human needs" (*p. 151*).

The internal marketing conceptualisations elaborated above have a number of problems associated with them that stem mainly from the broadened conceptualisations in which employees are seen as customers, and accorded primacy (*Rafiq/Ahmed 1993*). *Rafiq/Ahmed* (*1993*) put forward a number of potential problems with current conceptualisations of internal marketing: firstly, unlike the external marketing situation, the „product" that employees are sold may in fact be unwanted by them or even possess negative utility; secondly, employees are unlikely to have a choice in the „products" that they can select; thirdly, because of the contractual nature of employment, employees can in the final analysis be „coerced" into accepting „products" they do not want; fourthly, the notion of „employee as customer" also raises the question as to whether the needs of external customers have primacy over those of the employees; and lastly, the financial cost of having satisfied employees could be considerable.

These problems, not only lead to confusion in the practical implementation of internal marketing, but also create contradictions at the conceptual level with respect to the definition of the precise domain of internal marketing. For internal marketing to be effectively operationalised, there first has to be a definition of the term which clearly specifies those activities that can be taken to constitute internal marketing and those that can not.

On the basis of the arguments outlined above, it is proposed that a definition of internal marketing which avoids the contradictions cited above has to drop the notion of „employee as a customer". Instead, the definition should set a boundary limited by the use of marketing-like techniques in the internal context. One definition that does precisely this is that proposed by *Grönroos* (*1985, p. 41*) which states that

„... an organisation's internal market of employees can be influenced most effectively and hence motivated to customer consciousness, market orientation and sales mindedness by applying a marketing-like internal approach and by applying marketing-like activities internally".

Although a number of definitions of internal marketing have been put forward, *Grönroos'* (*1985*) definition most clearly meets the criteria for a good definition, in that it avoids most of the problems highlighted earlier. Internal marketing definitions that avoid the notion of „employee as customer" can still focus upon building employee commitment without the theoretical and conceptual complications attendant with definitions proposing an „employee as customer" standpoint. The above discussion suggests that internal marketing can be defined as a philosophy involving the planned use of marketing-like techniques internal to the organisation in order to help realise the effective implementation of marketing programmes through a process of attempting to create customer orientation and employee commitment.

However, it is increasingly being realised that the domain of internal marketing extends beyond the implementation of marketing programmes alone and that the ideas of internal marketing are appropriate for the implementation of any type of strategy within the organisation. For instance, *Rafiq/Ahmed* (*1993*) suggest that internal marketing involves „a planned effort to overcome organisational resistance to change and to align, motivate and integrate employees towards the effective implementation of corporate and functional strategies". This broader definition takes into account the fact that any change in strategy is likely to require an internal marketing effort to overcome organisational inertia and to motivate employees towards requisite behaviour for effective implementation. Furthermore, as some (including marketing) strategies are likely to span several functional areas, this is likely to require cross-functional co-ordination and integration. Again the broadened definition of internal marketing takes this into account. The broadened definition also puts less emphasis on the concept of employee as customer and more on the tasks that need to be done for the effective implementation of marketing and other programmes to achieve customer satisfaction, whilst recognising the central role of employees.

3. A Multi-Level Model of Internal Marketing

Having delineated the domain of internal marketing, we propose a **multi-level model of internal marketing** that addresses the issue of implementation. Conceptually the model retains features of the above definition, namely the use of marketing-like techniques internally. The model incorporates a multi-level schema of how marketing tools and techniques can be used internally to generate commitment and effective implementation. Specifically the model deploys six elements to constitute an internal marketing mix, as well as internal marketing research, internal segmentation and positioning to operationalise the key parts of the model and stages. This contrasts with previous attempts (see for example *Barnes 1989; Piercy/Morgan 1991; Piercy 1995*) which have concentrated on the use of a single stage 4Ps schema. The combination of a multi-stage schema with a broader internal marketing mix provides a conceptualisation able to highlight more clearly the role of segmentation and positioning in the internal context. By embedding the model within a strategic framework, it is also clearer in highlighting how strategy can be implemented.

The model is characterised by three strategic levels, namely Direction, Path and Action (see Figure 1). Level One (**Direction**) is concerned with setting the general agenda of a particular mission or change programme, thus defining the direction of organisational effort. This requires an evaluation of external opportunities and an understanding of organisational capabilities. Level Two, that of **Path**, requires specification of the route from the numerous alternative possibilities to achieve the set change or mission, which the organisation opts to follow. Each of the alternatives needs to be examined closely. In particular, the types of barriers likely to be encountered and potential mechanisms for overcoming them need careful evaluation at this stage. The final level is that of **Action**. This requires a translation of a particular option into specific courses of action and activities. Detailed actions are necessary so as to make the undertaking as clear and trouble free as possible. The driving force at this level is dictated by decisions at Level Two, which itself is defined by the direction set at Level One.

The interconnection between the strategic process and the internal marketing mix, marketing research, segmentation and positioning is also depicted in Figure 1. The constituent activities of the internal marketing mix and how these relate to internal marketing research, segmentation and positioning are elaborated further in the discussion below.

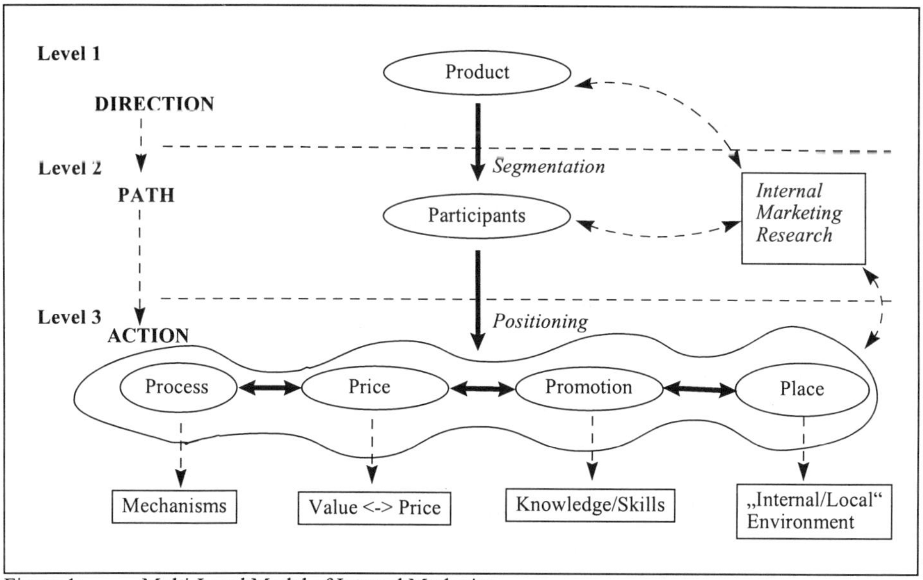

Figure 1: Multi-Level Model of Internal Marketing

Stage One: Direction

The product element is present at Level One. In the internal context it is the product that sets the direction. The product can be viewed as the change which is required, which may be simply changes in attitudes and behaviours of employees, or more tangible activities such as changed production activities or some other goal. Essentially the product is any change in employee behaviour or attitudes that is required for the effective implementation of a particular corporate or functional strategy. Moreover, for successful internal marketing to occur, the product cannot solely be determined from a single vantage point, such as the owner/manager's viewpoint, but must incorporate aspects arising from the needs and requirements of employees. This is a necessary condition for efficient and effective implementation to occur. Both internal and external market research are appropriate at this stage. External marketing research plays a role in identifying external opportunities and the changes necessary to take advantage of them, whereas internal marketing research can play a role in identifying the capabilities and competencies of the various sets of employees. Subsequently this information can be fed into the process of specifying the „product".

Stage Two: Path

Internal Segmentation

Once a direction has been set by specifying the product, it leads onto the second level decision, namely Path. Here the general direction that has been taken needs to be broken into specific programme(s) that have to be delivered to particular groups of employees in order to achieve effective implementation. The Path level includes the Participants and examines ways of segmenting them into groups with similar needs. At this level, specific attention is paid in deciding who is to be involved in the process of change and implementation and how they are to be involved. All participants, whether directly or indirectly involved, need to be explicitly defined in order to enhance effectiveness in the delivery process of the strategic change defined at Level One.

This stage of the model's operationalisation requires that internal marketing research is conducted to identify the needs of the internal markets (e.g. employees). Numerous traditional marketing research techniques, ranging from simple surveys to indirect in-depth data collection techniques can be usefully employed to capture a real sense of the motivations, potential fears and resistance of employees to the change programme. Once such needs and resistance are understood the next step is to group these individuals based upon their need requirements as well as other characteristics such as demographics. Since a wealth of simple demographic information is typically already available in personnel records, it can be easily complemented by further information. The process of employee segmentation is necessary to identify whether participants fall into cohesive groups on the basis of some shared commonalties. The objective is to create a specific package of activities that can then be directed at participant segments in order to facilitate implementation. The logic is that if specific needs and resistance can be associated with particular segments, then these needs and fears can be overcome by directing a specific package in a manner designed to satisfy employee needs and reduce their fears. As a process this is much more effective than one that adopts a single approach for all employees, since neglecting employee differences weakens the message. Here, just as in external marketing research, a whole range of multivariate techniques such as clustering procedures, factor and conjoint analysis may be used to define needs and preferences in order to construct homogeneous groups (or segments). Moreover, given the relatively captive nature of the sampling population, it is possible to conduct depth and longitudinal studies with relative ease.

At this juncture it is important to note that employee surveys need to be handled with care, even more so than consumer surveys, because of the fear employees may have of repercussions. Hence, it may be necessary to guarantee absolute confidentiality in order to ensure valid responses. Also, high response rates can be achieved by employing external independent organisations such as consultants to conduct the research. Another important difference between employee and consumer surveys is that employee participation is not likely to be high in subsequent surveys if employees are not given feedback on the survey results. This includes the need to show that action is taken over issues of concern uncovered by the surveys.

Stage Three: Action

Once participant segmentation has been completed, then it is possible to start thinking about positioning and targeting the identified segments by leveraging the remaining elements of the internal mix, namely process, price, promotion, and place (i.e. those occurring at Level Three).

Internal Positioning

In the external context, positioning requires selecting those associations that are to be built upon and emphasised, and those which are to be removed and de-emphasised (*Aaker/Shansby 1982*). The situation is the same in the internal context. Internal positioning aims to create a tactical package of actions to overcome identified barriers as well as to fulfil employee needs. This may involve focusing upon changing the perception that employees have of a particular aspect and/or identifying and emphasising benefits not previously recognised. Internal positioning involves providing an appropriate mix of benefits to a specific employee segment that will motivate it to achieve effective implementation of marketing and other functional strategies. Just as in external market positioning, internal positioning is segment specific and involves the leverage of the marketing mix elements, particularly those specified at Level Three of the model, in order to attain pre-specified goals. However, it is important to note that, since all the elements of the internal marketing programme can potentially affect position they should all be internally consistent. Internal positioning, acts as the focal point in the tactical development of an effective internal marketing programme.

Strategy implementation requires the planned execution of activities, which incur costs. Also its effectiveness depends on the appropriateness of these activities to the specific context. It is more likely that any costs incurred will be far outweighed by the benefits if the right types of activities/actions are selected i.e. if there is match between the actions and the organisational context. On the negative side, inappropriate activities resulting from poor positioning are likely to yield few benefits yet are likely to incur significant costs, much like failed or poor positioning in the external context. It is also necessary to appreciate that internal marketing outcomes are time dependant. There is likely to be a time lag between undertaking internal marketing actions and achieving the desired outcomes. This means, particularly in the case of implementing marketing strategies, that internal marketing programmes need to take place well before the launch of external marketing programmes.

Clearly then, as in external marketing, segmentation of and positioning to the internal market (that is employees) is of critical importance. Poor internal segmentation and positioning, even with very clearly defined and precise tactical actions, are unlikely to produce positive results. Perhaps this accounts for the failure of many change programmes. Effective positioning requires careful management of the remaining elements of the internal mix, namely Process, Price, Promotion, and Place.

Process

The Process element defines the context and mechanisms through which the Price, Promotion and Place elements are structured and includes issues such as power, authority, and resources (*Giddens 1979*). Essentially, it defines the nature and manner of involvement, in order to deliver upon requisite duties and goals. Items such as whether meetings are to be held, where they are to be held, who is designate to run them are included here. The Process element involves designing an appropriate delivery format and has to take account of items such organisational structure, group/team structure, reward systems, power and responsibility and leadership.

Price

The element of Price can be operationalised in an internal context by viewing price not simply as a cost to the employee (as depicted by terms such as opportunity cost, psychological cost, etc.), which is the traditional way of looking at price. We propose to view the Price dimension as a balance between utility/value against cost, to both the organisation and the individual. This way of operationalising price is preferred since it directs attention, not only to what the costs to the employees are (psychological or otherwise) of the required change actions, but also to the value/utility that can be derived from these changes. For instance, a change may incur cost (price on part of the employee) in terms of having to work harder, do a different type of job, learn something new, but at the same time some utility/value may intrinsically be attendant with the new activities. The new task(s) may provide opportunity to increase pay, access bonuses, provide a chance to excel and shine and thereby build a route to career promotion, or through acquisition of new skills strengthen their bargaining hand in the job market. Thus the price element is useful in fine-tuning activities defined in the Process element by addressing both gains and losses to employees involved in the process of change.

Promotion

With respect to the Promotion element, operationalisation in the internal context can be achieved by examination of how the range of promotional devices can be used to increase knowledge, skills and awareness of strategic change issues. Promotion activities, whether communications such as internal advertising or other internally directed promotional devices to elicit a response, can be used to aid the „buying into the programme" process by employees. Promotion, in this sense, can be viewed as a skills and knowledge generation function. Internal communications, presentations, training via demonstrations (an external comparison of which can be things like point of sales demonstrations in industrial or retail selling) all can be used to raise awareness and skills, and thus sensitise employees to activities required of them. Thus promotion can be an extremely effective vehicle for letting the employees know what to do, when to do it and exactly how to do it, and thereby serves to clarify their role in the enactment of strategy.

Place

The last remaining element, Place contains activities that can be thought to affect or be affected by the local environment of the organisation. The Place element in the external context is concerned with distribution channels and reaching targeted customers; its focus is predominantly centred around the actual exchange and its environmental setting. In the internal context Place can be taken to represent the visible and tangible, as well as invisible and intangible aspects of work and the work environment. In other words it represents the setting within which transactions/exchange between parties occurs, namely between the organisation and its employees. Taken in totality it captures more than physical aspects of the environment; it includes cultural, symbolic and metaphoric aspects of the organisation, from and within which setting, employees form allegiance to the organisation (*Smircich 1983; Turner 1986*). As such Place can be used to further fine-tune aspects of the process, such as with whom power resides, what is the level of power within particular groups or segments of people, how this needs to be altered and/or adapted to allow for effective strategy implementation. The external analogy that can be drawn here, is the importance of having correctly co-ordinated and dove-tailed channel strategies; through apt steering and co-ordination via channel captaincy, structure and power manipulation (*Stern/El-Ansary 1992; Rosenbloom 1991*).

The Place element can be used to draw attention to differences in culture and response arising from specific parts of the organisation to the change programme. In fact constituent activities of the Place element may be used to encourage certain types of behaviour i.e. construct a culture change via mechanisms which alter the local environment by redistributing resources, power and responsibility away from some individuals to others more likely to champion the cause of change. This requires close scrutiny and understanding of current resources, work practices, the way the organisation divides and factionlises into groups and teams with their own identities and sub-cultures. Generally we can say that the aim of the Place element is to attempt to devise an internal environment and atmosphere that is conducive to achievement of particular goals. This may mean giving more resources, better support, changing or at least attempting to change and fine tune organisational culture as well as examining ways of empowering employees through structural and responsibility adjustments.

4. Internal Positioning and Barriers to Implementation

We return here to the issue of internal positioning in order to highlight the role of positioning in relation to overcoming barriers or resistance to implementation. The specific way that internal positioning can be operationalised, is to view it as a means of overcoming certain gaps/barriers to implementation. These barriers can be identified by examining resistance to change by each employee segment. The existence of such barriers leads to the emergence of implementation gaps, which have to be closed for effective strategy implementation to occur. We classify the range of barriers into the following gaps: concept, people, mechanism, cost/utility, awareness/skills and local environment (see figure 2).

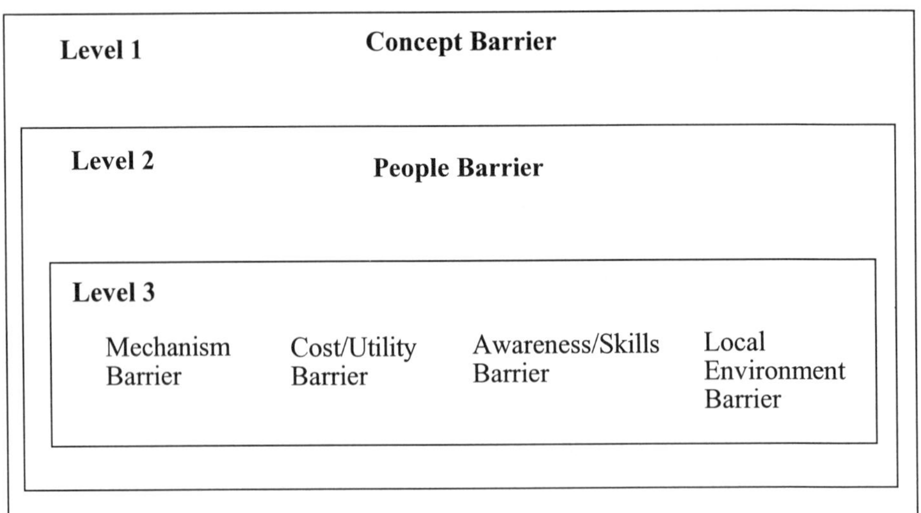

Figure 2: Barrriers to Implementation: A Nested Approach

The implementation barriers are nested to highlight interdependency. Moving from the outer (level one) to the inner (level 3) level the barriers move from being broad and strategic to being specific and tactical in nature. The level and nature of the barriers exemplify the types of actions necessary to remove them. For instance, any shortcomings in the change programme itself (that is the conceptualisation), because of its strategic nature and thus diffuse effects, may lead to contradictions at level 2 and level 3 or fail to produce desired outcomes in terms of marketplace success. In other words, problems at this level can, and often do, cascade downwards and outwards into the market place. We observe that flaws at this level lead to two types of error, which we will refer to as Type I and Type II. Type I error is one in which *incorrect* strategic actions are *effectively* implemented and the outcome is that expected market place performance either fails to materialise or even declines. Type II error is one in which the conceptualisation fails to fully/adequately take into account the internal context and needs of various stakeholder and thereby creates internal contradictions and conflicts. These in turn manifest themselves by creating a certain level of organisational dysfunction and can lead to the appearance of implementation gaps at any one or even all the levels. If the shortcoming originates from level two, for example in the way the segments were formed then there will be ramifications at level three since it is likely that wrongly directed actions and activities will be set in place, i.e. relatively poor implementation is likely to follow. Instances of relatively poor implementation even if the Product conceptualisation is appropriate to the specific context, we call Type III error. Once again, we would observe that the problems at this level would cascade downwards into level three actions. Problems originating at level 3, have a narrower effect in that no downwards cascade exists. However, since each of the internal mix elements is inter-liked there are horizontal effects of one barrier leading to or compounding problems in another. Moreover, the interlinkage of the internal mix elements also indicates that it is not possible to preclude upward ripple effects. For instance, local environment changes involving adaptations at the broad level such as attempting to modify organisational culture have pervasive effects with important ramifications at the strategic product conceptualisation level.

5. Case Illustration of the Multi-level Internal Marketing Model

We use here a case to illustrate how the Multi-level Model of Internal Marketing can practically be used to direct attention to pertinent issues in the implementation of a change in marketing strategy. The case is based on how Pearl Assurance dealt with the problem of changing the business mix of its products in face of opposition from some of its sales force. The case is an illustration of the model in directing managers' attention to factors that need to be addressed in generating effective implementation. The case information presented is based upon primary information as well as secondary sources.

Changing the Business Mix at Pearl Assurance

The Background

In 1989 Pearl Assurance (PA) was acquired by Australian Mutual Provident Society (AMP). Until then, PA specialised in selling life assurance based on „with-profits" policies. These policies guarantee to pay out a minimum sum assured on maturity of the policy or the death of the policy holder. The profits or bonuses are a share of the surplus that the company may make in excess of the guaranteed payout, as result of its investments. These policies, also known as endowments, came into great demand in the late 1980s as a result of rising popularity of endowment mortgages in the housing market in the UK. A major disadvantage of the „with-profits" product is that in order to provide these guaranteed payouts a substantial amount of the company's capital is tied up in reserves. However, this period also saw the development of „unit-linked" products whose performance is tied to that of the stock market: With unit-linked products, policyholders are allocated a number of units in a life insurance fund, the value of which is published daily. In addition, AMP's experience in Australia had shown unit-linked products to be more profitable whilst tying up less capital in reserves. Hence, a decision was made to move the balance of products to be sold in favour of unit-linked business.

However, PA encountered opposition from its sales force when it attempted to pursue this policy. There were several reasons for this opposition. Firstly, the sales force had been „turned off" unit-linked policies since the October 1987 stock market crash, which had graphically illustrated the high potential risks. Secondly, many of the sales force and the backroom staff were unfamiliar with unit-linked products. Moreover the change in the policy was perceived to be as a direct consequence of change in ownership, which occurred with the AMP acquisition of PA, rather than a market driven necessity.

Life assurance is a product that the majority of customers know very little about as it is a complex and infrequently purchased product. The benefits of Life Assurance are such that they cannot be fully evaluated without first purchasing the product and then awaiting for the policy to reach maturity. Hence, sales personnel play a crucial role in the choice of products (that customers make) since customers are unlikely to be fully aware of the types of products available and their relative merit. Customers thus rely heavily on the advice of salespeople who are regarded as experts. It was essential, therefore, that PA gets its sales force behind the new policy.

At the time, PA had around 5.000 salespeople, who are geographically dispersed across the UK. PA sensed resistance to the new policy was likely and took a decision to implement the change through the use of roadshows. The first roadshow called Operation Sunrise was used to highlight the benefits of all forms of equity-linked investments. Although effective in raising awareness of the market for unit-linked products the increase in sales of these products was less than expected. What follows is an account of Operation High Noon which was launched in October 1992, illustrated in a manner designed to highlight the practical role of the internal marketing model in directing attention to activities and actions necessary for effective implementation.

Product

The product in this case was the requirement to shift the emphasis of business away from with-profits policies towards unit-linked products (see figure 3). The benefit of doing this was that unit-linked policies was a growth market. Moreover, unit-linked policies also had advantages for customers compared to with-profits, in that they were more flexible and allowed a reduction in the need to keep capital reserves, which could then be used to increase benefits to the customers and/or the organisation. The executive believed that adoption of the policy would help PA increase competitiveness, improve performance and hence improve job security for everyone.

Market Research

Before launching Operation High Noon PA commissioned independent research on the attitudes of the salespeople to unit-linked policies. Interviews were conducted in two of the best and two of the worst performing divisions in terms of unit-linked policies sales. All grades of management were included as well as the sales force. Based on their attitudes to unit-linked and with-profits, respondents were classified as „for“ or „against“ change. This illustrates one way of segmenting „the market“ in an internal context.

We can see that on the basis of information received from internal research two segments appeared to emerge; an „Enthusiastic“ segment and a „Resistant“ segment. Investigation of the two segments highlighted that individuals enthusiastic for change tended to be enthusiastic managers and aspiring sales representatives. Those resistant to change tended to be managers unwilling to impose change on those resisting the change who included among them many unambitious sales staff. The internal research also identified that those resisting change tended to be pre-1987 staff, who had received complaints from customers after the 1987 stock market crash, whereas the segment with a more favourable attitude (Enthusiastic segment) consisted predominantly of newer (post 1990) recruits. The logic of segmentation would indicate that different stratagems would be required to effect implementation because of differences in orientation of each segment. These differences in segment orientation were likely to manifest themselves in producing different gaps/barriers to the process of strategy implementation.

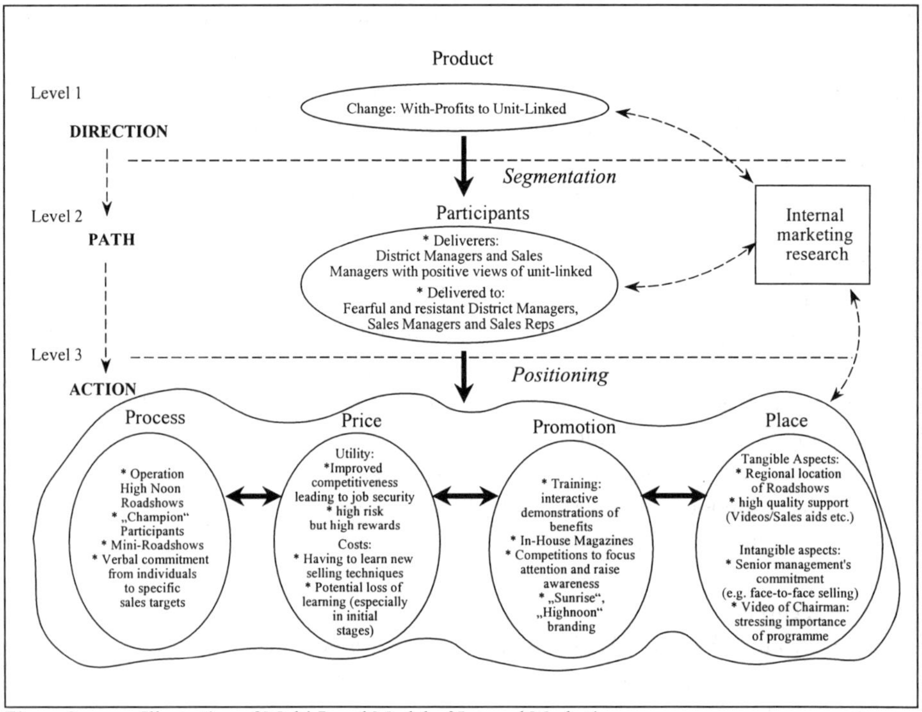

Figure 3: Illustration of Multi-Level Model of Internal Marketing

Participants

Participants in the process, as indicated in the above discussion were identified to be two groups/segments with differing orientations. From the Enthusiastic segment key individuals on the basis of enthusiasm, knowledge were selected to run the Operation High Noon roadshows. These participants included both managers and sales representatives in order to ensure, and at the very least to convey an impression, that everybody's opinion was being taken into account. In other words, individuals from this segment of employees were used to drive the change to unit-linked policies (i.e. they were responsible for delivery).

Once created, the roadshows were targeted at District Managers, Sales Managers, and Sales Representatives. Although all managers and representatives were included, the shows were particularly targeted at the more resistant segment of the audience. The process of segmentation was, in fact, carried one stage further, by forming sub-segments on a functional basis. And keeping in-line with the logic of segmentation, separate seminars were designed for the each of three different sub-segment groups (District Managers, Sales Mangers and Sales Representatives) with specifically targeted messages to each. On completion of internal segmentation the next step is to move onto the third stage, which involves leverage of positioning actions and activities to facilitate tactical implementation.

Process

The mechanism through which the change was to be enacted (i.e. the Process) was the roadshow. Within this process separate seminars were designed for delivery to different groups of people with different sets of needs. In fact, as noted above segmentation was carried one stage further so as to create sub-segments of the initial Enthusiastic and Resistant segments on a basis of functional difference. This was deemed necessary because the functional category was considered an important parameter in defining segment needs.

The Roadshows were used as a vehicle to explain the rationale behind unit-linked policies on a face-to-face basis by selected „enthusiastic“ managers. The enthusiastic managers themselves were provided with training for this purpose. The Roadshow managers used these opportunities to point out that with-profits policies required PA to put aside capital reserves which could not be invested in the open market. Unit-linked products on the other hand free these reserves to be invested in the open market and thus serve their customers better than with-profits policies. The advantages of flexibility for customers of unit-linked policies were also highlighted, particularly the fact that they could alter options with their circumstances, without having to surrender their policies or drawing up new contracts which either caused clients to be unhappy, because of losses incurred or being levied extra charges respectively. To reassure those representatives who were worried that the volatility of the stock market would lead to losses, it was pointed out that unit-trusts were very safe because the risk was spread over numerous shares. It was further demonstrated that whilst the stock market fluctuated in the short term, on a 15 or 20 year time horizon unit-linked policies outperformed with-profits policies. Another point made was that due to an increased customer awareness of the advantages of unit-linked policies there was a trend away from endowments towards unit-linked policies. Financial press reports were used to provide independent evidence of this.

At the sub-segment level, seminars were specifically developed to target and train particular audiences; seminars for District Managers were used to develop business plans in order to achieve targets set for unit-linked policies; seminars for Sales Managers were designed to help them motivate their sales representatives; and seminars for the sales representatives illustrated new sales techniques for unit-linked products. Moreover, in order to maintain momentum each District Manager was asked to organise a mini roadshow for their district. Within this process, each delegate was asked to state in writing how they would assign extra resources to achieve their unit-linked goals. For instance, Divisional Managers were asked, as a minimum, to give a verbal commitment of targets that they would set for their districts and how these would be achieved.

Price

The internal marketing operationalisation here calls for an understanding of the costs incurred and the utility/value that is to be gained by the participants in each segment. Firstly, to deal with the costs dimension. The fact was that unit-linked products were substantially different from with-profits policies and thus required time and effort, on part of the sales representatives, to learn new selling techniques. This was additional to the psychological costs of changing. Secondly, since the unit-linked products were new to them, it was possible that the sales representatives could suffer a potential loss of commissions. Further, there was also greater element of risk associated with unit-linked policies than with-profits policies. Thus, in order to convince the participants within each segment of the advantages of the change, it was necessary firstly to understand and secondly communicate effectively to each participant the value of the changeover. Facts, such as the unit-linked market was a rapidly growing market and that PA were getting into it early, that the prospects for high commissions were good, needed to be stressed in order to overcome resistance. This was particularly relevant for the resistant segment. Participants from the enthusiastic segment selected for driving the roadshows were motivated by the prospect of promotion, if their efforts proved to be successful. Other benefits stressed were that involvement with unit-linked products would enhance and extend their skills. This would allow them not only to provide a better service to their customers but would also boost future employment prospects.

Promotion

The promotion tool was used extensively to raise awareness as well as build competence and confidence of the salesforce in unit-linked policies. The initial mechanism to impart information and build skills were the roadshow demonstrations. This constituted a face-to-face communication, which capitalised on the advantages of an interactive medium to clarify and advance the cause of the change programme, as well as providing further opportunity to understand employee fears and resistance. Numerous other promotional techniques were used in addition to such face-to-face communications (or personal selling) by managers and senior staff to the sales force. For instance, in-house magazines were used to explain the rationale behind the changes; and competitions to incentivise individuals and rapidly heighten interest and awareness. Videos were also used at the roadshows, one of which featured the Chairman of PA to emphasise that the policy change had director level support for it. Another video showed sales managers overcoming objections to unit-linked policies. Further to this, in order to concentrate effort and focus the range of events the roadshows were also „branded“ (the first roadshow was „Sunrise“, and the second „High Noon“).

An interesting point to emerge, with regard to who should actually be responsible for internal marketing, from the High Noon roadshow was that the marketing department had to take a less prominent role in the roadshows. Only then were the change actions perceived to be acceptable to the sales force, who otherwise had been inclined to see it simply as a new sales gimmick from the marketing department. In fact, it was felt that the previous roadshow (Sunrise) had not been as successful as it could have been because the thrust of all the literature had all originated from the marketing department. This indicates that a broader and more cross sectional involvement is required in the use of internal marketing.

Place

As the sales force was widely dispersed geographically, the venues chosen were based on the regional locations of the sales force and roadshows were tailored to match each situation. Place in the internal marketing mix refers not only to the locations where products are provided to customers but also other tangible and intangible aspects required to effectively carry out the task, such as back-up support material and personnel.

In this respect, the videos and high quality sales aids provided tangible evidence of the commitment of the organisation to the change initiative. An example of one of these high quality sales aids was „The ABC Risk/Reward Presenter“ (where the ABC stood for the Adventurous, Balanced and Cautious investor). The presenter illustrated how unit-linked products could be tailored for customers with different risk profiles, a feature not offered to with-profits customers. For instance, the adventurous customer could be sold a unit-linked product which had a high risk attached but had high potential rewards. The availability of the high quality support material and the associated training reduced the effort required from the sales force to change and therefore speeded up the support and acceptance of the unit-linked product. The sales literature was further supported by copies of speeches and overhead slides to act as a reminder and reinforcement of the principal message.

The second dimension of the Place element that requires attention is the role of intangible aspects in the implementation process. It is clearly necessary to examine the appropriateness of the organisational environment to the process of change, and if necessary amend it by effecting an appropriate cultural climate through transmission of appropriate cues. For example, the video featuring the chairman emphasised the importance as well as the high level of commitment to the change programme. Without doubt symbolic actions and metaphoric examples need to be carefully examined for their potential use in internal marketing. Regular exhortations and well as compliments on work well done were other simple devices to create and maintain a positive attitude to the programme.

6. Results and Conclusions

The degree of success of the programme of events can be ascertained from the fact that Pearl Assurance 1993 Annual Report announced that whilst unit-linked business accounted for only 5 per cent in 1991, it had grown to 30 per cent by the end of 1993. The major problems encountered in this campaign were to maintain the momentum that was built up by the roadshows. The necessity of involving staff at different levels in the hierarchy led to a complicated cascading process of communication during the roadshows.

The purpose of this paper has been to highlight the weaknesses of current approaches to internal marketing and to suggest an alternative framework. Conceptually the framework that we have presented builds on the services marketing literature and extends the use of the internal marketing mix into a structured multi-level model for implementing decisions. The model also incorporates strategic dimensions essential to effective implementation of programmes.

In summary, we present a three stage model which is operationalised by closely intertwining and inter-linking an internal marketing mix to internal marketing research, segmentation, and positioning within a strategic context. Briefly at stage one, namely that of Direction, internal marketing research helps to link external marketing research efforts to define realistic opportunities in line with current and future competencies and capabilities. In so doing it acts as the first step to translate visions or missions of change into reality. At stage two internal marketing research is shown to play a role in the process of internal segmentation by helping to first define the participants into segments as well as probe their characteristics, motivations and objections. This helps to identify for each segment, specific barriers that need to be overcome in order that implementation can successfully occur. Attempts at removing obstacles, and thereby facilitate implementation, occur at level three through the process of positioning. Internal positioning aims to overcome the barriers or gaps to implementation by virtue of creating a consistent and positive internal frame towards the change, through a process of planned manipulation of the internal marketing mix elements. Finally the whole change process requires a longitudinal monitoring mechanism in the form of continuos internal and external research.

Specifically this paper elaborates a multi-stage model which highlights how a marketing-like approach and techniques can be used internal to the organisation. By expounding the concept of an internal marketing mix, internal market research and the critical role of internal segmentation and internal positioning we have advanced the notion that many of the concepts and frameworks which are critical in creating external marketplace success can be usefully employed, indeed need to be employed albeit adapted to the internal context, to aid the process of strategy implementation. The model also serves to highlight the importance of an internal focus to complement an external market place focus. Without an effective internal focus capable of inter-linking with an external focus, many potentially successful strategic visions are likely to remain just that: visions.

Another point to of interest to emerge, particularly from case evidence, that needs to be highlighted is that the marketing department should not solely be charged with the responsibility of running internal marketing programmes. The dominance of a single functional department will have a tendency to lead to, in reality or simply in perception, to a sense of functional/departmental bias. The imposition, perceived or otherwise, of such a unitarist viewpoint is likely to create strong resistance. This strongly indicates the need to use cross functional teams or task forces in the development and running of internal marketing programmes.

At a more conceptual and theory development level we propose that it is a necessary to examine precisely and carefully aspects of the external paradigm that can be applied in the internal context. In particular we caution against the naive use of the notion of „employee as customer" since it does not translate well in the internal context. In fact, unguarded expansions of the domain of marketing such as those contained in internal marketing conceptualisations advocating simple and straightforward adoption of the „employee as customer" concept are likely to lead to continued theoretical contradiction as well as practical confusion.

In proposing the multi-level model we adhered fairly strictly to marketing-like techniques and examined them for adaptation to the internal context. It appears from the case study presented and on-going empirical research that the internal mix containing six elements as defined is sufficiently broad in scope to capture the main areas of attention for successful implementation, whilst still retaining enough simplicity for practical use. Overall the research conducted thus far, which is part of a much larger empirical research project, suggests that model presented above to be a valid and useful conceptual framework for internal marketing. However, much further research is necessary to know exactly how useful managers find this framework in practice. It is hoped that the model presented here will stimulate further research into this area as well as lead to a better understanding of what internal marketing is, or at least ought to be, and how it can be practically used by managers. We hope that the model presented in the paper, in presenting some clarification's, adding elements and incorporating strategic aspects is a richer conceptualisation which will eventually lead to more widespread use of internal marketing than at present.

References

Aaker, D.A./Shansby, G.J (1982): Positioning Your Product, in: Business Horizons, Vol. 25, May-June, pp. 56-62.

Ahmed, P.K./Rafiq, M. (1995): The role of internal marketing in the implementation of marketing strategies, in: Journal of Marketing Practice: Applied Marketing Science, Vol. 1, No. 4, pp. 32-51.

Barnes, J.G.(1989):The Role of Internal Marketing. If the staff won't buy it why should the customer?, in: Irish Marketing Review, Vol. 4, No. 2, pp. 11-21.

Berry, L.L. (1981): The Employee as Customer, in: Journal of Retail Banking, Vol. 3, No. 3, pp. 25-28.

Berry, L.L. (1984): The employee as customer, in: *Lovelock, C. (ed.)*: Services Marketing, Englewood Cliffs, pp. 272-278.

Berry, L.L./Parasuraman, A. (1991): Marketing Services. Competing through Quality, New York.

Booms, B.H./Bitner, M.J. (1981): Marketing Strategies and Organisation Structures for the Service Firms, in: *Donnelley, J.H./George, W.R. (eds.)*: Marketing of Services, Chicago, pp. 47-52.

Bourgeois, L.J./Brodwin, D.R. (1984): Strategic Implementation. Five Approaches to an Elusive Phenomenon, in: Strategic Management Journal, Vol. 5, pp. 241-264.

Cespedes, F.V. (1991): Organising and Implementing the Marketing Effort. Text and Cases, New York.

Collins, B./Payne, A. (1991): Internal Marketing: A New Perspective for HRM, in: European Management Journal, Vol. 9, No. 3, pp. 261-270.

Davies, M.A.P. (1993): Repositioning Internal Evaluation of a Service: A case Approach, in: Proceedings of the Marketing Education Group Conference, Loughborough University of Technology, July 1993, pp. 210-219.

Flipo, J.-P. (1986): Service Firms: interdependence of external and internal marketing strategies, in: Journal of European Marketing, Vol. 20, No. 8, pp. 5-14.

George, W.R. (1977): The Retailing of Services – A Challenging Future, in: Journal of Retailing, Vol. 53, No. 3, pp. 85-98.

George, W.R. (1990): Internal Marketing and Organisational Behaviour. A Partnership in Developing Customer-Conscious Employees at Every Level, in: Journal of Business Research, Vol. 20, No. 1, pp. 63-70.

Giddens, A. (1979): Central Problems in Social Theory, London.

Grönroos, C. (1981): Internal Marketing – an Integral Part of Marketing Theory, in: *Donnelly, J.H./George, W.R. (eds.)*: Marketing of Services, Chicago, pp. 236-238.

Grönroos, C. (1985): Internal Marketing. Theory and Practice, in: *Bloch, T.M./Upah, G. D./ Zeithaml, V.A. (eds.)*: Services Marketing in a Changing Environment, Chicago, pp. 41-47.

Hoffman, D.K./Ingram, T.N. (1991): Creating Customer Orientated Employees. The Case in Home Health Care, in: Journal of Health Care Marketing, Vol. 11, June, pp. 24-32.

Hughes, D. (1993): BMW Rolls Royce Wins Global Express Competition, in: Aviation Week and Space Technology, Vol. 138, No. 12, pp. 58-59.

MacStravic, R.S. (1985): Internal Marketing for Hospitals, in: Health Quarterly Marketing, Vol. 3, No. 2-3, pp. 47-54.

Nutt, P.C. (1989): Selecting Tactics to Implement Strategic Plans, in: Strategic Management Journal, Vol. 10, pp. 145-161.

Piercy, N.F. (1992): Market-Led Strategic Change, Oxford.

Piercy, N.F. (1995): Customer satisfaction and the internal market: Marketing our customers to our employees, in: Journal of Marketing Practice: Applied Marketing Science, Vol. 1, No. 1, pp. 22-44.

Piercy, N.F./Morgan, N. (1991): Internal Marketing. The Missing Half of the Marketing Programme, in: Long Range Planning, Vol. 24, No. 2, pp. 82-93.

Rafiq, M./Ahmed, P.K. (1993): The Scope of Internal Marketing: defining the Boundary between Marketing and Human Resource Management, in: Journal of Marketing Management, Vol. 9, pp. 219-232.

Rosenbloom, B. (1991): Marketing Channels. A Management View, Orlando.

Sasser, W.E./Arbeit, S.F. (1976): Selling Jobs in the Service Sector, in: Business Horizons, Vol. 19, June, pp. 61-62.

Smircich, L. (1983): Concepts of Culture and Organisational Analysis, in: Administrative Science Quarterly, Vol. 28, No. 3, pp. 339-358.

Stern, L.W./El-Ansary, A.I. (1992): Marketing Channels, Englewood Cliffs.

Tregoe, B.B./Zimmerman, J.W. (1980): Top Management Strategy, New York.

Turner, B. (1986): Sociological Aspects of Organisational Symbolism, in: Organisation Studies, Vol. 7, pp. 101-115.

Winter, J.P. (1985): Getting Your House in Order With Internal Marketing. A Marketing Pre-requisite, in: Health Marketing Quarterly, Vol. 3, No. 1, pp. 69-77.

Vierter Teil

MESSUNG UND KONTROLLE DES INTERNEN MARKETING

Interaktionen als Determinante der Zufriedenheit und Bindung von Kunden und Mitarbeitern

Theoretische Erklärungsansätze und empirische Befunde

von Manfred Bruhn und Michael A. Grund

Prof. Dr. Manfred Bruhn ist Inhaber des Lehrstuhls für Betriebswirtschaftslehre, insb. Marketing und Unternehmensführung am Wirtschaftswissenschaftlichen Zentrum (WWZ) der Universität Basel.

Dr. Michael A. Grund ist Wissenschaftlicher Assistent an diesem Lehrstuhl.

1. Unternehmensinterne Absicherung des externen Marketing

1.1 Kunden- und Mitarbeiterbindung als Erfolgsfaktor von Dienstleistungsunternehmen

In Marketingwissenschaft und -praxis wurde in den vergangenen Jahren zunehmend der **Stellenwert der Kundenbindung** als Erfolgsfaktor für Unternehmen betont. Es können vor allem drei zentrale Einflußfaktoren identifiziert werden, die entsprechende Zusammenhänge empirisch stützen:

(1) **Marktdeterminanten**: Zahlreiche Branchen müssen heute als gesättigt angesehen werden. Neukunden können hier nur – mit entsprechendem Aufwand – zu Lasten konkurrierender Anbieter gewonnen werden. Neuere empirische Untersuchungen deuten z.B. darauf hin, daß die Neukundengewinnung wesentlich teurer ist als die weitere Bindung aktueller Kunden (*Bhote 1996, S. 145*).

(2) **Erfolgsdeterminanten**: Eng verknüpft mit den Marktdeterminanten sind die Erfolgsdeterminanten. Sind Konsumenten als Kunden eines Unternehmens akquiriert, so sind mit dem Auf- und Ausbau der Kundenbeziehung zunächst Kosten verbunden. Auch hier belegen empirische Ergebnisse, daß positive Erfolgsbeiträge in vielen Branchen erst nach einer bestimmten Dauer der Kundenbeziehung generiert werden (*Reichheld/Teal 1996, S. 36ff.*).

(3) **Leistungsdeterminanten**: Die Komplexität vieler (Dienst-)Leistungen und die steigenden Erwartungen der Kunden an die Leistungserstellung machen eine möglichst genaue Kundenkenntnis erforderlich, um individuelle Leistungsangebote erstellen zu können. Dieses Wissen kann bei vielen Leistungen erst im Verlauf der Kundenbeziehung aufgebaut werden.

Eine kritische Betrachtung der Literatur zum Thema Kundenbindung läßt in diesem Zusammenhang vielfach den Eindruck entstehen, daß Kundenbindung – insbesondere aus der Unternehmensperspektive – mit Kunden-„Anbindung“ gleichgesetzt wird. Dabei wird übersehen, daß die tatsächliche Verlängerung der Dauer von Kundenbeziehungen bzw. deren Intensivierung sich durch Kundenbindungsmaßnahmen nicht automatisch ergibt.

Kundenbindung ist vielmehr als ein Konstrukt zu verstehen, das aus Kundensicht interpretiert und definiert werden muß. Diese Perspektive hat sich in der Wissenschaft inzwischen weitgehend durchgesetzt. Als notwendige – keinesfalls aber hinreichende –

Bedingungen der Kundenbindung werden überwiegend eine hohe Leistungsqualität bzw. die Kundenzufriedenheit thematisiert. Insbesondere im Dienstleistungsbereich – mit einem eher geringen Anteil direkt beurteilbarer Leistungselemente und einem direkten Zusammenhang zwischen der Qualität der Dienstleistungserstellung sowie der vom Kunden wahrnehmbaren Dienstleistungsqualität – stellt sich die Frage, inwieweit Kundenzufriedenheit und Kundenbindung losgelöst von der Gestaltung der unternehmensinternen Zusammenhänge erklärt werden können.

Empirische Untersuchungen an der Schnittstelle zwischen unternehmensinternem und -externem Bereich geben erste Hinweise, daß Kundenzufriedenheit und Kundenbindung offensichtlich wesentlich durch **interne Austauschprozesse** bestimmt werden. So zeigt sich z.B., daß

- die Kundenzufriedenheit signifikant zurückgeht, wenn einzelne Mitarbeiter ein Unternehmen verlassen (*Heskett et al. 1994*),
- zwischen der Mitarbeiterfluktuation und der Zahl der Kundenbeschwerden ein signifikanter Zusammenhang besteht (*Berry/Burke/Hensel 1976*),
- Kundenbindung und Mitarbeiterbindung in verschiedenen Dienstleistungsbranchen eng zusammenhängen (*Schneider/Bowen 1985*),
- zwischen den Einstellungen von Mitarbeitern zum Arbeitgeber sowie der Kundenzufriedenheit ein enger Zusammenhang besteht (*Schmit/Allscheid 1995*).

Die vermuteten Zusammenhänge zwischen unternehmensinternem und -externem Bereich wurden darüber hinaus auch bereits von *Heskett* (*1987*) in Form eines **Qualitätskreislaufs** thematisiert, der sich über die Stufen Mitarbeiterzufriedenheit ⇨ Mitarbeitermotivation ⇨ Dienstleistungsqualität ⇨ Kundenzufriedenheit ⇨ Absatz-/Umsatzwachstum schließt. Mitarbeiterzufriedenheit, Kundenzufriedenheit und ökonomischer Erfolg erscheinen demnach nicht als konfligierende, sondern durchaus komplementäre Ziele eines Unternehmens (vgl. auch das Zielsystem bei *Meffert/Bruhn 1997, S. 145ff.*). Dabei ist allerdings zu berücksichtigen, daß die von *Heskett* stark vereinfachten Zusammenhänge weiter differenziert werden müssen. Abbildung 1 zeigt dementsprechend Zusammenhänge zwischen Kunden- und Mitarbeiterzufriedenheit, Kunden- und Mitarbeiterbindung sowie ökonomischem Erfolg auf, die durch unternehmensinterne und -externe moderierende Faktoren beeinflußt werden.

Diese Zusammenhänge legen die Vermutung nahe, daß die Gestaltung der persönlichen Beziehungen zwischen Mitarbeitern und Kunden eines Unternehmens – und hier aufgrund der Intensität des Austauschs bei der Leistungserstellung vor allem bei Dienstleistungsunternehmen – einen wesentlichen Einfluß auf die Kundenbindung hat. Dementsprechend müssen auch Fragen der **Mitarbeiterzufriedenheit** und **Mitarbeiterbindung** sowie der Bedeutung der direkten Interaktionen zwischen Mitarbeitern und Kunden näher untersucht werden, wenn der aus Kundenzufriedenheit und Kundenbindung (potentiell) resultierende Unternehmenserfolg erklärt werden soll.

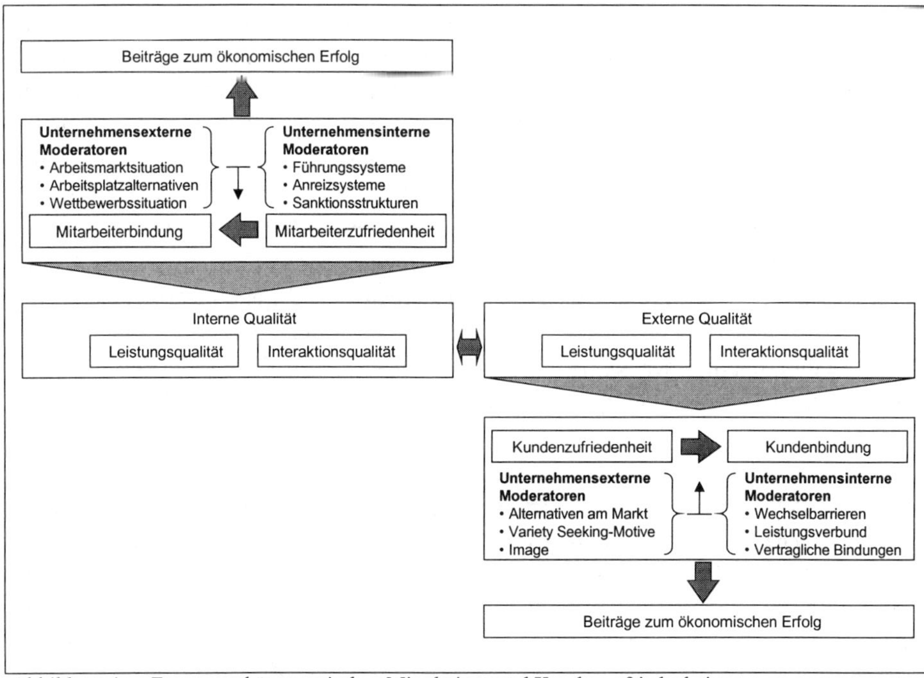

Abbildung 1: Zusammenhänge zwischen Mitarbeiter- und Kundenzufriedenheit

Als problematisch erscheinen in diesem Zusammenhang allerdings die divergierenden Interessen zwischen Unternehmen und Mitarbeitern im Hinblick auf die Mitarbeiterbindung. Erscheint Mitarbeiterbindung aufgrund der dargestellten Zusammenhänge für ein Unternehmen grundsätzlich attraktiv, so stellt sich die Situation insbesondere für engagierte und entwicklungsorientierte Mitarbeiter in der Regel anders dar. Nutzenvorteile im Sinne einer persönlichen aufgaben- bzw. kompetenzbezogenen Weiterentwicklung sind vielfach nur bei einem Wechsel des Arbeitgebers – und damit ohne weitgehende Mitarbeiterbindung – möglich. Verantwortlich für diese Situation sind noch immer starre Unternehmensstrukturen, die einen Zugewinn an Kompetenz und Verantwortung an einen hierarchischen Aufstieg koppeln.

1.2 Mitarbeiter-Kunden-Interaktionen als Schnittstelle zwischen Unternehmen und Kunden

Die Komplexität vieler Dienstleistungsmärkte sowie der einzelnen angebotenen Leistungen macht es dem einzelnen Kunden heute in vielen Fällen unmöglich, die Leistungen verschiedener Anbieter „objektiv" zu vergleichen. So sind die Anteile von Sucheigenschaften („search qualities") in den Leistungspaketen, z.B. des Finanzdienstleistungsbereichs, eher gering ausgeprägt, bzw. das heterogene Angebot der zahlreichen Anbieter aus dem klassischen Bank- und Versicherungsgeschäft sowie der Near- und Non-Banks macht es dem potentiellen Kunden kaum möglich, alle Angebote tatsächlich ernsthaft zu vergleichen. Bei höherwertigen Leistungen sind darüber hinaus die Anteile der Erfahrungs- und Vertrauenseigenschaften („experience qualities" und „credence qualities") so groß, daß ein Leistungsvergleich nahezu unmöglich ist. Die tatsächliche Dienstleistungsqualität der Kernleistungen könnte in diesen Fällen vielfach erst nach Jahren beurteilt werden; in manchen Fällen ist eine Beurteilung selbst dann nicht möglich.

In jenem Maße, in dem den Konsumenten entsprechende Leistungsvergleiche erschwert werden, erscheint es plausibel, daß jene Faktoren für die Beurteilung der **Dienstleistungsqualität** an Bedeutung gewinnen, die die Kunden tatsächlich bewerten können. Im Dienstleistungsbereich sind dies vor allem das Erscheinungsbild des Unternehmens nach außen – die tangiblen Elemente – sowie das Verhalten der Mitarbeiter im Kontakt mit den Kunden. Diese Kriterien erreichen damit den Charakter eines Qualitätssurrogats, das stellvertretend für die eigentliche Kernleistung beurteilt werden kann und dementsprechend auch beurteilt wird (vgl. auch *Barnes 1989; Hentschel 1992*).

Die Fokussierung der direkten, persönlichen Beziehungen zwischen dem Leistungsanbieter und den Nachfragern ist keineswegs ein erst in den vergangenen Jahren zu beobachtendes Phänomen. Untersucht man überblickartig den Charakter wirtschaftlicher Transaktionen in den letzten 400 bis 500 Jahren, so wird deutlich, daß persönliche Beziehungen zwischen den Transaktionspartnern in der Vergangenheit im Sinne eines **„nativen Relationship Marketing"** die Regel waren. Erst im Zuge der Industrialisierung und der damit einhergehenden Massenproduktion von Gütern und Leistungen resultierte aus dem Vorsprung der Entwicklung der Produktionstechnologien vor der Entwicklung der Informations- und Kommunikationstechnologien eine „Entpersonalisierung" der Austauschpartner, die dazu führte, daß die Hersteller primär Leistungen für einen anonymen Markt generierten. Die aktuellen technologischen Möglichkeiten erlauben demgegenüber eine individualisierte Massenansprache, die die Auseinandersetzung mit dem Thema „Relationship Marketing“ in der heutigen Form erst möglich macht. Abbildung 2 zeigt die entsprechenden Zusammenhänge in einem Überblick.

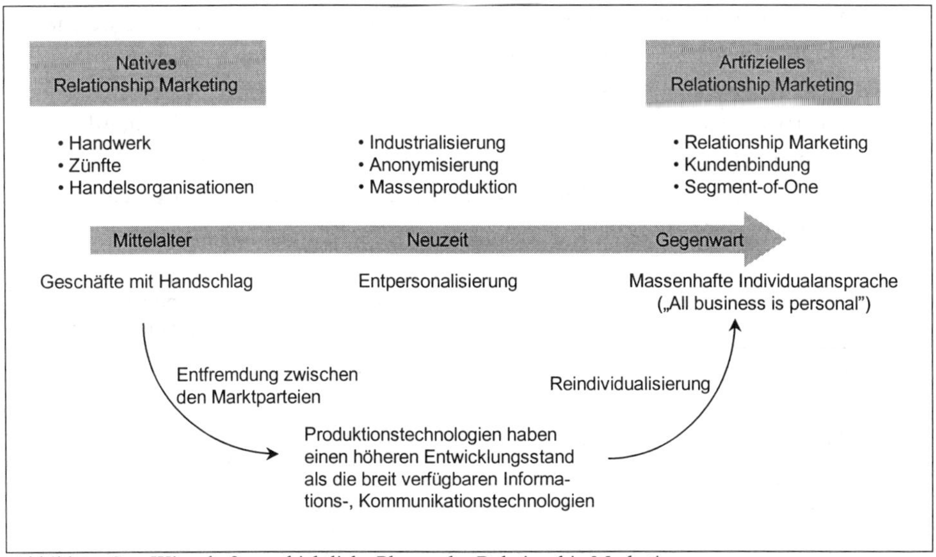

Abbildung 2: Wirtschaftsgeschichtliche Phasen des Relationship Marketing
Quelle: Grund 1998, S. 66

2. Unternehmen-Mitarbeiter-Kunden-Interaktionen als Element des Dienstleistungsmarketing

2.1 Merkmale und Besonderheiten der Beziehungsstrukturen zwischen Unternehmen, Mitarbeitern und Kunden

Untersucht man die Beziehungsstrukturen im Dienstleistungsmarketing näher, so können aufgrund der drei beteiligten Personengruppen bzw. Instanzen zunächst drei zentrale Beziehungen unterschieden werden (vgl. ausführlich *Grund 1998, S. 37ff.* sowie Abbildung 3). Die Beziehung **Unternehmen-Kunde** ist unter vertraglichen Gesichtspunkten der Ausgangspunkt des Dienstleistungsmarketing. Im Vordergrund der Aufnahme der Beziehung steht i.d.R. ein Problemlösungsbedarf, den der Konsument durch die Inanspruchnahme eines Dienstleistungsunternehmens zu lösen gedenkt. Aufgrund der Charakteristika von Dienstleistungen wird damit allerdings eine eher abstrakte Beziehung zwischen einer juristischen und einer natürlichen Person konstituiert, die sich über den Austausch zwischen natürlichen Personen – den Mitarbeitern und den Kunden – konkretisiert. In der Regel ist eine einzelne Kundenbeziehung für ein Unternehmen von untergeordneter Bedeutung; sie erscheint problemlos substituierbar. Eine unzureichende Dienstleistungsqualität, die für den Kunden in Abhängigkeit vom konkreten Dienstleistungstyp unangenehme Konsequenzen haben kann, führt somit für den Dienstleistungsanbieter zunächst nicht direkt zu einem Problem. Dieses wird erst dann mittel- bis langfristig spürbar, wenn aufgrund der klassischen Reaktionen von Kunden bei Unzufriedenheit (negative Mund-zu-Mund-Kommunikation, Abwanderung usw.) ein entsprechender Problemdruck entsteht.

	Unternehmen-Kunde	**Mitarbeiter-Kunde**	**Unternehmen-Mitarbeiter**
Bindungsintensität	Variabel, vertraglich fixiert	Originär niedrig	Überwiegend hoch
Abhängigkeit	U: Langfristig K: Kurzfristig	M: Langfristig K: Kurzfristig	U: Kurz-/mittelfristig M: Kurz-/mittelfristig
Informations-verteilung	Zugunsten Kunde	Zugunsten Mitarbeiter, Umkehrung möglich	Zugunsten Mitarbeiter
Stellenwert der Einzelbeziehung	Substituierbar	Begrenzt substituierbar	Begrenzt substituierbar
Unmittelbarkeit	Faktisch indirekt, vertraglich direkt	Faktisch direkt	Faktisch und vertraglich direkt
Qualitätsrelevanz	Mittel	Hoch	Hoch
Sanktionspotential	Kunde	Kunde	Unternehmen
Beziehungsdynamik	Niedrig bis mittel	Hoch	Niedrig bis mittel
Standardisierbarkeit	Begrenzt	Nein	Begrenzt

Abbildung 3: Zentrale Beziehungsmerkmale zwischen Unternehmen, Mitarbeitern und Kunden
Quelle: Grund 1998, S. 39

Unmittelbarere Beziehungen prägen demgegenüber die Interaktionen von **Mitarbeitern und Kunden**. Zwar hat diese Beziehung zunächst einen primär derivativen Charakter, doch zeigen die zuvor dargestellten empirischen Ergebnisse den offensichtlichen Stellenwert des direkten Kontakts zwischen Mitarbeitern und Kunden. Die Wahrnehmung der Dienstleistungsqualität (des gesamten Unternehmens) bzw. die Kundenzufriedenheit scheinen in beträchtlichem Maße von der Mitarbeiter-Kunden-Interaktion abzuhängen. So ist die originäre Bindungsintensität (zu Beginn der Kundenbeziehung zum Unternehmen) zwar niedrig, doch kann diese im Zeitablauf so weit zunehmen, daß die Bindung der Kunden an einzelne Mitarbeiter größer ist als an das Unternehmen. Beispiele aus dem Dienstleistungsbereich (Vermögensverwaltung, Friseur, Werbeagentur) zeigen auch hier, daß Kunden den Mitarbeitern bei einem Arbeitgeberwechsel vielfach folgen.

Die Beziehung **Unternehmen-Mitarbeiter** ist schließlich durch eine überwiegend hohe Bindungsintensität gekennzeichnet. Können z.B. Kunden ihre Beziehung zu einem Unternehmen in der Regel sofort bis kurzfristig beenden, so ist dies in der Beziehung zwischen Unternehmen und Mitarbeitern in der Regel nicht möglich. Darüber hinaus ist ein beiderseitiges kurz- bis mittelfristiges Abhängigkeitsverhältnis zu unterstellen, da sowohl für das Unternehmen als auch für einen einzelnen Mitarbeiter die kurzfristige Beendigung des Arbeitsverhältnisses zu Problemen führen kann. Die Qualitätsrelevanz der Beziehung zwischen Unternehmen und Mitarbeiter ist entsprechend der vermuteten Zusammenhänge zwischen Mitarbeiter- und Kundenzufriedenheit als grundsätzlich hoch anzusehen, wobei als wichtiger Einzelaspekt auch die – zugunsten der Mitarbeiter – asymmetrische Informationsverteilung zu berücksichtigen ist.

2.2 Stellenwert von Interaktionsbeziehungen in Modellen und Konzepten des Dienstleistungsmarketing

Die Auseinandersetzung mit den Spezifika von Dienstleistungen und den hierdurch bedingten Besonderheiten des Qualitätsmanagements hat dazu geführt, daß in verschiedenen Modellen und Konzepten den internen und externen Leistungserstellungsprozessen explizit oder zumindest implizit Aufmerksamkeit gewidmet wurde. Vor dem Hintergrund dieser Thematisierung werden im folgenden drei Modelle zur Dienstleistungsqualität näher untersucht:

(1) Das GAP-Modell von *Parasuraman, Zeithaml* und *Berry*,
(2) das SERVPERF-Modell von *Cronin* und *Taylor* sowie
(3) das Relationship Quality-Modell von *Liljander* und *Strandvik.*

GAP-Modell

Das GAP-Modell von *Parasuraman, Zeithaml* und *Berry (1985)* weist als einer der ersten Ansätze zur systematischen Erforschung der Entstehung von (mangelhafter) Dienstleistungsqualität bereits auf die Bedeutung persönlicher Interaktionen bei der Entstehung von Qualitätslücken (GAPs) hin. Im wesentlichen können die fünf identifizierten GAPs auf die drei im Modell berücksichtigten Interaktionspartner – die Kunden, das Management sowie die Kundenkontaktmitarbeiter – zurückgeführt werden.

So wird die Entstehung von GAP 1 z.B. dann begünstigt, wenn neben einer unzureichenden Marktforschung aufgrund mangelhafter Kommunikation zwischen Kundenkontaktmitarbeitern und Management die Kundenerwartungen fehlerhaft aufgenommen werden. Auch GAP 2 und 3 (fehlerhafte Spezifikation sowie mangelhafte tatsächliche Dienstleistungserstellung) können u.a. auf Interaktionsprobleme zurückgeführt werden. Für GAP 2 steht hier wiederum die Interne Kommunikation (z.B. mangelnde Gelegenheit zum internen Austausch zwischen Management und Mitarbeiter) im Mittelpunkt. Demgegenüber wird GAP 3 dadurch verstärkt, wenn z.B. Mitarbeiter im direkten Kundenkontakt eingesetzt werden, die aufgrund ihrer Persönlichkeitsstruktur eigentlich nicht für Dienstleistungsberufe geeignet sind. Auch GAP 4 (Abweichungen zwischen Leistungserstellung und Kommunikation über die Leistung) wird schließlich durch fehlerhaftes Verhalten der Kundenkontaktmitarbeiter in der Mitarbeiter-Kunden-Interaktion begünstigt, wenn z.B. die Mitarbeiter unzutreffende Aussagen über die Qualität der angebotenen Leistungen machen.

Faßt man diese Aspekte zusammen und überprüft darüber hinaus die Operationalisierung des GAP-Modells auf Basis des SERVQUAL-Instrumentariums im Hinblick auf die implizite Interaktionsorientierung, so läßt sich feststellen, daß 17 der 22 SERVQUAL-Statements einen direkten Interaktionsbezug aufweisen. Dennoch muß auch festgehalten werden, daß über das GAP-Modell zwar zum einen die Entstehung von Kundenzufriedenheit erklärt werden kann und hierbei unternehmensinterne und -externe Interaktionsbeziehungen berücksichtigt werden, daß zum anderen aber die Aspekte der Mitarbeiterzufriedenheit keinen expliziten Eingang in die Modellstruktur finden.

SERVPERF-Modell

Das GAP-Modell sowie das korrespondierende SERVQUAL-Instrumentarium wurden in der Folge vielfach kritisiert (Probleme der Doppelskala, Bestimmung des Erwartungsbegriffs usw.; vgl. z.B. *Hentschel 1990, 1995; Teas 1993*). Ausgehend von diesen Kritikpunkten entwickelten *Cronin/Taylor (1992, 1994)* mit SERVPERF ein Instrumentarium, das zum einen bessere Ergebnisse im Hinblick auf die Erklärung von Kundenzufriedenheit erreicht, zum anderen aber ebenfalls den Stellenwert der direkten Interaktionsprozesse für die Kundenzufriedenheit betont.

Der Stellenwert der Interaktionsprozesse für Kundenzufriedenheit und Kundenbindung dokumentiert sich vor allem in den Zusammenhängen zwischen Dienstleistungsqualität, Kundenzufriedenheit und Kundenbindung. So weisen *Cronin* und *Taylor* auf die gegenüber der Wahrnehmung der Dienstleistungsqualität größere Bedeutung der Kundenzufriedenheit hin (*Cronin/Taylor 1992, S. 64f.*). Demnach kann z.B. ein extrem negatives Kontakterlebnis auch dann zum sofortigen Abbruch der Kundenbeziehung führen, wenn zuvor die langfristig positive Beurteilung der Dienstleistungsqualität zu entsprechend positiven Verhaltensabsichten geführt hatte. Der Stellenwert einer einzelnen Interaktion für die Kundenbindung kann demnach wesentlich größer sein als die gesamte vorangegangene Kundenbeziehung.

Relationship Quality-Modell
Grundlage des Relationship Quality-Modells von *Liljander* und *Strandvik (1995)* ist die Unterscheidung einer Transaktions- und Beziehungsebene bei der Untersuchung der Konstrukte Dienstleistungsqualität, Kundenzufriedenheit und Kundenbindung. Dabei wird unterstellt, daß sowohl auf der Transaktionsebene als auch auf der Beziehungsebene die kognitive Beurteilung der Qualität dem Entstehen von (Un-)Zufriedenheit vorgelagert ist.

Obwohl einerseits die Bedeutung der Beziehungsebene für die zukunftsgerichtete Kundenbindung bei *Liljander/Strandvik* betont wird, konnte andererseits im Rahmen einer empirischen Untersuchung auch festgestellt werden, daß es eine Gruppe von Kunden gibt, die ihr zukünftiges Verhalten ausschließlich von der letzten Inanspruchnahme des Dienstleistungsanbieters abhängig macht (*Strandvik/Liljander 1994, S. 25*). Auch dieses Ergebnis dokumentiert die Relevanz von Mitarbeiter-Kunden-Interaktionen für die Kundenbindung.

Zusammenfassend kann festgehalten werden, daß die drei dargestellten Konzepte bereits Anhaltspunkte aufzeigen, die den Stellenwert der Mitarbeiter-Kunden-Interaktionen für die Kundenzufriedenheit und Kundenbindung dokumentieren. Dabei ist allerdings zu berücksichtigen, daß die einzelnen empirischen Untersuchungen kaum theoretisch fundiert sind, z.T. zumindest einen eher explorativen Charakter haben und aufgrund der untersuchten Dienstleistungen nur auf einzelne Branchen des Dienstleistungsbereichs verallgemeinert werden können. Es erscheint daher im Vorfeld einer detaillierteren empirischen Untersuchung erforderlich, einzelne Theorien aus dem Bereich der Sozial- und Verhaltenswissenschaften näher zu untersuchen. Im Mittelpunkt steht hierbei die Frage, inwieweit diese Theorien Beiträge zur Erklärung der Bedeutung persönlicher Interaktionsbeziehungen im Unternehmen sowie zwischen Mitarbeitern und Kunden leisten können.

3. Theoretische Grundlagen der Beziehungsanalyse zwischen Unternehmen, Mitarbeiter und Kunde

3.1 Interaktionsbeziehungen zwischen Mitarbeitern und Kunden

Die Auseinandersetzung mit direkten Interaktionen im Dienstleistungsmarketing zeigt, daß die Beurteilung der im Mittelpunkt stehenden Dienstleistungen für den Kunden zum Teil recht schwierig ist. Es sind dabei vielfach asymmetrisch verteilte Informationen, die zum einen die Märkte für die Kunden undurchsichtig erscheinen lassen, zum anderen es aber auch den Mitarbeitern erschweren, den Kundenbedürfnissen gerecht zu werden. Mit diesen Merkmalen ist eine Situation charakterisiert, die das zentrale Forschungsgebiet der **Neuen Institutionenökonomie** kennzeichnet.

Fokussiert man hier die Perspektive der **Informationsökonomie**, so ist es bei Existenz von Informationsasymmetrien und Unsicherheitsproblemen notwendig, daß die Interaktionspartner diese Asymmetrien abbauen. Hierzu kommen sowohl Aktivitäten der informationsreichen Seite (Signaling) als auch der informationsarmen Seite (Screening) in Frage (vgl. ausführlicher *Kaas 1995; Grund 1998, S. 87ff.*). Geht man in der Regel davon aus, daß bei Aufnahme einer Dienstleistungsbeziehung die Mitarbeiter besser informiert sind als die Kunden, so ist es unter dem Aspekt der Kundenzufriedenheit und -bindung in der ersten Phase des Beziehungsaufbaus erforderlich, daß die Mitarbeiter auf die Erreichung kurzfristiger Vorteile verzichten (Moral Hazard-Problem) und versuchen, aktiv zur Verbesserung der Informationssituation beim Kunden beizutragen. Neben dieser Informationsvermittlung ist gleichzeitig die möglichst exakte Erforschung der Kundenbedürfnisse und -erwartungen erforderlich, um adäquate Leistungsangebote generieren zu können.

Die direkte Interaktion zwischen Individuen ist darüber hinaus Forschungsgegenstand im sozialpsychologischen Bereich. Für die vorliegende Problemstellung sind vor allem die Arbeiten zu **Empathie und Perspektivenübernahme** (vgl. u.a. *Geulen 1982; Steins/Wicklund 1993*) von Interesse. Ihre Relevanz für den Forschungsgegenstand erschließt sich aus der Überlegung, daß ein den Erwartungen des Interaktionspartners entsprechendes Verhalten (und damit letztlich Kunden- bzw. Mitarbeiterzufriedenheit) nur dann möglich ist, wenn der andere Interaktionspartner zum einen fähig und zum anderen bereit ist, in bestimmtem Umfang die Perspektive des Interaktionspartners einzunehmen bzw. sich in ihn hineinzuversetzen (vgl. auch *; Trommsdorff 1998; Bruhn 1998a; Grund 1998, S. 99ff.; Murmann 1999, S. 58ff.*). Gelingt das Hineinversetzen in die Perspektive des Gegenübers, kann in der Interaktion Mitarbeiter-Kunde der Mitarbeiter bzw. in der Interaktion Unternehmen-Mitarbeiter der Vorgesetzte sein Verhalten entsprechend anpassen und damit dazu beitragen, die Zufriedenheit des Interaktionspartners zu erhöhen.

Schließlich zeigt auch die Verknüpfung der beiden Theorien, daß die Gestaltung der Interaktionsbeziehungen zwischen Mitarbeitern und Kunden einen Beitrag zur Erklärung der Kundenzufriedenheit leisten kann. So ist davon auszugehen, daß ein Mitarbeiter, der fähig und bereit ist, die Perspektive des Kunden einzunehmen, auch sein Kommunikationsverhalten eher der wahrgenommenen Kundensituation anpaßt. Auf diese Weise können die Mitarbeiter gezielter zum Abbau von Informationsasymmetrien beitragen, so daß die Wahrscheinlichkeit einer den Kundenerwartungen entsprechenden Problemlösung steigt.

3.2 Interaktionsbeziehungen im Unternehmen

Die Auseinandersetzung mit den Charakteristika von Dienstleistungsprozessen sowie die dargestellten empirischen Untersuchungen zeigen, daß aufgrund der direkten Interaktion von Mitarbeitern und Kunden die Themen Kundenzufriedenheit und Kundenbindung nicht losgelöst von den unternehmensinternen Voraussetzungen der Leistungserstellung diskutiert werden können. In diesen unternehmensinternen Interaktionsbeziehungen sind die Mitarbeiter vielfach selbst Kunden, sei es im Rahmen von Führungsprozessen oder im Rahmen von Austauschbeziehungen zwischen Mitarbeitern, Abteilungen usw. Insbesondere bei Interaktionsprozessen zwischen Vorgesetzten und Mitarbeitern steht die Frage im Mittelpunkt, auf welche Weise gewährleistet werden kann, daß sich die Mitarbeiter an das Unternehmen gebunden bzw. dem Arbeitgeber verbunden fühlen. Dabei steht letztlich die Erwartung seitens der Unternehmensleitung im Mittelpunkt, daß sich die Mitarbeiter so verhalten, daß die Unternehmensziele erreicht werden.

In diesem Kontext werden insbesondere die wahrgenommene Gerechtigkeit, Vertrauen und Commitment als zentrale Einflußfaktoren diskutiert. **Commitment** als unternehmensinterne Zielsetzung wird in diesem Zusammenhang überwiegend so verstanden, daß bei den Mitarbeitern zum einen eine grundsätzlich positive Beurteilung des Unternehmens, zum anderen eine generelle Absicht, einen Beitrag zur Erreichung der Unternehmensziele zu leisten, erreicht werden soll (vgl. z.B. *Buchanan 1974, S. 533; Martin/Bennett 1996, S. 84*). Die Existenz von Commitment bedeutet dabei auch, daß ein Mitarbeiter nicht ausschließlich aus ökonomischen Gründen in einem Unternehmen verbleibt, sondern eine Form der Selbstverpflichtung empfindet, die z.B. auch die Bereitschaft umfaßt, zugunsten eines langfristigen Ausgleichs in den unternehmensinternen Austauschbeziehungen auf kurzfristige Gewinne (z.B. durch opportunistsches Verhalten) zu verzichten.

Empirische Untersuchungen zu den zentralen Einflußfaktoren von Commitment in der Beziehung zwischen Mitarbeitern und dem Unternehmen deuten darauf hin, daß hierbei den Konstrukten Gerechtigkeit und Vertrauen besondere Bedeutung zukommt (vgl. auch *Dubin/Champoux/Porter 1975, S. 414f.; Moorman/Zaltman/Deshpandé 1992, S. 316; Morgan/Hunt 1994, S. 22f.; Andaleeb 1996, S. 81).* Hinsichtlich der wahrgenommenen **Gerechtigkeit** werden vielfach zwei Ebenen unterschieden. Wird unter der ergebnisbezogenen Gerechtigkeit überwiegend die empfundene Gleichgewichtigkeit der Austauschbeziehungen verstanden (z.B. im Sinne eines Vergleichs der geleisteten Beiträge mit den erhaltenen Anreizen), so werden der prozessualen Gerechtigkeit eher klimaorientierte Beurteilungen der Arbeit im Unternehmen subsumiert (vgl. z.B. *Niehoff/ Moormann 1993, S. 534f.; Martin/Bennett 1996, S. 84, 98ff.*). Im Mittelpunkt steht hierbei z.B. die Wahrnehmung der Interaktionen zwischen Management und Mitarbeitern. Partnerschaftliche Beziehungen und die Einbindung der Mitarbeiter in Entscheidungsprozesse werden in diesem Zusammenhang als wichtige Determinanten angesehen, die die Entwicklung von Commitment begünstigen. Untersuchungen zur Wahrnehmung gerechter Interaktionsprozesse weisen so z.B. auch auf ein verstärkt prosoziales Verhalten der Mitarbeiter hin, das sich sowohl gegenüber den internen Interaktionspartnern als auch gegenüber den externen Kunden äußert (vgl. z.B. *Niehoff/Moorman 1993, S. 548ff.; Bettencourt/Brown 1997, S. 53ff.*).

Vertrauen ist schließlich ein weiteres Konstrukt, das im Zusammenhang mit der Entwicklung von Commitment einen hohen Stellenwert einnimmt. Als zentrale Determinanten des Vertrauensaufbaus werden Bestätigung, Verläßlichkeit, Kontinuität, Gerechtigkeit und Kommunikation verstanden (vgl. z.B. *Marsden 1996, S. 13f.*). Offene und frühzeitige Kommunikation, die Übereinstimmung von Versprechungen und Handlungen sowie eine kontinuierliche Berücksichtigung der Mitarbeiterinteressen sind als Beispiele zu verstehen, die geeignet erscheinen, Vertrauen zu generieren. Als notwendige Voraussetzung des Vertrauensaufbaus ist somit ein wirkliches Interesse des Managements an der Mitarbeiterbindung anzusehen, das sich insbesondere in kritischen Unternehmenssituationen bestätigen muß. Vertrauen der Mitarbeiter in das Unternehmen bzw. personenbezogen in das Management ist als Kapital zu verstehen, das langsam und schwer aufgebaut werden kann, aber sehr leicht wieder zerstörbar ist (vgl. auch *Müller 1988, S. 253ff.*). Die negativen Konsequenzen nicht vorhandenen Vertrauens zeigen die

Ausführungen von *Luhmann* (*1989, S. 7f.*). So steigt in Situationen ohne Vertrauen die soziale Komplexität der Arbeitssituation für die Mitarbeiter, so daß eine verstärkte emotionale und kognitive Auseinandersetzung mit dieser Situation zu erwarten ist. Damit wiederum werden Kapazitäten der Mitarbeiter gebunden, die für die internen und externen Interaktions- und Leistungserstellungsprozesse nicht mehr verfügbar sind.

Zusammenfassend machen die Auseinandersetzungen mit den (sachlich zusammenhängenden) Konstrukten Commitment, Gerechtigkeit und Vertrauen deutlich, daß die unternehmensinternen Interaktionsbeziehungen wesentlichen Einfluß auf die Mitarbeiterzufriedenheit und -bindung sowie die Kundenzufriedenheit und -bindung haben können. Effizienz in der Leistungserstellung gegenüber den externen Kunden und langfristiger Unternehmenserfolg scheinen demnach nur möglich, wenn Mitarbeiter- und Kundenorientierung im Sinne der Programmschwerpunkte des Internen Marketing als parallele Zielgrößen verstanden werden.

4. Empirische Befunde zu den Zusammenhängen zwischen Zufriedenheit und Bindung bei Kunden und Mitarbeitern

4.1 Modellierung der Beziehungsstrukturen auf Mitarbeiter- und Kundenseite

Ausgehend von der theoretischen Fundierung der unternehmensinternen und -externen Interaktionsbeziehungen läßt sich ein theoretischer **Bezugsrahmen** ableiten, der die Grundlage der empirischen Untersuchung zu den Zusammenhängen zwischen Mitarbeiterzufriedenheit und -bindung sowie Kundenzufriedenheit und -bindung darstellt (vgl. auch *Grund 1998, S. 170*).

Als Ausgangspunkt für die empirische Untersuchung wurde zunächst angenommen, daß **Kundenbindung** das Ergebnis von Kundenzufriedenheit darstellt, die ihrerseits durch drei **Faktoren** bestimmt wird:

(1) Unternehmensbezogene Faktoren (primär der Potential- und Ergebnisdimension von Dienstleistungen zuzuordnen; z.B. Geschäftsräume, Leistungsangebote, Unternehmenskommunikation),

(2) Interaktionsbezogene Faktoren (fokussierend den direkten Kontakt zwischen Mitarbeitern und Kunden; z.B. Freundlichkeit, Entgegenkommen),
(3) Personenbezogene Faktoren (soziodemographische Merkmale der Kunden; z.B. Alter, Einkommen).

Der Mitarbeiteruntersuchung liegt ein ähnliches Konzept zugrunde. Auch hier wird angenommen, daß **Mitarbeiterbindung** primär das Ergebnis von Mitarbeiterzufriedenheit ist, die ebenfalls durch drei **Faktoren** bestimmt wird:
(1) Strukturbezogene Faktoren (relativ statische Merkmale des Unternehmens; z.B. Orgnisationsstruktur, Leistungen für die Mitarbeiter),
(2) Interaktionsbezogene Faktoren (fokussierend die unternehmensinternen Abläufe; z.B. Interne Kommunikation, Vertrauen),
(3) Personenbezogene Faktoren (persönliche Merkmale der Mitarbeiter; z.B. Ausgeglichenheit, Kundenkontakt).

Ausgehend von diesen unterstellten Zusammenhängen konnten Hypothesen abgeleitet werden, die eine notwendige Voraussetzung für die empirische Untersuchung der Zusammenhänge zwischen Kundenzufriedenheit und -bindung sowie Mitarbeiterzufriedenheit und -bindung darstellen (zur Entwicklung der Hypothesen vgl. *Grund 1998, S. 176ff.*).

4.2 Merkmale der empirischen Untersuchung

Um die Zusammenhänge zwischen Kundenzufriedenheit und -bindung sowie zwischen Mitarbeiterzufriedenheit und -bindung empirisch untersuchen zu können, wurden 1996 bei zwei Schweizer Banken parallel schriftliche **Kunden- und Mitarbeiterbefragungen** durchgeführt. Nach entsprechenden Voruntersuchungen und Pretests bei Kunden und Mitarbeitern, z.B. zu Verständlichkeit und Vollständigkeit der Fragebögen, wurden im Rahmen der Hauptuntersuchung insgesamt 4.000 Kunden und 1.300 Mitarbeiter der beiden Banken angeschrieben. Auf Kundenseite erreichte der Rücklauf ca. 20 Prozent, auf Mitarbeiterseite ca. 50 Prozent (vgl. ausführlicher *Grund 1998, S. 188ff.*).

Der Aufbau der **Fragebögen** zur Kunden- und Mitarbeiteruntersuchung war grundsätzlich ähnlich. Für die weiteren multivariaten und kausalanalytischen Untersuchungen waren dabei insbesondere drei **Fragenbereiche** von Bedeutung:

(1) Einzelzufriedenheiten (40 Items bei Kunden, 72 Items bei Mitarbeitern),
(2) Gesamtzufriedenheit (jeweils 2 Fragen bei Kunden und Mitarbeitern),
(3) Verhaltensaspekte (je vier Fragen bei Kunden und Mitarbeitern).

Im Rahmen von Voruntersuchungen zur Kausalanalyse konnte bei Kunden und Mitarbeitern eine deutliche Reduktion der für die Kunden- und Mitarbeiterzufriedenheit relevanten Einzelkriterien erreicht werden. Auf Kundenseite wurde eine Verringerung auf 16, auf Mitarbeiterseite auf 19 Einzelkriterien erreicht. Als Ergebnis einer Faktorenanalyse konnten sowohl auf Kunden- als auch auf Mitarbeiterseite jeweils vier zentrale Determinanten der Zufriedenheit ermittelt werden. Auf Basis dieser Ergebnisse wurden zur empirischen Untersuchung der Zusammenhänge zwischen der Zufriedenheit und Bindung von Kunden und Mitarbeitern schließlich zwei **Kausalmodelle** entwickelt, die in Abbildung 4 dargestellt sind.

4.3 Ergebnisse zu Kundenzufriedenheit und Kundenbindung

Ausgehend von den Ergebnissen der Voruntersuchungen konnte über das Kausalmodell zur Kundenzufriedenheit und Kundenbindung ein enger Zusammenhang zwischen beiden Konstrukten ermittelt werden (β stand. = 0,55). Die **Kundenzufriedenheit** selbst kann über vier **Determinanten** erklärt werden, die zusammen 89 Prozent der Varianz des Konstrukts erklären (vgl. auch *Grund 1998, S. 228ff.*):
(1) Wertschätzung,
(2) Interaktion,
(3) Convenience und
(4) Tangibles.

Wichtigste Determinante der Kundenzufriedenheit ist dabei die vom Kunden wahrgenommene **Wertschätzung** (β stand. = 0,86). Besonders wichtig erscheint dabei das Gefühl, als Kunde ernstgenommen zu werden, das sich vielfach in den Prozessen zwischen Mitarbeitern und Kunden dokumentiert. Wichtige Einzelindikatoren der Wertschätzung sind dementsprechend die Qualität der Beratung, das Handling von Beschwerden sowie die Schnelligkeit der Bedienung.

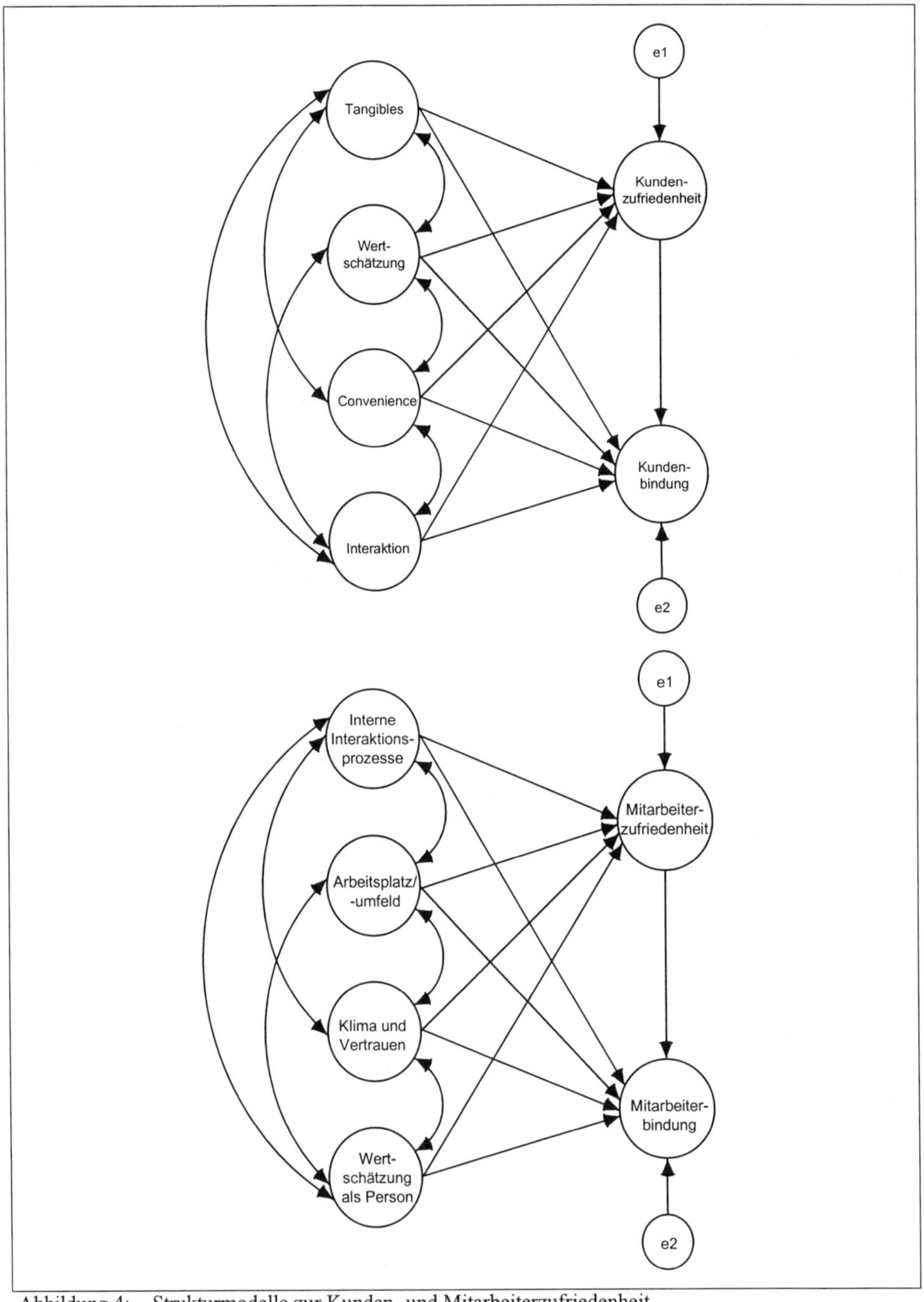

Abbildung 4: Strukturmodelle zur Kunden- und Mitarbeiterzufriedenheit
Quelle: Grund 1998, S. 217ff., 254ff.

Die Determinanten Interaktion und Convenience erscheinen – ausgehend von den Ergebnissen der Kausalanalyse – als gleichbedeutend für die Kundenzufriedenheit (β stand. = 0,60). Im Mittelpunkt der Determinante **Interaktion** stehen Kriterien, die über die eigentliche Kerndienstleistung hinausgehen. Wichtig sind in diesem Zusammenhang die Entscheidungs- und Handlungskompetenzen der Mitarbeiter (im Sinne des Empowerment) sowie die zugehörige Sachkompetenz, so daß alle Bankgeschäfte über einen Mitarbeiter abgewickelt werden können. Darüber hinaus zeigt sich auch, daß das Übertreffen der Kundenerwartungen im Sinne des „Customer Delight" für die Kundenzufriedenheit einen besonderen Stellenwert hat.

Der Determinante **Convenience** sind vor allem jene Kriterien zuzuordnen, die die Inanspruchnahme des Dienstleistungsanbieters vereinfachen und dabei teilweise auch Aspekte der Zuverlässigkeit betreffen. Zu nennen sind hier die Möglichkeit, Bankgeschäfte beim ersten Besuch zu erledigen, Termintreue, eine ausreichend große Produktpalette sowie die telefonische Erreichbarkeit.

Von vergleichsweise geringer Bedeutung für die Kundenzufriedenheit erscheinen schließlich die sogenannten **Tangibles** (β stand. = 0,06). Zugeordnet sind hier die Kriterien Räumlichkeiten der Bank sowie die Kleidung der Mitarbeiter.

Analysiert man die Einzelkriterien der Determinanten der Kundenzufriedenheit näher, so zeigt sich der große Einfluß der direkten Mitarbeiter-Kunden-Interaktionen auf die Kundenzufriedenheit sowohl in den Bereichen der Kerndienstleistung sowie der darüber hinausgehenden Leistungsaspekte.

Neben den Ergebnissen der Kausalanalyse konnten auch im Rahmen der vorbereitenden Untersuchungen Erkenntnisse zu den Zusammenhängen von Kundenzufriedenheit und Kundenbindung ermittelt werden. So zeigt sich z.B. auch, daß die **Kundenbindung** als abhängige Variable wesentlich besser erklärt werden kann, wenn man neben dem globalen Zufriedenheitsurteil interaktionsbezogene Kriterien (wie z.B. besonders positive Serviceerlebnisse bzw. ein menschliches Klima) in die Regressionsgleichung aufnimmt. Damit kann zusammenfassend festgehalten werden, daß die Interaktionen von Mitarbeitern und Kunden sowohl für die Kundenzufriedenheit als auch die Kundenbindung von hervorgehobener Bedeutung sind. So sind die relativ einfach austauschbaren Elemente der Kernleistung zwar durchaus auch für die Kundenzufriedenheit und -bindung relevant, ihr Einfluß erscheint aber dennoch begrenzt. Sie haben demnach auch eher den Charakter von Dissatisfaktoren, die im Falle einer Nichterfüllung Unzufriedenheit stiften, im Falle der Erfüllung aber kaum zur Zufriedenheit beitragen (vgl. auch *Bailom et al. 1996*). Die demgegenüber nur schwerer imitierbare Art der Leistungserstellung, die den Service Encounter fokussiert, ist bei entsprechender Ausgestaltung hingegen offensichtlich geeignet, sowohl das Niveau der Kundenzufriedenheit sehr zu positiv zu beeinflussen als auch die Kundenbindung.

4.4 Ergebnisse zu Mitarbeiterzufriedenheit und Mitarbeiterbindung

Den Zusammenhang zwischen Mitarbeiterzufriedenheit und Mitarbeiterbindung fokussierend konnte auf Basis der Kausalanalyse festgestellt werden, daß eine enge kausale Beziehung zwischen diesen beiden Konstrukten besteht (β stand. = 0,58). Darüber hinaus konnten vier zentrale **Determinanten der Mitarbeiterzufriedenheit** identifiziert werden (vgl. *Grund 1998, S. 259ff.; Bruhn/Grund 1999*), die zusammen 70 Prozent der Varianz dieses Konstrukts erklären können:

(1) Arbeitsplatz und Arbeitsumfeld,
(2) Klima und Vertrauen,
(3) Interne Interaktionsprozesse und
(4) Wertschätzung als Person.

Der Bereich **Arbeitsplatz und Arbeitsumfeld** konnte als wichtigste Determinante der Mitarbeiterzufriedenheit identifiziert werden (β stand. = 0,85). Einen besonders hohen Stellenwert nehmen dabei die emotionale Beurteilung der Arbeit im Unternehmen sowie die Zufriedenheit mit dem eigenen Arbeitsplatz ein. Darüber hinaus sind auch die Kriterien Arbeitsumfeld, Stellenwert der Arbeit sowie die Möglichkeiten eines unternehmensinternen Arbeitsplatzwechsels für die Zufriedenheit der Mitarbeiter relevant.

Als zweitwichtigste Determinante konnte der Bereich **Klima und Vertrauen** bestimmt werden (β stand. = 0,43). Von besonderer Bedeutung für die Mitarbeiter ist hier die Entwicklung des Klimas im Unternehmen im Vergleich zur Vergangenheit. Einen ebenfalls hohen Stellenwert haben die menschliche Zusammenarbeit, die erwartete Entwicklung des Klimas in der Zukunft sowie die Wahrnehmung des Vertrauens innerhalb des Unternehmens.

Die dritte Determinante der Mitarbeiterzufriedenheit (interne Interaktionsprozesse) erfaßt Aspekte der **Führung und Organisation** (β stand. = 0,31), wobei die wahrgenommene Gerechtigkeit als wichtigster Einzelindikator anzusehen ist. Weitere Kriterien sind in diesem Bereich die Interne Kommunikation (repräsentiert durch drei Kriterien) sowie die Personalpolitik.

Viertwichtigste Determinante der Mitarbeiterzufriedenheit ist schließlich die von den Mitarbeitern wahrgenommene **Wertschätzung** ihrer Person im Unternehmen (β stand. = 0,26). Als Einzelindikatoren konnten hier die Einbindung im Unternehmen, die Wahrnehmung einer vollständigen Ausstattung des Arbeitsplatzes sowie die Existenz eines internen Kundenverständnisses identifiziert werden.

Zusammenfassend zeigen insbesondere die Einzelindikatoren der Determinanten der Mitarbeiterzufriedenheit den Stellenwert der Interaktionsbeziehungen bzw. -prozesse im Unternehmen auf. Entsprechende Indikatoren sind sowohl den Bereichen Klima und Vertrauen als auch Führung und Organisation sowie Wertschätzung subsumiert. Wenn es gelingt, die persönlichen Interaktionen positiv zu gestalten, so sind entsprechend positive Wirkungen auf die Mitarbeiterzufriedenheit sowie in der Konsequenz auch auf die Mitarbeiterbindung zu erwarten.

Auch für die Mitarbeiteruntersuchung zeigte sich, daß die bloße Betrachtung der Mitarbeiterzufriedenheit noch kein hinreichender Indikator für die Mitarbeiterbindung ist. So konnte entsprechend den Ergebnissen von *Stauss/Neuhaus (1995)* auf der Basis von Cluster- und Korrelationsanalysen auch gezeigt werden, daß es offenbar qualitative Unterschiede bei der Mitarbeiterzufriedenheit gibt, die zu unterschiedlichen Verhaltenskonsequenzen führen.

Nicht bestätigt werden konnte die Hypothese, daß Unternehmenstreue bzw. Mitarbeiterbindung in der Vergangenheit (operationalisiert über die Unternehmenszugehörigkeit) ein guter Indikator für die zukunftsgerichtete Mitarbeiterbindung ist.

5. Ansatzpunkte eines Mitarbeiterbindungsmanagements

Die Ergebnisse der parallelen Kunden- und Mitarbeiterbefragung machen deutlich, daß **Interaktionsbeziehungen** zum einen unternehmensintern für die Mitarbeiter, zum anderen unternehmensextern für die Kunden einen hohen Stellenwert für die Kunden- und Mitarbeiterzufriedenheit sowie die Kunden- und Mitarbeiterbindung haben. Betrachtet man vor diesem Hintergrund das Management von Interaktionsbeziehungen in der Unternehmenspraxis, so muß man feststellen, daß eine systematische Gestaltung dieser internen und externen Interaktionsbeziehungen kaum zu beobachten ist. Zwar wird insbesondere im Zusammenhang mit dem Relationship Marketing ein stärkerer Beziehungsfokus in Wissenschaft und Praxis deutlich, doch erfolgt die Betrachtung hier vor allem auf der Ebene Unternehmen-Kunde. Die direkten, persönlichen Interaktionsbeziehungen im Unternehmen bzw. zwischen den Mitarbeitern und den externen Kunden werden im betriebswirtschaftlichen Kontext in der Regel von einer weiterreichenden Untersuchung ausgeschlossen.

Deshalb liegt es nahe, nicht nur über ein systematisches Kundenbindungsmanagement zu entwickeln, sondern auch Ansatzpunkte für ein **Mitarbeiterbindungsmanagement** zu finden. Zielsetzung muß es sein, qualifizierte Mitarbeiter an das Unternehmen zu binden.

Grundlage für ein systematisches Mitarbeiterbindungsmanagement ist eine Bindungsstrategie. Greift man hierzu die Ansatzpunkte einer Kundenbindungsstrategie auf (*Homburg/Bruhn 1998, S. 18f.*), so lassen sich die in Abbildung 5 aufgezeigten **Dimensionen einer Mitarbeiterbindungsstrategie** unterscheiden.

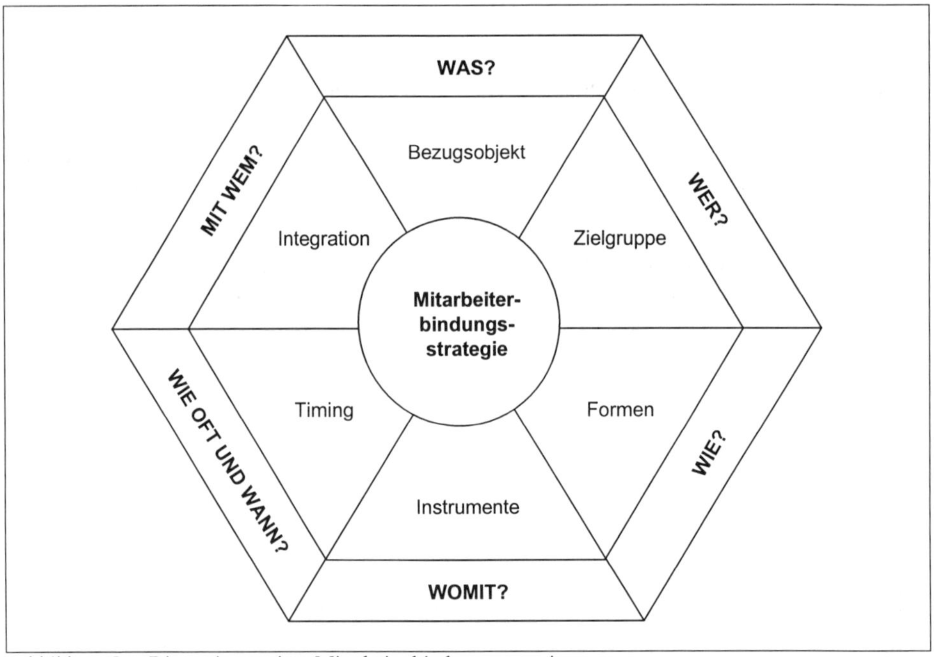

Abbildung 5: Dimensionen einer Mitarbeiterbindungsstrategie

Als erste Dimension der Entwicklung einer Mitarbeiterbindungsstrategie muß bestimmt werden, welches **Bezugsobjekt** als relevant für die Mitarbeiterbindung angesehen wird.

In Betracht kommen hierbei z.B. das Unternehmen als Ganzes, ein bestimmter Unternehmensbereich, eine Abteilung oder auch ein konkreter Arbeitsplatz. Die Ergebnisse empirischer Untersuchungen legen nahe, daß insbesondere bei hoch interaktiven Dienstleistungen bereits der Wechsel des Arbeitsplatzes zu Kundenverlusten führen kann.

Neben dem Bezugsobjekt müssen auch die **Zielgruppen** der Mitarbeiterbindung bestimmt werden. So können durch eine entsprechende Segmentierung der Mitarbeiter (z.B. Kundenkontaktmitarbeiter, Backoffice-Mitarbeiter, Führungskräfte) zum einen Mitarbeitergruppen unterschieden werden, deren Bindung aus unternehmensinternen Gründen notwendig erscheint; zum anderen Mitarbeitergruppen, die für die externe Kundenbindung von besonderer Bedeutung sind.

Auch hinsichtlich der angestrebten **Formen** der Mitarbeiterbindung können Unterscheidungen vorgenommen werden. In Betracht kommen z.B. die vertragliche Mitarbeiterbindung mit entsprechenden Wechselbarrieren, die ökonomische Mitarbeiterbindung aufgrund finanzieller Vorteile (z.B. geldwerte Leistungen, Altersversorgung) oder auch die emotionale Mitarbeiterbindung (z.B. Identifikation mit dem Unternehmen, gutes Arbeits- und Betriebsklima). Die Ergebnisse empirischer Untersuchungen legen nahe, daß in erster Linie eine emotionale Mitarbeiterbindung anzustreben ist.

Die vierte Dimension einer Mitarbeiterbindungsstrategie bildet die Festlegung konkreter **Instrumente**. In Betracht kommen hierbei z.B. Maßnahmen, die primär direkt zur Mitarbeiterzufriedenheit und nur indirekt zur Kundenzufriedenheit beitragen (z.B. attraktive Gestaltung der Arbeitsplätze) oder Maßnahmen, die parallel positive Wirkungen auf die Mitarbeiter- und Kundenzufriedenheit entfalten (z.B. Empowerment).

Abbildung 6 zeigt Beispiele für Instrumente der Mitarbeiterbindung, differenziert nach den unterschiedlichen Formen der Mitarbeiterbindung.

Vertragliche Mitarbeiterbindung	Ökonomische Mitarbeiterbindung	Emotionale Mitarbeiterbindung
• Arbeitsbedingungen • Vertraglich zugesicherte Weiterbildung • Arbeitszeitregelungen • Konkurrenzklauseln • Kündigungsfristen	• Basisgehalt • Incentives • Geldwerte Vorteile • Mitarbeiterbeteiligung • Altersversorgung • Rückzahlung von Ausbildungskosten	• Arbeitsplatzgestaltung • Imagefördernde Maßnahmen • Einbindung im Unternehmen • Empowerment • Betriebsfeste

Abbildung 6: Beispiele für Instrumente zur Mitarbeiterbindung

Notwendig erscheint auch die Bestimmung des **Timing** von Maßnahmen des Mitarbeiterbindungsmanagements. Im Mittelpunkt stehen hierbei die Intensität sowie die Einsatzzeitpunkte von konkreten Maßnahmen. Als Alternativen kommen z.B. kontinuierliche Maßnahmen (z.B. regelmäßige Interne Kommunikation), zyklische Maßnahmen (z.B. jährliches Sommerfest) oder auch unregelmäßige Maßnahmen (z.B. informelle Kontakte zu Vorstandsmitgliedern) in Betracht.

Abschließend sind auch Entscheidungen hinsichtlich der **Integration** des Mitarbeiterbindungsmanagements zu treffen. Im Mittelpunkt stehen hier Aspekte der externen Integration (z.B. inwieweit werden Familienangehörige oder andere Bezugspersonen der Mitarbeiter ebenfalls angesprochen?) sowie der internen Integration (z.B. welche Ansatzpunkte können im Hinblick auf das Kundenbindungsmanagement des Unternehmens genutzt werden?).

Im Rahmen der systematischen Auseinandersetzung mit den sechs Strategiedimensionen des Mitarbeiterbindungsmanagements kommt der Bestimmung konkreter Instrumente und der Ausgestaltung von Maßnahmen besondere Bedeutung zu. Dabei erscheint es vor allem erforderlich, daß **Systeme** entwickelt werden, die sowohl dem unternehmerischen Zielsystem als auch dem individuellen Zielsystem der Mitarbeiter entgegenkommen. Demnach muß Mitarbeiterbindung, die in den letzten Jahren vor allem für Unternehmen mit Vorteilen der Leistungserstellung gegenüber den Kunden verbunden war, auch für den einzelnen Mitarbeiter einen erlebbaren Wert darstellen. Dies wiederum setzt voraus, daß zum einen Mitarbeiter akquiriert werden, deren Zielsystem mit den Möglichkeiten im Unternehmen grundsätzlich in Einklang steht, daß zum anderen auch tatsächlich jene Entwicklungspfade dargeboten werden, die deren individueller Nutzenstruktur gerecht werden.

Es ist zu erwarten, daß in den nächsten Jahren das Bewußtsein hinsichtlich der Zusammenhänge zwischen der Mitarbeiterbindung und Kundenbindung zunehmen wird. Dienstleistungsunternehmen mit individuellen und interaktiven Leistungen benötigen qualifizierte Mitarbeiter, die bereit und fähig sind, diese Interaktionsleistungen permanent zu erbringen.

Erfahrungen aus der betrieblichen Praxis zeigen, daß vor allem in den folgenden drei Bereichen Nachholbedarf besteht:

(1) Etablierung interner Kunden-Lieferanten-Beziehungen,
(2) Erweiterung der individuellen Entscheidungs- und Handlungsspielräume (Empowerment) sowie
(3) Verbesserung der Internen Kommunikation.

ad (1): Die dargestellten empirischen Ergebnisse bei Mitarbeitern und Kunden haben gezeigt, daß die **Qualität der unternehmensinternen Austauschbeziehungen** die Mitarbeiterzufriedenheit und damit auch die Mitarbeiterbindung nachhaltig beeinflussen kann. Zu nennen sind in diesem Zusammenhang insbesondere der Faktor Interne Interaktionsprozesse (betreffend primär die direkten, persönlichen Interaktionen) sowie der Faktor Wertschätzung als Person. Notwendig erscheint die Ausweitung des Kundenverständnisses sowohl im Hinblick auf die Interaktionsbeziehungen zwischen Vorgesetzten und Mitarbeitern als auch innerhalb der Austauschbeziehungen zwischen Mitarbeitern im Rahmen der Leistungserstellungsprozesse (vgl. auch *Davis 1992, 1993; Ebel/Simon 1994; Hauser/Simester/Wernerfelt 1996, S. 269; Biermann/Dehr 1998* sowie die Beiträge von *Homburg/Weber, Reynoso* und *Bruhn* in diesem Sammelband). Um den Interaktionspartner als Kunden zu verstehen, erscheint es wichtig, daß (a) sämtliche internen Prozesse identifiziert werden, (b) gegebenenfalls Neudefinitionen von Prozessen vorgenommen werden und (c) die Zufriedenheit der internen Kunden in diesen Prozessen systematisch erhoben wird.

Gegenüber den externen Kunden erscheint die Etablierung eines internen Kundenverständnisses ebenfalls geeignet, Verbesserungen der Kundenzufriedenheit zu begünstigen. Ansatzpunkte hierzu ergeben sich z.B. über die Reduktion von Fehlern in den Leistungserstellungsprozessen (First-time-right-Prinzip) und die Beschleunigung der endkundengerichteten Prozesse.

ad (2): Die gezielte Erweiterung von Entscheidungs- und Handlungsspielräumen von Mitarbeitern wird in den letzten Jahren primär unter dem Thema **Empowerment** diskutiert (vgl. z.B. *Bushe/Havlovic/Coetzer 1996; Blanchard/Carlos/Randolph 1998; Bowen/Lawler 1998*). Innengerichtet konnte mit der vorliegenden Untersuchung gezeigt werden, daß Empowerment als Konzept geeignet ist, die Mitarbeiterzufriedenheit positiv zu beeinflussen. Diese Effekte sind zum einen direkt auf die hiermit verbundene Dokumentation von Vertrauen zurückzuführen, zum anderen auf die Wertschätzung der Mitarbeiter, die damit zum Ausdruck gebracht wird. Außengerichtet sind ebenfalls positive Wirkungen zu erwarten. Das Empowerment-Konzept ermöglicht die vereinfachte Inanspruchnahme der Dienstleistungen für die Kunden und trägt somit zu Verbesserungen in den Aspekten Convenience und Mitarbeiter-Kunden-Interaktion bei.

ad (3): Notwendig erscheint schließlich vor allem auch die Weiterentwicklung der **Internen Kommunikation**. Dies gilt zunächst im Hinblick auf die Katalysatorfunktion, die eine umfassende Interne Kommunikation für die beiden erstgenannten Bereiche hat. Interne Kunden-Lieferanten-Beziehungen setzen ebenso wie das Empowerment-Konzept zwingend voraus, daß den Mitarbeitern die erforderlichen Informationen als Leistungsinput zugänglich sind (vgl. auch *Hanser 1995; Bruhn 1998b*). Darüber hinaus trägt entsprechend den empirischen Ergebnissen eine umfassende Interne Kommunikation mit Dialogcharakter auch direkt zur Mitarbeiterzufriedenheit bei. Die kommunikative Einbindung im Unternehmen wird dabei insbesondere auch als Ausdruck der individuellen Wertschätzung sowie einer positiven Gestaltung der internen Interaktionsbeziehungen angesehen (vgl. auch *Grund 1998, S. 298ff.*).

Faßt man die innengerichteten Aktivitätsbereiche eines Mitarbeiterbindungsmanagements zusammen, so läßt sich festhalten, daß die optimierte Gestaltung der unternehmensinternen Interaktionsbeziehungen geeignet ist, parallel sowohl die Mitarbeiter- und Kundenzufriedenheit als auch die Mitarbeiter- und Kundenbindung positiv zu beeinflussen. Besondere Herausforderungen stellen sich hierbei allerdings für jene Dienstleistungsunternehmen, die sowohl direkte als auch indirekte Kundenkontaktbeziehungen unterhalten und deren Interaktionsprozesse gegenüber den Endkunden somit durch ihre Mehrstufigkeit gekennzeichnet sind (vgl. *Bruhn 1998a* sowie die empirischen Ergebnisse aus dem Versicherungsbereich bei *Murmann 1999*).

Literaturverzeichnis

Andaleeb, S.S. (1996): An Experimental Investigation of Satisfaction and Commitment in Marketing Channels. The Role of Trust and Dependence, in: Journal of Retailing, Vol. 72, No. 1, S. 77-93.

Bailom, F./Hinterhuber, H.H./Matzler, K./Sauerwein, E. (1996): Das Kano-Modell der Kundenzufriedenheit, in: Marketing ZFP, 18. Jg., Nr. 2, S. 117-126.

Barnes, J.G. (1989): The Role of Internal Marketing. If the Staff Won't Buy It, Why Should the Customer?, in: Irish Marketing Review, Vol. 4, No. 2, S. 11-21.

Berry, L.L./Burke, M.C./Hensel, J.S. (1976): Improving Retailer Capability for Effective Consumerism Response, in: Journal of Retailing, Vol. 52, No. 3, S. 3-14 und S. 94.

Bettencourt, L.A./Brown, S.W. (1997): Contact Employees. Relationships Among Workplace Fairness, Job Satisfaction and Prosocial Service Behaviors, in: Journal of Retailing, Vol. 73, No. 1, S. 39-61.

Biermann, T./Dehr, G. (1998): Wenn Arbeitskollegen zu Kunden werden, in: Harvard Business Manager, 20, Jg., Nr. 3, S. 93-99.

Bhote, K.R. (1996): Beyond Customer Satisfaction to Customer Loyalty. The Key to Greater Profitability, New York.

Blanchard, K./Carlos, J.P./Randolph, A. (1998): Management durch Empowerment. Das neue Führungskonzept: Mitarbeiter bringen mehr, wenn sie mehr dürfen, Reinbek.

Bowen, D.E./Lawler, E.E. III (1998): Empowerment im Dienstleistungsbereich, in: *Meyer, A. (Hrsg.)*: Handbuch Dienstleistungs-Marketing, Band 1, Stuttgart, S. 1031-1044.

Bruhn, M. (1998a): Erfassung der Dienstleistungsqualität bei Unternehmen mit gleichzeitig direktem und indirektem Kundenkontakt. Ansätze einer spieltheoretischen Multiattributsmessung, in: *Bruhn, M./Steffenhagen, H. (Hrsg.)*: Marktorientierte Unternehmensführung. Reflexionen, Denkanstöße, Perspektiven, Festschrift für Heribert Meffert zum 60. Geburtstag, 2. Aufl., Wiesbaden, S. 295-322.

Bruhn, M. (1998b): Interne Kommunikation, in: *Meyer, A. (Hrsg.)*: Handbuch Dienstleistungs-Marketing, Band 1, Stuttgart, S. 1045-1062.

Bruhn, M./Grund, M.A. (1999): Mitarbeiterzufriedenheit und Mitarbeiterbindung, in: *Herrmann, A./Homburg, Ch. (Hrsg.)*: Marktforschung. Grundlagen, Methoden, Anwendungen, Wiesbaden, im Druck.

Buchanan II, B. (1974): Building Organizational Commitment. The Socialization of Managers in Work Organizations, in: Administrative Science Quarterly, Vol. 19, No. 4, S. 533-546.

Bushe, G.R./Havlovic, S.J./Coetzer, G. (1996): Exploring Empowerment from the Inside-out, in: The Journal for Quality and Participation, Vol. 19, No. 2, S. 36-45.

Cronin, J.J. Jr./Taylor, S.A. (1992): Measuring Service Quality. A Reexamination and Extension, in: Journal of Marketing, Vol. 56, No. 3, S. 55-68.

Cronin, J.J. Jr./Taylor, S.A. (1994): SERVPERF Versus SERVQUAL. Reconciling Performance-Based and Perceptions-Minus-Expectations Measurement of Service Quality, in: Journal of Marketing, Vol. 58, No. 1, S. 125-131.

Davis, T.R.V. (1992): Internal Service Operations. Strategies for Increasing Their Effectiveness and Controlling Their Cost, in: Organizational Dynamics, Vol. 20, No. 2, S. 5-22.

Davis, T.R.V. (1993): Managing Internal Service Delivery in Organizations, in: *Swartz, T.A./Bowen, D.E./Brown, S.W. (Hrsg.)*: Advances in Services Marketing and Management. Research and Practice, Vol. 2, Greenwich/London, S. 301-321.

Dubin, R./Champoux, J.E./Porter, L.W. (1975): Central Life Interests and Organizational Commitment of Blue-Collar and Clerical Workers, in: Administrative Science Quarterly, Vol. 20, No. 3, S. 411-421.

Ebel, B./Simon, H. (1994): Auch interne Kunden wollen wie Kunden behandelt werden, in: Blick durch die Wirtschaft, 37. Jg., Nr. 215 vom 7.11.1994, S. 1-2.

Geulen, D. (1982): Einführung, in: *Geulen, D. (Hrsg.)*: Perspektivenübernahme und soziales Handeln. Texte zur sozial-kognitiven Entwicklung, Frankfurt am Main, S. 11-23.

Grund, M.A. (1998): Interaktionsbeziehungen im Dienstleistungsmarketing. Zusammenhänge zwischen Zufriedenheit und Bindung von Kunden und Mitarbeitern, Band 4 der Basler Schriften zum Marketing, *Bruhn, M. (Hrsg.)*, Wiesbaden.

Hanser, P. (1995): Dialog macht stark, in: Absatzwirtschaft, 38. Jg., Nr. 3, S. 30-39.

Hauser, J.R./Simester, D.I./Wernerfelt, B. (1996): Internal Customers and Internal Suppliers, in: Journal of Marketing Research, Vol. 33, No. 3, S. 268-280.

Hentschel, B. (1990): Die Messung wahrgenommener Dienstleistungsqualität mit SERVQUAL. Eine kritische Auseinandersetzung, in: Marketing ZFP, 12. Jg., Nr. 4, S. 230-240.

Hentschel, B. (1992): Dienstleistungsqualität aus Kundensicht. Vom merkmals- zum ereignisorientierten Ansatz, Wiesbaden.

Hentschel, B. (1995): Multiattributive Messung von Dienstleistungsqualität, in: Bruhn; M./ Stauss, B. (Hrsg.): Dienstleistungsqualität. Konzepte, Methoden, Erfahrungen, Wiesbaden, 2. Aufl., S. 347-378.

Heskett, J.L. (1987): Lessons in the Service Sector, in: Harvard Business Review, Vol. 65, No. 2, S. 118-126.

Heskett, J.L./Jones, T.O./Loveman, G.W./Sasser, W.E. Jr./Schlesinger, L.A. (1994): Dienstleister müssen die ganze Service-Gewinn-Kette nutzen, in: Harvard Business Manager, 16. Jg., Nr. 4, S. 50-61.

Homburg,Ch./Bruhn, M. (1998):Kundenbindungsmanagement. Eine Einführung in die theoretischen und praktischen Problemstellungen, in: *Bruhn, M./Homburg, Ch. (Hrsg.)*: Handbuch Kundenbindungsmanagement, Wiesbaden, S. 3-35.

Kaas, K.P. (1995): Informationsökonomik, in: Tietz, B./Köhler, R./Zentes, J. (Hrsg.): Handwörterbuch des Marketing, 2. Aufl., Stuttgart, Sp. 971-981.

Luhmann, N. (1989): Vertrauen. Ein Mechanismus der Reduktion sozialer Komplexität, 3. Aufl., Stuttgart.

Marsden, D. (1996): Trust and Inter-firm Labour Institutions in the Construction of Employment Transaction, Paper prepared for the 1996 SASE Conference, July 12-14, Geneva.

Martin, C.L./Bennett, N. (1996): The Role of Justice Judgements in Explaining the Relationship Between Job Satisfaction and Organizational Commitment, in: Group & Organization Management, Vol. 21, No. 1, S. 84-104.

Meffert, H./Bruhn, M. (1997): Dienstleistungsmarketing. Grundlagen, Konzepte, Methoden, 2. Aufl., Wiesbaden.

Morgan, R.M./Hunt, S.D. (1994): The Commitment-Trust Theory of Relationship Marketing, in: Journal of Marketing, Vol. 58, No. 3, S. 20-38.

Moorman, C./Zaltman, G./Deshpandé, R. (1992): Relationships Between Providers and Users of Market Research. The Dynamics of Trust Within and Between Organizations, in: Journal of Marketing Research, Vol. 29, No. 3, S. 314-328.

Müller, W.R. (1988): Führungslandschaft Schweiz. Was beschäftigt die Schweizer Führungskräfte und was heisst für sie Führung?, in: Die Unternehmung, 42. Jg., Nr. 4, S. 246-262.

Murmann, B. (1999): Qualität mehrstufiger Dienstleistungsinteraktionen. Besonderheiten bei Dienstleistungsunternehmen mit direktem und indirektem Kundenkontakt, Band 5 der Basler Schriften zum Marketing, *Bruhn, M. (Hrsg.)*, Wiesbaden.

Niehoff, B.P./Moorman, R.H. (1993): Justice as a Mediator of the Relationship Between Methods of Monitoring and Organizational Citizenship Behavior, in: Academy of Management Journal, Vol. 36, No. 3, S. 527-556.

Parasuraman, A./Zeithaml, V.A./Berry, L.L. (1985): A Conceptual Model of Service Quality and Its Implications for Future Research, in: Journal of Marketing, Vol. 49, No. 4, S. 41-50.

Reichheld, F.F./Teal, T. (1996): The Loyalty Effect. The Hidden Force Behind Growth, Profits and Lasting Value, Boston.

Schmit, M.J./Allscheid, S.P. (1995): Employee Attitudes and Customer Satisfaction: Making Theoretical and Empirical Connections, in: Personnel Psychology, Vol. 48, No. 3, S. 521-536.

Schneider, B./Bowen, D.E. (1985): Employee and Customer Perceptions of Service in Banks. Replication and Extension, in: Journal of Applied Psychology, Vol. 70, No. 3, S. 423-433.

Stauss, B./Neuhaus, P. (1995): Das Qualitative Zufriedenheitsmodell (QZM), Diskussionsbeiträge der Wirtschaftswissenschaftlichen Fakultät Ingolstadt Nr. 66, Ingolstadt.

Steins, G./Wicklund, R.A. (1993): Zum Konzept der Perspektivenübernahme. Ein kritischer Überblick, in: Psychologische Rundschau, 44. Jg., Nr. 4, S. 226-239.

Strandvik, T./Liljander, V. (1994): A Comparision of Episode Performance and Relationship Performance for a Discrete Service, Competitive Paper zum 3. Dienstleistungsmarketing-Workshop, 24.-25. Februar 1994, Berlin.

Teas, R.K. (1993): Expectations, Performance Evaluation, and Consumers' Perceptions of Quality, in: Journal of Marketing, Vol. 57, No. 4, S. 18-34.

Trommsdorff, V. (1998): Kundenorientierung verhaltenswissenschaftlich gesehen, in: *Bruhn, M./Steffenhagen, H. (Hrsg.)*: Marktorientierte Unternehmensführung. Reflexionen, Denkanstöße, Perspektiven, Festschrift für Heribert Meffert zum 60. Geburtstag, Wiesbaden, 2. Aufl., S. 275-293.

Summary

Based upon an empirical survey in two Swiss banks the article shows the importance of personal interactions for employee and customer satisfaction as well as employee and customer loyalty. After a discussion of theories focussing the external and internal interactions between management, employees and customers structural models of customer satisfaction and employee satisfaction are developed. The results of the analysis show that systematic internal processes und interactions between management and employees promote customer and employee satisfaction at the same time.

Methodological Implications in Measuring Internal Service Quality

von Javier Reynoso

Javier Reynoso, Head and Professor, Services Management Research and Education, Graduate School of Business Administration and Leadership (EGADE), ITESM, Monterrey, Mexico.

1. Introduction

In the services management literature, marketers, operations management researchers and organisational behaviorists emphasise the importance of the internal dynamics of the organisation in terms of a network of customers and suppliers interacting together to satisfy customers. Although the relevance of the so-called „internal customers" within the context of the service delivery process is frequently referred to in that literature, there is in fact, a somewhat surprising paucity of published research on the topic. Why is it very difficult to find a publications providing scientific evidence on the operationalisation of the **internal customer** concept? Why it has not been researched enough? Which are the methodological implications involved in doing research on internal service dynamics inside organisations? This paper attempts to provide information aiming to understand and explain such questions.

Despite the evident agreement on the importance of the awareness on internal customers' expectations, little systematic research has been undertaken on serving the needs of internal customers (*Vandermerwe/Gilbert 1991*). Furthermore, it has been suggested that the knowledge gained from research with external customers could be useful in measuring the quality of internal service (*Zeithaml et al. 1990*). Although this proposition is attractive in principle, in practice, its implementation might not be quite as straightforward as might appear. Research in the internal dynamics in relation to customer service is required to answer some basic questions about the aforementioned internal customer's approach.

2. Doing Research for Measuring Internal Service Quality

In relation to the successful delivery of internal services in organisations, researchers have emphasised the value of departmental expectations as part of the process required to successfully drive internal customer satisfaction (*Vandermerwe/Gilbert 1989, 1991; Pfau et al. 1991; Mohr-Jackson 1991; Davis 1991, 1992, 1993*). In this view, it is important to observe that only a few contributions have provided any empirical evidence about such internal customer expectations. Therefore, the research project reported here was aimed at identifying and measuring those factors which determine how internal customers perceive the quality of the support they receive from other parts of the organisation. The study was focused on addressing the following propositions:

- ☐ The service delivery process to the customer is built upon an internal network of services supported by internal customer-supplier relationships.
- ☐ In the dynamics of this network, departments harbor expectations about the performance of the different units that support their activities.
- ☐ Internal service quality can be operationalised as the result of comparing those internal service expectations with the perceptions of the actual service received.

To explore and research the above propositions and related questions, the project consisted of both **qualitative** and **quantitative** stages, the main part of the study involving British hospitals, one being located in the private sector. It included exploratory studies, design and development, pilot testing and empirical application of an instrument named internal customers' questionnaire. A summary of the main part of such research methodology is presented below.

The general objective of the qualitative stage of the project was to explore interdepartmental relationships from a service perspective in order to obtain a deeper understanding of the criteria which determine how organisational units perceive the quality of the support they receive from other units (*Moores/Reynoso 1993*). At the end of the qualitative stage it was possible to identify ten perceived internal service quality dimensions underlying those departmental expectations mentioned by respondents (*Reynoso 1993, 1994*).

In spite of their exploratory nature, the above studies provided valuable insights into the relation between customer service and the internal network of services required to support it. In particular, the concept of **internal customer** seemed to be an appropriate vehicle for connecting both the external and the internal environments of the organisation with customer service. The results obtained here contributed significantly to the shaping of the rest of the project.

The quantitative stage of the project was then directed at obtaining empirical evidence to provide a parsimonious approach to operationalise and measure internal service quality. An internal customers' questionnaire was designed based on the results obtained at the qualitative stage.

The questionnaire refers to the perception that units have about the internal services they receive from other units within the hospital. Thus, internal service quality is considered a construct of a perceptual, evaluative nature. One distinctive characteristic is that the performance of the supplier unit is assessed by the staff in other units using an internal service perspective. This construct is conceptualised as a multidimensional notion using the ten perceived internal service quality dimensions previously obtained. A total of 49 statements representing were included in the initial version of the internal customers' questionnaire.

The questionnaire was tested first in two separate pilot studies. It was locally administered in one large teaching trust hospital using structured interviews with staff from a variety of support departments. As a result, the instrument underwent modification. Then, the questionnaire was remotely tested in another large district hospital. The questionnaire was completed by a sample of work units selected as internal customers. A refined version of the instrument was obtained prior to its empirical test and important methodological and logistical issues were identified as a result of this second pilot experiment.

The internal customers' questionnaire was then empirically tested in a larger scale. Two additional major case studies were conducted, one being in the National Health Service (NHS) (*Reynoso/Moores 1995*) and the other in the private sector (*Reynoso 1996*). In both situations, a comprehensive survey using the questionnaire was carried out involving staff from internal customer units. The methodology was designed taking into consideration the insights obtained from the remote pilot study mentioned above. In the case of the NHS hospital, nine wards were selected as internal customer units and 165 respondents completed the questionnaire producing a 94% response rate. In the private hospital, seven wards were selected in the survey. A response rate of 41% was obtained from a total number of 144 nursing and clerical staff. In both units, each respondent answered the questionnaire in relation to a sample of ten supplier units.

Responses obtained from the 45-item scale in both hospitals were analysed. All in all, after the reduction process using factor analysis, nine factors were identified comprising 32 items. The criteria identified are defined in figure 1.

The results obtained were subjected to various tests which provided evidence about good validity, reliability and explanatory power of the scale. A more detailed discussion of the results presented here has been included in previous publications (*Reynoso/ Moores 1996, 1997*).

This paper now turns into the discussion of those important research and methodological issues which were identified as a result of the studies described above.

3. Implications in Measuring Internal Service Quality

Internal Service Dimensions

This piece of research confirmed that employees, as with customer, are able and prepared to produce scaled assessments of the service they themselves receive from other parts of the organisation. The statistical analysis of those assessments has indicated that they can be captured as a limited number of dimensions. These factors reflect the variety of related issues involved in the support service experience. The identified dimensions appear to constitute a reliable and meaningful measure for assessing different functional provider units in terms of the level of service they are perceived to be providing.

Consistent with previous research on internal service criteria (*Vandermerwe/Gilbert 1991; Gremler et al. 1994*) some obvious similarities between the factors which have emerged from this project and those identified with external customers can be spotted. It can also be appreciated that differences do exist. To that extent, researchers should be careful when considering the suggestion of the possible straightforward transferability of the SERVQUAL dimensions from the external to the internal customer (*Zeithaml et al. 1990*). It is entirely possible that this interesting melange of differences and similarities suggests that what researchers should, perhaps, be searching for is a set of dimensions some of which are generic whereas others are peculiar to a specific situation. If true, then this proposal could be germane in the external as well as in the internal environment of organisations.

As there are very few other pieces of research providing initial evidence on the topic, the objective of this project was to retain the identity of all the obtained dimensions rather than going too far too soon in attempting to reduce the results to an optimum set of „generic“ constructs. Sufficient experience has been gained in doing research with external customers to show that such attempt would be counterproductive.

The objective was instead to explore in greater detail the different facets of the service on which employees were basing their expectations when dealing with different support units. It is felt that, at this point in time, the nine service dimensions identified provide a more useful picture for fellow researchers working in the service field than a shortened set could do.

Helpfulness	The willingness of the supplier unit to help and cooperate with customer units.
Promptness	The ability to provide the service promptly responding rapidly to service requests.
Communication	To keep the internal customer and the patient informed and consulted with regard to progress, problems or changes which may impact upon its activities.
Tangibles	The condition and physical appearance of facilities, equipment, materials and written information of the supplier unit.
Reliability	The ability of the unit to provide the internal service required correctly, including the provision of accurate information.
Professionalism	The skills, knowledge and experience that members of the supplier unit require to provide the service and to give advice.
Confidentiality	The supplier unit's handling of confidential information and delicate situations.
Preparedness	The internal organisation and resources required by the supplier unit to be able to provide the service.
Consideration	The understanding, recognition, trust, and honesty of the supplier unit towards the internal customer.

Figure 1: Internal Service Quality Dimensions

Towards a Better Understanding of Work Group Performance

Researchers on work group performance in health organisations (e.g., *Shortell et al. 1991; Pettersen 1993*) and indeed, in many other sectors have studied the determinants of work effectiveness using self-perceived measures of performance. An alternative way to improve our understanding of work groups, however, is to move away from self-reports as a measurement approach (*Goodman et al. 1987*).

The authors argue that although effectiveness is viewed as a multidimensional construct in the literature, models are not further refined to relate to different dimensions of effectiveness. The authors claim that, for instance, group output (i.e., the quality of their work) and group satisfaction are driven by different theoretical processes and therefore different models for different effectiveness dimensions would be expected.

Whereas group satisfaction is a criterion at the unit level of analysis, the quality of the outcome of the group cannot be only seen within the boundaries of the team, it should consider the other parties involved in a dyadic exchange.

Goodman et al. (1987) claim that effectiveness criteria meaningful at the intergroup level must be developed. The authors go on to claim that: „The intergroup effectiveness criteria must be conceptually the product of an intergroup exchange; they must be capable of characterising the intergoup relationship over time, and they must provide an index of the quality of the exchange."

Goodman et al. argue that such dyadic measures are better source of ideas about intergroup effectiveness criteria than group or organisational studies which focus on a single entity acting in its environment. In this respect, it is felt that this piece of research on internal customers contributes to this suggested improvement in measuring intergroup performance. In the methodology used in this project, it was the customer unit which provided an „external" assessment about the quality of service delivered by the support unit. The identified dimensions illustrate a variety of facets involved in such dyadic exchanges taking place between the two units.

Implications from the results in doing research on measuring perceived internal service quality discussed above highlighted a number of other methodological issues which are discussed below.

Critical Factors in Modeling the Internal Service Value Chain

One of the aspects highlighted was the fact that internal customer-supplier relationships are taking place among same and different hierarchical levels in the organisation. The internal customer phenomenon is actually being replicated along the hierarchical chain. This situation required careful analysis of both structure and functions at various levels of the organisations involved.

The decision of choosing a hospital as the organisation to conduct the project in was appropriate in terms of providing a variety of support services and therefore interactions between departments, which were essential for the research design. However, the NHS hospital, bigger and more complex setting than the private unit in the study, certainly increased the natural difficulties of the research methodology. Thus, the identification of the internal customer to be examined at the appropriate level of analysis was definitely a crucial aspect which needs to be considered in a project of such characteristics.

The adequate handling of the complexity of interdepartmental relationships to be found in a hospital setting was certainly another methodological challenge faced during the study. In this respect, a crucial issue this project revealed was the importance of modelling the internal customer-supplier chain adequately. It was clear from previous analyses during the project that, in any hospital, virtually every department is interacting in some manner with almost every other unit.

Thus, what would be the criteria used to model the internal supply chain? Contributions from the inter-organisational field were useful to answer this question, in particular, the **interagency model** was used in the study (*Van de Ven et al. 1979*). It worked well in the case of a hospital as it allowed to capture the main functions supporting the activities of the wards, which in turn are the focal point in providing patient care. In other organisations, however, different services and customers characteristics could make more difficult, or perhaps easier, the modelling of the network of interactions taking place in delivering customer service.

The **interagency model** is a form of inter-unit relationship which is useful to understand how a focal unit affects or is affected by its member units. The **modus operandi** of a typical ward in a hospital fits very well into this model. The ward is the central point where the in-patient receives most of the treatment and care. In this respect, the key role of the customer is always retained as the main cause of the analysis. Furthermore, the ward is the focal unit which is constantly receiving support from a number of other units in order to provide the health care to the patient.

Sampling procedures were also felt to be relevant to the characteristics of this study. Obtaining data from two sets of respondents, the customer and the supplier units, and the appropriate match of both parts required the identification of a number of such dyad relationships to be included in the sample. The decision of selecting these pair-wise interactions either from within one organisation or from several units posed a methodological dilemma. Conducting an in-depth case study would certainly produce a richer, more detailed exploration of the internal customer phenomenon. This option, however, could present some obstacles. The difficulty to involve a great number of staff, for example, could result in a not large sample size. The fact that a department could not participate in the survey as both supplier and customer could also limit the collection of data.

Using several organisations would seem the obvious alternative to increase the number of pair-wise relationships. However, this alternative could produce results very difficult to compare or, perhaps, not applicable conclusions, particularly if using a large number of organisations. Due to diversity of functional and structural peculiarities, the same support service could be not comparable between two different places. The catering service, for example, was perceived very differently between the NHS and private hospital mainly because in the latter unit catering staff works within the ward. This dilemma between sample size and comparable data is also relevant to this type of research. The use of two in-depth studies resulted appropriate according to the exploratory nature of this project. Further studies, thus, will be required to confirm some of the results reported here.

4. Conclusion

This piece of research has contributed to the existing work being made by joint efforts between service researchers and organisational behaviourists on organisational processes related to service quality. It has provided a conceptual framework for a better understanding of the internal organisational dynamics involved in the customer service delivery process.

The results have contributed to the balance between the extensive citations in the literature about the concept of „internal customer" and the aforementioned absence of a substantial body of research on this issue. In particular, it is felt that such contributions are not only about the results themselves but also on a number of methodological issues which proved to be crucial in doing research on measuring the quality of internal services.

References

Davis, T.R.V. (1991): Internal Service Operations. Strategies for Increasing Their Effectiveness and Controlling Their Cost, in: Organisational Dynamics, Vol. 20, No. 2, pp. 5-22.

Davis, T.R.V. (1992): Satisfying Internal Customers. The Link to External Customer Satisfaction, in: Planning Review, Vol. 20, No. 1, pp. 34-37.

Davis, T.R.V. (1993): Managing Internal Service Delivery in Organizations, in: Advances in Services Marketing and Management, Vol. 2, Greenwich/London, pp. 301-321.

Gremler, D.D./Bitner, M.J./Evans, K.R. (1994): The Internal Service Encounter, in: International Journal of Service Industry Management, Vol. 5, No. 2, pp. 34-56.

Goodman, P.S./Ravlin, E./Schminke, M. (1987): Understanding Groups in Organisations, in: *Cummings, L.L./Staw, B.M. (eds.)*: Research in Organisational Behaviour, Vol. 9, Greenwich, pp. 121-173.

Mohr-Jackson, I. (1991): Broadening The Market Orientation: An Added Focus on Internal Customers, in: Human Resource Management, Vol. 30, No. 4, pp. 455-467.

Moores, B./Reynoso, J.F. (1993): Exploring Interdepartmental Relationships in the Service Delivery Process. A Case Study in the Hospitality Industry, in: Proceedings of the Workshop on Quality Management in Services III, Helsinki School of Economics, Helsinki, Vol. 3, pp. 375-395.

Pettersen, I.J. (1993): Hospitals as Service Producers: An Empirical study of Organisation and Performance in Norwegian Intensive Care Units, paper presented to The British Academy of Management Annual Conference, Milton Keynes.

Pfau, B./Detzel, D./Geller, A. (1991): Satisfy Your Internal Customers, in: Journal of Business Strategy, Vol. 12, No. 6, pp. 9-13.

Reynoso, J.F. (1993): Internal Organisational Dynamics in the Service Delivery Process, in: Proceedings of the British Academy of Management Annual Conference, Milton Keynes, pp. 447-448.

Reynoso, J.F. (1994): Development of a Multiple-item scale for Measuring Internal Service Quality in Hospitals, in: Conference Proceedings of the 3rd International Research Seminar in Service Management, La Londe Les Maures, pp. 623-644.

Reynoso, J.F. (1996): Internal Service Operations: How Well Are They Serving Each Other?, in: *Edvardsson, B./Brown, S./Johnston, R./Scheuing, E. (eds.)*: Advancing Service Quality. A Global Perspective, New York, pp. 77-86.

Reynoso J.F./Moores, B. (1995): Towards the Measurement of Internal Service Quality, in: International Journal of Service Industry Management, Vol. 6, No 3, pp. 64-83.

Reynoso J.F./Moores, B. (1996): Internal Relationships, in: *Buttle, F. (ed.)*: Relationship Marketing. Principles and Practice, London, pp. 55-73.

Reynoso J.F./Moores, B. (1997): Operationalising The Quality of Internal Support Operations in Service Organisations, in: Advances in Services Marketing and Management, Vol. 6, pp. 147-170.

Shortell, S.M./Rousseau, D.M./Gillies, R.R./Devers, K.J./Simons, T.L. (1991): Organisational Assessment in Intensive Care Units (ICUs): Construct Development, Reliability and Validity of the ICU Nurse-Physician Questionnaire, Medical Care, Vol. 29, No. 8, pp. 709-726.

Vandermerwe, S./Gilbert, D. (1989): Making Internal Services Market Driven, in: Business Horizons, Vol. 32, No. 6, pp. 83-89.

Vandermerwe, S./Gilbert, D. (1991): Internal Services. Gaps in Needs/Performance and Prescriptions for Effectiveness, in: International Journal of Service Industry Management, Vol. 2, No. 1, pp. 50-60.

Van de Ven, A.H./Walker, G./Liston J.S. (1979): Coordination Patterns Within and Inter-organisational Network, in: Human Relations, Vol. 32, No. 1, pp. 19-36.

Zeithaml, V./Parasuraman, A./Berry, L.L. (1990): Delivering Quality Service. Balancing Customer Perceptions and Expectations, New York.

Verfahren zur Messung der Qualität interner Dienstleistungen

Ansätze für einen Methodentransfer aus dem (externen) Dienstleistungsmarketing

von Manfred Bruhn

Prof. Dr. Manfred Bruhn ist Inhaber des Lehrstuhls für Betriebswirtschaftslehre, insb. Marketing und Unternehmensführung am Wirtschaftswissenschaftlichen Zentrum (WWZ) der Universität Basel.

1. Qualität interner Dienstleistungen als Problemstellung des Internen Marketing

1.1 Zum Stand der Qualitätsdiskussion

Ein wesentlicher Faktor für den Erfolg eines Unternehmens ist die Qualität seiner Produkte und Dienstleistungen. Diese Aussage wird eindeutig durch das PIMS-Programm bestätigt. Für Unternehmen der Dienstleistungsbranche wurde in dieser Untersuchung festgestellt, daß der Einfluß der Qualität auf den Erfolg des Unternehmens überdurchschnittlich ist, gemessen am Gesamtdurchschnitt aller Branchen, die in diese Untersuchung einbezogen wurden. Die Qualität einer Dienstleistung übt den größten Einzeleinfluß auf den ROI eines Unternehmens aus *(Buzzell/Gale 1989, S. 89ff.)*.

Neben diesem Qualitätswettbewerb haben in den letzten Jahren Kosten und Zeit als Wettbewerbsfaktoren an Bedeutung gewonnen. Die drei zentralen **Wettbewerbsdimensionen im Marketing**:

- Qualitätswettbewerb,
- Kostenwettbewerb und
- Zeitwettbewerb

bewegen sich in einem Spannungsfeld. Diese in den meisten Fällen konfligierenden Wettbewerbsdeterminanten gelten nicht nur für die am Markt angebotenen Unternehmensleistungen; vielmehr sind sie für **interne und externe Leistungen** gleichermaßen als relevant anzusehen. Diesen Zusammenhängen wurde bislang zu wenig Beachtung geschenkt.

Betrachtet man beispielsweise die in Wissenschaft und Praxis geführten Diskussionen über die **Profilierung im Qualitätswettbewerb**, dann sind die folgenden Sachverhalte zu konstatieren:

- Die Qualitätsdiskussion wurde hauptsächlich für die externen Marketingprozesse geführt.
- Die Bedeutung der Qualität und der Qualitätsverbesserung von unternehmensinternen Prozessen hatte einen nachgelagerten Stellenwert erhalten.
- Die Prinzipien, Strategien und Methoden der internen und externen Marktforschung wurden weitgehend unabhängig vom internen (Personal) und externen Bereich (Marketing) entwickelt (z.B. Zufriedenheitsforschung).

- Die Weiterentwicklungen der Qualitätsmethoden im Personal- und Marketingbereich wurden von dem jeweils anderen Bereich kaum oder gar nicht zur Kenntnis genommen.

Diese Defizite sollen durch den folgenden Beitrag abgebaut werden. Es wird ein Teilbereich aus der Schnittstelle zwischen Personal- und Marketingmanagement herausgegriffen: die Messung der Qualität interner Dienstleistungen. Dabei soll der Tatsache Rechnung getragen werden, daß in den letzten Jahren zahlreiche Methoden zur Messung der externen Dienstleistungsqualität entwickelt wurden *(Bruhn 1994a, 1995a)*, die sich auch in der Praxis bewährt haben. Ziel dieses Beitrages ist es, im Sinne eines **Methodentransfers** die Eignung der Verfahren zur Messung der externen Dienstleistungsqualität für die Messung von internen Dienstleistungen zu prüfen.

1.2 Begriff der internen Dienstleistung

Der Begriff der internen Dienstleistung fand bereits vor geraumer Zeit Eingang in die Literatur. So unterschied *Sayles (1964)* bereits vor 30 Jahren im Zusammenhang mit der Beschäftigung mit internen Kunden und Lieferanten zwei grundsätzliche Ausprägungen unternehmensinterner Beziehungen:
(1) Workflow Relationships,
(2) Service Relationships.

Während der Charakter von „Workflow Relationships" dadurch geprägt ist, daß der Ablauf der unternehmensinternen Prozesse weitgehend fixiert ist, d.h. die Wertschöpfungskette in einer fest vorgegebenen Reihenfolge „abgearbeitet" wird (die sich in einem „Blueprint" abbilden läßt), sind „Service Relationships" Beziehungen mit stärkerer Verkettung und kontinuierlichen Austauschprozessen.

Aufbauend auf dieser Kategorisierung entwickelte *Davis* (*1993, S. 306ff.*) eine Typologie, die drei grundsätzliche Arten interner Dienstleistungen unterscheidet (ähnlich *Stauss 1995c, S. 66*):
(1) Workflow Relationships,
(2) Support Services and Advice,
(3) Audit/Evaluation Services.

„Workflow Relationships" entsprechen demnach weitgehend industriellen Fertigungsprozessen, die routinemäßig ablaufen. Ihr Ergebnis ist i.d.R. vorhersagbar. Bei „Support

Services" handelt es sich demgegenüber um Dienstleistungen, die die Arbeit des internen Abnehmers ermöglichen oder erleichtern (zum Beispiel Wartung und Instandhaltung), die ggf. auch unternehmensextern „eingekauft" werden könnten (vgl. auch *Reynoso/Moores 1997*). „Audits" bzw. „Evaluative Services" würden demgegenüber kaum freiwillig in Anspruch genommen. Sie umfassen Kontrollprozesse, in denen die Arbeit einer Abteilung bzw. eines ganzen Unternehmensbereichs überprüft und bewertet wird.

Für die folgenden Ausführungen soll der **Begriff der internen Dienstleistung** in Anlehnung an den Dienstleistungsbegriff im externen Bereich durch folgende Merkmale charakterisiert werden (*Witt 1985, 1988; Stauss 1995c; Meffert/Bruhn 1997, S. 27*):

- Selbständige Leistungen sind mit der Bereitstellung und/oder dem Einsatz von Leistungsfähigkeiten eines internen Lieferanten verbunden **(Potentialorientierung)**.
- Interne Unternehmenseinheiten (interne Lieferanten) werden mit anderen internen Unternehmenseinheiten (interne Kunden) im Rahmen des Erstellungsprozesses kombiniert **(Prozeßorientierung)**.
- Die Faktorkombination des internen Lieferanten wird mit dem Ziel eingesetzt, an dem internen Kunden nutzenstiftende Wirkungen zu erzielen **(Ergebnisorientierung)**.

In der angloamerikanischen Literatur wird im Zusammenhang mit internen Dienstleistungen vielfach der Begriff „Service" benutzt. Auch wenn dieser Begriff im deutschsprachigen Raum meistens als eine Art von „Zusatzdienstleistung" verwendet wird, soll er im folgenden synonym zum Dienstleistungsbegriff verwendet werden.

Schließlich ist auch der **Qualitätsbegriff** für interne Dienstleistungen zu klären. Unter Qualität kann in Anlehnung an das Deutsche Institut für Normung e.V. „die Beschaffenheit einer Einheit bezüglich ihrer Eignung, festgelegte oder vorausgesetzte Erfordernisse zu erfüllen" (DIN 55350, Teil 11, Nr. 5, Mai 1987, S. 3) verstanden werden. Dies bedeutet letztlich auch für die interne Dienstleistungsqualität, daß es keine absolute Qualität gibt, sondern nur eine relative Qualität, die in der Lage ist, die Anforderungen (Erfordernisse) der internen Kunden zu erfüllen:

Interne Dienstleistungsqualität ist die Fähigkeit eines internen Lieferanten, die Beschaffenheit einer primär intangiblen und der Kundenbeteiligung bedürfenden Leistung aufgrund von internen Kundenerwartungen auf einem bestimmten Anforderungsniveau zu erfüllen.

1.3 Formen von internen Dienstleistungen

Das Spektrum an internen Dienstleistungen in der Unternehmenspraxis ist bereits bei Routineabläufen innerhalb des Leistungserstellungsprozesses außerordentlich breit. Beispielhaft lassen sich als typische „interne Dienstleistungen" bezeichnen:

- Bereitstellung von Sachinformationen zwischen verschiedenen Sachbearbeitern einer Hierarchieebene,
- Erstellung von Außendienstberichten für die Vertriebsleitung,
- Weitergabe von Marktdaten von der Marketingleitung an die verschiedenen Produktmanager,
- Erstellung von Produkt- und Imagebroschüren durch die Marketingabteilung für die Verkaufsniederlassungen,
- Vorbereitung einer Pressekonferenz einer Sparte durch die zentrale Abteilung Presse- und Öffentlichkeitsarbeit,
- Aufbereitung und Bereitstellung von Controlling-Daten an andere Abteilungen.

Die Komplexität der hier fokussierten Austauschbeziehungen und Prozesse wird deutlich, wenn man das vereinfachte Beispiel eines Dienstleistungsunternehmens untersucht, das über verschiedene Strategische Geschäftseinheiten (SGE) verfügt (Abbildung 1).

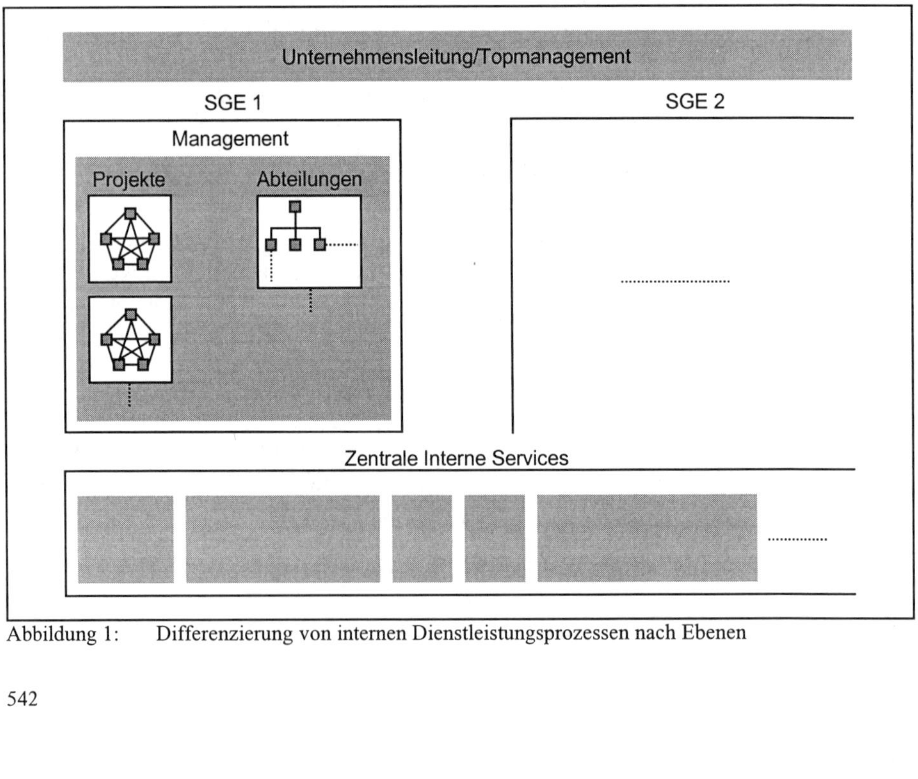

Abbildung 1: Differenzierung von internen Dienstleistungsprozessen nach Ebenen

Unterscheidet man dabei nach drei dargestellten organisatorischen Ebenen

- Unternehmensleitung,
- Strategische Geschäftseinheit und
- Zentrale Interne Services,

innerhalb der organisatorischen Ebenen nach

- Projekten und
- Abteilungen

sowie ferner nach der personalen Ebene in

- Management und
- Mitarbeiter,

so entstehen bereits ohne Berücksichtigung der konkreten Anzahl an SGEs, Projekten, Abteilungen und Internen Servicecentern 49 grundlegende Typen von internen Dienstleistungsprozessen (jeweils mit einer Kunden- und Lieferantenperspektive), die darüber hinaus unterschiedliche Charakteristika in Hinblick auf die konkrete Leistung aufweisen. Abbildung 2 gibt hierzu einen Überblick.

Kriterium	**Ausprägungen**	**Beispiele**
Zeitaspekt	Kontinuierlich Unregelmäßig	Sicherheitsdienst Werksfeuerwehr
Entscheidungsaspekt	Verpflichtung zur Inanspruchnahme Externer Bezug zugelassen	Patentabteilung Instandhaltung
Vertragsaspekt	Vertragliche Rahmenvereinbarungen Projektbezogene Neuverhandlung	Rahmenvertrag über drei Jahre betr. Materialeinkauf Durchführung einer Mitarbeiterbefragung
Wertkettenaspekt	Teil der Primäraktivitäten Teil der unterstützenden Aktivitäten	Wartung von Produktionsanlagen Werksverkauf für Mitarbeiter
Individualisierungsaspekt	Routineleistungen Einzelprojektleistungen	Rohstoffanalysen zur Sicherung der Produktqualität Entwicklung eines standortspezifischen Arbeitszeitmodells
Umsatzaspekt	Hauptkunde Peripherkunde	A-Kunde (Abwanderung gefährdet internen Lieferanten) C-Kunde (Abwanderung bleibt ohne direkte Folgen)
Interaktionsaspekt	Singularinteraktionen Permanentinteraktionen	Einzelinteraktionen während Laborprozessen Beratungen während einer Systementwicklung
Materialitätsaspekt	Leistungen mit Sachanteil Leistungen ohne Sachanteil	Reparaturen und Instandhaltung Personalentwicklung
Investitionsaspekt	Investive Leistungen Konsumtive Leistungen	Engineeringleistungen Gehaltsabrechungen durch Personalmanagement

Abbildung 2: Merkmale interner Dienstleistungen

Ergänzt man diese Typologisierung um diese sachlichen Kriterien des Leistungsinhaltes, so wird deutlich, daß die unternehmensinternen Prozesse durch eine große Bandbreite unterschiedlicher interner Dienstleistungen geprägt sind und daß diese Heterogenität die interne Kundenorientierung und das Qualitätsmanagement vor große Herausforderungen stellt.

1.4 Dimensionen der internen Dienstleistungsqualität

Damit erhält der Begriff der Kundenerwartungen bzw. die Spezifizierung des Anforderungsniveaus eine besondere Bedeutung für die Qualitätserstellung. Neben anderen **Qualitätsdimensionen** (Potential-, Prozeß- und Ergebnisdimension; Such-, Erfahrungs- und Vertrauenseigenschaften usw.) sollen hervorgehoben werden:

- **Sachliche Qualitätsdimensionen** (z.B. Pünktlichkeit, Zuverlässigkeit, Genauigkeit, Vollständigkeit der erwarteten Dienstleistung),
- **Persönliche Qualitätsdimensionen** (z.B. Offenheit, Ehrlichkeit, Freundlichkeit der beteiligten Führungskräfte und Mitarbeiter),
- **Zwischenmenschliche Qualitätsdimensionen** (z.B. Entgegenkommen, Flexibilität, Einfühlungsvermögen, Fairneß im Umgang zwischen den Führungskräften und Mitarbeitern sowie zwischen Abteilungen).

Die Inhalte und das Niveau der erwarteten Dienstleistung muß allerdings erst auf empirischen Wege in Erfahrung gebracht werden. Dazu müssen verschiedene Meßmethoden herangezogen werden, um die Erwartungen und die tatsächliche Erfüllung der Dienstleistung in Erfahrung zu bringen.

2. Notwendigkeit zur Messung der internen Dienstleistungsqualität

2.1 Bestimmung der internen Beziehungen

Qualitativ hochwertige Güter und Dienstleistungen bedürfen einer hochwertigen Qualität während des gesamten Erstellungsprozesses *(Masing 1994, S.9f.)*. In den **Sekundärbereichen der Wertschöpfungskette** *(Porter 1989, S. 59ff.)*, die mit der Erstellung der Endleistungen nicht direkt verbunden sind, ist häufig kein ausreichendes Qualitätsbewußtsein vorhanden. Der Mitarbeiter wird nicht als interner Kunde erkannt und demzufolge auch nicht wie ein Kunde behandelt.

Das **Konzept der internen Dienstleistungsqualität** stellt den Versuch dar, die Prinzipien, Methoden und Instrumente der externen Dienstleistungsqualität auf die unternehmensinternen Prozesse zu übertragen. Es werden hierbei die unterstützenden Aktivitäten in der Wertschöpfungskette genauer betrachtet. Sie verfügen nur über einen indirekten Einfluß auf die Endleistung oder das Endprodukt der Unternehmung, jedoch ist ihre Bedeutung für das Qualitätsmanagement als sehr hoch einzuschätzen. Ausgehend vom Modell der Wertschöpfungskette von *Porter (1989, S. 59ff.)* handelt es sich bei allen Leistungen der Sekundärbereiche – sowohl für die Bereiche mit primären Aktivitäten als auch für die Bereiche mit sekundären Aktivitäten – um interne Dienstleistungen.

Bei den Leistungen der Sekundärbereiche können – wie oben dargestellt – unterschiedlichen Ebenen identifiziert werden. Dabei können diese Bereiche auch als sogenannte **Servicecenter** betrachtet werden, wie analog primäre Bereiche der Wertschöpfungskette als Profitcenter angesehen werden (vgl. auch den Aspekt dem internen Leistungsbeziehungen zwischen Profitcentern bei *Kreuter 1998*). Typische Servicecenter sind in vielen Unternehmen die Personal- und EDV-Abteilung, aber auch die Abteilungen Marketing, Finanzen, Forschung & Entwicklung können als Servicecenter verstanden und organisiert werden.

Die einzelnen Servicecenter verfügen für sich über eine direkte Ergebnisverantwortung. Eine Schlüsselstellung nimmt hier der Servicecenter Personal ein. Seine Rolle entspricht der eines (internen) Kundenkontaktmitarbeiters. Andere Abteilungen oder andere Mitarbeiter erlangen so die Rolle eines „Konsumenten“, der die Leistung auch von außen einkaufen kann. Der Einkauf von externen EDV-Leistungen oder andere Auslagerungen für zunächst intern erbrachte Serviceleistungen im Rahmen des Outsourcing sind in einer Vielzahl von Unternehmen schon Realität.

Anforderungen an die interne Dienstleistungsqualität resultieren aus verschiedenen Bereichen. Kundenorientiert betrachtet und auf die konkrete Austauschbeziehung fokussiert haben zunächst die **unternehmensinternen Leistungsempfänger** Erwartungen an die Qualität der internen Dienstleistungen. Das resultierende Qualitätsniveau wird dabei wesentlich bestimmt durch die Leistungsfähigkeit und Leistungsbereitschaft der **internen Lieferanten**.

Doch auch außerhalb der konkreten Austauschbeziehung existieren Einflußfaktoren, die für das Niveau der internen Dienstleistungsqualität von Bedeutung sind. Unternehmensintern ist hier die „Service Policy“ zu nennen, die sich in **internen Qualitätsstandards** konkretisiert, die von allen internen Lieferanten einzuhalten sind. Darüber hinaus haben auch unternehmensexterne Faktoren Einfluß auf den Qualitätswettbewerb im Unternehmen. Zu nennen sind hier insbesondere etwaige **externe Anbieter**, die eine spezifische (bislang interne) Leistung ebenfalls erbringen könnten sowie **externe Anforderungen**, die direkt oder indirekt an die Qualität unternehmensinterner Leistungen gestellt werden (z.B. Relevanz der Umweltgesetzgebung auf die Gestaltung unternehmensinterner Leistungsprozesse). Diese Zusammenhänge verdeutlicht Abbildung 3.

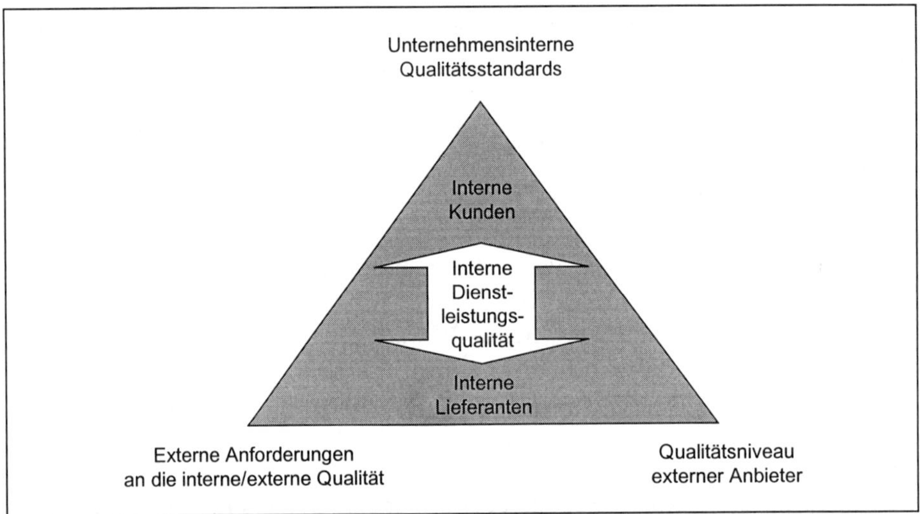

Abbildung 3: Interne Dienstleistungen im Qualitätswettbewerb

Durch die Wettbewerbsbeziehungen gegenüber externen Anbietern entsteht bei zahlreichen internen Dienstleistungen die typische **Make-or-buy-Problematik**. Sofern die Option zu einem Fremdbezug interner Dienstleistungen für interne Kunden besteht, unterliegt der interne Anbieter den Wettbewerbsregeln des externen Marktes. Dabei sind noch weitere Varianten des Entscheidungsproblems denkbar (*Witt 1988; Stauss 1995c*), auf die aber hier nicht weiter eingegangen werden soll.

2.2 Besonderheiten interner Dienstleistungen

Eine Übertragung der Prinzipien und Konzepte der externen Dienstleistungsqualität auf den Personalbereich oder andere Unternehmenseinheiten ist ohne weiteres nicht möglich. Der Mitarbeiter stellt zwar eine der zentralen Zielgruppen des Internen Marketing für die interne Dienstleistungsqualität dar (*Stauss/Schulze 1990, S. 151; Reich 1993, S. 165f.)*, jedoch muß den **Besonderheiten der internen Dienstleistungen** für die Qualitätsdiskussion Rechnung getragen werden. Dies soll am Beispiel des Personalbereichs deutlich gemacht werden.

Die Beziehung Mitarbeiter-Unternehmen ist durch ihre **Nachhaltigkeit** gekennzeichnet. Das Arbeitsverhältnis ist in der Regel für mehrere Jahre angelegt; dies bedeutet eine besonders intensive Interaktion Mitarbeiter-Unternehmen. Demzufolge sollte auch von einer individualisierten Dienstleistung für jeden einzelnen Mitarbeiter auszugehen sein. Hierbei sind aber alle Leistungen, z.B. des Servicecenters Personal, für einen Mitarbeiter als eine geschlossene interne Dienstleistung zu betrachten. Vor dem Hintergrund einer strategischen Ausrichtung und konsequenten Personalplanung innerhalb der Unternehmung macht es wenig Sinn, die Leistungen isoliert zu betrachten *(Berthel 1991, S. 208ff.)*. Sie sollen im Verbund auf das Potential des Mitarbeiters wirken.

Dabei muß beachtet werden, daß ein beiderseitiges **Abhängigkeitsverhältnis** besteht. Der Mitarbeiter ist auf das Unternehmen als Arbeitgeber und Gehaltszahler angewiesen, während das Unternehmen den Mitarbeiter als Arbeitnehmer und qualifizierten Potentialträger benötigt. Eine Beendigung des Arbeitsverhältnisses kann so dem Wechsel eines Dienstleisters nicht gleichgesetzt werden. Dies trifft vor allem auf Zeiten eines angespannten Arbeitsmarktes zu. Ein Mitarbeiter, der ein Unternehmen verläßt, nimmt eine Vielzahl an Informationen und Erfahrungen mit, die für das Unternehmen dann „abgeschrieben" sind. Für ein Unternehmen entstehen so Fluktuationskosten *(Wunderer 1993a, S. 186ff.)*. Ein neuer Mitarbeiter muß akquiriert und so in das Unternehmen eingefügt werden, daß er die Rolle des Mitarbeiters einnimmt, der das Unternehmen verlassen hat *(Berthel 1991, S. 176ff.)*.

In einem besonderen Verhältnis stehen auch **Leistung und Gegenleistung**. Einer Leistung, beispielsweise des Servicecenters Personal, steht i.d.R. keine sofortige, quantifizierbare Gegenleistung gegenüber. Ein Weiterbildungsseminar hat seinen Preis und stellt somit eine Investition in das Potential und die Motivation des Mitarbeiters dar. Das Ergebnis dieses Seminars wird dagegen erst später einnahmewirksam, wenn der Mitarbeiter sein erweitertes Potential oder seine Höherqualifikation in das Unternehmen einbringen kann. Die Gegenleistung des Mitarbeiters ist in der Regel durch ein Mehr an Wollen und Können für das Unternehmen gekennzeichnet. Dieser Zuwachs an Leistungsbereitschaft (Motivation) und Leistungsfähigkeit (Qualifikation) muß in das Unternehmen zeitlich und räumlich eingebunden werden *(v. Diemer 1994, S. 1066ff.)*. Diese Einbindung muß ganzheitlich und integrativ erfolgen, wenn sie für das Unternehmen einnahmewirksam werden soll *(Krüger 1994, S. 299)*.

3. Methoden zur Messung der externen Dienstleistungsqualität

In der Literatur werden hauptsächlich zwei Ansätze mit Bedeutung für die Messung der Qualität externer Dienstleistungen aufgeführt. Es handelt sich hierbei um **merkmalsorientierte und ereignisorientierte Ansätze** *(Hentschel 1992, S. 111ff.; Bruhn 1995b; Meffert/Bruhn 1997, S. 209ff.; Bruhn 1997, S. 35ff.)*.

3.1 Merkmalsorientierte Ansätze

Merkmalsorientierte Ansätze der Qualitätsmessung beruhen auf der Bestimmung von Einzelmerkmalen (Eigenschaften von Produkten bzw. Dienstleistungen), die sich auf die Gesamtqualität beziehen. Die Wege zur Ermittlung eines Qualitätsmaßstabes sind dabei sehr unterschiedlich. Alle Verfahren zeichnen sich dadurch aus, daß Merkmale vorgegeben werden, an Hand derer die Qualität durch einen Befragten eingeschätzt werden soll. Aus diesen Einzeleindrücken wird ein globales Qualitätsmaß konstruiert. Dieses Vorgehen wird auch als Multiattributivverfahren bezeichnet *(Kroeber-Riel/Weinberg 1996, S. 199ff.)*.

In der Forschung und Praxis findet der **multiattributive Ansatz** zur Bestimmung der Qualität aus Kundensicht die weiteste Verbreitung. Das globale Qualitätsmaß setzt sich aus mehreren Teilqualitäten zusammen, die in einem funktionalen Zusammenhang stehen *(Hentschel 1992, S. 114; Kroeber-Riel/Weinberg 1996, S. 199ff.)*:

$$Q_{ij} = f(M_{ij1}, M_{ij2}, \ldots, M_{ijn})$$

mit Q_{ij} = globales Qualitätsmaß der Person i bezüglich der Leistung j

M_{ijk} = Beurteilung des Qualitätsmerkmals k von Leistung j durch die Person i (k = 1, ..., n)

Dieser funktionale Zusammenhang stellt das Grundgerüst zur Messung der Dienstleistungsqualität mit Hilfe multiattributiver Verfahren dar. Die Befragten bewerten subjektiv, entsprechend ihrer Erfahrungen, einzelne Kriterien, die vorher durch empirische Untersuchungen ermittelt wurden. In der Auswertung werden diese bewerteten Einschätzungen zu einem Gesamt-Qualitätsmaß (z.B. Punktwert) zusammengefaßt.

In der Forschung haben sich zum multiattributiven Ansatz mehrere **Varianten** herausgebildet. Die erste Unterteilung erfolgt in eine einstellungsorientierte und eine zufriedenheitsorientierte Variante. In Verbindung mit der direkten oder indirekten Messung ergeben sich vier Grundtypen. Die Verwendung eines Einkomponenten- oder Zweikomponentenansatzes läßt so acht Varianten der multiattributiven Messung entstehen. Der Zweikomponentenansatz ermittelt neben der Eindrucksaussage noch die Wichtigkeit des vorliegenden Faktors. Der Einkomponentenansatz verzichtet auf die Erhebung der Wichtigkeit, es geht nur die Eindrucksmessung in die Wertung ein *(Hentschel 1992, S. 115)*.

Eine Sonderrolle im Rahmen der multiattributiven Messung der Dienstleistungsqualität nimmt das von *Parasuraman, Berry und Zeithaml* entwickelte Verfahren „SERVQUAL" ein. Es erhebt für sich den Anspruch, branchenübergreifend für alle Dienstleistungen als Instrument zur Messung der Qualität eingesetzt werden zu können *(Zeithaml/Parasuraman/Berry 1992, S. 209)*. Durch umfangreiche empirische Studien wurden in Dienstleistungsunternehmen vier Lücken (GAPs) ermittelt, die für mangelnde Dienstleistungsqualität verantwortlich sind. Diese GAPs können zusammen oder auch einzeln auftreten. Aus diesen GAPs resultiert dann die zentrale – fünfte – Lücke, die vorliegt, wenn die tatsächlich erstellte Dienstleistungsqualität nicht die Erwartungen der Kunden erfüllt.

Zur Ermittlung dieser Lücke wurde das Meßinstrument **SERVQUAL** geschaffen und weiterentwickelt *(Zeithaml/Parasuraman/Berry 1992, S. 148ff.)*. Dabei wird ein standardisierter Fragebogen mit 22 Items bei den Kunden abgefragt, um die fünf grundlegenden Dimensionen der Dienstleistungsqualität (Annehmlichkeit des tangiblen Umfeldes, Zuverlässigkeit, Reaktionsfähigkeit, Leistungskompetenz, Einfühlungsvermögen) hinsichtlich ihrer Erwartungen und tatsächlichen Erfüllung bei dem Dienstleistungsanbieter in Erfahrung zu bringen. Trotz dieses differenzierten Vorgehens muß das Meßinstrument SERVQUAL allerdings auch kritisch betrachtet werden. Dies gilt nicht nur im Hinblick auf die Notwendigkeit zur branchenbezogenen Differenzierung, sondern auch für diverse meßmethodische Aspekte *(Hentschel 1990, S. 238f.; 1992, S. 138; 1995, S. 367ff.)*.

Eine andere Vorgehensweise zur Qualitätsmessung liegt dem sog. **dekompositionellen Ansatz** der multiattributiven Verfahren zugrunde. Hierbei werden aus einem globalen Qualitätsurteil – zum Beispiel mit Hilfe der Conjoint-Analyse – die relevanten Teilqualitäten abgeleitet. Dabei erfolgt eine Rangreihung von zu beurteilenden Qualitätsobjekten *(Hentschel 1992, S. 112ff.; Kroeber-Riel/Weinberg 1996, S. 311f.)*.

Die merkmalsorientierten Ansätze der Qualitätsmessung weisen in den meisten Ausprägungen Schwächen auf, die eine Eignung zur Messung der Dienstleistungsqualität nur unter Einschränkungen zuläßt. Hauptkritikpunkt ist dabei die Tatsache, daß wichtige Sachverhalte nicht oder nicht richtig erfaßt werden *(Stauss/Hentschel 1991, S. 240ff.)*. Die Qualitätsrelevanz der Ansätze ist nicht vollständig gegeben, ebenso ist die Aktualität der ermittelten Merkmale nicht gesichert. Es kann nicht eindeutig festgestellt werden, auf welche speziellen Maßnahmen des Dienstleistungsanbieters sich eine solche Bewertung bezieht. Dennoch muß insgesamt festgestellt werden, daß die merkmalsorientierten Verfahren in der Praxis weit verbreitet sind. Sie eignen sich als standardisiertes Instrument, das auch bei größeren, repräsentativ angelegten Kundenbefragungen gut eingesetzt werden kann *(Meffert/Bruhn 1997, S. 216f.)*.

3.2 Ereignisorientierte Ansätze

Die Erlebnisse der Kunden mit dem Dienstleistungsanbieter bilden den Ausgangspunkt für eine **ereignisorientierte Messung** der internen Dienstleistungsqualität. Hierbei sind Standarderlebnisse und Schlüsselerlebnisse zu unterscheiden. Die Schlüsselerlebnisse des Kunden mit dem Dienstleister determinieren in sehr hohem Maße das Folgeverhalten *(Stauss/Hentschel 1991, S. 239ff.)*. Um eine möglichst weitreichende Erfassung der Informationen zu diesen Schlüsselerlebnissen zu ermöglichen, wurden verschiedene Instrumente und Verfahren zum ereignisorientierten Ansatz zusammengefügt. Die Beschwerdeanalyse, die Critical-Incident-Technik, die Sequentielle Ereignismethode sowie die Problem-Detecting-Methode und die Frequenz-Relevanz-Analyse für Probleme sind als die wichtigsten Methoden zu nennen.

Die **Beschwerdeforschung** *(Bruhn 1981, S. 597ff.; 1985, S. 300ff.; Stauss 1989; Stauss/ Seidel 1998)* nimmt im Zusammenhang mit der ereignisorientierten Messung der Dienstleistungsqualität eine Sonderrolle ein. Die Aktivitäten der Beschwerdeführung gehen von den Kunden aus. Die Art der Beschwerdeführung ist sehr unterschiedlich und hängt in sehr hohem Maße von den psychographischen Merkmalen der Kunden und der Art der Probleme ab *(Bruhn 1981, S. 605)*. Die Einrichtung mehrerer unabhängiger Beschwerdekanäle erhöht die Zuverlässigkeit der Informationen und bietet damit die Möglichkeit, Problemhäufigkeiten und deren Relevanz valide zu erfassen.

Die Beschwerden von Kunden stellen eine sehr kostengünstige, eindeutige und aktuelle Form der Erhebung von Schwächen der Dienstleistungsqualität dar. Dennoch bleiben auch hier vielfältige Probleme zu berücksichtigen. Die beschwerdeführenden Kunden stellen keinen repräsentativen Teil der unzufriedenen Konsumenten dar. Dies ist auf die unterschiedliche Höhe der persönlichen Hemmschwelle jedes einzelnen Kunden zurückzuführen. Beschwerden erfolgen zum Teil sehr emotional und sind häufig allgemein formuliert *(Stauss 1995b, S. 388f.)*. Trotz dieser Kritik ist die Analyse von Beschwerden für ein Unternehmen ein sehr kostengunstiges Instrument zur Ermittlung besonders gravierender Qualitätsmängel.

Als weitere Methode kann die **Critical-Incident-Technik (CIT)** genannt werden. Die Suche und Analyse außergewöhnlicher Ereignisse stellt den Kernpunkt dieser Methode dar *(Bitner/Booms/Tetreault 1990, S. 71ff.)*. Dies betrifft sowohl die positiv als auch negativ empfundene Dienstleistungsqualität. Dazu werden mittels offener Fragen Begebenheiten aus dem Erleben des Konsumenten in das Gedächtnis gerufen und abgefragt. Die Berichte werden mittels Tonträger aufgezeichnet oder schriftlich festgehalten. Durch die Verwendung offener Fragen werden auch Einzelheiten in Erfahrung gebracht, die dem Konsumenten relevant erscheinen *(Hentschel 1992, S. 166)*. Zudem kann durch die Art der Fragestellung die Mindesterwartung eines Konsumenten bezüglich der Dienstleistungsqualität ermittelt werden. Ebenso lassen sich konkrete Schwächen seitens des Kundenkontaktpersonals oder des Ablaufsystems aufdecken.

Zwar läßt die hohe Detailliertheit der Aussagen eine vollkommene Abdeckung aller relevanten Aspekte vermuten, doch erfordern Erfassung und Analyse der Informationen einen sehr großen Aufwand, der oft nicht vertretbar erscheint. Es muß bei der Verwendung dieser Methode davon ausgegangen werden, daß nicht alle relevanten Erlebnisse unverzerrt wiedergegeben werden. An dieser Stelle sei nur kurz auf Beurteilungsfehler durch Wahrnehmungsverzerrungen, wie den Halo-Effekt, den Nikolaus-Effekt usw. hingewiesen.

Darüber hinaus werden durch die Art der Befragung gewöhnliche Ereignisse nicht erfaßt. Diese spielen aber in der Beurteilung der Dienstleistungsqualität eine nicht unerhebliche Rolle. Trotzdem kann die CIT als zusätzliches Meßinstrument für Detailinformationen eingesetzt werden. Durch den Rückgriff auf eine Stichprobenauswahl kann auch der Aufwand zur Informationserhebung und späteren -auswertung auf einem vertretbaren Niveau gehalten werden.

Die **Sequentielle Ereignismethode** ist ein Meßinstrument, bei dem der Dienstleistungsprozeß in mehrere Phasen eingeteilt wird. Dies erfolgt durch ein Blueprinting und durch Fotos von Kontaktpunkten zur Unterstützung der Erinnerung des Konsumenten *(Stauss/Hentschel 1990, S. 244ff.; Hentschel 1992, S. 169f.)*. Mit Hilfe offener Fragen werden Ablauf, Empfindungen sowie positive oder negative Beurteilungen generiert.

Die Aufzeichnung erfolgt, wie bei der CIT, schriftlich oder auf Tonband. Diese phasenorientierte Befragung erfordert die Zerlegung des gesamten Dienstleistungsprozesses in mehrere Teile, zu denen einzelne emotional gedankliche Abläufe beim Konsumenten generiert werden sollen. Die Sequentielle Ereignismethode erfaßt die Dienstleistungsqualität vollständiger als die CIT, da auch gewöhnliche Ereignisse erfaßt werden. Es muß jedoch festgestellt werden, daß die Anwendung dieser beiden Verfahren sehr hohe Kosten verursachen *(Meffert/Bruhn 1997, S. 219f.)*

Als weiteres Verfahren der ereignisorientierten Messung der Dienstleistungsqualität kann die **Frequenz-Relevanz-Analyse von Problemen (FRAP)** genannt werden *(Stauss/Hentschel 1991, S. 240ff.)*. Dieses schwächengerichtete Verfahren prüft an Hand von Merkmalen die Häufigkeit des Auftretens und die Relevanz eines Problems für den Kunden sowie seine beabsichtigte Reaktion. Der Leitgedanke des Verfahrens beruht auf der Feststellung, daß ein Problem um so gravierender ist, je häufiger es auftritt und je mehr Relevanz diesem Problem von den Konsumenten zugerechnet wird. Aus allen ermittelten Kundenproblemen wird eine Problemliste erstellt. Diese Liste wird nach Redundanz- und Relevanzgesichtspunkten komprimiert. Im dritten Schritt erfolgt die Zurechnung der anzunehmenden Relevanz zu den einzelnen Problemen. In der Auswertung der ermittelten Daten wird die Häufigkeit der Probleme mit der Relevanz multiplikativ verknüpft. Ebenso ist eine zweidimensionale graphische Darstellung der Einzelprobleme möglich. Eine Weiterentwicklung stellt das Paretodiagramm dar *(Bruhn 1994b, S. 6ff.; Stauss 1995b, S. 394)*. Allerdings werden auch hier positive Sachverhalte, die ebenfalls einen Beitrag zum Qualitätsempfinden leisten, nicht berücksichtigt.

Insgesamt stellen die ereignisorientierten Verfahren eine sinnvolle Ergänzung und Spezifizierung der Qualitätsmessung im Dienstleistungsbereich dar. Bei entsprechender Aufbereitung der einzelnen Methoden sind sie in der Lage, das Erleben der Dienstleistung in bestimmten Kundenkontaktsituationen besser abzubilden. Sie besitzen auch für die Messung der internen Dienstleistungsqualität besondere Bedeutung.

4. Ansatzpunkte zur Messung der internen Dienstleistungsqualität

4.1 Anforderungen an die Meßmethoden

Zur Prüfung der Eignung der dargestellten Verfahren zur Messung der externen Dienstleistungsqualität im Hinblick auf eine Messung der internen Dienstleistungsqualität empfiehlt es sich, Anforderungskriterien für die Eignungsprüfung zugrundezulegen. In Anlehnung an die Diskussion im Dienstleistungsmarketing *(Meffert/Bruhn 1997, S. 207)* sollen dafür die folgenden **Kriterien** herangezogen werden:

- ☐ **Relevanz**: Verfügen die gemessenen Eigenschaften oder Ereignisse über eine Relevanz für den Mitarbeiter oder das Unternehmen in Bezug auf die Beurteilung und Inanspruchnahme der internen Dienstleistung?
- ☐ **Vollständigkeit:** Werden mit dem jeweiligen Verfahren alle vom Mitarbeiter oder Unternehmen für relevant gehaltenen Kriterien erfaßt?
- ☐ **Aktualität:** Spiegeln die Ergebnisse der Messung der internen Dienstleistungsqualität den aktuellen Stand der Qualität wider?
- ☐ **Eindeutigkeit:** Gewähren die Meßergebnisse eindeutige Rückschlüsse auf die Qualitätseinschätzung durch den Mitarbeiter?
- ☐ **Umsetzbarkeit:** Lassen sich aus den Ergebnissen direkt Folgerungen ableiten, um sie in einem Qualitätsmanagement umsetzen?
- ☐ **Validität:** Können Hemmungen oder andere Antwortverfälschungen der Beurteiler bei der Messung der internen Dienstleistungsqualität weitgehend ausgeschlossen werden?
- ☐ **Kosten:** Ist der materielle und personelle Aufwand zur Messung der internen Dienstleistungsqualität und zur Auswertung der Ergebnisse gerechtfertigt? Stehen Aufwand und Nutzen in einem klaren Verhältnis?

Diese Kriterien sollen die Grundlage für die Beurteilung der Verfahren zur Messung der internen Dienstleistungsqualität bilden. In Einzelfällen ist zu prüfen, je nach Art der Unternehmung bzw. der internen Dienstleistungen, ob diese Kriterien genügen oder weitere Kriterien gebildet werden müssen. Neben den oben dargestellten Verfahren zur Messung der externen Dienstleistungsqualität sollen dabei noch weitere Verfahren Erwähnung finden, die zur internen Qualitätsmessung herangezogen werden können.

4.2 Einsatz von Meßmethoden

Die Messung der internen Dienstleistungsqualität kann aus verschiedenen Perspektiven erfolgen. Einen Überblick über die verschiedenen Sichtweisen (Sicht des internen Lieferanten und des internen Kunden) sowie die einzelnen Meßmethoden (strukturiert nach verschiedenen Merkmalen) gibt Abbildung 4.

4.2.1 Messung aus Sicht der internen Lieferanten

Ein erster Ansatz besteht darin, den **Anbieter interner Dienstleistungen** näher zu betrachten. Eine Messung der (internen) Dienstleistungsqualität aus Sicht der (internen) Lieferanten legt einen Schwerpunkt auf die **Potentialdimension der Qualität**. Dieses Vorgehen stellt grundsätzlich eine Form der Qualitätsmessung dar, wenn man sie auch als eine Art von Sonderform bezeichnen kann *(Donabedian 1980, S. 79ff.)*. Im Mittelpunkt steht dabei die **Erfassung von objektiven Sachverhalten** des internen Lieferanten. Diese können weiter differenziert werden in personelle, finanzielle und technische Komponenten:

- □ **Personelle Komponenten** stellen die Ausstattung des internen Lieferanten mit Personal und dessen Qualifikation in den Vordergrund. Als Indikatoren werden Anzahl der Mitarbeiter, Ausbildungsstand, Art und Umfang der Maßnahmen zur Personalentwicklung u.a.m. zu nennen.
- □ **Finanzielle Komponenten** geben die Ausstattung des internen Lieferanten mit Geldmitteln wieder. Hier handelt es sich i.d.R. um die Höhe des Budgets eines(r) Mitarbeiters/Abteilung/Filiale, um die anstehenden Aufgaben zu bewältigen.
- □ **Technische Komponenten** zeigen die Ausstattung mit technischen Hilfsmitteln einer Abteilung oder Niederlassung (z.B. Anzahl von Labors, Fahrzeugen, Computer u.a.m.).

Als **Meßmethoden** für eine Qualitätsmessung aus Sicht des internen Lieferanten stehen die in Abbildung 4 aufgeführten Verfahren zur Verfügung. Sie können für die interne Dienstleistungsqualität wie folgt eingesetzt werden:

- □ **Globale Eigenbewertung**: Relativ undifferenziert ist eine Selbsteinschätzung der Qualität durch die Mitarbeiter, Abteilungen oder Filialen. Hier sind Fehlwahrnehmungen zu erwarten, die das eigene Bild von der Leistungsqualität eher positiv darstellen.

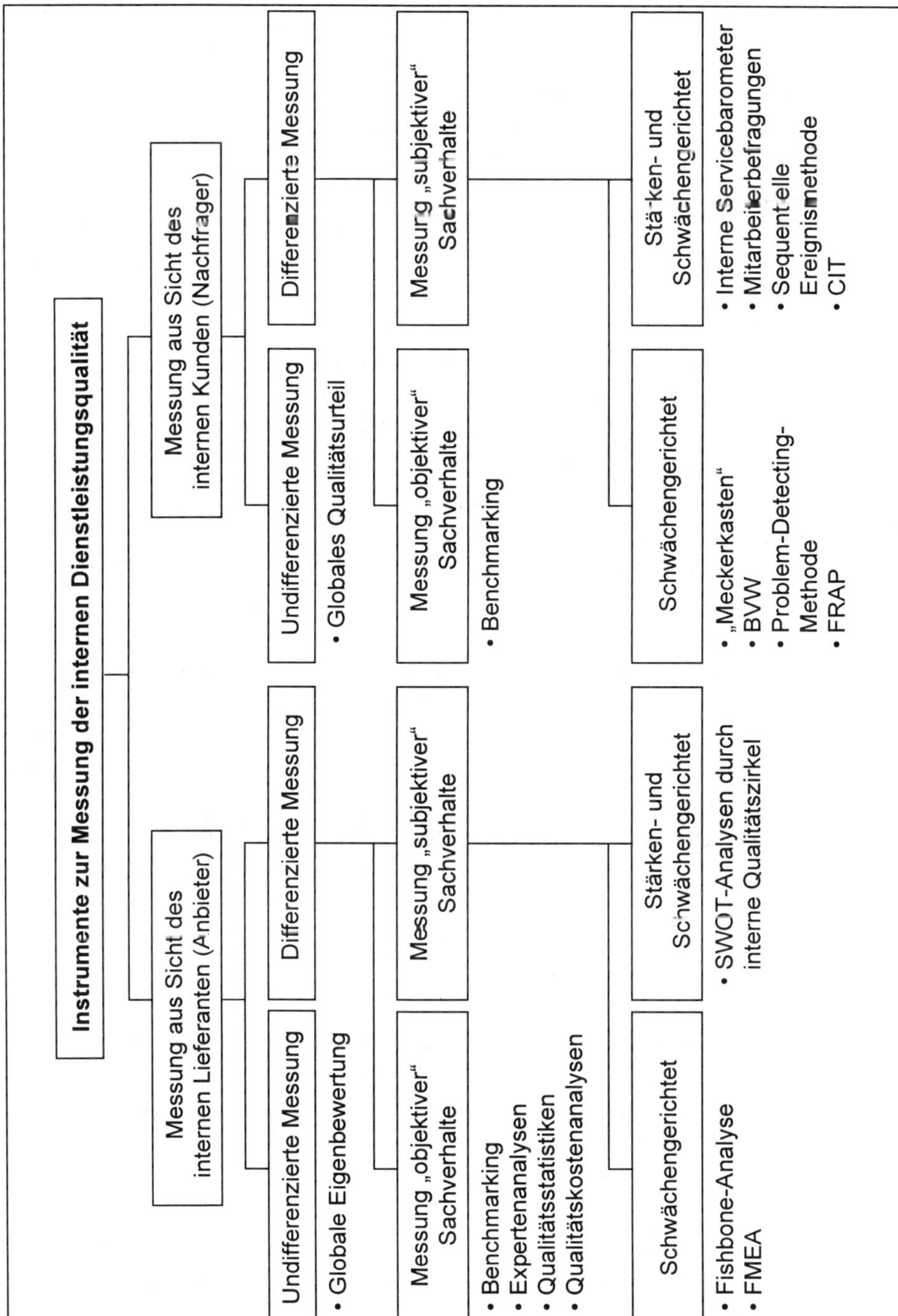

Abbildung 4: Instrumente zur Messung der internen Dienstleistungsqualität

- **Benchmarking**: Einen Versuch zur „Objektivierung" der eigenen Leistungsfähigkeit stellt das Benchmarking dar, indem der interne Lieferant an Hand ausgewählter Qualitätsmerkmale die eigene Leistungsfähigkeit mit den Leistungen anderer Unternehmen oder externer Anbieter vergleicht. Dabei ist vor allem auf Vollständigkeit der Qualitätsmerkmale zu achten.
- **Expertenanalysen**: Durch die Einbindung externer Experten (z.B. Unternehmensberater) können die Leistungsmerkmale von Abteilungen, Filialen o.ä. hinsichtlich ihres Erfüllungsgrades nicht durch die internen Lieferanten selbst, sondern durch unabhängige Dritte eingeschätzt werden. Diese Art von „Benchmarking" ist neutraler und wird unternehmensintern eher akzeptiert werden.
- **Qualitätsstatistiken**: Der interne Lieferant kann durch die Messung der Potentiale und Ergebnisse seiner Leistungen im Zeitablauf eigene Statistiken über ausgewählte Qualitätsmerkmale bzw. ausgewählte Indikatoren anfertigen. Bei einem Zeitvergleich kann auf Verbesserungen bzw. Verschlechterungen seiner Leistungen geschlossen werden (Qualitätsaudit).
- **Qualitätskostenanalysen**: Eine kostenorientierte Betrachtung liegt vor, wenn die relevanten Qualitätskosten (Fehlerverhütungs-, Prüf- und Fehlerkosten) für die intern erstellten Dienstleistungen identifiziert und problemspezifisch zugeordnet werden.
- **Fishbone-Analyse**: Bei komplexen internen Dienstleistungsprozessen können „fischgräten"-artig die Ursachen für ein zentrales internes Problem analysiert werden. Die Fishbone-Analyse ist im Prinzip eine strukturierte interne Schwachstellenanalyse. Ein Beispiel für die Fishbone-Analyse im internen Bereich ist in Abbildung 5 wiedergegeben.
- **Fehlermöglichkeits- und -einflußanalyse (FMEA)**: Die FMEA-Methode analysiert aus Sicht des internen Lieferanten die Wahrscheinlichkeit des Auftretens von Fehlern bei der Erstellung der internen Dienstleistung (z.B. Computerausfall, Mitarbeiterfluktuation) und deren Einfluß auf die Erstellung der Leistung. Hierbei können durch Antizipation der möglicherweise auftretenden Fehler zentrale Qualitätsmerkmale unter Kontrolle gehalten werden.
- **SWOT-Analysen durch interne Qualitätszirkel**: Im Rahmen interner Qualitätszirkel können die die interne Leistung erbringenden Mitarbeiter eine Stärken-Schwächen- und Chancen-Risiken-Analyse (SWOT-Analyse) durchführen. Hierbei empfiehlt es sich, auch interne Kunden und unabhängige Dritte in die SWOT-Analyse mit einzubeziehen.

Es bedarf keiner Begründung, daß aus der Erfassung von objektiven Sachverhalten nicht direkt auf die Qualität interner Dienstleistungen geschlossen werden kann, wenn die Erwartungen des internen Kunden und die aus seiner Sicht tatsächliche Erfüllung nicht erfaßt werden. Dennoch geben die selbst erstellten Informationen Auskunft über das Potential und die Möglichkeit zur Leistung einer hohen Qualität bei der Erstellung der internen Dienstleistung. Im Rahmen eines Qualitätsmanagements können hier Vorgaben innerhalb der Unternehmung vereinbart werden (z.B. Beantwortung von internen Anfragen, Bereitstellung von Informationen und Unterlagen usw. innerhalb einer bestimmten Zeiteinheit). Die Messung der Qualität beruht dann auf der **Kontrolle der Vorgaben**, wobei stets auch die Vorgaben zur Disposition stehen *(Franke 1994, S. 531)*. Es muß dabei überprüft werden, inwieweit die gewählten Vorgaben in der Lage sind, den geforderten Qualitätsstandard zu sichern. So können die Anforderungen des internen Kunden vorab gemessen werden, um entsprechende Vorgaben zu formulieren.

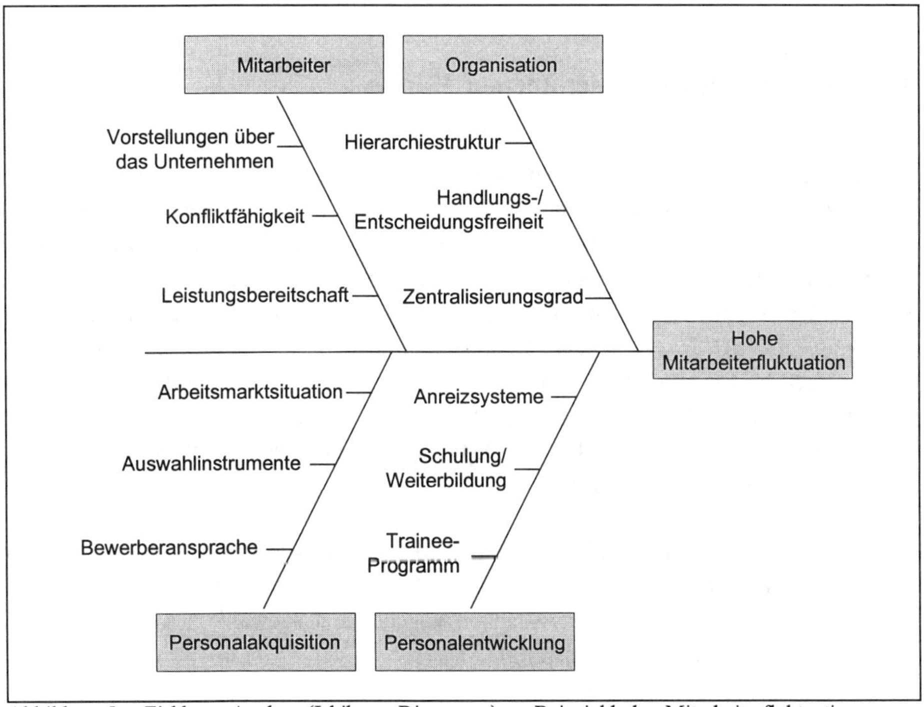

Abbildung 5: Fishbone-Analyse (Ishikawa-Diagramm) am Beispiel hoher Mitarbeiterfluktuation

Überprüft man die Messung der Qualität aus Sicht der internen Lieferanten an Hand „objektiver" Sachverhalte vor dem Hintergrund vorgegebener Anforderungskriterien, so muß festgestellt werden, daß das dargestellte Vorgehen nur über eine sehr geringe Qualitätsrelevanz verfügt. Von einer Vollständigkeit der ermittelten Daten kann hier nicht ausgegangen werden. Die so ermittelten Informationen verfügen zwar über eine hohe Aktualität in Bezug auf das Potential der internen Dienstleistungsqualität, doch lassen sich hieraus keine eindeutigen Rückschlüsse auf das Qualitätsmanagement ziehen. Es können lediglich Aussagen darüber getroffen werden, ob die Ausstattung mit personellen, finanziellen und technischen Ressourcen ausreichend ist, um die Vorgaben zu erfüllen. Eine Umsetzbarkeit im Rahmen des Qualitätsmanagements zur Verbesserung der internen Dienstleistungsqualität läßt sich aus diesen Daten nicht ableiten.

Dennoch sind diese Ansätze in der Praxis weit vertreten. Vielfach wird aus Vereinfachungsgründen durch Erhöhung oder Verminderung des Personals, der Budgets und der technischen Mittel über das Niveau der Erbringung interner Dienstleistungen entschieden. Insgesamt ist die Nutzung solcher Ansätze jedoch Ausdruck einer sehr stark kostenorientierten Vorgehensweise und Denkhaltung des Managements.

4.2.2 Messung aus Sicht der internen Kunden

Ein zentraler Ansatz zur Messung der internen Dienstleistungsqualität besteht darin, den **Nachfrager interner Dienstleistungen** zu betrachten. Hierbei werden die Prozeß- und Ergebnisdimension der Qualität angesprochen. Die **Prozeßdimension** der internen Dienstleistungsqualität bezieht sich auf die Vorgänge während der Leistungserstellung. Hier werden in erster Linie die interaktionsbezogenen Anforderungen Gegenstand der Erhebung sein (z.B. Freundlichkeit, Entgegenkommen, Teamorientierung). Demgegenüber umfaßt die **Ergebnisdimension** der internen Dienstleistungsqualität eine Beurteilung der erbrachten Leistung am Ende des Dienstleistungsprozesses. Hierbei werden Qualitätsfaktoren wie Zeit, Umfang, Vollständigkeit usw. der erbrachten internen Prozesse Gegenstand der Messung sein.

Insgesamt umfassen die Qualitätsmerkmale der internen Kunden sowohl objektive (preisliche, physische, zeitliche und räumliche Merkmale) als auch subjektive Kriterien (Erwartungen, Einstellungen, Zufriedenheit gegenüber ausgewählten Merkmalen oder Ereignissen der internen Dienstleistung).

Diese Qualitätskriterien können mit verschiedenen Verfahren gemessen werden. Wie in Abbildung 4 dargestellt, können die folgenden **Verfahren zur Qualitätsmessung aus interner Kundensicht** herangezogen werden:

- ☐ **Erfassung eines globalen Qualitätsurteils**: Messung einer globalen Zufriedenheit mit der Leistung bestimmter Abteilungen. Diese Methode wird vielfach im Zusammenhang mit Mitarbeiterbefragungen eingesetzt. Die Ursachen für Qualitätsdefizite bei der Erbringung des internen Services werden hierdurch allerdings nicht erfaßt.

- **Benchmarking**: Auch die internen Kunden können ein Benchmarking betreiben, indem sie die erhaltenen Leistungen sowie die entsprechenden Kosten bei externen Anbietern vergleichen. Hierbei können insbesondere die „objektiven" Qualitätsmerkmale einem direkten Vergleich unterzogen werden.
- **„Meckerkasten"**: Durch die Einführung eines „Meckerkastens" kann den internen Kunden die Gelegenheit gegeben werden, spontan und auch anonym ihre Kritik an bestimmten Qualitätsmerkmalen und auch Mitarbeiter des internen Lieferanten zu äußern.
- **Betriebliches Vorschlagswesen (BVW)**: Mit der Institutionalisierung eines betrieblichen Vorschlagswesens sind Möglichkeiten der Behebung von Qualitätsmängeln auf Vorschlag der internen Kunden gegeben. Dieses Instrument kann direkt bei einer Abteilung oder auch im Rahmen von Mitarbeiterzeitschriften erfaßt werden.
- **Problem-Detecting-Methode**: Erfassung einer Problemliste bei den internen Kunden und Erstellung einer Problemdringlichkeitsliste.
- **Frequenz-Relevanz-Analyse für Probleme (FRAP)**: Sammlung von internen Kundenproblemen und Gegenüberstellung in einer Problemrelevanz/Problemfrequenz-Matrix. Ein Beispiel für den internen Bereich zeigt Abbildung 6.

Abbildung 6: Frequenz-Relevanz-Analyse (FRAP) am Beispiel des Servicecenters „Buchhaltung"

- **Interne Kunden(Mitarbeiter-)befragungen**: Im Zusammenhang mit den multiattributiven Verfahren (Einstellungs- und Zufriedenheitsmessungen) können durch die Befragungen der internen Kunden die Qualitätsmerkmale direkt erfaßt werden, es handelt sich also um eine Art von „Kundenbefragungen". Dabei können sowohl Erwartungen an die Leistung als auch die tatsächliche Erfüllung der Qualitätsanforderungen durch den internen Lieferanten erfaßt werden. Schließlich ist auch die Erhebung von Zufriedenheiten über Teilqualitäten möglich. Durch einen Vergleich der Qualitätsmerkmale verschiedener Mitarbeiter, Abteilungen oder Filialen können auch interne Zufriedenheitsindices gebildet werden.

- ☐ **Interne Servicebarometer**: Interne Servicebarometer stellen die konsequente Weiterentwicklung und Zusammenführung der externen Zufriedenheitsmessung in Form Nationaler Kundenbarometer sowie interner Kundenbefragungen dar. Ausgehend vom Konzept Nationaler Kundenbarometer (vgl. *Bruhn/Murmann 1998, S. 49ff.*), die Kundenzufriedenheit sowie zentrale Erfolgsfaktoren in einem Land bzw. Wirtschaftsraum branchenübergreifend mittels periodischer Erhebungen durch eine neutrale Institution zu messen, fokussieren Interne Servicebarometer sämtliche relevanten internen Austauschbeziehungen zwischen unternehmensinternen Leistungsanbietern und Kunden.
- ☐ **Sequentielle Ereignismethode**: Bei stark interaktionsbezogenen internen Dienstleistungsprozessen (z.B. Personalbeschaffung, -schulung, Arbeit der Telefonzentrale) können an Hand eines Blueprints die internen Kundenkontaktsituationen mit deren relevanten Qualitätsmerkmalen erfaßt werden.
- ☐ **Critical-Incident-Technik (CIT)**: Erfassung von kritischen Ereignissen in Form von „Schlüsselerlebnissen", die den Interaktionsprozeß zwischen dem internen Kunden sowie internen Lieferanten betreffen und als besonders positiv oder negativ empfunden werden. Für den internen Bereich wird es sich dabei vielfach um Fragen des Führungs- und Kommunikationsstils handeln. Diese Schlüsselerlebnisse wird man in persönlichen Interviews in Erfahrung bringen.

Auch beim unternehmensinternen Einsatz dieser verschiedenen Analysen und Techniken kommt als **Art der Erhebung** eine schriftliche oder mündliche Erfassung in Frage (vgl. auch den Beitrag von *Domsch/Ladwig* in diesem Sammelband). Eine **schriftliche Befragung** empfiehlt sich insbesondere bei Mitarbeiterbefragungen als standardisierter Form von Einstellungs- und Zufriedenheitsmessungen. Sinnvoll erscheint dabei eine Ergänzung um Qualitätsmerkmale in Bezug auf bestimmte interne Dienstleistungen bzw. in Bezug auf ausgewählte Servicecenter (z.B. Personal, Buchhaltung). Von besonderer Bedeutung ist dabei auch die Frage der **Anonymisierung** der Untersuchung. Viele Unternehmen scheuen sich vor anonymen Befragungen, weil sie Befürchtungen hinsichtlich des Umfangs der Qualitätsdefizite und dem damit verbundenen Handlungsbedarf haben.

Die Verfahren der Qualitätsmessung werden wahrscheinlich häufiger durch **mündliche, persönliche Erhebungen** durchgeführt. So ist es insbesondere bei den schwächenorientierten Verfahren sinnvoll, im direkten Gespräch zwischen internem Lieferanten und Kunden die Qualitätsdefizite zu identifizieren und zu diskutieren.

In engem Zusammenhang mit der Art der Erhebung steht auch die Frage des **Trägers der Erhebung**. Hier bietet sich sowohl eine interne als auch eine externe Erhebung an. Die **interne** Erhebung wird man vor allem bei „problemfreien" Verfahren einsetzen, wenn nicht mit Antwortverzerrungen bei der Angabe von Qualitätsdefiziten zu rechnen ist. Demgegenüber sind **externe** Erhebungen in Erwägung zu ziehen, wenn aufgrund von Ängsten der Befragten keine Offenheit zu erwarten ist und das Management bzw. der interne Lieferant an einer schonungslosen Analyse der Qualitätssituation interessiert ist.

4.3 Würdigung der Meßmethoden

Bei einer Gesamtwürdigung der Methoden zur Messung der internen Dienstleistungsqualität kann festgestellt werden, daß zahlreiche Verfahren aus dem externen Dienstleistungsbereich auch für interne Zwecke eingesetzt werden können. Insbesondere die Verfahren

- Benchmarking,
- Expertenanalysen,
- Qualitätsstatistiken,
- Fishbone-Analyse,
- Fehlermöglichkeits- und -einflußanalyse (FMEA),
- Interne SWOT-Analyse,
- Betriebliches Vorschlagswesen (BVW),
- Problem-Detecting-Methode,
- Frequenz-Relevanz-Analyse von Problemen (FRAP),
- Interne Kunden-(Mitarbeiter-)befragungen,
- Interne Servicebarometer,
- Sequentielle Ereignismethode und
- Critical-Incident-Technik (CIT)

weisen eine große Bedeutung für die interne Qualitätsmessung auf.

Eine zusammenfassende Würdigung der einzelnen Verfahren zur Messung der internen Dienstleistungsqualität aus Sicht der internen Lieferanten und internen Kunden an Hand der oben aufgestellten Anforderungskriterien zeigt Abbildung 7.

	Kriterien / Meß-verfahren	Qualitäts-relevanz	Vollstän-digkeit	Aktualität	Ein-deutigkeit	Umsetz-barkeit	Validität	Kosten
Messung aus Sicht des internen Lieferanten	Benchmarking	Mittel	Bedingt	Bedingt	Hoch	Gering	Hoch	Gering bis mittel
	Experten-analysen	Mittel bis hoch	Hoch	Bedingt	Mittel	Mittel	Mittel	Gering bis mittel
	Qualitäts-statistiken	Mittel	Bedingt	Bedingt	Hoch	Mittel	Hoch	Mittel
	Fishbone-Analyse	Hoch	Mittel bis hoch	Bedingt	Mittel	Mittel bis hoch	Mittel	Mittel
	FMEA	Hoch	Hoch	Bedingt	Mittel bis hoch	Mittel bis hoch	Hoch	Mittel
	SWOT-Analyse	Mittel bis hoch	Mittel bis hoch	Bedingt	Mittel	Gering bis mittel	Mittel	Mittel
Messung aus Sicht des internen Kunden	BVW	Mittel	Gering	Mittel bis hoch	Gering bis mittel	Mittel	Mittel	Gering
	Problem-Detecting-M.	Hoch	Hoch	Bedingt	Mittel bis hoch	Mittel bis hoch	Hoch	Mittel
	FRAP	Hoch	Mittel	Bedingt	Mittel bis hoch	Gering bis mittel	Mittel	Mittel
	Interne Kunden-(Mitarb.)befrag.	Hoch	Mittel bis hoch	Bedingt	Mittel bis hoch	Mittel bis hoch	Mittel bis hoch	Mittel bis hoch
	Interne Service-barometer	Hoch	Hoch	Mittel	Mittel bis hoch	Mittel bis hoch	Mittel bis hoch	Mittel bis hoch
	Sequentielle Ereignismeth.	Mittel bis hoch	Hoch	Bedingt	Mittel bis hoch	Mittel bis hoch	Mittel	Mittel bis hoch
	CIT	Hoch	Mittel	Bedingt	Mittel bis hoch	Mittel bis hoch	Mittel	Mittel bis hoch

Abbildung 7: Würdigung der Verfahren zur Messung der internen Dienstleistungsqualität

5. Eignung des GAP-Modells zur Analyse von internen Dienstleistungen

Zur Analyse von Defiziten bei der Erstellung eines geforderten Niveaus der Dienstleistungsqualität wurde Mitte der achtziger Jahre das sogenannte **GAP-Modell** von *Parasuraman, Zeithaml und Berry (1985; Zeithaml/Berry/Parasuraman 1995)* entwickelt und hat im Rahmen der Diskussionen über das Dienstleistungsmarketing und das Interne Marketing in Wissenschaft und Praxis eine weite Beachtung gefunden. Das GAP-Modell hat in überzeugender Weise gezeigt, daß viele der Ursachen für eine schwach ausgeprägte externe Qualitätsorientierung eines Dienstleistungsunternehmens intern bedingt sind. Darüber hinaus sind die Bestimmungsfaktoren für das Auftreten von internen Defiziten umfassend analysiert worden.

Aufgrund der Struktur des GAP-Modells bietet es sich an, diese Analyse auch auf den Bereich der internen Dienstleistungsqualität zu übertragen. Ein auf dieser Basis modifiziertes GAP-Modell der internen Dienstleistungsqualität zeigt Abbildung 8.

5.1 Interpretation der GAPs für interne Dienstleistungen

Mit Bezug auf die **Erstellung von internen Dienstleistungen** können die einzelnen GAPs wie folgt interpretiert werden:

- **GAP 1**: Diskrepanz zwischen den Erwartungen der internen Kunden in Bezug auf die interne Dienstleistungsqualität und deren Wahrnehmung durch den internen Lieferanten.

  Das GAP 1 weist darauf hin, daß der interne Lieferant fehlende oder falsche Vorstellungen über die Bedeutung einzelner Qualitätsmerkmale aus Sicht des internen Kunden und das von ihm geforderte Leistungsniveau hat. Die Gründe dafür mögen vielfältig sein, z.B. eine unzureichende interne Marktforschung, eine fehlende Kommunikation zwischen den Mitarbeitern der internen Lieferanten- und Kundenabteilung, hierarchische Barrieren u.a. GAP 1 wird vor allem dann auftreten, wenn eine größere geographische Entfernung zwischen den Unternehmenseinheiten besteht (z.B. Mutter- und Tochtergesellschaften) und die Aufbauorganisation organisatorische Barrieren entstehen läßt (z.B. Konflikte zwischen Stabs- und Linienabteilungen).

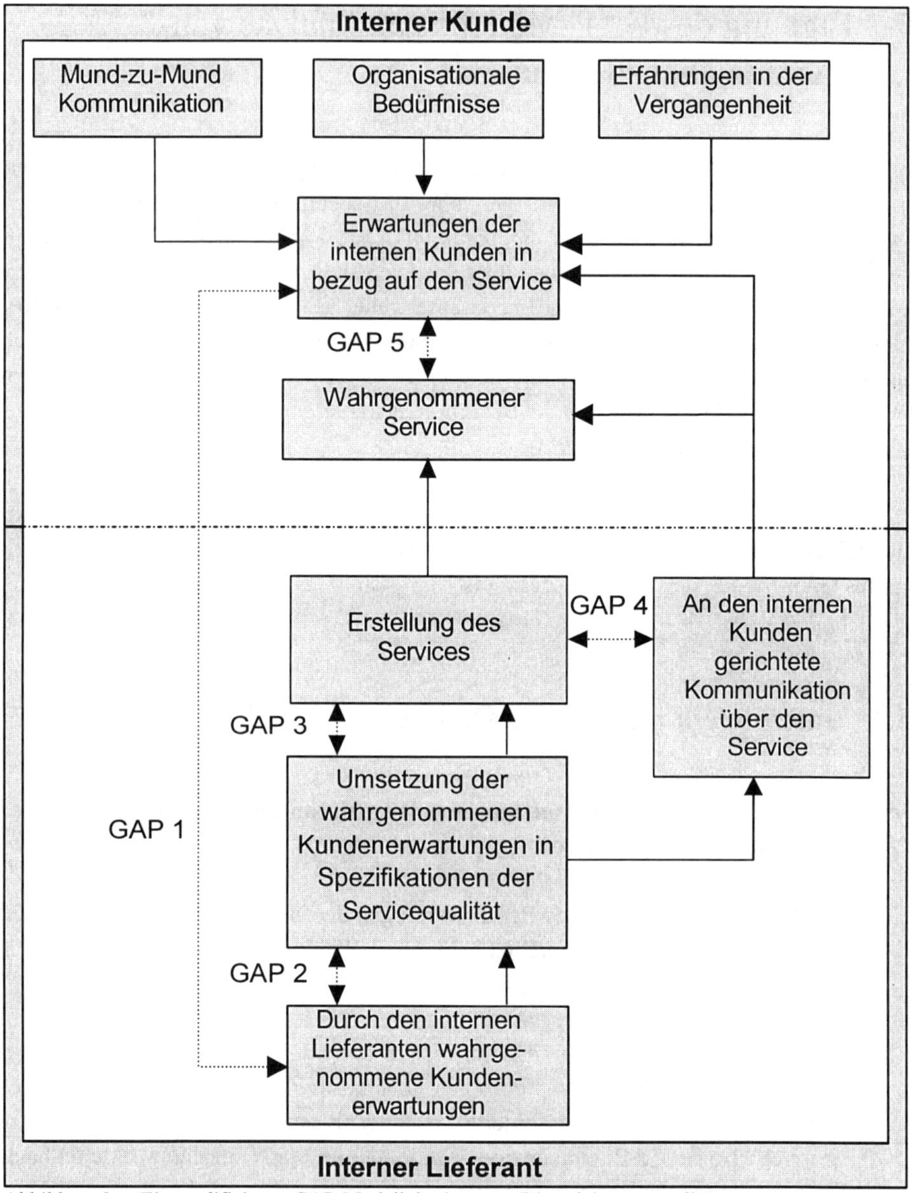

Abbildung 8: Ein modifiziertes GAP-Modell der internen Dienstleistungsqualität

- **GAP 2**: Diskrepanz zwischen den vom internen Lieferanten wahrgenommenen Erwartungen des internen Kunden und deren Umsetzung in Spezifikationen der internen Dienstleistungsqualität.

  Das GAP 2 analysiert die vom internen Lieferanten wahrgenommenen Erwartungen in Spezifikationen der internen Dienstleistungsqualität. Damit liegen in erster Linie Umsetzungsdefizite bei der Leitung des internen Lieferanten vor. Gründe dafür werden in der mangelnden Entschlossenheit der Leitung zur internen Kundenorientierung und zur Verpflichtung gegenüber einer erstklassigen Servicequalität sowie den mangelnden klaren Zielsetzung für Qualitätsstandards zur Erstellung der internen Dienstleistungsqualität liegen. Auch eine unzureichende Nutzung von Instrumenten und Verfahren zur Standardisierung der internen Serviceleistungen auf einem hohen Niveau sowie die Annahme (bzw. Fehlwahrnehmung) der Leitung, daß die Anforderungen der internen Kunden ohnehin nicht erfüllt werden können, sind mögliche Gründe für das Auftreten der Diskrepanzen.

- **GAP 3**: Diskrepanz zwischen den Spezifikationen der internen Dienstleistungsqualität und der tatsächlich erstellten Dienstleistung.

  Das GAP 3 spiegelt das Ausmaß wider, in dem das Personal des internen Lieferanten die interne Leistung nicht auf dem Niveau erbringt, das die Leitung gefordert hat. Auch hier können vielfältige Gründe vorliegen. Neben einer mangelnden Qualifikation der Mitarbeiter, falschen Kriterien bei der Leistungsüberwachung, mangelnder Teamarbeit, Rollenkonflikten bzw. einem unsicheren Rollenverständnis auf seiten der leistungserstellenden Mitarbeiter sind es vielfach auch interne Konflikte, Reibereien und Auseinandersetzungen zwischen den betroffenen Menschen, die die Leistungserbringung erschweren.

- **GAP 4**: Diskrepanz zwischen der tatsächlich erstellten internen Dienstleistung und der an den internen Kunden gerichtete Kommunikation über diese Dienstleistung.

  Das GAP 4 entsteht, wenn Erwartung und Wahrnehmung des internen Kunden bezüglich der Erstellung der internen Dienstleistungsqualität durch übertriebene Versprechungen in der internen Kommunikation oder auch durch fehlende Informationen so beeinflußt werden, daß eine Diskrepanz zwischen der versprochenen und tatsächlich erstellten Leistung entsteht. Ursachen für diese Diskrepanz können eine unzureichende direkte Kommunikation, eine Tendenz des internen Lieferanten zu übertriebenen Versprechungen u.a. sein.

- **GAP 5**: Diskrepanz zwischen den Erwartungen des internen Kunden und der wahrgenommenen Dienstleistung.

  Das GAP 5 entsteht durch das Vorliegen von GAP 1 bis 4. Es gibt die Diskrepanz zwischen den Erwartungen der internen Kunden und der tatsächlich vom internen Lieferanten erbrachten und vom Kunden wahrgenommen Leistung wieder. Zur Identifizierung von GAP 5 wurde von *Parasuraman, Zeithaml und Berry* ein Meßansatz entwickelt, der in der Lage ist, die Diskrepanzen branchenunabhängig zu erfassen (SERVQUAL-Modell). Es ist zu vermuten, daß die im SERVQUAL-Modell empirisch identifizierten Qualitätsdimensionen (Zuverlässigkeit, Reaktionsfähigkeit, Leistungsfähigkeit, Einfühlungsvermögen, Annehmlichkeit des tangiblen Umfeldes) auch für die interne Dienstleistungsqualität eine hohe Bedeutung aufweisen.

5.2 Würdigung des GAP-Modells

Es bleibt weiteren Forschungsarbeiten und Untersuchungen vorbehalten, die Arten der GAPs, die Bestimmungsfaktoren für die einzelnen Diskrepanzen, die Meßmethoden u.a.m. für die interne Dienstleistungsqualität zu identifizieren. Das von *Parasuraman, Zeithaml und Berry* entwickelte Modell gibt hier wertvolle Hinweise, sich mit den Ursachen für Qualitätsdefizite und deren Einflußgrößen zur Verbesserung und Sicherstellung der internen Dienstleistungsqualität auseinanderzusetzen.

Positiv hervorzuheben ist an Ansätzen dieser Art, daß eine systematische Auseinandersetzung mit den **Erwartungen an die interne Dienstleistungsqualität** auf ganz unterschiedlichen **Ebenen** erfolgt. Es werden die Erwartungen:

- der internen Kunden (die als Maßstab gelten),
- der Leitung des internen Lieferanten sowie
- der leistungserstellenden Mitarbeiter

erfaßt und gegenübergestellt.

Bei der Erhebung der GAPs im Unternehmen werden zahlreiche Defizite aufgedeckt, die voraussichtlich im Kommunikationsbereich, in der Rollendefinition, im Führungs- und Organisationsbereich u.a. liegen. Darüber hinaus werden auch die relevanten internen Qualitätsdimensionen identifiziert.

Einschränkend muß vermerkt werden, daß es verfehlt wäre, ein umfassendes, branchenübergreifendes und unternehmensweites GAP-Modell für die interne Dienstleistungsqualität zu entwickeln. Hier muß in Abhängigkeit von der Art der internen Dienstleistung eine Differenzierung erfolgen. Ebenso müssen die meßmethodischen Fragen (z.B. Art der Erfassung der Erwartungen durch Befragungen, Skalierung usw.) geklärt werden.

Insgesamt wird es zukünftig notwendig sein, die Grundgedanken des GAP- und SERVQUAL-Modells auch auf interne Prozesse zu übertragen. Der zur Sicherstellung der externen Dienstleistungsqualität entwickelte Modellansatz kann hier erste Hinweise geben. Aus den Ergebnissen der Analysen kann für verschiedene Unternehmenseinheiten ein internes Qualitätsmanagementsystem entwickelt werden.

6. Bedeutung der internen Dienstleistungen für ein Total Quality Management

Das **Total Quality Management (TQM)** unterstreicht die unternehmensweite Verwirklichung einer Qualitätsphilosophie, die auf eine Erhöhung der Kundenzufriedenheit gerichtet ist *(Jacobi 1993, S. 443;* vgl. auch die Beiträge von *Töpfer*, *Stauss/Neuhaus* und *Bühner/Horn* in diesem Sammelband*)*. Nach der Deutschen Gesellschaft für Qualität (Lenkungsausschuß Gemeinschaftsarbeit der Deutschen Gesellschaft für Qualität e.V. 1993) wird TQM wie folgt definiert:

Total Quality Management ist eine auf der Mitwirkung aller ihrer Mitglieder beruhende Führungsmethode einer Organisation, die Qualität in den Mittelpunkt stellt und durch Zufriedenheit der Kunden auf langfristigen Geschäftserfolg sowie auf Nutzen für die Mitglieder der Organisation und für die Gesellschaft zielt.

Im Mittelpunkt steht dabei der Gedanke einer **integrierten Qualitätssicherung** *(Bruhn 1995b, S. 41)*, das heißt:

- ☐ die Einbeziehung aller an der internen und externen Dienstleistung beteiligten Personen,
- ☐ die konsequente Orientierung des Dienstleistungsprozesses an den Qualitätsanforderungen sämtlicher interner und externer Kunden,
- ☐ die Übernahme einer Vorbildfunktion für die interne und externe Dienstleistungsqualität mit einem partizipativ-kooperativen Führungsstil des Managements.

In Erweiterung des bekannten TQM-Gedankens steht hier die Betrachtung der Dienstleistungsqualität aus interner Sicht im Mittelpunkt. Dabei ist die Umsetzung des TQM in einer der Bedeutung des Problems adäquaten Weise zu gewährleisten *(Töpfer 1992, S. 13ff.)*.

Jedes **Qualitätsmanagementsystem** wird als eine Art von Regelkreis aufgebaut. Nach DIN ISO 8402 sind beispielsweise vier Phasen vorgesehen:

(1) Qualitätsplanung,
(2) Qualitätslenkung,
(3) Qualitätsprüfung,
(4) Qualitätsmanagementdarlegung.

Diese Phasen lassen sich auch auf die Sicherstellung der internen Dienstleistungsqualität übertragen. In Abbildung 9 sind die **Phasen eines internen Qualitätsmanagementsystems** in einem Überblick dargestellt.

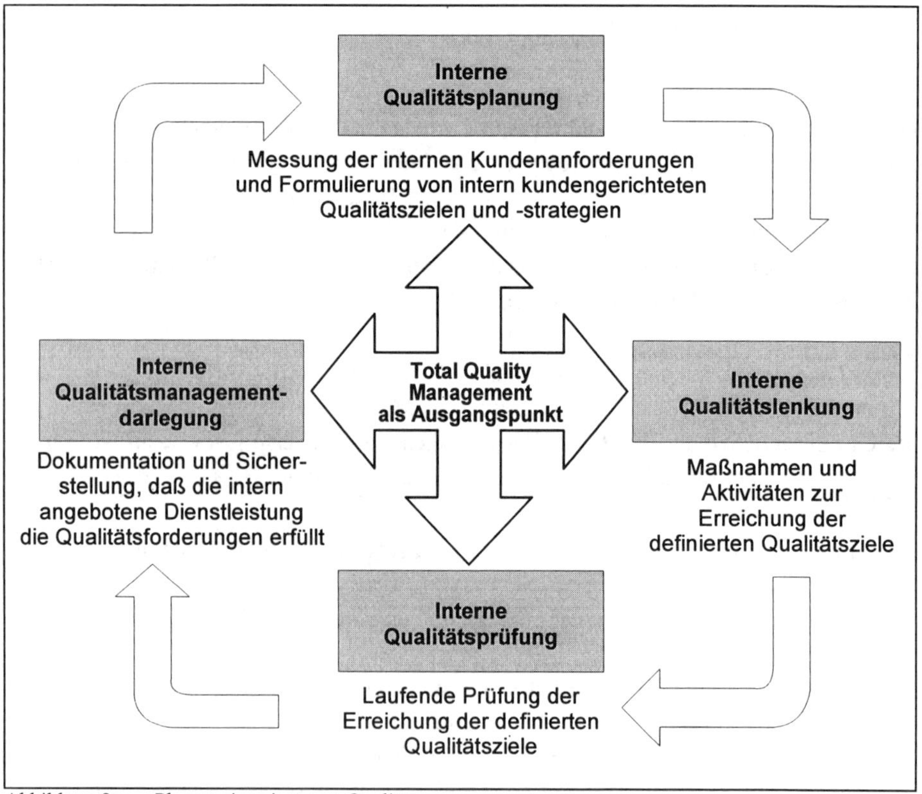

Abbildung 9: Phasen eines internen Qualitätsmanagementsystems

Ausgangspunkt eines umfassenden Qualitätsmanagements ist stets der Kunde des Unternehmens *(Stauss/Schulze 1990, S. 150)*. Die **Planung** der internen Leistungserstellung bezieht die Vereinbarung von internen Qualitätsstandards ein. Hierin wird festgelegt, welche Normen erfüllt werden müssen, wenn Leistungen für Mitarbeiter erstellt werden. Diese Maßnahmen bilden einen integralen Bestandteil der gesamten Unternehmensplanung *(Hilb 1993, S. 23ff.)*.

Zur **Lenkung** der internen Dienstleistungsqualität muß das Management seine Vorbildfunktion durch einen partizipativ-kooperativen Führungsstil dokumentieren *(Krüger 1994, S. 66ff.)*. Lenken bedeutet in diesem Zusammenhang, das Personal strategisch zu führen und organisatorische Voraussetzungen zu schaffen und zu erhalten. Der Manager wird zur Identifikationsperson, er muß in der Lage sein, Potentiale und Bedürfnisse der Mitarbeiter zu erkennen, sie zu fördern und in die konzeptionelle Arbeit zu integrieren *(Langecker 1993, S. 9f.)*.

Das Ziel der internen Qualitätslenkung durch die Personalführung ist es, hochmotivierte kundenorientierte Mitarbeiter zu gewinnen, zu entwickeln und zu binden *(Stauss 1995a, S. 264)*. Dies gilt aber nicht nur für die Mitarbeiter im Frontoffice, sondern auch für die Mitarbeiter im Backoffice. Auch die Lenkung der internen Dienstleistungsqualität muß ein integraler Bestandteil der Unternehmensstrategie sein. Sie ist darauf ausgerichtet, die vereinbarten Standards zu sichern und die realisierbaren Erwartungen der Mitarbeiter zu erfüllen. Sie muß aber auch einer Anspruchsinflation entgegenwirken. Die Implementierung der internen Servicequalität sollte deshalb nach Kompatibilitäts- und Akzeptanzgesichtspunkten erfolgen *(Reiß 1993, S. 551ff.)*.

Ein weiterer wesentlicher Bestandteil ist die **Prüfung** und Messung der internen Dienstleistungsqualität als Teil eines umfassenden Personalcontrollings *(Wunderer 1993b, S. 135ff.)*. Diese Prüfung gibt Aufschluß über die Ergebnisse der bisherigen Maßnahmen für die Mitarbeiter und ermöglicht es, daraus Rückschlüsse für eine Verbesserung der internen Dienstleistungen zu ziehen *(Momberger 1995, S. 557)*. Dabei ist auch an ein interaktives Servicecontrolling während des Leistungserstellungsprozesses zu denken.

Schließlich kann bei einem internen Qualitätsmanagement auch eine **Darlegung** der geleisteten internen Prozesse erfolgen. Hierbei wird der interne Lieferant eine gezielte Überprüfung der tatsächlich erstellten Servicequalität zum Abschluß einer Serviceleistung vornehmen, z.B. durch Qualitätsstatistiken, Erstellung von Richtlinien und Regeln für die Erstellung von internen Prozessen u.a.m.

Vor dem Hintergrund einer Vielzahl weicher Faktoren darf im Sinne der Potentialorientierung die Installation einer entsprechenden „Hardware“ nicht vernachlässigt werden. Das Management muß gewährleisten, daß bei der Personalbeschaffung und -auswahl geeignete Mitarbeiter akquiriert werden, daß diese Mitarbeiter mit entsprechenden Technologien ausgestattet werden und daß die organisatorischen Voraussetzungen zur Umsetzung der internen Serviceorientierung geschaffen werden *(Berthel 1991, S. 150ff.)*.

Die Bedeutung der internen Dienstleistungsqualität liegt in ihrer Wirkung auf die Komponenten des Wollens und Könnens bei den Mitarbeitern. Sie müssen den Anforderungen ihres Arbeitsplatzes gewachsen sein. Somit liegt ein Hauptteil der Verantwortung zur Beibehaltung der Qualifikation beim Mitarbeiter selbst *(Waldert 1993, S. 18f.; Corsten 1995, S. 195ff.)*. Der andere Teil ist Aufgabe des Managements. Diese muß dafür Sorge tragen, daß dem Mitarbeiter diese Möglichkeiten durch die Schaffung von sachlichen, personellen und organisatorischen Voraussetzungen gegeben sind *(Stauss/Hentschel 1991, S. 240ff.)*.

Hauptziel eines **internen Qualitätsmanagementsystems** muß es sein, durch den kontinuierlichen Einsatz von Instrumenten in den einzelnen Phasen die interne Dienstleistungsqualität sicherzustellen. Dabei können neben den hier genannten noch weitere Instrumente und Maßnahmen eingesetzt werden. Einen zusammenfassenden Überblick verschiedener Instrumente in den einzelnen Phasen des internen Qualitätsmanagements zeigt Abbildung 10.

Einen zusätzlichen Impuls für eine Verbesserung der Qualität interner Dienstleistungen kann durch eine Ausrichtung an den **Kriterien von Qualitätsauszeichnungen** erfolgen. So schlägt *Stauss* (*1995c, S. 64ff.*) vor, die Einzelkriterien des Malcolm Baldrige National Quality Award (MBNQA) zur „Kundenorientierung und Kundenzufriedenheit“ als Grundlage für eine interne Kunden- und Qualitätsorientierung zu verwenden. Diese Kriterien

- Customer expectations,
- Customer relationship management,
- Commitment to customers,
- Customer satisfaction determination,
- Customer satisfaction results,
- Customer satisfaction comparison

stellen einen umfassenderen und systematischen Ansatz für eine konsequente interne wie externe Kundenorientierung dar. Ähnlich ausgerichtet sind die Kriterien des Europäischen Modells für umfassendes Qualitätsmanagement (EFQM) (vgl. *Wunderer/v. Arx 1998, S. 36ff.* sowie den Beitrag von *Töpfer* in diesem Sammelband). Beide Konzepte eignen sich insbesondere auch für die Selbstbewertung (Self-Assessment) und sind dementsprechend geeignet, auch ohne die konkrete Bewerbung um einen Qualitätspreis Ansatzpunkte zur Verbesserung der internen Dienstleistungsqualität aufzuzeigen.

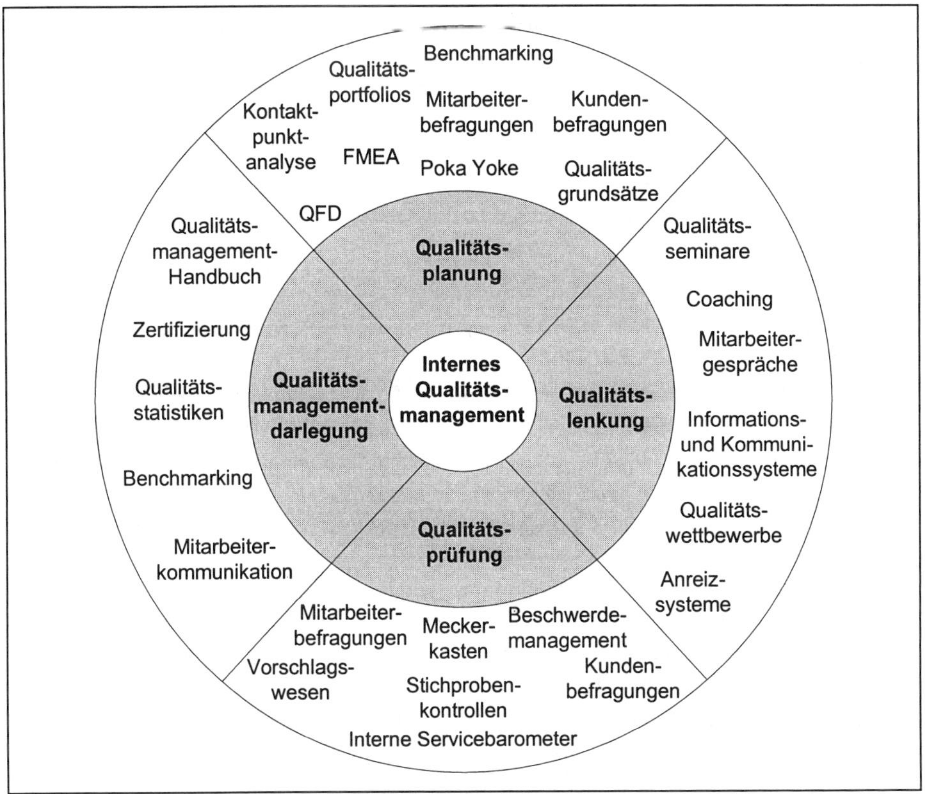

Abbildung 10: Instrumente in einzelnen Phasen des Qualitätsmanagements (Auswahl)

Dem **Internen Marketing** kommt bei einer unternehmensweiten Qualitätsstrategie eine besondere Bedeutung zu. Es stellt das Bindeglied zwischen dem Markt des Unternehmens und dem Markt in dem Unternehmen dar. Die Aufgabe der Sicherstellung der internen Dienstleistungsqualität auf dem angestrebten Qualitätsniveau muß immer vor dem Hintergrund der Kundenzufriedenheit erfolgen (vgl. auch *Grund 1998*). Sie ist in der Regel der Ausgangspunkt eines TQM sowie des eingerichteten Qualitätsmanagements. Jedoch muß auch gewährleistet sein, daß die internen Voraussetzungen zur Erstellung einer externen Leistung geschaffen werden. Der Qualität interner Dienstleistung kommt damit ein gleichrangiger Stellenwert im TQM zu. Durch ein systematisches internes Qualitätsmanagement können die Voraussetzungen für den Markterfolg geschaffen werden.

Bislang ist der Themenbereich der Messung und Verbesserung der Qualität interner Dienstleistungen in Wissenschaft und Praxis weitgehend vernachlässigt worden. Der vorliegende Beitrag sollte deutlich machen, daß die Konzepte, Methoden und Prinzipien aus dem externen Dienstleistungsmarketing weitgehend vorhanden sind. Es wird zukünftig darauf ankommen, daß sie auch im Rahmen eines Internen Marketing implementiert werden. Eine externe wie auch **„interne Servicekultur“** stellt dabei eine wichtige Voraussetzung dar.

Literaturverzeichnis

Benölken, H./Greipel, P. (1994): Dienstleistungsmanagement. Service als strategische Erfolgsposition, 2. Aufl., Wiesbaden.

Berthel, J. (1991): Personalmanagement. Grundzüge für Konzeptionen betrieblicher Personalarbeit, 3. Aufl., Stuttgart.

Bitner, M.J./Booms, B.H./Tetreault, M.S. (1990): The Service Encounter: Diagnosing Favorable and Unfavorable Incidents, in: Journal of Marketing, Vol. 54, No. 1, S. 71-84.

Bruhn, M. (1985): Marketing und Konsumentenzufriedenheit, in: Das Wirtschaftsstudium, 14. Jg., Nr. 6, S. 300-307.

Bruhn, M. (1994a): Bedeutung der Qualität für das Service- und Dienstleistungsmanagement, in: *Hansen, W./Jansen, H.H./Kamiske, G.F. (Hrsg.)*: Qualitätsmanagement im Unternehmen. Grundlagen, Methoden und Werkzeuge, Praxisbeispiele, Loseblatt-Sammlung, Kapitel 09.01, Berlin u.a., S. 1-8.

Bruhn, M. (1994b): Messung der Anforderungen an die Dienstleistungsqualität, in: *Hansen, W./ Jansen, H.H./Kamiske, G.F. (Hrsg.)*: Qualitätsmanagement im Unternehmen. Grundlagen, Methoden und Werkzeuge, Praxisbeispiele, Loseblatt-Sammlung, Kapitel 09.02, Berlin u.a., S. 1-31.

Bruhn, M. (1995a): Techniken und Methoden zur Sicherung und Förderung der Dienstleistungsqualität, in: *Hansen, W./Jansen, H.H./Kamiske, G.F. (Hrsg.)*: Qualitätsmanagement im Unternehmen. Grundlagen, Methoden und Werkzeuge, Praxisbeispiele, Loseblatt-Sammlung, Kapitel 09.03, Berlin u.a., S. 1-24.

Bruhn, M. (1995b): Qualitätssicherung im Dienstleistungsmarketing. Eine Einführung in die theoretischen und praktischen Probleme, in: *Bruhn; M./Stauss, B. (Hrsg.)*: Dienstleistungsqualität. Konzepte, Methoden, Erfahrungen, 2. Aufl., Wiesbaden, S. 19-46.

Bruhn, M. (1995c): Sicherstellung der Dienstleistungsqualität durch integrierte Kommunikation, in: *Bruhn; M./Stauss, B. (Hrsg.)*: Dienstleistungsqualität. Konzepte, Methoden, Erfahrungen, 2. Aufl., Wiesbaden, S. 161-187.

Bruhn, M. (1997): Qualitätsmanagement für Dienstleistungen. Grundlagen, Konzepte, Methoden, 2. Aufl., Berlin u.a.

Bruhn, M./Murmann, B. (1998): Nationale Kundenbarometer. Messung von Qualität und Zufriedenheit. Methodenvergleich und Entwurf eines Schweizer Kundenbarometers, Band 1 der Basler Schriften zum Marketing, *Bruhn, M. (Hrsg.)*, Wiesbaden.

Bühner, R. (1993): Der Mitarbeiter im Total Quality Management, Stuttgart.

Buzzell, R.D./Gale, B.T. (1989): Das PIMS-Programm, Wiesbaden.

Corsten, H. (1995): Externalisierung und Internalisierung als strategische Optionen von Dienstleistungsunternehmungen, in: *Bruhn, M./Stauss, B. (Hrsg.)*: Dienstleistungsqualität. Konzepte, Methoden, Erfahrungen, 2. Aufl., Wiesbaden, S. 189-206.

Davis, T.R.V. (1992): Internal service operations. Strategies for increasing their effectiveness and controlling their cost, in: Organizational Dynamics, Vol. 20, Autumn, S. 5-22.

Davis, T.R.V: (1993): Managing Internal Service Delivery in Organizations, in: *Swartz, T.A./ Brown, D.E./Bowen, S.W. (Hrsg.)*: Advances in Services Marketing, Vol. 2, Greenwich, S. 301-321.

v. Diemer, R. (1994): Motivation, in: *Masing, W. (Hrsg.)*: Handbuch Qualitätsmanagement, 3. Aufl., München/Wien, S. 1061-1074.

Donabedian, A. (1980): The Definition of Quality and Approaches to its Assessment, Vol. 1-3, Ann Arbor.

Franke, H. (1994): Qualitätsmanagement bei Zulieferungen, in: *Masing, W. (Hrsg.)*: Handbuch Qualitätsmanagement, 3. Aufl., München/Wien, S. 531-551.

Groth, U./Hentze, J./Kammel, A. (1993): Personalmanagement-Audit. Instrument zur Steuerung des Wandels, in: Gablers Magazin, 7. Jg., Nr. 9, S. 17-20.

Grund, M.A. (1998): Interaktionsbeziehungen im Dienstleistungsmarketing. Zusammenhänge zwischen Zufriedenheit und Bindung von Kunden und Mitarbeitern, Band 4 der Basler Schriften zum Marketing, *Bruhn, M. (Hrsg.)*, Wiesbaden.

Hentschel, B. (1990): Die Messung wahrgenommener Dienstleistungsqualität mit SERVQUAL. Eine kritische Auseinandersetzung, in: Marketing ZFP, 12. Jg., Nr. 4, S. 230-240.

Hentschel, B. (1992): Dienstleistungsqualität aus Kundensicht. Vom merkmals- zum ereignisorientierten Ansatz, Wiesbaden.

Hentschel, B. (1995): Multiattributive Messung von Dienstleistungsqualität in: *Bruhn, M./ Stauss, B. (Hrsg.)*: Dienstleistungsqualität. Konzepte, Methoden, Erfahrungen, Wiesbaden, 2. Aufl., S. 347-378.

Hilb, M. (1993): Potential beurteilen, in Personalwirtschaft, 20. Jg., Nr. 11, S. 23-26.

Hilke, W. (1989): Grundprobleme und Entwicklungstendenzen des Dienstleistungs-Marketing, Wiesbaden.

Jacobi, J.-M. (1993): Qualitätsmanagement, in: *Strutz, H. (Hrsg.)*: Handbuch Personalmarketing, 2. Aufl., Wiesbaden, S. 443-455.

Kreuter, A. (1998): Interne versus externe Leistungsabwicklung in Profit-Center-Organisationen. Ein Blick hinter die Kulissen, in: Zeitschrift für betriebswirtschaftliche Forschung, 50. Jg, Nr. 6, S. 573-587.

Kroeber-Riel, W./Weinberg, P. (1996): Konsumentenverhalten, 6. Aufl., München.

Krüger, W. (1994): Organisation der Unternehmung, 3. Aufl., Stuttgart.

Langecker, F. (1993): Stehend k.o. – oder golden handshake, in: Personalwirtschaft, 20. Jg. Nr. 12, S. 9-10.

Masing, W. (1994): Das Unternehmen im Wettbewerb, in: *Masing, W. (Hrsg.)*: Handbuch Qualitätsmanagement, 3. Aufl., München/Wien, S. 3-16.

Meffert, H./Bruhn, M. (1997): Dienstleistungsmarketing. Grundlagen, Konzepte, Methoden, mit Fallbeispielen, 2. Aufl., Wiesbaden.

Momberger, W. (1995): Qualitätssicherung als Teil des Dienstleistungsmarketing. Das Steigenberger Qualitäts- und Beschwerdemanagement, in: *Bruhn; M./Stauss, B. (Hrsg.)*: Dienstleistungsqualität. Konzepte, Methoden, Erfahrungen, 2. Aufl., Wiesbaden, S. 551-562.

Parasuraman, A./Zeithaml, V.A./Berry, L.L. (1985): A Conceptual Model of Service Quality and Its Implications for Future Research, in: Journal of Marketing, Vol. 49, No. 4, S. 41-51.

Porter, M. (1989): Wettbewerbsvorteile. Spitzenleistungen erreichen und behaupten, Frankfurt am Main.

Reich, K.H. (1993): Personalmarketingkonzeption, in: *Strutz, H. (Hrsg.)*: Handbuch Personalmarketing, 2. Aufl., Wiesbaden, S. 164-178.

Reiß, M. (1993): Führungsaufgabe „Implementierung“, in: Personal, 45. Jg., Nr. 12, S. 551-555.

Reynoso, J./Moores, B. (1997): Operationalising the Quality of Internal Support Operations in Service Organisations, in: *Swartz, T.A./Bowen, D.E./Iacobucci, D. (Hrsg.)*: Advances in Services Marketing and Management, Vol. 6, Greenwich, S. 147-170.

Sayles, L.R. (1964): Managerial Behavior, New York.

Stauss, B. (1989): Beschwerdepolitik als Instrument des Dienstleistungsmarketing, in: Jahrbuch der Absatz- und Verbrauchsforschung, 35. Jg., Nr. 1, S. 41-62.

Stauss, B. (1995a): Internes Marketing als personalorientierte Qualitätspolitik, in: *Bruhn, M./Stauss, B. (Hrsg.)*: Dienstleistungsqualität. Konzepte, Methoden, Erfahrungen, Wiesbaden, 2. Aufl., S. 257-276.

Stauss, B. (1995b): „Augenblicke der Wahrheit“ in der Dienstleistungserstellung – ihre Relevanz und ihre Messung mit Hilfe der Kontaktpunkt-Analyse, in: *Bruhn, M./Stauss, B. (Hrsg.)*: Dienstleistungsqualität. Konzepte, Methoden, Erfahrungen, Wiesbaden, 2. Aufl., S. 379-399.

Stauss, B. (1995c): Internal Services. Classification and Quality Management, in: International Journal of Service Industry Management, Vol. 6, No. 2, S. 62-78.

Stauss, B./Hentschel, B. (1990): Verfahren der Problementdeckung und -analyse im Qualitätsmanagement von Dienstleistungsunternehmen, in: Jahrbuch der Absatz- und Verbrauchsforschung, 36. Jg., S. 232-259.

Stauss, B./Hentschel, B. (1991): Dienstleistungsqualität, in: Wirtschaftswissenschaftliches Studium, 20. Jg., Nr. 5, S. 238-244.

Stauss, B./Schulze, H.S. (1990): Internes Marketing, in: Marketing ZFP, 12. Jg., Nr. 3, S. 149-158.

Stauss, B./Seidel, W. (1998): Beschwerdemanagement. Fehler vermeiden, Leistung verbessern, Kunden binden, 2. Aufl., München/Wien.

Töpfer, A. (1992): Total Quality Management der Schlüssel zum Erfolg, in: Personalwirtschaft, 19. Jg., Nr. 8, S. 12-16.

Waldert, H. (1993): Sicherung des Erfolgsfaktors „Personal": Wer entwickelt Personal?, in: Gablers Magazin, 7. Jg., Nr. 9, S. 17-20.

Witt, F.J. (1985): Marketing für innerbetriebliche Leistungen, in: Betriebswirtschaftliche Forschung und Praxis, 37. Jg., Nr. 2, S. 162-175.

Witt, F.J. (1988): Die Typologisierung unternehmensinterner Leistungen, in: Zeitschrift für Betriebswirtschaft, 58. Jg., Nr. 7, S. 660-682.

Wunderer, R. (1993a): Thesen zum Personalwesen 2000: Tendenzen im Personalmanagement in Deutschland, in: Organisationsforum Wirtschaftskongreß e.V. OFW (Hrsg.), Die Ressource Mensch im Mittelpunkt innovativer Unternehmensführung, Wiesbaden.

Wunderer, R. (1993b): Personal-Controlling, in: *Strutz, H. (Hrsg.)*: Handbuch Personalmarketing, 2. Aufl., Wiesbaden, S. 135-145.

Wunderer, R./v. Arx, S. (1998): Personalmanagement als Wertschöpfungs-Center. Integriertes Organisations- und Personalentwicklungskonzept, Wiesbaden.

Zeithaml, V.A./Berry, L.L./Parasuraman, A. (1995): Kommunikations- und Kontrollprozesse bei der Erstellung von Dienstleistungsqualität, in: *Bruhn, M./Stauss, B. (Hrsg.)*: Dienstleistungsqualität. Konzepte, Methoden, Erfahrungen, Wiesbaden, 2. Aufl., S. 131-160.

Zeithaml, V.A./Parasuraman, A./Berry, L.L. (1992): Qualitätsservice, Frankfurt am Main/New York.

Summary

This article deals with the quality of internal services. It is shown that a wide range of methods and tools measuring the external service quality is existing in theory and practice. These methods can also be used successfully for the measurement of the quality of internal services. The methods are analysed from the perspective of „internal suppliers" of services as well as from the perspective of „internal customers". Furthermore the possibilities of using the GAP- and SERVQUAL-Models within this context are reflected.

Finally the article discusses the relevance of internal service quality for the concept of a „Total Quality Management" (TQM). Recommendations for establishing an „internal quality management system" are given.

Kundenorientiertes Rechnungswesen als Beispiel für interne Kunden-Lieferanten-Beziehungen

von Christian Homburg und Jürgen Weber

Univ.-Prof. Dr. Christian Homburg, Inhaber des Lehrstuhls für ABWL und Marketing I, Universität Mannheim.
Univ.-Prof. Dr. Jürgen Weber, Inhaber des Lehrstuhls für Controlling und Logistik, WHU Koblenz – Otto-Beisheim-Hochschule –, Vallendar.

1. Kundenorientierung des Rechnungswesens – ein weißes Feld

Das Rechnungswesen zählt zu den Kristallisationskernen der Betriebswirtschaftslehre. Nahezu alle bedeutenden Wissenschaftler unseres Fachs haben sich mit Rechnungslegungsfragestellungen befaßt. BWL-Studenten müssen an den Hochschulen durchweg Buchführungskurse belegen. In der Praxis verlangt ein Ingenieur von jedem ausgebildeten Kaufmann monetäres Bewertungs-Know-how. Die Beschäftigung mit Märkten und Kunden hat dagegen immer noch eher den Charakter einer – wenn auch wichtigen – betriebswirtschaftlichen Spezialisierung. Analysiert man die Fächerkombinationen im Hauptstudium, so trifft man nur vergleichsweise selten auf das Nebeneinander von Marketing und Rechnungswesen im Diplomzeugnis. Dies gilt auch für die Forschung: „Zwischen Marketingwissenschaftlern und Wissenschaftlern, die sich mit Controlling befassen, gibt es nach unseren Beobachtungen viel zu wenige Kooperationen“ (*Homburg/Daum 1997, S. 22f.*).

Hiermit mag der erste Grund dafür offengelegt sein, warum das Feld „Kundenorientierung des Rechnungswesens“ bis dato nur sehr wenig bearbeitet wurde. Ein anderer Grund resultiert aus den für das Rechnungswesen geltenden **Rahmenbedingungen**: Zumindest für die externe Rechnungslegung (Bilanz und Gewinn- und Verlustrechnung) gilt eine sehr weitreichende rechtliche (Fremd-)Bestimmung; in Deutschland geben sowohl das Handels- als auch das Steuerrecht sehr weitgehende Regelungen zu Gestalt und Inhalt der auszuweisenden Zahlen vor. Umfang und Grad der Regelung sind zwar international unterschiedlich, aber dennoch durchweg restriktiv. Es ist leicht nachzuvollziehen, weshalb einem Accountant das Wort „Kunde“ nicht einfällt, wenn er vor einer Steuerprüfung steht oder den Jahresabschluß von einem Wirtschaftsprüfer testieren lassen muß.

Ähnliches gilt für die Kostenrechnung. Sie wurde in ihrem historischen Kern primär für die opportunistische Beeinflussung externer Marktpartner gestaltet (ausführlich *Weber 1997a, S. 7ff.*). Daneben diente sie lange Zeit als Kontrollinstrument der Instanz gegenüber dezentralen Einheiten. Interne Märkte für Kostenrechnungsinformationen fehlten.

Dennoch: Aktuell ist eine deutliche Veränderung in den Unternehmen festzustellen. Mehrere **Entwicklungen** sind hierfür maßgebend:

- Gemeinkostenbereiche werden zunehmend reorganisiert und „verschlankt" („Systems Reengineering", „Prozeßorganisation", „Lean Management"). Dies geht auch am Rechnungswesen nicht vorbei.
- Unternehmen beschränken sich zunehmend auf ihre Kernkompetenzen. Das Rechnungswesen zählt hierzu nur selten. Outsourcing ist auch dort keine unbekannte Vokabel mehr (z.B. Auslagerung der Buchführung nach Singapur).
- Programme zur internen Kundenorientierung machen nicht beim Rechnungswesen halt. Fragen nach Service, Produkten und Preisen werden Accountants und Controllern immer häufiger gestellt.
- Die Shareholder-Value-Bewegung läßt auch für das externe Rechnungswesen den Begriff des „Kunden" (in Form des potentiellen oder tatsächlichen Investors) zentral bedeutsam werden.

Kundenorientierung des Rechnungswesens gewinnt somit an Bedeutung. Die externe Rechnungslegung ist davon grundsätzlich ebenso betroffen wie die Kostenrechnung – auch deshalb, weil beide Rechenkreise in vielen Großunternehmen derzeit immer stärker zusammenwachsen (*Weber/Weißenberger 1998*). Dennoch soll im folgenden die Kostenrechnung im Vordergrund der Ausführungen stehen. Als fakultative Rechnung leitet sie sich gänzlich aus Kundennutzen ab (bzw. sollte dies); zudem ist sie sehr weitgehend den Wünschen der internen Kunden entsprechend (um)gestaltbar.

2. Stand der internen Kundenorientierung der Kostenrechnung

Klagen darüber, daß die Kostenrechnung zu wenig auf die **Bedürfnisse** ihrer Adressaten eingeht, haben in den letzten Jahren deutlich zugenommen (im Überblick *Weißenberger 1997, S. 56f.*). Empirisches Wissen über Art und Ausmaß dieser Defizite fehlte aber bislang. Vor diesem Hintergrund wurde im Zeitraum von Ende 1997 bis Anfang 1998 in Zusammenarbeit des Lehrstuhls für Marketing und des Lehrstuhls für Controlling an der WHU Koblenz eine umfassende empirische Untersuchung durchgeführt. Ziel der Koblenzer Studie war es, einen Einblick in die interne Kundenorientierung der Kostenrechnung in deutschen Industrieunternehmen zu gewinnen (vgl. hierzu auch *Homburg/Weber/Aust/Karlshaus 1998*).

Im einzelnen beschäftigte sich diese Untersuchung mit der Beantwortung folgender **Fragestellungen**: Zunächst sollten der Grad der internen Kundenorientierung der

Kostenrechnung in deutschen Industrieunternehmen und mögliche Defizite bei der Orientierung an Bedürfnissen der unternehmensinternen Kunden bestimmt werden. Darüber hinaus sollten die Konsequenzen analysiert werden, die sich aus den bestehenden Defiziten bei der internen Kundenorientierung der Kostenrechnung ergeben. Auf der Basis dieser Analyse sollten schließlich Handlungsempfehlungen zur verstärkten Ausrichtung der Kostenrechnung an den Informationsbedürfnissen der internen Kunden identifiziert werden.

2.1 Datenerhebung

Um ein möglichst umfassendes und genaues Bild der Kundenorientierung der Kostenrechnung zu gewinnen, sollten in jedem der an der Untersuchung beteiligten Unternehmen drei Manager in leitenden Positionen in die Untersuchung einbezogen werden. Zum einen wurde ein verantwortlicher Manager aus dem Bereich Kostenrechnung bzw. Controlling als „Lieferant" der Kostenrechnungsinformationen befragt. Zum anderen wurden in jedem Unternehmen auch zwei der wesentlichen internen „Kunden" der Kostenrechnung kontaktiert. Hierbei handelte es sich um eine Person mit General-Management-Verantwortung und einen verantwortlichen Manager des Bereiches Marketing bzw. Vertrieb. Die Gegenüberstellung der **Kunden- und Lieferantenperspektive** sollte eine präzise Bestimmung möglicher Defizite und die Ableitung von Handlungsempfehlungen zur Optimierung der Kostenrechnungsaktivitäten ermöglichen.

Die Datenerhebung erfolgte in Form einer schriftlichen Befragung. Um eine ausreichende Anzahl von Unternehmen für die Teilnahme an der geplanten Studie zu gewinnen, wurden 1.163 Industrieunternehmen des Verarbeitenden Gewerbes mit mindestens 50 Beschäftigten angeschrieben. Hierbei handelte es sich um Unternehmen der Branchen Maschinenbau, Straßenfahrzeugbau, Elektrotechnik, Chemische Industrie und Ernährungsgewerbe. Von den kontaktierten Unternehmen erklärten sich insgesamt 143 zur Teilnahme an der Studie bereit. Im Falle von 131 Unternehmen wurden jeweils drei Ansprechpartner, bei weiteren 12 Unternehmen jeweils zwei Ansprechpartner angegeben.

In einer zweiten Phase der Erhebung wurden **Fragebögen** an alle Ansprechpartner verschickt. Von den insgesamt 417 versandten Fragebögen wurden 376 zurückgesandt. Dies entspricht einer Rücklaufquote von 90,2 Prozent – ein Ergebnis, das wir als ausgesprochen zufriedenstellend betrachten. Fragebögen, die unvollständig ausgefüllt wurden, sind nicht in die weitere Datenauswertung einbezogen worden. Die effektive Stichprobe besteht daher aus 360 vollständig ausgefüllten Fragebögen.

2.2 Stichprobeneigenschaften

Die Stichprobe setzt sich zu nahezu gleichen Teilen aus Fragebögen der drei **Informationsträger** zusammen: Insgesamt 119 Fragebögen wurden von General Managern, 116 Fragebögen wurden von Marketing- bzw. Vertriebsleitern und 125 Fragebögen von Kostenrechnungsmanagern ausgefüllt.

Eine Betrachtung der **Branchenzugehörigkeit** der antwortenden Unternehmen zeigt, daß die Branchen Maschinenbau, Straßenfahrzeugbau und Chemische Industrie ungefähr zu gleichen Teilen in der Stichprobe vertreten sind. Stärker vertreten sind lediglich Unternehmen der Branche Elektrotechnik. Einen etwas geringeren Anteil in der Stichprobe machen Unternehmen des Ernährungsgewerbes aus.

Eine Analyse im Hinblick auf die **Größenklassen** der Unternehmen macht deutlich, daß auch hier eine ungefähre Gleichverteilung auf mittelständische Unternehmen (mit 50-499 Mitarbeitern) und große Unternehmen (mit über 500 Mitarbeitern) vorliegt (vgl. Abbildung 1).

2.3 Ergebnisse der empirischen Erhebung

Zur Erfassung der **internen Kundenorientierung** der Kostenrechnung wurden sowohl die Kunden der Kostenrechnung (General Manager und Marketing- bzw. Vertriebsleiter) als auch die Kostenrechner selbst im Hinblick auf ihre Einschätzung der internen Kundenorientierung der Kostenrechnung befragt (vgl. Abbildung 2). Die Ergebnisse der Befragung zeigen, daß die interne Kundenorientierung von den Kostenrechnern selbst deutlich höher als von ihren internen Kunden eingeschätzt wird: Auf einer Skala von 0 (sehr niedrige Kundenorientierung) bis 100 (sehr hohe Kundenorientierung) gaben die Kostenrechner ihre interne Kundenorientierung mit durchschnittlich 67,0 an. Entscheidend ist in diesem Zusammenhang jedoch nicht das Urteil der Kostenrechner, sondern die Einschätzung der Kunden der Kostenrechnung. Hier ergaben sich mit Werten von 59,0 (Geschäftsführer) und 53,5 (Marketing-/Vertriebsleiter) deutlich schlechtere Ergebnisse.

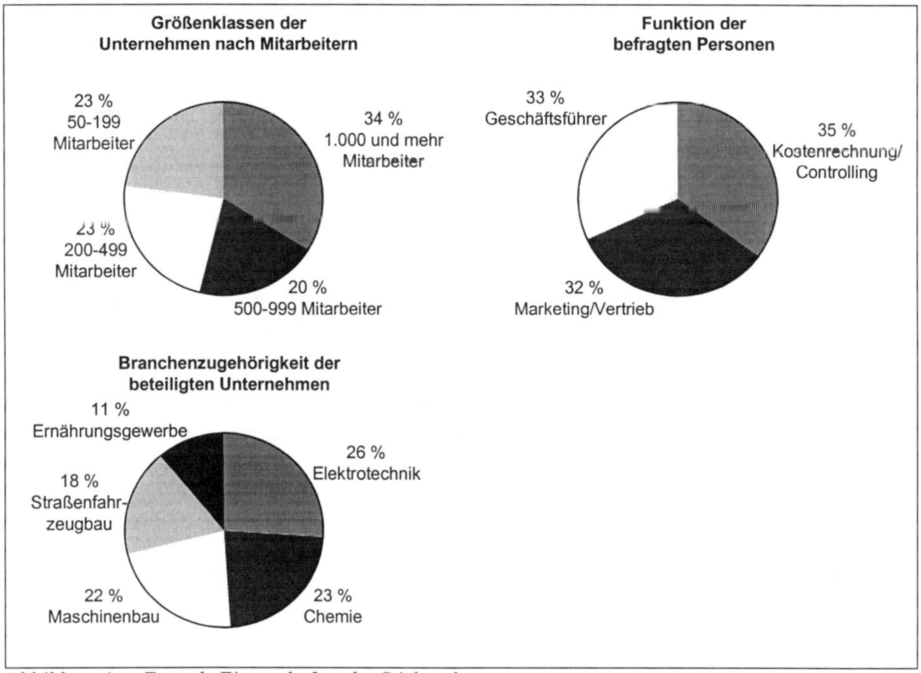

Abbildung 1: Zentrale Eigenschaften der Stichprobe
Quelle: Koblenzer Studie

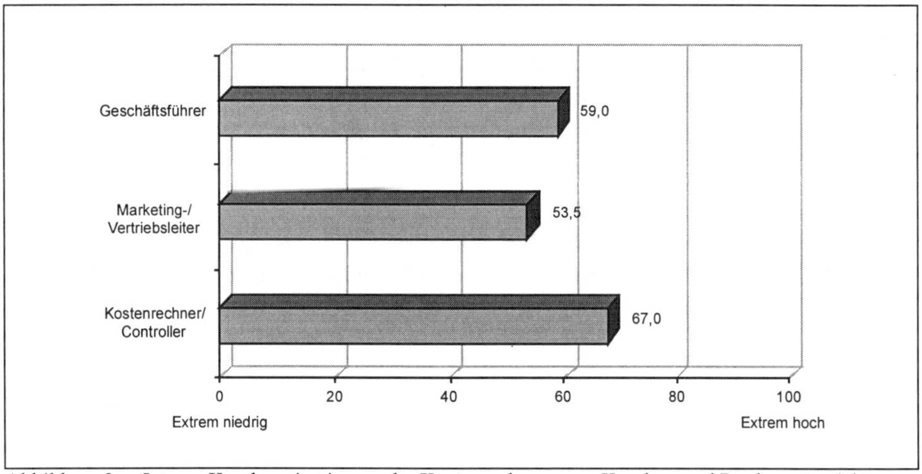

Abbildung 2: Interne Kundenorientierung der Kostenrechnung aus Kunden- und Produzentensicht
Quelle: Koblenzer Studie

Aus diesen Ergebnissen läßt sich erkennen, daß die interne Kundenorientierung von allen befragten Personen – also sowohl den internen Kunden als auch den internen Lieferanten – als niedrig eingestuft wird. Auffällig ist, daß die Kostenrechner sich selbst überschätzen und ihre Kundenorientierung deutlich höher als ihre unternehmensinternen Kunden einstufen. Darüber hinaus wird deutlich, daß die Kostenrechnung den Bedürfnissen der General Manager tendenziell eher gerecht wird als denen der Marketing- bzw. Vertriebsleiter.

Die bisherigen **Ergebnisse** basieren auf einer direkten Einschätzung der internen Kundenorientierung durch die befragten Manager. Die unternehmensinternen Kunden wurden darüber hinaus auch um eine indirekte Beurteilung der Kundenorientierung der Kostenrechnung gebeten. Hierzu wurden die Empfänger der Kostenrechnungsinformationen zum einen zur Einschätzung der Qualität der Kostenrechnung aufgefordert. Zum anderen wurde auch ermittelt, welche Bedeutung die Informationen der Kostenrechnung für die Entscheidungen des Managements aufweisen. Sowohl die Qualitätseinschätzung der Kostenrechnung als auch die Bedeutung der Informationen für die Managemententscheidungen können als Indikatoren für die Kundenorientierung der Kostenrechnung verstanden werden. Im Falle einer niedrigen Qualitätseinschätzung und bei einer geringen Bedeutung der Informationen kann auch von einer niedrigen internen Kundenorientierung ausgegangen werden.

Um ein umfassendes **Qualitätsurteil** der Kunden der Kostenrechnung zu gewinnen, wurden die General Manager und die Marketing- bzw. Vertriebsleiter um eine Einschätzung verschiedener Qualitätsdimensionen gebeten. Im Hinblick auf die Bewertung der Qualität der internen Dienstleistung „Kostenrechnung“ wurde zwischen Potential-, Prozeß- und Ergebnisqualität unterschieden (vgl. *Donabedian 1980, S. 79ff.* und *Meyer/Mattmüller 1987, S. 190ff.*).

Zur Bestimmung der **Potentialqualität** der Kostenrechnung erfolgte eine Beurteilung solcher Kriterien, die die Kompetenz und Ausstattung der Kostenrechnung betreffen (z.B. personelle Ausstattung der Kostenrechnung oder fachliche Kompetenz der Kostenrechner).

Im Hinblick auf die **Prozeßqualität** wurden Aspekte beurteilt, die im Zusammenhang mit dem Bereitstellungsprozeß der Kostenrechnungsinformationen stehen. Hierzu wurden die Kunden der Kostenrechnung beispielsweise nach der Schnelligkeit der Informationsbereitstellung, nach der Einhaltung von Terminen oder zur Beratung während der Informationsbereitstellung befragt.

Schließlich wurde die **Ergebnisqualität** der Kostenrechnung über die Beurteilung der bereitgestellten Informationen erfaßt. Diese Beurteilung bezog sich auf Kriterien wie z.B. die Genauigkeit oder Aktualität der Informationen, den Umfang des Informationsangebotes oder die Art der Darstellung der Informationen.

Die **Ergebnisse** unserer Untersuchung brachten zum Ausdruck, daß die **Qualität der Kostenrechnung** hinsichtlich aller genannten Dimensionen deutlich verbessert werden kann. Durchschnittlich zeigten sich nur etwa 40 Prozent der General Manager und etwas mehr als 20 Prozent der Marketing- bzw. Vertriebsleiter als „sehr zufrieden" mit der Kostenrechnung. Die übrigen Manager waren nur „teilweise zufrieden" oder gar „unzufrieden" mit dem Leistungsangebot der Kostenrechnung. Der geringe Anteil zufriedener Manager deutet unmittelbar auf Defizite bei der internen Kundenorientierung der Kostenrechnung hin.

Neben einer Einschätzung der Qualität der Kostenrechnung wurde im Rahmen unserer Studie auch die **Nutzung der Informationen** durch das Management untersucht. Im einzelnen wurde analysiert, welche Arten von Entscheidungen des General Managements und des Marketing bzw. Vertriebs durch Informationen der Kostenrechnung unterstützt werden. Hierzu wurde für beide Personengruppen ein Katalog typischer Entscheidungsprobleme hergeleitet, der an einer Vielzahl von Arbeiten zur Systematisierung betrieblicher Entscheidungen und entscheidungsorientierter Kostenrechnungssysteme anknüpft (vgl. *Heinen 1985, S. 125ff.* und *Köhler 1993, S. 298ff.*). Die beiden internen Kundengruppen wurden dann um eine Zustimmung bzw. Ablehnung der Feststellung gebeten, daß die Informationen der Kostenrechnung wesentlich zu den jeweiligen Entscheidungen beitragen.

Die **General Manager** sehen in der Kostenrechnung zwar grundsätzlich eine nützliche Informationsquelle für ihre zentralen Entscheidungen, allerdings überrascht der geringe Anteil von General Managern, der den Informationen der Kostenrechnung eine hohe Bedeutung für bestimmte Entscheidungen beimißt. Lediglich für Investitions- und Desinvestitionsentscheidungen wird der Kostenrechnung von der Mehrheit der General Manager eine hohe Bedeutung zugesprochen. Demgegenüber glaubt beispielsweise weniger als ein Viertel der befragten Manager, daß die Informationen der Kostenrechnung substantiell zu Entscheidungen über Vergütungen oder Vergütungssysteme beitragen (vgl. Abbildung 3).

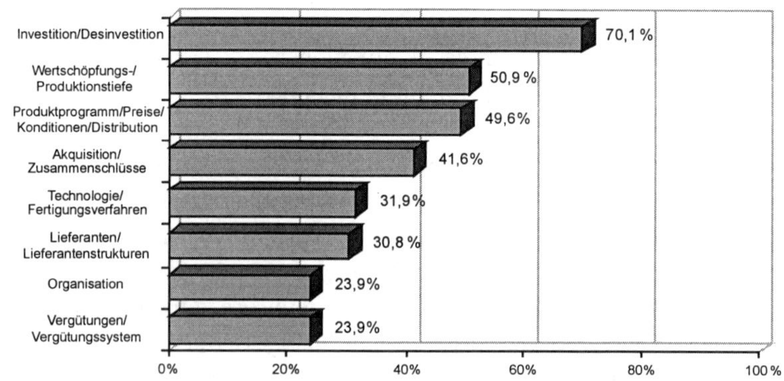

Abbildung 3: Anteil von Geschäftsführern, die Kostenrechnungsinformationen für spezielle Entscheidungen eine hohe Bedeutung beimessen
Quelle: Koblenzer Studie

Auch bei den Marketing- bzw. Vertriebsleitern ist der Anteil der Manager, der den Informationen der Kostenrechnung eine hohe Bedeutung einräumt, gering. Während die Bedeutung der Kostenrechnungsinformationen im Hinblick auf die Preis- oder Rabattgestaltung noch von über 55 Prozent der Manager als „hoch" bezeichnet wird, wird den Kostenrechnungsinformationen beispielsweise für Entscheidungen über die Kommunikationspolitik oder für die Auswahl von Zielmärkten von über 80 Prozent der Manager nur eine „geringe" oder „mittlere" Bedeutung zugesprochen (vgl. Abbildung 4).

Offensichtlich werden sowohl dem General Management als auch den Marketing- bzw. Vertriebsleitern – als zwei der wesentlichen unternehmensinternen Kundengruppen der Kostenrechnung – Informationen bereitgestellt, denen nur von einem geringen Teil der internen Kunden eine hohe Bedeutung beigemessen wird. Es stellt sich die Frage, ob dies auf eine grundsätzliche Bedeutungslosigkeit der Kostenrechnungsinformationen für das Management bzw. für dessen Entscheidungen zurückzuführen ist, oder ob die Kostenrechnung einfach nur an den tatsächlichen Informationsbedürfnissen des Managements „vorbeiproduziert". Wir meinen, daß Letzteres der Fall ist.

Folglich muß die interne Kundenorientierung der Kostenrechnung – also die Orientierung der Kostenrechnung an den tatsächlichen Informationsbedürfnissen der unternehmensinternen Kunden – erhöht werden. Nur dann kann die Kostenrechnung ihrem eigentlichen Zweck, der Unterstützung des Managements, gerecht werden.

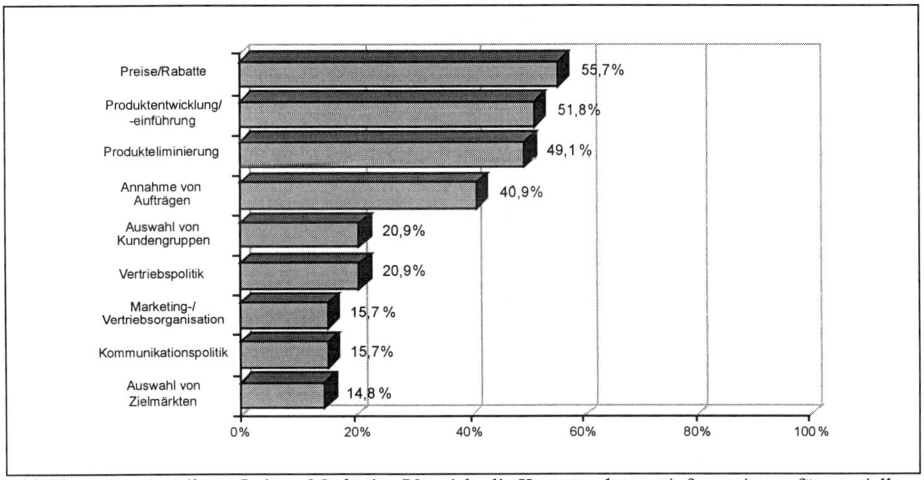

Abbildung 4: Anteil von Leitern Marketing/Vertrieb, die Kostenrechnungsinformationen für spezielle Entscheidungen eine hohe Bedeutung beimessen
Quelle: Koblenzer Studie

3. Stufenkonzept zur verstärkten Ausrichtung des Rechnungswesens an den Informationsbedürfnissen interner Kunden

Das Rechnungswesen stärker an den Informationsbedürfnissen seiner Kunden zu orientieren, ist kein leichtes Unterfangen. Es bedarf einer grundlegenden mentalen **Umorientierung** der Accountants und Controller („vom Zahlenproduzent zum Zahlenverkäufer"), erheblicher individueller Lernprozesse (Marketinginstrumente und -methoden), Veränderungen der verwendeten Systeme (z.B. schnellere Datenverfügbarkeit, individuellere Auswertungen) und insbesondere kundennäheren Verhaltens. Derartige Veränderungsprozesse erfolgreich zu bewältigen, heißt sie planmäßig zu gestalten. Reine Improvisation reicht nicht aus. Eine Folge von fünf **Gestaltungsschritten** (*Weber/Aust 1997, S. 37ff.*) sei im folgenden näher vorgestellt.

3.1 Strategische Positionierung des Rechnungswesens

Das Rechnungswesen dient potentiell sehr unterschiedlichen Zwecken (*Weber 1996a, S. 24ff.; Weber 1997b, S. 52ff.*). Dies gilt für die externe Rechnungslegung ebenso wie für die Kostenrechnung. Je mehr Freiheitsgrade für die Ausgestaltung bestehen, desto größer ist die Notwendigkeit, den Kanon zu erfüllender Rechnungszwecke explizit festzulegen. Empirische Erfahrung zeigt, daß hier in vielen Unternehmen Defizite bestehen. Man betrachtet das Rechnungswesen – auch angestoßen durch entsprechende Aussagen der Softwareanbieter – oftmals als universell auswertbar. Wie an anderer Stelle gezeigt (*Weber 1996b*), trifft eine solche Einschätzung jedoch nicht zu; es bedarf der Selektion.

Angesichts der Bedeutung richtiger Informationen für die Führung des Unternehmens in den immer kompetitiver werdenden Märkten kann man bei der erforderlichen Festlegung von einer Entscheidung mit strategischer Bedeutung sprechen. Damit bietet es sich an, auf Denkmuster und Instrumente der **strategischen Planung** zurückzugreifen. Für die Kostenrechnung als Beispiel folgt hieraus als Basis eine

- **Rechnungs-Philosophie** (im Sinne eines internen „Mission Statements"; ein Beispiel für die Kostenrechnung: „Wir sehen in unserer Kostenrechnung in erster Linie eine betriebswirtschaftliche Sprache, die helfen soll, die Führungskräfte auf den unterschiedlichen Ebenen unseres Unternehmens zu koordinieren"); auf ihr setzen
- **Leistungsstrategien** (z.B.: „Wir verbessern die Informationsversorgung im Vertriebsbereich durch die Einführung einer Prozeßkostenrechnung") und
- **Ressourcenstrategien** auf (etwa: „Um besser mit dem Management ins Gespräch zu kommen, werden wir die Kommunikationsfähigkeiten unserer Kostenrechner stark ausbauen").

Bekannte strategische Planungsinstrumente können hierbei analog bzw. angepaßt genutzt werden. Abbildung 5 zeigt exemplarisch ein Kostenrechnungsportfolio, das nach dem Prinzip einer Technologie-Portfolio-Analyse (*Weber 1998, S. 85ff.*) aufgebaut ist.

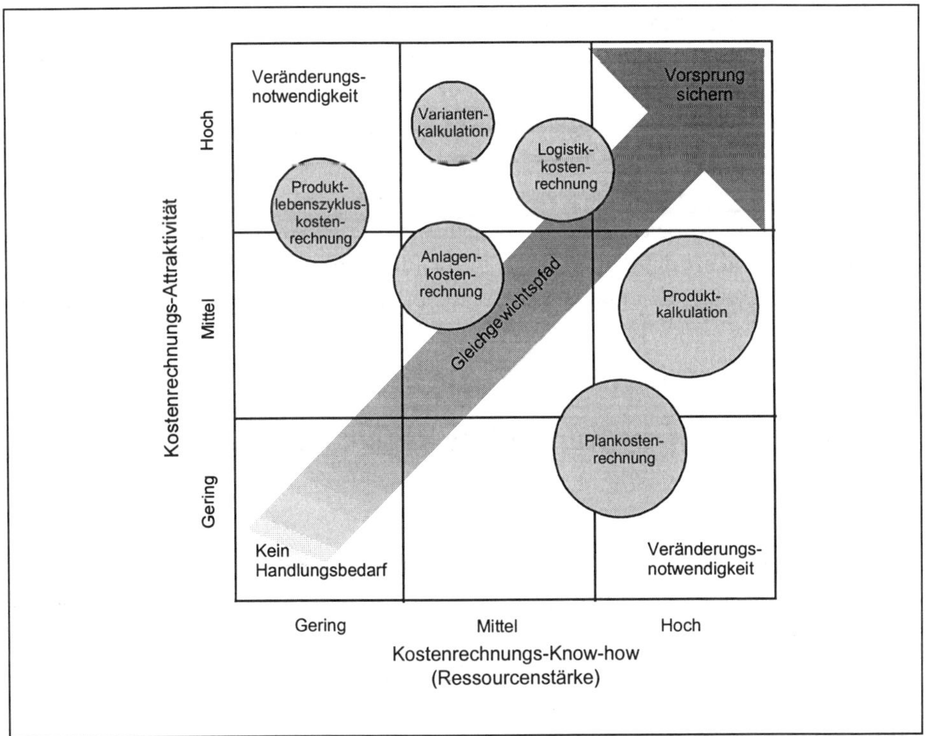

Abbildung 5: Beispiel eines Kostenrechnungs-Portfolios
Quelle: modifiziert nach Weber 1990

- „**Attraktivität**" bedeutet für die Kostenrechnung die Höhe ihres Nutzenpotentials. Dieses wird u.a. durch die Fähigkeit bestimmt, durch Informationen der Kostenrechnung die Kosten des Unternehmens zu senken. Entsprechende Potentiale sind abzuschätzen und im Hinblick auf ihre Bedeutung für die Wettbewerbsfähigkeit des Unternehmens zu bewerten. Ein analoges Vorgehen gilt für die anderen potentiellen Rechnungszwecke (genauer *Weber 1993, S. 54ff.*).
- „**Ressourcenstärke**" läßt sich für die hier anstehende Frage u.a. durch DV-technische Fähigkeiten, Prozeßkenntnisse der Kostenrechner oder das Vermögen präzisieren, komplexe Veränderungsprojekte zu managen.

Um eine differenziertere Beurteilung zu erreichen, sollte – wie in der Abbildung 5 geschehen – die Analyse für unterschiedliche Teilbereiche der Kostenrechnung getrennt erfolgen. Im dritten Schritt des Vorgehens gilt es dann, Attraktivität und Ressourcenstärke einander gegenüberzustellen. Ein Abweichen vom „Gleichgewichtspfad" läßt sich als Aufforderung zu genaueren Analysen und folgenden Handlungen interpretieren.

Entsprechende Überlegungen zur Ausgestaltung des externen Rechnungswesens beinhalteten u.a. die Entscheidung für eine Rechnungslegungsphilosophie („true and fair view" versus „gläubigerorientiert") und den Grad der Verwendung externer Rechnungslegungsdaten für interne Steuerungszwecke (z.B. *Pfaff 1994*).

Derartige strategische Überlegungen an den Beginn des Prozesses der Kundenorientierung des Rechnungswesens zu stellen, bedeutet, Erwartungen über die Ausprägung der Festlegungen auf den nächsten Stufen des Vorgehens zu treffen. Im Sinne eines revolvierenden Prozesses muß somit die strategische Positionierung immer wieder neu bewertet werden.

3.2 Bestimmung der Kunden des Rechnungswesens

Das Rechnungswesen ist in vielen Unternehmen in der Vergangenheit stark angebotsorientiert betrieben worden. Dies gilt sowohl für die externe wie für die interne Rechnungslegung. Accountants und Controller bestimmten im wesentlichen Inhalt und Form der Rechnung; die Einbindung der Informationsempfänger erfolgte zumeist nur zögerlich und partiell. Einen empirischen Beleg zeigt Abbildung 6. Sie gibt die Ergebnisse aus einem WHU-Arbeitskreis („Benchmarking Controlling") wieder. Die dort dokumentierte Unterschiedlichkeit des Berichtswesens war nur zu einem geringen Teil auf unterschiedliche Informationsbedarfe des Managements zurückzuführen.

Die (zu) starke Angebotsorientierung der Accountants und Controller wurde noch durch die erheblichen Umstellungsanstrengungen und -probleme in der DV (Einführung und Anpassung von Standardsoftware) bestärkt. Die in Abschnitt 2.3 vorgestellten empirischen Ergebnisse verwundern insofern nicht. Wer als interner Dienstleister eine solche Einstellung beibehält, darf sich aber nicht über mangelnde Kundenzufriedenheit und mangelnde Akzeptanz beim Management („Erbsenzähler", „Zahlenknecht") beklagen.

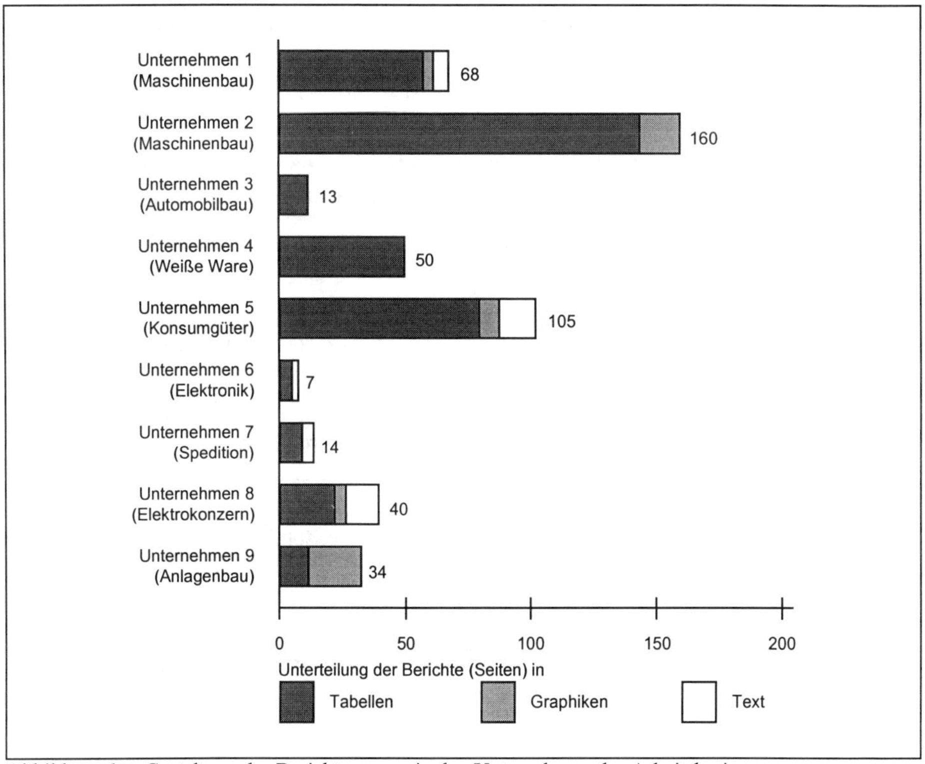

Abbildung 6: Gestaltung des Berichtswesens in den Unternehmen des Arbeitskreises „Benchmarking Controlling"
Quelle: Weber 1997c, S. 22

Erforderlich ist in Zukunft eine strikte Ausrichtung am internen Kunden. Welcher Controller und welcher Accountant kennt aber derzeit Zahl und individuelle Bedarfe seiner Kunden genau? **Kundensegmentierungen und Marktforschung** sollten die Rechnungswesenverantwortlichen nicht Vertrieb und Marketing überlassen; beide Aktivitäten sind auch unternehmensintern für die internen Märkte erforderlich. Dies führt häufig zu ganz neuen Erkenntnissen. Als neue externe Kunden kommen z.B. aktuell Finanzanalysten ins Spiel, die angesichts der zunehmenden Kapitalmarktorientierung Segmentinformationen aus der externen Rechnungslegung erhalten wollen; neue interne Kunden sind insbesondere in Marketing und Vertrieb zu suchen – diejenige interne Kundengruppe, die in der Vergangenheit oftmals weitestgehend ignoriert wurde („Viele Controllingverantwortliche kennen die Abläufe in Marketing und Vertrieb kaum und haben kein Verständnis für die kostenbestimmenden Faktoren in diesen Bereichen" (*Homburg/ Daum 1997, S. 21*). Auf einige der neuen Produkte (z.B. „customer lifetime value") wurde an anderer Stelle ausführlich eingegangen (*Homburg/Daum 1997*).

Für einen ersten Einstieg eignet sich sehr gut eine matrixförmige Gegenüberstellung, die aus der **Strategischen Geschäftsfeldplanung** heraus bekannt ist. In der folgenden Abbildung 7 sind einige Angaben beispielhaft aufgeführt. Allein das durch diese – zugegebenermaßen relativ grobe – Strukturierung erzwungene systematische Vorgehen eröffnet erhebliches kreatives Potential, das erforderlich ist, um notwendige Veränderungen im Rechnungswesen anzustoßen und voranzutreiben.

Kunden / Produkte	Alte Kunden	Neue Kunden
Alte Produkte	• Monatlicher Kostenstellenbericht • Bestandsbewertung	• Kostenplanung in Gemeinkostenbereichen • Einrichtung der Kostenrechnung einer neuen Beteiligung
Neue Produkte	• Shareholder-Value-Ergebnisse • Balanced Scorecard	• Kundenerfolgsrechnung • Kostenschätzmodelle in der Entwicklung

Abbildung 7: Strukturierung des internen Marktes des Rechnungswesens
Quelle: modifiziert nach Weber 1997c, S. 9

3.3 Abstimmung des Produktprogramms des Rechnungswesens mit den internen Kunden

Dieser Schritt des Vorgehens zur Kundenorientierung des Rechnungswesens zerfällt in zwei **Unterschritte**:

(1) Zunächst müssen die Accountants und Controller einzelne Produkte des Rechnungswesens abgrenzen und definieren – eine ungewohnte Angelegenheit für den, der einen Monatsbericht, eine Produktkalkulation oder eine bestimmte Zeitreihenanalyse noch nie als ein (Informations-)Produkt gesehen hat.

(2) Für die gebildeten Produkte sind anschließend Qualitätsmerkmale festzulegen. Für einen Kostenstellenbericht zählen hierzu z.B. die Aktualität (x Tage nach Monatsultimo), die Genauigkeit und bestimmte Merkmale der Verständlichkeit.

Wie aus TQM-Projekten bekannt, setzt der Kunde die **Qualitätsstandards**, nicht der Produzent. Dies bedeutet beispielsweise für eine typische Fragestellung: Wenn der Accountant oder Controller mit einer bestimmten Verrechnungsgenauigkeit noch nicht zufrieden ist, kann diese einem Kostenstellenleiter schon viel zu hoch sein.

Auch den **Preis** (bzw. die Kosten) der Kostenrechnungsprodukte gilt es zu messen und mit den Kunden zu vereinbaren – hier bestehen in den Unternehmen derzeit noch erhebliche Wissenslücken. Selbst die Frage, wie hoch die Kosten des Rechnungswesens insgesamt sind, können zur Zeit nur wenige Accountants und Controller bestimmen.

In diesem dritten Schritt des Vorgehens ist es für die Accountants und Controller hilfreich, sich zuvor Gedanken über den **Kenntnisstand des Managements** bezüglich der Informationsleistungen zu machen. Die Marketingtheorie (vgl. z.B. *Kaas 1990*) bietet hierfür eine tragfähige Denkfigur an, indem sie zwischen Vertrauens-, Erfahrungs- und Sucheigenschaften von Produkten unterscheidet:

- ☐ Hat ein Gut überwiegend **Sucheigenschaften**, so kann es der (potentielle) Kunde vor dem Kauf gänzlich für seine Zwecke beurteilen. Für die Kostenrechnung kann das beispielsweise ein normaler kostenstellenbezogener Monatsbericht sein (allerdings ist dies nicht unbedingt die Regel; man trifft in den Unternehmen auf viele Kostenstellenleiter, die den Inhalt ihres monatlichen Kostenausweises nicht richtig lesen und interpretieren können).
- ☐ Bei **Erfahrungsgütern** ist dem Kunden eine vollständige Beurteilung eines Gutes erst nach dessen Konsum möglich. Bezogen auf die Kostenrechnung läßt sich als Beispiel eine einfache Kostenvergleichsrechnung anführen, deren Entstehung der Manager genau nachvollziehen kann.
- ☐ Güter mit überwiegend **Vertrauenseigenschaften** schließlich sind vom Kunden nie in Gänze, stets nur in Ausschnitten beurteilbar. Als Vertrauensgut der Kostenrechnung mag man sich beispielhaft eine komplexe Analyse derjenigen Kosten eines Geschäftszweigs vorstellen, die nach dessen Aufgabe wegfallen würden.

Die Marketingtheorie zeigt, daß Güter dieser unterschiedlichen Kategorien ganz unterschiedlich verkauft werden müssen. So sind beispielsweise bei Vertrauensgütern Standing und Reputation des Anbieters von ausschlaggebender Bedeutung. Dies gilt analog auch für entsprechende Informationsleistungen aus dem Rechnungswesen (vgl. umfassend *Weißenberger 1997, S. 153ff.*). Die praktische Leitmaxime von Controllern „Präsentiere nie eine Zahl, die falsch ist“, findet hier ihren Ursprung.

Zur Erreichung von bedarfsentsprechenden Produkten ist es schließlich auch hilfreich, ihre Qualität zu messen. Für die Kostenrechnung könnte eine **Qualitätsmessung** z.B. in der Aufzeichnung von Terminverzögerungen und Datenfehlern bestehen. Einige Unternehmen verfügen hier bereits über entsprechende Erfahrung. Als positive Nebenwirkung gewinnen insbesondere Controller durch ein solches Vorgehen generell an Akzeptanz: Wer von anderen Leistungsmessung und -reporting verlangt, sollte selbst nicht hinter diesem Anspruch zurückstehen.

Insgesamt kann es durch eine solche systematische Produktabsprache durchaus zu Einschnitten in der internen Geschäftsbeziehung Rechnungswesen – Management kommen; aber Wettbewerb hat noch niemandem geschadet! Die Führungskraft als Informationsempfänger hat schließlich auch das Recht, vom Accountant und Controller neue Lösungen für alte oder neue Probleme zu verlangen; genauso, wie der Accountant und Controller versuchen müssen, ihre bewährten Produkte (z.B. eine Gemeinkostenanalyse) zu neuen Kunden zu bringen (z.B. in den Vertriebsbereich). Passiert beides, dann funktioniert der interne Markt.

3.4 Forcierung des Services für die Rechnungswesenprodukte

Das Rechnungswesen soll Führungskräfte mit relevanten Informationen versorgen. Die gelieferten Zahlen werden aber erst dann zu Informationen, wenn sie richtig verstanden werden. Nicht jede Führungskraft hat – wie soeben bereits betont – in jedem Fall das spezifische Wissen hierzu. Fehlinterpretationen („Jedes Produkt, das einen positiven Deckungsbeitrag erzielt, steigert den Gewinn. Also besteht viel Spielraum im Preiskampf.") sind ebenso die Folge wie gänzliches Unverständnis mit der Konsequenz, die Zahlen erst gar nicht zu verwenden.

Führungskräfte haben das Recht darauf, daß ihnen die Zahlen hinreichend erklärt werden. Eine derartige **Beratungsleistung** erhöht den Nutzen und die Akzeptanz des Rechnungswesens erheblich. Sie verlangt von den Accountants, aber auch von den Controllern – trotz aller gegenteiligen Beteuerungen – ungewohnte Fähigkeiten. Bei der Beratung geht es nicht darum, intime Systemkenntnis zu zeigen, sondern den individuellen Wissensstand der Führungskraft richtig einschätzen und gut erklären zu können. Was kümmert es einen Manager, daß man die unterschiedlichsten Deckungsbeitragsstufen bilden oder die verschiedensten Verrechnungssatzvarianten anwenden kann, wenn er für eine bestimmte Entscheidung eine Ahnung der relevanten Kostenhöhe und ein Gefühl für deren Beeinflußbarkeit (wesentliche Stellschrauben) bekommen will? Die häufig zitierte Aussage der „Servicewüste Deutschland“ trifft auch auf das Rechnungswesen vieler Unternehmen zu.

Mangelnder Service führt schnell zu mangelnder Akzeptanz, mangelnde Akzeptanz zu zurückgehender Nachfrage nach Zahlen des Rechnungswesens. Konkurrenten (Shareholder Value-Größen, Mengen-, Zeit- und Qualitätsdaten) stehen bereit, die Lücke auszufüllen. Das **Know-how** der Accountants und Controller wird gar nicht oder unter Wert verkauft. Gerade dieses Know-how weist aber potentiell eine hohe Bedeutung auf. Speziell für die Kostenrechner gilt: Unabhängig davon, wie wenig ausgefeilt und eigenständig die Kostenrechnung in Zukunft realisiert wird, bleibt das Wissen darum, wie man Verbundeffekte erkennt und adäquat berücksichtigt, wann man welche Kosten in welchem Maße zurechnen kann bzw. muß, wertvoll und bedeutsam. Dieses Wissen ist eine Domäne von Kostenrechnern. Manager haben nicht die Ausbildung oder Zeit, sich das Wissen in gleicher Güte zu erwerben. Kostenrechner werden auch ohne Kostenrechnung benötigt.

3.5 Messung der Zufriedenheit der internen Kunden des Rechnungswesens

Die vorangegangenen Abschnitte haben gezeigt, welche Schritte zu gehen sind, um das Rechnungswesen kundennah auszugestalten. Abbildung 8 faßt die Ausführungen kurz zusammen (vgl. auch *Homburg 1998*).

Kundenzufriedenheit kann nicht als Garantie für Kundenbindung angesehen werden. Wohl aber kann festgestellt werden, daß Kundenzufriedenheit in den meisten Fällen eine wesentliche Voraussetzung für **Kundenbindung** ist (vgl. *Homburg/Giering/Hentschel 1998, S. 83ff.*). Zufriedene Kunden haben – in der Regel – wenig Gründe, den Lieferanten zu wechseln. Dies gilt auch für das Rechnungswesen. Es sollte deshalb im eigenen Interesse des Accountants und Controllers liegen, Kenntnis über die Zufriedenheit des Managements bezüglich der gelieferten Zahlen und des erhaltenen Services zu gewinnen. Erfahrungen liegen in der Praxis hierzu allerdings kaum vor. Auch in der Theorie sind derartige Fragestellungen unüblich (als eine explizite Ausnahme *Weißenberger 1997, S. 239ff.*).

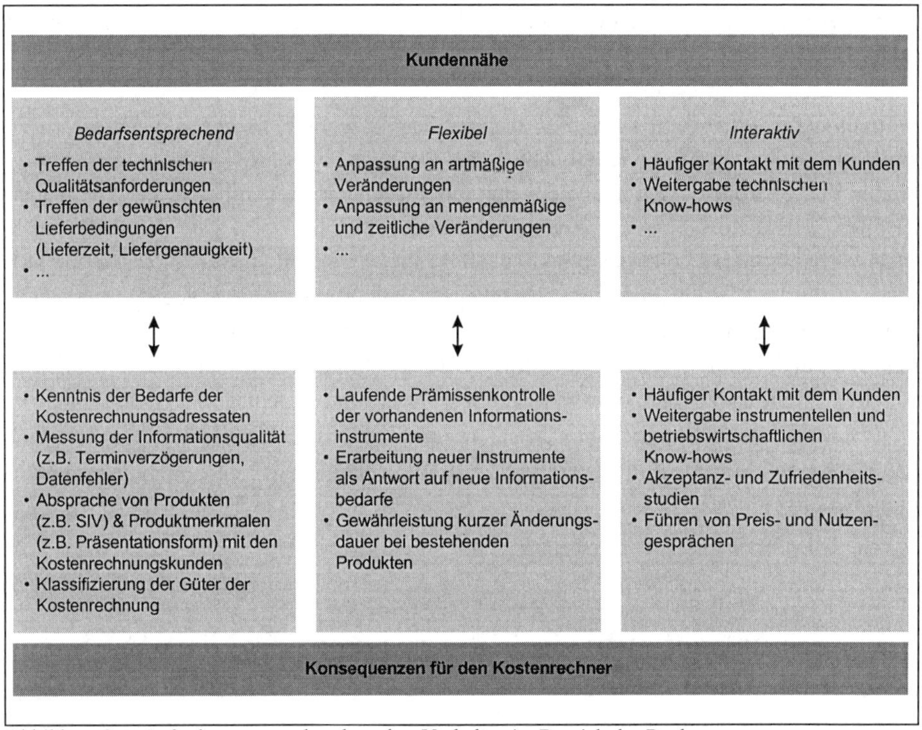

Abbildung 8: Anforderungen an kundennahes Verhalten im Bereich des Rechnungswesens
Quelle: modifiziert nach Weber/Aust 1997, S. 42

Die **Kundenzufriedenheit des Managements** systematisch zu messen, verspricht neben dem genannten Argument der Kundenbindung zwei weitere wichtige Vorteile:

- Entwicklungen des Zufriedenheitswerts können als Teil der **Leistungsplanung** der Rechnungswesenabteilung herangezogen werden. Hiermit kann auch diese Stelle – wie andere der Leitidee interner Kundenorientierung unterzogene Gemeinkostenbereiche – Aussagen über den erzielten Output ihrer Tätigkeit treffen. Ihr wird damit das Odium eines nur Kosten verursachenden Overheadbestandteils genommen. Hieraus resultieren Motivationseffekte.
- Diese Wirkungen können noch dadurch verstärkt werden, daß die **Gehälter** der Accountants und Controller in einen fixen und einen leistungsabhängigen Teil aufgespalten werden, wobei sich letzterer (wesentlich) auf die Zufriedenheit der internen Kunden bezieht.

Diesen Vorteilen stehen als zentraler Nachteil nur die **Kosten** einer – möglichst professionellen – Zufriedenheitsmessung gegenüber. Sie müßten in den meisten Fällen leicht zu verschmerzen sein.

4. Zusammenfassung

Interne Kundenorientierung ist für viele Unternehmen ein zentrales Feld zur Steigerung ihrer Wettbewerbsfähigkeit. Im Gegensatz zu einem möglichen ersten Eindruck muß sich auch das Rechnungswesen dieser Verbesserungsoption stellen. Dies gilt insbesondere für die Kostenrechnung.

Wie die Ergebnisse einer aktuellen empirischen Erhebung (Koblenzer Studie) zeigen, wird der Bedarf zu einer verstärkten Ausrichtung an den Bedürfnissen der internen Kunden auch in der Praxis gesehen: CEOs und Marketingverantwortliche sind überwiegend wenig zufrieden mit dem Output, den ihnen die Kostenrechner präsentieren. Als wichtigste Empfehlung für diese gilt zum einen, viel mehr Bedeutung auf die persönliche Interaktion mit den internen Kunden zu legen: Monatliche Berichte per Hauspost zu verschicken, reicht nicht aus; Zahlenaufstellungen aus der Kostenrechnung sind zumeist erklärungsbedürftige interne Produkte. Zum anderen sollten sich die Kostenrechner bemühen, die Komplexität ihres Instrumentariums auf ein notwendiges Mindestmaß zu reduzieren. Durch eine solche Beschränkung steigt die Verständlichkeit ebenso, wie sie den Kostenrechner dazu zwingt, wenig wichtige Kundenbedarfe von solchen zu trennen, auf die es den Managern wirklich ankommt.

Gehen die Kostenrechner – z.B. deshalb, weil sie mit der Beherrschung der komplexen Kostenrechnungssoftware alle Hände voll zu tun haben – diesen Weg nicht, rückt die Verdrängung vom internen Markt durchaus in den Bereich des Möglichen: Der global übliche Verzicht auf Trennung eines internen und eines externen Rechnungswesens wird auch in Deutschland Platz greifen, und vielleicht gewinnen ja die so häufig gescholtenen Bilanzbuchhalter den Wettbewerb.

Literaturverzeichnis

Donabedian, A. (1980): The Definition of Quality and Approaches to its Assessment, Explorations in Quality Assessment and Monitoring, Vol. 1, Ann Arbor.

Heinen, E. (1985): Einführung in die Betriebswirtschaftslehre, 9. Aufl., Wicsbaden.

Homburg, Ch. (1998): Kundennähe von Industriegüterunternehmen. Konzeption – Erfolgsauswirkungen – Determinanten, 2. Aufl., Wiesbaden.

Homburg, Ch./Daum, D. (1997): Marktorientiertes Kostenmanagement. Kosteneffizienz und Kundennähe verbinden, Frankfurt am Main.

Homburg, Ch./Giering, A./Hentschel, F. (1998): Der Zusammenhang zwischen Kundenzufriedenheit und Kundenbindung, in: *Bruhn, M./Homburg, Ch. (Hrsg.)*: Handbuch Kundenbindungsmanagement. Grundlagen, Konzepte, Erfahrungen, Wiesbaden, S. 81-112.

Homburg, Ch./Weber, J./Aust, R./Karlshaus, J.T. (1998): Interne Kundenorientierung der Kostenrechnung – Ergebnisse der Koblenzer Studie, Bd. 7 der Schriftenreihe Advanced Controlling, Vallendar.

Kaas, K.P. (1990): Marketing als Bewältigung von Informations- und Unsicherheitsproblemen im Markt, in: Die Betriebswirtschaft, 50. Jg., Nr. 4, S. 539-548.

Köhler, R. (1993): Beiträge zum Marketing-Management, 3. Aufl., Stuttgart.

Meyer, A./Mattmüller, R. (1987): Qualität von Dienstleistungen, Entwurf eines praxisorientierten Qualitätsmodells, in: Marketing ZFP, 9. Jg., Nr. 3, S. 187-195.

Pfaff, D. (1994): Zur Notwendigkeit einer eigenständigen Kostenrechnung – Anmerkungen zur Neuorientierung des internen Rechnungswesens im Hause Siemens, in: Zeitschrift für betriebswirtschaftliche Forschung, 46. Jg., Nr. 12, S. 1065-1084.

Weber, J. (1990): Controlling der Kostenrechnung – Zur Notwendigkeit des Einsatzes von Controlling zur strategischen und operativen Ausrichtung der Kostenrechnung, in: Kostenrechnungspraxis, 34. Jg., S. 203-208.

Weber, J. (1993): Kostenrechnung im System der Unternehmensführung – Stand und Perspektiven der Kostenrechnung in den 90er Jahren, in: *Weber, J. (Hrsg.)*: Zur Neuausrichtung der Kostenrechnung. Entwicklungsperspektiven für die 90er Jahre, Stuttgart, S. 1-77.

Weber, J. (1996a): Einführung in das Rechnungswesen I: Bilanzierung, 5. Aufl., Stuttgart.

Weber, J. (1996b): Selektives Rechnungswesen, in: Zeitschrift für Betriebswirtschaft, 66. Jg., Nr. 8, S. 925-946.

Weber, J. (1997a): Kostenrechnung am Scheideweg?, in: *Freidank, C.-C./Götze, U./Huch, B./Weber, J. (Hrsg.)*: Kostenmanagement. Aktuelle Konzepte und Anwendungen, Berlin u.a., S. 3-23.

Weber, J. (1997b): Einführung in das Rechnungswesen II: Kostenrechnung, 5. Aufl., Stuttgart.

Weber, J. (1997c): Marktorientiertes Controlling, Bd. 4 der Schriftenreihe Advanced Controlling, Vallendar.

Weber, J. (1998): Einführung in das Controlling, 7. Aufl., Stuttgart.

Weber, J./Aust, R. (1997): Reengineering Kostenrechnung. Notwendigkeit – Benchmarking – Veränderungsschritte, Bd. 5 der Schriftenreihe Advanced Controlling, Vallendar.

Weber, J./Weißenberger, B.E. (1998): Finanzorientiertes Controlling, Bd. 6 der Schriftenreihe Advanced Controlling, Vallendar.

Weißenberger, B.E. (1997): Die Informationsbeziehung zwischen Management und Rechnungswesen. Analyse institutionaler Koordination, Wiesbaden.

Summary

For many companies internal customer orientation is a possibility to gain competitive advantage. However today not all departments have established internal customer orientation. A typical example is the field of accounting and controlling.

The results of a recent empirical study of the WHU in Koblenz show, that the internal customers of accounting and controlling are not satisfied concerning the output of the accounting department. First it seems necessary that accounting enforces the direct interaction with its customers; second a reduction of the complexity of the used instruments could help to generate more customer oriented results.

Mitarbeiterbefragungen als marktorientiertes Instrument einer professionellen Personalarbeit

von Michel E. Domsch und Désirée H. Ladwig

Prof. Dr. Michel E. Domsch ist Leiter des Instituts für Personalwesen und Internationales Management der Universität der Bundeswehr Hamburg.
Dr. Désirée H. Ladwig ist Leiterin der v•d•i van delph international, Hamburg.

1. Mitarbeiterbefragungen als interne Marktforschung

Auch das **Personalmanagement** hat sich kundenorientiert zu verhalten. Kunden sind hier insbesondere die Mitarbeiter und Mitarbeiterinnen eines Unternehmens, die ihre „Arbeitswelt kaufen". Sie wird erlebbar durch die Unternehmenskultur, das Betriebsklima, das Verhalten von Vorgesetzten, die Organisation, ihre speziellen Arbeitsaufgaben, die Anreizsysteme, die Arbeitsmittel und Methoden, die Art der Zusammenarbeit usw. Deren spezielle Ausgestaltung hat einen Einfluß auf die Arbeitseffizienz, die Arbeitszufriedenheit und die Arbeitsqualität. Deshalb sind Qualitätsmanagementprozesse schon längst auf diese Bereiche ausgedehnt worden, und diese sind integrale Bestandteile von Lean-Management, Kaizen-Aktivitäten, TQM-Projekten, Umsetzung von ISO 9000ff.-Normen u.v.m.

Natürlich ist der Erfolg dieser Prozesse davon abhängig, ob sie marktorientiert sind und ob zu ihrer Ausgestaltung, Durchführung und Kontrolle entsprechend aussagekräftige Informationen vorliegen. Um sich darüber im Rahmen einer **„unternehmensinternen Marktforschung"** mehr Gewißheit zu verschaffen, gelten die klassischen Sätze auch hier: „Frag Dich, was Dein Kunde will", „Mach die Betroffenen zu Beteiligten", „Die Mitarbeiter/innen sind die Experten ihres Arbeitsplatzes", „Innovationen sind additives Kreativitätspotential". Insofern liegt es nahe, Mitarbeiter/innenbefragungen professionell als ein wirksames, marktorientiertes Instrument einzusetzen.

2. Begriff und Ziele

2.1 Begriffliche Grundlagen

Unter einer **Mitarbeiterbefragung** (synonyme Begriffe sind z.B. Betriebsumfragen, Betriebs-/Klimaanalysen, soziologische Betriebsuntersuchungen, innerbetriebliche Meinungsumfragen, Belegschaftsbefragungen, innerbetriebliche Einstellungsforschung) wird hier verstanden (*Projektgruppe „Mitarbeiterbefragung" 1987*):

- ☐ Ein Instrument partizipativer Unternehmensführung und Personalarbeit, mit dem
- ☐ im Auftrag der Geschäftsleitung,
- ☐ in Zusammenarbeit mit den Arbeitnehmervertretungen,
- ☐ mit Hilfe von standardisierten und/oder teilstandardisierten Fragebögen und/oder (teil-)strukturierten Interviews,

- anonym, auf freiwilliger Basis und
- direkt,
- marktnah – intern, d.h. bei allen Mitarbeitern (oder repräsentativen Stichproben oder bestimmten Zielgruppen),
- unter Beachtung methodischer, organisatorischer und rechtlicher Rahmenbedingungen,
- Informationen über die Einstellungen, Wertungen, Erwartungen und Bedürfnisse der Mitarbeiter,
- bezogen auf bestimmte Bereiche der betrieblichen Arbeitswelt und/oder der Umwelt gewonnen werden,
- um daraus Hinweise auf **betriebliche Stärken und Schwächen** zu erlangen, deren Ursachen im Dialog zwischen Mitarbeitern und Führungskräften zu klären sind, um konkrete Veränderungsprozesse einzuleiten.

2.2 Ziele von Mitarbeiterbefragungen als Führungsinstrument

Durch den Einsatz von Mitarbeiterbefragungen als **Personal-Führungsinstrument** im Rahmen der betrieblichen professionellen Personalarbeit, insb. Personalforschung, werden also insbesondere zwei Ziele verfolgt (*Domsch/Schneble 1992*):

(1) Mitarbeiterbefragungen sind **marktorientierte Analyse-/Diagnoseinstrumente** und damit Grundlage von gestalterischen Maßnahmen im Sinne der Organisationsentwicklung (*Töpfer/Funke 1985*):

- Sie zeigen den Grad der allgemeinen Arbeitszufriedenheit der Mitarbeiter.
- Sie zeigen die Zufriedenheit bzw. Unzufriedenheit der Mitarbeiter mit bestimmten Teilaspekten der Arbeit auf und dienen insofern als Instrument der Schwachstellenanalyse. Darüber hinaus können sie unter Umständen wertvolle Hinweise zur Beseitigung dysfunktionaler Mängel in der Organisation geben.
- Bei notwendigen innovativen Eingriffen in die Organisation (z.B. Implementierung von EDV-Systemen, Einführung von Bildschirm-Arbeitsplätzen, Maßnahmen zur Arbeitsstrukturierung) kann die Mitarbeiterbefragung zur Unterstützung und Sicherung arbeitnehmergerechter Lösungen eingesetzt werden.
- Die Mitarbeiterbefragung kann als Kontrollinstrument für den Erfolg nahezu jeder betrieblichen Maßnahme im Kontext professioneller Personalarbeit eingesetzt werden.

(2) Sie sind bereits per se ein gestalterischer Eingriff in die Organisation mit verschiedenen **Folgewirkungen**:

- Sie tragen zur Verbesserung der **Partizipation** bei (*Domsch/Reinecke 1982b; Domsch 1988a*): Die Mitarbeiter werden an den Belangen des Unternehmens beteiligt und haben das Gefühl, „zu Wort zu kommen", „gehört zu werden",
- sie verringern die **soziale Distanz** zwischen Unternehmensleitung und Mitarbeitern,
- sie führen zur **Verbesserung der Kommunikation**,
- sie tragen zur **Erhöhung der Arbeitszufriedenheit**/Verbesserung des Betriebsklimas bei,
- sie können Teil bei der Prozeßgestaltung einer **Organisationsentwicklung** sein.

Diese vielseitigen Anwendungsmöglichkeiten, aber auch die Grenzen von Mitarbeiterbefragungen, sind in den letzten Jahren zunehmend erkannt worden. Dies zeigen die Fälle von akuten Diskussionsbeiträgen und die Erfahrungen in zunehmend mehr Unternehmen (*Schneevoigt 1985; Töpfer/Zander 1985; Töpfer/Bechmann 1987; Tyson u.a. 1988; Domsch/Schneble 1990, 1992; Burkhardt 1992; Borg 1995; Bungard/Jöns 1997*) mit diesem Instrumentarium (z.B. bei BASF AG, Hoechst AG, Henkel KGaA, Bertelsmann AG, Deutsche Bundespost, Deutsche Shell AG, 3M Deutschland GmbH, Esso AG, Hamburg-Mannheimer Versicherungs-AG, Hewlett Packard GmbH, IBM Deutschland GmbH, Karstadt AG, AUDI AG, Vorwerk & Co. Stammhaus, TUI, Hamburgische Landesbank).

3. Formen von Mitarbeiterbefragungen

Bei der **Form von Befragungen** kann grob unterschieden werden zwischen

- schriftlich-mündlichen/telefonischen Befragungen und
- anonym-offenem Vorgehen.

Hinsichtlich der **Gestaltung von Fragebögen** kann u.a. unterschieden werden

- nach der Art der Fragestellung (direkte-indirekte Befragung),
- nach der Art der Fragen (offene-geschlossene Fragen) und
- nach Art und Umfang der Standardisierung des Fragenkataloges.

Es bietet sich an, die Diskussion und konkrete Auswahl an Hand einer **morphologischen Matrix** vorzunehmen (Abbildung 1). Die Unterscheidungsmöglichkeiten entsprechen der hinlänglich aus der empirischen Sozialforschung oder etwa aus der Marktforschung bekannten Differenzierung und Gestaltungsmöglichkeit (*Atteslander 1985; Mummendey 1995*). Fast alle Ausprägungsformen lassen sich im Rahmen innerbetrieblicher Mitarbeiterbefragungen durch Beispiele aus der Praxis belegen. Allerdings hat sich die schriftliche, anonym durchgeführte, strukturierte und standardisierte Befragung mit geschlossenen und teilweise auch offenen Fragestellungen in der Praxis durchgesetzt. Letztendlich richtet sich die gewählte Form vorrangig nach Ziel und Operationalisierung der Befragung. Dies gilt ebenfalls für die inhaltliche Ausgestaltung, d.h. für den Fragenbereich.

<table>
<tr><th>Beschreibungsmerkmale
(Auswahl)</th><th colspan="12">Ausprägungen
(Auswahl)</th></tr>
<tr><td>Erfassungsform</td><td colspan="3">schriftlich
(per Fragebogen)</td><td colspan="3">online (via PC und Datennetz)</td><td colspan="3">mündlich (per Interview/ Gespräch/Telefonat)</td><td colspan="3">teils mündlich/ teils schriftlich</td></tr>
<tr><td>Verbindlichkeit</td><td colspan="6">freiwillige Beteiligung der einzelnen Organisationseinheiten</td><td colspan="6">vom Unternehmen vorgeschrieben/ umfassend initiiert</td></tr>
<tr><td>Bezug zum Führungsbereich</td><td colspan="4">direkter Vorgesetzter</td><td colspan="4">direkter und nächsthöherer Vorgesetzter</td><td colspan="4">Management insgesamt</td></tr>
<tr><td>Richtung</td><td colspan="6">Beurteilung nur durch die Mitarbeiter</td><td colspan="6">auch Beurteilung/Selbsteinschätzung durch die Vorgesetzten</td></tr>
<tr><td>Umfang</td><td colspan="6">Spezialbefragung (Vorgesetztenbereich, Information, Personalentwicklung usw.)</td><td colspan="6">umfassende Mitarbeiterbefragung</td></tr>
<tr><td>Prozeßumfang</td><td colspan="4">nur Durchführung der Mitarbeiterbefragung</td><td colspan="4">auch Präsentation und Diskussion der Ergebnisse mit den Mitarbeitern</td><td colspan="4">Integration in einen handlungsorientierten Prozeß der Org.- u. Teamentwicklung</td></tr>
<tr><td>Anonymität</td><td colspan="6">vollständig anonym
(ohne Namensangabe)</td><td colspan="6">mit Namensangabe/Personalnummer
(freiwillig/vorgeschrieben)</td></tr>
<tr><td>Standardisierung</td><td colspan="4">vollständig standardisiert</td><td colspan="4">teil-standardisiert</td><td colspan="4">nur freie Antworten</td></tr>
<tr><td>Häufigkeit</td><td colspan="4">einmalig</td><td colspan="4">fallweise</td><td colspan="4">regelmäßig
(z.B. alle 2 Jahre)</td></tr>
<tr><td>Feedback</td><td colspan="4">Ergebnisse nur an die Vorgesetzten</td><td colspan="4">Ergebnisse an die Vorgesetzten und deren Mitarbeiter</td><td colspan="4">Ergebnisse an Vorgesetzte, Mitarbeiter und/oder Geschäftsleitung, Betriebsrat usw.</td></tr>
</table>

Abbildung 1: Formen der Mitarbeiterbefragung (morphologische Matrix)

4. Bausteine einer umfassenden Erhebung

Der konkrete **Inhalt einer Mitarbeiterbefragung** resultiert unmittelbar aus den angestrebten Befragungszielen. Für breit angelegte Befragungen – im Gesamtunternehmen und zu allen Aspekten der Arbeit bzw. Arbeitszufriedenheit – muß der Umfang des Fragebogens naturgemäß relativ groß sein. Es sollte ein möglichst breites Spektrum aller relevanten Variablen, die Einfluß auf Arbeitsqualität und Organisation haben, erfaßt werden.

Dem Umfang des Fragebogens sind allerdings Grenzen gesetzt durch
- die Bereitschaft der Befragten, lange Fragebögen auszufüllen und
- die unter Umständen beträchtlichen Kosten umfangreicher Untersuchungen.

Grundsätzlich kann unterschieden werden nach:
- **Umfassenden Mitarbeiterbefragungen**
  Es werden hier Fragen im Rahmen relativ vieler Kernbereiche gestellt. Eine beispielhafte Übersicht enthält Abbildung 2. Hierauf bezieht sich z.B. der sog. „Standardfragebogen" der Projektgruppe „Mitarbeiterbefragung", die von den Autoren koordiniert wird.
- **Speziellen Mitarbeiterbefragungen**
  Inhalt sind hier Fragen, die ein spezielles Thema (z.B. Bildungsbedarf – *Humm 1978; Verheyen/Olivas 1980; Leiter 1982; Bronner/Schröder 1983*; Laufbahnentwicklung – *Hoelemann 1988*; Vorgesetzten-Geführten-Verhältnis – *Domsch 1988b und 1992; Ebner/Krell 1991; Reinecke 1983; Hofmann/Köhler/Steinhoff 1995*; Entlohnungspolitik – *Ackermann 1986*), spezielle Zielgruppen (z.B. nur Führungskräfte), spezielle Unternehmensbereiche (z.B. Vertrieb-Außendienst/ EDV/Organisation) betreffen.

5. Ablauf im Rahmen eines Phasenkonzeptes

Für eine erfolgswirksame Abwicklung einer betrieblichen Mitarbeiterbefragung ist es notwendig, das gesamte Projekt detailliert vorauszuplanen (*Domsch/Schneble 1992; Borg 1995*). Abbildung 3 enthält ein Beispiel für einen derartigen **Ablaufplan**, der sich in drei Hauptphasen gliedert. Selbstverständlich ist für jeden speziellen Anwendungsfall eine weitere Detaillierung im Rahmen konkreter Aktivitäten und deren Abwicklung erforderlich. Insofern ist das dargestellte Ablaufschema als Grobplanung anzusehen. Allerdings wird deutlich, daß die Befragung selbst (3. Phase) nur eine Teilmenge der gesamten Aktion darstellt. Insbesondere ist hervorzuheben, daß auf Basis der Befragungsergebnisse detaillierte und intensive Diskussionen mit den Beteiligten erfolgen müssen, um konkrete Maßnahmen daraus abzuleiten, umzusetzen und in ihrer Wirksamkeit zu überprüfen. Gerade diese Abschlußaktivitäten nach der Befragung sind von großer Wichtigkeit, da der Informationsgewinn durch die Befragung in der Regel nur diagnostischer Art sein kann und für weitere Maßnahmenplanungen zu grob ist.

Lfd. Nr.	Kernbereiche	Fragen zum jeweiligen Kernbereich über (Beispiele):
1	Tätigkeit/ Arbeitsorganisation	Art der Tätigkeit Art der Arbeitsorganisation Arbeitsbelastung
2	Arbeitsbedingungen	Umweltbedingungen (Klima, Beleuchtung, Lärm) Arbeitsplatzgestaltung Arbeitszeitgestaltung eigene Verbesserungsvorschläge
3	Entgelt und Sozialleistungen	Höhe des Entgelts im Vergleich zur Leistung, zu Kollegen, zu anderen Unternehmen; Bedeutung der zusätzlichen Sozialleistungen Verbesserungsvorschläge zu einzelnen Sozialleistungen
4	Kommunikation/ Information	Informationen über das Gesamtunternehmen Informationen über die Arbeit i.e.S. Gewünschte Zusatzinformationen Informationsquellen, -medien Betriebliches Vorschlags- und Beschwerdewesen
5	Zusammenarbeit	- mit unmittelbaren Kollegen - mit anderen Abteilungen - im Gesamtunternehmen
6	Möglichkeit zur Umsetzung eigener Leistungsfähigkeit und Leistungsbereitschaft	Eignungs- und neigungsadäquater Arbeitseinsatz Einsatz- und Entfaltungsmöglichkeiten Wichtigkeit der Arbeit Arbeit als Motivator
7	Entwicklungsmöglichkeit (Weiterbildung, Aufstieg)	Weiterbildungsangebot, gewünschte Erweiterung Möglichkeiten zur Nutzung Schwierigkeiten bei Nutzung Möglichkeiten und Hindernisse des Aufstiegs
8	Vorgesetztenverhalten/ Beziehung zum Vorgesetzten	fachliche Fähigkeiten des Vorgesetzten, Informationsverhalten, Motivation, Berücksichtigung der eigenen Meinung, Gerechtigkeit, Hilfe bei beruflichen und privaten Schwierigkeiten, persönliche Beziehung zum Vorgesetzten
9	Unternehmensimage/ Arbeitsplatzsicherheit	Einschätzung der Sicherheit des eigenen Arbeitsplatzes, der Beschäftigung im Unternehmen; Gesamtzufriedenheit mit der Arbeit beim Unternehmen, allgemeines Ansehen des Unternehmens beim Befragten, beim Kunden, in der Gesellschaft
10	Statistik	Alter, Geschlecht, Betriebszugehörigkeit, Betriebsteil/Abteilung, Hierarchierang, Einkommensform, Einkommenshöhe, Arbeitszeitform

Abbildung 2: Inhalt einer umfassenden Mitarbeiterbefragung

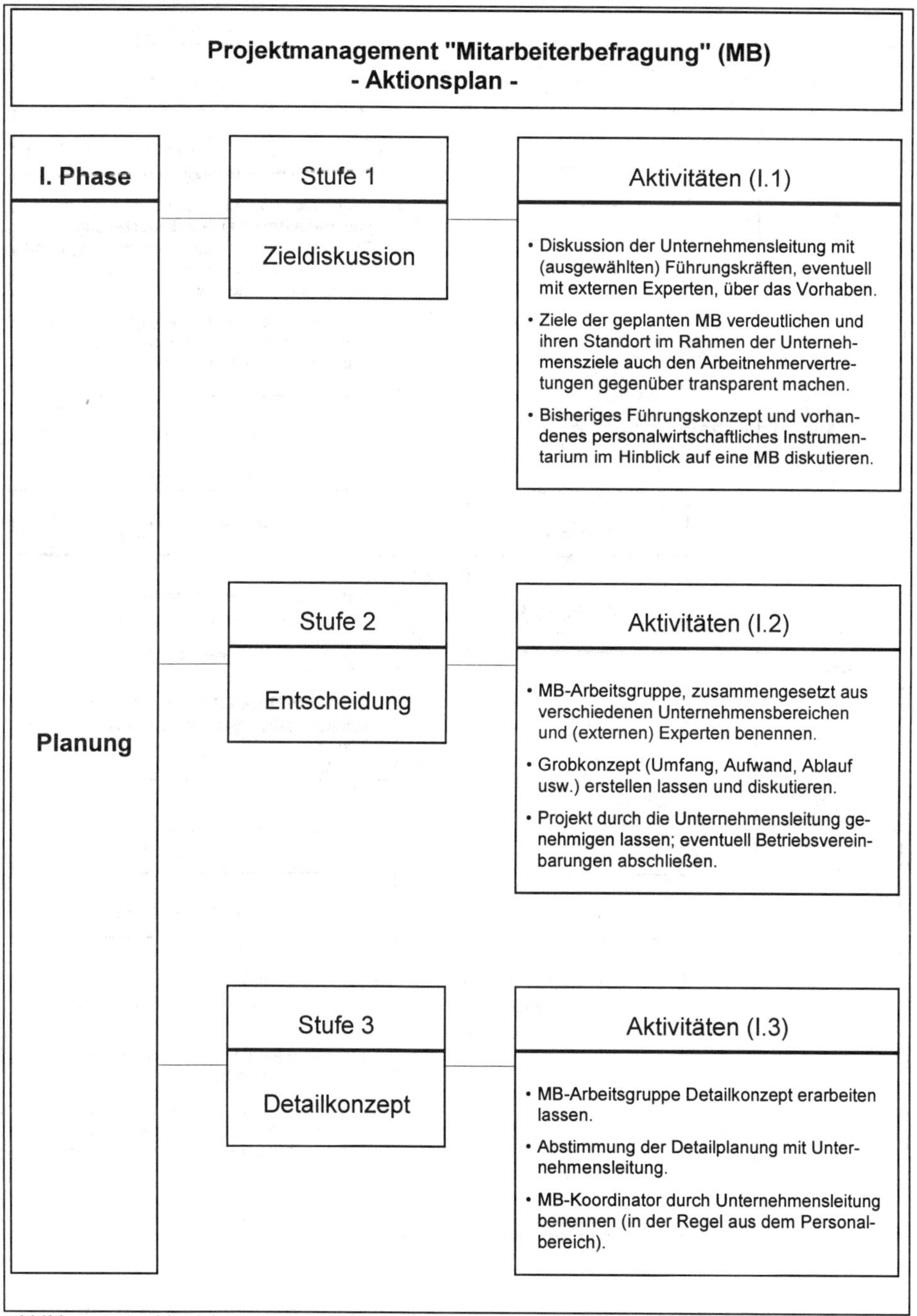

Abbildung 3: Ablaufplan Mitarbeiterbefragung

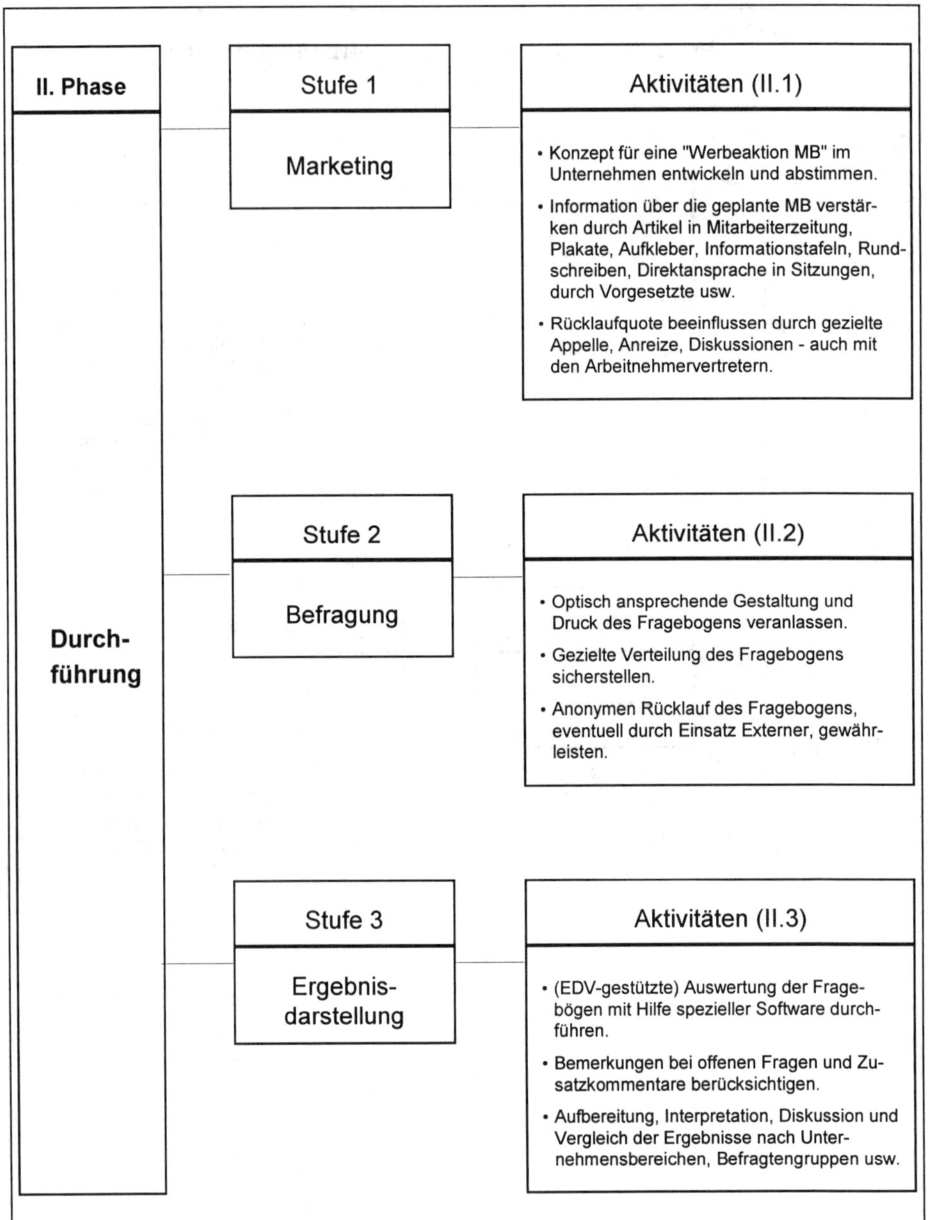

Abbildung 3: Ablaufplan Mitarbeiterbefragung (Fortsetzung)

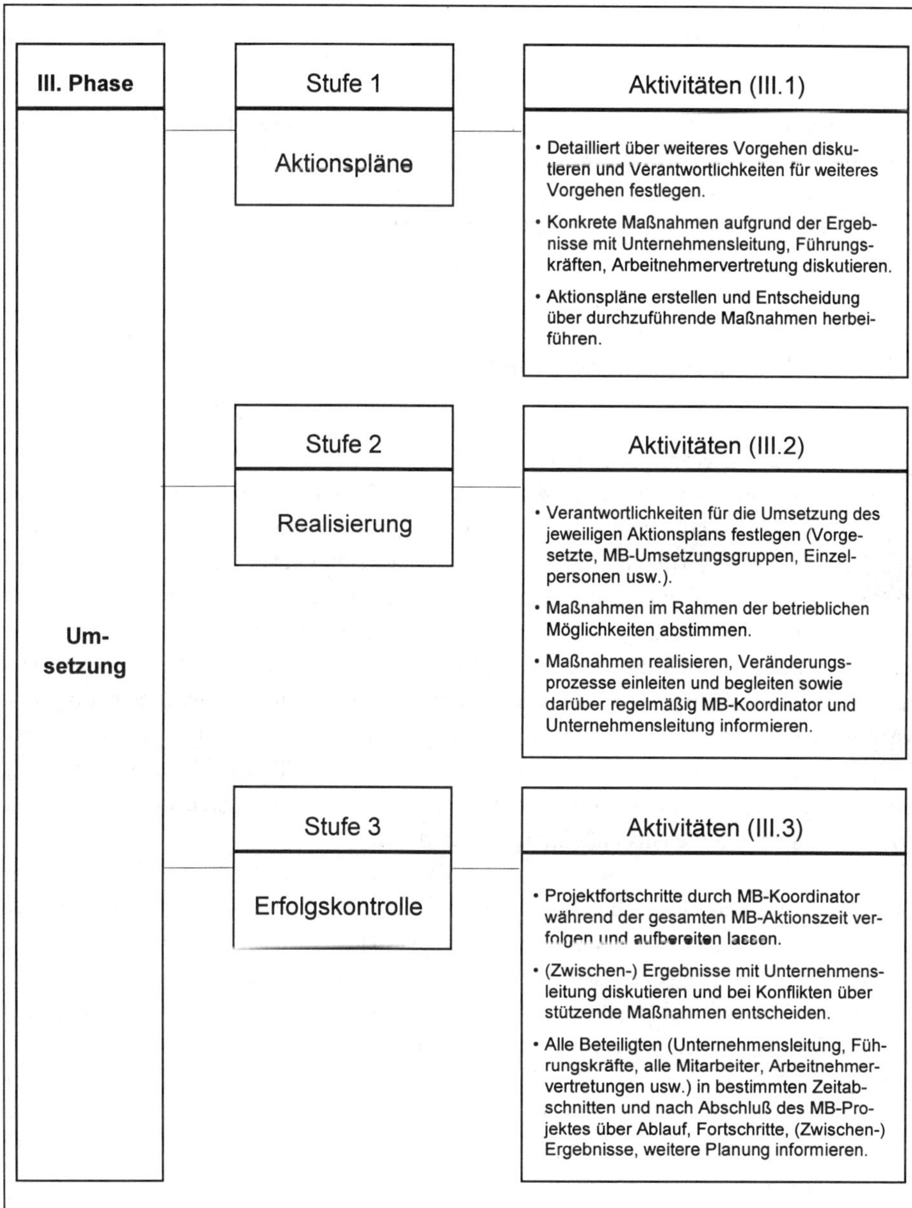

Abbildung 3: Ablaufplan Mitarbeiterbefragung (Fortsetzung)

6. Ausgewählte Probleme

Mit der Konzeption und Durchführung einer Mitarbeiterbefragung verbindet sich eine Vielzahl praktischer und wissenschaftlicher Probleme. Im folgenden werden zwei Problemkreise angesprochen, die sich beim Einsatz von Mitarbeiterbefragungen in der betrieblichen Praxis immer wieder als bedeutsam herausgestellt haben.

6.1 Methodische Implikationen

Die **schriftliche Meinungsbefragung** mittels Fragebogen ist eine wissenschaftliche Methode der empirischen Sozialforschung. Sie soll Realität erfassen und in mehr oder weniger enger Verbindung zu einer zugrunde liegenden Theorie zu empirisch belegten Aussagen führen. Ein wissenschaftliches Instrument empirischer Forschung muß strengen meßtheoretischen und methodischen Anforderungen genügen. Die vollständige Erfüllung dieser Anforderungen bedingt einen unter Umständen beträchtlichen Forschungsaufwand, so daß die Anwender in der betrieblichen Praxis oft vor einem Dilemma zwischen Kosten und Qualität des Instrumentes stehen. Hier wird es häufig notwendig sein, einen Kompromiß zu schließen. Im Zweifel werden in der Praxis Fragestellung und Fragebogengestaltung Vorrang vor der Methode haben. Allerdings ist zur vertieften Auseinandersetzung mit den Methoden und Techniken der empirischen Sozialforschung auf die einschlägige Literatur hinzuweisen.

Hervorzuheben sind hier insbesondere die Probleme der Fragebogengestaltung und der methodischen Absicherung (*Neuberger/Allerbeck 1978; Domsch/Gerpott 1986*). Die wesentlichen **methodischen Anforderungen** an eine Mitarbeiterbefragung sind (analog zu den Gütekriterien der Testtheorie) die Forderung nach Reliabilität (Zuverlässigkeit) und Validität (Gültigkeit). Weitere Kriterien sind: Objektivität, Relevanz, Trennschärfe usw. Das Hauptproblem für die Aussagekraft der Mitarbeiterbefragung liegt in der Validität des Instrumentes, insbesondere in der Konstrukt-Validität (Beispiel: Mißt eine Befragung zur Arbeitszufriedenheit tatsächlich gültig das theoretische Konstrukt „Arbeitszufriedenheit"?).

Die Datenauswertung dient z.B. zur Gewinnung oder Bestätigung von Hypothesen (oder ihrer Falsifizierung und Modifizierung). Als Methoden zur **Auswertung** von Mitarbeiterbefragungen stehen u.a. zur Verfügung (*Gaugler/Weber 1987; Backhaus et al. 1994; Borg 1995*):

(1) Faktorenanalyse,
(2) (multiple) Regressionsanalyse,
(3) (multiple) Diskriminanzanalyse,
(4) Mehrdimensionale Skalierung (MDS),
(5) Clusteranalyse.

6.2 Widerstände gegenüber Mitarbeiterbefragungen

Der Erfolg von Mitarbeiterbefragungen hängt unmittelbar vom Grad der **Akzeptanz der Befragung** durch alle Beteiligten ab. Im folgenden wird dargestellt, worin mögliche Ursachen für personale Widerstände gegen Mitarbeiterbefragungen liegen und inwieweit es Handhabungs- bzw. Überwindungsmöglichkeiten für diese Widerstände gibt. Allerdings ist in den letzten Jahren eine große „Welle" der Zustimmung und Nachfrage nach Mitarbeiterbefragungen zu beobachten, die nicht zuletzt aus der Diskussion über Qualitätsprozesse, Qualitätsmanagement usw. resultiert.

Ursachen für Widerstände
Widerstände können bei der Geschäftsleitung, bei den Mitarbeitervertretungen und bei den befragten Arbeitnehmern festgestellt werden. Mögliche Ursachen enthält folgende Aufzählung:

(1) Die **Geschäftsleitung**
- ☐ bezweifelt den Nutzen einer Mitarbeiterbefragung,
- ☐ scheut die mit einer Mitarbeiterbefragung verbundenen Kosten,
- ☐ fürchtet, mit einer Mitarbeiterbefragung „schlafende Hunde" zu wecken, d.h. Probleme zu verstärken bzw. erst zu schaffen,
- ☐ fürchtet, durch eine Mitarbeiterbefragung ihren Verantwortungsbereich bzw. ihre Vorgesetztenfunktion auszuhöhlen, wenn sie der Belegschaft „unnötige" Mitspracherechte einräumt.

(2) Die **Mitarbeitervertretungen**
- ☐ haben Angst vor Verlust ihres Einflusses auf die Arbeitnehmer,
- ☐ befürchten, bei direkter Verbindung zwischen Arbeitgeber und einzelnen Arbeitnehmern überflüssig zu werden.

(3) Die befragten **Arbeitnehmer**

- ☐ erwarten für sich weder mittelbar noch unmittelbar positive Auswirkungen aus der Mitarbeiterbefragung,
- ☐ befürchten, daß die Anonymität der Befragung nicht gewährleistet ist, woraus sich negative Konsequenzen für den einzelnen Befragten ergeben könnten.

Handhabungsmöglichkeiten

Zur Handhabung bzw. zur Überwindung der angesprochenen personalen Widerstände lassen sich folgende Strategien und Maßnahmen verfolgen:

(1) Sicherstellung der Anonymität

Um eine hohe Beteiligung an der Mitarbeiterbefragung zu gewährleisten, müssen die beteiligten Gruppen (Mitarbeitervertretungen, Mitarbeiter) davon überzeugt werden, daß ihre Ängste unbegründet sind und sie durch ihre Teilnahme an dem Befragungsprojekt – sowohl als Beurteiler wie Beurteilte – keinerlei Nachteile haben werden. Die Zusicherung der **absoluten Anonymität** ist eine Maßnahme, um den bestehenden Zweifeln und Widerständen entgegenzuwirken. Die Anonymität ist unabdingbare Voraussetzung für ehrliche und aussagekräftige Ergebnisse. Unter Anonymität wird hier verstanden, daß von den Antworten aus der Befragung nicht auf den einzelnen Mitarbeiter (Beantworter) geschlossen werden kann. Die Anonymität wird gewährt, wenn nur Gesamtwerte aus genügend großen Gruppen gebildet werden.

Häufig werden nicht nur aus Gründen der fachlichen Kompetenz, sondern auch zur Gewährleistung der Anonymität **externe Berater** hinzugezogen. Bezogen auf die Fragen zum Vorgesetzten erhält lediglich der Vorgesetzte (auf Wunsch), nicht aber die Geschäftsleitung – dergegenüber er somit anonym bleibt – seine persönliche Einzelauswertung auf Basis der ihm unterstellten Mitarbeiter. Dies ist insbesondere dann der Fall, wenn die Befragung der Mitarbeiter durch ein externes Team durchgeführt wird und der Vorgesetzte in einem anschließenden Gespräch individuell beraten werden will/soll, bzw. Gruppengespräche unter Beteiligung des Vorgesetzten, seiner Mitarbeiter sowie eines unabhängigen Moderators aus dem Befragungsteam vorgesehen sind. Dem Vorgesetzten ist dann Vertraulichkeit zuzusichern.

(2) Abstimmung mit dem Betriebsrat

Gemäß § 94 BetrVG bedürfen Personalfragebögen und die Aufstellung allgemeiner Beurteilungsgrundsätze der Zustimmung des Betriebsrates. Allerdings konzentrieren sich Kommentare und Rechtsprechung in der Interpretation dieser Formulierung auf das „traditionelle" Beurteilungswesen, nämlich auf die Beurteilung der Mitarbeiter durch den Vorgesetzten. Im Rahmen der Mitarbeiterbefragung können folgende rechtliche Probleme diskutiert werden:

- ☐ Werden bei Mitarbeiterbefragungen „Personalfragebögen“ im Sinne des § 94 Abs. 1 BetrVG eingesetzt?
- ☐ Handelt es sich hierbei um „allgemeine Beurteilungsgrundsätze“ im Sinne des § 94 Abs. 2 BetrVG?
- ☐ Sind Mitarbeiterbefragungen bzw. die Auswertung der Ergebnisse im Rahmen von Auswahlrichtlinien gem. § 95 BetrVG zu sehen?

Wird dies bejaht, dann ist auch bei Mitarbeiterbefragungen die **Zustimmung des Betriebsrates** erforderlich. Allerdings ist die rechtliche Situation nach wie vor nicht abschließend geklärt. Von gewerkschaftlicher Seite wird ein Mitwirkungsrecht aus den genannten Paragraphen des Betriebsverfassungsgesetzes abgeleitet. Arbeitgeberseitig wird dies bestritten. Das mögliche Konfliktpotential ist aber wesentlich reduziert worden, denn auch Arbeitnehmervertretungen sind schon lange von dem hohen Wert von Mitarbeiterbefragungen überzeugt und führen diese z.T. auch in eigener Regie durch.

Unabhängig davon sollte es im eigenen Interesse der Geschäftsleitung liegen, zu einer Abstimmung mit dem Betriebsrat zu kommen. Das Bemühen, die Mitarbeiter an der Erarbeitung neuer Konzeptionen im Betrieb zu beteiligen, ist zugleich Ausdruck des angestrebten **kooperativen Führungsstils** und eines partnerschaftlichen Verhältnisses von Arbeitnehmerschaft und Geschäftsleitung. Eine Beteiligung des Betriebsrates bereits in der Konzeptionsphase des Projektes erlaubt, frühzeitig Vorbehalte und Befürchtungen vortragen zu können und damit wesentlich zum Abbau der Ursachen von personalen Widerständen gegenüber der Mitarbeiterbefragung beizutragen.

(3) Überzeugung durch Handeln

Eine Reduzierung von Widerstandspotential ist jedoch am leichtesten möglich, wenn die Geschäftsleitung durch Handeln demonstriert, daß sie die Anonymität nicht zu untergraben versucht und daß sie durch aktives Handeln Veränderungen auf der Basis der Befragungsergebnisse anstrebt. In Unternehmen, in denen bereits eine Mitarbeiterbefragung erfolgte, ist der Widerstand um so geringer, je weniger die genannten Ängste realisiert wurden bzw. je größer die Fehleinschätzungen im nachhinein tatsächlich waren. Dies setzt voraus, daß die Ergebnisse der Befragung transparent gemacht werden (z.B. durch Veröffentlichung in den Mitarbeiterzeitschriften), sich entsprechende Maßnahmen anschließen und deren Wirksamkeit nach bestimmten Zeitabschnitten den Befragten bewußt wird.

Literaturverzeichnis

Ackermann, K.-F. (1986): Mitarbeiterbefragung als Instrument partizipativer Entlohnungspolitik, in: BFuP, 38 Jg., S. 28-42.

Atteslander, P. (1985): Methoden der empirischen Sozialforschung, 5. Aufl., Berlin/New York.

Backhaus, K. et al. (1994): Multivariate Analysemethoden, 8. Aufl., Berlin u.a.

Borg, I. (1995): Mitarbeiterbefragungen. Strategisches Aufbau- und Einbindungsmanagement, Göttingen.

Bronner, R./Schröder, W. (1983): Weiterbildungserfolg, München/Wien.

Bungard, W./Jöns, J. (Hrsg.)(1997): Mitarbeiterbefragung. Ein Instrument des Innovations- und Qualitätsmanagements, Weinheim.

Burkhardt, M. (1992): Die Meinungsumfrage als Teil des Management-Systems in der IBM, in: Personalführung, Nr. 2, S. 80-86.

Domsch, M. (1988a): Attitude Surveys as a direct or indirect means towards participative Management, in: *Tyson, S. et al. (Hrsg.)*: Appraising and Exploring Organisations, London/New York/Sydney, S. 99-117.

Domsch, M. (1988b): Zur Messung des personalen Unternehmenserfolges, in: *Domsch, M. et al. (Hrsg.)*: Unternehmenserfolg. Planung – Ermittlung – Kontrolle, Wiesbaden, S. 107-125.

Domsch, M. (1992): Vorgesetztenbeurteilung, in: *Selbach, R./Pullig, K.-K. (Hrsg.)*: Handbuch Mitarbeiterbeurteilung, Wiesbaden, S. 255-298.

Domsch, M./Gerpott, T.J. (1986): Zum Problem der Bestimmung der Reliabilität von Organisationsklimamessungen, in: Zeitschrift für Arbeits- und Organisationspsychologie, 30. Jg., S. 116-124.

Domsch, M./Reinecke, P. (1982): Partizipative Personalentwicklung, in: ZfbF-Sonderheft 14, 34. Jg., S. 64-81.

Domsch, M./Schneble, A. (Hrsg.)(1990): Mitarbeiterbefragungen, Heidelberg.

Domsch, M./Schneble, A. (1992): Mitarbeiterbefragungen, in: *Gaugler, E./Weber, W. (Hrsg.)*: Handwörterbuch des Personalwesens, Stuttgart, Sp. 1375-1387.

Ebner, H.G./Krell, G. (Hrsg.)(1991): Vorgesetztenbeurteilung. Eine Analyse individueller und organisatorischer Bedingungen, Oldenburg.

Gaugler, E./Weber, W. (Hrsg.)(1987): Methodische Probleme bei der Untersuchung von Arbeitnehmerverhalten, Frankfurt am Main.

Hoelemann, W. (1988): Arbeitserwartungen und Arbeitszufriedenheit von Führungskräften, in: ZfbF, 40. Jg., S. 81-92.

Hofmann, K./Köhler, F./Steinhoff, V. (Hrsg.)(1995): Vorgesetztenbeurteilung in der Praxis. Konzepte, Analysen, Erfahrungen, Weinheim.

Humm, F.A. (1978): Die Ermittlung von Ausbildungsbedürfnissen für Führungskräfte als Grundlage von Schulungsmaßnahmen, Diessenhofen.

Leiter, R. et al. (1982): Der Weiterbildungsbedarf im Unternehmen, München/Wien.

Mummendey, H.D. (1995): Die Fragebogen-Methode. Grundlagen und Anwendungen in Persönlichkeitseinstellungs- und Selbstkonzeptforschung, 2. Aufl., Göttingen.

Neuberger, O./Allerbeck, M. (1978): Messung und Analyse von Arbeitszufriedenheit, Bern/Stuttgart/Wien.

Projektgruppe „Mitarbeiterbefragung" (Hrsg.)(1987): Die Mitarbeiterbefragung. Hamburg.

Reinecke, P. (1983): Vorgesetztenbeurteilung, Köln u.a.

Schneevoigt, I. (1985): Die innerbetriebliche Meinungsumfrage als Führungsinstrument, in: *Schuler, H./Stehle, W. (Hrsg.)*: Organisationspsychologie und Unternehmenspraxis. Perspektiven der Kooperation, Stuttgart, S. 171-178.

Töpfer, A./Bechmann, K. (1987): Marktorientierte Unternehmens- und Mitarbeiterführung, in: Versicherungswirtschaft, 42. Jg., S. 358-364.

Töpfer, A./Funke, U. (1985): Mitarbeiterbefragungen als Analyseinstrument und Grundlage der Organisationsentwicklung, in: *Töpfer, A./Zander, E. (Hrsg.)*: Mitarbeiter-Befragungen, Frankfurt/New York, S. 9-42.

Töpfer, A./Zander, E. (Hrsg.)(1985): Mitarbeiter-Befragungen. Ein Handbuch. Frankfurt am Main/New York.

Tyson, S./Ackermann, K.-F./Domsch, M./Joynt, P. (Hrsg.)(1988): Appraising and Exploring Organizations, London/New York/Sydney.

Verheyen, L.G./Olivas, L. (1980): Attitude Survey Supports Training Needs. In: PPM, Vol. 9, S. 31-35.

Summary

In connection with quality management processes there is an increasing trend to organise the personnel management sector in a market-oriented manner, too. Because the success of the quality process depends fundamentally on the personnel, it is management's task to achieve a basis for motivating every individual staff member supported by increased job efficiency and job satisfaction. Nevertheless, the successful elaboration, execution and verification of this market-oriented process requires corresponding information input on personnel interests, attitudes and expectations.

Personnel opinion surveys - serving as scientific methods of empirical social studies in the form of questionnaires or interviews - are effective tools for information acquisition and therefore important components of participative management. The aims of these market-oriented analytical and diagnostic instruments are not only to provide the foundations for organisational development measures, they also include direct interventions in the organisation itself, the effect of which is reflected in improved participation and communication as well as in the working atmosphere in general.

A large number of practical and scientific problems occur during procedures such as these. On the one hand, problems arise when creating questionnaires and their methodical backing. The quality of a questionnaire incorporating high methodical demands can frequently only be partially achieved due to cost aspects. The methodical demands manifest themselves above all in the need for validity and reliability.

On the other hand, resistance to personnel surveys on the part of management, staff representatives or the employees surveyed constitutes another serious set of problems, because the success of a personnel opinion survey depends directly on the degree to which staff accept the questionnaire. This problem can, however, be overcome using measures such as guaranteed anonymity, prevention of anxieties through transparency or active participation during the drafting phase of a personnel survey.

In so doing, the form and content of the questionnaire should in each case be individually adapted to the aims of the survey, the anonymous written form having become well established in practice. The greater the scope of the questionnaire, the less prepared the personnel will be to take part in the survey. Detailed project planning is necessary to avoid this and to ensure the success of the personnel survey with the results serving as a basis for detailed and intensive discussions.

Fünfter Teil

UMSETZUNG DES INTERNEN MARKETING IN DER UNTERNEHMENSPRAXIS

Das Zusammenspiel zwischen dem internen und externen Marketing – am Beispiel von Henkel

von Roland Schulz

Dr. Roland Schulz ist persönlich haftender geschäftsführender Gesellschafter der Henkel KGaA, Düsseldorf, und zuständig für den Unternehmensbereich Personal sowie das Joint Venture Henkel-Ecolab.

1. Die neue Entwicklungsstufe des Marketing

Es ist schon seltsam, wie lange manche Diffusionsprozesse brauchen. Als in den 60er Jahren das Marketing seinen „Siegeszug" begann, da hoffte man, daß allen klar und einsichtig sein mußte, daß **Marketing** nicht eine Teilfunktion des Unternehmens ist, sondern ein **ganzheitliches Konzept der Unternehmensführung**. Leider blieb diese Erkenntnis nur auf wenige Unternehmen begrenzt, und sehr viele Unternehmen mußten schmerzliche Erfahrungen mit der Mißachtung dieses Ansatzes machen. In und nach den schwierigen Jahren Ende der 80er und Anfang der 90er Jahre schossen neue „Heilslehren" aus dem Boden, von denen nur der Lean-Management-, der Reengineering-, der Kaizen- und der Total-Quality-Management-Ansatz erwähnt seien. Auch wenn der Schwerpunkt der Konzepte unterschiedlich ist, so sind doch einige Elemente ähnlich:

(1) Betrachtung der gesamten Wertschöpfungskette im Unternehmen.
(2) Nicht mehr die Struktur oder die Teilfunktion stehen im Mittelpunkt, sondern der gesamte Prozeß der Leistungstransformation.
(3) Man höre und staune: Ziel aller unternehmerischen Aktivitäten ist der Kunde und das Erreichen von Customer-Satisfaction (Manchen ist das noch zu wenig und deshalb sprechen sie von Customer-Enthusiasm).

Plötzlich hatten auch die Forscher, Produktionsleute, Einkäufer, Finanzleute und Personalmanager begriffen, daß ohne Kunden der schönste Betrieb bald zum Konkursverwalter gehen muß.

Jetzt verwandeln sich die Denk- und Verhaltensweisen, und bei manchem Organigramm ist nicht mehr der Vorstand an der Spitze, sondern der Kunde.

Aber auch die Marketingleute spüren, daß nur ein wirkliches Miteinander (und eben nicht „Übereinander") zum Erfolg führen kann. Die Interdisziplinarität wird in vielen Unternehmen neu entdeckt und führt zu einer Vielzahl von Projektgruppen in den Unternehmen, in denen Spezialisten aus allen relevanten Teilbereichen sitzen.

Da mittlerweile den meisten Unternehmen zugleich klar geworden ist, daß die Mitarbeiter das wichtigste „Vermögen" sind, kommt es zu einer Neudefinition der Personalpolitik. Über das Zusammenspiel zwischen der Personalpolitik (= Internem Marketing) und dem externen Marketing wird hier am Beispiel von Henkel berichtet.

2. Ziele und Elemente des internen und externen Marketing

Ziel der Personalpolitik ist bei Henkel die Schaffung und Erweiterung von Wettbewerbsvorteilen durch effiziente Maßnahmen zur Erhöhung der Qualität und Motivation aller Mitarbeiter sowie deren Einsatz und ihre Zusammenarbeit. Dabei muß versucht werden, die Interessen des Unternehmens und der Mitarbeiter so weit wie möglich aufeinander abzustimmen. Bei dieser Definition wird die Nähe zur Definition des Marketing (*Meffert 1992, S. 3*) sehr deutlich. Das gilt besonders dann, wenn man die **Mitarbeiter als interne Kunden** (*Berry 1984, S. 272*) begreift und sich den gesamten Prozeß der Leistungstransformation vor Augen führt (vgl. Abbildung 1).

	Externes Marketing	**Internes Marketing**
Ziel	Wettbewerbsvorteile zur Gewinnerzielung	Wettbewerbsvorteile zur Gewinnerzielung
Mittel	Marketinginstrumentarium	Personalpolitisches Instrumentarium
Weg	Befriedigung der Kundenbedürfnisse	Befriedigung der Mitarbeiterbedürfnisse und Harmonisierung mit den Unternehmensinteressen
Zielgruppe	Aktuelle und potentielle Kunden	Aktuelle und potentielle Mitarbeiter („interne Kunden“)

Abbildung 1: Elemente des externen und internen Marketing

Der **Wettbewerb** spielt sich dabei auf vier Ebenen ab, die es gleichzeitig zu berücksichtigen gilt: Innovation, Qualität, Zeit und Kosten. Wettbewerb darf dabei eben nicht abstrakt gesehen werden, sondern als das Bemühen der Menschen, mit ihren Unternehmen Überlegenheit zu erreichen.

Gestalter des externen Marketing sind die **Mitarbeiter eines Unternehmens**. Das externe Marketing wird um so besser sein, je qualifizierter, motivierter und kooperativer die Mitarbeiter sind. Folgt man dieser These, so zeigt sich, wie entscheidend die Personalpolitik eines Unternehmens für seinen Gesamterfolg ist.

Ähnlich wie bei der Erfassung von Marktanteilen bzw. Markenwerten – und damit von Erfolg oder Mißerfolg gegenüber Wettbewerbern – müßte es gelingen, einen **Vergleich der Mitarbeiterqualität** (und -motivation bzw. -kooperation) anzustellen. In Abbildung 2 ist ein solcher Vergleich beispielhaft dargestellt.

Funktionsbereiche \ Strategische Geschäftseinheiten	I	II	III	Gesamtunternehmen
Marketing	◔	◐	●	◐
Personalmanagement	◔	○	◐	◔
Forschung & Entwicklung	○	○	◐	◔
Produktion	◔	○	◔	◔
Finanz- und Rechnungswesen	○	○	○	○
Organisation & Datenverarbeitung	◔	◔	◐	◔
Materialmanagement	◐	◐	◐	◐

○ wesentlich besser ● wesentlich schlechter

Abbildung 2: Personalposition im Wettbewerbsvergleich

Ein solches Bild könnte für die Bewertung des Unternehmens, aber auch als Basis für eine Vielzahl von personalpolitischen Maßnahmen eine wesentliche Information darstellen. Auch wenn die Herstellung eines solchen Bildes zur Zeit als illusionär anzusehen ist, so erscheint es doch wichtig, daß in den Köpfen des Managements Vorstellungen darüber existieren, wo Verbesserungen notwendig und erreichbar sind.

Qualität ist dabei nie eine abstrakte Größe, sondern steht immer im unmittelbaren Zusammenhang mit den Erwartungen, Bedürfnissen und Einstellungen der aktuellen und potentiellen Kunden. Erst wenn es durch die Personalpolitik gelingt, alle Mitarbeiter des Unternehmens davon zu überzeugen, daß die Antwort zur Güte ihrer Leistung durch den Markt gegeben wird, wird die Erfolgswahrscheinlichkeit steigen. Die **Zusammenhänge zwischen dem Marketing von innen nach außen** sind in Abbildung 3 festgehalten.

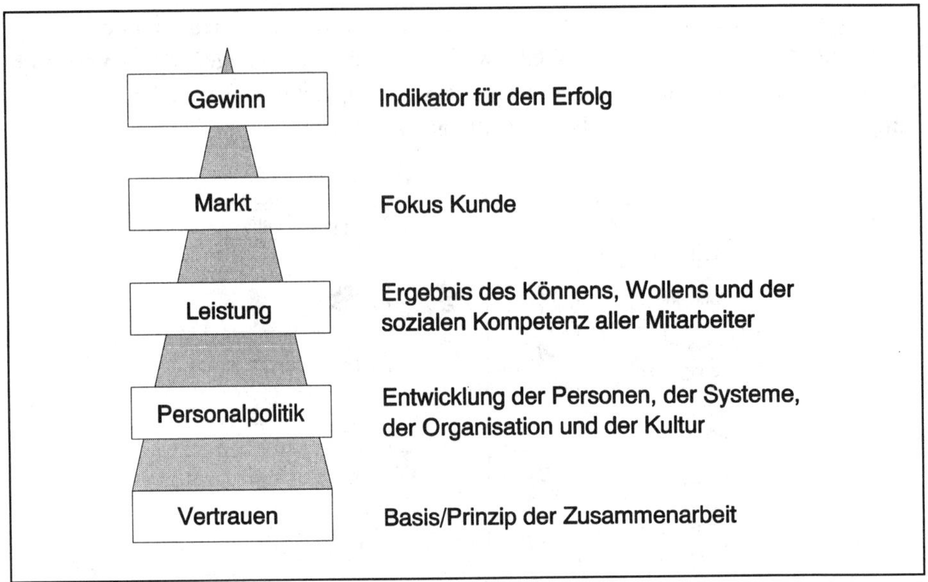

Abbildung 3: Marketing von innen nach außen

3. Einstellungswandel als Notwendigkeit

Auf Grund der genannten „Wurzeln" bei der Entwicklung von Großunternehmen haben sich Kulturen, Einstellungen und Verhaltensweisen entwickelt, die durch das Marketing nach innen zu verändern sind, um das externe Marketing optimieren zu können und den vielfältigen Wandlungen zu entsprechen. Die Schlüsselwörter dieser notwendigen **Evolution** (*Schulz 1993, S. 173ff.*) sind:

Status	➔	Leistung
Kontrolle	➔	Vertrauen
Pflicht zur Arbeit	➔	Spaß an/bei der Arbeit
Individualismus	➔	Gemeinschaft
Sicherheitsstreben	➔	Unternehmertum

Die Begriffspaare sind bewußt nicht als Gegensätze zu begreifen, sondern sie sollen die Richtung und Fokussierung zum Ausdruck bringen.

Die **Umgewichtung von Status auf Leistung** geht von der Frage aus, welchen Beitrag der Einzelne für das Unternehmen erbringt. Nicht die Frage, wer man ist, sondern was man einbringt und bewirkt, muß im Mittelpunkt der personalpolitischen Betrachtung stehen. Durch Titel, Gehaltsklassen, Statussymbole, Unterschriftsberechtigungen, Ausstattung und vieles andere mehr wurde in den vergangenen Jahren eine Statusdifferenzierung in den Unternehmen geschaffen, die sich fast verselbständigte und zu einer Beförderungsinflation, „Kastenbildung" und einer drastischen Vergrößerung der sozialen Distanz führte, die letztlich kontraproduktiv wirkte. Die „Belohnung" von Lebensalter, Dienstalter, Ausbildung und Ausdauer hat nicht dazu geführt, daß die wirklichen Leistungsträger in allen Fällen durch entsprechende Gegenleistungen honoriert wurden. Nur durch neue **Personalordnungs- und Gehaltssysteme** kann bei einer solchen Entwicklung die notwendige Neuorientierung erreicht werden. Natürlich gibt es auch dabei statusbezogene Elemente – die unvermeidlich sind –, doch wird das Hauptaugenmerk auf die Aufgabe und die Güte der Leistungserfüllung gerichtet und nicht auf Abgrenzung und Differenzierung.

Der verhängnisvolle Satz *Lenins* „Vertrauen ist gut, Kontrolle ist besser" hat auch in der westlichen Welt viele Anhänger gefunden. Auch *Taylor* ging von einem solchen pessimistischen Menschenbild aus. „Hier erscheint der Mensch als dumm und träge ... Der breiten Masse wird keine Verantwortung übertragen. Druck und Kontrolle zeichnen ein solches Management aus" (*Affemann 1991, S. 68*). Diese Grundannahme hat gravierende Konsequenzen für die Personalpolitik und die Organisation von Unternehmungen.

Hauptkonsequenzen dieser Einstellung sind zu geringe Delegation und Verantwortung, unzureichende Freiräume, zu geringe Leitungsspannen mit zu tiefer hierarchischer Gliederung. Die **vertikale Arbeitsteilung** in der Führungsorganisation hat sich durch zu starke Zentralisierung, zu viele Kontrollen und entsprechende Doppelarbeiten nicht als effizient herausgebildet. In den meisten Fällen war das fehlende Vertrauen in die Mitarbeiter Ursache dieser Entwicklung. *Bleicher* hat deutlich nachgewiesen, daß eine **Vertrauensorganisation** nicht nur eine wesentlich humanere Form ist, sondern auch eine ökonomisch wesentlich sinnvollere Variante darstellt (*Bleicher 1989, S. 199ff.*). Natürlich wird es auch in diesem Typ Kontrollen geben müssen, doch tritt hier an die Stelle der Maßnahmenkontrolle die Zielkontrolle und an die Stelle der Vollkontrolle die Stichprobenkontrolle. Auch hier sind durch den Paradigmenwechsel die Konsequenzen – wie zu zeigen sein wird – für das gesamte personal- und organisationspolitische Konzept und insbesondere für die Führung gravierend. Das Motto lautet jetzt: **„Kontrolle ist punktuell notwendig, Vertrauen ist besser."**

Der dritte Aspekt der Akzentverschiebung vollzieht sich in bezug auf die **Einstellung zur Arbeit**. Der Ausspruch „Erst die Arbeit, dann das Vergnügen" macht deutlich, daß in früheren Generationen Arbeit und Vergnügen als Gegensatzpaar gekennzeichnet wurde. Hier scheint sich in der jüngeren Generation ein Wandel zu vollziehen, dem Unternehmen Rechnung tragen müssen (*v. Rosenstiel 1991, S. 13ff.*). Arbeitszeit und Freizeit konkurrieren immer stärker miteinander. Nur Unternehmen, die den jungen Menschen attraktive Aufgaben anbieten können mit einem angenehmen Klima und erfreulichen Rahmenbedingungen, werden als echte Alternative in Frage kommen. Hier sind die Führungskräfte ganz besonders gefordert, um die sachlichen und emotionalen Voraussetzungen für „**Hedonismus bei der Arbeit**" zu schaffen. Die Unternehmen, die sich am schnellsten darauf einstellen, werden ohne Zweifel bemerkenswerte Wettbewerbsvorsprünge erzielen.

Das vierte Begriffspaar bezieht sich auf die **Rolle**, die der Einzelne in Großbetrieben zu spielen hat. Die Komplexität, Spezialisierung und Internationalisierung der Betriebe macht eine Zusammenarbeit in interdisziplinärer und internationaler Hinsicht dringend erforderlich. Gefragt ist deshalb nicht mehr der Einzelkämpfer mit starker Durchsetzungskraft, sondern die fachlich kompetente Persönlichkeit, die zugleich über die notwendige **soziale Kompetenz** verfügt, um gemeinschaftsbildend wirken zu können. Dazu gehört die Bereitschaft zur kooperativen Kommunikation und zur Toleranz gegenüber Kollegen und Mitarbeitern. Es geht verstärkt darum, in den organisatorischen Einheiten, aber auch für das Gesamtunternehmen ein **Wir-Gefühl** zu entwickeln, das für jedes Mitglied eine hohe Anziehungskraft erzeugt und Reibungsverluste minimiert. Vielfach wird das Unternehmen mit einem Organismus verglichen, bei dem es auch primär um das Zusammenwirken der verschiedenen Elemente und Systeme geht. „Das neue Bewußtsein betont den Wert der Zusammenarbeit stärker als die Konkurrenz und mäßigt die Konkurrenzlust des modernen Arbeitsethos durch die Toleranz und die Wertschätzung der Vielfalt sowie den Mut, mit Institutionen und Praktiken zu experimentieren, welche die Harmonie zwischen den Menschen ... befördern" (*Laszlo 1992, S. 192*). Nur durch diese veränderte Einstellung wird es gelingen, die vielfältigen Bruchstellen zu beseitigen bzw. zu überwinden.

Die große Gefahr von Großunternehmen besteht darin, daß sie bürokratische Strukturen entwickeln, die primär durch Sicherheit, Risikoscheu und scheinbare Perfektion gekennzeichnet sind. Es ist noch nicht allzu lange her, daß man von Industrie- und Bankbeamten sprach, und auch die Denkhaltung vieler Mitarbeiter diesen Begriffen entsprach (und zum Teil noch entspricht). Hier gilt es deutlich zu machen, daß künftig vor allem im Führungskräftebereich **unternehmerisches Denken** unabdingbar ist. Diese Denkweise ist geprägt durch Markt- und Kundenorientierung, Innovations- und Risikofreudigkeit, Gewinnorientierung und die konsequente Bereitschaft und Fähigkeit, dem Unternehmen Impulse zu vermitteln, die der Konkurrenz überlegen sind. Gerade hier zeigt sich, daß die fachliche Kompetenz nur eine notwendige, aber keine hinreichende Bedingung für die Übernahme von Führungsfunktionen sein kann und darf.

4. Das interne Marketinginstrumentarium

4.1 Personalforschung

Grundvoraussetzung für ein erfolgreiches externes Marketing ist eine gute Marktforschung. Insbesondere in Markenartikelunternehmen wird sehr viel investiert, um die Bedürfnisse, Einstellungen und Verhaltensweisen der aktuellen und potentiellen Kunden zu kennen und zu prognostizieren. Darüber hinaus sind viele Verfahren, Tests und Methoden entwickelt worden, um die Wirkungsweise aller Marketinginstrumente erfassen und bewerten zu können. Verglichen mit dem Entwicklungsstand der Marktforschung befindet sich die **Personalforschung** noch in einem relativ frühen Entwicklungsstadium. Natürlich ist der Ansatz unterschiedlich, da die Zahl der Mitarbeiter überschaubar bzw. definierbar ist und viele Informationen direkt erfaßbar und abrufbar sind. Dennoch sind über die verstärkt durchgeführten Mitarbeiterbefragungen, die auch bei der Weiterentwicklung der Personalpolitik im Hause Henkel eine große Rolle gespielt haben, weitere Instrumente vorstellbar, wie z.B. Panels, Gruppeninterviews und Imageuntersuchungen. Dabei hat die Kommunikationspolitik zu zeigen, daß in einem offenen und vertrauensvollen – und damit angstfreien – Klima der Dialog aller Mitarbeiter zugleich die wichtigste Informationsbasis ist. Dabei gilt es jedoch auch, den Ansatz der Marktsegmentierung zu berücksichtigen und eine Betrachtung der Belegschaft nach unterschiedlichen Kriterien (Alter, hierarchische Stellung, Ausbildung usw.) vorzunehmen.

Die **internen Marketinginstrumente** könnte man analog dem klassischen Marketinginstrumentarium wie folgt kennzeichnen:

Produktpolitik	➔	Arbeitsplatzangebot
Kommunikationspolitik	➔	Interne Kommunikationspolitik
Kontrahierungspolitik	➔	Kontrahierungspolitik
Distributionspolitik	➔	Organisationsentwicklung

Diese Aufteilung erweist sich jedoch bei näherer Betrachtung als ungeeignet, weil sie zu viele Schnittstellen aufweist und die jeweiligen Zielsetzungen sich nicht klar definieren lassen. Aus diesem Grunde hat sich Henkel für die Aufteilung in die vier strategischen Felder **Organisations-, Personal-, Personalsystem- und Unternehmenskulturentwicklung** entschieden. Diese Aufteilung zeigt, daß es darum geht, eine kundenbezogene Organisation mit leistungsorientierten Menschen zu entwickeln, die in einer Kultur der Kundenorientierung lebt und Systeme entwickelt, die den Zielen und Erwartungen der Menschen entsprechen und im Interesse des gesamten Unternehmens liegen (vgl. Abbildung 4).

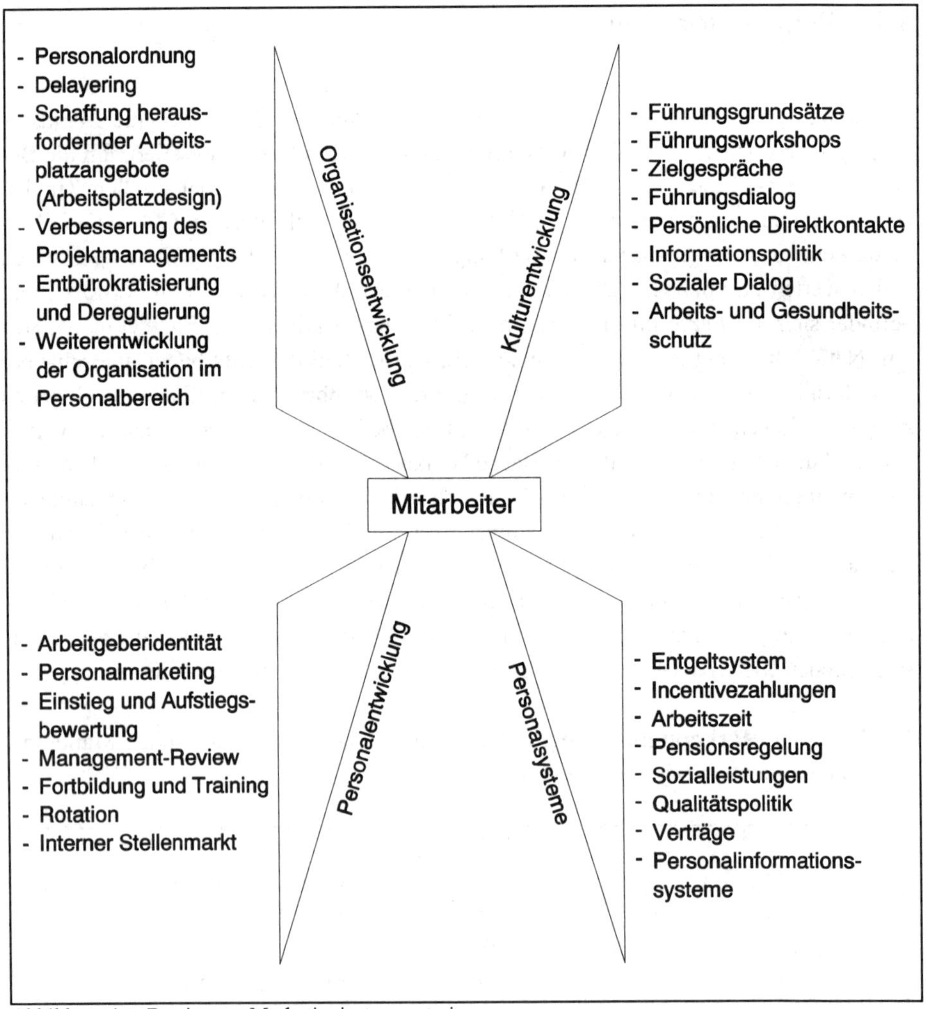

Abbildung 4: Das interne Marketinginstrumentarium

4.2 Organisationsentwicklung

Motivierte und leistungsstarke Mitarbeiter erwarten **herausfordernde Tätigkeiten**. Verantwortungsvollere Aufgaben können nur geschaffen werden durch eine stärkere Delegation von Kompetenzen und Verantwortung sowie eine weitergehende Flexibilisierung der Aufgabenstrukturen.

Dabei ist die Lösung dieser Thematik relativ einfach: Je mehr direkt unterstellte Mitarbeiter ein Vorgesetzter hat, desto weniger Zeit hat er, sich um sachbearbeitende Tätigkeiten selber zu kümmern. Selbstverständlich hängt die Größe der Leitungsspanne sehr stark von der Art der Aufgabe ab. Dieser Gedanke – konsequent durchgedacht – führt automatisch zu weniger Leitungshierarchien und größerer Verantwortung für den einzelnen Mitarbeiter. Dabei ist es durchaus sinnvoll, in unterschiedlichen Teilen des Unternehmens unterschiedliche Leitungsebenen fallen zu lassen. Bei jeder Vakanz ist also die Frage des sinnvollen **Delayering** neu zu stellen und zu beantworten.

Die **Abflachung der Hierarchie** ist mit der Existenz eines Systems formaler Titel nicht mehr vereinbar. Mehr denn je zwingt der Wettbewerb auf den Märkten zu einer stärkeren Fokussierung aller Mitarbeiter auf die konkreten Aufgaben. Es ist ineffizient und unökonomisch, wenn Mitarbeiter einen Teil ihrer Energie nicht auf ihre Tätigkeit, sondern auf die Frage nach der schnellstmöglichen „Beförderung“ in ein formales System von „Titelkasten“ ausrichten. Im Rahmen der neuen Personalordnung hat Henkel deshalb auf die herkömmlichen Titel weitgehend verzichtet und sie durch funktionale Bezeichnungen ersetzt. Beförderungen im Sinne eines ranghöheren Titels existieren damit nicht mehr; befördert werden im Sinne einer **höherwertigen Aufgabe** kann ein Mitarbeiter immer nur dann, wenn er eine andere Tätigkeit übernimmt bzw. seine Tätigkeit durch Erweiterung höher bewertet wird. Hierüber entscheidet seine Leistung, auf keinen Fall Anciennitäten oder Ausbildungsabschlüsse. Um die Orientierung sicherzustellen, werden drei Führungsgruppen gebildet, in die die verschiedenen **„job classes“** zugeordnet werden. Bis Ende 1993 wurden die Stellenbewertungen weltweit abgeschlossen und damit eine volle internationale Vergleichbarkeit – mit allen damit verbundenen Vorteilen – herbeigeführt (Abbildung 5 zeigt das System am Beispiel des Marketingressorts).

Führungsgruppen	Positionsstufe	Funktionsbezeichnungen
I	23	Ressortleiter
	22	Marketingleiter
	21	
II	20	
	19	Produktgruppen-Manager
	18	
	17	Produkt-Manager
III	16	
	15	Junior-Produkt-Manager
	14	

Abbildung 5: Positionsstufen und Funktionsbezeichnungen bei der Henkel KGaA

Titel abzuschaffen und Leitungsspannen zu vergrößern heißt nicht, auf Hierarchien zu verzichten. Ohne jedwelche Hierarchie wäre das hochkomplexe und weitvernetzte System „Unternehmen" nicht auf das gemeinsame Ziel auszurichten. Dabei gilt der Grundsatz hierarchiebezogener **Subsidiarität**: Alle Entscheidungen, die der Mitarbeiter selbst sinnvoller treffen kann, soll er auch treffen. Erst wenn übergeordnete Aspekte die Entscheidung dominieren, entscheidet der Vorgesetzte. Derart entstehende kurze Entscheidungswege stellen einen Wettbewerbsparameter „par excellence" für die Zukunft dar.

Die Organisation eines Unternehmens – Leitungsspannen und Entscheidungskompetenzen – prägt die Personalordnung ganz entscheidend. Instrumentell betrachtet ist die **Personalordnung** die Summe aller Positions- und Gehaltsstufen sowie der damit verbundenen Benefits, Funktionsbezeichnungen und Entscheidungsbefugnisse. Personalpolitisch ist sie mehr. Die Personalordnung zeigt, welchen Stellenwert ein Unternehmen Themen wie Leistung und Anciennität, Kontrolle und Vertrauen, Hierarchieformalismus und Aufgabenfokussierung beimißt. Neben der Abflachung der Hierarchie ist der Trend erkennbar, daß die alte Stab-/Linienorganisation ausgedient hat, die Prozeßorganisation deutlich an Bedeutung gewinnt und das Arbeiten und Organisieren in und von Projekten in Zukunft ein entscheidender Wettbewerbsparameter sein wird (*Hammer/Champy 1993*). Diese Entwicklung wird auch zu einer Veränderung im klassischen Produktmanagement führen müssen. So wird vielfach die Organisation nach Strategischen Geschäftseinheiten das Produktmanagement-Konzept erweitern und zugleich substituieren.

4.3 Personalentwicklung

Bei der Besetzung der Führungspositionen aus eigenen Reihen sind die besten, nicht etwa die am längsten im Unternehmen beschäftigten Mitarbeiter die geeigneten Kandidaten. Dies setzt voraus, daß im Unternehmen insgesamt ein einheitliches System von Eignungskriterien existiert. Diese Eignungskriterien spiegeln im wesentlichen die **Schlüsselqualifikationen der sozialen Kompetenz** wider. Die soziale Kompetenz einer Führungskraft – verbunden mit der Fachkenntnis und der strategischen Kompetenz – ist maßgeblich für ihren Erfolg. Nur wer in der Lage ist, Mitarbeiter zu motivieren und zu begeistern, zu führen und in einen nach allen Seiten offenen Dialog eintreten kann, wird die Führungskraft der Zukunft sein. Bei den **Dimensionen**, die allen Personalentwicklungsmaßnahmen zugrunde liegen, handelt es sich im wesentlichen um Leistungsmotivation, Teamfähigkeit, soziale Sensibilität, Veränderungsbereitschaft, Risikobereitschaft, Verantwortungsbereitschaft und internationale Orientierung.

Managementpotentiale zu erkennen, ist eine der schwierigsten Aufgaben des Personalmanagements überhaupt. In dem Maße, in dem die soziale Kompetenz in allen Bereichen des Unternehmens an Bedeutung gewinnt, sind interaktive Verfahren der Potentialbeurteilung gefragt. Bei Abwägung aller hinlänglich bekannten Vor- und Nachteile scheint das Assessment Center hierfür nach wie vor ein geeignetes Instrument zu sein. Dieses Verfahren dient allerdings nicht nur der Verbesserung der Nachfolge- und Vakanzenplanung, sondern hat gleichzeitig die Funktion, Stärken und Schwächen der Mitarbeiter zu erkennen und gezielte Maßnahmen des Managementtraining, wie Führungsseminare und Führungsworkshops einzuleiten. Besser ist daher sicherlich die Verwendung des Begriffs **Personalentwicklungsseminare**. Sie dauern zwei bis drei Tage, stehen unter Anleitung eines erfahrenen Psychologen und werden unter Beteiligung geschulter Personalmanager und Vorgesetzter durchgeführt. Sie beinhalten eine Reihe aufeinander abgestimmter Aufgabenstellungen, in der Regel Gruppendiskussionen, Zweiergespräche, Präsentationen und Computersimulationen. Mit ihrer Hilfe kann der Mitarbeiter eigene Stärken und Schwächen erkennen und eigeninitiativ Maßnahmen einleiten. Aus Gründen der Wirtschaftlichkeit werden nur jene Mitarbeiter ins Personalentwicklungsseminar eingeladen, die von ihren Vorgesetzten im Rahmen einer Vorauswahl als besonders geeignet herausgestellt werden.

Einmal im Jahr erfolgt ein Dialog zwischen Personalmanager und jedem Vorgesetzten über jede Nachwuchs- und Führungskraft, das sogenannte **Management Review**. Ziel dieses Dialogs ist die systematische Erfassung der Managementpotentiale. Hierfür geeignet erweist sich der aus dem Marketingbereich bekannte **Portfolioansatz**. Jede Führungs- bzw. Führungsnachwuchskraft wird von ihrem Vorgesetzten bezüglich Leistung und Potential eingestuft. Der Personalmanager trägt dafür Sorge, daß der Maßstab im Unternehmen einheitlich ist. Das Portfolioverfahren (vgl. Abbildung 6) hat den großen Vorteil, daß es ein einfaches Instrument ist und einen schnellen Überblick über Potentiale ermöglicht. Es hat allerdings den Nachteil, daß es lediglich zwei Dimensionen umfaßt. Das Management Review beinhaltet deshalb in einem zweiten Schritt den Dialog über individuelle Stärken und Schwächen sowie die hierauf ansetzenden Maßnahmen. Zugleich muß darauf geachtet werden, daß es als dynamisches Instrument behandelt wird und Veränderungen permanent berücksichtigt werden.

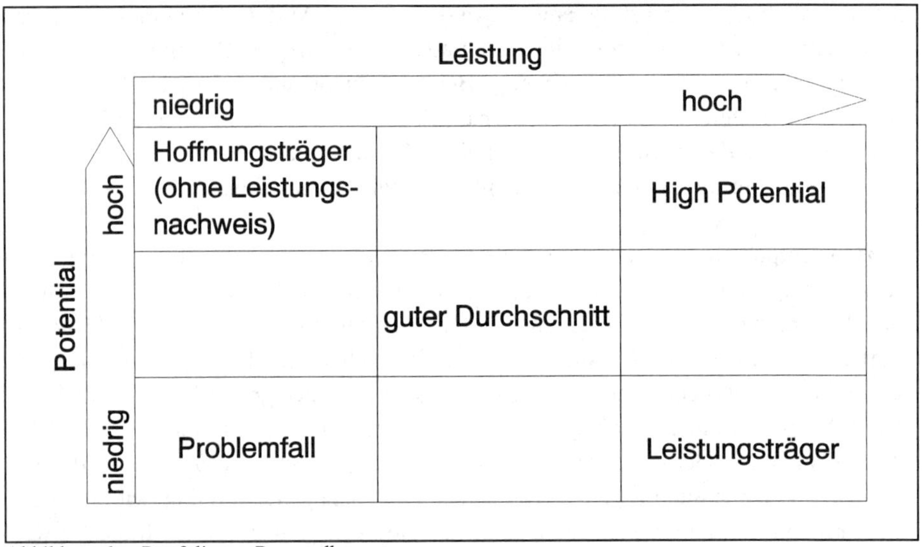

Abbildung 6: Portfolio zur Personalbewertung

Eine der wichtigsten Maßnahmen der Personalentwicklung ist nach wie vor die **Rotation** in andere Aufgaben und/oder andere Länder. Sowohl Kompetenzen als auch interkulturelles Denken werden durch unterschiedliche Aufgaben in einem wechselnden Umfeld mit neuen Vorgesetzten, neuen Mitarbeitern, neuen Problemlösungen und neuen Herausforderungen trainiert. Der Umsetzung des Rotationsgedankens dienen zweijährige Aufenthalte im In- und Ausland sowie gezielt auf die Mitarbeiter zugeschnittene multifunktionelle Programme – der Chemiker im Marketing oder im Personalmanagement, der Marketingexperte im Einkauf oder der Organisation, der Ingenieur in Produktion oder im Verkauf, um nur einige Beispiele zu nennen. Aber auch hier gilt: Nur jener Mitarbeiter erhält ein Rotationsangebot, der durch Leistung und Motivation herausragt.

Sämtliche Maßnahmen und Instrumente der Personalentwicklung erfolgen nicht von oben nach unten, sondern sind Thema eines regelmäßigen **Führungsdialogs**, den jeder

Vorgesetzte alle zwei Jahre mit seinen Führungs- und Führungsnachwuchskräften führt. Dieser Dialog ist kein Gespräch über Schulnoten mit traditioneller Benotung; es stellt vielmehr ein Gerüst dar, um über Stärken und Schwächen reden zu können. Selbstverständlich kommuniziert der Vorgesetzte seine Einschätzung. Aber es ist ein wesentlicher Unterschied, ob man über die uns allen seit frühester Jugend einsozialisierten Schulnoten spricht oder ob man Einschätzungen verbalisiert. Die Erfahrung spricht dafür, daß verbale Einschätzungen den beidseitigen Dialog begünstigen.

Die Personalentwicklung aus den eigenen Reihen wird nur dann langfristigen Erfolg haben können, wenn es gelingt, gute und qualifizierte, zur Unternehmenskultur passende Mitarbeiter von den Ausbildungsinstitutionen zu gewinnen. Mehr denn je zählt das Image eines Unternehmens zu den wesentlichen Beweggründen, warum sich ein Kandidat bewirbt. Man kann aber ein **Unternehmensimage** nicht anders gestalten als das Unternehmen in seinem Inneren selbst ist. Dort haben Veränderungen zuerst anzusetzen. Dann sind sie zu kommunizieren. Und erst dann verändern sie das Ansehen eines Unternehmens – nicht von heute auf morgen, eher langfristig – nicht einfach, eher mühselig. Gleichzeitig prägt das externe Marketing das Image des Unternehmens ebenfalls in starkem Maße.

4.4 Personalsystementwicklung

Personalwirtschaftliche Systeme sind entsprechend den Bedürfnissen der Mitarbeiter nach Anerkennung von Leistung und Person zu gestalten. Gleichzeitig müssen alle Personalsysteme selbstverständlich den Unternehmensstrukturen und Effizienzkriterien genügen. Dies gilt insbesondere für die **Gehaltspolitik**. Grundlage für die Gehaltspolitik bei Henkel bilden die Aufgabenbewertung und die daraus gebildeten Positionsstufen. Jeder Positionsstufe ist ein Gehaltsband zugeordnet, das in der Regel von einem Midpoint aus 20 Prozent nach oben und 20 Prozent nach unten spreizt. Allein die **Leistung** entscheidet darüber, in welchen Teilen des Gehaltsbandes das Gehalt des Mitarbeiters liegt.

Träger der Gehaltspolitik ist immer der **Vorgesetzte**. Nur er kann den Zusammenhang zwischen Leistung und Entgelt unmittelbar herstellen. Führung und Gehalt stellen immer komplementäre Entscheidungen dar. Wer führt, muß auch die Entscheidung über das Gehalt treffen. Der Vorgesetzte erhält einmal jährlich ein Gehaltsbudget, mit dem er in eigener Entscheidung die Gehälter seiner Mitarbeiter auf der Grundlage der genannten Prinzipien überprüfen kann.

Neben das als festen Einkommenszufluß zu interpretierende System der Gehaltsbänder tritt ein flexibles **Incentivesystem**. Die Höhe hängt von der Erreichung der eigenen Ziele sowie der Erfüllung der Unternehmens- bzw. Divisionsziele insgesamt ab. Damit bestimmen sowohl Individual- als auch Teamziele die Incentivezahlung. Selbstverständlich weiß der Mitarbeiter vorher, welches Geld (bzw. Aktien des Unternehmens) er für welche Leistung erhalten wird. Die Höhe der Incentivezahlungen soll nach Meinung des Verfassers 20 Prozent des Basisgehaltes im Mittelmanagement nicht überschreiten.

Die Bezahlung eines Unternehmens muß sowohl im lokalen als auch im nationalen Umfeld wettbewerbsfähig sein. Dies sicherzustellen ist die Aufgabe einer Reihe bilateraler und multilateraler Vergleiche. Neben einem Gehalts- und Benefitsystem gewinnt das Thema der **Arbeitszeit** an Bedeutung. Zum einen muß eine stärkere Anpassung der Arbeitszeiten an betriebliche Notwendigkeiten erfolgen, zum anderen mehren sich auch im Führungsbereich die Aufgaben, die losgelöst von Raum und Zeit wahrgenommen werden können. Als Stichwort sei auf den „Heim-Arbeitsplatz“ verwiesen, dessen Möglichkeiten heute erst in Ansätzen erkennbar sind. Zunehmende Kreativität bei der Umsetzung von mehr Flexibilität ist aber auch gefragt, wenn es um Teilzeit, Job Sharing oder Teilvorruhestand geht. Flexible Arbeitszeitansätze motivieren Mitarbeiter ganz erheblich. Sie sind aber auch in wirtschaftlich schwierigen Zeiten zugleich ein Ansatz, um personell notwendige Umstrukturierungen sozialverträglich – unter Wahrung der Effizienz – durchzuführen.

4.5 Unternehmenskulturentwicklung

Eine der wesentlichen unternehmerischen Zielsetzungen ist die **Schaffung einer Unternehmenskultur** (*Meffert 1988, S. 336ff.*), die den strategischen Wandel begünstigt. Der Wettbewerb auf den Märkten wird in Zukunft danach entschieden werden, inwiefern es gelingt, die großen Veränderungen in den technologischen, wirtschaftlichen und gesellschaftlichen Bereichen aktiv mitzutragen und selbst zu gestalten. In diesem Sinne muß die Unternehmenskultur ein Klima ermöglichen, in dem sich jede Führungskraft als **Change Agent** versteht, als aktiver Träger des Wettbewerbsprozesses begreift. Nicht Bewahrung und Verharrung machen erfolgreiche Unternehmen aus, sondern Wandel und Veränderung bestehender Strukturen und Denkweisen, neue Problemlösungen und verbesserte Optionen sind die Motoren zukünftiger Erfolge. Eine solche Unternehmenskultur kann man nicht verordnen oder gar befehlen. Man muß die Rahmenbedingungen schaffen, unter denen sich diese Kultur entwickeln kann. Im wesentlichen liegen diese Rahmenbedingungen in den Bereichen Führung, Information und Teambildung.

Führung heißt, die Freiräume und Optionen zu schaffen, unter denen Mitarbeiter optimale Leistungsmöglichkeiten vorfinden. Ein wichtiger Baustein hierzu ist die Entwicklung und Implementierung unternehmensweit gültiger **Führungsgrundsätze.** Hierbei gilt es, veränderte Werthaltungen zu berücksichtigen. Im wesentlichen sind das Werte, die gekennzeichnet sind durch Offenheit, Vertrauen, Kritikfähigkeit, Teamorientierung und Dialogbereitschaft. Die Führungsgrundsätze spiegeln ein beidseitiges Führungsverständnis wider. Führung ist kein einseitiger Prozeß von Vorgesetzten zu Mitarbeitern, vielmehr ein beidseitiger Kommunikationsprozeß, in dem auch die Mitarbeiter optimale Leistungsmöglichkeiten ihrer Vorgesetzten mitgestalten. Offenheit und Vertrauen sind Elemente zwischenmenschlicher Kommunikation, die ein Unternehmen aktiv fördern muß. Hierzu dienen spezielle Führungs-Workshops, in denen unter Anleitung eines erfahrenen Trainers über Führungsverständnis und Führungsempfinden diskutiert wird. An diesen Führungs-Workshops nehmen alle Führungskräfte einer Organisationseinheit teil. Darüber hinaus werden alle Führungsseminare durch Mitglieder des Top-Managements aktiv unterstützt und als wesentliche Bausteine des Entwicklungsprozesses bewußt gemacht.

Eine Unternehmenskultur kann am besten weiterentwickelt werden, wenn die Mitglieder der Geschäftsleitung sich hieran aktiv beteiligen (*Tichy/Sherman 1993, S. 7 ff.*). Von besonderer Bedeutung sind hierbei die Direktkontakte zu allen Mitarbeitern. Zur Verstärkung der Informations- und Direktkontakte zwischen Geschäftsleitung und Mitarbeitern erweist sich das Instrument des „**Runden Tisches**“ als besonders vorteilhaft. Jedes Geschäftsleitungsmitglied steht allen interessierten Mitarbeitern einmal jährlich zu allen erdenklichen Fragen Rede und Antwort. Dabei werden die Tagesordnung und die Themen von den Teilnehmern bestimmt. Zuhören ist dabei genauso wichtig wie „senden“. Diese Diskussionen sind von großer Offenheit und Ehrlichkeit gekennzeichnet. Gleiches gilt für die jährlichen **Zielgespräche**, in denen die Arbeitsschwerpunkte des Jahres gemeinsam festgelegt werden.

Die Entwicklung der Unternehmenskultur ist eine der wesentlichen Aufgaben eines Unternehmens und seiner Führungskräfte. Denn sie ist gleichsam die Basis, die das Handeln und Denken der Menschen im Unternehmen prägt. Sie setzt die innerbetrieblichen Normen und Werte. Insofern beeinflussen alle Handlungen eines Unternehmens die Unternehmenskultur, genauso wie die Unternehmenskultur Aktivitäten und Tätigkeiten steuert. Damit wird die Unternehmenskultur auch durch die Instrumente der Personal-, System- und Organisationsentwicklung mitgestaltet. **Vertrauen** ist dabei das eigentliche Gestaltungs- und Steuerungselement des Unternehmens, es ist gleichzeitig die grundlegende Philosophie interaktioneller Kommunikation und gemeinschaftsbildender Kraft.

Natürlich ist die Durchsetzung des neuen Personalkonzepts ein schwieriger und langwieriger Prozeß. Er ist vergleichbar mit einem neuen Produkt, das alle Phasen des **Diffusionsprozesses** durchlaufen muß. Entscheidend ist in beiden Fällen intensive, permanente Information und Kommunikation.

5. Implikationen für das Personalmanagement

Der Vergleich der Personalpolitik mit der Marketingpolitik macht deutlich, daß das Personalmanagement sehr viel von den Marketingmanagern lernen und zum Teil übernehmen kann (*Schulz 1990, S. 359ff.*). Die Bedeutung und zugleich Komplexität des Marketing, insbesondere der Markenführung, hat zur Einrichtung des Produktmanagersystems geführt, mit dessen Hilfe eine optimale Markenführung durch Sammlung aller relevanten Informationen, Koordination aller markenbezogenen Aktivitäten und Initiierung der notwendigen Maßnahmen sichergestellt werden soll. Damit soll vor allem die Ganzheitlichkeit der Markenführung sichergestellt werden. Überträgt man diese Sichtweise auf das Personalmanagement, so wird die Parallelität sichtbar: Aufgabe des Personalmanagements ist die Sammlung aller relevanten Informationen über das (aktuelle und potentielle) „Humankapital", die Koordination aller personalpolitischen Aktivitäten und die Initiierung der notwendigen Maßnahmen zur Optimierung von Leistungsfähigkeit, Leistungsbereitschaft und Zusammenarbeit aller Mitarbeiter. Es versteht sich von selbst, daß diese Aufgaben nur in der Zusammenarbeit mit allen Führungskräften des Unternehmens gelöst werden können, weil diese unmittelbar die Umsetzung personalpolitischer Ziele und Maßnahmen sicherstellen. Diese Sicht macht deutlich, daß die Personalarbeit sich von der Personalverwaltung (-wesen) zur **Personalgestaltung (-management)** wandeln muß.

Verwalter	→	Gestalter
Spezialisten	→	Generalisten
Defensiv	→	Offensiv
Separiert	→	Integriert
Juristisch	→	Sozio-ökonomisch
Richtlinienorientiert	→	Kosten-Nutzen-orientiert
Dogmatisch	→	Kundenorientiert
Kontrolleur	→	Moderator

Damit wird kein neuer Machtanspruch erhoben, sondern vielmehr aus der **ganzheitlichen Betrachtung**, der ausschließlichen Konzentration auf das „Personal“, die professionelle Methodik, die Neutralität der Betrachtung und eine Pflicht zur Mitgestaltung abgeleitet. Das setzt allerdings voraus, daß die erfaßten Informationen ein Höchstmaß an Aussagekraft haben. Das Personalmanagement muß sicherstellen, daß durch Befragungen, Strukturanalysen, Leistungs- und Erfolgsbeurteilungen, Entwicklungsseminare, Potentialeinschätzungen u.v.a.m. eine Transparenz geschaffen wird, die zu guten personalpolitischen Entscheidungen beiträgt. Dazu ist eine Kenntnis der quantitativen und qualitativen **Anforderungen** der einzelnen Divisionen, Märkte und Führungskräfte unerläßlich. Zugleich gilt es, die Vorstellungen, Erwartungen und Einstellungen der verschiedenen **Zielgruppen** in die Analysen einzubeziehen. Dabei geht es nicht nur um eine demographische, sondern auch um eine psychologische **Segmentierung des Humankapitals**. Das setzt voraus, daß die personalpolitischen Instrumente, Methoden und Organisationsformen auf ihre Effizienz und ihre Eignung, Wettbewerbsvorteile auf den Märkten zu erzielen, überprüft und gegebenenfalls modifiziert werden. In dieser Hinsicht muß – angesichts der Turbulenz auf den Absatzmärkten – das Personalmanagement immer stärker zum **Change Agent** und nicht zum Bewahrer werden. Dies muß auch darin seinen Ausdruck finden, daß zukunftsorientierte Weiterbildung, verstärkte Internationalität, Beseitigung von Führungsfehlern und Weiterentwicklung der Unternehmenskultur zu zentralen Aufgaben des Personalmanagements werden. Gelingen die Optimierungsansätze, so wird sich das mit Sicherheit auf den Erfolg des Unternehmens auswirken.

Menschen mit einem ausgeprägten Charakter werden oft als „Marken“ bezeichnet, bei großen, erfolgreichen Marken wiederum spricht man von „Markenpersönlichkeiten“. Die Begriffsübertragungen machen deutlich, daß es beachtliche Gemeinsamkeiten gibt. Auch wenn es sich bei Marken nur um „Medien“ zwischen Unternehmen und Konsumenten handelt, wurde deutlich, daß es auch hier – ebenso wie bei der Personalpolitik – um Phänomene wie Vertrauen und Identifikation geht. Sowohl der Marketingmanager als auch der Personalmanager müssen sich um eine Entsprechung zwischen den Anreizen und Beiträgen bemühen und ständig versuchen, das Bewährte mit dem Innovativen zu verbinden. Durch Führung muß es gelingen, die Gefahr der Innen- und Vergangenheitsorientierung zu überwinden und zu einer Zukunfts- und Marktorientierung zu gelangen (*Bleicher 1989, S. 69*). Erst dann kommt es zu einer wirklichen **Verbindung von externem und internem Marketing**.

Literaturverzeichnis

Affemann, R. (1991): Unternehmensführung made in Europa, Erlangen u.a.

Berry, L.L. (1984): The employee as customer, in: *Lovelock, C.H. (Hrsg.)*: Services Marketing. Text, cases, and readings, Englewood Cliffs, S. 271-278.

Bleicher, K. (1989): Chancen für Europas Zukunft, Frankfurt am Main/Wiesbaden.

Feix, W.E. (1991): Personal 2000, Frankfurt am Main/Wiesbaden.

Hammer, M./Champy, J. (1993): Reengineering the corporation – A Manifest for Business Revolution, London u.a.

Heinen, E. (Hrsg.) (1987): Unternehmenskultur. Perspektiven für Wissenschaft und Praxis, München.

Laszlo, E. (1992): Evolutionäres Management, Fulda.

Lenz, G. (Hrsg.)(1991): Die Seele im Unternehmen, Berlin u.a.

March, J.G./Simon, H.A. (1976): Organisation und Individuen – Menschliches Verhalten in Organisationen, Wiesbaden.

Meffert, H. (1988): Die Unternehmenskultur als Bestandteil der marktorientierten Führung, in: *Meffert, H. (Hrsg.)*: Strategische Unternehmensführung und Marketing – Beiträge zur marktorientierten Unternehmenspolitik, Wiesbaden, S. 336-360.

Meffert, H. (1992): Marketingforschung und Käuferverhalten, 2. Aufl., Wiesbaden.

Pascale, R.T. (1990): Managing on the Edge, New York u.a.

v. Rosenstiel, L. (1991): Was morgen alles anders läuft, Düsseldorf u.a.

Schulz, R. (1990): Marken führen – Menschen führen, in: *Schulz, R. et al. (Hrsg.)*: Die soziale Verantwortung des Unternehmers, München, S. 359-367.

Schulz, R. (1993): Kultur-Evolution bei Henkel, in: *Schuppert, D./Lukas, A. (Hrsg.)*: Lust auf Leistung – Die neue Legitimation in der Führung, Wiesbaden, S. 169-193.

Simon, H. (1991): Simon für Manager, Düsseldorf u.a.

Stauss, B./Schulze, H.S. (1990): Internes Marketing, in: Marketing ZFP, 12. Jg., Nr. 3, S. 149-158.

Tichy, N.M./Sherman, S. (1993): Control your Destiny or someone else will, New York u.a.

Summary

Henkel's Human Resource Management objective can be identified as the constitution and expansion of competitive advantages at the levels of innovation, quality, time and cost by efficient measures of enhancement. Employees are viewed as internal customers responsible for the creation and functioning of external Marketing. Moreover, the shaping process of external Marketing is positively correlated with employee motivation, quality and cooperation. Thus, Human Resource Management has to focus on these characteristics, it has to engage in Internal Marketing. For this to happen the organization has to evolve, its understanding of concepts altered (control evolves into trust,...). Not surprisingly, the internal Marketing instruments differ only slightly from the external ones, although they are less developed. Substantial and good market research is the basis of Marketing, the employees needs, beliefs and ideals constituting the „internal market". However, instead of product, communication, contraction and distribution policy, Henkel identified four different strategic fields substituting those classical Marketing instruments for its internal market. The predominant determinant of individual success and possibility is henceforth individual performance.

Whereas organizational development calls for a reduction of company-internal hierarchy and an individual advancement (performance) not by titles but by (more complicated and demanding) tasks, Human Resource development identifies a valid system of key qualifications of social competence (know-how, strategic and social competence), decisive for internal staffing. A continual dialog and Management reviews are used to identify strengths and weaknesses of junior managers. Human Resource system development objective is to internalize an employee's need of recognition regarding performance and personality. Finally, organizational culture has to support strategic change in order for the company to be successful. Managers have to function as „Change Agents" in this flexible environment.

Human Resource Management therefore must cease to merely be an institution administrating employees. In order to establish a link between internal and external Marketing the danger of a dominant internal- and antecedent-orientation has to be overcome in favor of future- and market-orientation.

Internes Marketing als strategisches Konzept

Die interne Kommunikationspolitik der Stadtwerke Hannover AG

von Klaus Lintemeier

Klaus Lintemeier, Leiter Unternehmenskommunikation und Pressesprecher, Stadtwerke Hannover AG, Hannover.
Der Verfasser dankt Herrn Dipl.-Kfm. Gernot Hagemann für die Mithilfe bei der Erstellung dieses Beitrages.

1. Ausgangspunkte

Die **Energiewirtschaft** ist einem grundlegenden Wandel ihrer Wettbewerbs- und Marktsituation ausgesetzt. Alle Unternehmen dieser Branche stehen unter einem erheblichen Qualitäts-, Kosten- und Zeitdruck sowie vor der neuen Herausforderung, sich in den entstehenden Marktstrukturen kundenorientiert zu positionieren. Die Gewährleistung einer hohen Versorgungssicherheit und die Auflage einer flächendeckenden Anschlußdichte machten die Energieversorgung in der Vergangenheit quasi zur hoheitlichen Aufgabe. Selbst die Umwandlung vieler Eigenbetriebe in Kapitalgesellschaften änderte nichts an dem grundsätzlichen Selbstverständnis einer Energieverteilbehörde.

Bei allen Unsicherheiten über das Ausmaß der Veränderungen wird bereits jetzt die Notwendigkeit deutlich, die Probleme des Qualitätsmanagements, der Servicepolitik und der internen wie externen Kommunikation zu lösen. Hierbei wächst der **Bedarf für ganzheitliche und integrierende Lösungsansätze**.

Energiedienstleister stehen vor bisher unbekannten Herausforderungen in der Unternehmenskommunikation. Hatte in der Vergangenheit vor allem die Versorgungssicherheit einen hohen Stellenwert in der Imagekommunikation, so ändern sich mit den neuen Rahmenbedingungen auch die Anforderungen an die Kommunikationsarbeit. Die Unternehmen der Energiewirtschaft befinden sich heute neben dem Preis- und Dienstleistungswettbewerb im **Kommunikationswettbewerb**, im Wettbewerb um Meinungen und Einstellungen (vgl. auch Abbildung 1).

Die interne und externe Kommunikationspolitik verändert sich tiefgreifend. Zum einen wandelt sich die Bedeutung von Kommunikation. Kommunikation wird zunehmend zu einem wichtigen Erfolgsfaktor und Managementinstrument. Zum anderen stehen Energieversorger vor völlig neuen Fragen der Markt- und Kundenorientierung, des Branding (Markenbildung und Markenführung) sowie des Internen Marketing.

Die Stadtwerke Hannover AG hat bereits seit 1996 im Rahmen der Umsetzung von Energiesparprogrammen (LCP-Programme) die Marke „**EnerCity**" eingeführt. Die Mitarbeiterinnen und Mitarbeiter haben als „**second audience**" (*Berry 1984, S. 275f.*; *Barnes 1989, S. 19*) beim Start des neuen externen Werbeauftritts sehr sensibel auf die neue Positionierung reagiert. Das Interne Marketing mußte die geäußerte Kritik reflektieren und intern für ein Verständnis der neuen Unternehmensidentität und externen Unternehmenskommunikation werben.

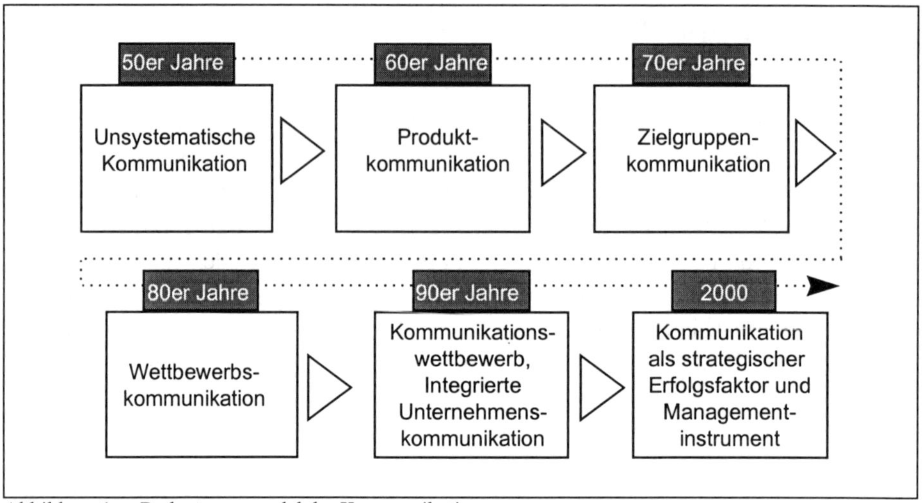

Abbildung 1: Bedeutungswandel der Kommunikation
Quelle: Bruhn 1995, S. 1ff.

2. Internes Marketing – Grundverständnis und allgemeine Ziele

Unternehmen werden von Menschen geprägt. Die Mitarbeiter eines Unternehmens setzen bewußt oder unbewußt die aktuell geltenden **Leitbilder und Werte** um und bestimmen durch ihr Verhalten die wahrnehmbare Unternehmensrealität wesentlich mit. Dieses trifft besonders auf Dienstleistungsunternehmen zu, denn Dienstleistungen sind mit direkten Interaktionen und Dialogen zwischen Mitarbeitern und Kunden verbunden. Hier wird das Unternehmen für die Kunden direkt erlebbar. Aus diesem Grund ist gerade für die Stadtwerke Hannover AG das Interne Marketing ein wichtiges Element im Konzept der Integrierten Kommunikation.

Damit Uneinheitlichkeiten im kommunikativen Auftritt des Unternehmens vermieden werden, gilt ein besonderes Augenmerk den möglichen Lücken zwischen den drei Aufgabenbereichen der Integrierten Kommunikation: der Marktkommunikation und Produktwerbung, der Öffentlichkeitsarbeit und Public Relations sowie der Management- und Mitarbeiterkommunikation. Glaubwürdigkeitslücken (Credibility Gaps) bezeichnen die Abweichung vom kommunizierten Unternehmensanspruch zur Unternehmenswirklichkeit. Identitätslücken (Identity Gaps) weisen auf Differenzen zwischen Selbst- und

Außenwahrnehmung hin, und Umsetzungslücken (Performance Gaps) zeigen Unterschiede zwischen geplanter und realisierter Unternehmenskommunikation auf. Diese Lücken zu schließen, stellt besondere Anforderungen an die Integrierte Kommunikation (Abbildung 2).

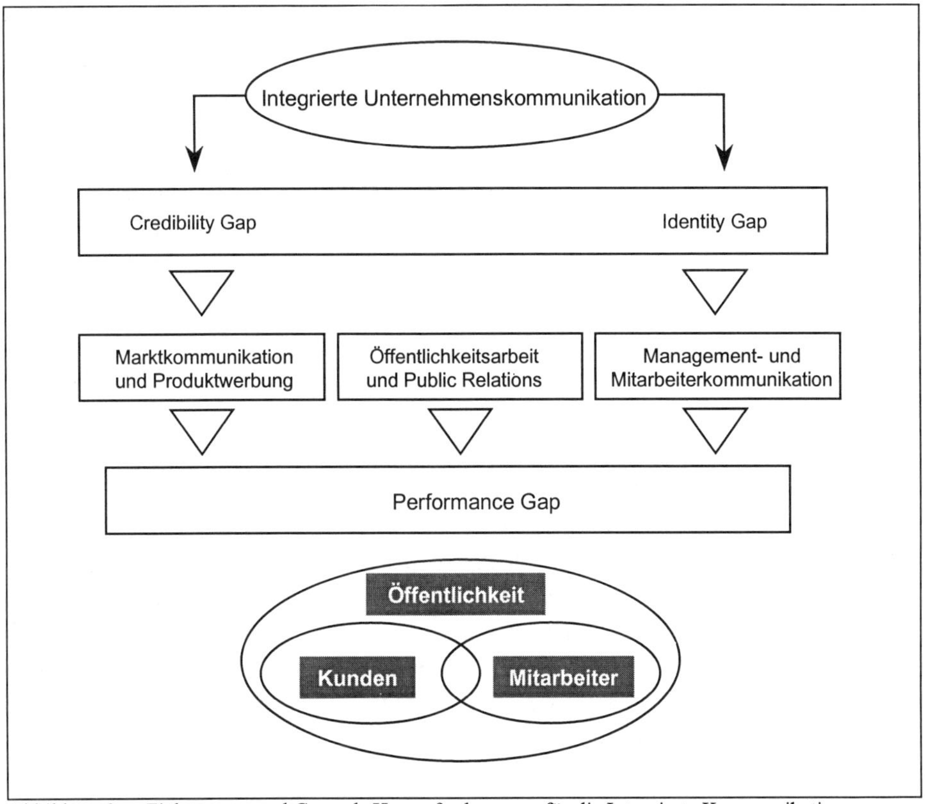

Abbildung 2: Zielgruppen und Gaps als Herausforderungen für die Integrierte Kommunikation
Quelle: nach Hofmann/Landmann 1995, S. 105

Unter Internem Marketing wird die Übertragung des für externe Austauschprozesse entwickelten Marketingkonzepts auf die unternehmensinternen Beziehungen zwischen Mitarbeitern und Management verstanden. Internes Marketing will in erster Linie die Mitarbeiter dabei unterstützen, kundenorientierte Einstellungen und Handlungsweisen – also ein marktbezogenes Leistungsverhalten – nach innen und außen zu entwickeln.

Die Stadtwerke Hannover AG hat es im wesentlichen mit drei Handlungsfeldern zu tun, in denen Veränderungen radikal einsetzen und die sich darüber hinaus im Zusammenspiel verstärken:

- Mit der Liberalisierung der europäischen Energiemärkte (Strom und Gas).
- Mit der Notwendigkeit von internen Veränderungsprozessen: von einem Monopolisten zu einem kunden- und wettbewerbsorientierten Dienstleister.
- Mit dem Bedeutungswandel von Unternehmenskommunikation (Abbildung 1).

Durch die Bindung der Mitarbeiter an das Unternehmen werden auch ökonomische Zielgrößen beeinflußt. Insofern besteht ein ursächlicher Zusammenhang zwischen **Mitarbeiter- und Kundenzufriedenheit** sowie ökonomischem Erfolg. Hier ist es die Aufgabe des Internen Marketing, den von den Mitarbeitern gewünschten Umgang mit den Kunden in die internen Austauschprozesse zu übertragen. Das Interne Marketing orientiert sich dabei an den Zielen sowie Inhalten der Integrierten Kommunikation und will dieses neue Kommunikationsverständnis im Unternehmen implementieren.

3. Entwicklung einer Strategie des Internen Marketing

3.1 Situationsanalyse und Ziele des Internen Marketing

Einen wesentlichen Ausgangspunkt für die Analyse der Kommunikationssituation bildete die Auseinandersetzung mit der **Ist-Situation** der internen Kommunikation. Im Rahmen zahlreicher Workshops mit allen Fachbereichen – ausgehend von einem teilstandardisierten Gesprächsleitfaden – konnten wichtige Aspekte der internen Kommunikationssituation festgehalten werden. Die Aussagen der Workshopteilnehmer wurden den folgenden Bereichen zugeordnet:

- Ziele und Strategien,
- Prozesse und Beziehungen,
- Kunden und Dienstleistungen,
- Kommunikation.

Die Inhaltsanalyse der Workshops orientierte sich an diesen vier zentralen Themenfeldern. In jedem Themenfeld ergaben sich Unterpunkte, die zu Kernaussagen zusammengefaßt wurden und Aussagetendenzen wiedergaben. Die Ergebnisse der externen **Imageanalyse** und der internen **Stärken-Schwächen-Analyse** wurden verglichen. Der Abgleich zwischen der Standortbestimmung extern und der Standortbestimmung intern war gleichzeitig auch Ausgangspunkt für die Entwicklung der kommunikativen Leitlinien. Die vergleichende Analyse zwischen Fremd- und Selbstbild brachte wichtige Erkenntnisse über die Lücken (Gaps), die durch die interne und externe Kommunikationspolitik geschlossen werden müssen. Die Vorgehensweise und die Ergebnisse der internen Analyse wurden in einem Berichtsband ausführlich dargestellt.

Darüber hinaus soll die Integration der Mitarbeiter in die Weiterentwicklung des Unternehmens durch Instrumente der **internen Marktforschung** gefördert werden. Eine vorläufige Segmentierung der internen Zielgruppen in Führungskräfte, Kundenberater und Mitarbeiter ist dabei Grundlage für den zielorientierten Einsatz aller Instrumente. Konkrete Ansatzpunkte des Internen Marketing im Rahmen der Integrierten Kommunikation bieten sich in den Phasen der

- ☐ Konzeptentwicklung und
- ☐ Konzeptumsetzung

an. Bereits in der Phase der **Konzeptentwicklung** wurden die Mitarbeiter aktiv eingebunden, beispielsweise bei der Analyse der internen Kommunikationssituation (Abbildung 3):

	Kommunikationssituation		**Kommunikationsinstrumente**
	intern	**extern**	**intern/extern**
Analyse-bereiche	Workshops mit allen Fachbereichen: Fremdbild versus Selbstbild Stärken-Schwächen-Analyse Inhaltsanalyse (Berichtsband) Führungsgrundsätze: Messung der Führungsqualität	Imageanalyse in fünf Kundensegmenten (Berichtsbände) Dialogkommunikation (Monitoring, Public-Affairs-Konzept) indirekt: Workshops mit allen Fachbereichen	Mitarbeiterzeitung „Hallo Stadtwerker": Conjoint-Analyse, Themenmanagement; Neukonzeption der Mitarbeiterzeitschrift „energiequelle" Kundenzeitschrift „tag + nacht": Leserbefragung, Pretest zum neuen Namen. Neukonzeption der Kundenzeitschrift „Energie & Co." Neukonzeption des Business-to-Business-Newsletters „Energie & Business"

Abbildung 3: Ist-Analyse der Kommunikationssituation und -instrumente (Auswahl)

Der Ausgangspunkt von Planungsprozessen ist notwendigerweise eine Situationsanalyse. Untersucht wurden sowohl die Kommunikationssituation des Gesamtunternehmens als auch die einzelnen Kommunikationsinstrumente.

Wie wird das kommunikative Auftreten der Stadtwerke Hannover AG als Gesamteindruck gesehen? Hierzu sollte die Wahrnehmung der Kunden, der Mitarbeiter, der Öffentlichkeit, der Marktpartner und der Konkurrenz untersucht werden. Umfangreiche Imageanalysen wurden bei den verschiedenen Zielgruppen durchgeführt. Parallel dazu wurden sowohl die interne Gestaltung der nach außen gerichteten Kommunikationsbeziehungen als auch externe Meinungsbildungsprozesse analysiert.

Die meisten Ideen und Kommunikationsstrategien scheitern nicht an unzureichenden finanziellen Mitteln, sondern weil die Mitarbeiter sich nicht aktiv beteiligen. Die **Konzeptumsetzung** und der Markterfolg beginnen damit im eigenen Unternehmen: „Die Fähigkeit eines Unternehmens, mit seinen Kunden einen zielgerichteten Dialog zu führen, ist abhängig von der Qualität des internen Dialogs" (*Lintemeier/Wiegers 1994, S. 118*). Internes Marketing zielt deshalb darauf an, die Bedingungen für ein effizienteres kundenorientiertes Handeln der Mitarbeiter und Führungskräfte zu schaffen.

Das Interne Marketing der Stadtwerke Hannover AG richtet seinen Fokus auf die interne Kommunikationspolitik. Das gesamte Konzept basiert auf drei **Zielen des Internen Marketing**:

(1) **Bewußtsein**
Generierung eines internen Marktverständnisses (vgl. auch den Beitrag von *Bruhn* in diesem Sammelband).

(2) **Beziehungsmanagement**
Vermittlung des Dienstleistungsgedankens nach innen: Formen und Funktionen der Beziehungsgestaltung zwischen Unternehmen, Management und Mitarbeitern.

(3) **Performance**
Sicherstellung der erfolgreichen internen Umsetzung der Kommunikations- und Marketingstrategie.

Der Ausbau von Dienstleistungen und Service bedingt die **Änderung von Denk- und Handlungsmustern** (strategieinduzierte Organisationsentwicklung). Das klassische Marketing richtet sich an Zielgruppen außerhalb des Unternehmens. Die interne Leistungserstellung als Vorstufe des Marketing wird allerdings vernachlässigt.

Hier wird deutlich, warum eine neue Kultur notwendig ist, die sich vom Hierarchiedenken zum Prozeßdenken entwickelt. Im hierarchischen Modell arbeiten alle Mitarbeiter dem Vorstand, der Geschäftsführung oder dem Management zu (interner Dienstweg). Das Management entscheidet, was gut für den Kunden ist. Das **Prozeßmodell** geht davon aus, daß es eine interne Dienstleistungsbeziehung zwischen Backoffice und Frontoffice gibt. Die Mitarbeiter im direkten Kundenkontakt entscheiden, was gut für den Kunden ist. Zur Sicherstellung der Servicequalität von Dienstleistungsunternehmen erscheint das Prozeßmodell angemessener.

3.2 Kernbotschaften als kommunikative Leitideen

Eine zentrale Aufgabe der Integrierten Kommunikation besteht darin, die strategische Positionierung des Unternehmens in **Kommunikationsbotschaften** zu übersetzen (*Bruhn 1995*). Deshalb ist eine Kommunikationsplattform zu schaffen, die die gemeinsamen Themen für die Kommunikation formuliert (inhaltliche Integration) und die von den unterschiedlichen Kommunikationsinstrumenten aufgegriffen werden kann (instrumentelle Integration).

Die folgenden **Themenbereiche von Kernbotschaften** gelten sowohl für die interne als auch für die externe Unternehmenskommunikation:

- Kunde,
- Wettbewerb,
- Region/Stadt,
- Umwelt,
- Dialog.

Kernbotschaft Kunde
Wir erfüllen die Wünsche unserer Kunden.

- Wir entwickeln uns: Auf dem Weg zu einem modernen Dienstleistungsunternehmen.
- Wir setzen uns ehrgeizige Ziele: Hohe Ergebnis- und Prozeßqualität im Interesse unserer Kunden.
- Wir agieren flexibel: Schnell, unkompliziert und stets freundlich.
- Wir bieten individuelle Lösungen: Anspruchsvoll und auf hohem Niveau.

Kernbotschaft Wettbewerb
Wir setzen im Wettbewerb auf Leistung.

- Wir beziehen Standpunkte: Auf der Grundlage klarer Konzepte.
- Wir wollen mit Leistungen überzeugen: Als Unternehmen im wirtschaftlichen Wettbewerb.
- Wir agieren vorausschauend: Auf den sich wandelnden Märkten.

Kernbotschaft Region/Stadt

Wir geben Stadt und Region Impulse.

- Wir setzen Impulse: Für eine lebenswerte Stadt in einer lebenswerten Region.
- Wir leisten lebenswichtige Beiträge: Energie und Wasser für die Menschen.
- Wir sind präsent: Akzente im Erscheinungsbild der Stadt.
- Wir sind ein Unternehmen mit Tradition: Wir produzieren den Strom, die Wärme und das Wasser für Hannover in Hannover und in der Region.

Kernbotschaft Umwelt

Wir nehmen den Schutz der Umwelt ernst.

- Wir handeln verantwortlich: Ökologisch orientiert, ökonomisch erfolgreich.
- Wir setzen Maßstäbe.

Kernbotschaft Dialog

Wir suchen aktiv den Dialog.

- Wir gehen aktiv auf unsere Partner zu: Wir schaffen persönliche und zielorientierte Kommunikation.
- Wir nehmen unsere Partner ernst: Wir hören ihnen zu und verständigen uns.

Die Realisierung der Kernbotschaften „Kunde“ und „Dialog“ kann nicht nur über die herkömmlichen Instrumente der Leistungsmotivation erreicht werden, sondern erfordert einen umfassenden Dialog über das neue Kommunikationsverständnis, eine intensive Einbindung der Mitarbeiter und ihre Verpflichtung auf die mit den Botschaften verbundenen Unternehmenswerte sowie eine breite Unterstützung der Mitarbeiter in der Umsetzung der Kernbotschaften.

Bei der Stadtwerke Hannover AG stehen **Dialoginstrumente** und dialogorientierte Maßnahmen zur Vermittlung der Integrierten Kommunikation im Vordergrund. Denn Internes Marketing im Sinne einer aktiven internen Informations- und Kommunikationspolitik will durch den Dialog mit den Mitarbeitern sowohl Betroffene zu Beteiligten machen als auch die Mitarbeiter in der Umsetzung der kommunikativen Kernbotschaften unterstützen.

In Abschnitt 4 werden die einzelnen Maßnahmen der Umsetzung der fünf Kernbotschaften vorgestellt. Im Zentrum der Umsetzung stehen die Mitarbeiterzeitschrift „energiequelle“ und interne Dialogveranstaltungen (Führungskräftetreffs, Workshops).

4. Instrumente des Internen Marketing

4.1 Die Mitarbeiterzeitschrift „energiequelle“

Nach 15 Jahren präsentierte sich die Mitarbeiterzeitschrift Anfang 1996 in einer neuen Form und mit einem neuen **Themenmanagement**. Aus dem nicht mehr zeitgemäßen „Hallo Stadtwerker“ wurde die „energiequelle“. Der Dialogaspekt spielte bereits bei der Neugestaltung der Mitarbeiterzeitschrift eine wichtige Rolle. Bei der Integration der Mitarbeiter in den Gestaltungsprozeß ging es darum, die Wünsche der Mitarbeiter hinsichtlich einer neuen Mitarbeiterzeitschrift zu erfassen und so auch eine größere interne Akzeptanz zu erzielen. Die Ist-Situation der seit 1980 unverändert erschienenen Mitarbeiterzeitung war geprägt durch eine Mischung aus Berichterstattung über Arbeitsinhalte und das Arbeitsumfeld von Kollegen. Es fehlte ein strategisches Kommunikationskonzept. Das Themenmanagement nahm auf unterschiedliche interne Zielgruppen keinen Bezug.

Die Mitarbeiterzeitschrift dient als „**Medien-Produkt**“ dem Internen Marketing in kommunikativer Hinsicht. Die zentrale Fragestellung lautet: Wie „verkauft“ man den Mitarbeitern das Unternehmen im Hinblick auf die Ziele, die das Unternehmen erreichen will?

Die Ausgangssituation der Neukonzeption war geprägt durch vier zentrale Sollkriterien:

(1) **Wiederherstellung der Akzeptanz der Mitarbeiterzeitschrift**
Integration der Mitarbeiter in die gestalterische Neukonzeption.
Hypothese: Ein nach den Wünschen der Mitarbeiter gestaltetes Printprodukt erreicht eine höhere Akzeptanz als jede andere Alternative.

(2) **Zielgruppenspezifisches Themenmanagement**
Erfolgskontrolle von Rubriken, Themenabstimmung und Themenplanung.

(3) **Erhöhung der Produktivität und Aktualität**
Erhöhung der Erscheinungsfrequenz von sechs auf zehn Ausgaben pro Jahr; Konsequente Nutzung von DTP, redaktionelles Arbeiten direkt ins Layout; Produktion vor Ort.

(4) **Integration der Mitarbeiterinnen und Mitarbeiter**
Aktive Einbindung des Redaktionsausschusses, interner Gremien und aller Mitarbeiter.

Die Ansprüche der Mitarbeiter an Inhalt und Gestaltung der neuen Mitarbeiterzeitschrift wurden mit Hilfe einer Conjoint-Analyse auf Basis einer Mitarbeiterbefragung erfaßt:

(1) **Vorgehensweise**
Einbeziehung der Mitarbeiterinnen und Mitarbeiter in den Gestaltungsprozeß.

(2) **Marktforschungsmethode**
Conjoint-Analyse: Multivariates Analyseverfahren zur ganzheitlichen Beurteilung von Produkten mit mehreren Eigenschaften.

(3) **Auswahl**
Abbildung der Gesamtheit der Mitarbeiter durch eine repräsentative Quotenauswahl in zeitlicher, räumlicher, geschlechtlicher Hinsicht, Altersstruktur und Berufsgruppen gemäß Personal- und Sozialbericht; 2 x 31 Personen (Stichprobe, Ersatzpersonen).

(4) **Datenbasis**
Personaldatei.

(5) **Befragungsdesign**
Schriftlich, einzeln oder in Gruppen, jeweils eine Stunde Interview.

Aus dem Untersuchungsdesign der **Conjoint-Analyse** ergeben sich theoretisch 81 Möglichkeiten, eine (fiktive) Mitarbeiterzeitschrift zu gestalten. Das Design konnte auf neun sinnvolle Möglichkeiten reduziert werden, sofern jede Ausprägung einer Eigenschaft mit jeder Eigenschaft einer anderen Ausprägung einmal kombiniert werden kann (Abbildung 4).

Variierte Eigenschaften	**Format**	**Name**	**Layout**	**Farbigkeit Umschlag/Inhalt**
Ausprägungen	DIN A4 DIN A3 340 x 240 mm	traditionell sachlich spielerisch	Boulevard Info-Letter Magazin	2c / 2c 4c / 2c 4c / 4c

Abbildung 4: Beeinflußbare Eigenschaften und Ausprägungen der Conjoint-Analyse

Mit 31 Mitarbeitern wurden jeweils einstündige Interviews geführt. Im Rahmen der Befragung der Mitarbeiter wurden die folgenden Dimensionen untersucht: Lesegewohnheiten, Wichtigkeit des Informationsmediums, sozio-demographische Daten und die Rangfolge der präsentierten Zeitschriftenalternativen (Dummy) im Rahmen der Conjoint-Analyse. Aus den Eigenschaftsausprägungen (Abbildung 4) wurden fiktive Produkte erstellt oder mit bestehenden Printmedien verglichen. Die Kandidaten brachten die neun fiktiven und realen Printprodukte in eine Reihenfolge nach ihrem Geschmack. Aus allen Reihenfolgen errechnete das Programm, welche Eigenschaften bei der Beurteilung den größten Ausschlag gaben und welche Ausprägungen dazu führten, daß ein Produkt im Durchschnitt am besten bewertet wurde (Abbildung 5).

Den vier variierten Eigenschaften wurden die folgenden gewichteten Präferenzwerte zugeordnet:

(1) Layout: 35 Prozent,
(2) Format: 25 Prozent,
(3) Name: 21 Prozent,
(4) Farbe: 19 Prozent.

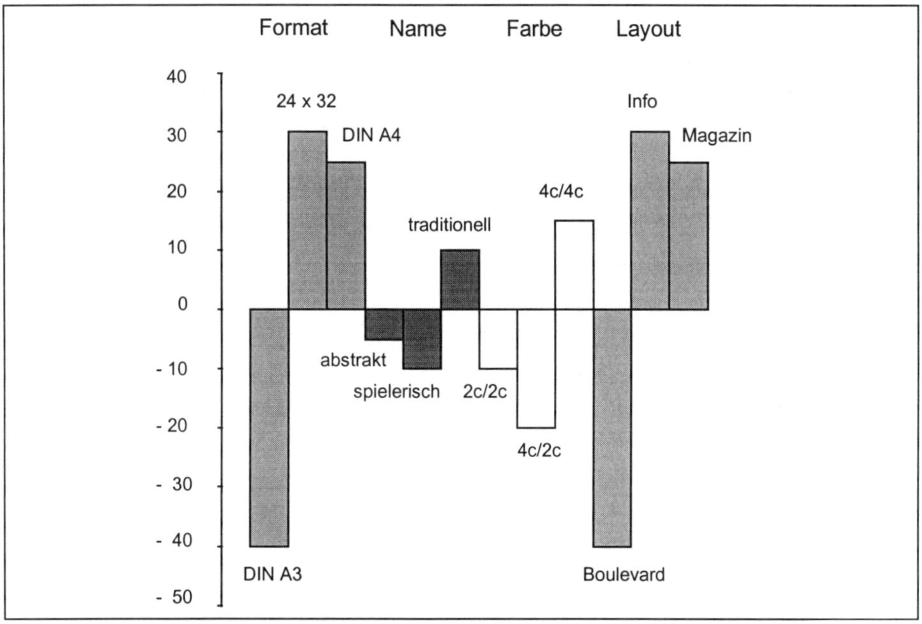

Abbildung 5: Nutzwert der jeweiligen Eigenschaftsausprägungen

Die Ergebnisse führten zu einem konkreten Bild von einer „Wunschzeitschrift". Die „ideale Mitarbeiterzeitschrift" sollte nicht größer sein als der „Hallo Stadtwerker" und wie ein Info-Letter oder Magazin aufgebaut sein. Darüber hinaus sollte es durchgehend vierfarbig gedruckt werden. Die Mitarbeiter formulierten eindeutige Erwartungen an den Zweck und an das Themenmanagement einer idealen Mitarbeiterzeitschrift: Informationen über die Unternehmensstrategie (42 Prozent), Berichterstattung über andere Unternehmensbereiche (19 Prozent), Sachlichkeit und Kritik (16 Prozent) sowie Wir-Gefühl und Identifikation (16 Prozent) waren von besonderem Interesse. Auf der Grundlage dieser Ergebnisse wurde schließlich die Mitarbeiterzeitschrift „energiequelle" neu konzipiert. Die Redaktion entschied sich aus strategischen Gründen nicht für einen traditionellen, sondern für einen spielerischen Namen, um einen negativen Markentransfer von der alten Zeitung zum neuen Produkt zu vermeiden.

4.2 Interne Marktforschung: Führungsgrundsätze und Messung der Führungsqualität

Ein zielgerichtetes Internes Marketing wird maßgeblich durch das Führungssystem beeinflußt. **Führungsgrundsätze** sind der formale Rahmen für das Führungssystem. Ein Abgleich der Führungsgrundsätze mit unternehmensstrategischen Entwicklungen ist somit zwingend erforderlich, wenn ein Unternehmen auf aktuelle Herausforderungen schnell reagieren muß. Nur durch motivierte und aktivierte Mitarbeiter ist ein unternehmensstrategischer Kurswechsel möglich. Intrinsische Mitarbeitermotivation wird im wesentlichen durch adäquate Mitarbeiterführung gewährleistet.

Führungsgrundsätze sind Richtlinien, die Führungskräfte in der Wahrnehmung ihrer Aufgabe unterstützen und damit das Miteinander zwischen Führungskräften und Mitarbeitern regeln und leiten sollen.

Der Lehrstuhl Marketing II der Universität Hannover hat 1997 zusammen mit dem „Gesprächskreis Führungsnachwuchs“ den Grad der Anwendung der Führungsgrundsätze im Hinblick auf die angestrebte Corporate Identity überprüft und ein Maßnahmenpaket entwickelt (*Wiedmann/Hagemann 1997*). Die Dimensionen von Führungsqualität wurden auf der Grundlage der geltenden Führungsgrundsätze operationalisiert, die sieben **Dimensionen** umfassen:

(1) Prinzip der Vereinbarung von Fach- und Führungszielen,
(2) Prinzip der Delegation,
(3) Prinzip der Information,
(4) Prinzip der Ergebniskontrolle,
(5) Prinzip der Entscheidungsbeteiligung,
(6) Prinzip der Mitarbeiterförderung,
(7) Prinzip der Vorbildfunktion.

Jede Dimension wurde durch mehrere Aussagen erfaßt (Itembatterie). Insgesamt wurden die 32 Aussagen im Fragebogen einmal aus der Sicht des Mitarbeiters und einmal aus der Sicht der Führungskraft formuliert. Der Grad der Anwendung der Führungsgrundsätze soll als eine Funktion der Erfüllung einzelner Prinzipien dargestellt werden. Die These lautet, daß jedes Führungsprinzip einen Teil zur wahrgenommenen Führungsqualität beiträgt (Abbildung 6).

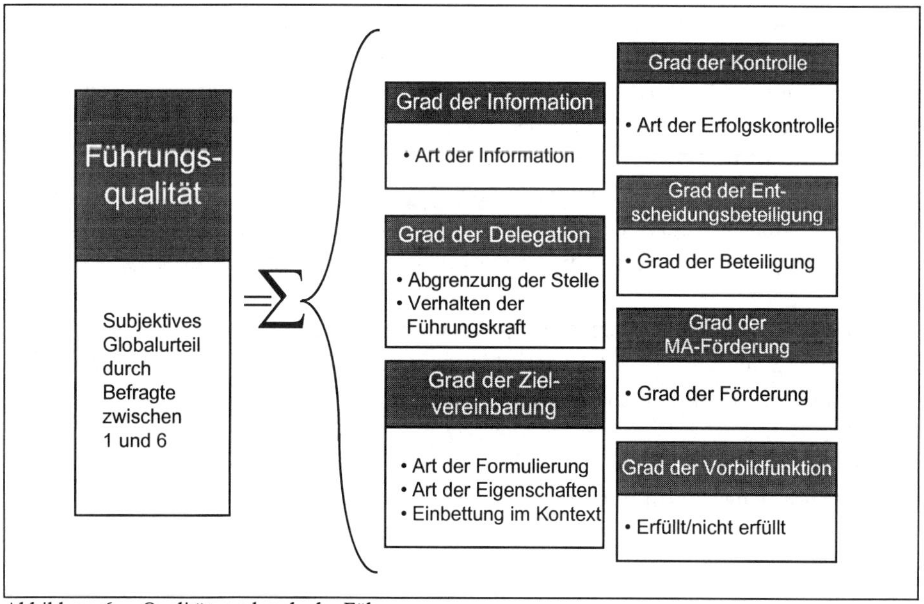

Abbildung 6: Qualitätsmerkmale der Führung

Von 400 ausgesendeten Fragebögen wurden 236 Fragebögen zurückgesandt. Dies entspricht einer Quote von 59 Prozent. Zusammenfassend können die folgenden **Ergebnisse** festgehalten werden:

(1) Bei der Beurteilung spielen in dem repräsentativen Sample nur vier Führungsprinzipien eine Rolle: Information, Delegation, Mitarbeiterförderung und die Vorbildfunktion der Führungskraft.

(2) Die Führungsprinzipien Zielvereinbarung, Ergebniskontrolle und Einbeziehung in Entscheidungen werden nicht einheitlich als Führungsmerkmale betrachtet. Sie können statistisch nicht als Dimensionen der Führungsqualität bei der Stadtwerke Hannover AG nachgewiesen werden.

(3) Eine Führungskraft, die die Führungsgrundsätze mißachtet, erhält für Führungsqualität die Note 4,417 (Vier Minus).

(4) Informiert die Führungskraft den Mitarbeiter vorbildlich, verbessert sich ihre Beurteilung um einen Notenabstand von 0,974.

(5) Die wahrgenommene Vorbildfunktion der Führungskraft verbessert die Beurteilung um 0,897 Notenpunkte.

(6) Der Grad gewährter Förderung und der wahrgenommene Grad an Lenkung, Kontrolle und Eingriff beeinflussen das Gesamturteil um zwei Drittel Noten.

Die **Vorbildfunktion** eines jeden Mitarbeiters gegenüber einem jeden Kollegen ist nur unzureichend verankert, dementsprechend sollte die Relevanz der Grundsätze für die

Führungsebene auf alle Mitarbeiter erweitert werden. Der „Gesprächskreis Führungsnachwuchs" hat deshalb den sinnvollen Vorschlag gemacht, auf das Konstrukt „Grundsätze der Zusammenarbeit" zurückzugreifen. Grundsätze der Zusammenarbeit haben gerade unter den neuen Wettbewerbsbedingungen ihren Sinn: Im Wettbewerb muß jeder Mitarbeiter seinen Beitrag zum Erfolg leisten. Fairneß, Offenheit und Zielorientierung bilden die Grundpfeiler der Kommunikation, die sich an den fünf Kernbotschaften orientiert (zum Beispiel aktive Dialogorientierung). Die Führungskräfte müssen Vorbild in der Umsetzung sein. Sie müssen die Grundsätze der Zusammenarbeit erlebbar machen.

Der „Gesprächskreis Führungsnachwuchs" hat aus den Ergebnissen der internen Marktforschung im Hinblick auf eine angestrebte Corporate Identity folgenden Vorschlag für die Grundsätze der Zusammenarbeit entwickelt:

(1) **Präambel**
(2) **Vorbildliches Verhalten zeigen**
   - Zusammenarbeit positiv gestalten
   - Konflikte lösen
(3) **Informationen austauschen**
(4) **Zusammenarbeit zwischen Mitarbeitern und Führungskräften**
   - Gemeinsam Zielvereinbarungen treffen
   - Verantwortung und Kompetenz delegieren
   - Arbeitsergebnisse kontrollieren
(5) **Mitarbeiter fördern**

Für die **Implementierung** der „Grundsätze der Zusammenarbeit" bedeutet das:
- ☐ Weiterführung von Führungsseminaren: Vertiefungsbausteine zu Ergebnis- und Zieldefinitionen sowie Kontrolle; Festlegung von Ergebnisbereichen trainieren.
- ☐ Moderierte Workshops für alle Mitarbeiter, um die Grundsätze der Zusammenarbeit zu erarbeiten und zu schulen. Auch in der täglichen Zusammenarbeit sollen die Grundsätze der Zusammenarbeit angewandt werden: Zum Beispiel bei **Zielvereinbarungen der Mitarbeiter** untereinander.
- ☐ Führung und Kommunikation sind **Managementaufgaben**.
- ☐ Die Führungskompetenz der Führungskräfte soll weiterentwickelt werden. Die Grundsätze der Zusammenarbeit müssen von der obersten Managementebene thematisiert und angewandt werden. Es muß deutlich gemacht werden, daß die Mitarbeiter einen **Anspruch auf Führung** haben.
- ☐ Eine Rubrik in der Mitarbeiterzeitschrift „energiequelle" erläutert unterschiedliche Aspekte an Praxisbeispielen.

Die Diskussion um die Adäquatheit der Führungsgrundsätze und der Grad ihrer Anwendung zeigen, daß die interne Marktforschung als Instrument des Internen Marketing einen wichtigen Beitrag leisten kann, um interne Veränderungsprozesse zu initiieren und erfolgreich umzusetzen.

5. Implementierung und Durchsetzung des Konzepts zum Internen Marketing

Nach der Situationsanalyse und der Formulierung der Strategie sowie der Kernbotschaften stand die Entwicklung konkreter Umsetzungsschritte im Mittelpunkt. Die Implementierung und Durchsetzung des Internen Marketing in einem kommunalen Versorgungsunternehmen ist mit einem zentralen Problem verbunden: Die Rede von Kunden und Märkten bezieht sich auf die Zukunft. In der Gegenwart gibt es für die Mitarbeiter keine hinreichend konkrete Markterfahrung.

Maßnahmen zur internen und externen **Umsetzung des Internen Marketing** wurden in Gang gesetzt sowie zeitlich und inhaltlich auf das Gesamtkonzept der Integrierten Kommunikation abgestimmt (Abbildung 7).

Den Maßnahmen der internen Umsetzung kam die eindeutige zeitliche Priorität zu, denn diese leisten einen wesentlichen Beitrag, um das neue Verständnis von Kunden- und Marktorientierung sowie die inhaltliche Konkretisierung in das gesamte Unternehmen hineinzutragen und zu festigen. Für eine positive Unterstützung mußten die Führungskräfte und alle Mitarbeiter gewonnen werden.

Primäre Zielsetzung ist es in diesem Zusammenhang, sukzessive die Mitarbeiter des Unternehmens auf allen Ebenen an die **Leitvorstellungen der Integrierten Kommunikation** heranzuführen und positiv zu motivieren. Im Vordergrund stehen dabei dialogische Maßnahmen. **Akzeptanzprobleme** sind die primären Umsetzungsprobleme bei der Implementierung des Internen Marketing. Sie können nur dadurch bewältigt werden, daß der Einführungsprozeß selbst nach den Prinzipien organisiert wird, die eingeführt werden sollen.

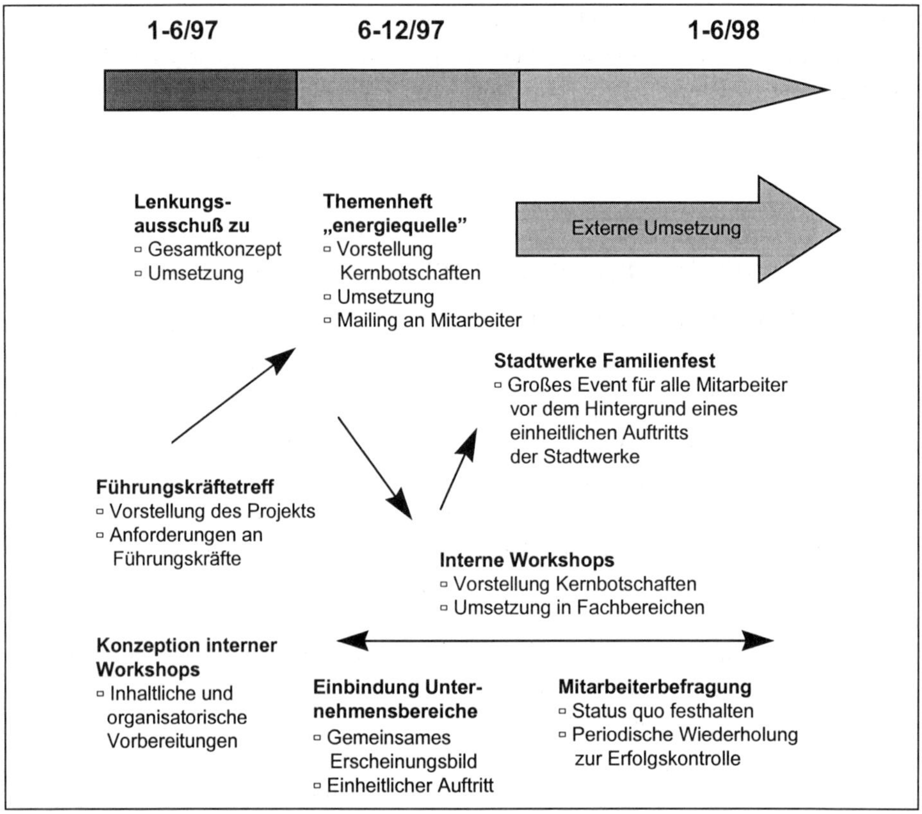

Abbildung 7: Umsetzung des Internen Marketing

Die Umsetzung des Internen Marketing setzt sich aus den folgenden Bausteinen zusammen:

Sonderauftrag „energiequelle"

Der Sonderauftrag „energiequelle" war gleichsam das Herzstück der Umsetzung des Internen Marketingkonzepts. In einer als Mailing an alle Mitarbeiter verschickten Sonderausgabe „Das Geheimnis der fünf Energieformeln" wurde das Thema und das Konzept zur Integrierten Kommunikation vorgestellt. Die Mitarbeiterinnen und Mitarbeiter sollten in die Rolle zweier Stadtwerke-Agenten schlüpfen und eine gestohlene Formelsammlung wiederfinden. In dieser Formelsammlung sind wertvolle Aufzeichnungen über „die fünf unerschöpflichen Energiequellen" versteckt. Die Formelsammlung enthält die Kernbotschaften der Integrierten Kommunikation; sie ist gleichzeitig als Arbeitsgrundlage für die Workshops konzipiert worden.

Führungskräftetreff
Der Führungskräftetreff setzte sich in zwei „Kick-off"-Veranstaltungen schwerpunktmäßig mit den Ergebnissen der Imageanalyse in den einzelnen Zielgruppensegmenten und dem Konzept zur Integrierten Kommunikation auseinander. Er sollte die Notwendigkeit zielgruppenspezifischer Kommunikation aufzeigen und Ansatzpunkte für eine im Unternehmen breit angelegte Diskussion der Themenstellung ermöglichen. Als Instrument der Umsetzung eignen sich insbesondere Dialogveranstaltungen mit den Führungskräften und Workshops.

Interne Workshops
Ziel der Workshops „Unternehmenskultur" war es, das Kommunikationskonzept den Mitarbeitern zu vermitteln und einen dialogfördernden Beitrag zu leisten, um die Kernbotschaften als kommunikative Leitidee zu verankern. Darüber hinaus sollten Möglichkeiten zur Umsetzung in den einzelnen Fachbereichen herausgearbeitet werden.

Familienfest für alle Mitarbeiterinnen und Mitarbeiter
Etwa 3.500 Besucher nahmen an dem Familienfest für alle Mitarbeiterinnen und Mitarbeiter teil. Das Familienfest war als strategischer Event im Rahmen des Internen Marketing konzipiert. Es war ein großer und emotional geprägter Höhepunkt, um allen die neuen Kernbotschaften des Unternehmens intern zu vermitteln. Spielerisch konnten die Mitarbeiterinnen und Mitarbeiter sich mit den fünf Kernbotschaften auseinandersetzen. Jeder Kernbotschaft wurde ein bestimmter Eventbereich zugeordnet. Zugleich war dieser Event ein Dankeschön an die Mitarbeiterinnen und Mitarbeiter für die geleistete Arbeit.

6. Schlußbetrachtung

Eine starre Trennung zwischen interner und externer Kommunikation erscheint heute nicht mehr angemessen. Erst mit der **Prozeßorientierung** kann diese Sichtweise aufgelöst werden. Die Unternehmenskommunikation kann sich mit dem Konzept des Internen Marketing zusätzlichen Anforderungen stellen. Durch die zunehmende Vernetzung von Innen- und Außenwelt von Unternehmen werden die Kommunikationsprozesse zum Kunden an Bedeutung gewinnen. Neue Möglichkeiten der direkten Kundenkommunikation über Online-Medien, wie z.B. das Internet, werden mittelfristig zu Formen des One-to-one-Marketing führen.

Die Legitimationskrise des traditionellen Betriebsjournalismus kann nur durch eine **Professionalisierung der internen Kommunikation** in formaler und inhaltlicher Hinsicht überwunden werden. Priorität muß dabei ein eindeutiges Zielsystem im Rahmen des Internen Marketing haben, das der Unternehmensleitung zumindest mittel- bis langfristig einen meßbaren Wettbewerbsvorteil verspricht. Die zentralen Instrumente des Internen Marketing, interne Marktforschung, Marktsegmentierung, Training und interne Kommunikation müssen fachbereichsübergreifend zwischen Personalressort, Kommunikations- und Marketingabteilungen geplant, konzipiert und umgesetzt werden.

Literaturverzeichnis

Backhaus, K./Erichson, B./Plinke, W./Weiber, R. (1996): Multivariate Analysemethoden. Eine anwendungsorientierte Einführung, 8. Aufl., Berlin u.a.

Barnes, J.G. (1989): The Role of Internal Marketing: If the Staff Won't Buy It, Why Should the Customer?, in: Irish Marketing Review, Vol. 4, No. 2, S. 11-21.

Bechinie, E. (1992): Kooperative Mitarbeitergespräche – Ein Erfahrungsbericht zur Einführung und Praxis in einem Dienstleistungsunternehmen, in: *Selbach, R./Pullig, K.-K. (Hrsg.)*: Handbuch Mitarbeiterbeurteilung, Wiesbaden, S. 489-514.

Bentele, G./Steinmann, H./Zerfaß, A. (Hrsg.) (1996): Dialogorientierte Unternehmenskommunikation. Grundlagen – Praxiserfahrungen – Perspektiven, Berlin.

Berry, L.L. (1984): The Employee as Customer, in: *Lovelock, C.H. (Hrsg.)*: Services Marketing. Text, Cases, and Readings, Englewood Cliffs, S. 271-278.

Borchert, C. (1995): Corporate Identity-Konzeptionen in der Energiewirtschaft. Ein empirischer Vergleich, Münster/Hamburg.

Bruhn, M. (1995): Integrierte Unternehmenskommunikation. Ansatzpunkte für eine strategische und operative Umsetzung integrierter Kommunikationsarbeit, 2. Aufl., Stuttgart.

Bruhn, M. (1997): Kommunikationspolitik. Bedeutung – Strategien – Instrumente, München.

Bruhn, M. (1998): Interne Kommunikation, in: *Meyer, A. (Hrsg.)*: Handbuch Dienstleistungs-Marketing, Stuttgart, S. 1045-1062.

Große-Oetringhaus, W.F. (1996): Strategische Identität – Orientierung im Wandel. Ganzheitliche Transformation zu Spitzenleistungen, Berlin.

Hofmann, M./Landmann, C. (1995): Der integrierte Kommunikationsprozeß, in: *Ahrens, R./ Scherer, H./Zerfaß, A. (Hrsg.)*: Integriertes Kommunikationsmanagement. Konzeptionelle Grundlagen und praktische Erfahrungen, Frankfurt am Main, S. 101-135.

Köhler, R. (1993): Kommunikations-Management im Unternehmen, in: *Berndt, R./Hermanns, A. (Hrsg.)*: Handbuch Marketing-Kommunikation, Wiesbaden, S. 93-112.

Laakmann, K. (1997): Internes Marketing, in: *Meffert, H. (Hrsg.)*: Lexikon der aktuellen Marketing-Begriffe, Frankfurt am Main, S. 153-155.

Lintemeier, K./Wiegers, H. (1994): Komplexitätsbewältigung durch Dialogmanagement, in: *Schüller, A./Schlange, L.E. (Hrsg.)*: Komplexität und Managementpraxis. Reale Visionen zum Komplexitätsmanagement, Stuttgart, S. 109-129.

Public Relations Report (Hrsg.) (1998): Energie-Kommunikation, Hamburg.

Schmidtchen, D./Bier, C. (1997): Liberalisierte Strommärkte. Strategische Herausforderung für die Unternehmen und Konsequenzen für die Verbraucher, Tübingen.

Schmitt, D. (1995): Energiemarketing, in: *Tietz, B./Köhler, R./Zentes, J. (Hrsg.)*: Handwörterbuch des Marketing, 2. Aufl., Stuttgart, Sp. 582-593.

Stauss, B. (1995): Internes Marketing, in: *Tietz, B./Köhler, R./Zentes, J. (Hrsg.)*: Handwörterbuch des Marketing, 2. Aufl., Stuttgart, Sp. 1045-1056.

Stauss, B./Schulze, H.S. (1990): Internes Marketing, in: Marketing ZFP, 12. Jg., Nr. 3, S. 149-158.

Wiedmann, K.-P./Hagemann, G. (1997): Überprüfung der Führungsgrundsätze Im Hinblick auf die angestrbte Corporate Identity am Beispiel der Stadtwerke Hannover AG, in: Schriftenreihe Marketing Management des Lehrstuhls Marketing II der Universität Hannover, Hannover.

Zerfaß, A. (1996): Unternehmensführung und Öffentlichkeitsarbeit. Grundlegung einer Theorie der Unternehmenskommunikation und Public Relations, Opladen.

Summary

The rigid separation of internal and external communications is no longer appropriate today. Therefore a more process oriented approach has to be adopted and the concept of internal marketing has to be implemented. Especially a sound set of internal marketing objectives has to be established giving the employees an efficient guideline and the companies an competitive edge in the market place. Furthermore, the growth of corporate networking places great importance on the communication processes with the customer. New ways of direct customer communication via online media, like for example the Internet, will lead to forms of one-to-one-marketing in the future. This article pro vides precise insights into the internal marketing concepts implemented by the Stadtwerke Hanover AG, an successful energy supply company in Hanover (Germany).

Gestaltung der internen Kommunikation als Grundlage marktorientierter Veränderungsprozesse – am Beispiel der HYPO-BANK

von Hans-Jürgen Dotzler

Hans-Jürgen Dotzler war bis zum 31.8.1998 Leiter Unternehmenskommunikation/ Mitarbeiter der Bayerischen Hypotheken- und Wechsel-Bank AG. Seit 1.9.1998 ist er stellvertretender Leiter Interne Kommunikation/Kommunikationsberatung der fusionierten HypoVereinsbank

1. Die Struktur der HYPO-BANK

Unabdingbare Voraussetzung für ein erfolgreiches Unternehmertum ist es, die Zeichen der Zeit zu erkennen und den Veränderungen auf den Märkten und den gestiegenen Anforderungen der Gesellschaft Rechnung zu tragen. Dies gilt auch für die HYPO-BANK. Hohe Ansprüche an die **Qualität von Beratung und Bearbeitung** haben die Bank veranlaßt, mit ihren Führungskräften aus Linie und Stab eine markt- und zukunftsorientierte Lösung für die Praxis zu erarbeiten. Die HYPO-BANK reagierte frühzeitig und aus einer Position der Stärke – hinsichtlich Ertrag, Produktivität und Wettbewerbssituation (vgl. auch Abbildung 1) – mit einer tiefgreifenden Neuausrichtung ihrer Organisation: Aus der bisherigen Matrix- wurde eine divisionale Struktur. Dies entspricht den Kundenanforderungen nach kompetenter Spezialberatung.

- ☐ Eine der fünf größten privaten Banken in der Bundesrepublik Deutschland.
- ☐ Besondere Produktstärken im Baufinanzierungs- und Vermögensanlagegeschäft.
- ☐ Regionale Schwerpunkte im süddeutschen Raum, in der Rheinpfalz, Sachsen und Thüringen.
- ☐ Im Baufinanzierungs- und Vermögensanlagegeschäft streben wir bundesweit eine führende Marktposition an.
- ☐ Im europäischen Markt haben wir uns im Baufinanzierungsgeschäft in England und Spanien profiliert, im Vermögensanlagegeschäft vor allem in England, Österreich, Luxemburg und der Schweiz.

Abbildung 1: Wettbewerbsposition der HYPO-BANK

Es wurden fünf **Kundenressorts** gebildet, die sich durch Fachkompetenz und stärkere Kundennähe auszeichnen. Denn der Erfolg einer Bank wird entscheidend davon abhängen, daß es ihr gelingt, eine dauerhafte Kundenbindung zu erreichen. Voraussetzung dafür sind Qualitätsverbesserungen der internen und externen Dienstleistungen. Der Kunde muß jederzeit fachlich kompetent und partnerschaftlich betreut werden. Es muß ein Servicerahmen geschaffen werden, in dem sich jeder Kunde spontan zurechtfindet und wohl fühlt (vgl. auch den Exkurs zur Projektorganisation). Eine wesentliche Basis des Erfolgs ist dabei der Dialog mit Kunden und Mitarbeitern zu sehen: „Wir wollen den Dialog als Prinzip und Einstellung zu einem Kennzeichen unserer Unternehmenskultur machen." (Dr. Martini, Vorstandssprecher der HYPO-BANK).

Exkurs: **Projektorganisation**

Ende 1991 startete die HYPO das Projekt mit der Zielsetzung, Abläufe und Produkte sowie Einstellung und Verhalten aller Mitarbeiter stärker kundenorientiert auszurichten. Erst als Ergebnis der Projektarbeit ergab sich die oben angesprochene Neustrukturierung der Bank. Das Projektteam wurde aus Mitarbeitern der Linie, sämtlicher Fachrichtungen sowie aus dem Organisations- und Personalbereich zusammengesetzt, ergänzt um externe Berater. Außerdem wurde ein Beraterkreis eingerichtet, dem erfahrene Führungskräfte angehörten, die im Unternehmen hohe Akzeptanz genießen. Die Aufgabe dieser Führungskräfte bestand darin, Projektteam und Lenkungsausschuß zu beraten und Feedback zu geben. Dadurch sollte abgesichert werden, daß keine Lösungen entwickelt werden, die in der Bank nicht tragfähig sind. Zwei Mitglieder des Projektteams wurden mit den Kommunikationsaufgaben beauftragt; gemeinsam mit der Unternehmens-Kommunikation entwickelten und organisierten sie die Kommunikationsmaßnahmen.

2. Veränderung und Kommunikation

Kommunikation hat in einem modernen Unternehmen einen ganz zentralen Stellenwert. In einer Zeit, in der Veränderung nicht die Ausnahme, sondern den Normalzustand darstellt, spielt die Kommunikation eine wesentliche Rolle und wird zum strategischen Wettbewerbsvorteil.

Die HYPO-BANK faßte bereits im Frühjahr 1989 die wichtigsten zentralen – nach innen und nach außen gerichteten – **Kommunikationsfunktionen** organisatorisch zusammen. Der neue Bereich, der unmittelbar dem Vorstandssprecher zugeordnet ist, wurde Unternehmens-Kommunikation (UK) genannt (vgl. Abbildung 2). Dazu gehören heute die interne (Mitarbeiter-) Kommunikation, die Presse- und Öffentlichkeitsarbeit, die Werbung, die Filialbetreuung, das Erscheinungsbild der Bank (Architektur, Kunst und Design), das Vorstandssekretariat und die Beschwerdeberatung.

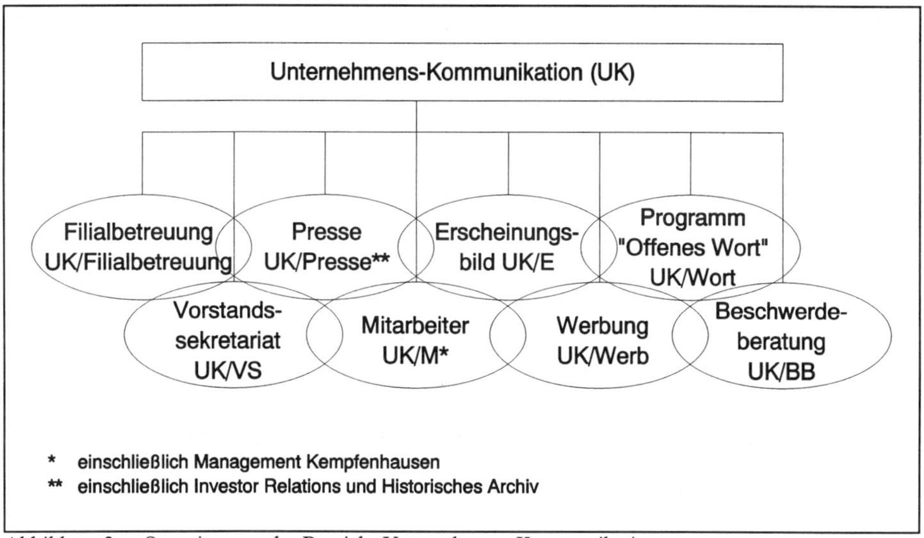

Abbildung 2: Organigramm des Bereichs Unternehmens-Kommunikation

Mit dieser neuen Struktur wurde die Voraussetzung für eine Professionalisierung der Kommunikationsarbeit im Unternehmen geschaffen. Die Bank kam zu dem Ergebnis, daß die Unternehmensidentität nur durch einen **einheitlichen kommunikativen Auftritt** der Bank gestärkt und die künftigen Aufgaben in der neuen Organisationsform besser bewältigt werden können. So gibt es beispielsweise heute keine nach innen gerichtete Maßnahme, die nicht auf ihre Bedeutung für die Außenwirkung hin geprüft wird. Und umgekehrt gibt es keine Veröffentlichung oder nach außen gerichtete Aktivität, die nicht (vorher oder zeitgleich) nach innen kommuniziert wurde.

3. Die Rolle der internen Kommunikation als Erfolgsfaktor für Veränderungsprozesse

Entscheidend ist, daß **interne Kommunikation** systematisch betrieben wird: Nicht die einzelnen Kommunikationsinstrumente, -maßnahmen und Medien stellen den Kommunikationserfolg sicher, sondern ihr gezielter Einsatz, ihre Verknüpfung, ihre Koordination und ihre professionelle Handhabung.

Wichtig ist, daß die Rollenverteilung klar ist und entsprechend gehandelt wird. Verantwortlich für die interne Kommunikation sind

- jeder einzelne Mitarbeiter,
- die Führungskräfte,
- die Kunden- und Fachressorts sowie
- die Geschäftsleitung.

Das heißt, trotz einer zentralen Funktion „Unternehmens-Kommunikation/Mitarbeiter" (UK/M) ist und bleibt die einzelne Führungskraft in der Kommunikationsverantwortung für das ihr übertragene Aufgabengebiet. Peter Drucker sagte einmal: „Management ist Kommunikation".

UK/M hat in Hinblick auf die Veränderungsprozesse folgende Schwerpunktaufgaben:

- Impulsgeber,
- unruhiges Gewissen,
- Berater,
- Dienstleister,
- Feedback-Vermittler.

Was bedeuten diese Aufgaben im einzelnen? Die **Rolle des Kommunikationsberaters** bei Veränderungsprozessen ist die des ehrlichen Maklers zwischen den Interessen der Mitarbeiter und den Zielen der Geschäftsleitung. Er muß verdeutlichen, daß Kommunikation im Zusammenhang von Veränderungsprozessen nicht „Wurmfortsatz", sondern integrierter Bestandteil der Veränderung sein muß. Der Berater hat immer wieder darauf hinzuweisen und dafür zu kämpfen, daß nicht Kosmetik oder Verpackung, sondern Inhalte die Mitarbeiter interessieren. Er weiß wie kein anderer, was „heiße Luft" ist, und was wirklich den Nerv der Mitarbeiter trifft, und sorgt während des gesamten Veränderungsprozesses für Koordination, Steuerung und Verteilung von Informationen in beiden Richtungen. Die Bereitstellung und Entwicklung neuer Kommunikationsinstrumente und Medien ist eine wichtige Dienstleistungsaufgabe (vgl. Abschnitt 5).

Wer die Interessen, Bedürfnisse und Einstellungen der Führungskräfte und Mitarbeiter nicht kennt, dessen Kommunikationserfolge sind in Zusammenhang mit Veränderungsprozessen Zufallsprodukte. Das Einholen von Stimmungen und Meinungen bei den internen Zielgruppen ist in den einzelnen Projektphasen von besonderer Bedeutung. Eines der wichtigsten Instrumente, das die HYPO-BANK hierfür schon seit vielen Jahren einsetzt, ist die **Mitarbeiter-Meinungsumfrage** – als umfassende Befragung aller Mitarbeiter oder – wie bei Projekten – als gezielte Stichprobenbefragung ausgewählter Mitarbeitergruppen. Der Kommunikationsberater weiß, daß es nicht bei bloßer Information bleiben darf. Das Feedback der Mitarbeiter ist gefragt; sie müssen Gelegenheit haben, ihre Zweifel und Ängste zu äußern. Mitarbeiterkommunikation darf bei Veränderungsprojekten nie den Charakter einer Sozialleistung haben, die man sich bei guten Nachrichten leistet und bei schlechten in Frage stellt. Die Mitglieder der Projektteams neigen in schwierigen Projektphasen dazu, ihre Kommunikationsverantwortung zu verdrängen und zu vernachlässigen. Die Aufgabe des Kommunikationsberaters ist es in diesem Fall dafür zu sorgen, daß der vereinbarte Pfad der Tugend nicht verlassen wird.

Kenntnisse der Linie, des Bankgeschäfts insgesamt und der Gesamtbank sind Voraussetzungen für erfolgreiche Kommunikationsberatung und -koordination. Langjährige Erfahrung und ein möglichst umfassendes **Netzwerk** sind notwendig, um im komplexen innerbetrieblichen System von Fach- und Machtinteressen sowie personenbezogenen Eigenheiten die richtigen Entscheidungen über interne Kommunikationsmaßnahmen zu treffen. Andere Spezialkenntnisse können extern dazugekauft werden – sowohl bei konzeptionellen als auch bei ausführenden Arbeiten. So wie das Veränderungsprojekt sich externe Partner als Methoden- und Entwicklungshelfer engagiert, sichert sich UK/M zur Unterstützung auch externes Know-how.

4. Die konkreten Informationsaufgaben bei Veränderungsprojekten

Führungskräfte und Mitarbeiter sind so früh wie möglich umfassend über die bevorstehenden Veränderungen und ihre bereits absehbaren Auswirkungen zu informieren. Führungskräften und Mitarbeitern sollen Orientierung gegeben und Mitwirkungsmöglichkeiten aufgezeigt werden; sie sollen dazu angeregt werden, sich aktiv mit ihrer beruflichen Weiterentwicklung auseinanderzusetzen, sie zu planen, und sie in die Hand zu nehmen. Führungskräften und Mitarbeitern muß verdeutlicht werden, daß Veränderung Chance bedeutet – für die Bank und für sie persönlich. Sie sollen motiviert werden, die Entscheidungen und die damit verbundenen Veränderungen zu tragen und zu ihrer eigenen Sache zu machen.

Bei **Veränderungen** fragen sich Führungskräfte und Mitarbeiter immer wieder:

- ☐ Was wird aus meinem Arbeitsplatz?
- ☐ Wird mein Status in Frage gestellt?
- ☐ Wie sehr wird sich meine Aufgabe verändern?
- ☐ Werde ich dem Neuen gewachsen sein?

- ☐ Bringt mir die neue Aufgabe Vorteile?
- ☐ Muß ich mich auf einen neuen Chef, auf neue Kollegen, auf eine neue Arbeitsumgebung einstellen?

Die aufgeworfenen Fragen müssen aktiv aufgegriffen, angesprochen und beantwortet werden, um die zu Beginn eines Veränderungsprozesses immer wieder festzustellende Lähmung möglichst schnell zu durchbrechen.

5. Bereitstellung und Entwicklung von Kommunikationsinstrumenten und Medien

Für die interne Kommunikation verfügt die HYPO-BANK über ein **differenziertes System von Instrumenten und Medien**. Sie bilden die Kommunikationsinfrastruktur der Bank; sie ist die Grundlage der Kommunikationsplanung. Erst durch den zielgruppenorientierten Einsatz der Instrumente und Medien sowie ihre intelligente Verknüpfung bezüglich Inhalt und Zeitpunkt (Verbundkommunikation) wird die Systematik erreicht, die letztlich den Kommunikationserfolg sicherstellt (vgl. Abbildung 3). Im Zusammenhang mit größeren Veränderungen ist es notwendig, ein Kommunikationskonzept zu entwickeln, das zunächst einmal auf den Möglichkeiten der vorhandenen **Kommunikationsinfrastruktur** aufbaut. Erst wenn es zusätzlichen Bedarf gibt, werden gegebenenfalls neue Instrumente und Medien entwickelt bzw. bereitgestellt.

1. **Kontinuierliche Kommunikation mit Führungskräften**
   - Kommunikationsforen
   - Führungsbrief
   - Beratungskreis
   - Führungs-Info
   - Broschüren über Kommunikationsforen
2. **Kontinuierliche Kommunikation mit Mitarbeitern**
   - Mitarbeiterzeitung (HYPOPRESS)
   - Gespräche vor Ort
   - Info-Telefon
3. **Regelmäßige Information wichtiger Gremien**
   - Gesamtbetriebsrat
   - Wirtschaftsausschuß
   - Sprecherausschuß der Leitenden Angestellten

Abbildung 3: Wesentliche Bausteine des Kommunikationskonzeptes

In der HYPO wurde für das Veränderungsprojekt eine Reihe ergänzender Kommunikationsinstrumente und Medien bereitgestellt und eingesetzt. Dazu gehörte z.B. eine Serie regionaler Informationsveranstaltungen – genannt: „Markt der Möglichkeiten". Hier hatten alle Mitarbeiter Gelegenheit, sich über die künftige Struktur der Bank, über neue Aufgaben und Berufschancen sowie über ihre neuen Vorgesetzten zu informieren. Ein Info- und Gerüchtetelefon sowie eine spezielle Publikationsreihe zum Projekt waren weitere Medien, die neben den Standardinstrumenten eingesetzt wurden.

6. Prozeßkommunikation als neuer Ansatz

Gerade in Zeiten starker Veränderungen im Unternehmen reicht es nicht aus, erst dann zu informieren oder zu kommunizieren, wenn alles geklärt und entschieden ist. Vielmehr erscheint es zweckmäßig, Führungskräfte und Mitarbeiter bereits in der Phase der Entscheidungsfindung per Information teilhaben zu lassen. Manager müssen lernen, „laut zu denken", oder fachlich ausgedrückt: sie müssen **Prozeßkommunikation** betreiben.

Ein Beispiel: Die Geschäftsleitung informiert laufend über wichtige Zwischenergebnisse bei der Diskussion um eine neue Strategie bis hin zur endgültigen Entscheidung. Oder: Eine Arbeitsgruppe, die eine neue Vertriebskonzeption entwickeln soll, berichtet der internen Öffentlichkeit kontinuierlich über den Stand ihres Projekts, über Fortschritte, aber auch über Fehlschläge, über Entscheidungsalternativen und -hintergründe.

Prozeßkommunikation bringt dem Unternehmen eine Reihe von **Vorteilen**:

- Der Einzelne wird den Entscheidungen der Geschäftsleitung eine höhere Loyalität entgegenbringen, weil er sich stärker eingebunden fühlt und die Entscheidungen besser verstehen kann; er hat vielleicht mitbekommen, daß die Geschäftsleitung um eine bestmögliche Lösung gerungen und nicht einseitige Argumente herangezogen hat.
- Weil Motivation und Verständnis größer sind, kann die Geschäftsleitung eine engagierte und selbstverantwortliche Umsetzung der Entscheidungen von Führungskräften und Mitarbeitern erwarten.
- Dies wiederum senkt die Kosten in der Umsetzung; der vorangegangene zusätzliche Kommunikationsaufwand wird überkompensiert.
- Die Geschäftsleitung gewinnt eine höhere Entscheidungssicherheit, da die frühzeitige und offene Kommunikation zum Feedback auffordert; andere Meinungen können hochkommen, eventuelle Fehleinschätzungen werden angesprochen.

Prozeßkommunikation stößt natürlich im betrieblichen Alltag auch an **Grenzen**. Sehr vertrauliche Dinge, deren frühzeitiges Bekanntwerden Wettbewerbsnachteile nach sich ziehen kann, oder auch personelle Entscheidungen sind Beispiele dafür, daß Prozeßkommunikation nicht immer und überall die richtige Kommunikationsmethode ist.

Prozeßkommunikation setzt einen bestimmten **Reifegrad** des Unternehmens und seiner Menschen voraus. So erfordert sie auf seiten der Geschäftsleitung und der Vorgesetzten den Mut, laut zu denken, sowie die Bereitschaft, ihre Entscheidungsfindung offenzulegen und Feedback aufzunehmen. Auf der anderen Seite müssen Mitarbeiter und Führungskräfte

- Vertrauen in die Geschäftsleitung haben,
- selbstbewußt sein und sich sicher fühlen sowie
- bereit sein, Veränderungen aktiv mitzutragen.

Weil man in der HYPO-BANK glaubt, über die notwendige Reife zu verfügen, wurde im Rahmen des Veränderungsprojekts erstmals Prozeßkommunikation systematisch betrieben.

7. Einbindung der Mitarbeiter in die Kommunikation

Die Motivation der Mitarbeiter und ihre Bereitschaft, sich für Ziele von Veränderungsprojekten zu engagieren, sind nach den Erfahrungen der HYPO-BANK wesentliche Voraussetzung für den Erfolg.

Das wiederum setzt voraus, daß die Mitarbeiter

- die Ziele der Veränderung kennen,
- sich mit den Zielen identifizieren,
- sich über die betreffenden Maßnahmen und Schritte rechtzeitig und umfassend informiert fühlen,
- die Zusammenhänge zwischen den einzelne Maßnahmen und Zielen des Projekts verstehen und somit von der Notwendigkeit überzeugt sind.

> „Den Wert eines Unternehmens machen nicht Gebäude und Maschinen und auch nicht seine Banknoten aus. Wertvoll an einem Unternehmen sind die Menschen, die dafür arbeiten und der Geist, in dem sie es tun." (*Heinrich Nordhoff*)

Aufgrund der Erfahrungen der HYPO sind deshalb die Reaktionen von Führungskräften und Mitarbeitern verständlich:

- ☐ Wird die Veränderung als destruktiv empfunden, erfolgt totale Ablehnung.
- ☐ Wird die Veränderung als bedrohlich empfunden, werden Widerstände aufgebaut.
- ☐ Erscheinen die Auswirkungen der Veränderungen unklar, werden sie bis auf weiteres toleriert.
- ☐ Wird positive Unsicherheit zu den anstehenden Veränderungen empfunden, werden sie akzeptiert.
- ☐ Wird die Veränderung uneingeschränkt positiv empfunden, wird sie unterstützt, und es wird aktiv mitgemacht. Kommunikation von Veränderungsprozessen ist somit aktive Mitarbeitermotivation.

8. Planung von Kommunikationsmaßnahmen in Veränderungsprozessen

Die einzelnen Kommunikationsmaßnahmen dürfen nicht als unangemessen teuer empfunden werden: Von den Mitarbeitern ist kein Verständnis für „Edelpublikationen" und ähnliches zu erwarten, wenn sie selbst von starken Veränderungen bzw. Sparmaßnahmen betroffen sind. Es reicht grundsätzlich nicht aus, eine Botschaft über ein Medium einmal zu verbreiten. Um sicherzustellen, daß die gewünschte Botschaft auch ankommt, sollten alle zur Verfügung stehenden **Medien** genutzt werden. Dadurch können ergänzende und verstärkende Effekte erzielt werden. Die notwendige Einflußnahme auf Einstellungen und Verhalten ist um so größer, je besser es gelingt, Interesse zu wecken und Betroffenheit beim einzelnen Mitarbeiter herbeizuführen. Das heißt, Botschaften sollten immer in bezug auf die konkrete Situation von Zielgruppen und das konkrete Veränderungsprojekt vermittelt werden. Auch allgemeine, übergreifende Informationen müssen in konkreten Zusammenhängen des Einzelfalls verpackt werden, um aufgenommen und akzeptiert zu werden. Zu erwartende Probleme bei der Umsetzung dürften nur zum Teil auf rein rationalen Verständnisschwierigkeiten basieren; vielfach sind es emotionale Barrieren. Es nützt deshalb nichts, nur an den Verstand zu appellieren; vielmehr muß gezielte Kommunikation ebenso Emotionen ansprechen und nutzen.

> "Wir arbeiten in Strukturen von ~~gestern~~ morgen
> mit Methoden von heute
> an Strategien für morgen
> vorwiegend mit Menschen,
> die in den Kulturen von vorgestern
> die Strukturen von gestern gebaut haben
> und das Übermorgen innerhalb des Unternehmens
> nicht mehr erleben werden."
>
> Calzaferri

Wenn es darum geht, Meinungen zu machen, Einstellungen zu beeinflussen und zu überzeugen, ist auch und gerade bei Veränderungsprozessen das **direkte, persönliche Gespräch** von entscheidender Bedeutung. Es ist aber nicht notwendig, daß die Sender der Botschaft (das Projektteam) nur durch seine Mitglieder bzw. durch die Mitglieder des Umsetzungsteams den persönlichen Kontakt zu den jeweils betroffenen Mitarbeitern aufnehmen. Vielmehr bedient sich das Umsetzungsteam sogenannter Multiplikatoren; Personen, die aufgrund ihrer Persönlichkeit, Autorität und Kompetenz besonderen Einfluß auf Einstellungen und Verhalten der Mitarbeiter nehmen. Die Qualität der Multiplikatoren ist für den Erfolg der Maßnahmen von ausschlaggebender Bedeutung.

Wichtigster **Multiplikator** ist in der Regel die Führungskraft; sie sollte deshalb in möglichst alle Kommunikationsmaßnahmen und bei jeder Kommunikationsaufgabe unterstützt werden. Dort, wo der Vorgesetzte nicht fähig oder nicht willens ist, einzelne Maßnahmen im Sinne der Bank zu kommunizieren, muß geprüft werden, wie weit Medien bzw. andere Multiplikatoren ihn unterstützen bzw. an seiner Stelle diese Aufgabe wahrnehmen.

Für eine erfolgversprechende Veränderungskommunikation ist vor allem die **Geschlossenheit des Topmanagements** notwendig. Außerdem müssen die wichtigsten Meinungsführer gesucht und von der Notwendigkeit von Veränderungen überzeugt werden. Die Multiplikatorwirkung dieser Meinungsführer muß den Einfluß der Bedenkenträger, die gegen jede Veränderung sind, eindämmen. Neues Denken und Verhalten bei Veränderungen sollte belohnt, altes Denken und Handeln „bestraft" werden – darf also nicht konsequenzlos bleiben, wie dies leider zu oft der Fall ist.

9. Veränderung der Kommunikation

Mit der Veränderung der Struktur findet auch eine Veränderung der **Aufgaben, Methoden und Rollen der Unternehmenskommunikation** statt (vgl. Abbildung 4). Neben der Dienstleistungsfunktion hat sie die Aufgabe, den zentrifugalen Kräften entgegenzuwirken, die sich naturgemäß durch Dezentralisierung und Divisionalisierung entwickeln. Die interne Kommunikation nimmt in der neuen Organisation eine Klammer- und Brückenbaufunktion war:

- Koordination der internen Kommunikation in der Gesamtbank,
- Entwicklung von übergreifenden Konzeptionen sowie
- Realisierung von übergreifenden Kommunikationsmaßnahmen.

Abbildung 4: Kommunikation und Veränderungen

Durch die Neustruktur der Bank wird eine neue Rolle gebraucht: der Kommunikationsmanager in den selbständig agierenden Kunden- und Fachressorts. Sie werden die Aufgabe haben, die Schnittstelle zum zentralen Bereich Unternehmens-Kommunikation wahrzunehmen. Es wird notwendig sein, ein für die Gesamtbank verbindliches Anforderungsprofil für diese Positionen zu entwickeln und entsprechende Ausbildungs- und Entwicklungsmaßnahmen einzuleiten.

10. Kundenorientierung als Kommunikationsaufgabe

Mittelfristig wird kaum ein Unternehmen im nationalen oder internationalen Wettbewerb bestehen können, wenn es sich nicht in jeder Beziehung als veränderbar begreift, indem jeder Mitarbeiter sein Bestes geben muß. Dabei ist die Bereitschaft des Kunden zum Kauf von Produkten oder Dienstleistungen der oberste Maßstab, an dem der Erfolg zu quantifizieren ist. Unternehmen, die sich nicht an dieser **Kundenorientierung** ausrichten und sich nicht konkret verbessern in den Dimensionen Zeit, Kosten, Qualität, Produktivität und Innovation, werden gegenüber den Wettbewerbern keinerlei Chancen haben.

Kunden- und Wettbewerbsorientierung prägen das Unternehmen von außen. Im Innenverhältnis sind es die Mitarbeiter, auf die es ankommt. Diese Erkenntnis ist nur mit Mitteln der Kommunikation in den Köpfen und Herzen des Managements und der Mitarbeiter nachhaltig zu verankern.

11. Die Fusion von HYPO-BANK und Vereinsbank

Am 21. Juli 1997 gaben die HYPO-BANK und die Vereinsbank ihre geplante Fusion bekannt.

Eine Fusion gehört zu den einschneidensten Veränderungsprozessen eines Unternehmens. Die Bekanntgabe wirft für alle Betroffenen zum Teil existentielle Fragen auf, Ängste entstehen, aber auch Hoffnungen. Einer der entscheidenden Erfolgsfaktoren für das Gelingen eines solchen Vorhabens ist eine strategisch geplante, professionelle und schnelle Kommunikation nach außen und nach innen. Als die Mitarbeiter und die Öffentlichkeit am 21. Juli 1997 zeitgleich über den Zusammenschluß zwischen der HYPO-BANK und der Vereinsbank informiert wurden, standen die nächsten Kommunikationsmaßnahmen bereits fest.

Beide Unternehmen stimmten sich von Beginn an bis ins Detail ab und gingen gemeinsam vor. Bei der Kommunikationsplanung konnte auf die Erfahrungen zurückgegriffen werden, die beide Banken beim Managen von Veränderungsprozessen in den vergangenen Jahren bereits sammeln konnten.

Folgende **Schritte** kennzeichneten den Weg zur neuen Bank:

- ☐ Am Sonntag, den 20. Juli 1997 informiert der Vorstand den Leiter „Unternehmens-Kommunikation/Mitarbeiter" der HYPO-BANK über die geplante Fusion.
- ☐ Am Montagfrüh werden zeitgleich die Mitarbeiter und die Presse informiert. Am Vormittag findet eine Pressekonferenz statt. Auf zwei Info-Veranstaltungen steht der Vorstand den Arbeitnehmervertretern und den Führungskräften Rede und Antwort zu dem Vorhaben.
- ☐ Gleichzeitig werden Telefone als Info-Hotline und ein elektronisches Infoterminal für die Mitarbeiter eingerichtet.
- ☐ Start des gemeinsamen Projekts Kommunikation BHVB (Bayerische Hypo- und Vereinsbank AG), mit dem Auftrag, die Kommunikation mit den internen und externen Zielgruppen zu steuern und zu koordinieren. Alle Informationen an die jeweiligen Zielgruppen zum Thema Fusion und damit zusammenhängende Aktivitäten werden in diesem Projekt erarbeitet bzw. mit diesem abgestimmt (vgl. auch Abbildung 5).
- ☐ In der Folge werden alle Medien und Instrumente genutzt, um den Verschmelzungsprozeß aktiv zu begleiten.
  Im November 1997 und im Januar 1998 entstehen die ersten gemeinsamen übergreifenden Medien der Mitarbeiterinformation, der Interne Stellenmarkt und das Mitarbeitermagazin. Im Februar 1998 findet die erste Tagung aller Leitenden der neuen Bank statt.
- ☐ Am 1. September 1998 startet die neue HypoVereinsbank.

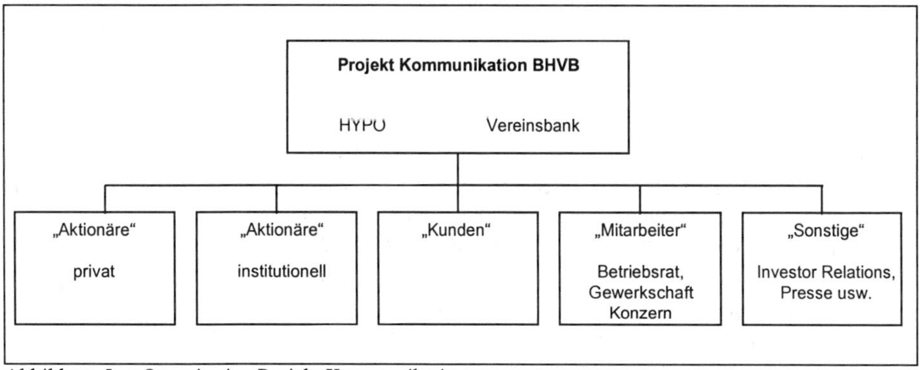

Abbildung 5: Organisation Projekt Kommunikation

Abbildung 6 zeigt abschließend die Übersicht über die definierten Meilensteine der Fusion, die z.B. im Rahmen einer Sonderausgabe der Mitarbeiterzeitung HYPOPRESS publiziert wurden.

Wann?	Zielgruppe	Was?
21.7.1997	Öffentlichkeit	Pressekonferenz
21.7.1997	Mitarbeiter	Vorstandsinformation
21.7.1997	Arbeitnehmervertreter, OFK	Info-Veranstaltungen
Täglich ab 21.7.1997	Mitarbeiter	Info-Hotline
28.7.1997	Mitarbeiter	Brief: Dr. Martini
29.7.1997	Betriebsräte	Pressekonferenz
31.7.1997	Filialbereichsleiter, OFK	Video mit Interview der Vorstandssprecher
Seit 1.8.1997	Aktionäre	Unterbreitung des Tauschangebots
11.8.1997	Mitarbeiter	HYPOPRESS
15.9.1997	Mitarbeiter/Öffentlichkeit	Bekanntgabe der Annahme des Tauschangebots und Zeichnung der Kapitalerhöhung
Jan./Feb. 1998		Beurteilung des Umtauschverhältnisses durch Verschmelzungsprüfer
März 1998	Aktionäre	Vorlage des Verschmelzungsberichts
April/Mai 1998	Aktionäre/Mitarbeiter/ Öffentlichkeit	Zustimmung durch die Hauptversammlungen der beiden Häuser

Abbildung 6: Meilensteine der Fusion – Termine und Medien

Literaturverzeichnis

Dotzler, H.-J./Schick, S. (1993): Integration der Mitarbeiterkommunikation: Das Beispiel Bayerische Hypotheken- und Wechsel-Bank, in: *Bruhn, M./Dahlhoff, H.D. (Hrsg.)*: Effizientes Kommunikationsmanagement. Konzepte, Beispiele und Erfahrungen aus der integrierten Unternehmenskommunikation, Stuttgart, S. 127-143.

Dotzler, H.-J./Schick, S. (1994): Systematische Mitarbeiterkommunikation als Führungsinstrument der Bayerische Hypotheken- und Wechsel-Bank AG, in: *Berthel, J./Groenewald, H. (Hrsg.)*: Handbuch Personalmanagement – Zukunftsorientierte Personalarbeit, Landsberg/Lech, 13. Nachlieferung.

Dotzler, H.-J./Schick, S. (1995): Systematische Mitarbeiterkommunikation als Instrument der Qualitätssicherung, in: *Bruhn, M./Stauss, B. (Hrsg.)*: Dienstleistungsqualität. Konzepte – Methoden – Erfahrungen, 2. Aufl., Wiesbaden, S. 277-293.

Summary

Communication is of fundamental importance for a company. Trough a combination of essential internal and external functions of communication, both the corporate identity and the structure of a company will be strengthened. However, communication has to be applied systematically. It is also an integral part of processes of change, for which it must know the interests and expectations of the company's employees. Change itself invokes paralysis. In this situation questions have to be answered as quick as possible by using the company's proper com'-infrastructure. Process-com' requires, that managers `think aloud` before a decision is reached, thus improving loyalty, and motivation as well as reducing the cost of change. Situation-sensitive com', which takes into account both the worker's intellect and emotions establishes a feeling of trust. Moreover, multiplicators (i.e. managers) help to further the acceptance of change. Com' also functions as an instrument to achieve a customer-oriented company structure and to reverse divisional procedures.

Ganzheitliche Unternehmenskultur am Fallbeispiel Hewlett-Packard

von Kirsten Bildhauer

Kirsten Bildhauer ist im Personalbereich verantwortlich für die deutschlandweiten Vertriebsbereiche der Computer Organisation der Hewlett-Packard GmbH, Böblingen.

1. Vorbemerkungen

Das Unternehmen Hewlett-Packard (HP) repräsentiert ein Beispiel einer Unternehmenskonzeption, die auf einer ganzheitlichen und gewachsenen Unternehmenskultur basiert. Dieses Beispiel erhebt weder einen Anspruch auf Exklusivität noch auf einfache Übertragbarkeit auf andere Unternehmen.

Die Sicht ist subjektiv, beruht auf Erfahrungen mit diesem Modell in guten und schlechten konjunkturellen Phasen und unter Berücksichtigung der zunehmenden Globalisierung.

2. Entwicklung der Hewlett-Packard Corporation

Hewlett-Packard ist ein weltweit führender Anbieter von Systemen, Lösungen und Dienstleistungen in den Bereichen Informationsverarbeitung, Internet und Intranet sowie Kommunikations- und Meßtechnik. Das Unternehmen wurde 1939 von William R. Hewlett und David Packard, beide Absolventen der Stanford University, im kalifornischen Palo Alto gegründet. Der Aufstieg des Unternehmens aus den Anfängen in einer Garage zum weltweiten Konzern stellt ein klassisches Beispiel für Pioniergeist und Unternehmertum der Computer- und Elektronikbranche dar.

Die mehr als 28.500 Produkte von HP werden in zahlreichen Gebieten der Wirtschaft, Industrie, Wissenschaft, Behörden und Verwaltung, sowie im Gesundheitswesen und im Bildungswesen eingesetzt.

Betrachtet man die **Umsatzhistorie** seit der Gründung im Jahre 1939, erkennt man ein langfristig stetiges, hohes Wachstum von circa 19 Prozent per anno. Schwierige ökonomische Phasen lagen Anfang der fünfziger Jahre, 1971/1972, Mitte der achtziger und Anfang der neunziger Jahre vor. Die Entwicklung der letzten Jahre ist in Abbildung 1 dargestellt. Im Geschäftsjahr 1997 beschäftigte HP weltweit 121.900 Mitarbeiter und verzeichnete einen Umsatz von 42,9 Mrd. US-Dollar.

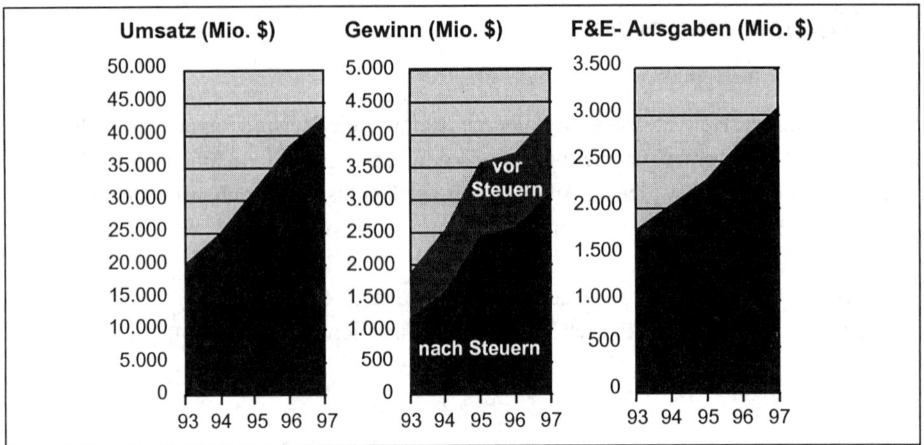

Abbildung 1: Zentrale Unternehmenskennzahlen von Hewlett-Packard (weltweit) 1993-1997

Ein weiteres Merkmal ist die dramatische Beschleunigung des **Innovationstempos** durch Einführung neuer Produkte. In den letzten Jahren bestand der Auftragseingang eines Jahres zu mehr als 50 Prozent aus Produkten, die im gleichen oder vorhergehenden Jahr in den Markt eingeführt wurden. Heute dauert die Einführung bei zwei Drittel der neuen Produkte und Dienstleistungen weniger als zwei Jahre. Der Konzern muß als Teil der Branche Informationstechnologie ein ständig aktuelles, innovatives Produktportfolio führen, um Wachstum und Ertrag zu erzielen.

3. Elemente des Marketing

Die Marketingaktivitäten von Hewlett-Packard haben zwei grundsätzliche Stoßrichtungen, die aus der Perspektive der Unternehmensleitung für den Markterfolg gleichermaßen von Bedeutung sind. Entsprechend dem Verständnis des Internen Marketing ist es zwingend erforderlich, daß das Marketing sowohl den Anforderungen der externen wie auch der internen Kunden – der Mitarbeiter – gerecht wird.

3.1 Kundenorientiert: Extern

In Abbildung 2 sind die verschiedenen Elemente des internen und externen Marketing aufgeführt. Auf der linken Seite sind jene Elemente aufgelistet, die der **Kommunika-**

tion nach außen mit den Kunden dienen und – ganz wichtig – die Ergebnisse dieser Kommunikation untersuchen sowie dafür sorgen, neue Bedürfnisse der Kunden zu erfassen und in eine strategische Neuausrichtung umzusetzen. HP nutzt alle Instrumente wie Imagebildung, Marktstrategie und Market Research seit Jahren und hat in der letzten Zeit viel Know-how hinzugewonnen. Das Unternehmen hat gelernt, daß Consumer- und damit Massenmärkte anders adressiert werden müssen als sogenannte professionelle Märkte, die in der Vergangenheit den Schwerpunkt bildeten. So ist es HP gelungen, als offizieller Informationstechnologie-Ausrüster der 15. Fußball-Weltmeisterschaft 1998 in Frankreich eingesetzt zu werden. HP muß jedoch auch in den kommenden Jahren Kompetenz und Innovation in der Kommunikation ausbauen, um in schnellebigen und globalen Märkten erfolgreich zu bleiben.

Extern	Intern
Imagebildung ☐ Wofür das Unternehmen steht ☐ Ruf ☐ Bekanntheitsgrad ☐ Investor Relationship ☐ Gesellschaft	**„HP-Way"** ☐ Wertesystem ☐ Unternehmenskultur ☐ Informelle Kommunikation ☐ Soziale Absicherung ☐ Persönliche Entwicklung ☐ Forderung des Engagements ☐ Sozialbilanz
Strategie ☐ Neue Märkte (Innovation) ☐ Wandel ☐ Produktmarketing ☐ Wettbewerb ☐ Globalisierung	**MBO** ☐ Planungsprozesse ☐ Mitarbeiterentwicklung ☐ Arbeitszeitmodell ☐ Flexibilität ☐ Team
Market Research ☐ Unabhängige Sicht ☐ Ergebnis-Feedback ☐ Investition	**Feedback-Systeme** ☐ Mitarbeiterbefragung ☐ Mitarbeitergespräch ☐ Risikobeteiligung ☐ Weiterbildung

Abbildung 2: Externe und interne Elemente des Marketing

Eine weitere Herausforderung der externen Kommunikation wird in Zukunft darin bestehen, den intern vorherrschenden sehr hohen Anspruch an Erfolge und das Vermeiden jeglicher Selbstzufriedenheit nicht ungefiltert nach außen zu tragen. Die externe Kommunikation muß gerade in schwierigen Zeiten verdeutlichen, auf welch hohem Erfolgsniveau Erwartungshaltungen gegebenenfalls nicht erfüllt werden.

3.2 Mitarbeiterorientiert: Intern

Die Instrumente und Prozesse, die für die **Kommunikation nach innen** eingesetzt werden, sind ebenfalls in Abbildung 2 aufgeführt. Dabei spielt der „**HP-Way**“ eine zentrale Rolle für die Identifikation der Mitarbeiter mit HP. Schon die Gründer *Bill Hewlett* und *David Packard* waren davon überzeugt, daß der Erfolg eines Unternehmens das Ergebnis der gemeinsamen Anstrengungen der Mitarbeiter ist. „Ich bin der Überzeugung, daß Männer und Frauen gute und ansprechende Arbeit leisten wollen und diese auch leisten werden, wenn sie über das entsprechende Umfeld verfügen.“ (*Bill Hewlett*). Aufgrund dieser Erkenntnis und ihrer humanistischen Überzeugung entwickelte sich bereits in den Gründerjahren von Hewlett-Packard eine eigene **Unternehmenskultur**: der „HP-Way“. Gegenseitiges Vertrauen, Achtung und Respekt voreinander, kompromißlose Integrität, Teamarbeit, die Verpflichtung zu Qualität, Innovation und Flexibilität sind feste Bestandteile des „HP-Way“. Diese Werte stellen eine stabile Basis dar, die die Mitarbeiter bei der Umsetzung der Unternehmensziele, die eine grundsätzliche Haltung bezüglich Gewinn, Kunden, Betätigungsgebiet, Wachstum, Mitarbeiter, Führungsstil und gesellschaftlicher Verantwortung beschreiben, leitet. Die Werte werden also „gelebt“ und stellen den unumstößlichen Identifikationskern für Mitarbeiter und Führungskräfte dar. Das gegenseitige Vertrauen regelt auch ganz selbstverständlich viele Dinge des täglichen Arbeitslebens und Arbeitsklimas:

- ☐ Die Persönlichkeit des Einzelnen wird respektiert.
- ☐ Durch „Management-by-Objectives“ (MBO), also „Führen durch Zielvereinbarung“, werden Freiräume für Kreativität und Innovation erschlossen.
- ☐ Das Unternehmen erwartet und fördert persönliche Verantwortung, Eigeninitiative und hohe Leistungsbereitschaft.
- ☐ Flexible Arbeitszeitmodelle funktionieren auch ohne Stechuhr.
- ☐ Fehler machen ist erlaubt. Dies unterstützt eine gesunde Risikobereitschaft und Flexibilität.
- ☐ Kritik und Querdenken ist möglich. Meinungsvielfalt wird gefördert.
- ☐ Offene Kommunikation erfolgt in beide Richtungen.

Darüber hinaus gewähren die oben genannten Rahmenbedingungen, daß jeder Mitarbeiter den Sinn seiner Arbeit versteht und Spaß daran hat.

Dies alles heißt nicht, daß auf Feedback-Systeme generell verzichtet wird. In regelmäßigen Abständen – etwa alle zwei bis drei Jahre – wird in allen Teilen des Konzerns eine Mitarbeiterumfrage, also ein Personal-Audit, durchgeführt, bei der die Meinung der gesamten Belegschaft erfragt wird. Es geht schwerpunktmäßig darum, wie Mitarbeiter und Führungskräfte den „HP-Way“ praktizieren und wo es mögliche Schwachstellen gibt, die gemeinsam zu verbessern sind. Im folgenden soll auf jene Aspekte eingegangen werden, die seit Anfang der neunziger Jahre den „HP-Way“ nachhaltig beeinflussen und gewissermaßen fortschreiben.

4. Hewlett-Packard-Unternehmenskultur

4.1 Dimensionen unternehmerischer Verantwortung

Anfang der fünfziger Jahre formulierten die Gründer *Bill Hewlett* und *David Packard* in den Unternehmenszielen, daß HP seine sozialen Verpflichtungen in jedem Land erfüllen will und wirtschaftliche, geistige sowie soziale Beiträge leisten wird. Bereits in der Gründerphase des Unternehmens wurden wichtige, langfristig auf das Wohl unseres Gemeinwesens gerichtete Ziele vorgedacht. Heute besteht die große Herausforderung zum einen darin, für eine möglichst große Kongruenz der Systeme, Werte und Ziele bei allen Beteiligten zu sorgen (vgl. Abbildung 3), und zum anderen auf der Basis eines beständigen Wertesystems Ziele und Strategien so zu verändern, daß sie zukünftigen Anforderungen gerecht werden.

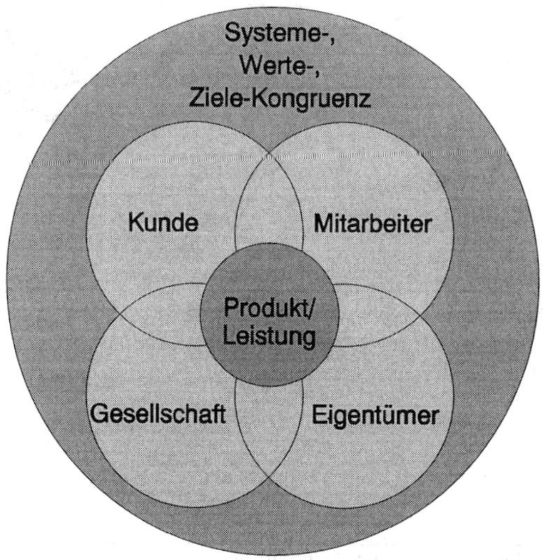

Abbildung 3: Dimensionen unternehmerischer Verantwortung

Diese Verantwortung wiegt schwer und wird nicht ohne Konflikte und Reibungspunkte erreichbar sein. Die Ziele und Werte stellen ein **selbstregulierendes System** dar, das jeden Einzelnen zu eigenverantwortlichen Entscheidungen verpflichtet.

4.2 Unternehmensführung im Spannungsfeld

Hohes Innovationstempo, globaler Wettbewerb und Zeiten dramatischer Umwandlungsprozesse verstärken die Spannungen, die sich aus gegensätzlichen organisatorischen oder prozeduralen Konzepten ergeben (siehe Abbildung 4). So ist der Wert hoher Stabilität eines Tätigkeitsfeldes, eines Marktes, eines Arbeitsplatzes oder eines Standortes bei vielen Mitarbeitern als scheinbar Sicherheit gebender Faktor hoch angesiedelt. In einem Marktumfeld wie der Computer- und Meßtechnik wird er aber zu einem Risikofaktor, weil hohe Mobilität eher ein Garant für Wachstum und Ertrag des Unternehmens wird. Der Preis für härtesten Wettbewerb und Ausnutzen neuer Marktchancen ist „Constant struggle and uncertainty" (*Deutschman 1994*, S. 62).

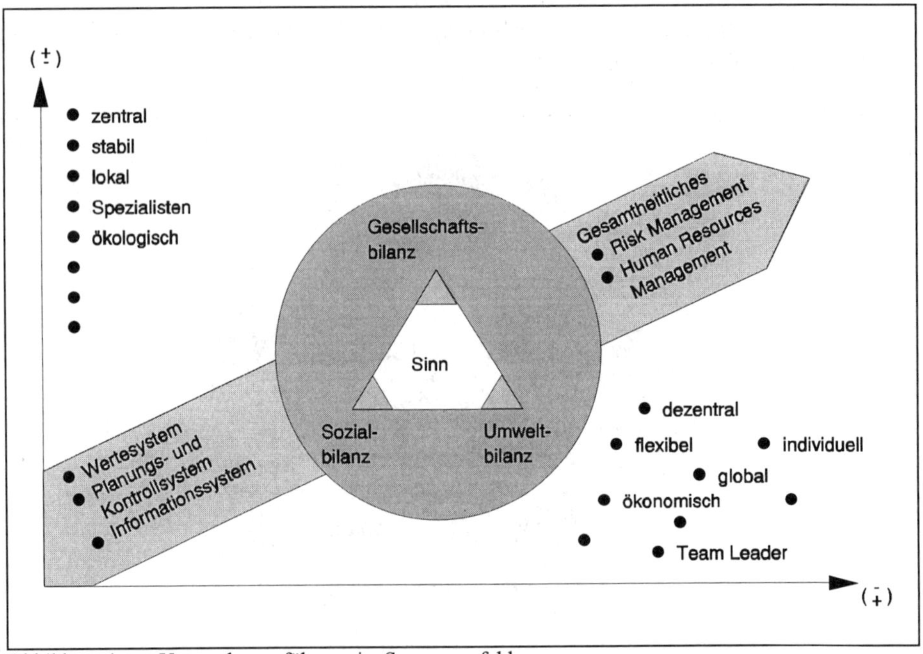

Abbildung 4: Unternehmensführung im Spannungsfeld

Wie kann man die **Notwendigkeit zu ständigen Veränderungen** den Mitarbeitern vermitteln? Wie gehen die Mitarbeiter mit Unsicherheit um? „Es wird somit Aufgabe der Personalführung sein, darauf zu achten, daß wir Arbeitsprozesse so gestalten, daß diese human und sinngebend sind. Dann wird der Mitarbeiter in der Lage sein, frei und schnell sinnvolle Entscheidungen im raschen Wandel zu fällen" (*Fischer 1994*, S. 16). Er wird Veränderungen nur mittragen, wenn er von deren Sinnhaftigkeit überzeugt ist. Er muß die Veränderungen als eine Normalität in seinem Berufsleben begreifen und akzeptieren. Konkret heißt das im Unternehmen HP, daß Mitarbeiter in Veränderungsprozesse einbezogen werden, daß großer Wert auf umfassende Kommunikation der Hintergründe gelegt wird, daß Unsicherheiten und Ängste in Veränderungsprozessen insbesondere bei neuen, jungen Mitarbeitern, die zum ersten Mal eine größere Veränderung durchlaufen, akzeptiert und konstruktiv aufgenommen werden. Es entwickelt sich so ein Grundverständnis, daß gerade aufgrund von frühzeitigen Veränderungsprozessen die Zukunft des Unternehmens und damit jedes einzelnen Mitarbeiters gesichert wird.

4.3 Hewlett-Packard-Werte in Zeiten der Veränderung

Die HP-Werte wie gegenseitiges Vertrauen, Respekt vor der Persönlichkeit und Integrität wurden bereits erwähnt. Sie sind hilfreich, Ängste abzubauen und Unsicherheiten zu vermeiden. Wichtige andere Aspekte – auch im HP-Alltag – sind die sehr freizügige Information über Leistungs- und Ergebnisdaten des Konzerns und seiner Unternehmensbereiche sowie der ungehinderte Zugang zu allen Ebenen des Führungsteams. HP-Manager benutzen quer durch alle Ebenen jede Gelegenheit, Ziele und Entscheidungen zu begründen. Ein geradezu radikaler Verzicht auf Statussymbole – so arbeiten alle Mitarbeiter unabhängig von der Hierarchieebene in Großraumbüros und sind so sicht- und ansprechbar – fördert die Kommunikation durch alle Ebenen hindurch. Wer in der Böblinger Deutschland-Zentrale oder im Hauptquartier in Palo Alto als HPler zu Gast ist, kann auch ohne Voranmeldung mit den Vorständen gemeinsam Kaffee trinken, Smalltalk halten und Meinungen austauschen.

Durch die sehr dezentrale Organisationsstruktur und die unterschiedlichen Anforderungen in den verschiedenen Marktsegmenten entstehen interne Spannungen und teilweise sogar Widersprüche. Aufgrund der Firmenkultur und des damit verbundenen offenen und selbstkritischen Umgangs miteinander, werden diese aber nicht verdrängt, sondern offen angesprochen. Es wird als normal betrachtet, daß Konflikte entstehen, und die Weiterentwicklung des Einzelnen sowie der Organisation wird in der Lösung dieser

Konflikte gesehen. Um dies erfolgreich bewältigen zu können, wird der sozialen Kompetenz aller Mitarbeiter und Führungskräfte hohes Gewicht beigemessen.

4.4 Unternehmensziele

Jeder HP-Mitarbeiter wird schon in der Einführungsphase mit den sieben **Unternehmenszielen** vertraut gemacht. Sie beziehen sich auf die folgenden Bereiche:

Gewinn ...	und dessen Verwendung.
Kunden ...	und deren Zufriedenheit als oberster Qualitätsmaßstab.
Betätigungsgebiete ...	und deren Beschränkungen und Chancen.
Wachstum ...	und dessen Grenzen durch Selbstfinanzierung.
Mitarbeiter ...	als höchstes Kapital des Unternehmens.
Führungsstil ...	und hohe Selbstverantwortung.
Gesellschaftliche Verantwortung ...	das Unternehmen als verantwortliches Mitglied einer größeren Gemeinschaft.

Die Mitarbeiterentwicklung baut auf dem „HP-Way“ und diesen Zielen auf.

4.5 Mitarbeiterentwicklung

Abbildung 5 zeigt das **duale Prinzip der Mitarbeiterförderung**: HP hält die Persönlichkeits- und Teambildung für ebenso wichtig wie das Vertrautmachen mit HP-Prozessen und Methoden, also der fachlichen Kompetenz. In Abbildung 6 wird konzeptionell der „Lebenslauf“ eines HP-Mitarbeiters hinsichtlich seiner Entwicklung vom Eintritt bei HP bis zum Ruhestand beschrieben. Hier wird auf einen dualen Prozeß hingewiesen: Im Sinne einer Verteilung von Chancen und Risiken kann vom Mitarbeiter erwartet werden, daß er selbstverantwortlich ist für

- ☐ lebenslanges Lernen sowie
- ☐ anteilmäßiges Beisteuern von Freizeit zu Teilen seiner persönlichen Weiterbildungsmaßnahmen.

HP möchte für seine Mitarbeiter Beschäftigungsfähigkeit sicherstellen, das heißt dafür Sorge tragen, daß den Mitarbeitern aufgrund ihrer Qualifikation und Weiterentwicklung eine interne oder externe Beschäftigung sicher ist.

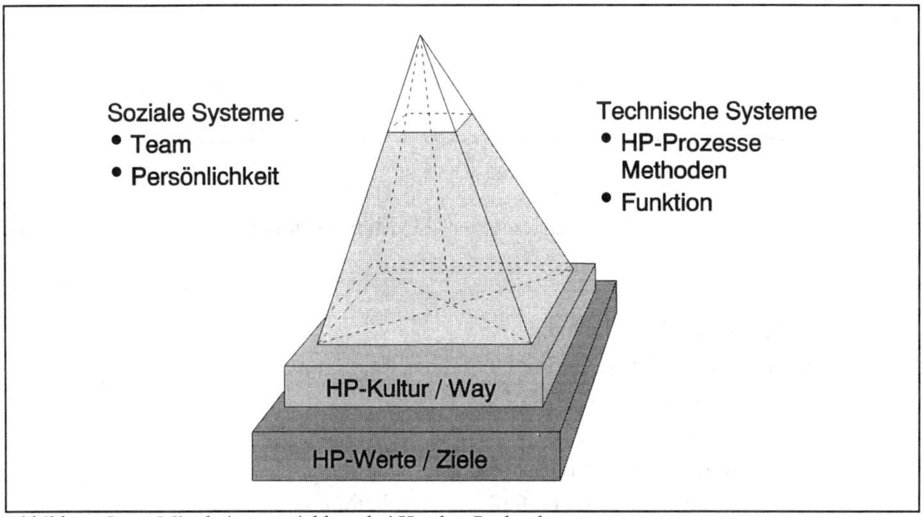

Abbildung 5: Mitarbeiterentwicklung bei Hewlett-Packard

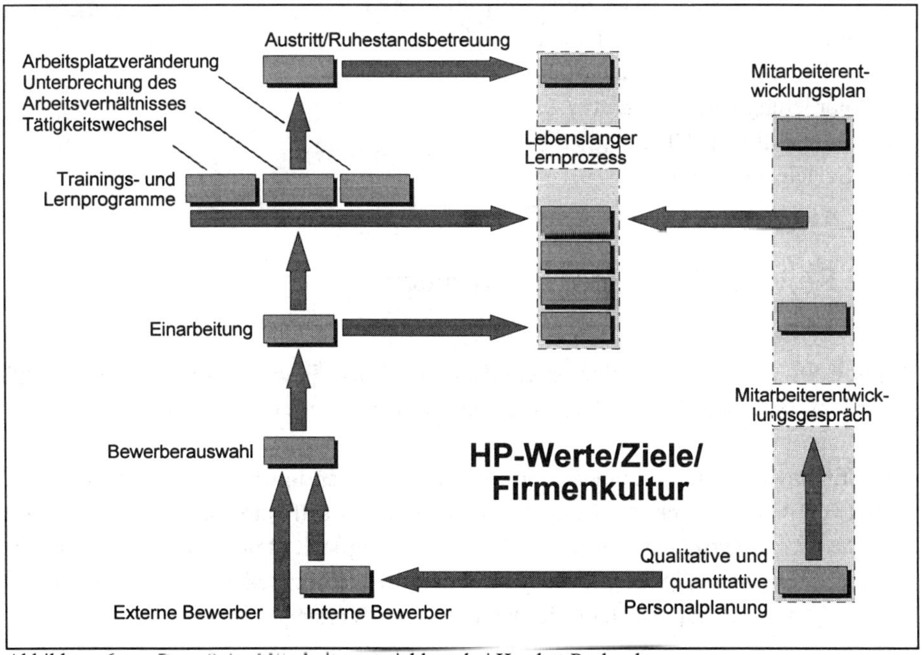

Abbildung 6: Prozeß der Mitarbeiterentwicklung bei Hewlett-Packard

Daher wird seit einiger Zeit die Eigenverantwortung des Mitarbeiters für seine eigene permanente Weiterentwicklung besonders hervorgehoben. Führungskraft und Personalabteilungen kommt dabei eine reflektierende und unterstützende Funktion zu. Dies sichert dem Einzelnen und dem Unternehmen langfristig hohe Wettbewerbsfähigkeit.

5. Beispiele gelebter und erlebter Firmenkultur

Einen Überblick über einzelne Bausteine der **HP-Firmenkultur** vermittelt die folgende Aufstellung:

- ☐ Respektieren der Persönlichkeit,
- ☐ Möglichkeit der Selbstverwirklichung durch Freiräume,
- ☐ Gegenseitiges Vertrauen und Helfen,
- ☐ Fehler machen dürfen,
- ☐ Leistungsbereitschaft durch Freude an der Arbeit,
- ☐ Anerkennung der Leistung und teilhaben am Erfolg,
- ☐ Mitverantwortung durch gemeinsame Rechte und Pflichten,
- ☐ Übersichtliche Bereiche durch Dezentralisierung,
- ☐ Führen durch Zielvereinbarung,
- ☐ Informeller Umgang und offene Kommunikation,
- ☐ Förderung und Weiterentwicklung,
- ☐ Beschäftigungsfähigkeit,
- ☐ Soziale Absicherung.

5.1 Rolle des Vorstandsvorsitzenden

Typisch für die HP-Philosophie ist ein Zitat von *Lewis Platt*, der seit November 1993 als „Chief Executive Officer“ (CEO) für den Konzern verantwortlich zeichnet:

„As CEO my job is to encourage people to work together, to try things, but I can't order them to do it. We've picked people who are high-energy self-starters. You can't tell them what to do.“ (*Deutschman 1994*, S. 65). Ermutigung statt Befehle zu erteilen, ist ein wichtiger Gesichtspunkt im „HP-Way“ und ein öffentliches Bekenntnis zu den Grenzen der Möglichkeiten und den Herausforderungen eines Vorstandsvorsitzenden.

5.2 Notwendigkeit und Beständigkeit des Wandels – Beispiel einer lernenden Organisation

Der Konzern hat vom Markt gelernt – sowohl durch die Krisen großer Wettbewerber als auch durch die Erfolge einiger seiner Konkurrenten – wie überlebenswichtig es ist, sich den Märkten anzupassen und sich schnell wandeln zu können. Bildlich gesprochen muß HP eine „Flotte starker Schnellboote" sein, die gemeinsam stark auch jedes für sich den Anforderungen ihres spezifischen Segmentes gerecht werden, dem Eisberg also schnell ausweichen können, und kein großer Ozeanriese, der lange Vorlaufzeiten benötigt, um seine Richtung zu ändern. Dies drückt sich sowohl in der Unternehmensstruktur aus, die durch ausgeprägte Dezentralisierung und Businessorientierung auffällt, als auch durch extrem frühzeitige Reaktion auf negative Indikatoren. Zur Verwunderung vieler Außenstehender reagiert HP sofort, wenn die Resultate hinter den Erwartungen zurückbleiben und nicht erst, wenn die Gefahr besteht, daß das Unternehmen Verluste macht. Diese konsequente Handlungsweise hat langfristig den Erfolg bis heute sichergestellt und wird auch zukünftig dazu beitragen. Durch neue Marktfelder im Consumerbereich mußte das Unternehmen grundsätzliche Prinzipien überdenken und bestätigen bzw. neu definieren. So wurde beispielsweise bewußt entschieden, daß die Steigerung von Marktanteilen kein Ziel an sich sein kann, wenn die Profitabilität darunter leidet. HP wird daher nicht in Felder investieren, in denen die Profitabilität langfristig geopfert werden müßte.

5.2.1 Selbstzerstörung und Erneuerung

Mit den Worten von *Lewis Platt* wird die künftige Realität dramatisch beschrieben: „We have to be willing to cannibalize what we are doing today in order to ensure our leadership in the future. It's counter to human nature, but you have to kill your business while it is still working ..."

Nur durch ständige Reflexion, Anpassung und Neuentwicklung kann ein Unternehmen in dieser schnellebigen Branche überleben. Dazu gehört auch, immer wieder neu zu definieren, welches die eigenen Kernkompetenzen sind, und welche Aufgaben besser an andere Unternehmen abgegeben oder sogar ganz eingestellt werden.

5.2.2 Time-to-Market

Abbildung 7 zeigt aus einer Untersuchung von McKinsey Inc. die Auswirkungen von **Zeitverzug** auf Kosten und Ertrag. Die um sechs Monate verzögerte Einführung eines Produktes hat mit 33 Prozent Ertragseinbuße bei weitem den gravierendsten Negativeffekt bezüglich des erzielbaren Gewinns. Neue Produktentwicklungen waren stets ein Haupterfolgsfaktor für HP. Das Unternehmen hat sehr große Anstrengungen unternommen und gelernt, die Entwicklungszyklen für neue Produkte von ca. zwei bis drei Jahren Anfang der achtziger Jahre auf heute ca. zwei bis sechs Monate „herunterzudrücken". Es ist einzusehen, daß hierzu ein ausgefeiltes Projektmanagement und Teamwork von Entwicklern, Marketingspezialisten und Produktionsingenieuren eine herausragende Rolle spielt.

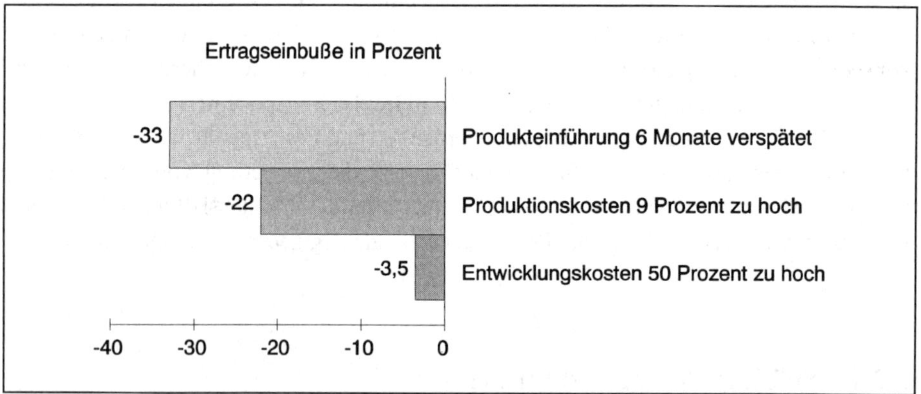

Abbildung 7: Auswirkungen von Zeitverzug und Kosten auf den Ertrag
Quelle: McKinsey Inc.

5.2.3 Überwindung von Barrieren

Viele Barrieren existieren nur in den Köpfen. Um jedoch Köpfe frei zu machen und nach gänzlich neuen Verfahren Ausschau zu halten sowie den Fokus auf die wichtigsten Ziele zu richten, hat sich das „**System der Durchbruchsziele**" bei HP bewährt. Ein Beispiel aus dem Ende der achtziger Jahre möge dies belegen: Bei der in dieser Zeit stark zunehmenden Komplexität der Produkte stiegen die Ausfallraten und damit die Gewährleistungskosten an. Die Kunden waren mit der sprichwörtlichen HP-Qualität unzufrieden.

Die Lösung wurde in einem groß angelegten und gut kommunizierten sogenannten „10k Programm“ erarbeitet. Es besagte schlicht, daß die Ausfallrate der Produkte binnen drei Jahren auf 1/10.000 des damaligen Wertes zurückgehen sollte. Die Ergebnisse wurden erreicht und der Weg nebst Zwischenergebnissen überall im Konzern veröffentlicht. Er gelang nur, indem völlig neue Verfahren (z.B. Total Quality Control) eingesetzt wurden. Entscheidend waren dabei der interdisziplinäre Erfahrungsaustausch und das bewußte Einbeziehen der Lieferanten in den Kommunikationsprozeß.

5.2.4 Neue Tätigkeitsbereiche

Einer der spektakulärsten Veränderungsprozesse der jüngeren Zeit hat sich in der im Stammhaus angesiedelten, traditionsreichen Stanford Park Division vollzogen. Als Anfang der 90er Jahre der durch Militärelektronik bestimmte Markt für Mikrowellen-Meßtechnik wegbrach, entschied der Manager des Unternehmensbereiches Meßtechnik, dieser Division eine neue, größere Aufgabe zu geben.

Die Mitarbeiter der Stanford-Park Division mußten ihr angestammtes und von ihnen als Marktführer beherrschtes Gebiet verlassen und sich der Technologie digitaler Videosysteme zuwenden, einem stark wachsenden, innovativen neuen Segment von 14 Mrd. US-$ Potential. Binnen 15 Monaten hatten sie ihr erstes Produkt am Markt (VidJet Pro) und waren von Mikrowellen- zu Video/Computer-Ingenieuren geworden.

5.3 Führungsstil

Als Basis und Garant von Freiräumen wird „Management by Objectives“ bis heute erfolgreich im Konzern praktiziert. MBO bildet auch die Grundlage des jährlichen Mitarbeitergesprächs, das jeder Mitarbeiter mit seiner Führungskraft führt und bei dem sich beide zunächst darüber austauschen, ob und wie die Ziele des vergangenen Zeitraums erfüllt wurden. Der Mitarbeiter erfährt, wie seine Leistung gesehen wird. Der zweite Teil des Gespräches widmet sich der Zukunft des Mitarbeiters. Es werden Ziele für die Zukunft vereinbart, nicht gesetzt, und ein Entwicklungsplan definiert, der die persönliche und fachliche Entwicklung der nahen und mittelfristigen Zukunft betrifft.

Konzernweit werden außerdem weitere formale Planungs- und Steuerungsverfahren eingesetzt wie der Hoshin-Planungsprozeß, der jedes Jahr top-down durchgeführt wird und sich in kaskadierender Weise auch bis auf die Ziele des einzelnen Mitarbeiters auswirkt. So wird sichergestellt, daß sich die Ziele jedes Einzelnen zu Abteilungs-, Bereichs- sowie schließlich und endlich Konzernzielen integrieren.

Daneben gibt es den jährlichen Abstimmungsprozeß des Absatzplanes (Quota Setting) im Vertrieb. Er beginnt bottom-up und wird anschließend top-down kommuniziert und verbindlich gemacht.

5.4 Mitarbeiterentwicklung

Die **Forderung nach lebenslangem Lernen** ist nicht neu, auch sie erhält aber neue Aspekte. In ihrem Bestreben zur Flexibilisierung und Abbau von Hierarchien kann es für Mitarbeiter und Firma sinnvoll sein, einen gemeinsamen Weg zu gehen. Das kann „sabbaticals“ zur Gewinnung neuer Erfahrungen bedeuten, Teilzeittätigkeit oder Begleitung in die Selbständigkeit durch flexible Hilfe des Unternehmens. Eigenverantwortung, aktive Mitgestaltung und Kreativität sind die Forderungen an Mitarbeiter und Unternehmer. HP kann heute einerseits keine absolute Sicherheit des jetzigen Arbeitsplatzes gewährleisten und wird andererseits keine „Hire and Fire“-Mentalität etablieren, selbst wenn Anforderungen von außen schnelle und dramatische Veränderungen verlangen. Hier passende Lösungen zu finden, stellt eine besondere Herausforderung dar.

Ein lang bewährtes Mittel zur Flexibilisierung ist das **HP-Arbeitszeitmodell** (vgl. Abbildung 8), das dem Mitarbeiter die Sicherheit gibt, ganz auf sein persönliches Ziel hinzuarbeiten. So kann Freizeit auf einem Konto angespart und bei Bedarf nach Abstimmung mit der Führungskraft individuell verwendet werden. Die Skala reicht von der Nutzung für einen drei Monate langen Urlaub in Nepal über durch Freizeitkontenabbau finanzierte Erziehungspausen bis zur vorgezogenen Pensionierung. Sogar die teilweise Umwandlung der Freizeit in Entgelt gehört zum Spektrum der Möglichkeiten.

Zur Zeit beträgt die tatsächliche Arbeitszeit bei HP in Deutschland 40 Stunden pro Woche. Die vertraglich vereinbarte Arbeitszeit liegt bei 38 Stunden pro Woche, so daß jede Woche zwei Stunden vorgearbeitet werden. Diese Stunden kumulieren sich, wenn sich der Mitarbeiter für den Zeitausgleich entscheidet, zu Tagen, Wochen, Monaten und gewähren gemeinsam mit angespartem Urlaub ein flexibles Zeitpotential.

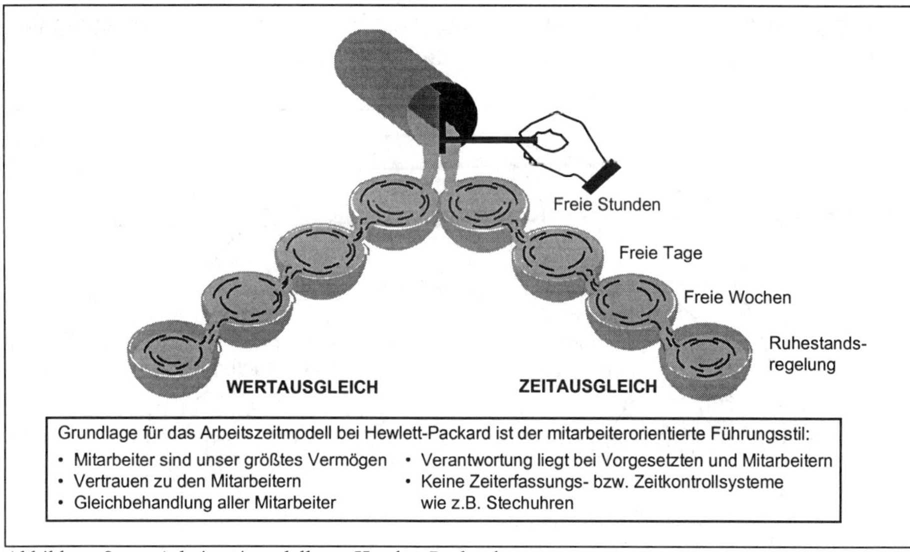

Abbildung 8: Arbeitszeitmodell von Hewlett-Packard

5.5 Anerkennung der Leistung

Seit den Gründerjahren, in denen die Herren *Hewlett* und *Packard* die Schecks für die Gewinnbeteiligung persönlich überreichten, hat sich dieses klassische Instrument der Anerkennung der Leistung bewährt. Wenn bei HP zweimal im Jahr vom Präsidenten allen Mitarbeitern die Prozentzahl der Gewinnbeteiligung mitgeteilt wird, ist für Sekunden die 121.900 Mitarbeiter „große Familie" erwartungsvoll vereint und vom Gefühl bestimmt, gemeinsam etwas Ordentliches geleistet zu haben, auf das jeder Einzelne stolz sein kann.

Des weiteren gibt es ein Aktiensparprogramm, bei dem die Mitarbeiter bis zu 10 Prozent ihres Gehalts in HP-Aktien anlegen können. Nach einer Haltefrist von zwei Jahren bekommen sie dann 50 Prozent der erworbenen Aktien als Gratisaktien dazu. Dies war in der Vergangenheit trotz schwankender Aktienkurse, aber mit mehrfachem Splitting der HP-Aktie, eine für den Mitarbeiter äußerst lohnende Investition, die die Bindung an das Unternehmen und die gemeinsamen Ziele unterstützt.

Über eine leistungsbezogene **Gehaltsentwicklung**, der ein Vergleichsprozeß vorangeht, bei dem die Mitarbeiter mit vergleichbaren Tätigkeiten in Bezug auf ihre Leistung in eine Rangreihe gebracht werden, wird schließlich für jeden Einzelnen die individuelle

Leistung gehaltswirksam. Den Zusammenhang zwischen Förderung und Forderung des Einzelnen und leistungsgerechter Entlohnung stellt Abbildung 9 dar.

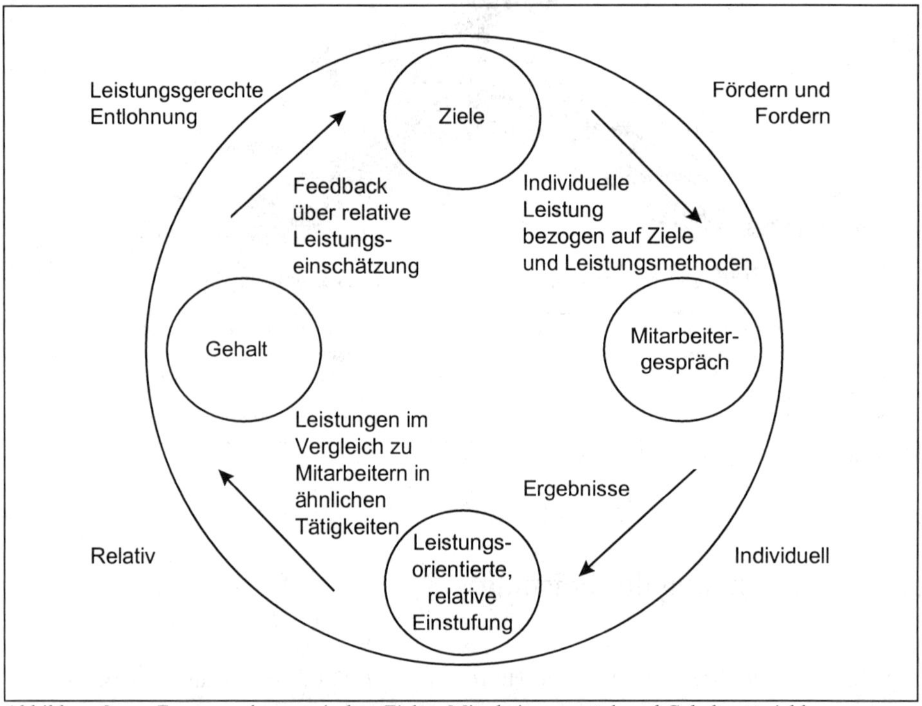

Abbildung 9: Zusammenhang zwischen Zielen, Mitarbeitergespräch und Gehaltsentwicklung

Weithin unterschätzt wird jedoch das tägliche Geschehen, das sich zwischen Mitarbeitern und Vorgesetzten, Individuen und Gruppen abspielt. Was geht über ein schlichtes Lob? Und wieweit wird der Einsatz eines Teams gewürdigt? Kein noch so ausgefeiltes Incentive-Programm vollbringt Ähnliches für die Motivation der Mitarbeiter wie die persönliche und konkrete Anerkennung der Führungskraft, des Bereichsleiters oder sogar des Vorstandsvorsitzenden.

6. Schlußbemerkungen

Die hier skizzierte Unternehmenskultur des „HP-Way" wird täglich gelebt. Sie ist keineswegs eine bequeme Art des beruflichen Lebens. Sie fordert Leistung, Mut zum Risiko und zu eigenverantwortlichen Entscheidungen, Kreativität und Beweglichkeit.

Sie macht HP durch seine im Mittelpunkt stehenden Mitarbeiter erfolgreich, gerade auch in kritischer Zeit. Und es gibt große, neue Herausforderungen. HP muß weiter daran arbeiten, daß die Prozesse über den Kreis des eigenen Unternehmens hinausgreifen und auch die Kunden, Mitarbeiter und Partnerunternehmen mit einschließen. Sie alle repräsentieren das größte Vermögen, und HP muß ihre Kulturen eng mit der eigenen „verweben". HP muß außerdem lernen, daß durch zunehmende Globalisierung und Vernetzung Geschwindigkeit eine immer stärkere Rolle spielen wird, daß Kulturen verschiedener Marktsegmente sowie verschiedener Länder sich unterscheiden und unterschiedliche Vorgehensweisen erfordern. Eine weitere Herausforderung wird darin bestehen, bei ausgeprägter Dezentralisierung und Eigenverantwortung der verschiedenen Unternehmenssegmente die gemeinsame Basis des Gesamtkonzerns nicht aus den Augen zu verlieren. Der unternehmensinterne Leitsatz lautet „Power of one – best of many".

Wie gut die verschiedenen Kräfte sich ergänzen und harmonieren, wird auch zukünftig über den Erfolg von HP entscheiden.

Literaturverzeichnis

Deutschman, A. (1994): How H-P continues to grow and grow, in: Fortune, May 2, 1994, S. 60-65.

Fischer, H. (1994): Perspektiven. Personalführung und die Chancen des Wandels, in: Jahrbuch Weiterbildung, Managementweiterbildung, Weiterbildungsmanagement 1994, S. 14-19.

Summary

Hewlett Packard (HP) is examplary for a holistic corporate culture („HP-Way"). In addition to external marketing elements the internal communication is of great importance. The „HP-Way" can be understood as the identification core for employees and managers. It is an executive system connecting HP-goals with its measures and strategies. In the context of its corporate identity dimensions of responsibility, management of contradiction, HP-values and objectives as well as employees' development process is discussed. The latter as well as the role of the CEO, the necessity for and dedication to change, the management style and the recognition of performance is reflected on more closely and illustrated with examples. Thus, a better idea of the lived and experienced corporate culture of HP can be formed.

Internes Marketing: Ein Vergleich zweier Konzepte im Bankenbereich

Erfahrungsberichte der Basler Kantonalbank und Basellandschaftlichen Kantonalbank

von Roland Handschin, Philipp A. Steck und Frank Wolff

Roland Handschin, Marketingleiter der Basler Kantonalbank, Basel.
Philipp A. Steck, Verantwortlicher TQM der Basler Kantonalbank, Basel.
Frank Wolff, Leiter Qualitätsmanagement der Basellandschaftlichen Kantonalbank, Liestal.

1. Qualitätsmanagement und Internes Marketing als Herausforderungen für Kantonalbanken

Vor dem Hintergrund der Aktivitäten vieler Dienstleistungsunternehmen in den Bereichen Dienstleistungsqualität, Kundenzufriedenheit und Kundenbindung können sich zunehmend auch regionale und lokale Anbieter nicht mehr einer konkreten Auseinandersetzung mit diesen zentralen Erfolgsfaktoren entziehen. Zwar haben diese Unternehmen aufgrund ihres z.T. engeren Kontaktes zu ihren Kunden in einzelnen Aspekten komparative Vorteile gegenüber ihren größeren Konkurrenten, doch haben auch die vergleichsweise kleinen Unternehmen vielfach schon eine Größe erreicht, die die systematische Auseinandersetzung mit dem Konzept des Internen Marketing notwendig erscheinen läßt. Im Mittelpunkt dieses Beitrages steht die Gegenüberstellung des Internen Marketing im Zusammenhang mit der Thematik des Qualitätsmanagements in den Kantonalbanken von Basel-Stadt und Baselland.

2. Das Konzept der Basler Kantonalbank: Qualy Step

2.1 Qualy Step – Der Schritt zur besseren Qualität bei der Basler Kantonalbank

„Als dynamische Bank erbringen wir dank Sachkenntnis und Zuverlässigkeit Leistungen von hoher Qualität. Die Qualität unserer Produkte und Dienstleistungen sind unsere Chance im täglichen Wettbewerb. Gleich dem Zusammenspiel zweier Zahnräder fügen sich die beiden Teile, die Qualität unserer Produktepalette und die Qualität unserer Dienstleistungserbringung, zu einem harmonierenden Ganzen zusammen. Dabei steht das Ziel im Visier, die verschiedenartigen Bedürfnisse und Erwartungen unserer Kundschaft in Bezug auf die eigentliche Bankdienstleistung sowie auf das persönliche Vertrauensverhältnis, die freundliche Bedienung, die Zuverlässigkeit und Pünktlichkeit."

Unter diesem Motto initiierte die Geschäftsleitung der Basler Kantonalbank (BKB) 1993 eine Qualitätsoffensive. Als erste Aktion wurden in einem internen, humoristischen und Event-bezogenen Wettbewerb acht Qualitätsstandards (Qualy Steps) definiert, kommuniziert und bei den Mitarbeitern verankert.

In einer zweiten Phase wurde mit anonymen Testkunden ein stark strukturierter Dauertest über acht Monate realisiert. Im Mittelpunkt standen hier neben den Qualy Steps weitere Kriterien der Leistungserbringung. In dieser Zeit wurden Maßnahmen eingeleitet und auch die Resultate dieser Maßnahmen überprüft. Um die komplexen Zusammenhänge der Mitarbeiterzufriedenheit, Kundenzufriedenheit und der subjektiv empfundenen Qualität zu ermitteln, wurde ferner – zusammen mit der Basellandschaftlichen Kantonalbank – eine parallele Kunden- und Mitarbeiterbefragung zu den Themenbereichen Zufriedenheit und Bindung durch den Lehrstuhl für Marketing und Unternehmensführung der Universität Basel durchgeführt.

Ausgehend von den Resultaten dieser breit angelegten Befragung bildete die Geschäftsleitung in jedem Geschäftsbereich Arbeitsgruppen, die sich zum einen mit den Ergebnissen der Befragungen auseinandersetzen und zum anderen „Vorschläge zur Verbesserung des Meinungsbildes“ erarbeiten sollten.

Der Geschäftsbereich Privatkunden entschied in diesem Zusammenhang, alle MitarbeiterInnen in diesen Prozeß mit einzubeziehen. Zu diesem Zweck wurden unter der Leitung der neu geschaffenen Stelle Total Quality Management „Qualitätsworkshops“ durchgeführt.

2.2 Qualitätsworkshops als Instrument des Internen Marketing

2.2.1 Aufbau der Qualitätsworkshops

Die Qualitätsworkshops der Basler Kantonalbank verfolgten drei zentrale **Ziele**:

(1) Alle Mitarbeiter erhalten Einblick in die Befragungsergebnisse.

(2) Es muß ein Forum geschaffen werden, um eine vertiefte Auseinandersetzung mit den Ergebnissen der empirischen Untersuchung zu ermöglichen.

(3) Entwicklungspotentiale und Verbesserungsvorschläge müssen gemeinsam definiert und realisiert werden.

Um diese Ziele zu erreichen, wurden die Qualitätsworkshops, die jeweils einen Tag dauerten, in zwei Teile gegliedert. Am Vormittag stand die „Mitarbeiterbefragung“, am Nachmittag die „Kundenbefragung“ im Mittelpunkt. In mehreren Arbeitsgruppen (3-6 Personen) wurden Ist- und Soll-Zustände zu ausgewählten Themenbereichen aus der Projektdokumentation diskutiert. Bereits in diesen Gesprächen entwickelten sich viele

Verbesserungsvorschläge. Aus der Vielzahl von Ideen und Vorschlägen wurde pro Arbeitsgruppe dann jeweils ein Vorschlag ausgewählt und dieser möglichst detailliert ausgearbeitet. Als Ergebnis jedes Qualitätsworkshop-Tages lagen schließlich 6-10 Vorschläge zur Optimierung der Mitarbeiter- und Kundenzufriedenheit vor.

In den zwölf Workshops erarbeiteten 157 TeilnehmerInnen aus dem Bereich Privatkunden insgesamt 83 konkrete Vorschläge, von denen nach Bereinigung der Überschneidungen 47 Vorschläge weiter verfolgt werden konnten.

Bereits während der Durchführung der Qualitätsworkshops zeigte sich zunehmend, welche Themen den MitarbeiterInnen besonders wichtig sind. So wurden zu den Themenbereichen „Ausbildung", „persönliche Entwicklungsmöglichkeiten", „Interne Kommunikation", „Zusammenarbeit" die meisten Vorschläge entwickelt. Mit Abstand am wichtigsten werteten die MitarbeiterInnen die Verbesserung der Aus- und Weiterbildung.

2.2.2 Themenbereiche der Qualitätsworkshops

Die insgesamt 47 Verbesserungsvorschläge konnten elf Themenbereichen zugeordnet werden:

(1) Ausbildung,
(2) Technik,
(3) Persönliche Entwicklungsmöglichkeiten,
(4) Zusammenarbeit,
(5) Interne Kommunikation,
(6) Mitbestimmung,
(7) Kunden unter 45 Jahren,
(8) Servicequalität,
(9) Produktsortiment,
(10) Entscheidungskompetenz und
(11) Personalpolitik.

Nachfolgend werden die Resultate der Workshops Ausbildung, Persönliche Entwicklungsmöglichkeiten und Interne Kommunikation detaillierter dargestellt. (Die Aussagen aus den Qualitätsworkshops repräsentieren wörtliche Zitate, die bewußt ungekürzt wiedergegeben werden).

2.2.2.1 Ausbildung

Die empirische Untersuchung zur Mitarbeiterzufriedenheit zeigte für den Bereich der Aus- und Weiterbildung, daß die MitarbeiterInnen nicht vollumfänglich mit der aktuellen Situation zufrieden waren. Den Ausgangspunkt für die weiteren Gruppenarbeiten bildeten z.B. die folgenden Ergebnisse:

- ☐ Zur Aussage „Die BKB tut viel für meine Weiterbildung" äußerten sich insgesamt 64,2 Prozent der Antwortpersonen grundsätzlich zustimmend und 35,8 Prozent grundsätzlich ablehnend.
- ☐ Auch die offenen Angaben der Befragten zeigten ein ähnliches Bild. Exemplarisch seien hier zwei Antworten auf die Aussage „Stellen Sie sich vor, Sie sind für einen Tag Direktionspräsident der BKB. Welche Änderung würden Sie für die ganze Bank intern direkt vornehmen, damit die externen Kunden zufriedener sind?" wiedergegeben:
  „Die Mitarbeiter halten den Ausbildungsstand der – insbesondere jüngeren – Kolleginnen und Kollegen vielfach für nicht ausreichend. Mitarbeiter mit Erfahrung im Kundenkontakt würden am Schalter abgezogen, und neue Mitarbeiter ohne eine entsprechende Ausbildung und ohne die notwendigen Erfahrungen für den Kundenkontakt an ihrer Stelle eingesetzt."
  „Aufbauend auf den notwendigen Qualifikationen für den Kundenkontakt sind die Mitarbeiter der Auffassung, daß die Bank der Beratung der Kunden und der individuellen Leistungserstellung einen größeren Stellenwert einräumen müsse."

In den Gruppenarbeiten der Qualitätsworkshops wurde der **Ist-Zustand** durch die MitarbeiterInnen in ähnlicher Weise zusammengefaßt. Hierbei ergaben sich die folgenden Hauptkritikpunkte:

- ☐ Der Ausbildungsstand ist insgesamt bedenklich.
- ☐ Das Fachwissen der MitarbeiterInnen ist ungenügend, die Beratungskompetenz teilweise mangelhaft.
- ☐ Die MitarbeiterInnenschulungen erfolgen zu wenig spezifisch.
- ☐ Es werden insgesamt zu wenige interne Schulungen durchgeführt.
- ☐ Die Qualität der Einarbeitung neuer Mitarbeiter ist sehr fragwürdig.
- ☐ Neue MitarbeiterInnen – und z.T. sogar Praktikanten – werden direkt ins „kalte Wasser gestoßen".
- ☐ Die 15 Filialen sind im Prinzip 15 Banken mit entsprechenden Unterschieden.
- ☐ Es existiert eine sehr große Differenz zwischen Anspruch und Wirklichkeit.
- ☐ Aus- und Weiterbildung werden größtenteils an die Front delegiert.
- ☐ Der gleichzeitig sehr knappe Personalbestand wirkt sich auch negativ auf die Qualität der Ausbildung aus.

Die Diskussionen in den Qualitätsworkshops machten deutlich, daß eine dergestalt unbefriedigende Ausgangssituation weder zur Mitarbeiter- noch zur Kundenzufriedenheit beitragen kann. Ausgehend von den erkannten Defiziten wurde in einem nächsten Schritt ein **Soll-Zustand** durch die Arbeitsgruppen definiert:

- Aus- und Weiterbildung müssen dem Leitbild der BKB gerecht werden.
- Notwendige Voraussetzung sind einerseits Bankfachkenntnisse, andererseits aber auch ein BKB-spezifisches Gesamtbankwissen.
- Für den Kundenkontakt sind sowohl ein umfangreiches Fachwissen als auch eine sehr gute Beratungskompetenz erforderlich.
- Zur Optimierung der Prozesse sind sehr gute Kenntnisse der BKB-spezifischen Abläufe, Weisungen usw. notwendig.
- Bei Schulungen steht stets der Praxisbezug im Vordergrund.
- Insbesondere neue MitarbeiterInnen müssen professionell eingeführt werden.
- Nur ausgebildete MitarbeiterInnen werden im direkten Kundenkontakt eingesetzt.
- In allen Filialen und Abteilungen ist ein einheitliches Qualitäts- und Kompetenzniveau anzustreben.

Über die Definition des Soll-Zustandes hinaus wurden durch die Beteiligten in den Qualitätsworkshops auch konkrete **Verbesserungsvorschläge** generiert. Vor ihrer tatsächlichen Umsetzung bedürfen die Verbesserungsvorschläge einer genauen Überprüfung und Vertiefung. Daher werden sämtliche Vorschläge in Form von Aufträgen, Workshops und Projektgruppen weiterverfolgt.

Baustein 1: Ausbildung neuer MitarbeiterInnen

Neue MitarbeiterInnen sollten vor dem Einsatz an ihren Arbeitsplätzen intensiv ausgebildet. In der heutigen Form „on the job" wird die Ausbildung von allen Beteiligten als äußerst unbefriedigend betrachtet, sie sollte durch unterschiedliche Ausbildungsmodule möglichst standardisiert erfolgen. Zu prüfen ist der Vorschlag, daß neue MitarbeiterInnen im ersten Monat eine intensive Schulung erfahren. Diese kann auch in großen Teilen durch Selbststudium und Gruppenarbeiten erfolgen. Der Monat schließt ab mit einem Test, der auch Einfluß auf den Entscheid der definitiven Anstellung hat.

Baustein 2: Weiterbildung und Ausbildungstests

Insgesamt muß die Weiterbildung der bestehenden MitarbeiterInnen massiv gesteigert werden; und zwar in allen Themengebieten: Beratungskompetenz, Servicequalität, Fachwissen, Wissen über Arbeitsabläufe, Weisungen, Verarbeitung usw., Kenntnisse der Arbeitshilfsmittel, wie z.B. Handbücher, Telefonbedienung, EDV-Benutzung.

Für die **Umsetzung** sind zahlreiche Vorschläge entwickelt worden, die im Einzelnen geprüft werden:

- Kundenbetreuungs-Konzept,
- Servicequalität-Standards,
- Ausbildungskonzept und -plan,
- Definition eines genauen Ausbildungsprofils und Stellenbezeichnung für die verschiedenen Arbeitsplätze bzw. Stellen,
- Patensystem bei der Einarbeitung neuer Mitarbeiter,
- Ausbildungsmodule für das Selbststudium,
- CBT-Modul an allen Arbeitsplätzen,
- detaillierte Lernziele und Lernzielkontrollen,
- halbjährliche Überprüfung des Wissenstandes (Tests),
- Ausbildungspaß/„Diplome",
- EDV-Arbeitshandbuch mit intelligentem Suchsystem,
- kürzere Schulungen (2-4 Std.), jedoch häufiger (z.B. bei der Systemschulung).

Sämtliche Vorschläge werden in Zusammenarbeit mit den involvierten Stellen in der Bank aufgenommen und weiterentwickelt.

Baustein 3: Coach-System

Alle MitarbeiterInnen sollen die Möglichkeit haben, Ausbildungs-Coach zu werden in den Bereichen Beratung, Kundenservice, Fachwissen, EDV, Verarbeitung. Die Coaches übernehmen Aufgaben in der Aus- und Weiterbildung und unterstützen darin die Filial- und Abteilungsleiter. Bei Marketingaktionen können sie speziell geschult werden und geben dann die Informationen an ihre KollegInnen weiter.

Baustein 4: Stages in anderen Abteilungen

Ziel dieses Vorschlages ist es, die den Arbeitsprozessen vorgelagerten und nachgelagerten Stellen bzw. Abteilungen kennenzulernen. Neben dem persönlichen Kennenlernen wird durch den Einblick in die Arbeitsabläufe dieser Abteilungen das Verständnis für die spezifischen Anliegen gefördert. Dadurch wird das Gesamtbankwissen erhöht – mit den entsprechend positiven Wirkungen auf die Zusammenarbeit zwischen den Abteilungen. Hierzu müssen allerdings die Dauer der Stages, der Lernzielkatalog und die Lernzielkontrolle genau definiert und entwickelt werden.

Baustein 5: Job-Rotation

Durch Job-Rotation zwischen den verschiedenen Arbeitsplätzen innerhalb der Filiale (Abteilung, Gruppe) in einem regelmäßigen Turnus sollen sich die BeraterInnen für die Kunden zu Ansprechpartnern mit einem breiten Wissen und Können entwickeln. Die

MitarbeiterInnen sind flexibler einsetzbar, und man kann tatsächlich von „Allroundern" sprechen. Gleichzeitig wird das gesamtheitliche Denken und Handeln gefördert.

Baustein 6: Helpstelle
Täglich gibt es in Situationen, in denen das bestehende Wissen und Können nicht ausreicht. Da die heutigen Informationsquellen (Weisungen, Handbücher usw.) benutzerunfreundlich sind, greift die Mehrheit der MitarbeiterInnen zum Telefon und fragt die „wissende" Person. Als Alternative zu einem benutzerfreundlichen EDV-Informations-System wird die Einrichtung einer „Helpstelle" für fachliche Fragen geprüft. Dies könnte in Form von „Produktverantwortlichen" erfolgen. Für diese Aufgabe müßte in der Stellenbeschreibung ausdrücklich Zeit eingerechnet werden.

2.2.2.2 Persönliche Entwicklungsmöglichkeiten

Auch der Aspekt der **persönlichen Entwicklungsmöglichkeiten** war durch Ergebnisse der empirischen Untersuchung zur Mitarbeiterzufriedenheit abgedeckt:

- ☐ Zur Aussage „Mehr als das, was die BKB für mich tut, kann man von einem Arbeitgeber nicht erwarten" äußerten sich insgesamt 40,8 Prozent der Antwortpersonen grundsätzlich zustimmend und 59,2 Prozent grundsätzlich ablehnend.
- ☐ In ähnlicher Weise wurde die Personalpolitik der Bank beurteilt. Hier stimmten der Aussage „Die Personalpolitik (Beförderung usw.) in der BKB ist gerecht" 39,9 Prozent der Antwortpersonen grundsätzlich zu, 60,1 Prozent äußerten sich eher ablehnend.
- ☐ Nicht unbedingt positiv waren schließlich die Einschätzungen zu den Karrieremöglichkeiten innerhalb der Bank. Dem Statement „In der BKB Karriere zu machen, ist sehr schwierig" stimmten 70,9 Prozent grundsätzlich zu, nur 29,1 Prozent waren in dieser Frage optimistischer.

Das Bild, das sich auf Basis der empirischen Untersuchung ergeben hatte, wurde durch die Workshop-Diskussionen zum aktuellen Zustand innerhalb der Bank ebenfalls bestätigt. **Hauptkritikpunkte** waren in diesem Zusammenhang:

- ☐ Mitarbeiter werden in erster Linie als „Kostenfaktor" und nicht als Menschen gesehen.
- ☐ Es wird ein Sparkurs gegen die Mitarbeiterinteressen verfolgt.
- ☐ Die Zahl der Mitarbeitergespräche ist unzureichend.
- ☐ Beurteilungs- und Entwicklungsgespräche werden nur alle 2 bzw. 3 Jahre durchgeführt.

- ☐ Die individuelle Laufbahnplanung ist ungenügend.
- ☐ Kader-/Führungspositionen werden von außen besetzt.
- ☐ Die Karriere- und Entwicklungsmöglichkeiten sind dementsprechend schlecht.
- ☐ Es gibt zu wenige Frauen in Kaderpositionen.
- ☐ Die Lohn- und Gehaltspolitik ist intransparent.

Als Ausgangspunkt für konkrete Maßnahmen wurde in den Workshops auch für den Bereich „Persönliche Entwicklungsmöglichkeiten" zunächst ein **Soll-Zustand** definiert:

- ☐ MitarbeiterInnengespräche sind auf regelmäßiger Basis zu institutionalisieren.
- ☐ Es finden jährliche Beurteilungs- und Entwicklungsgespräche für alle MitarbeiterInnen statt.
- ☐ Es gibt Stellenbeschreibungen für alle MitarbeiterInnen.
- ☐ Für alle MitarbeiterInnen werden Laufbahn- und Entwicklungsplanungen erarbeitet.
- ☐ Mitarbeiter werden gezielt gefördert, speziell auch Mitarbeiterinnen.
- ☐ Kader-/Führungspositionen werden möglichst durch eigene MitarbeiterInnen besetzt.
- ☐ Besondere Leistungen werden besonders anerkannt (Anerkennungskultur).
- ☐ Es wird ein Leistungslohn eingeführt.
- ☐ Bei der Lohnpolitik gibt es ein Mitspracherecht des Vorgesetzen.

Die konkreten Verbesserungsvroschläge betreffen vor allem fünf Bereiche:

Baustein 1: Laufbahnplanung

Um zum gegebenen Zeitpunkt auf die richtigen Führungskräfte zurückgreifen zu können, ist eine konsequente und gezielte Laufbahnplanung notwendig. Die persönliche Weiterentwicklung und Laufbahnplanung sollte Thema eines jährlich stattfindenden Gesprächs sein. Dies wird durch den Vorgesetzten geführt oder durch den „Laufbahnplaner", eine neu zu schaffende Stelle. Männer wie Frauen sollen gleichermaßen gefördert werden. Gleichzeitig müßte das nötige Instrument (inkl. Schulung, Information, Kontrolle) geschaffen werden, damit die Gespräche auch tatsächlich mit dem entsprechenden Erfolg geführt werden.

Baustein 2: Beurteilungs- und Entwicklungsgespräch

Mitarbeitergespräche sollen regelmäßig und mehrmals im Jahr durchgeführt werden. Dabei sollen Themen wie Laufbahnplanung, Entwicklungsmöglichkeiten, Leistungsbeurteilung, gleichzeitig auch die Zusammenarbeit, das Teamverhalten usw. besprochen werden.

Baustein 3: Stellenbeschreibung

Neben den Führungsinstrumenten „Beurteilungs - und Entwicklungsgespräch", „regelmäßige Mitarbeitergespräche" wird auch eine „Stellenbeschreibung" für jede/n MitarbeiterIn erstellt.

Baustein 4: Anerkennung

Es sind oft kleine Dinge, die die Zusammenarbeit angenehm machen und die Motivation der Mitarbeiter erhöhen, z.B.:

- ☐ Kleine Anerkennung, wie z.B. einen freien Tag bei einem Jubiläum.
- ☐ Bei besonderen Anlässen oder Besprechungen die Möglichkeit, daß ein gemeinsames Essen von der Bank übernommen wird.
- ☐ Kleinere Ausgaben, wie z.B. Abgabe des Stadtbuches, nicht einfach nur streichen.
- ☐ Personalvorschläge auch dann erst nehmen, wenn Kosten damit verbunden sind.

Grundsätzlich steht im Vordergrund, daß sich der/die MitarbeiterIn nicht als reiner „Kostenfaktor" fühlen darf, sondern daß die Aussage „Der Mitarbeiter ist das wichtigste Kapital eines Unternehmens" erlebbar ist – materiell und immateriell.

Baustein 5: Gehaltspolitik

Der Vorgesetzte soll den größten Einfluß auf die individuelle Lohnerhöhung haben. Dies auf der Grundlage der jährlichen Leistungsbeurteilung. Die Gehaltserhöhung oder Nichterhöhung soll an Hand von nachvollziehbaren Kriterien offen und transparent begründet werden.

2.2.2.3 Interne Kommunikation

Im Rahmen der empirischen Untersuchung zur Mitarbeiterzufriedenheit war der Aspekt der **Internen Kommunikation** insbesondere durch zwei Aussagen abgedeckt:

- ☐ Dem Statement „Als Mitarbeiter der BKB erfahre ich Dinge, die für meine Arbeit wichtig sind, immer rechtzeitig" stimmten nur 8,3 Prozent der Mitarbeiter uneingeschränkt zu, mehr als 47 Prozent widersprachen demgegenüber mehr oder weniger ausgeprägt.
- ☐ Auch wurde von den Mitarbeitern nur begrenzt ein Informationsvorsprung gegenüber den Kunden wahrgenommen. Der Aussage „Als Mitarbeiter der BKB erfahre ich mehr über die Entwicklung der Bank als die Kunden" widersprachen 23 Prozent der Antwortpersonen, und nur für 23 Prozent der Mitarbeiter trifft diese Aussage voll zu.

In ähnlicher Weise präsentieren sich die Ergebnisse der **Qualitätsworkshops**:

- Kritisiert wurde die schlechte Informations- und Kommunikationspolitik insgesamt (Gesamtbank und zwischen den Bereichen).
- Die Weitergabe von Informationen erfolgt sehr unterschiedlich.
- Der Überfülle an Informationen einerseits stehen fehlende und/oder zu späte Informationen andererseits gegenüber.
- Die Aufbereitung der Information für den Empfänger ist schwer bis gar nicht verständlich.
- Informationen sind oft nicht nachvollziehbar, da Argumentationen bzw. Begründungen fehlen.
- Aufgrund mangelnden Vertrauens wird bei Unklarheiten nicht nachgefragt.

Auch in diesem Bereich hatten die Beteiligten der Workshops sehr konkrete Vorstellungen zum **Soll-Zustand** der Internen Kommunikation:

- Informationen müssen stufengerecht weitergegeben werden.
- Es muß einen Informationsvorsprung der Mitarbeiter gegenüber den externen Kunden geben.
- Zielsetzung muß eine flexible, rasche und offene Informationspolitik sein.
- Informationen und Entscheidungen erfolgen nur mit Darstellung der Argumentation bzw. einer Begründung.
- Um den Empfang der Botschaften zu gewährleisten, müssen gleichzeitig mehrere Kommunikationsinstrumente eingesetzt werden.
- Es wird ein Kommunikations-/Informationsverantwortlicher pro Ressort bestimmt.
- Berührungsängste müssen abgebaut werden.

Zur Erreichung des Soll-Zustandes bzw. der Umsetzung der damit verbundenen Ziele wurden verschiedene konkrete Maßnahmen definiert:

Baustein 1: Informationsmanager/Informationsverantwortlicher

Pro Geschäftsbereich wird ein Informationsmanager bestimmt. Er/sie sortiert und arbeitet die vorhandenen Informationen so auf, daß nur die bereichsrelevanten Informationen weitergegeben werden bzw. solche, die für das Gesamtbankverständnis absolut notwendig sind. Er ist verantwortlich für den Informationsfluß in allen Richtungen von oben nach unten, von unten nach oben und seitwärts. Der Informationsmanager ist Anlaufstelle bei allen Informations-/Kommunikationsfragen.

Baustein 2: Geschäftsbereich Privatkunden-News
Das News-Bulletin ist eine Plattform für Information und Kommunikation im Bereich Privatkunden. Hier soll regelmäßig über den Stand von Projekten, die Umsetzungen der Vorschläge aus den Qualitätsworkshops usw. informiert werden.

Baustein 3: Kommunikationsworkshop
Es werden Seminare bzw. Workshops für Führungskräfte durchgeführt. Im Mittelpunkt stehen Methoden und Instrumente zur effizienten Vermittlung von Informationen sowie zur Informations-Qualitätsmessung.

Baustein 4: Kommunikationsstandards bei neuen Dienstleistungen und Marketingaktionen
In Zusammenhang mit der Einführung neuer Dienstleistungen bzw. im Vorfeld von Marketingaktionen werden Kommunikationsstandards mit verschiedenen Elementen definiert:

- ☐ Bestimmung projektspezifischer Standards und Zeitpläne,
- ☐ Vorinformation ca. einen Monat vor Produkteinführung oder Verkaufsaktion,
- ☐ Schulung 14 Tage vorher, je nach Produkt oder Marketingaktion,
- ☐ Rechtzeitige Lieferung von Material, Dokumentation, Prospekte im voraus,
- ☐ Definition der Verantwortlichkeiten und
- ☐ Nachbeurteilung und -prüfung der Standards.

Baustein 5: Entscheide mit Begründung bzw. Argumentarium
An alle von Gesamtbankentscheiden betroffenen MitarbeiterInnen werden fundierte Begründungen übermittelt. Dies ist zum einen für ein besseres Verständnis und die Akzeptanz der Entscheide bei den Mitarbeitern notwendig, zum anderen verfügen die Mitarbeiter damit über ein Argumentarium gegenüber den externen Kunden.

Baustein 6: Abbau von Berührungsängsten
Um den Abbau von Berührungsängsten zu beschleunigen, werden bedürfnisbezogen Vertreter anderer Bereiche, Abteilungen oder Gruppen bei Sitzungen (auch bei Sitzungen in den Filialen) einbezogen.

2.3 Bisherige Erfahrungen

Neben der Diskussion der Ergebnisse der Kunden- und Mitarbeiterbefragungen hatten die Mitarbeiter im Rahmen der Workshops auch die Möglichkeit, die Auseinandersetzung mit den Befragungsergebnissen selbst sowie die Kommunikation der Ergebnisse zu bewerten. Hierbei wurde der Einblick in die Berichte der Kunden- und Mitarbeiterbefragung insgesamt mit „gut“ beurteilt. Auch die Auseinandersetzung mit den Berichten sowie den persönlichen Meinungen und Empfindungen der Mitarbeiter fand eine positive Resonanz (Beurteilung ebenfalls „gut“).

Insgesamt wurde die Durchführung der Workshops sehr positiv aufgenommen. Dies zeigt sich an der guten bis sehr guten Beurteilung der Erarbeitung der Verbesserungsvorschläge sowie der sehr guten Bewertung der Workshops insgesamt. Etwas skeptischer zeigten sich die TeilnehmerInnen hinsichtlich der Chancen zur Umsetzung der einzelnen Vorschläge. Die Urteile reichten hier von „genügend“ bis „sehr gut“. Insgesamt würden es die MitarbeiterInnen bereits als Erfolg ansehen, wenn die Hälfte der Vorschläge umgesetzt werden könnte; als realistischer Zeithorizont wurde hier ein Bereich von zweieinhalb Jahren vermutet.

Zu den vorgestellten Projekten sowie den anderen Themenbereichen befindet sich zur Zeit – Mitte 1998 – ein großer Teil der Vorschläge in verschiedenen Projektteams in Arbeit. Einige schnell realisierbare Ideen sind bereits implementiert. Die zusätzliche Belastung der MitarbeiterInnen durch diese Projekte wurde nie zu einem Problem. Durch die Vorgehensweise – unter Einbindung der MitarbeiterInnen – und das entsprechende Involvement sind alle Beteiligten hochmotiviert.

Durch das feststellbar höhere Engagement der Mitarbeiter sowie aufgrund der positiven Resonanz ist davon auszugehen, daß sich die Mitarbeiterzufriedenheit stetig verbessert. Positive Kundenreaktionen und der Erfolg der Basler Kantonalbank im Markt sind wesentliche Anreize, das Konzept und die Ideen des Internen Marketing weiter zu entwickeln.

3. Das Konzept der Basellandschaftlichen Kantonalbank: Q-LEVEL

3.1 Anforderungen an das Qualitätsmanagement

Ausgangspunkt der Auseinandersetzungen mit dem Thema „Internes Marketing“ innerhalb der Basellandschaftlichen Kantonalbank (BLKB) ist ein klares Bekenntnis zum **Management ihrer Dienstleistungsqualität** als einem strategischen Schwerpunkt.

Die hohe Priorisierung des Qualitätsmanagements beruht im wesentlichen auf folgenden Ursachen:

- Die eigentlichen Bankprodukte, insbesondere Kontoprodukte, sind im Kern sehr ähnlich. Eine Differenzierung ist deshalb vor allem über die **Art und Weise der Dienstleistungserbringung** möglich.
- Die Konkurrenz in der schweizerischen Bankenlandschaft drängt nach verschiedensten **Restrukturierungs- und Konzentrationsaktivitäten** immer stärker auf den Markt. Eine Differenzierung ist also zwingend erforderlich.
- Die Basellandschaftliche Kantonalbank verfolgt seit jeher eine Strategie langfristiger und intensiver **Kundenbeziehungen**. Dazu ist die systematische Pflege der Kundenzufriedenheit unentbehrlich.

Zu Beginn des Jahres 1998, dem geplanten Zeitpunkt der Einführung des Qualitätsmanagements, befand sich die BLKB vor einigen einschneidenden Veränderungen: Die Migration der gesamten EDV auf ein externes Rechenzentrum sowie der Aufbau eines Dienstleistungszentrums gemeinsam mit der Basler Kantonalbank stehen für dieses Jahr an. Diese Umstellungen und Veränderungen haben für alle MitarbeiterInnen weitreichende Konsequenzen. So kommt durch den Austausch sämtlicher Host-Applikationen auf die gesamte Belegschaft ein erheblicher Schulungsaufwand zu. Des weiteren werden einige MitarbeiterInnen durch den Aufbau des ausgelagerten Verarbeitungszentrums ihren Arbeitsplatz bei der Bank gegen einen Vertrag beim Dienstleistungszentrum eintauschen. Hinzu kommen einige tiefgreifende Veränderungen der Aufbauorganisation, die als Folge völlig neuer EDV-Abläufe nötig werden.

Diese Vielzahl an Neuerungen verlangt den MitarbeiterInnen bereits ein hohes Maß an Aufnahmebereitschaft ab. Der Entscheid, das Qualitätsmanagement zu Beginn dieser Phase großer Umstellungen einzuführen, bedeutet zum einen, den MitarbeiterInnen ein nützliches Instrument zur Bewältigung der anstehenden Herausforderungen in die Hand zu geben. Er impliziert zum anderen aber auch ein Qualitätsmanagement „auf leisen Sohlen“, das die Belegschaft vorerst nicht durch zusätzliche Anforderungen belastet und damit den Erfolg der EDV-Umstellung gefährdet.

Die vollständige Implementierung eines umfassenden TQM-Systems steht zu diesem Zeitpunkt noch nicht zur Diskussion – der Einstieg muß auf die aktuelle Situation zugeschnitten sein und deshalb folgenden Anforderungen genügen:

- **Positive Botschaft**
  Das Qualitätsprogramm soll nicht als weitere Umstellung, Neuerung oder Belastung auf die Mitarbeiterschaft zukommen, sondern als Unterstützung und maßgeschneiderte Hilfe bei den anstehenden Herausforderungen. Statt den Druck auf MitarbeiterInnen weiter zu erhöhen, soll es helfen, ihn zu reduzieren.

- **Erster Kontakt mit gemeinsamen Qualitätszielen**
  Mit der Einführung des Programms sollen alle MitarbeiterInnen mit den neu gesteckten Qualitätszielen konfrontiert werden und somit für das systematische Management der Qualität sensibilisiert werden.
- **Qualitätsprogramm als gemeinsame Ziel- und Methodenbasis**
  Qualität soll und kann nicht verordnet werden. Mit der Kommunikation der Qualitätsziele und der Schaffung wirksamer Arbeitsinstrumente soll vielmehr ein Anreiz geschaffen werden, im eigenen Arbeitsbereich die Verantwortung für Qualität zu übernehmen und deren permanente Verbesserung mit den angebotenen Hilfsmitteln zu verfolgen.
- **Einführung eines zuverlässigen Qualitäts-Tracking-Systems**
  An die Stelle eines „von oben" aufgesetzten Qualitätsdrucks soll die eigenverantwortliche Messung an einer zuverlässigen und unbestechlichen Meßlatte treten. Dies setzt ein über alle Zweifel erhabenes, über die Zeit konsistentes Qualitäts-Tracking-System voraus, welches einen Maßstab für alle erzielten Veränderungen darstellt. Der daraus resultierende Regelkreis ist in Abbildung 1 dargestellt.

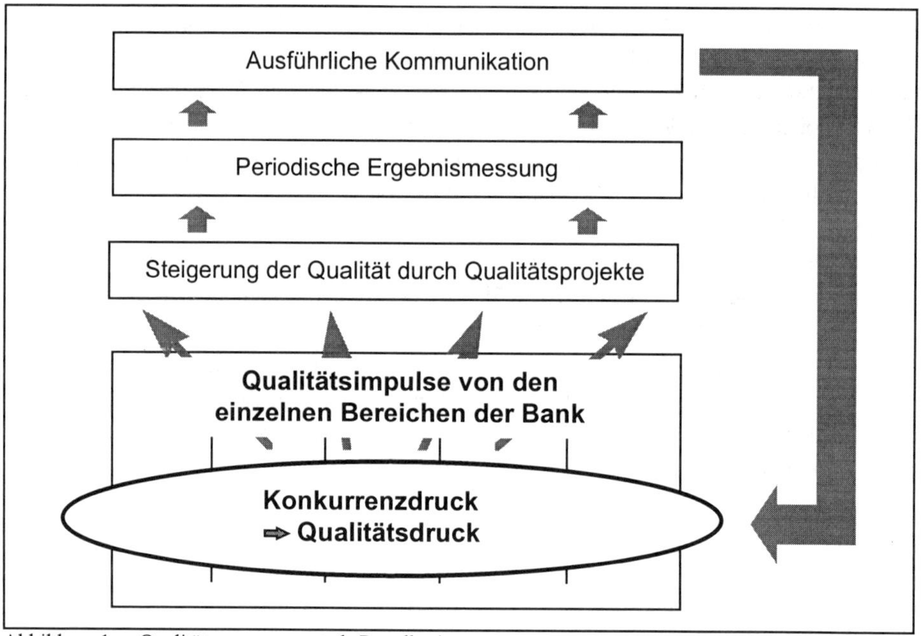

Abbildung 1: Qualitätsmanagement als Regelkreis

Die Einführung des Qualitätsmanagements bei der Basellandschaftlichen Kantonalbank präsentiert sich damit als eine **klassische Aufgabe des Internen Marketing**. Das Programm kann ausschließlich über seine Attraktivität und interne Marktgängigkeit Akzeptanz bei den MitarbeiterInnen erzielen. Die Gestaltung des Programms sowie dessen Einführung müssen dieser Anforderung genügen.

3.2 Die Qualitätsphilosophie der Basellandschaftlichen Kantonalbank

Die Grundlage des Qualitätsmanagements bildet die **Qualitätsphilosophie**, die sich auf das Leitbild der BLKB stützt und wie folgt skizziert werden kann:

- Die Maximierung der **Kundenzufriedenheit** im Rahmen der gegebenen Möglichkeiten hat die erste Priorität. Diese starke Gewichtung der Kundenzufriedenheit leitet sich insbesondere aus der speziellen Situation des Dienstleisters ab: Der Kunde nimmt am „Produktionsprozeß" aktiv teil (Dieser Ansatz steht nicht im Gegensatz zu bewährten Modellen des Qualitätsmanagements – z.B. EFQM-Modell, im Sinne einer gestaffelten Einführung wird jedoch das Element „Kundenzufriedenheit" als erster Baustein ausgewählt.).
- Qualität soll zur **Denkhaltung** aller MitarbeiterInnen werden. Die bloße Erfüllung von Einzelkriterien allein genügt nicht. Neben einigen wenigen Kernaussagen braucht es deshalb ein feines Netz von Qualitätsstandards für alle wesentlichen Aspekte der täglichen Arbeit, welches die Orientierung auf der Q-Landkarte erleichtert.
- Die Ziele des Qualitätsprogramms müssen dem entsprechen, was unsere Kunden tatsächlich wünschen. Dabei ist der **Veränderlichkeit der Bedürfnisse** Rechnung zu tragen. Selbst eine hundertprozentige Zielerreichung wäre nutzlos, wenn die Ziele nicht den aktuellen und zentralen Kundenbedürfnis entsprechen.

Aus diesen Grundlagen ergibt sich das in Abbildung 2 dargestellte Bild: Zunächst müssen Kundenbedürfnisse erkannt werden, anschließend werden auf Basis dieser Bedürfnisse Ziele formuliert, diese Ziele sollten erreicht und schließlich der Erfolg des Ganzen gemessen werden. Der Kreislauf schließt sich mit allfälligen Anpassungen im Zielsystem.

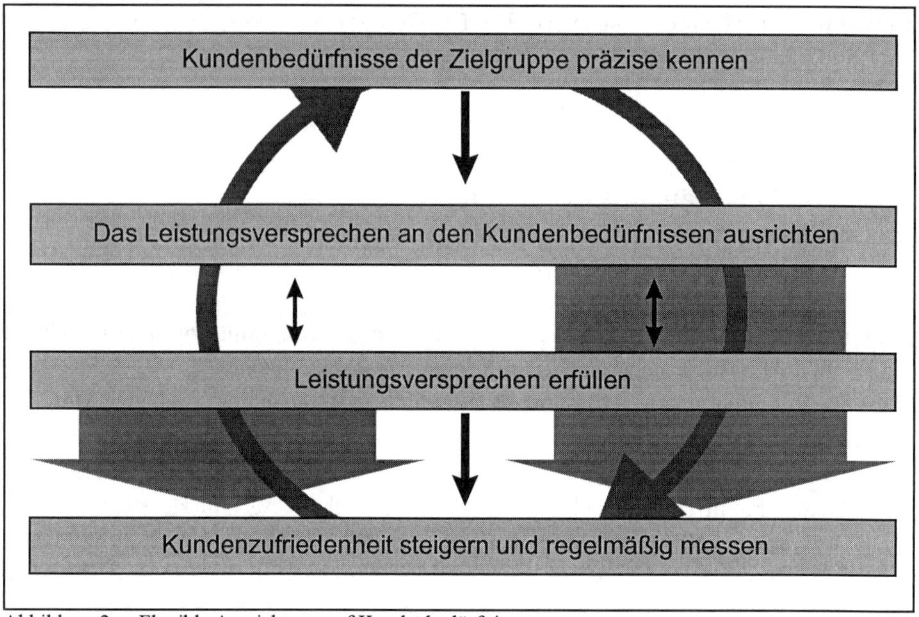

Abbildung 2: Flexible Ausrichtung auf Kundenbedürfnisse

3.3 Das Qualitätsprogramm Q-LEVEL

3.3.1 Grobkonzept

Das **Programm** zum Management der Dienstleistungsqualität bei der BLKB trägt den Namen Q-LEVEL und unterstreicht damit, daß die Bank ein einheitliches, zuverlässiges Qualitätsniveau bietet. Der Programmablauf gliedert sich zeitlich in drei **Phasen**:

Einführungsphase (vor Umstrukturierung der BLKB)	Vorstellen der Ziele, Sensibilisieren der MitarbeiterInnen, Vorbereiten auf anstehende Herausforderungen.
Konsolidierungsphase (während Umstrukturierungen der BLKB)	Qualität im schwierigen und wechselhaften Umfeld umsetzen.
Aktive Phase	Erweiterung der Anwendungsbereiche (vom Kundenzufriedenheitsmanagement zum Total Quality Management).

Die Elemente des Programms sind in Form eines Kreislaufs angeordnet, der regelmäßig durchlaufen wird und so (1) die Aktualität der Ziele, (2) deren Erreichung und (3) die Messung derselben sicherstellt (Abbildung 3).

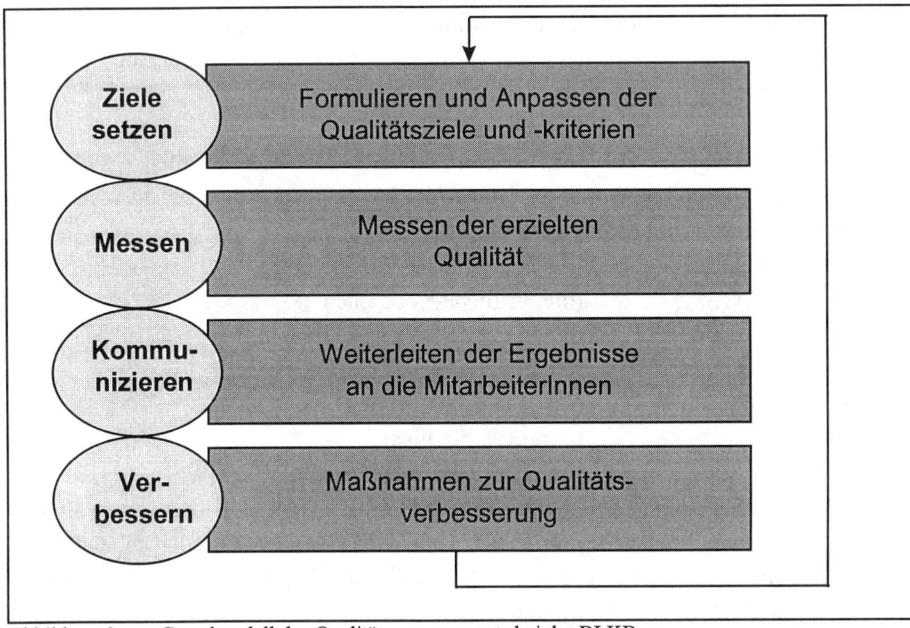

Abbildung 3: Grundmodell des Qualitätsmanagements bei der BLKB

Formal läßt sich das Programm somit als eine Kombination aus vordefinierten Zielen, Instrumenten und Prozessen beschreiben.

3.3.2 Qualitätsziele

Die Ziele des Programms Q-LEVEL genügen folgenden **Anforderungen**:

- ☐ Sie beziehen alle wesentlichen Elemente der Geschäftsabläufe ein.
- ☐ Sie haben für alle MitarbeiterInnen – ob Kundenberatung, Backoffice, zentrale Servicestellen usw. – die gleiche Gültigkeit.
- ☐ Sie sind konkret erfüllbar und meßbar.
- ☐ Sie sind klar strukturiert.

Umfang der Ziele

Wesentliche Teile des Bankproduktes und des Qualitätseindruckes, den es vermittelt, entstehen im Moment des Kundenkontakts und werden durch die verschiedensten Eindrücke, die in dieser Situation vermittelt werden, geprägt. Damit verschiebt sich das Gewicht der qualitätsrelevanten Prozeßschritte, etwa im Vergleich zum produzierenden Gewerbe, auf diesen oft sehr kurzen und stark von der individuellen Leistung des Kundenberaters abhängigen Augenblick.

Die Ziele des Programms Q-LEVEL setzen Standards auf alle relevanten Aspekte, die den „Moment of Truth" beeinflussen. Diese Aspekte sind im Programm in sechs komplementäre **Qualitätsdimensionen** untergliedert:

(1) Sozialkompetenz (die menschliche Komponente)
(2) Fachkompetenz (die fachliche Komponente)
(3) Verkaufskompetenz (die verkäuferischen Fähigkeiten)
(4) Erscheinungsbild (die gestalterische Dimension)
(5) Arbeitsorganisation (die ablaufspezifische Dimension)
(6) Motivation (die Basis für alles)

Jede erbrachte Dienstleistung enthält Komponenten aller sechs Dimensionen und ist demzufolge nur dann hochwertig, wenn alle sechs Dimensionen zufriedenstellend erfüllt sind. Abbildung 4 zeigt den „Produktionsprozeß" eines beispielhaften Bankproduktes und seine Phasen; die sechs Dimensionen der Qualität sind als die Flächen der Würfel dargestellt. Mit der konsequenten Umsetzung der Standards aller Dimensionen ist ein einheitlicher Qualitätseindruck der Produkte und Dienstleistungen der BLKB garantiert.

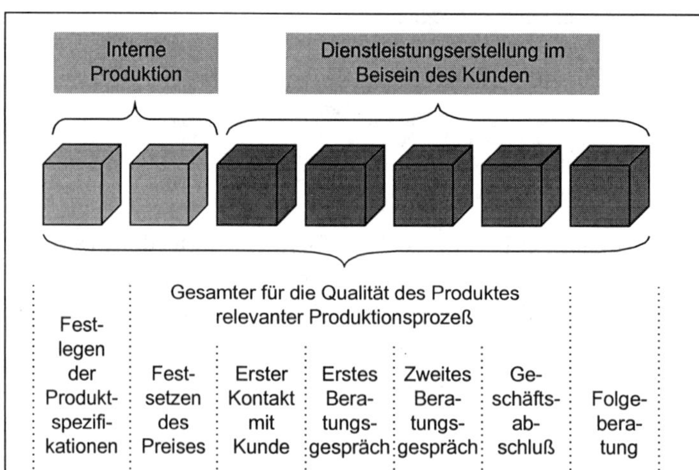

Abbildung 4: Produktionsprozeß des Bankproduktes

Hierarchische Gliederung der Ziele

Die Qualitätsziele der BLKB sind in Form einer dreistufigen Pyramide strukturiert (Abbildung 5), so daß sich die Einzelkriterien direkt aus dem Qualitätsziel der jeweiligen Dimension und schließlich aus der Qualitätsphilosophie der Bank ableiten.

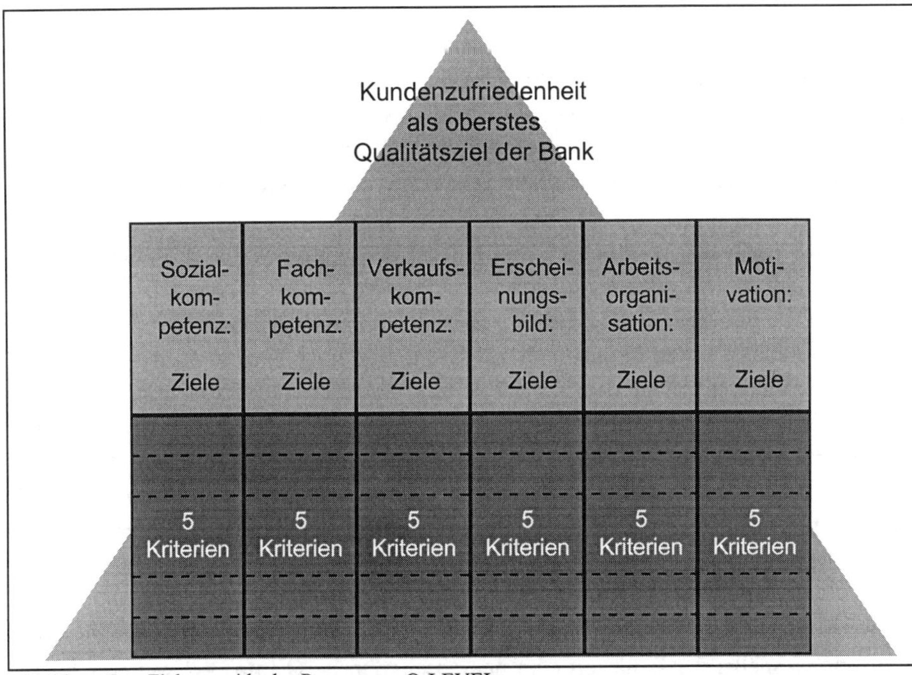

Abbildung 5: Zielpyramide des Programms Q-LEVEL

An der Spitze der Pyramide steht die Qualitätsphilosophie der Bank („Volle Ausrichtung aller Aktivitaten auf die Bedürfnisse interner und externer Kunden"), auf der zweiten Stufe finden sich die allgemeinen Ziele jeder der sechs Qualitätsdimensionen und auf der untersten Ebene stehen je fünf Einzelkriterien für jede Dimension (insgesamt 30 Qualitätskriterien), welche konkret umsetzbar und meßbar sind.

Während übergeordnete Ziele ohnehin unentbehrlich sind, ist die Eigenschaft der Meßbarkeit von Zielen eine wesentliche Voraussetzung für den Aufbau eines Qualitäts-Tracking-Systems.

3.3.3 Qualitätsinstrumente

Im Quality-Programm werden standardisierte Instrumente durch klar definierte Prozesse miteinander verbunden, um die Funktionen „Ziele setzen", „messen", „kommunizieren" und „verbessern" zu gewährleisten.

Die **Formulierung der Qualitätsziele** und die Anpassung bestehender Ziele an neue Bedürfnisse stützt sich auf das Qualitäts-Tracking-System. Im Rahmen der periodischen Qualitätsmessung wird die Wichtigkeit einzelner Ziele mittels Korrelationsanalyse ermittelt. Auf diese Weise ist eine jährliche Aktualisierung der Ziele möglich.

Die **Qualitätsmessung** wird erreicht mit Hilfe des Qualitäts-Tracking-Systems „Q-Index", einer jährlichen Befragung externer (und in Zukunft auch interner) Kunden. Durch die Größe der Stichprobe (ca. 12.000 Adressen brutto) ermöglicht der Q-Index ein statistisch signifikantes Urteil bis hinunter zur Ebene einzelner Niederlassungen. Die ausgewerteten Einheiten erhalten einen detaillierten Bericht über die Erreichung sämtlicher Qualitätsziele, eine Liste der Verbesserungsvorschläge von Kundenseite und Ansatzpunkte zur Verbesserung ihrer Qualität. Die Qualitätsmessung wird ergänzt durch weitere, nach Bedarf durchgeführte Maßnahmen: So wurde im Frühjahr 1998 die Dienstleistungsqualität im Privatkundenbereich (Retailgeschäft) mit Hilfe eines Mystery Shopping-Projektes durchleuchtet.

Zur **Kommunikation der Ergebnisse** steht neben den verschiedenen bewährten Kommunikationskanälen der Bank mit dem neu geschaffenen „Q-Info" ein weiteres Instrument zur Verfügung, Dieses Infoblatt wird periodisch an alle MitarbeiterInnen verteilt, es enthält Anregungen sowie Schwerpunkte zum Thema Qualität und gibt einen Überblick über laufende Qualitätsprojekte. Ziel dieses Instrumentes ist es, auch MitarbeiterInnen, die gerade nicht in aktive Qualitätsprojekte eingebunden sind, regelmäßig mit dem Thema Qualität zu konfrontieren.

Als Instrumente zur **Qualitätsverbesserung** stehen mit Eintritt in die aktive, dritte Phase des Programms einerseits auf die Qualitätsziele abgestimmte Trainingsmodule zur Verfügung, welche MitarbeiterInnen in Absprache mit ihren Vorgesetzten freiwillig in Anspruch nehmen können. Andererseits bietet das zentrale Qualitätsmanagement die Zusammenarbeit bei der Durchführung maßgeschneiderter Maßnahmen an, von der Fehleranalyse bis hin zur Messung des erzielten Erfolges. Ein Arbeitsinstrument für den Alltag stellt die „Qualitätsbox" dar, eine kleine Sammlung von Karteikarten, die alle Qualitätsziele der Bank auf farbigen Karten enthält.

3.4 Implementierung von Q-LEVEL

Das Programm Q-LEVEL wurde per Februar 1998 bei der BLKB gestartet. Die Agenda der einzelnen **Einführungsmaßnahmen** ist in Abbildung 6 dargestellt.

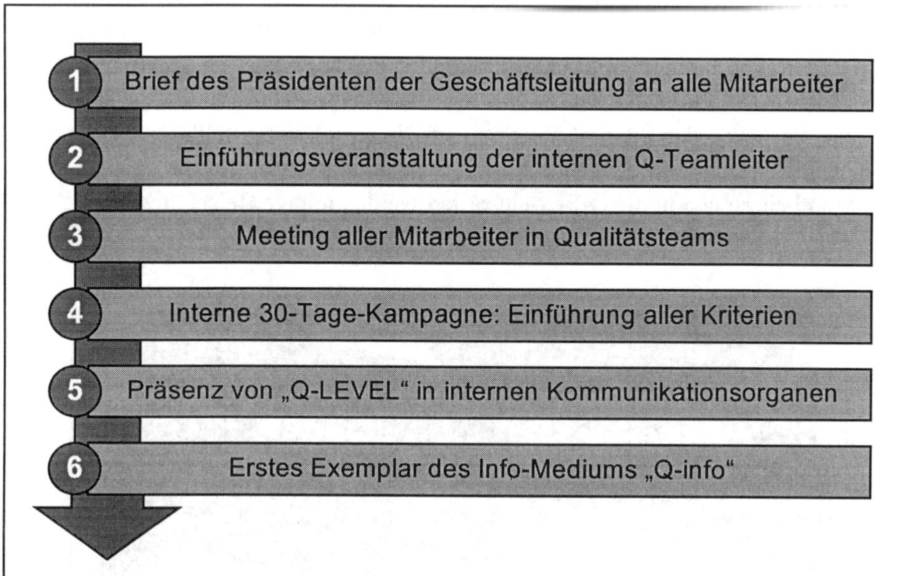

Abbildung 6: Die Einführungsmaßnahmen von Q-LEVEL

- Der Brief des Präsidenten der Geschäftsleitung an alle MitarbeiterInnen stellt den offiziellen Auftakt dar. Ein persönlicher Brief aus der Geschäftsleitung verdeutlicht nicht nur den Stellenwert des Qualitätsprogramms, sondern zeigt der Belegschaft auch auf, daß Qualitätsmanagement ein Anliegen der höchsten Bankstellen darstellt. Eine ungewöhnlich farbige Aufmachung und die erstmalige Präsentation des Q-LEVEL-Logos verleihen dem Brief die nötige Aufmerksamkeit.
- Die Einführungsveranstaltung hat zum Ziel, die Teamleiter der späteren Qualitätsteams mit dem erforderlichen Arbeitsmaterial sowie dem nötigen Know-how für die Moderation des Teammeetings zu versorgen. Darüber hinaus dient die Veranstaltung auch der Motivation der Teilnehmer: Nur überzeugte Teamleiter können ihre Q-Teams mitreißen; schlecht motivierte Teamleiter stellen eine echte Gefahr dar.

- ☐ Bei den Meetings der Teams werden Inhalte und organisatorischer Ablauf des Qualitätsprogramms vorgestellt und damit eine erste Auseinandersetzung in der Gruppe ermöglicht. Neben dem benötigten Arbeitsmaterial werden den Teams Kuchen und Torten bereitgestellt, welche den Anlaß (und die Atmosphäre) „versüßen“ helfen. Greifbare Ergebnisse der Teammeetings werden auf Feedbackzetteln festgehalten, ausgewertet und allen MitarbeiterInnen weitergeleitet.
- ☐ In der direkt anschließenden 30-Tage-Kampagne wird 30 Tage lang je ein Qualitätskriterium täglich vorgestellt, bis sämtliche Qualitätsziele bekannt sind. Dabei steht jede Woche unter dem Motto einer Qualitätsdimension; an den fünf Tagen der Woche werden die fünf Kriterien der Dimension vorgestellt. Die Präsentation der Ziele erfolgt mittels bunter Karteikarten für alle Ziele, welche täglich von den MitarbeiterInnen in die Q-Box einsortiert werden (einige Beispiele sind in Abbildung 7 dargestellt).

Abbildung 7: Q-LEVEL-Logo und Beispiele der Qualitätskärtchen

- ☐ Das Programm Q-LEVEL, die Inhalte und Ziele werden immer wieder in Mitarbeiterzeitschriften, internen Mitteilungen usw. erwähnt. Ziel davon ist, neben der Übermittlung der jeweiligen aktuellen Inhalte, das neue Qualitätsprogramm mit den bestehenden und altbewährten Medien zu verknüpfen und somit noch fester zu verankern.

- Die Lancierung des eigenen Mediums „Q-info" garantiert die regelmäßige und dauerhafte Information der Mitarbeiterschaft mit aktuellen Themen des Bereiches „Qualität". Zusätzlich sorgt das Infoblatt auch dafür, daß Qualität ein Thema bleibt, auch wenn gerade keine Qualitätsprojekte durchgeführt werden.

Mit der Einführung des Programms werden auch erste Ansätze von interner „Service Recovery" umgesetzt: Jeder Fehler im Zusammenhang mit der Lancierung des Programms (zuwenig Karteikarten an ein Team versandt usw.) wird mit einem eigens angefertigten Q-Schokoladentaler entschädigt – in schweren Fällen kombiniert mit einer persönlich unterschriebenen Karte.

3.5 Bisherige Erfahrungen

Das **Feedback aus den Teammeetings** ist vielfältig, voll von zusätzlichen Ideen und fast durchweg positiv. Die MitarbeiterInnen erkennen die Notwendigkeit, die Qualität in den Griff zu bekommen, identifizieren die in ihrem Bereich für Qualität verantwortlichen Faktoren und machen Vorschläge, diese zu verbessern. Die Bereitschaft, Verbesserungen in Angriff zu nehmen, ist so groß, daß hier und da die Sorge geäußert wird, das Qualitätsmanagement könne eine Eintagsfliege werden und nach der aufwendigen Einführung im Sande verlaufen. Die interne Veröffentlichung der **Qualitätsindex-Ergebnisse** bewirkt eine aktive Diskussion der Resultate, teilweise werden bereits zusätzliche Auswertungen angefordert.

Die größte Herausforderung bei der Einführung des Programms – das Schaffen einer positiven **Aufnahmebereitschaft** seitens des Personals – ist weitestgehend erreicht worden. Dies ist der Begeisterungsfähigkeit der MitarbeiterInnen, insbesondere der Moderatorinnen und Moderatoren der Teammeetings, zu verdanken.

Das Programm Q-LEVEL, seine Ziele und Instrumente, sind inzwischen bei der BLKB eingeführt. MitarbeiterInnen sind mit den Inhalten vertraut gemacht und darauf vorbereitet worden, daß dieses Programm beim Eintritt in die aktive Phase mit einigem Aufwand verbunden sein wird. Das vorerst wichtigste Ergebnis ist, daß Goodwill geschaffen werden konnte. MitarbeiterInnen stehen dem Qualitätsmanagement mit positiver Erwartungshaltung gegenüber – dies erscheint als die beste Voraussetzung für die weitere Arbeit mit dem Programm.

4. Schlußbetrachtung

Die Erfahrungen mit dem Internen Marketing bei der Basler Kantonalbank sowie der Basellandschaftlichen Kantonalbank zeigen, daß Internes Marketing in Dienstleistungsunternehmen drei zentralen Voraussetzungen gerecht werden muß:

(1) Die erfolgreiche Umsetzung des Internen Marketing erfordert, daß alle Mitarbeiter in die Prozesse eingebunden werden bzw. zumindest die Möglichkeit haben, sich an konkreten Projekten, Workshops usw. zu beteiligen.

(2) Sämtliche Aktivitäten und Maßnahmen müssen durch die Interne Kommunikation begleitet werden. Dies betrifft sowohl die kommunikative Vorbereitung als auch die prozeßimmanente und nachbereitende Kommunikation.

(3) Internes Marketing erfordert Kontinuität in der Entwicklung und Umsetzung. Kurzfristige Aktivitäten sind nicht geeignet, dem Anspruch einer parallelen Optimierung der Kunden- und Mitarbeiterorientierung gerecht zu werden.

Die Gegenüberstellung der beiden Konzepte zeigt schließlich, daß auch bei ähnlichen Ausgangsvoraussetzungen jedes Unternehmen – aufbauend auf den Besonderheiten des eigenen Unternehmens – ein spezifisches Konzept des Internen Marketing entwickeln muß. Standardisierte Patentlösungen sind weder vorhanden noch wären sie geeignet, der Idee des Internen Marketing gerecht zu werden.

Literaturverzeichnis

Bruhn, M. (1998): Interne Kommunikation, in: *Meyer, A. (Hrsg.)*: Handbuch Dienstleistungs-Marketing, Band 1, Stuttgart, S. 1045-1062.

Stauss, B. (1995): Internes Marketing als personalorientierte Qualitätspolitik, in: *Bruhn, M./ Stauss, B. (Hrsg.)*: Dienstleistungsqualität. Konzepte, Methoden, Erfahrungen, 2. Aufl., Wiesbaden, S. 257-276.

Summary

This article describes two different approaches of Internal Marketing in the bank sector. It is shown, that a successful implementation requires involvement of all employees, powerful internal communication and continuity. Even though both banks face similar market situations, customized solutions are necessary to create employee satisfaction and customer satisfaction.

Stichwortverzeichnis